OCÉANIE

OU

CINQUIÈME PARTIE DU MONDE.

REVUE GÉOGRAPHIQUE ET ETHNOGRAPHIQUE
DE LA MALAISIE, DE LA MICRONÉSIE, DE LA POLYNÉSIE
ET DE LA MÉLANÉSIE;

OFFRANT LES RÉSULTATS DES VOYAGES ET DES DÉCOUVERTES DE L'AUTEUR ET DE SES
DEVANCIERS, AINSI QUE SES NOUVELLES CLASSIFICATIONS ET DIVISIONS DE CES CONTRÉES,

PAR

M. G. L. DOMENY DE RIENZI,

VOYAGEUR EN OCÉANIE, EN ORIENT, ETC., ETC., MEMBRE DE PLUSIEURS ACADÉMIES
DE FRANCE ET D'ITALIE, DE LA SOCIÉTÉ DE GÉOGRAPHIE, DES SOCIÉTÉS ASIATIQUES
DE PARIS ET DE BOMBAY (INDE), ETC., ETC.

« Cherchez la science et la vérité, dussiez-vous ne les trouver
« qu'à l'extrémité du monde. »
MOHAMMED.

TOME DEUXIÈME.

PARIS,

FIRMIN DIDOT FRÈRES ET Cie, ÉDITEURS,

IMPRIMEURS-LIBRAIRES DE L'INSTITUT DE FRANCE,
RUE JACOB, N° 24.

M DCCC XXXVI.

L'UNIVERS.

HISTOIRE ET DESCRIPTION
DE TOUS LES PEUPLES.

OCEANIE,

Par M. G. L. D. DE RIENZI,

MEMBRE DE PLUSIEURS ACADÉMIES, ETC

TYPOGRAPHIE DE FIRMIN DIDOT FRÈRES,
RUE JACOB, N° 24.

ESQUISSE
D'UNE CARTE GÉOGRAPHIQUE ET ETHNOGRAPHIQUE
DE L'ILE KALEMANTAN
OU BORNÉO
d'après M. D. de Rienzi.
Par Th. Duvotenay, géographe.

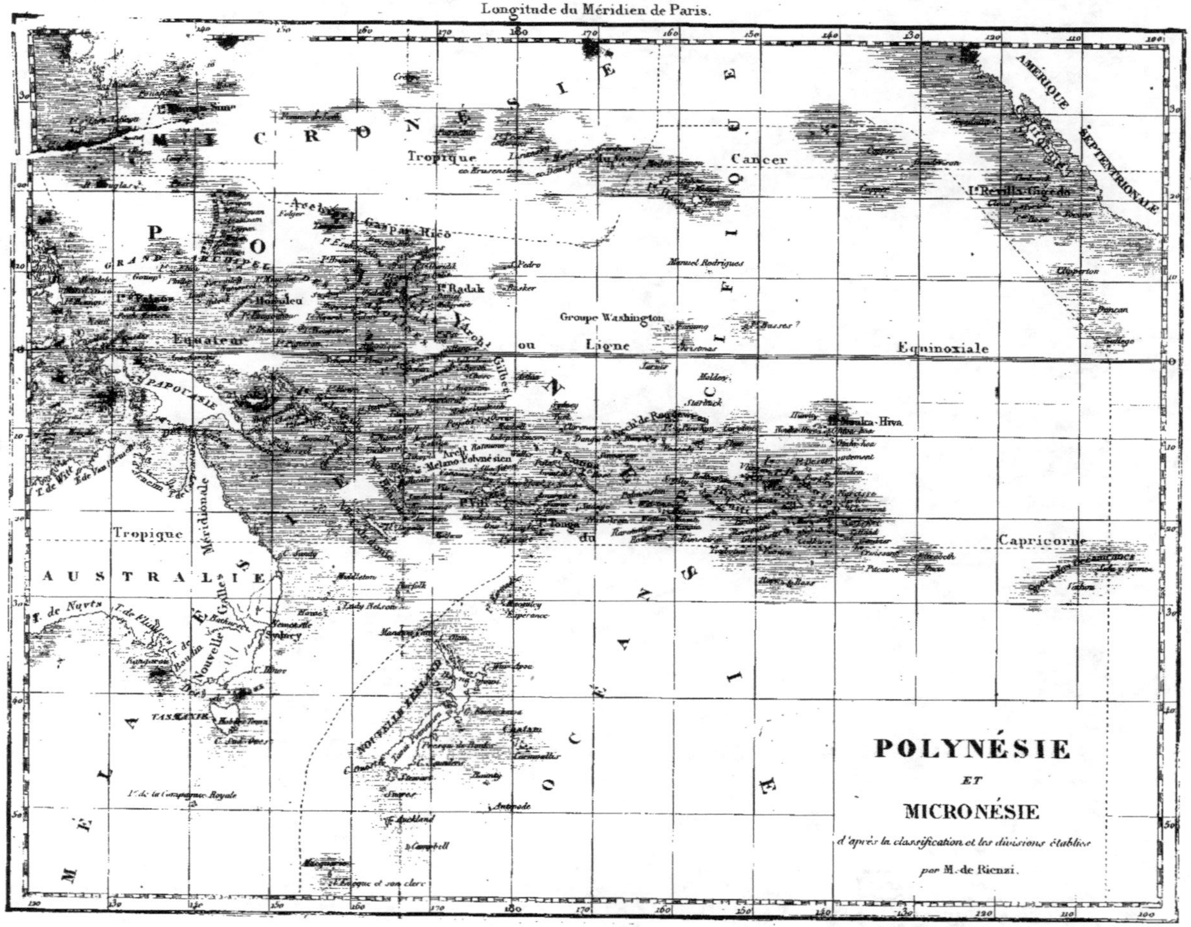
Longitude du Méridien de Paris.
POLYNÉSIE
ET
MICRONÉSIE
d'après la classification et les divisions établies
par M. de Rienzi.
MICRONÉSIE
POLYNÉSIE
OCÉANIE
MÉLANÉSIE
AMÉRIQUE SEPTENTRIONALE
AUSTRALIE
PAPOUASIE
TASMANIE
NOUVELLE ZÉLANDE
Tropique du Cancer
Equateur ou Ligne Equinoxiale
Tropique du Capricorne
GRAND ARCHIPEL
Groupe Washington
Manuel Rodrigues
I. Revilla Gigedo
Clipperton
Noukà-Hiva
Nouvelle Galles
Sydney
Chatam
Auckland
Campbell
Antipode
I. de Nuyts
Tonga
Melano-Polynésien
Gilbert
Radak
Hogoleu

L'UNIVERS,

OU

HISTOIRE ET DESCRIPTION

DE TOUS LES PEUPLES,

DE LEURS RELIGIONS, MOEURS, INDUSTRIE, COSTUMES, ETC.

OCÉANIE,

OU

CINQUIÈME PARTIE DU MONDE.

PAR G. L. DOMENY DE RIENZI,

VOYAGEUR EN OCÉANIE, EN ORIENT, ETC., ETC.; MEMBRE DE PLUSIEURS ACADÉMIES ET
SOCIÉTÉS SAVANTES DE FRANCE, D'ITALIE ET DES INDES; ETC., ETC.

MONUMENTS SINGULIERS DE L'ILE TINIAN.

Dans la relation du Voyage autour du monde, exécuté en 1741 par l'amiral anglais Georges Anson, il est rapporté ce qui suit :

« En divers endroits de l'île Tinian, on trouve des ruines qui prouvent évidemment que le pays doit avoir été fort peuplé. Ces ruines consistent presque toutes en deux rangs de piliers, de figure pyramidale, et ayant pour base un carré. Ces piliers sont éloignés l'un de l'autre à la distance d'environ six pieds, et le double de cet espace sépare ordinairement les rangs : la base des piliers a autour de cinq pieds en carré, et leur hauteur est d'environ treize pieds : sur le sommet de chaque pilier est placé un demi-globe, la surface plate en dessus ; les piliers et les demi-globes sont de sable et de pierres cimentés ensemble, et couverts de plâtre (voy. pl. 85). En supposant la vérité du récit que nos prisonniers nous firent touchant ces restes de bâtiments, l'île doit avoir été fort peuplée ; car, suivant eux, ces piliers avaient appartenu à des monastères d'Indiens ; et la chose nous parut d'autant plus vraisemblable, qu'on trouve parmi les païens plusieurs institutions de ce genre. Quand même ces ruines seraient des restes de maisons ordinaires des habitants, il faut que le nombre de ces derniers ait été très-grand, toute l'île étant presque parsemée de ces piliers. »

Le récit que ces insulaires des Mariannes firent à Anson mérite d'être pris en considération. Les Hindous qui ont colonisé Java, Soumâdra, Bali, et élevé des monuments dans ces îles, et qui en ont fait autant, selon nous, à Singhapoura, Bornéo, Célèbes et autres îles de l'Océanie occidentale, ont fort bien pu s'étendre jusqu'aux Mariannes.

On a souvent douté de la vérité d'Anson, parce que Tinian est privée de sa riche végétation, de son bétail et de ses habitants, et que le capitaine Byron a décrié cette île, autant qu'Anson l'avait exaltée. Cependant nous sommes loin de suspecter la bonne

26° *Livraison.* (Océanie.)

1

foi d'Anson, et nous ne trouvons pas de moyen plus sûr de le justifier, que de citer à ce sujet un passage charmant de la Promenade autour du monde par M. J. Arago.

« Deux jours après, nous arrivâmes à Tinian... Où est cette végétation puissante? où sont ces vigoureux palmistes, ces bosquets touffus, ces belles lianes? Je trouve toujours un ciel pur, mais le rivage est presque nu. Quelques grêles cocotiers promènent encore dans les airs leur chevelure flétrie, et, seuls, ils lèvent leur tête au-dessus des pilastres antiques bâtis sur le sol par des peuples dont aucune tradition ne nous a conservé le souvenir.

« Voici, sur la plage, des pierres oblongues, polies, coloriées. — Alcade, que sont ces pierres? — Les pierres des antiques. — Et ce puits si bien cimenté? — Le puits des antiques. — Et ces pilastres surmontés d'une demi-sphère en stuc? — Les pilastres des antiques. — Et cette longue file de colonnes sur deux lignes parallèles? — Tout cela a été bâti par les antiques. — Quel était ce peuple? qu'est-il devenu? a-t-il émigré? s'est-il éteint? — Je l'ignore.

« Cet alcade règne sur trois filles, quatre domestiques et un déporté d'Agagna. C'est là toute la population de l'île.

« Mais Anson a donc menti à l'univers, en publiant d'aussi magiques tableaux de cette île?... Non; l'amiral Anson a dit vrai sans doute (*), car la terre est jonchée de troncs pourris, d'arbres gigantesques déracinés. Un souffle brûlant a dévoré les forêts séculaires de cette terre appauvrie; une commotion semblable à celles qui ébranlent la Sicile aura renversé ces colonnades si extraordinaires, dont vous voyez les fragments fracassés sur l'arène, et peut-être aussi dévoré toute la population de l'île.

« Tinian est aujourd'hui un sol maudit, sans culture et sans population. Tous les habitants de l'île tenaient dans le salon de l'alcade. Ils étaient quinze, logés dans quatre pauvres chaumières. Dans la campagne, les arbres sont rabougris et rares. Çà et là, quelques vieux rimas pelés, quelques pieds de cocotiers, un petit nombre de plantations mesquines; telle est cette contrée qui semble avoir été surprise un jour par une grande catastrophe.»

« En effet, à la vue des magnifiques ruines encore debout, dit un écrivain élégant et facile, M. L. Reybaud (Voyage pittoresque fictif autour du monde, qui paraît en même temps que notre Océanie), il est impossible de ne pas reconnaître que cette terre a eu ses jours de prospérité et de grandeur. Lorsqu'on pénètre au milieu des broussailles, on se trouve encore en face de quelques-uns des débris que l'on nomme, sur l'île de Rota, *maisons des antiques*. A l'aspect de ces débris aux proportions colossales, on se demande quel est le peuple qui a élevé ces monuments, et s'ils ont été renversés par la nature ou par les hommes. Le rapprochement de ces constructions, leur forme demi circulaire, leurs matériaux de sable cimenté, leur gisement, leur ordre, leur disposition, tout cela étonne et déconcerte. Pourquoi ces couronnements massifs? Quel souverain, comme dit M. Arago, a pu bâtir cette longue colonnade qui, évidemment, ne formait qu'un seul édifice? Les légendes locales n'en disent rien, ou bien en disent des choses si absurdes, qu'on ne peut les croire. Par exemple : Toumoulou-Tega était le principal chef de cette île : il régnait paisiblement, et personne ne pensait à lui disputer l'autorité. Tout à coup un de ses parents, appelé Tjocnanaï, lève l'étendard de la révolte, et son premier acte de désobéissance est de bâtir une maison semblable à celle de son rival. Deux partis se forment : on se bat; la maison du révolté est saccagée, et de cette querelle, devenue générale, naquit une guerre qui, en dépeuplant l'île, amena aussi la destruction de ces édifices. Les mieux conservées de ces ruines sont celles que l'on voit à l'ouest

(*) Il a seulement un peu chargé les couleurs.   G. L. D. R.

du mouillage. L'édifice avait douze piliers ; huit seulement sont debout. Un incident singulier, c'est que, dans la chute des premiers, la demi-sphère qui les couronne est restée intacte. D'autres ruines plus dégradées encore sont situées auprès d'un puits, que l'on nomme également le *puits des antiques*. Elles semblent avoir formé un édifice de plus de quatre cents pas de long. Les racines qui lient encore ces vieux débris donnent une physionomie originale et pittoresque à toute cette enceinte. »

DANSE ET MUSIQUE.

La danse était un des principaux amusements des anciens Mariannais. M. de Freycinet, durant son séjour à Agagna, assista à des danses de divers caractères auxquelles le chant était généralement adapté. Les hommes et les femmes, dit-il, s'y trouvaient alternativement mêlés ; au milieu devait être placé le chef de la peuplade, de la famille, ou enfin la personne à laquelle on voulait faire honneur. Tantôt les paroles étaient relatives à l'objet de la cérémonie, tantôt elles n'étaient que l'expression de la joie. A l'issue d'une guerre, et pendant les réjouissances qui accompagnent le retour de la paix, on s'exprimait ainsi :

hasagon   gaf dja pala-ouan- ho ,
de propos délibéré,   belle   femme mienne
nga (*) *ho   - sulda   goui*
...   je (te) fais asseoir sur mes genoux , en
mina   ho
présence mienne
ho   soouni   ngo   mamaou
moi enflammer (tes désirs) avec (une chique de) bétel
ngo   plouploudjon (**) *djan   pougouaon*
avec (la) feuille de bétel   et   (la) noix d'arek
                         (mâchées.)

A ces paroles succédait un refrain composé de phrases mystérieuses dont quelques personnes seulement pouvaient jadis connaître le sens, mais qui, facilement rendues intelligibles par les gestes dont s'accompagnaient les chanteurs, excitaient toujours parmi les spectateurs une gaieté universelle et bruyante. Ces paroles n'ont aujourd'hui aucune signification (*). Parmi les instruments de musique des anciens Mariannais, ajoute M. de Freycinet, la tradition cite deux flûtes en roseau, de deux pieds et demi de long et de la grosseur du petit doigt. L'une, coupée en sifflet, avait trois trous en dessus pour chaque main et un en dessous pour chaque pouce ; on la jouait comme notre flageolet, mais les sons en étaient doux et graves ; elle ne pouvait donner des sons aigus. L'embouchure de la seconde ressemblait fort à celle de notre flûte traversière, avec cette différence toutefois qu'on en jouait avec le nez. C'est tout ce qu'on sait de ces instruments, aujourd'hui hors d'usage. D. Luis lui assura qu'il en existait encore un petit nombre en 1760, et qu'on leur donnait respectivement les noms de *silag* et de *bangsi*. Or, ce dernier mot, étant purement tagale, laisserait croire que l'espèce de flûte traversière dont il s'agit a pu être apportée jadis aux Mariannes par les Philippins qui vinrent s'y établir. Il est difficile de décider nettement aujourd'hui cette question. Indépendamment de quelques instruments d'Europe, introduits par les Espagnols, tels que flûtes, basses, violons, guitares (**), etc., on y trouve encore, dit-il, des guimbardes et des monocordes en forme d'arc, terminés par une calebasse, et pouvant avoir, en tout, environ cinq pieds de longueur ; en frappant avec une baguette sur la corde que l'arc sous-tend, elle rend un son faible et monotone. Cet assemblage porte le nom tagale de *bélimbao*, ce qui doit aussi faire présumer qu'il est d'origine maniloise. C'est le même d'ailleurs qu'on appelle *bobré* à l'île de France. On se servait anciennement et on fait encore usage

---

(*) *Nga*, particule conjonctive.
(**) On dit par élision *plouploudjon*, au lieu de *poupouloudjon*.

(*) Selon le major D. Luis de Torrès, c'est le *Falalira dondaine* des anciens chansonniers français.

(**) La plupart de ces instruments sont confectionnés par les naturels eux-mêmes, avec une adresse vraiment surprenante. Les cordes sont filées en fils de *balibago*.

1.

aujourd'hui de la conque, soit à terre, soit en mer ; mais c'est plutôt, comme chez les Carolins, un moyen de signaler la position respective des barques qui naviguent de conserve, et de transmettre des ordres à la guerre, qu'un véritable instrument de musique.

Le Gobien nous apprend que les Marianais, dans leurs réunions, aimaient à raconter ou plutôt à chanter les aventures de leurs ancêtres.

Les Mariannaises avaient autrefois des assemblées particulières où elles allaient fort parées, et où seules elles étaient admises. « Réunies douze ou « treize en rond, debout et sans se re- « muer, elles chantent, dit le Gobien, « les vers fabuleux de leurs poëtes, « avec un agrément et une justesse « qui plairaient en Europe. L'accord « de leurs voix est admirable, et ne « cède en rien à la musique la mieux « concertée. Elles ont dans les mains « de petites coquilles, dont elles se « servent avec beaucoup d'adresse au « lieu de castagnettes. Mais ce qui « est surprenant, c'est qu'elles sou- « tiennent leurs voix et qu'elles ani- « ment leur chant avec une action si « vive et des gestes si expressifs, « qu'elles charment tous ceux qui les « entendent. »

C'est aux Espagnols, et surtout aux Philippins, qu'on doit l'introduction des combats de coqs, de certains jeux de combinaison (*) et de hasard, et plus particulièrement celle des jeux de cartes, dans ce petit archipel. Il existe à Agagna une maison particulière consacrée à la réunion de personnes qui hasardent leur fortune aux cartes.

BALLET-PANTOMIME DE L'EMPEREUR MONTEZOUMA.

Nous eûmes le soir un spectacle très-agréable, dit M. de Freycinet, dans la représentation des danses qui étaient jadis en usage au Mexique, et dont toutes les figures font, dit-on,

(*) Le tchouka, jeu chinois, est de ce nombre, mais nous ignorons quel nom ce jeu porte [...]

allusion à l'histoire de cette contrée. Les acteurs étaient des écoliers du collège d'Agagna ; leurs costumes en soie, richement décorés, furent apportés de la Nouvelle-Espagne par les jésuites, et sont précieusement conservés : ces danses, qui offrent quelque analogie avec nos ballets-pantomimes, furent exécutées devant le palais du gouverneur, sur une place illuminée de flambeaux et de lampions remplis de résine (*). L'empereur Montézouma est représenté la couronne sur la tête, un éventail de plumes ou une palme à la main (voy. pl. 92), et c'est le principal personnage du ballet. Il est suivi de deux pages richement vêtus. Viennent ensuite, le front ceint d'un diadème et couverts d'habits également riches, douze danseurs parmi lesquels l'empereur se mêle dans de certains moments ; ils forment des marches, des évolutions et des groupes de dessins infiniment variés.

Les danseurs ont à la main tantôt un éventail de plumes, tantôt une ou deux castagnettes.

Au second acte, les douze acteurs, séparés deux par deux, tiennent chacun les extrémités d'un demi-cerceau fort grand, garni en soieries brillantes. Ils exécutent diverses figures gracieuses, seuls ou avec l'empereur et ses deux pages, qui se placent de manière à produire un effet pittoresque ; les cerceaux dessinent successivement des guirlandes, des berceaux, etc. Les deux derniers actes de cette pièce, qui en a cinq, sont remplis de danses guerrières. Des bouffons se chargent d'égayer la scène pendant les entr'actes, et même durant le spectacle, par des gambades et mille folies grotesques qui excitent le rire des enfants et de la populace. Ces bouffons, masqués et costumés ridiculement, portent à la main un sabre en bois, dont ils s'escriment à droite et à gauche ; leur masque, qui est blanc, a des dimensions si élevées que le nez descend

(*) Tout ce qui suit est extrait du voyage de l'Uranie [...]

jusqu'au menton de celui qui le porte; les yeux sont difformes, inégaux et d'une grandeur démesurée. Il aurait fallu avoir présente à la mémoire toute l'histoire de l'infortuné Montézouma, pour saisir les allusions qu'on prétend rencontrer dans ces diverses scènes, ou bien qu'on nous en eût fourni le programme. Sans chercher à contester l'origine qu'on donne à ces danses, je leur trouve une ressemblance fort prononcée avec ce qu'on nomme en Provence *leis oulivettos* (les olivettes), qui étaient usitées bien avant la conquête du Mexique (*).

DANSE DU PALO VESTIDO Y DESNUDO.

Une des danses les plus remarquables des Mariannais est celle qu'on nomme en Espagne *el palo vestido y desnudo* (le mât vêtu et dépouillé), et que les Provençaux connaissent sous le nom *déi cordèlos* (des cordons). Un mât est planté, au sommet duquel sont fixés, par un bout, huit ou douze rubans longs et larges, les uns rouges, les autres jaunes ou bleus : suivant le nombre des danseurs, les couleurs sont plus ou moins variées. Chacun de ceux-ci tient le bout d'un de ces rubans, et doit tourner en rond, en passant alternativement derrière celui qui est à sa droite, puis devant celui qui vient après; les danseurs de rang pair tournent dans un sens, et ceux de rang impair dans l'autre (**). Il résulte de ces passes et contre-passes que l'on fait autour du mât, un réseau ou entrelacs dont l'agrément naît de la diversité des couleurs et de la régularité du dessin. Pour dépouiller le mât, les danseurs doivent s'entremêler une seconde fois, mais en sens contraire, et avec assez d'habileté pour ne pas embrouiller les rubans. Ordinairement deux chefs conduisent tous les personnages; un les pairs, et l'autre les impairs. Cette danse, quoique très-simple, paraît de prime abord compliquée; car cette multitude de cordons qui se croisent à droite et à gauche avec rapidité laisse difficilement la liberté d'en saisir les combinaisons et la marche.

Ce jeu fini, les mêmes écoliers qui avaient été acteurs dans les scènes précédentes revinrent encore; quelques-uns étaient habillés en femme : tous ensemble se mirent à exécuter des danses européennes, et s'en acquittèrent pareillement fort bien.

LANGAGE.

Sans être dépourvu de ressemblance avec le malai, répandu dans toute la Malaisie, et le tagale, que l'on parle aux Philippines (*), l'idiome mariannais, d'une prononciation douce et aisée, a cependant un caractère qui lui est propre. Il existait toutefois jadis des différences assez fortes entre le langage des îles du nord et celui des îles plus voisines de Gouaham : différences qui se manifestaient même sensiblement d'une localité à l'autre de l'île principale, et dont on reconnaissait encore des traces il y a peu d'années. Aujourd'hui même la prononciation n'est pas identique partout. Lors de la réunion des diverses peuplades à Gouaham, en 1699, tout a été mêlé, hommes et langages. Le P. Murillo Velarde nous apprend que, portés à la poésie, les habitants ont conservé dans leurs chants nationaux des traditions historiques, mais obscurcies par le voile fabuleux qui les enveloppe.

Un fait vraiment digne de remarque, c'est qu'un peuple dont la langue est singulièrement abondante en mots propres à exprimer toutes les modifications d'un même objet (**), n'en possède

---

(*) D'après M. le comte de Villeneuve, l'origine de cette danse paraîtrait remonter au temps de Jules-César. (Voyez statistique du département des Bouches-du-Rhône, t. III.)

(**) Ordinairement les uns sont des filles et les autres des garçons.

(*) Et nous ajouterons, avec quelques mots polynésiens.   G. L. D. R.

(**) Prenons le *coco* pour exemple : une vingtaine de mots différents servent à désigner ce fruit, selon qu'il est arrivé à tel ou

qu'un petit nombre pour désigner des degrés de parenté, que des motifs journaliers obligent cependant à ne pas confondre.

Pour désigner la *bisaïeule*, on est forcé d'employer cette longue périphrase :

I oumassagoua djan i loumilis celle qui s'est mariée avec celui qui a engendré *saïnan saïna-ta.*
(la) mère de mère notre.

Le mot *goula* pour aïeule dérive évidemment du mot espagnol *agouela*, qui a cette signification; *saïna*, qui s'entend en même temps de *mère* et de *père*, signifie proprement *maitre, seigneur*; pour être plus catégorique, on se sert des expressions *i loumilis* [celui qui a engendré], *i foumagnago* [celle qui a enfanté]. Le *si nana* moderne [maman] est imité de l'espagnol (*mama*), avec l'addition de la particule *si*, représentative de *considéra-*

tel degré de maturité, ou qu'il possède telle ou telle qualité, tel ou tel défaut. En voici la liste : *nidjouk* ou *niou* signifient à la fois *cocotier* ou *coco* en général; *aplouk*, un jeune *coco* qui renferme du lait, mais qui n'a pas encore de crème; *manha*, un coco tendre et doux; *dadik*, le même fruit lorsqu'il n'a point atteint tout à fait ce degré de maturité; *masson*, coco d'une maturité plus avancée que le *manha*, sans être cependant tout à fait mûr; *kanouon*, coco encore mou, bon à manger jusqu'à sa première enveloppe; *mat pang*, coco tendre et mou comme le *manha*, mais dont le lait n'est pas doux; *gafo*, coco entièrement mûr; *pountan*, coco mûr et qui commence à sécher sur l'arbre; *nagao*, coco entièrement desséché; *bangbang*, coco dont la crème s'est réduite en pulpe solide; *boubouloung*, coco tout à fait vide, mais tenant encore à l'arbre; *tchaoutchaou*, coco sec dans lequel on entend du bruit quand on l'agite; *boulén*, coco pourri intérieurement; *tchouhont*, petit coco; *baba*, coco produit par un cocotier vieux, dépouillé de ses feuilles, et sur le point de ne plus donner de fruits : ces derniers servent, pour l'ordinaire, à raison de leurs petites dimensions, à renfermer la chaux que l'on mêle avec le bétel; *faha*, coco sur le point de germer; *tchéhok*, coco qui commence à germer; *haigoui*, coco dont les feuilles commencent à pousser.

tion et de *respect*. Il faut également périphraser pour rendre nos expressions *grand'tante* et *tante à la mode de Bretagne* : pour *tante*, on se sert du mot espagnol *tia*, ou plutôt de *si tia*. Le titre de *sœur*, comme celui de *frère*, se dit *tchilou*; mais on n'a qu'une seule phrase pour exprimer *cousine germaine, cousin germain, nièce* et *neveu* : c'est *tchilou dja hodjong* [issu de frère]. En revanche, les mots abondent pour qualifier les enfants : ainsi *haga* veut dire *fille*; *lahi*, fils ou garçon : le père, en parlant de son fils ou de sa fille, dira *ninis ho* [mon engendré], et la mère, *finagnago ho* [mon enfanté], s'il est permis de parler ainsi; *ninis gna* [fils ou fille légitime, ou, mot à mot, engendré mien] (remarquons qu'ici *ninis* ne signifie *fils* ou *fille* que par rapport au père, ce qui doit faire supposer, comme cela a lieu en effet, qu'un enfant est toujours légitime par rapport à la mère); *ninis hégoui* [fille ou fils bâtard]; *pinig saï* [fille ou fils adoptif]; *maga* et *magatchaga* [l'ancien de la famille, fille ou fils aîné, sœur ou frère aîné]; *sologgna* [le cadet ou le plus jeune des frères]; *i sologgnan matnganan* [le cadet (par rapport à l'aîné)]; *alchafynay* [sœur ou frère utérin]; *madjana nga pagon* [enfant abandonné]. On n'a aucun mot pour désigner ses *petits-enfants*, ni ses *arrière-petits-enfants*; on doit donc encore périphraser pour exprimer ces dernières idées.

CALENDRIER.

A la manière des Chinois (*), les

(*) « L'année des Chinois commence par
« la conjonction du soleil avec la lune, ou
« par la nouvelle lune la plus proche du 15ᵉ
« degré d'*aquarius* (le verseau), qui est, selon
« nous, un signe où le soleil entre vers la
« fin de janvier, et y demeure presque tout
« le mois de février : ils font de ce point-là
« le commencement de leur printemps. Le
« 15ᵉ degré du taureau détermine pour eux
« le commencement de l'été; le 15ᵉ du lion,
« celui de l'automne, et le 15ᵉ du scorpion,
« celui de l'hiver.

Mariannais comptaient autrefois les grandes divisions du temps par jours [*haani*], par lunaisons ou mois [*poulan*] et par années [*sakkan*] : il est probable qu'ils donnaient aussi des noms aux premiers, ainsi que les Carolinois de Lamoursek le font encore; mais ces noms sont maintenant tout à fait inconnus. A l'égard des années, elles se composaient de treize lunaisons. Les Espagnols, à leur arrivée, ont cherché à assimiler les noms de ces périodes à ceux des mois de notre calendrier, correspondance qui est à la rigueur impossible.

Voici toutefois de quelle manière les renseignements que j'ai puisés à trois sources différentes établissent la nomenclature dont il s'agit :

1 Janvier. *Toumegouini*. Mot qui signifie ainsi, de cette manière.
2 Février. *Maimo*.
3 Mars. *Oumataraf*. Littéralement, aller pour prendre des *goualafis*; c'est peut-être l'époque où l'on va à la pêche du poisson ainsi nommé.
4 Avril. *Loumo-hou*. Veut dire retourner, revenir à la charge. Fallait-il l'entendre du retour de l'année?
5 Mai. *Mugmamao*.
6 Juin. *Mananaf* ou *Fananaf*. Marcher à quatre pattes, traîner le corps.
7 Juillet. *Semo*.
8 Août. *Tenhos* ou *Fénos*.
9 Septembre. *Loumamlam*. Qui lance des éclairs. Était-ce la saison des orages?

« Ils ont douze mois lunaires, entre lesquels il y en a de petits qui ne sont que de vingt-neuf jours, et de grands qui sont de trente. Tous les cinq ans, ils ont des intercalaires pour ajuster les lunaisons avec le cours du soleil. Ils divisent, comme nous, les semaines selon l'ordre des planètes, à chacune desquelles ils assignent quatre constellations, une par jour, tellement qu'après les vingt-huit qui se succèdent de sept en sept, ils retournent à la première.

« Leur année commence par la nouvelle lune la plus proche du mois de février, ce qui fait que, pour eux, le signe des poissons est le premier, le bélier le second, et ainsi des autres. Cette manière de supputer et d'intercaler leur fait des années de treize mois, qui retournent de temps en temps. » (Du Halde, Description de la Chine, t. I.)

10 Octobre. *Fagoualou* (*). Époque où il faut ensemencer son champ.
11 Novembre. *Soumougsougn*. Époque où l'on raccommode les filets.
12 Décembre. *Oumudjanggan*. Inquiet, pleureur, temps des petites pluies fréquentes.
13 .... *Oumugahaf*. Prendre des écrevisses.

L'inspection du dictionnaire prouve que les Mariannais n'étaient pas dénués de certaines connaissances astronomiques et nautiques. On y voit, en effet, le nom de quelques étoiles; mais il est assez probable qu'il ne nous est parvenu, à cet égard, qu'une bien faible partie de leur science. Nous n'insisterons donc pas davantage sur cet objet.

APERÇU DE L'HISTOIRE DES MARIANNES.

L'histoire primitive des habitants de ce groupe, avant la découverte, est une série de fables plus ou moins absurdes : c'est à l'instant où Magalhaens (**) parut au milieu de ces îles qu'elle commence à devenir exacte.

Ce premier circumnavigateur fut aussi le premier découvreur des Mariannes; après une navigation longue et périlleuse, il les aperçut le 6 mars 1521, et les nomma d'abord *Islas de las velas latinas*, îles des voiles latines, puis *Islas de las ladrones*, îles des larrons, parce que les indigènes lui avaient dérobé un grand nombre d'articles; penchant qui est commun d'ailleurs à tous les peuples de la Polynésie, sauf

(*) Cette lune ou ce mois est appelé de trois manières par les autorités que j'indique : *fagoualou*, *maïgnahof* et *pagouan*, noms qui appartiennent sans doute à différents dialectes mariannais. J'ai adopté la version qui m'a paru convenir aux usages d'Agagna.

(**) Nous croyons devoir avertir nos lecteurs que le manque de certains signes nous a forcé quelquefois de laisser imparfaite l'orthographe de certains mots et surtout de quelques mots espagnols et portugais. Dans cet état de choses, nous aurions dû peut-être mettre partout comme ici Magalhaens, parregno, segnor, etc., attendu que cette orthographe se rapproche davantage de la véritable prononciation de ces noms et mots étrangers.

les Carolins. Loyasa revit l'archipel cinq ans plus tard, et Saavedra prit possession d'une partie de ces îles au nom du roi d'Espagne, le 6 janvier 1528, après avoir enlevé onze de leurs habitants, dont il renforça le nombre de ses marins. En 1565, Legaspi, se rendant aux Philippines, y tua une dizaine d'insulaires. Cavendish s'en approcha en 1588, et Mendana en 1592. Elles furent visitées par Francisco Galli, en 1592, et par Gemelli Carreri, en 1596. Olivier de Noort s'y arrêta en 1600, Maldonado en 1601; le Hollandais Spilberg en 1616; d'autres Hollandais en 1635; Hurtado en 1678; Quiroga en 1684; le célèbre Dampier y mouilla le 21 mai 1686; Wood-Rogers le 10 mars 1710; Legentil de la Barbinais fut le premier Français qui y aborda (en 1716); en 1721. Clipperton y fit quelques démonstrations agressives; l'amiral Anson les visita à son tour en 1742, et Wallis ainsi que Pagès en 1768. Le capitaine Crozet, expédié de l'Ile-de-France, y relâcha en 1772, et l'illustre Lapérouse en 1786; le navigateur espagnol Malaspina les vit en 1792. Plus tard, elles furent visitées par Kotzebue, Beechey, d'Urville et autres.

Ce ne fut qu'en 1688 qu'eut lieu la colonisation de ce groupe.

Le P. Sanvitores, missionnaire jésuite espagnol, ayant relâché sur ce point dans sa traversée d'Acapoulco (*) à Manila, et les indigènes lui ayant paru bons, doux et paisibles, il s'intéressa à leur sort, et conçut le projet de les civiliser, de leur faire adopter la religion catholique romaine, et d'établir parmi eux une colonie espagnole. Le gouverneur des Philippines repoussa ses projets; mais le jésuite, au lieu de se rebuter, s'adressa directement au roi d'Espagne, qui les adopta. Le P. Sanvitores, accompagné des PP. Thomas Cardenioso, Luis de Medina, Pedro de Casanova, Luis de Moralès et du frère Lorenço Bustillos, parut, le 23 mars 1668, en vue du groupe qu'il nomma *îles Mariannes*, en l'honneur de Marie-Anne d'Autriche, femme de Philippe IV, roi d'Espagne, et ce nom lui est resté.

A peine le navire qui portait les missionnaires eut-il jeté l'ancre à Gouaham, que cinquante pirogues l'entourèrent, en criant : *Abok! abok!* (amis! amis!) : dans l'une de ces pirogues se trouvait un Espagnol qui, établi depuis trente ans sur ces îles, servit de guide et d'interprète à ses compatriotes.

Sanvitores, favorablement accueilli par le chef Kipoha, le convertit au christianisme, et bâtit une église à Agagna, qui devint ainsi le chef-lieu de la mission et le centre des travaux apostoliques. Les nobles du pays repoussaient, à l'ordinaire, une religion basée sur l'égalité et la liberté; mais, malgré leurs résistances et les intrigues d'un Chinois nommé Choco, les missionnaires firent de nombreux prosélytes. Un séminaire fut fondé à Agagna : 20,000 insulaires furent baptisés dès la première année. Une grande partie des habitants des autres îles furent également convertis, graces aux prédications des PP. Lorenço et Medina, mais surtout de leur chef infatigable. Choco excitait la révolte dans Gouaham. Les Espagnols furent assiégés dans Agagna. Après treize jours et treize nuits d'assauts répétés, ils firent une sortie décisive, qui mit l'ennemi en complète déroute.

La victoire des Européens amena une trêve qui fut plusieurs fois violée jusqu'au jour où Sanvitores périt assassiné par un indigène nommé Matapang, dont il venait de baptiser la fille. Son meurtrier chargea son corps dans une pirogue et alla le submerger en pleine mer. Le meurtre de cet habile et zélé missionnaire eut lieu en 1672.

Les Espagnols eurent désormais à combattre plusieurs fois les indigènes. En 1680, don José de Quiroga y Lozada, puissant seigneur de Galice, arriva à Gouaham avec l'intention de continuer l'œuvre de l'infortuné missionnaire. C'est à lui qu'on dut la possession tranquille et incontestée de

(*) Port de la côte occidentale du Mexique.

ce petit archipel. Pour atteindre son but, il divisa l'île de Gouaham en districts, et y établit des points de défense contre toute espèce de révolte partielle. Gouaham se soumit ; mais Rota était devenue le refuge des rebelles : Quiroga passa sur cette île, et tout rentra dans l ordre.

Le gouverneur Saravia arriva dans ces entrefaites, et fut étonné des progrès des habitants et de la sage organisation de don José. Il réunit les principaux chefs dans une assemblée générale, et leur fit prêter serment de fidélité au roi des Espagnes et des Indes. Les vaincus commencerent à adopter les usages des vainqueurs. Ils se vêtirent, apprirent à semer le maïs, à en faire des pagnottes, et à manger de la viande. On forma des ouvriers dans l'art de filer de la toile, de tanner les peaux et les cuirs, de tailler les pierres, de bâtir des maisons, de forger du fer, et, dans les seminaires, on enseignait aux plus jeunes à lire, à écrire, à chanter et à jouer du violon, de la flûte, de la basse et de la guitare. On exerçait les femmes aux soins du ménage et aux vertus domestiques.

Cependant Quiroga était parti pour la conquête des terres septentrionales; il soumit Saypan et la plupart des îles voisines. Damian de Esplana débarqua alors à Agagna pour remplacer Saravia dans le gouvernement du groupe des Mariannes. Mais un chef, nommé Djoda, résolut de délivrer son pays du joug de l'étranger. Un dimanche, il arriva, à la tête de soixante naturels, tous hommes résolus, et qu'il avait choisis : ils entrèrent à Agagna bien armés, mais ayant soin de cacher leurs armes, sous prétexte d'assister à la messe. Après la messe, Djoda distribua ses conjurés sur plusieurs points convenus. Ils égorgèrent les sentinelles ainsi que le gouverneur, qui se promenait sur la place, et plusieurs moines tombèrent sous leurs coups. Déja ces forcenés, entrés dans les maisons, commençaient le sac de la ville ; la mort de Djoda, tué par deux Espagnols, suspendit leur fureur. Les Espagnols, revenus de leur surprise,

disputèrent la position; le gouverneur survécut à ses blessures, et Quiroga, revenu triomphant des îles du nord, battit les insurgés à Agagna, et les poursuivit sans relâche jusque dans les bois et sur les montagnes. Des douaniers anglais, commandés par Cowley, survenus à cette occasion, achevèrent ceux qui avaient échappé à Quiroga, et traitèrent tous les indigènes, innocents ou coupables, avec un raffinement de barbarie assez ordinaire de la part des premiers navigateurs européens à l'égard des malheureux sauvages.

Don Damian, guéri de ses blessures, eut à lutter plusieurs fois contre la révolte de la garnison espagnole, et contre un complot tramé par des forçats de passage à Gouaham. Un affreux ouragan dévasta tout cet archipel : les habitants s'enfuirent dans les montagnes, et, à leur retour, ils ne trouvèrent plus à Gouaham que des ruines. Il fallut tout recommencer; on dut ensemencer pour la récolte prochaine, et édifier de nouveau pour pouvoir subsister. Tous ces événements eurent lieu de 1689 à 1693. Pendant tout ce temps. l'intrépide Quiroga fit triompher les armes espagnoles, et, enfin, il gagna contre les naturels la bataille d'Agonigan, qui décida de la pacification entière de l'archipel. Les missionnaires, de leur côté, les avaient soumis à la foi; en 1699, on n'y comptait plus ni un rebelle, ni un idolâtre.

Depuis lors, l'histoire des Mariannes n'est plus que l'histoire des gouverneurs (*) ou des relâches des navigateurs. Nous avons déja nommé ceux-ci; faisons connaître les principaux gouverneurs. Le plus célèbre est D. Mariano Tobias, qui régit ce pays avec justice, et d'une manière éclairée. D. Juan Pimentel, homme dur et avare, fit du pouvoir le marchepied de sa fortune. D Alexandro Parregno (**)

(*) Leurs fonctions durent 5 ans.
(**) Nous avons fréquenté sa maison à Manila C'était une des plus aimables de la capitale des Philippines. Don Alexandre, alors colonel, est aujourd'hui général en Espagne.

administra le groupe avec habileté pendant l'invasion des Français en Espagne. D. José de Medinilla y Pineda lui succéda en 1812. Freycinet, Kotzebué et d'Urville sont d'accord dans les éloges qu'ils lui ont adressés pour sa bienveillance et pour la douceur de sa longue administration. En 1821, époque où le parti constitutionnel triompha en Espagne, Ganga Herrera le remplaça, et laissa des souvenirs honorables dans l'archipel, pour avoir rendu le commerce extérieur libre aux habitants. Quelques personnes m'ont dit aux Philippines qu'il fut destitué pour le meurtre qu'il commit sur la personne d'un capitaine baleinier anglais, nommé Steven, qui l'avait insulté; d'autres m'ont assuré qu'il le fut à cause des succès des absolutistes. Medinilla revint alors prendre son ancien poste; mais il y rétablit le monopole et les priviléges, abrogés par son prédécesseur, et qui sont naturellement en horreur aux Mariannais. D. Francisco Lobo lui a succédé.

Il n'y a guère aujourd'hui que les habitants des Philippines et quelques prahos des Carolines qui aient quelques relations commerciales avec ce pays.

ARCHIPEL DE GASPAR-RICO.

Nous hasardons de grouper en un faisceau, sous le nom de Gaspar-Rico, toutes les petites îles existantes ou douteuses, qui sont situées, d'une part, au sud de notre Micronésie et au nord du grand archipel des Carolines, d'autre part, à l'est de l'archipel des Mariannes, et à l'ouest des îles Haouaï. Cet archipel comprend les îles Gaspar-Rico, l'île Gaspar, les îles Gangès, Otros, Tarquin, Folger, Sebastian Lobos, Quintano, Wake, Marchal, Jardines, volcan, les îles douteuses d'Alcion, Cornwallis (Carmisares ou Smith), Jassion, etc. Quant à l'île Saint-Bartholomé, que notre honorable et savant ami, M. Balbi, dit être d'une étendue assez remarquable, elle a été en vain cherchée par le capitaine Lütke, savant consciencieux et habile navigateur. L'île Colunas, placée par la latitude de 28° 9' nord et la longitude de 128° ouest, n'existe pas davantage, et plusieurs capitaines de navires marchands et baleiniers nous ont assuré qu'on doit en dire autant de l'île Dexter.

ARCHIPEL DES ILES HAOUAI OU SANDWICH.

GÉOGRAPHIE GÉNÉRALE.

Le groupe des îles Haouaï, l'un des plus considérables de la Polynésie (Océanie orientale), est formé de onze îles, dont cinq grandes, trois petites, et trois qui ne sont que des écueils. Il représente une ligne courbe interrompue en plusieurs points, et dirigée de telle sorte que la convexité regarde le nord nord-est, et s'étend du 19° au 23° de latitude nord, et du 157° au 159° de longitude occidentale. Nous y joindrons l'attolie des îles Copper et Henderson, qui est plus rapproché des îles Haouaï que de la côte américaine.

Haouaï, la plus méridionale de ces îles, en est en même temps la plus importante, et elle donne son nom à l'archipel. Dans sa plus grande longueur du nord au sud, elle a environ 83 milles, sur 66 milles de largeur de l'est à l'ouest. Sa circonférence est de 240 milles à peu près. Une bande de terre formant à l'île une lisière cultivée, et plus large à l'est que dans les autres parties, des chaînes de montagnes dirigées dans le même sens que les côtes, étendant leurs ramifications dans tout l'intérieur et qui sont couronnées la plupart par des volcans, tel est l'aspect général de l'île. Les trois montagnes les plus élevées de ce système, le Mouna-Kea, point culminant, haut d'environ 15,000 pieds, le Mouna-Roa, presque aussi élevé, et enfin le Mouna-Houa-Raraï, disposés en triangle, circonscrivent un plateau élevé, presque désert et inculte. Quoique très-hautes, ces montagnes se terminent en pentes douces du côté de la mer, et n'offrent ni les aspérités, ni les crevasses multipliées qui caractérisent les terrains volcaniques.

La population de l'île s'élève, d'après les missionnaires anglais, américains et français, à 85,000 habitants, répartis dans les six districts de Kohala, Hama-Koua, Hiro, Pouna, Kaou, Kona, et le plateau intérieur de Waï-Méa.

Mawi, divisée en deux parties par un isthme très-bas, a une longueur de 38 milles, et une largeur très-variable, selon les parties où on l'examine. L'extrémité sud-est va à 25 milles. La population, qui occupe presque uniquement la partie du nord-ouest, s'élève à 20,000 ames.

Au sud-ouest de Mawi, et sous sa dépendance, gît l'île de Tahou-Rawe, de 10 milles de long sur 8 de large. Un chenal d'une lieue la sépare de l'île précédente. Aride et couverte de broussailles, elle sert d'asile à quelques pêcheurs.

A l'ouest de Mawi, se trouve Ranaï, autre petite île de 15 milles de long sur dix de large. Le terrain, bouleversé par les volcans, n'offre ni sources ni torrents. Quelques parties des côtes sont cultivées, mais elles fournissent avec peine aux besoins de 2 mille habitants.

A 5 ou 6 milles au nord-ouest de Mawi, surgit Moro-Kaï, longue de près de 40 milles, et large de 6 au plus. Une crête de montagnes court dans toute sa longueur de l'est à l'ouest, et ne laisse qu'une étroite lisière cultivable à ses 3,000 habitants.

En suivant la ligne ouest nord-ouest, à 23 milles de la précédente on rencontre Oahou, d'une longueur de 98 milles sur 16 à 17 de largeur. Cette île, la plus riche et la plus fertile du groupe, est coupée en deux dans toute sa longueur, depuis la pointe sud-ouest jusqu'à la pointe d'Eva au nord-ouest, par une crête de montagnes volcaniques très-élevées.

La contrée intérieure, quoique fertile et coupée de ruisseaux, est déserte et inculte. La ville d'Hono-Rourou, bâtie dans la plaine d'Eva, qui, sur une longueur de 30 milles, offre souvent une largeur de 9 à 10, a concentré toute la population dans ses environs.

Le port d'Hono-Rourou offre le meilleur mouillage de l'archipel; il est sûr dans toutes les saisons, et sert de relâche habituelle aux navires baleiniers qui fréquentent ces parages et s'y trouvent quelquefois jusqu'au nombre de 20. Le transport de la résidence royale dans cette ville est aussi une des causes qui attirent la population, estimée à 20 mille ames pour l'île, dont 12 mille pour Hono-Rourou seulement.

A 65 milles d'Oahou, et toujours dans la direction ouest nord-ouest, s'élève Taouaï, île montagneuse, presque circulaire, d'un aspect charmant, mais moins fertile qu'Oahou. Les habitants, d'un naturel doux et paisible, sont groupés la plupart aux environs de la rivière de Waï-Mea, et protégés par un fort armé de vingt-deux pièces de canon. Taouaï a de 80 à 90 milles de circonférence, et compte 10,000 habitants.

La dernière île du groupe est Niihau, à l'ouest de Taouaï, dont elle est séparée par un canal de 15 à 20 milles d'étendue. Au nord, un îlot en est séparé par des récifs et lui sert comme d'appendice.

Ces deux îles durent à leur isolement de rester long-temps indépendantes. Ce ne fut qu'en 1824 que le combat de Waï-Mea les rangea sous le sceptre de Rio-Rio. La culture des ignames leur est particulière. Elles sont aussi renommées pour la fabrication des nattes, qui ont quelquefois dix-huit et vingt aunes de longueur sur trois ou quatre de largeur, sont teintes des plus vives couleurs, et recherchées dans tout le groupe pour l'ornement des chefs.

Le groupe est complété par les deux écueils de Tahoura et de Medo-Manou, qui servent de nid à de nombreux oiseaux de mer.

GÉOLOGIE ET HISTOIRE NATURELLE.

Des volcans éteints ou en activité, des laves, des rochers calcinés, quelques terrains d'alluvion, tel est l'aspect général des îles d'Haouaï, que l'on peut considérer comme une chaîne de volcans qui auraient surgi d'un banc de coraux. Les montagnes, composées de laves et de rochers vomis par les volcans, sont arides et n'offrent que peu de traces de végétation. Les plaines, formées par des laves décomposées et des terres d'alluvion, forment une ceinture aux îles et semblent assises sur une base madréporique. Du carbonate de chaux et des masses calcaires forment ces terrains, où sont engagés des coquillages et des coraux offrant tous les états de décomposition. L'épaisseur de la couche d'alluvion varie de quelques pouces jusqu'à deux ou trois pieds. La seconde couche, formée de tuf volcanique qui s'enfonce jusqu'à une profondeur de 12 à 15 pieds, est appuyée sur une base solide de calcaire madréporique. Cette couche, dont la dureté va en diminuant à mesure que l'on creuse dans l'intérieur, devient très-poreuse, et, à la profondeur de douze ou treize pieds, fournit une eau limpide et très-douce qui suit les alternations de la marée, et est due, sans doute, à l'eau saumâtre qui s'est dépouillée de ses sels en traversant le tuf.

Dans toutes les parties où la lave décomposée offre des terres propres à la culture, la végétation se développe riche et abondante. Les plantes usuelles indigènes étaient le taro (*arum esculentum*); la patate douce (*convolvulus batatas*), appelée dans le pays *ouava* ou *ouhi*; la canne à sucre, l'arbre à pain, le cocotier, plusieurs espèces de bananier, le fraisier, le framboisier et une espèce d'*eugenia*. Les Européens, et surtout M. Marini, ministre de Tamea-Mea, et M. Ferrière, y ont naturalisé le palmier de Gouatimala, l'indigotier, le caféier, les pastèques, les concombres, les papayers, les citronniers, les orangers et la vigne d'Asie, qui y ont prospéré à souhait, ainsi que les magnifiques fleurs de l'*edwarsia* et du *chrysophilla*, nouvellement importées de Taïti, et plusieurs plantes potagères d'Europe, telles que choux, carottes, oignons, betteraves, etc.

Dans la région cultivée vers le littoral, on trouve, comme dans la plupart des îles de l'Océanie, l'arbre à pain, le mûrier à papier, le dragonier, l'*hibiscus*, le *gossypium*, le *morinda*, le *ricinum*, le *sida*, plusieurs graminées et convolvulacées. Dans plusieurs îles du groupe, à Haouaï surtout, une zone de près de 200 toises d'élévation, formée de laves concrètes, n'offre de traces de végétation que dans quelques ravines. La seconde région renferme la plupart des plantes communes à tout l'archipel, et plusieurs espèces propres au groupe d'Haouaï; mais là, la végétation prend une vigueur et un développement extraordinaires. Les nuages amassés dans cette région, fournissant une humidité constante, la plupart des espèces qui, au niveau de la mer, étaient des arbrisseaux étiolés, deviennent ici des colosses.

Un effet de météorologie, analogue à celui que l'on observe souvent sur la montagne de Table-Bay, au cap de Bonne-Espérance, se présente dans certaines circonstances. Des lambeaux de nuages, se détachant de la masse qui enveloppe cette zone, descendent vers la région inférieure, où, isolés, ils ne tardent pas à se vaporiser, et fournissent ainsi un aliment à la végétation de cette région, tandis que les torrents et les cascades qui descendent des gorges des montagnes abreuvent les terres du rivage.

Dans cette zone de nuages croissent le sandal, dont le bois odoriférant forme la branche la plus importante du commerce de ces îles, de vigoureuses fougères, diverses lobéliacées, plusieurs *pandanus*, enfin un *mimosa* et un *metrosideros*, remarquables par les variétés de leurs feuilles, selon les régions qu'ils habitent.

Enfin, au-dessus des nuages, commence la troisième région, région des plantes alpestres, dont la vigueur va en décroissant graduellement jusqu'à la limite des neiges, où elle cesse tout à fait.

Le règne animal est peu riche en espèces dans le groupe d'Haouaï. Le cochon, le chien, le rat, étaient les seuls quadrupèdes connus avant les Européens, qui y ont ajouté la vache, le cheval, la brebis, la chèvre, le chat et le lapin. Parmi les oiseaux, on doit compter deux moucherolles, le *psittacus*, deux pinsons, une grive, la mouette commune, des bécasses, des oies, des canards, un corbeau, des foulques, les oiseaux des mers tropicales, tels que pétrels, sternes et phaétons. Les plus beaux et les plus remarquables sont quatre nectarins, petits oiseaux de la forme du colibri, dont les plumes brillantes servent à faire les manteaux des rois. Les seuls reptiles de l'île sont deux lézards de couleur cendrée, longs de cinq à six pouces. On y voit des limaçons aux couleurs chatoyantes. Les insectes y sont rares, ainsi que dans toute la Polynésie. Néanmoins on y voit une quantité de moustiques, mais peu de papillons et de coléoptères. Les poissons y sont abondants et variés. On y trouve plusieurs espèces de bonites, deux espèces de mulets, des poissons volants, et assez fréquemment des zoophytes. Les mollusques y sont très-nombreux, et le naturaliste qui y accompagna le capitaine Byron a recueilli onze espèces de coquilles, toutes appartenant au genre volute. On y rencontre aussi l'huître perlière, qui fournit souvent des perles d'un bel orient.

TOPOGRAPHIE DE L'ÎLE HAOUAÏ.

Dans le chapitre précédent, nous avons déjà indiqué les généralités géographiques de cette île qui donne son nom au groupe : il nous reste à examiner les curiosités naturelles qui s'y rencontrent, et à donner une description succincte des villes, ou plutôt des villages, qui se trouvent presque tous sur les côtes.

DISTRICT DE HAMA-KOUA. CASCADES DE TROIS CENTS PIEDS DE HAUTEUR.

Parcourons d'abord les districts auxquels appartiennent les curiosités remarquables, les monuments de la nature, ainsi que les villes et les villages. En allant du nord au sud sur la côte orientale de l'île, nous trouvons le district de *Hama-Koua*, qui, au nord, confine à celui de Kopala (le plus septentrional de l'île), et au sud, à celui de Kiro. Dans ce district est une vallée étroite et profonde, puis un morne de six cents pieds qui surplombe la vallée,

et d'où s'échappent des nappes d'eau formant des cascades de trois cents pieds de hauteur. Cette muraille, composée de diverses couches de lave poreuse, est due à un éboulement subit de rochers qui s'écroulèrent tout à coup il y a quelques années. Au milieu de ces débris, de ces ruines sublimes, sur la crête des rocs, dans les anfractuosités des falaises, paraissent çà et là quelques cases qui révèlent l'existence de l'homme.

Le jour de l'éboulement, disent les naturels, un brouillard épais couronna la montagne, et ensuite un feu follet parut, précurseur de la déesse Péé, qui préside aux volcans. Un prêtre de la déesse, qui demeurait au pied de la montagne, chercha à rassurer les insulaires, et leur promit que, par ses prières et ses conjurations, il détournerait de la contrée le malheur qui la menaçait ; mais la déesse resta sourde aux prières de son ministre, et, vers dix heures du soir, un tremblement de terre se fit sentir, la montagne s'ouvrit dans une longueur d'un demi-mille, et la tranche qui se trouvait du côté du rivage s'écroula dans la mer avec un horrible fracas qui fut entendu au loin, et deux villages et une vingtaine de personnes furent engloutis.

Les environs présentent partout l'aspect d'une nature en convulsion : des laves, des rochers calcinés, des cendres, des fondrières, et, parmi ces ruines, presque nulle trace de végétation.

Plus au sud, la côte présente un autre aspect. A la nature morte succède une nature vivante et animée. Là, sont les villages de Waï-Manou et de Waï-Pio, qui ont pris leur nom des torrents qui les arrosent. Ce dernier est célèbre dans les légendes nationales d'Haouaï, pour avoir servi de résidence aux deux premiers rois de l'île, Mirou et Akea, ensuite à Oumi et Riroa, fameux dans l'histoire de ce pays, et enfin à l'exécrable tyran Hoa-Kau, dont le nom est encore, pour les insulaires, un sujet d'épouvante. Son plaisir était de déchirer les corps de ses sujets, et quand il apprenait qu'un homme avait une belle tête, il ordonnait à ses bourreaux de la lui apporter pour la taillader à son aise. On dit qu'un jour il fit couper le bras d'un homme pour la seule raison qu'il était mieux tatoué que le sien.

VALLÉE DE WAI-PIO.

Le village de Waï-Pio est bâti dans une vallée qui porte le même nom, et qui est une des plus pittoresques du globe. Il est encaissé de trois côtés par des montagnes qui, s'ouvrant vers la mer, permettent de voir le torrent et les habitations.

C'est dans cette vallée (voy. pl. 128), auprès de Waï-Pio, que se trouve le Pouho-Noua, ou lieu de refuge de la partie orientale de l'île. Cet édifice présente les caractères d'une moyenne antiquité. En temps de guerre, on attachait un drapeau blanc à chaque entrée, et la mort eût été la punition de quiconque aurait passé ces limites pour poursuivre un coupable. L'impunité était accordée à quiconque avait pu atteindre ce lieu d'asile. Le meurtrier, le prisonnier de guerre, le sacrilège étaient là en pleine sûreté. La religion les couvrait de sa puissante égide. Dans cette enceinte, sous un antique *pandanus*, s'élève la chapelle dans laquelle sont déposés les os de Riroa, petit-fils d'Oumi, qui vivait, disent les traditions, il y a plus de quinze générations. Les prêtres avaient exploité ces reliques, et aucun insulaire n'était admis à les visiter qu'après avoir donné au moins un cochon. Le roi lui-même était soumis à cette offrande, et des missionnaires qui voulurent les visiter, en 1823, ne purent être admis. On leur montra une pierre représentant la sculpture grossière d'un homme. C'était, leur dit-on, le *tii* (effigie) de Riroa.

LE ROI ROUMI, LE PRÊTRE ET LES PRISONNIERS.

Une tragédie d'une barbarie incroyable fut jouée dans cette même vallée de Waï-Pio.

Selon les insulaires, le grand roi Oumi avait vaincu dans un combat six rois des autres districts, et il sacrifiait ses prisonniers de guerre pour célébrer la victoire. Quand il eut fait tomber plusieurs victimes, il voulut s'arrêter; mais la voix de son dieu Koua-Poro se fit entendre, et lui ordonna de frapper : « Toujours... toujours... » répétait-elle sans cesse, et le roi immolait de nouveaux prisonniers. Cependant un seul restait de quatre-vingt-dix, et le roi désirait lui faire grâce. La voix de son dieu se fit entendre de nouveau. Oumi, touché de la jeunesse et des larmes du prisonnier, hésitait encore, lorsque la voix tonnante du dieu cria : Toujours! frappe!... Un instant après, le roi restait seul avec le prêtre, tous deux seuls sur un tas de cadavres.

Ainsi l'abominable fanatisme transformait un peuple doux et humain en tigres altérés de sang; ainsi, mettant en jeu l'enthousiasme et la crainte, les prêtres se servaient tour à tour de ces passions pour assouvir leurs vengeances particulières, et s'élever au-dessus des rois.

On trouve encore au fond des baies qui s'enfoncent dans les falaises, quelques petits villages, la plupart sans importance : ce sont ceux de Kapou-Lena, Kolo-Aha, Koumo-Arii, Manie-Nie, Heala-Kaka et Naupea. Ce dernier hameau termine, de ce côté, le district d'Hama-Koua.

DISTRICT D'HIRO.

Le district d'*Hiro* qui, au nord, confine le précédent, et au sud, celui de Kaou, est dominé par la cime neigeuse du Mouna Kea. Houra, village limitrophe, dans une petite crique, Loupa-Hoï-Hoï, Weloka, Kamae et Opea, villages de peu d'importance, se trouvent sur la côte, assez rapprochés les uns des autres.

Dans une vallée fertile et dans une position des plus romantiques, s'élève Waï-Akea au fond de la baie du même nom. Cette ville, la plus grande, la plus riche et la plus peuplée de l'île, est bâtie dans une plaine couverte de cases ombragées de cocotiers et de Lananiers, et entourées de jardins et de champs fertiles de taros, de patates, de cannes à sucre et de melons. Tout dans cette vallée annonce la richesse de ses habitants: les cases sont plus élégantes et plus spacieuses, les vêtements des habitants plus recherchés, et les productions plus abondantes.

ÉTABLISSEMENT DES MISSIONNAIRES.

On trouve dans la ville de Waï-Akea l'établissement des missionnaires protestants, succursale de celui d'Hono-Rourou. Quelques cases, bâties à la façon du pays, au bord d'un canal d'eau douce qui communique à la mer, et entourées de vergers de *pandanus*, de cocotiers et d'aleurites, servent de logement, de temple et d'école à ces pasteurs. A cent pas de leur établissement se trouve la maison qui a été occupée par le commandant Byron : c'est une case un peu plus grande que celle des naturels, meublée de deux tables, de quelques chaises et d'une espèce de lit de repos. Auprès est une autre case qui servait à ses officiers.

TORRENTS ET ÉTANGS.

Trois torrents coupent la plaine et y forment des étangs remplis d'excellents poissons qui se nourrissent des moules qu'on trouve sur la grève. Ces étangs sont couverts par le vol continuel des canards et des sarcelles. Le plus large et le plus rapide de ces torrents est le Waï-Rourou, qui descend des sommets escarpés du Mouna-Kea. Son embouchure offre une gorge profonde, dont les murs noircis et coupés à pic sont couverts d'une végétation rabougrie et chétive. De cette embouchure, le torrent se précipite dans un vaste bassin avec impétuosité en formant deux cascades, l'une haute de vingt pieds, l'autre de huit seulement (voy. *pl.* 111). Un des amusements favoris des insulaires consiste à se laisser emporter par les eaux au-dessus des cascades, puis à se lancer avec elles pour reparaître, à l'instant de leur chute, dans les eaux du bassin. Un pont grossièrement construit joint les deux rives du Waï-Rourou. Le Waï-Akea, ombragé de coco-

tiers, jaillit du milieu des laves, et se jette dans l'Océan, après avoir fourni un cours paisible de quelques milles. Le Waï-Rama, enfin, né comme le précédent dans un lit volcanique, glisse aussi comme lui dans l'Océan par une pente douce, et ses rives sont couvertes des plus beaux arbres de cet archipel.

GRAND VOLCAN DE KIRO-EA.

A vingt ou trente lieues du village de Waï-Akea, au milieu d'une contrée montagneuse et aride, s'élève le volcan de Kiro-Ea, l'un des plus étranges phénomènes de l'île (voy. *pl.* 112). Un chemin agréable et facile à travers la plaine, ombragé de cocotiers, de bananiers et de *pandanus*, conduit dans un bois d'aleurites qui, traversé dans tous les sens de lianes et de plantes parasites, n'offre au voyageur qu'un chemin étroit et recouvert de laves tranchantes. L'aleurite fournit un fruit d'où l'on extrait une teinture qui était autrefois employée à l'opération du tatouage; il fournit aussi une huile bonne à brûler. A la sortie de ce bois, la lave noire, et unie comme le marbre en plusieurs endroits, annonce l'approche du volcan. Une large coulée, sur les bords de laquelle végètent quelques arbres à moitié calcinés, sert de chemin. Un arbrisseau portant une petite baie jaune et rouge, d'un goût fade et de la grosseur d'une groseille, sert à rafraîchir le voyageur. Aucune case ne paraît dans les environs, excepté sur les lisières de la forêt, où se sont établies quelques malheureuses familles. Bientôt des colonnes de fumée révèlent l'approche du volcan, et elles deviennent plus longues et plus élevées à mesure que l'on approche. Un precipice de plus de cent cinquante pieds, taillé à pic et couvert d'arbrisseaux et de buissons, conduit dans une fondrière d'un demi-mille d'étendue, aboutissant elle-même à une seconde plaine creusée à deux cents pieds de profondeur. Cette seconde chaussée conduit au cratère, dont l'approche est annoncée par un roulement sourd et continuel, et par des colonnes d'une flamme blafarde et d'une épaisse fumée. Un rebord demi circulaire, coupé à pic et d'environ un demi-mille, circonscrit ces deux enfoncements.

Là on assiste à un des spectacles les plus sublimes de la création. Là réside Pélé, formidable déesse, mère d'Haouaï, dont la voix terrible fait trembler l'île entière. Une plaine de 7 à 8 milles de circonférence, dont le terrain bouleversé et onduleux étale une soixantaine de cratères coniques, dont plusieurs sont sans cesse en activité, des pitons de bitume et de soufre, des fissures dont l'œil n'ose sonder la profondeur, des monceaux de laves et de cendres, tel est le tableau qui se présente à une profondeur de plus de treize cents pieds, imposant témoignage d'une grande convulsion terrestre.

La teinte sombre et noire du gouffre n'est interrompue que par quelques coulées de soufre, offrant des nuances jaunes et vertes sur le sommet et sur les flancs de deux ou trois cratères. Dans la partie de l'est, les bords du precipice sont tapissés de soufre d'une belle couleur. Au nord et à l'ouest, les parois du cratère, taillées à pic, sont d'un rouge sombre et fortement calcinées. Une fumée épaisse couvre toute la partie méridionale.

Les volcans ont ordinairement leur cratère au sommet d'un cône, et l'on doit gravir de hautes montagnes avant d'y arriver. Celui de Kiro-Ea, au contraire, est dans un enfoncement profond, et il faut descendre successivement deux terrasses avant de l'apercevoir, ce qui augmente beaucoup l'effet qu'il produit. Le Kiro-Ea était sans doute, dans l'origine, de la nature des autres volcans; il avait aussi son cratère au sommet d'un cône; mais une excavation profonde a permis aux matières de s'écouler, et il en est résulté l'enfoncement qui existe aujourd'hui. Les deux plates-formes, que l'on descend pour y arriver, attestent assez qu'il s'est ainsi formé, et constatent deux états du volcan. Une muraille de laves, large de quelques pieds seulement en plusieurs endroits, et d'où l'on peut sonder la profondeur de l'abîme, atteste que lorsqu'elles étaient en fusion, elles montaient jadis jusqu'à ce niveau. Tel est l'aspect général du volcan, vu à quelque distance. D'autres beautés attendent le hardi voyageur qui ose s'aventurer dans ces gouffres, et le récompensent amplement du danger qu'il a couru plus d'une fois d'être englouti.

Une pente presque verticale de plus de quatre cents pas, semée de rochers qui se détachent au moindre choc et roulent dans l'abîme avec fracas, conduit à un chemin formé de laves et d'une pente plus douce qui aboutit à ce point jusqu'où elles s'élevaient primitivement. Une lave brûlante, formant une croûte de quelques pouces et sous laquelle gronde un bruit caverneux semblable au tonnerre, des crevasses d'où sortent des torrents de fumée et des vapeurs brûlantes, un sol calciné qui tremble sous les pieds, et sur lequel on ne s'avance qu'en sondant avec de longs pieux, tel est le spectacle qui se présente. Des blocs de lave, détachés des rebords du cratère, se détachent avec un bruit épouvantable, et dans quelques années, sans doute, toute cette marge sera détruite.

Vers la partie occidentale, une brèche large, et formant une pente moins escarpée que dans les autres points, offre un chemin tortueux qui conduit au plan inférieur. Un vaste éboulement a produit cette crevasse. C'est en marchant sur cet entassement de laves, sur ces rochers qui menacent à chaque instant de s'écrouler sous les pas du voyageur, que l'on parvient au fond d'une gorge noire, à parois de basalte, et d'où l'on ne voit le ciel qu'à travers une ouverture déchirée. Ce plancher, formé par une coulée encore à demi liquéfiée, brûle les pieds et est agité de secousses continuelles. C'est par ce chemin que descendirent plusieurs missionnaires, le commandant Byron, et depuis plusieurs officiers de la marine française.

Un nouveau chemin d'une lave plus brûlante encore que celle qui conduit au plan inférieur, permet d'approcher de l'un des volcans en activité. Des coulées en liquefaction s'échappent du sommet de ce cône, haut de cent cinquante pieds, et forment une masse heurtée, criblée de trous et de crevasses, d'où s'exhalent des colonnes de flammes et de vapeurs sulfureuses. Aux environs de ce cône, le sol est si brûlant que l'on ne peut y maintenir la main. Les souliers garantissent à peine les pieds, et les longs pieux destinés à sonder le terrain prennent souvent feu à l'extrémité qui s'engage dans les crevasses.

C'est surtout par une nuit calme et bien étoilée que le volcan se révèle avec toutes ses pompes, avec sa terrible poésie. Des torrents de feu coulant sur la pente des cônes, tantôt paisibles et unis, tantôt bondissant en cascades; des spirales de feu s'échappant des fissures, et des colonnes de flammes s'élevant jusqu'aux nues, et couronnant le sommet des cônes : quelle scène sublime, quel spectacle imposant!

Vivant sans cesse au milieu des phénomènes volcaniques qui menacent à chaque instant leur existence, les insulaires ne purent manquer de chercher les moyens de conjurer les terribles effets de destruction dont tant d'hommes ont été victimes, et la superstition leur faisant voir dans ces phénomènes naturels, l'intervention d'une divinité malfaisante, ils durent chercher par des prières et des sacrifices à détourner d'eux les effets de sa colère.

Ce volcan de Kiro-Ea, disent les naturels, a été choisi par Pélé et les autres dieux des volcans, comme l'habitation la plus digne d'eux. Les cratères leur servent de palais; ils y jouent au *konane*, et leur divertissement le plus habituel consiste à nager dans les laves brûlantes, et à danser dans les tourbillons de flammes, en écoutant la musique tonnante du volcan.

La tradition fait remonter au chaos (la grande nuit) la première éruption du Kiro-Ea, et constate aussi les diverses transformations qu'il a subies. Dans l'origine, il s'étendait sur toute l'île, mais depuis il n'a cessé de s'enfoncer au-dessous du niveau de la plaine, en augmentant d'étendue. Les explosions se manifestèrent pour la première fois sous le règne de Ke-Oua, et les naturels attribuent à des passages souterrains que Pélé s'est creusés dans la montagne, la présence assez fréquente de laves sur le rivage.

La déesse n'accorde que dix pieds sur les bords de son domaine aux pèlerins qui veulent y passer la nuit : tout le reste du terrain est *tabou*, c'est-à-dire interdit, et Pélé ne manquerait pas de punir les audacieux qui oseraient lui désobéir. Tout autour du cratère principal se trouvent une multitude de petits cônes et de cratères volcaniques de grandeurs et de configurations les plus variées. Auprès d'une de ces fissures béantes, d'où s'exhalent sans cesse de la fumée et des cendres, les vapeurs condensées par le froid de la montagne retombent en rosée, et forment deux petits réservoirs d'eau filtrée et d'un excellent goût.

Un des phénomènes les plus curieux de ces montagnes, ce sont, sans contredit, les conduits par lesquels la lave s'est frayé un chemin dans le cratère. Ces boyaux ont, en général, huit à dix pieds de largeur et autant de hauteur, et sont formés par la concrétion des couches superficielles de la lave à la surface et sur les côtés, tandis qu'elle continue à couler en dessous. Cette croûte superficielle s'est si bien conservée avec ses accidents et ses ondulations, qu'on la croirait encore en mouvement. La voûte inférieure forme une courbe à laquelle adhèrent, sous toutes les formes, et représentant toutes les configurations les plus bizarres, d'innombrables stalactites, suspendues au-dessus d'un pavé qui ressemble à un ruisseau de cristal.

Un de ces conduits a creusé, sur les bords mêmes du grand cratère, un bassin spacieux dont la forme heurtée et singulière est déterminée par la chute des coulées qui y tombent de plus de cent pieds. Des blocs basaltiques du poids de plus de dix milliers gisent épars çà et là, et sont dus évidemment à des éruptions antérieures. Le capitaine Byron estime ce côté du cratère

27ᵉ *Livraison.* (OCÉANIE.) T. II.

à trois mille pieds au-dessus du niveau de la mer. Le sentier étroit qui y conduit est recouvert de laves presque vitrifiées, fragiles et de couleur briquetée et noirâtre. Une grande quantité de filaments de cette lave, translucides et très-fragiles, d'une couleur olive, se remarquent sur plusieurs points. Les naturels les désignent sous le nom de *Rau oho ô Pélé* ou cheveux de Pélé. Ces filaments ténus ont quelquefois plusieurs pouces de long, et se trouvent jusqu'à sept milles du grand cratère.

LE KIRO-EA-ITI, VOLCAN ÉTEINT.

Une chaussée, large de cent cinquante toises environ, sépare le Kiro-Ea du Kiro-Ea-Iti, ou petit Kiro-Ea, autre volcan éteint depuis long-temps. Le terrain de cette plaine, travaillé par un feu intérieur, est si chaud que les bûcherons y apportent leurs viandes et les y font cuire, en les enveloppant de feuilles de fougère, et les enterrant pendant quelques heures. A peu de distance de la montagne, se trouvaient les ruines d'Oaza-Roho, l'ancien heïau (temple destiné aux sacrifices humains), consacré à Pélé. Ce temple attirait de toutes les parties de l'île une multitude de pèlerins qui venaient y apporter leurs offrandes. Les chiens, les cochons, le poisson et les fruits devaient être cuits aux flammes qui s'échappaient des fumerolles volcaniques ; car le tabou eût été violé si ces offrandes avaient été cuites à un autre feu. La conservation de ce heïau fut long-temps sous la direction de Kamaka-Ake-Akoua, prophète célèbre qui vivait du temps de Tamea-Mea, et dont la réputation de sainteté contribua beaucoup à attirer les fidèles dans son temple.

Du sommet du petit Kiro-Ea, l'œil peut embrasser à la fois l'immensité de l'Océan à l'est, et la masse imposante du Mouna-Roa, dans la direction du sud-ouest. Une forêt large de six à sept milles ceint la base de la montagne, dont les flancs, recouverts de laves et de rochers entassés, offrent les accidents les plus variés, tandis que le sommet est couvert d'une épaisse couche de neige.

Une route parsemée de cratères et de coulées de laves, dont la surface lisse et glissante présente la configuration d'un lac glacé, conduit au district de Kaou, le plus méridional de l'île. Des cavernes, éparses çà et là, formées lors des éruptions antérieures, par le refroidissement des laves, sont le seul abri que l'on trouve dans l'intérieur du pays de Kea-Pouana, entièrement dépourvu d'habitants.

En tirant au sud vers Kapa-Pala, le pays devient plus fertile ; mais la contrée sèche et aride ne fournit aucune source. Les habitants suppléent à ce manque d'eau par un moyen très-ingénieux. Ils forment avec les longues feuilles du pandanus des espèces d'entonnoirs dont ils engagent l'extrémité dans des calebasses et des vases disposés sur le sol. Les eaux de pluie sont ainsi recueillies, et les rosées fournissent chaque nuit une quantité d'eau suffisante pour la consommation d'un petit nombre de familles établies dans cette contrée, et qui vivent contentes dans leurs grottes, n'ayant d'autre occupation que la fabrication des étoffes.

VOLCAN BRULANT DE POUNA-HOHOA.

A peu de distance du village de Kapa-Pala, se trouve le volcan de Pouna-Hohoa, moins célèbre, mais aussi curieux que celui de Kiro-Ea. Les environs présentent la physionomie de terrain et l'aspect général particulier aux volcans. Un terrain parsemé de fissures et de petits cratères, exhalant sans cesse des fumerolles, conduit à un vaste enfoncement d'environ cinq cents toises de diamètre, et profond de plus de cinquante pieds. Dans ce bas-fond existent une infinité de crevasses, dont deux surtout projettent sans cesse avec beaucoup de force des rochers et des laves. Larges seulement de quelques pieds en plusieurs endroits, ces fissures s'agrandissent considérablement dans d'autres, et dans ces points surtout la fumée est beaucoup plus abondante et plus épaisse. Ces deux grandes crevasses s'ouvrirent il y a douze ou treize ans. La terre, à cette époque, se fendit sans fracas, et un tremblement subit fut suivi de la dépression qui existe aujourd'hui. Souvent ces crevasses projetèrent des flammes et des laves brûlantes.

Le terrain est si brûlant dans les environs que l'on a grand'peine à y rester. Les coulées de laves, encore à demi liquéfiées, attestent l'existence récente de ce volcan, que je considère comme un affluent souterrain du Kiro-Ea, et qu'il est peut-être destiné à remplacer, quand celui-ci sera éteint.

Kapa-Pala est un village manufacturier qui se trouve dans les environs. On le cite dans toute l'île pour la finesse et la solidité de ses étoffes connues sous le nom de *mamaki*. Les alentours sont fertiles et bien cultivés. A une demi-journée de Kapa-Pala, se trouve le village de Kaava-Ra, et, à la même distance de celui-ci, Maka-Aka, hameau de quelques cases habité par des cultivateurs.

DISTRICT DE POUNA.

Le district de Pouna, où se trouvent les volcans de Kiro-Ea et de Pouna-Hooa, a une étendue assez restreinte. Occupant la pointe la plus orientale de l'île, il est borné au nord par celui de Kiro, et au sud par celui de Kaou. Tout le territoire intérieur, ravagé par des volcans, est aride et inculte; mais le littoral offre des plaines fertiles et des villages nombreux. Le premier de ces villages, qui forme la limite nord du district, est celui de Kaau, situé dans une vallée fertile et bien arrosée. Puis, en avançant vers le sud, on trouve Waï-Aka-Heula, Kahou-Waï, et enfin Koula, l'un des endroits les plus agréables de l'île, à peu de distance du cap Kapoho, qui en forme la pointe la plus orientale.

ÉPISODE DE PÉLÈ, DÉESSE DES VOLCANS, ET DU CHEF KAHAVARI.

Près de Koula, se trouve une colline à laquelle se rapporte un épisode célèbre dans les fastes du pays. Cette colline, qui a reçu le nom de *Bou-o-Kahavari*, est un cratère éteint d'environ cent pieds de hauteur, sillonné, vers la partie orientale, d'une large échancrure, due à l'écoulement de la lave. Une vallée fertile d'environ trois à quatre milles de diamètre, et entourée de montagnes déchirées et coupées à pic, est sans doute l'ancien lit d'un volcan. Au milieu de cette vallée, un lac d'eau saumâtre, nommé *Waï-a-Pélè* (eau de Pélè), d'environ un demi-mille de circonférence et de deux cents pieds de profondeur, occupe la place de l'ancien cratère.

La légende qui célèbre la colline de Bou-o-Kahavari se rapporte au puissant chef de Pouna, Kahavari, qui vivait du temps du roi Kearii-Koukii. Un jour de fête, ce chef s'exerçait au jeu favori du *horoua* avec les meilleurs joueurs du district. Une foule d'habitants étaient accourus de tous côtés pour être témoins de cet assaut; car l'habileté de Kahavari était connue. Ce jeu du horoua, qui ressemble beaucoup à celui de nos *montagnes russes* de Paris, consiste à s'élancer, dans un traîneau, sur le penchant d'une colline, et à arriver en bas le plus promptement possible. Le joueur qui arrive le premier gagne la partie. Le traîneau qui sert à ce jeu, et qui est connu sous le nom de *papa*, se compose principalement de deux pièces de bois fort polies, longues de huit à dix pieds sur une épaisseur de deux ou trois pouces. Ces deux pièces, qui font l'office de la lame d'acier dans les patins, sont maintenues par une série de traverses, de manière à ce que l'écartement, d'environ deux pouces sur le devant, aille en augmentant sur le derrière, jusqu'à quatre ou cinq pouces. Chacune de ces pièces s'évide sur le devant, de manière à se terminer en pointe en-dessus. De chaque côté sont assujettis deux bâtons pour servir de point d'appui, et une plate-forme transversale sert à appuyer le corps du joueur: pour donner l'impulsion à la machine, celui-ci, étendu sur le traîneau, les pieds prenant un point d'appui sur la traverse de l'arrière, une main appuyée sur l'un des garde-fous, frappe vigoureusement le point d'appui de l'autre main, qu'il reporte aussitôt sur le second garde-fou, et s'élance ainsi, en cherchant à surpasser en vitesse ses rivaux et à maintenir son point d'appui.

Ce jour donc, les insulaires rassemblés avaient préludé au jeu du horoua par des chants et des danses. Le chef et son favori allaient partir, quand une femme, descendue du Kiro-Ea, se présente tout à coup. Elle propose au chef de lutter avec lui. Le défi est accepté : l'inconnue reste en chemin, et Kahavari, s'élançant rapidement, a bientôt franchi le revers de la colline, et est couronné par la foule qui l'environne, tandis que l'infortunée entend retentir à ses oreilles le tonnerre d'applaudissements à la gloire du vainqueur. La courageuse étrangère, jalouse de prendre sa revanche, dit au chef orgueilleux : « Je te prie de recommencer et de me prêter ton traîneau ; le mien est mal construit. » « Non certes, non, répondit Kahavari, » qui la prenait pour une femme ordinaire ; « à peine voudrais-je le prêter à ma noble épouse, » et, prenant son char, il glissa rapidement au bas de la colline. Mais l'imprudent venait de refuser à la puissante Pélé, dont le travestissement l'avait trompé. Furieuse de ce refus, la déesse frappe du pied le sommet de la montagne, et la fend en deux. Le feu et la lave jaillissent aussitôt, et le chef, en se retournant, aperçoit la déesse, s'élançant, la tête coiffée d'un panache de fumée, vomissant des flammes de sa bouche, jetant de ses narines des torrents de bitume et des ruisseaux enflammés, et lançant devant elle les éclairs et la foudre. Déja elle arrivait sur Kahavari, elle allait bientôt l'atteindre, quand le chef, saisissant sa lance, appela un de ses amis, et prit la fuite du côté de la mer; mais les assistants ne pouvant fuir assez vite, furent engloutis sous la lave. Tant de victimes ne pouvaient satisfaire Pélé. La terrible déesse voulait dévorer Kahavari; pourtant ce chef, redoublant ses efforts, arriva à Boua-Kea, et jeta son manteau (*) de feuilles de *ti* tressées (**) pour courir plus vite. De là, se dirigeant vers sa maison, il rencontra près de la porte son cochon favori, *Aroï-Pouaa*, qu'il salua avec son nez ; puis, courant chez Kou-Kii, sa mère, qu'il salua également avec son nez, suivant la coutume du pays, il la prévint de sa mort prochaine, ainsi que sa femme Kanaka-Wahine, qui l'exhorta à rester pour mourir avec elle; mais Kahavari, sans l'écouter davantage, n'eut que le temps de dire adieu à ses deux fils, Papourou et Kaohé, en leur disant qu'il était fâché de les perdre ; car déja la lave était près de l'atteindre. Reprenant leur course, Kahavari et son ami arrivèrent à une crevasse profonde, et sans leur large lance, qui leur servit de pont, ils étaient perdus ; l'impétueuse Pélé arriva presqu'en même temps qu'eux et franchit cet obstacle d'un bond.

Cependant Kahavari, voulant gagner du temps, gravit la colline Bou-o-Kahavari, où il trouva sa sœur Koae. Il lui dit bonjour en courant, puis, allant au rivage, il y rencontra son frère, qui venait de lancer la pirogue de pêche pour éviter Pélé et sauver sa famille. Kahavari et son compagnon y sautèrent avec eux, et, pagayant de toutes leurs forces, ils gagnèrent le large. Pélé arrivait alors bouillonnante et furieuse. Elle se jeta fumante à la mer, poussant d'horribles sifflements, et lançant des pierres qui, heureusement, n'atteignirent pas l'embarcation. Le vent d'est s'éleva ; alors, plantant au milieu de la pirogue sa large lance, ornée d'une banderole, qui servit en même temps de mât et de voile, Kahavari et ses compagnons abordèrent à Mawi, où ils passèrent la nuit. De là, ce chef passa succes-

(*) Cette espèce de manteau est nommé *touï-raï*.

(**) Le *ti* en haouaïen correspond au *dracœna*, ou dragonnier, genre de la famille des asparaginées et de l'hexandrie monogynie. Cet arbre a le port des palmiers.

sivement à Ranaï, à Moro-Kaï, puis enfin à Ohaou où vivaient son père et sa sœur. Là s'écoula sa vie molle et douce, loin des fureurs de la déesse.

La tradition a conservé le souvenir du lieu où le volcan fut en activité, et les habitants montrent encore aujourd'hui les rochers que Pélè lança contre la pirogue de Kahavari. Cette fable du chef de Pouna se rapporte, vraisemblablement, à une éruption volcanique arrivée dans les états de ce prince, et qui dut être tellement violente que la lave envahit tout son territoire. Le Bou-o-Kahavari est en effet un cratère éteint, de cent pieds environ de hauteur, avec une échancrure sur un des côtés, par où la lave s'écoula.

VILLAGES ET TEMPLES SITUÉS ENTRE LE CAP KAPOHO ET LE DISTRICT DE KAOU.

Après avoir doublé le cap Kapoho, la côte fuit au sud-ouest jusqu'à la pointe sud de l'île, et offre successivement les villages de Poua-Laa, Leaia-Laka, chef-lieu du gouvernement de Pouna; Kau-Ea, village de peu d'importance, et, plus loin, Kamaïti, dans les environs duquel se trouvait un heïau fameux, dédié au dieu Rono; Kohena, assemblage de cabanes peuplées de pêcheurs; Keou-Ohana et Kaï-Mou, village pittoresque entouré de terres cultivées. Plus au sud, une petite pointe, Kala-Pana, avec un temple qui était desservi par Kapihi, prêtre de Koua-Haïro, prophète renommé et ami de Tamea-Mea; Koupa-Houa, joli hameau entouré de plantations; Poulana, avec un temple dédié à Taïri, le dieu de la guerre, et dans lequel on sacrifiait des victimes humaines. Komo-Moa est le dernier village autour duquel se trouvent des terres cultivées; au-delà, la contrée prend un aspect désert et sauvage. Vient enfin Keara-Komo, bâti sur un terrain menacé, presque continuellement, d'éruptions volcaniques. Ce village, l'un des plus considérables de l'île, forme presque la limite nord du district de Kaou.

DISTRICT DE KAOU.

Dans le district de Kaou, la côte offre les villages d'Apoua, de Poha-Kouroa, de Kanaio et d'Hilea, tous peu importants et peuplés d'habitants vivant principalement du produit de la pêche. Dans l'intérieur, non loin de la côte, se trouvent les villages de Kaara-Ra et de Maka-Aka. Ce dernier ne contient que quelques cases habitées par de pauvres cultivateurs très-hospitaliers. Un chemin de huit à dix milles, présentant une pente rapide, sépare ce village de Pouna-Rouou. Vient ensuite Koroa, qui fournit les meilleurs cailloux aux frondeurs, et le petit hameau de Niole, dont les pierres, d'après les naturels, jouissent de la faculté de se reproduire et d'être transformées en divinités; de même que les pierres (qu'après le déluge Deucalyon et Pyrrha jetaient derrière eux) se transformaient en hommes et en femmes.

Aux environs immédiats de Niole, se trouve un monticule près duquel fut assassiné le brave Ke-Oua, dont nous parlerons dans l'histoire de Tamea-Mea.

A quelques milles au sud-ouest d'Hilea, on doit distinguer Hono-Napou, joli village habité par une population aisée. Bâti sur des laves, cet endroit est entouré de terrains volcaniques qui offrent les accidents les plus extraordinaires. Dans plusieurs directions, la lave a formé des agglomérations si irrégulières que, pour les gravir, les habitants sont forcés d'enjamber sur des pierres plates, disposées de trois en trois pieds, et servant d'échelons.

ÉPISODE DE KAVERO-HEA.

En sortant d'Hono-Napou, on voit une falaise, ou côte de la mer, très-élevée et coupée à pic. Un drame sanglant y fut joué il y a plusieurs années. Un mari jaloux précipita sa femme sur le rocher qui se trouve au pied du morne. Cette infortunée ne succomba pas sur-le-champ, et tournant ses yeux déjà appesantis vers son époux, elle l'appela des noms les plus tendres, en protestant de son innocence et lui pardonnant sa mort. Le mari, resté au haut de la falaise, immobile comme une statue, reconnut le crime qu'il avait commis; mais il n'était plus temps de le réparer, son épouse expirait en lui disant un dernier adieu. Le rocher où elle tomba a reçu le nom de Kavero-Hea, de celui de la victime; et quand une grande calamité, une guerre, une famine, ou la mort d'un chef menace l'île, des cris plaintifs se font entendre dans le silence de la nuit; et plus d'un nautonier croit voir l'ombre légère de Kavero-Hea effleurant les vagues, et entendre sa douce voix prononcer de sanglants adieux.

SUITE DES LIEUX ET VILLAGES DU DISTRICT DE KAOU.

Tout le long de la côte s'élèvent de nombreux villages entourés de champs fertiles et bien cultivés. Les habitants se livrent à deux espèces de jeux : le *pahe*, qui consiste à lancer une espèce de javelot émoussé, de deux à cinq pieds de longueur sur une épaisseur de cinq pouces, et finissant en pointe. Dans l'autre jeu, nommé *maïla*, ou *ouroumaïta*, deux bâtons sont fichés en terre à quelques pouces de distance l'un de l'autre. Les joueurs, placés à quinze ou vingt toises, lancent des disques de lave compacte nommés *ourou*; et l'habileté du joueur consiste à faire passer le palet entre les bâtons, sans les toucher. Ce jeu, l'un des plus anciens de l'île, a été aboli dans les contrées où les missionnaires ont établi leur domination; mais les cantons libres de la surveillance de ces religieux en ont gardé l'usage, et des défis ont lieu de village à village, et même de canton à canton. On cite plusieurs joutes où se trouvèrent six à huit mille spectateurs accourus de toutes les parties de l'île.

Dans le district de Kaou, on trouve encore le village de Papa-Pohakou, bâti au milieu de vergers, et celui de Kalehou, tous deux dans l'intérieur, dans une campagne bien cultivée et très-agréable. Au bord de la mer, sur le côté occidental de la pointe qui termine l'île au sud, on trouve Taï-Riti, bâti sur un terrain volcanique de formation récente; puis, remontant vers le nord, les deux villages de Ke-Waï-Iti et de Kaulana-Maouna. Ce dernier est situé dans une contrée couverte de laves et horriblement bouleversée. Il forme la limite des districts de Kaou et de Kona.

DISTRICT DE KONA.

Le district de Kona, le plus peuplé et le plus étendu de l'île, occupe toute la côte occidentale. Le sol, assez fertile en plusieurs endroits, offre sur les bords de la mer une ceinture cultivée où sont bâtis un grand nombre de villages. Le premier qui se présente, en partant du sud, est celui de Kapoua, situé dans une contrée aride dont les habitants vont puiser l'eau à sept milles plus loin dans la montagne. Le terrain sur lequel est bâti ce village est composé de cendres et de scories éparses autour de quelques monticules de deux cents pieds de hauteur. A peu de distance est le petit hameau de Oma-Kaa, et, neuf milles plus loin, celui de Kala-Hiti, plus riche et plus peuplé. Plus loin, on aperçoit le bourg de Keakea avec une population assez importante.

CAVERNE DE KEA-NAI.

Dans les environs de Kea-Kea est la caverne de Kea-Naï, l'un des objets les plus curieux de l'île. Cette caverne, dont la formation paraît récente, résulte d'une chute de lave précipitée d'un rocher de plus de soixante pieds, et présente une espèce de salle de quatre à cinq toises de longueur, haute de cinquante à soixante pieds sur une largeur de huit à dix. L'intérieur de cette grotte présente des stalactites des formes les plus variées et les plus capricieuses; plusieurs, longues de deux ou trois pieds, sont suspendues à la voûte et reflètent de cent façons différentes les rayons lumineux qui viennent les frapper. Un pourpre foncé forme le fond de la couleur, entrecoupée par des rayures et des plaques du noir le plus éclatant et semblable à un vernis vitré. Le côté de la voûte, situé dans la direction du cratère, présente une paroi perpendiculaire qui brille des plus vives nuances, tandis que le côté opposé, qui doit naissance à l'écoulement de la lave, a une forme très-irrégulière et une teinte sombre.

N'oublions pas de mentionner le village d'Honono, au nord de Kea-Kea, entre ce village et Keara-Kekoua. Honono servit de résidence pendant plusieurs siècles aux familles royales d'Haouaï. Quoique bien déchu, cet endroit offre un grand intérêt au voyageur, tant sous le rapport de son importance politique et religieuse que par la conservation, plus intacte que dans aucun autre point de l'île, des rites de l'ancien culte indigène.

NARE-O-KEAVE, OSSUAIRE DES ROIS D'HAOUAÏ.

Dans les environs immédiats d'Honono, sur une chaussée de lave qui s'avance très-loin dans la mer, s'élève le *Nare-o-Keave* (maison de Keave) : c'était le Moraï ou ossuaire des rois et des princes d'Haouaï, depuis six ou sept cents ans. Ce temple, autrefois le plus célèbre de l'île, tombe aujourd'hui en ruine, et, de tous les travaux élevés dans son enceinte, la chapelle seule est encore debout, bien conservée et bien entretenue. Un tabou sévère en interdit encore l'entrée ; mais, de la porte, on aperçoit, gisant à terre, des morceaux de nattes et d'étoffes, des débris de vêtements, et dans tous les angles du bâtiment, des faisceaux d'ossements humains, soigneusement blanchis et attachés avec des tresses en bourre de cocotier. L'intérieur de ce moraï, ou ossuaire, est rempli de statues en bois et de figures en plumes rouges ; leurs bouches sont démesurément fendues et garnies de dents de requin, et leurs yeux sont en nacre de perle.

Autrefois ce moraï, bien entretenu et fortement construit, était entouré d'une cour pavée en dalles bien assemblées, et de vingt-quatre pieds carrés. Le toit était recouvert de feuilles de *ti* artistement unies, et une palissade serrée ceignait tout l'édifice. La cour intérieure était pleine de figures grotesques et d'effigies grossières, représentant les divinités tutélaires du lieu. Tout dans ces grossières statues était heurté et monstrueux. D'énormes têtes aux cheveux hérissés étaient posées sur des épaules difformes ; le torse était contourné ; les mains appuyées sur les hanches, les jambes cambrées, achevaient de compléter ce ridicule ensemble. La troupe entière était placée sur des piliers ou des piédestaux en forme de croissant, hauts de deux pieds et larges de trois. Le principal groupe, composé de douze personnages, disposés en demi-cercle autour des tombes royales, se trouvait dans l'angle sud-est de l'enclos. En dehors de l'enclos, et posées de la même manière, figuraient une foule d'autres divinités de même espèce. Au centre de l'enceinte on remarquait le dieu principal, entouré de sa cour. Toutes ces effigies étaient couvertes des étoffes les plus belles et les plus élégamment drapées. A leurs pieds étaient épars des morceaux de nattes, des pièces d'étoffes, des fleurs, des fruits de toute sorte, des ustensiles et des coquillages, déposés chaque jour par les fidèles qui accouraient en foule de tous les points de l'île. Le grade de ces divinités se reconnaît aux ciselures plus nombreuses et mieux exécutées, surtout vers la tête ; mais il n'y a aucune distinction de taille.

OFFRANDES AUX DIEUX MANGÉES PAR LE FILS D'UN PRÊTRE.

Ce temple est desservi par une famille dont l'un des membres reçut Cook dans son voyage. Son petit-fils reçut le capitaine Byron, commandant de la frégate *la Blonde*, et lui raconta une aventure qui lui était arrivée dans sa jeunesse. Un soir, il revint fatigué, affamé et sans avoir rien pris. Il jeta un coup d'œil sur le poisson et le poï offert par son père au *Noui-Akoua* ou grand esprit, ce qui excita davantage son appétit. Mais avant de se hasarder à en manger, il voulut s'assurer si les dieux avaient en leur pouvoir des moyens de répression. Il commença par passer la main sur leurs yeux ; ils ne firent aucun mouvement ; il leur mit le doigt dans la bouche, et elle resta ouverte. Alors, prenant un manteau, il leur voila le visage, et, comme ils restaient toujours immobiles, il dévora, sans remords et à l'aise, les mets offerts aux *immortels*. Son père, étant survenu, le blâma fortement. Il lui répondit qu'ayant parlé à ses dieux, ils ne l'avaient pas entendu ; que leur ayant mis le doigt dans la bouche, ils ne l'avaient pas mordu ; qu'il en avait conclu qu'ils n'y voyaient pas, et qu'alors il avait mangé tout son soûl, sans craindre les idoles. Le vieux prêtre lui dit alors d'un ton sévère : « Mon fils, le bois, à la vérité, n'entend ni ne voit ; mais l'esprit qui est en haut voit et entend tout, et il punit les mauvaises actions. »

LIEU D'ASILE.

Dans les environs de ce moraï existe un *Pahou-Tabou* ou *Pouho-Noua*, lieu d'asile fameux dédié à Keave, la divinité tutélaire du lieu, et plus considérable que celui de Waï-Pio, qui est situé à l'est d'Haouaï ; car il existait deux de ces asiles dans l'île, et il y en a plusieurs dans le groupe. Ce Pouho-Noua forme un parallélogramme irrégulier long d'environ 660 pieds sur 380 de largeur. Des murailles de douze pieds de hauteur sur quinze d'épaisseur l'entourent, excepté dans la partie du nord-ouest qui touche à la mer, et n'est défendue que par une palissade assez légère. De nombreuses statues de divinités couronnent ces murailles. L'enceinte renfermait autrefois trois temples ou heïaus : deux sont entièrement détruits ; un seul reste, très-délabré, formant un carré long, composé de murailles de 120 pieds de longueur sur 60 de largeur et dix de hauteur. Ces débris sont construits avec des quartiers de laves, dont plusieurs, pesant cinq à six milliers, ont dû exiger des travaux énormes pour les transporter et élever à plusieurs pieds de hauteur. Les légendes assignent deux cent cinquante ans d'ancienneté à ces temples, qui furent élevés par Keave ; mais les ornements intérieurs et les statues sont d'une date plus récente.

Autrefois, dans un des coins de l'enceinte on voyait les maisons des prêtres et celles destinées aux réfugiés. En temps de guerre, les femmes, les enfants et les hommes hors d'état de porter les armes venaient se réfugier dans ce lieu d'asile, d'où ils ne sortaient qu'à la fin des hostilités.

Quelques jours passés dans ces lieux de refuge suffisaient pour effacer les infractions aux lois civiles. La fin de la guerre mettait un terme au séjour des prisonniers. Une fois sortis, aucun n'avait droit sur les fugitifs, quels que fussent les crimes dont on les accusât. Ce droit d'asile existait à Rome et à Avignon, avant que le comtat du pape, dans lequel je suis né, fût réuni à la France sous le nom de département de Vaucluse.

PLAINE CÉLÈBRE.

Entre Kei et Honono s'étend une plaine recouverte de laves, et célèbre dans les fastes de l'île. C'est là que Tamea-Mea, après la bataille la plus acharnée, *une bataille qui dura huit jours*, arracha le sceptre de l'île à Kau-Ike-Ouli, fils aîné et héritier de Taraï-Opou.

La mort seule de ce prince fut le signal d'une déroute complète. Les soldats de Tamea-Mea n'eurent plus qu'à poursuivre leurs ennemis, dont une partie fuyait du côté de la mer pour se jeter dans les pirogues, tandis que d'autres, parmi lesquels se trouvait le célèbre Karaï-Mokou qui, depuis, fut ministre de Tamea-Mea, cherchèrent leur refuge dans le Pahou-Tabou d'Honono. Les insulaires montrent aux voyageurs les ossements blanchis des guerriers de Kau-Ike-Ouli, et un monticule de lave indique l'endroit où ce chef fameux fut tué.

LIEUX REMARQUABLES.

En montant vers le nord on rencontre Ke-Ara-Kekoua, village bâti sur le bord de la mer, tout près de celui de Kaava-Roa, situé dans une baie qui offre un abri sûr aux petits bâtiments. Un rocher de lave d'une teinte sombre domine les maisons et semble les menacer d'une chute prochaine. Plus loin, la lave décomposée offre à la culture des champs fertiles, des vergers et des haies, ceints par un rideau de forêts et dominés par une chaîne de montagnes arides. C'est dans les environs de Kaava-Roa que périt, en 1777, le célèbre Cook, ce génie des découvertes. Sur le lieu même où l'assassinat fut commis, on trouve un poteau élevé en 1825 par le capitaine Byron, avec une inscription qui indique aux voyageurs les circonstances de sa mort.

Vers le milieu de la côte occidentale, on observera Kaï-Roua, résidence habituelle du gouverneur de l'île. Un fort régulier, élevé par les insulaires, dirigés par des ingénieurs européens, domine la ville et la rade. Le sol sur lequel s'élève le village est tout bouleversé par les éruptions volcaniques, et offre le grand inconvénient de manquer d'eau fraîche. Pour s'en procurer, les indigènes sont forcés d'aller en puiser dans des marais et des torrents très-éloignés du rivage. La salubrité de l'air et la fécondité des parties du terrain propres à la culture ont cependant fixé dans ce village un grand nombre d'habitants.

GROTTE DE KAI-AKEA.

Les environs sont parsemés de grottes naturelles, parmi lesquelles celle de Kai-Akea offre des curiosités sans nombre. Une étroite ouverture conduit dans cette caverne, qui n'offre d'abord qu'un passage étroit et tortueux; mais bientôt ce couloir s'élargit au point d'offrir de véritables salles, dont plusieurs ont jusqu'à vingt pieds de longueur. A la lueur incertaine des torches, on croit remarquer sur les parois des rochers, des configurations de statues, des niches, des débris de colonnes, toutes les merveilles de l'architecture; mais aucun accident de stalactite ni de stalagmite ne s'y fait remarquer.

LAC D'EAU SALÉE.

Après avoir fait huit cents pas environ, on est arrêté tout à coup par un lac d'eau salée dont la profondeur est de cinquante à soixante pieds. L'action du flux et du reflux se fait sentir dans ce lac, qui doit communiquer avec la mer, car elle n'en est éloignée que d'environ un mille.

RUINES DU FORT DE KAI-ROUA.

Des débris de murailles de vingt pieds de hauteur sur douze d'épaisseur à la base, présentant d'espace en espace de larges crénelures, indiquent l'existence d'une ancienne fortification qui paraît avoir eu une grande étendue (voy. *pl.* 129). Une caverne servait de refuge aux populations en temps de guerre, et la citadelle était évidemment destinée à en défendre l'entrée.

CASCADES ET GERBES D'EAU CURIEUSES.

La pointe septentrionale de la baie de Kaï-Roua présente un promontoire, immense chaussée de lave dont la formation est due à une éruption du Mouna-Houa-Raraï, arrivée il y a trente-cinq ans. Des crevasses profondes percent la lave en plusieurs endroits, et, s'enfonçant jusqu'à quinze et vingt toises de profondeur, offrent aux eaux de la mer des conduits naturels où elles se précipitent; puis, jaillissant par une foule de tuyaux, elles forment des cascades, des gerbes et des jets des formes les plus variées, et après s'être élevées à diverses hauteurs, retombent divisées et écumantes sur le roc. Quand le vent d'ouest tourmente l'Océan, ces effets hydrauliques offrent le spectacle le plus imposant.

OFFRANDE AU VOLCAN DE MOUNA-HOUA-RARAI PAR LE ROI TAMEA-MEA.

L'éruption à laquelle ce promontoire doit son existence est célèbre dans les fastes d'Haouaï par les malheurs qu'elle occasionna. Après un affreux tremblement de terre, le volcan de Mouna-Houa-Raraï vomit tout à coup des flots de lave et de bitume. Le torrent descendit de la montagne, grossi par des couches successives, et marchant avec une irrésistible impétuosité. Des offrandes, des prières et des exorcismes sans nombre furent impuissants pour arrêter la lave. Des milliers de cochons furent jetés inutilement dans la coulée, qui avançait toujours impétueuse et terrible, tordant les arbres par le pied et renversant les cases. Dans sa route, elle rencontra plusieurs ravins et une énorme masse de rochers qu'elle fondit et entraîna avec elle.

La lave continuait toujours, malgré les exorcismes des prêtres : prières, holocaustes, tout était demeuré impuissant pour l'arrêter, quand Tamea-Mea parut accompagné de ses principaux officiers; coupant une tresse de cheveux qui étaient tabou, il marcha droit au volcan et les jeta dans la lave qui continuait à couler : deux jours après elle s'arrêta; car Tamea-Mea avait été plus puissant qu'elle, et les dieux étaient satisfaits de son offrande. Cet incident, dû au hasard, contribua singulièrement à affermir la puissance de leur roi dans l'opinion de ces naïfs insulaires; car, convaincus qu'il était en relation avec les divinités des volcans qui le protégeaient, ils s'habituèrent à le regarder comme un être surnaturel, et cette idée, qu'il se garda bien d'étouffer en eux, ne contribua pas peu aux progrès rapides que firent les Haouaïens, sous sa direction.

On ne trouve plus dans ce district que les villages de Kou-Iko, de Lae-Mano et de Kihoro, tous peu importants et bâtis sur le bord de la mer.

DISTRICT DE KOHALA.

Le district de Kohala occupe la pointe septentrionale de l'île et confine à ceux de Kona et de Hama-Koua, que nous avons déjà décrits. Le premier village que l'on rencontre, en partant du district de Kona, est Pou-Aho, petit endroit sans importance; puis vient Kohaï-Haï, qui fut long-temps le village le plus important du groupe et servit de résidence favorite, pendant plusieurs années, à Tamea-Mea. Depuis que la résidence royale a été transférée à Hono-Rourou, Kohaï-Haï a perdu toute son importance, et n'est connu aujourd'hui qu'à cause de la grande quantité de sel que fournissent plusieurs lacs des environs, sans qu'aucune opération soit nécessaire, et par la simple évaporation de l'eau salée qu'ils contiennent.

Kahoua, Poua-Iki et Hihiou, petits villages peu peuplés, se trouvent encore sur la côte occidentale avant d'arriver à Oupoulou. Près de ce cap est le village de Pau-Epou, peu important par lui-même, mais célèbre dans les fastes des Haouaïens par le fameux temple de Makini.

TEMPLE DE TAÏRI.

A quelques milles de Kaoua, sur la côte orientale, en tirant vers le sud, on trouve Haloa, terre natale de Tamea-Mea, qui ne possédait, dans l'origine, que ce petit coin de terre, avec une propriété plus petite encore dans le district de Kaou. On montre près de là plusieurs arbres plantés de sa main, et un temple nommé *Hare-o-Taïri*, ou maison de Taïri. Aujourd'hui ce temple n'est plus qu'un amas de pierres entassées sur un rocher; mais du temps du grand roi, ce monument, le plus tabou de l'île, était tellement sacré que plusieurs insulaires avaient été brûlés sur la montagne voisine pour avoir seulement touché les pierres de l'édifice tabouée.

ÉPISODE DES PREMIÈRES ANNÉES DE TAMEA-MEA-LE-GRAND.

Ce pays obéit aujourd'hui à Mio-Mioï, guerrier fameux, compagnon d'enfance de Tamea-Mea, et qui, depuis, le seconda puissamment dans toutes ses guerres. Ce chef raconte avec plaisir aux voyageurs les traits d'audace et de persévérance qui signalèrent les premières années du grand homme; en voici quelques-uns:

Associé à une troupe de jeunes gens qui l'avaient nommé leur chef, il réalisait avec leur secours les entreprises les plus incroyables. Graces à lui, les campagnes d'Haloa offraient un aspect admirable, de riches plantations, et portaient partout l'empreinte du travail. Tamea-Mea avait distribué ses possessions en autant de lots qu'il avait d'amis. Chacun cultivait celui qui lui était échu, et lui-même avait le sien comme les autres. Par les améliorations qu'il introduisit dans les procédés de culture, l'ordre parfait et l'harmonie qui présidaient à ces travaux, qu'il dirigeait lui-même, il préludait à des travaux plus vastes, il préparait ses grandes destinées. Aidé de ses compagnons, il avait creusé dans une falaise taillée à pic un chemin ou pente de cent pieds de largeur, par lequel ils lançaient leurs bateaux de pêche. Non loin de ce chemin, ils avaient tenté de creuser un rocher pour en faire jaillir de l'eau; et déja ils avaient traversé plusieurs couches de lave, quand ils furent forcés d'abandonner un travail qui leur avait coûté déja plusieurs semaines.

Le dernier village qui se rencontre sur cette côte du district de Kohala est celui de Hono-Kea, qui en forme la limite au sud, en le séparant du district de Kama-Koua.

ILE OAHOU.

Oahou, l'île la plus importante du groupe après Haouaï, en a été surnommée le jardin par les premiers navigateurs européens qui y ont abordé. Le premier aspect justifie peu cette brillante dénomination. Des rochers, des falaises taillées à pic, des blocs de lave, partout sur la côte les traces d'une nature bouleversée, partout l'empreinte des volcans: mais une étude plus approfondie, une reconnaissance plus complète dans l'intérieur, explique comment des navigateurs, fatigués de longues courses, et privés depuis long-temps de la vue de la terre, ont fait de cette île une délicieuse oasis. En effet (je l'ai souvent éprouvé), quand on trouve le repos après la tempête; quand de riches paysages, une vigoureuse végétation, de l'eau, des collines, une nature belle et animée ont remplacé le pont du navire et la vue imposante mais monotone de l'Océan, oh! alors on est singulièrement disposé à l'optimisme.

CAPITALE.

Hono-Rourou, capitale de l'île, est bâtie au fond d'une baie, sur la côte occidentale (voy. *pl.* 127). Quelques habitations disposées irrégulièrement et entrecoupées de bosquets et de massifs d'arbres, tel est l'aspect général de ce port, centre du commerce et le plus fréquenté des Européens. Un fort construit par les ingénieurs européens est le premier édifice qui frappe les regards: bâti sur la pointe de la jetée et bien armé, il peut défendre la ville contre des forces, même assez imposantes. Tout auprès s'élèvent un long bâtiment en pierre, servant de magasin général, et un arsenal avec un chantier sur lequel se trouvent sans cesse des bâtiments en construction et en réparation. Non loin de là, se trouve l'*Hôtel de la Blonde*, joli édifice en bois, servant aujourd'hui de logement au gouverneur de l'île, et qui fut construit pour servir de résidence au capitaine Byron, lors de son séjour dans cette île. Karaï-Mokou a fait bâtir cet hôtel à l'européenne, avec des contrevents verts, un pavillon et un belvéder. Depuis, on a construit une chapelle chrétienne. Viennent ensuite plusieurs habitations appartenant au consul anglais et à plusieurs négociants européens et américains. Enfin, l'un des principaux édifices est la demeure des missionnaires (voy. *pl.* 124) qui ont converti les insulaires à la religion chrétienne, et dont la puissance balance, si même elle ne surpasse celle du véritable souverain. En avant, se trouve leur temple, trop petit pour contenir la foule des assistants; à droite, leur salle d'études, vaste et spacieuse, et, à gauche, leur imprimerie, où un grand nombre d'insulaires sont occupés à tirer une quantité immense de livres de piété.

ASPECT DU SOL.

Si, de l'examen de la ville, on passe à celui de l'intérieur de l'île, on trouve un pays coupé de montagnes, la plupart arides, ainsi que celles d'Haouaï, ce qu'on doit évidemment attribuer aux éruptions volcaniques. Dans les vallées où les laves sont dans un état de décomposition avancé (ici ces endroits sont plus fréquents que dans la principale île du groupe), une riche végétation couvre le sol; et après une longue course à travers les gorges sombres des montagnes, le voyageur éprouve une agréable surprise, en reposant ses yeux fatigués sur des champs fertiles et émaillés de verdure.

LAC SALÉ D'HGNO-ROUROU ET VIGNOBLE DE M. MARINI.

L'une des principales merveilles de l'île est un lac salé, situé à quelques milles d'Hono-Rourou; mais la difficulté des chemins et l'escarpement des montagnes que l'on est forcé de tourner doublent presque la distance. La route qui y conduit est belle et offre plusieurs points de vue très-curieux.

Non loin de la ville est la vigne de M. Marini, l'un des riches négociants de l'île. Une haie de cotonniers et de rosiers borde cette propriété, qui produit assez de raisin pour faire plusieurs barriques de vin. De plants d'ananas en fleur, en maturité, et présentant tous les états de croissance intermédiaires, jonchent le vignoble et ajoutent leur produit au produit principal.

Le goût d'expérimentation qui forme le principal caractère des insulaires, les portera, sans doute, à imiter l'exemple de M. Marini, et l'on peut espérer que, dans quelques années, les vignobles d'Oahou fourniront à la consommation du groupe, et, si leur exemple est imité dans les autres îles, au ravitaillement des bâtiments en croisière sur ces parages. Cette supposition n'a rien d'étonnant, si l'on considère la marche rapide qu'ont suivie toutes les branches industrielles chez ce peuple, depuis 40 ans. Cook avait trouvé des sauvages, et les Européens qui, sur la foi des premiers voyageurs, sont arrivés dans ces îles, croyant avoir affaire à des gens inexpérimentés, ont trouvé des hommes aussi positifs, aussi adroits et aussi fins qu'eux.

TORRENT D'HONO-ROUROU.

A peu de distance, on trouve un torrent qui, un peu plus haut, est partagé en deux filets que l'on passe toujours à gué, quelquefois même à pied sec, et que les insulaires ont honorés au nom de rivière. Au reste, ce torrent d'Hono-Rourou est encore l'un des courants d'eau les plus considérables du groupe. D'après la grande quantité de montagnes et leur élévation, on serait porté à croire qu'elles doivent attirer les nuages et donner naissance à une grande quantité de rivières; mais, outre que le ciel est très-pur et la température modérée, il existe, vraisemblablement, entre les crevasses nombreuses des montagnes et la mer, des conduits souterrains par où s'écoulent les eaux.

AUTRES DÉTAILS SUR L'ILE OAHOU, SUR LA BAIE DE WHYMEA ET LES PORTS DE HONO-ROUROU, WIMOMA ET AUTRES LIEUX.

Nous empruntons les détails suivants au capitaine P. Corney, capitaine en second d'un navire de commerce :

« Nous restâmes à Oahou jusqu'au 17 mars 1818, que nous reçûmes alors de Tameahmeah l'ordre de nous rendre à l'île d'Atoui, pour y prendre une cargaison de bois de sandal. Le lendemain, nous mouillâmes dans la rade de Whymea. A un mille du village, nous vîmes flotter le pavillon anglais sur un très-beau fort, armé d'une trentaine de bouches à feu. Ce fort avait été construit par les Russes; mais ils avaient été obligés de l'abandonner et de quitter le pays, par suite des discussions qu'ils avaient eues avec les indigènes. Tamouri, roi d'Atoui, avait fixé sa résidence dans ce fort; il y entretenait 150 hommes, sans compter un certain nombre de blancs qui servaient les pièces.

« Les chefs qui nous accompagnaient se rendirent à terre, et furent très-bien accueillis par Tamouri. Le lendemain, des canots indiens, au nombre d'environ cinq cents, nous apportèrent notre première cargaison de bois de sandal, que nous allâmes décharger dans l'île de Oahou. Nous prîmes notre seconde cargaison dans la baie de Whymea, et nous la déposâmes au port de Honorourou. Enfin, le 4 mai 1818, les conditions de notre marché ayant été remplies, nous hissâmes le pavillon de Tameahmeah, que nous saluâmes de sept coups de canon; et après avoir mis *la Colombia* à la disposition de Karaïmokou, nous nous rendîmes à terre dans les maisons qu'on nous avait préparées.

« Elles étaient les plus belles et les mieux situées de tout le village; on les avait placées devant le port. Chacune d'elles avait été bâtie et meublée par la population entière de l'endroit, et terminée en trois jours. Elles se composaient de deux dortoirs et de deux réfectoires, dont un pour les femmes. Les deux dortoirs et le réfectoire des femmes étaient entourés d'un enclos formant un carré de cent cinquante pieds. Le réfectoire des hommes n'était pas compris dans cette enceinte, mais il avait son enclos particulier, et une porte de communication avec le dortoir. Voici comment on s'y prend dans ce pays pour construire une maison : on commence par enfoncer en terre, à trois pieds de distance l'un de l'autre, des poteaux de huit pieds de hauteur, terminés en fourche; on place horizontalement dans ces fourches de belles perches bien droites. Les chevrons se terminent aussi en fourche à la partie inférieure, et posent sur les fourches des poteaux verticaux; les extrémités supérieures des chevrons se croisent au-dessus du faîte qui, pendant la construction, est soutenu par des étais provisoires. On lie fortement ensemble ces chevrons avec le faîte; on place ensuite un second faîte au-dessus des bouts croisés des chevrons, et on attache fortement le tout ensemble; on recouvre ce toit de rameaux ou de cannes, faisant office de lattis, et on finit par une couche d'herbes ou de feuilles.

« Notre dortoir était éclairé par deux fenêtres. Dans l'intérieur le sol avait été bien battu; il était jonché de roseaux recouverts d'une natte grossière, sur laquelle on avait mis d'autres nattes plus artistement travaillées. A un bout du bâtiment était un grand lit, garni d'herbes sèches et recouvert de nattes; de chaque côté se trouvaient des espèces de sofas garnis et recouverts de même, et cachés par une petite cloison. Devant la maison on avait construit un raini ou hangar, couvert de branches de cacaotier, et ayant aussi son sofa. Tous les matins, le devant de notre habitation était jonché de roseaux fraîchement coupés. Tameahmeah avait placé auprès de nous un homme chargé de veiller à ce que nous ne manquassions de rien; nous avions en outre une garde qui veillait la nuit autour de nos maisons, afin de nous prévenir en cas d'incendie.

« Oahou, la plus considérable des îles de Sandwich, est précieuse surtout à cause de la sûreté de ses ports et la bonne qualité de ses eaux. La culture y est portée à un haut degré de perfectionnement; on y trouve en abondance des légumes et des fruits de toute espèce. Le pays est bien pourvu de bétail, de chevaux, de chèvres, de moutons, de cochons, etc. Ordinairement les bâtiments relâchent d'abord à Haouaï, pour obtenir de Tameahmeah la permission de mouiller à Oahou. Cette île a trois ports excellents sur la côte méridionale, entre la montagne du Diamant. On découvre le village de Waïtecti, au milieu d'un vaste bois de cacaotiers et d'arbres à pain; il est situé dans une immense plaine, cultivée avec le plus grand soin, et présentant le plus magnifique coup d'œil; les montagnes qui l'entourent sont couronnées de forêts. A un quart de mille du rivage, s'étend un récif de corail qui occasionne de forts brisants. Ce village était autrefois le lieu de résidence du roi, qui ne l'a quitté que depuis quelques années, pour aller habiter Haouaï, son île natale. A environ quatre milles à l'ouest de Waïtecti, on voit le village et le port de Honorourou : c'est le point le plus important et le plus peuplé de l'île. On reconnaît aisément le port à la vallée profonde où il est situé, et où le vent alizé de nord-est souffle avec violence. L'île n'a pas plus de cinq lieues de large en cet endroit. Les bâtiments peuvent amarrer contre le rivage, où ils sont aussi bien abrités que dans les meilleurs bassins formés. Une belle batterie circulaire, placée au sud-est, et composée d'une soixantaine de bouches à feu, protége le village et le port. Le fort occupe environ douze arpents de terre ; les retranchements sont revêtus de pierres : ils ont dix-huit pieds de haut, autant d'épaisseur à la partie supérieure, et une trentaine de pieds à la base ; ils sont construits d'argile, de sable et de gazon bien cimentés. Les embrasures sont faites de même, mais elles ne sont pas revêtues de pierres. Le magasin est souterrain. Au milieu flotte le pavillon des îles Sandwich ou Haouaï, composé d'une raie rouge et bleue, pour chacune d'elles. Tout à l'entour sont construits les logements des chefs de la caserne. Le village contient à peu près trois cents maisons régulièrement bâties ; celles des chefs sont plus grandes et entourées d'une clôture. Chaque famille a trois maisons, l'une qui sert de dortoir, une autre de réfectoire pour les hommes, et la troisième de réfectoire pour les femmes. Le village est séparé de la chaîne de montagnes qui règne du nord-ouest au sud-est par des bois délicieux de cacaotiers, d'arbres à pain et de ricins. Le terrain est divisé en champs carrés, où croît le taro, et qui sont entourés de cannes à sucre et de maïs. L'île possède en outre une grande quantité de très-beaux étangs où l'on pêche des mulots et de petits poissons que les habitants appellent *avaa*. Vers le nord-ouest du port, coule une rivière que les chaloupes peuvent remonter jusqu'à la distance de deux milles, et où les bâtiments se procurent de l'eau douce.

« On trouve, à trois milles à l'ouest de Honorourou, un autre port d'un accès plus facile et peut-être préférable, mais où l'eau douce manque. C'est par cette raison qu'il est peu fréquenté, et que l'on ne voit sur la côte qu'un petit nombre de maisons de cultivateurs et de pêcheurs.

« A six milles environ à l'ouest de Honorourou, on trouve un troisième port connu sous le nom de Wy-Moma. La baie, qui n'a qu'un demi-mille à l'entrée, se prolonge à cinq lieues vers le nord, et a environ quatre milles dans sa plus grande largeur ; au milieu est une île de deux milles de circonférence, qui appartient à M. Maning (*), Espagnol, fixé depuis plusieurs années dans le pays. Au fond de la baie est un excellent cours d'eau qui va se jeter dans la mer ; un grand nombre de plongeurs y sont constamment employés à la pêche des perles. Nous fîmes présent à Tameahmeah d'une drague à huîtres, afin de faciliter leur travail. Au delà de la pointe de Barber, vers le nord, sont situés la baie et le village de Y-Eni ; et un peu plus loin, vers le nord-ouest, on trouve le village de Y-Roua. La baie et le village de Whymea sont à l'extrémité occidentale de l'île. Sur la côte du nord-est, il y a deux grands villages, mais point de port.

« Cette petite île, située au milieu de la baie de Wy-Moma, est habitée par une seule famille, composée d'un homme, de sa femme, de trois enfants, et par deux domestiques de M. Maning ; nous passâmes deux jours entiers avec eux. L'homme nous raconta une aventure qui lui était arrivée au commencement de son séjour dans l'île. Une nuit il fut éveillé par une voix qui l'appela par son nom, en lui enjoignant de prêter la plus grande attention à ce qui allait lui être dit. Mais quel fut son effroi, en ouvrant les yeux, de voir devant

(*) Je pense que M. Corney devait dire *Marini*. G. L. D. R.

lui le spectre livide du roi Péréorani !
Ce fantôme lui ordonna, sous peine de
la vie, d'aller dans un souterrain qui
se trouve au milieu de l'île, d'y prendre
les os du roi, et de les mettre hors
de l'atteinte d'un certain chef nommé
Téréacou, qui devait descendre dans
l'île pour s'en emparer et en garnir ses
flèches. Les insulaires des îles Haouaï
attribuent aux os humains une espèce de pouvoir magique, et ils n'en
emploient point d'autres pour armer
leurs flèches. Le lendemain, suivant la
prédiction du spectre, Téréacou vint visiter l'île ; mais l'Indien lui dit qu'elle
appartenait à un homme blanc, protégé par Tameahmeah, et qu'il lui
conseillait de respecter sa propriété.
Téréacou, sans l'écouter, enleva de la
grotte plusieurs paquets d'ossements ;
mais il n'y trouva point ceux du roi
Péréorani, ni ceux d'aucun chef. La
nuit suivante, le roi et les autres chefs
vinrent remercier l'Haouaïen et lui prédire que sa conduite serait récom-
pensée par l'homme blanc, et qu'il
ferait un jour une brillante fortune.
M. Maning, presque aussi superstitieux que son fermier, m'assura qu'il
avait entendu parler dans le pays de
beaucoup d'apparitions du même genre.

« Après avoir visité la propriété, nous
nous remîmes en route pour voir le
reste de l'île. Je remarquai, dans cette
excursion, que la plupart des crevasses
des rochers étaient remplies d'ossements humains soigneusement enveloppés dans des morceaux d'étoffes.
Les Haouaïens avaient mille attentions
pour nous, et nous apportaient à l'envi
des cochons, des chiens rôtis, et du
porvée. Ils ont une manière de préparer leurs aliments, qui leur donne un
goût excellent : ils les enveloppent de
feuilles de banane, les mettent dans
un trou creusé en terre, et les font
cuire au moyen de pierres rouges dont
ils les recouvrent. Le porvée n'est autre
chose que le taro cuit de cette manière,
battu ensuite sur une grande pierre,
et mêlé pendant le battage avec une
quantité d'eau nécessaire pour lui donner la consistance de l'empois. Dans
cet état pâteux, on le conserve un
ou deux mois dans des calebasses. Le
grand régal du pays est de manger du
poisson cru en le trempant dans du
porvée ; on en mange aussi sans autre
assaisonnement que de la saumure. Les
habitants aiment beaucoup les plantes
marines et les mangent avec du sel ;
ils ne font pas cuire les chevrettes, les
crabes, ni aucune espèce de petits
poissons ; la viande de chien passe
pour le mets le plus délicat ; ce qui
peut fort bien être, attendu qu'on ne
les nourrit que de végétaux. »

VALLÉE PITTORESQUE DES COCOTIERS.

Une plaine aride, nue, et n'offrant
pour abri que quelques arbustes rabougris, succède aux plantations de
taro. Un chemin rocailleux et légèrement ascendant, d'environ deux milles
de longueur, conduit à un endroit où
le terrain, coupé brusquement à pic,
domine une riche vallée, couverte de
cocotiers et arrosée par plusieurs ruisseaux. Un chemin, pratiqué dans l'escarpement, conduit dans la vallée riante
et féconde. La vallée des cocotiers,
c'est la Limagne au milieu des monts
pittoresques et volcaniques de l'Au-
vergne. Des blocs de lave calcinée et
des rochers granitiques noircis témoignent de l'existence antérieure d'un
volcan non loin de ces parages, et,
de chaque côté de la route, des pitons volcaniques et des parois basaltiques, offrant toutes les apparences
d'une nature en ruine, forment avec
la verdure de la campagne un contraste des plus piquants. Au bout de
cette vallée, un nouvel escarpement
se présente, beaucoup plus difficile
à gravir que le premier, et au pied duquel est un lac salé : il conduit sur
une plate-forme, d'où la vue embrasse
un des plus beaux tableaux dont il
soit donné à l'homme de jouir. En
face, se déroule toute la partie de l'île
située sous le vent, tantôt riche de
végétation et de culture, tantôt alpes-
tre et rocailleuse ; ici, couverte de cocotiers et de champs, là, sillonnée de
rochers et de laves ; d'un côté la nature animée et vivante ; de l'autre, la

nature morte et décrépite; l'abondance et la stérilité en présence; la vie et la mort se donnant, pour ainsi dire, la main. Ce vaste et magnifique tableau est encadré, d'un côté par des montagnes escarpées, de l'autre par l'immensité de l'Océan, l'Océan sublime et mystérieux qui, sur la côte, parsemée d'écueils, offre une ceinture blanche d'écume, et, plus loin, la couleur bleu-foncé d'une mer profonde.

LAC SALÉ.

Vu de loin, le lac salé qui termine la vallée des cocotiers, offre l'aspect d'un étang glacé dont les cristallisations réfléchissent, sous toutes les formes, les rayons du soleil. Il a environ deux milles d'étendue ; mais l'eau est, en général, peu profonde. Les bords et le fond sont couverts de nombreuses incrustations salines qui s'attachent aux cailloux, aux plantes et à tous les corps placés à la surface ou au fond de ses eaux. Comme dans les salines des départements du midi de la France, l'évaporation seule, rapide et facile, suffirait pour donner une grande quantité de sel, dont on trouve, principalement sur le rivage méridional, les plus belles cristallisations en cubes.

VALLÉE D'OUA.

Un site délicieux est celui que présente la vallée d'Oua. Cette vallée est une terrasse au fond d'un ravin entouré de montagnes, dont la pente vient s'y terminer en mourant. De trois côtés, l'œil rencontre des montagnes; mais, dirigé du côté d'Hono-Rourou, une échappée lui permet d'apercevoir la ville, le port et les bâtiments de la rade. Une ombre constante entretient la fraîcheur et garantit la végétation, qui est partout belle et vigoureuse. Du sommet des monts qui encaissent la vallée et la surplombent de mille pieds, on jouit d'un spectacle non moins beau et aussi varié que l'aspect que présente celle des cocotiers.

HÉIAU OU TEMPLE CONSACRÉ AUX SACRIFICES HUMAINS.

Au sud-est d'Hono-Rourou, près de la pointe du Diamant, on rencontre la baie de Waï-Titi, peu importante par elle-même, mais fameuse par les ruines d'un héiau, le plus célèbre de toute l'île, et qui avoisine cette baie. Ce temple, dont il ne reste plus que des pans de murailles, est bâti au milieu des bois qui couvrent le pied du cap du Diamant. L'aspect morne et sévère des laves, et la présence d'arbustes rabougris et chétifs, semblent avoir voulu s'harmoniser avec la sombre majesté de l'édifice. L'enceinte du temple avait environ vingt toises de longueur sur dix de largeur, et trois pans de murs subsistent seuls, hauts de six pieds sur trois d'épaisseur. Les pierres lancées par les volcans, et d'une teinte sombre, étaient disposées avec régularité. C'était vers l'occident qu'était tournée l'entrée principale du temple, où l'on arrivait par trois larges terrasses disposées à intervalles égaux. Il y a trente ans que, dans ce temple, furent en un jour immolés dix hommes, pour obtenir des dieux la guérison de la reine Keopou-Olani qui, depuis, a abjuré sa religion pour embrasser le christianisme, et est devenue l'un des plus fermes appuis des missionnaires ; sans doute dans l'intention de laver par les prières le sang innocent qu'elle a fait couler. Quand le temple était encore debout, des chapelles et des autels s'élevaient sur plusieurs points de son enceinte ; mais tout a été renversé depuis, et l'on ne trouve plus sur le sol que des débris de noix de cocos et des ossements humains, dont la présence accuse la destination primitive du temple et les infâmes sacrifices que des prêtres fanatiques y faisaient au nom de leurs dieux.

MAGNIFIQUE PANORAMA.

Du haut des terrasses de ce héiau, un magnifique panorama se déroule sous les yeux du voyageur. Du côté du nord, on découvre Hono-Rourou, avec sa rade animée, ses cases, ses cocotiers et le mouvement de son port, et, comme contraste, la baie de Waï-Titi avec ses campagnes silencieuses ; puis, comme un amphithéâtre de gradins, les sombres coteaux qui entourent le lac salé, et enfin la grande chaîne de montagnes qui forme le rideau de la partie septentrionale de l'île. A l'est, le spectacle change de caractère. A la nature animée et aux plaines en culture, succèdent les âpres et sauvages beautés d'un sol calciné et dépouillé de végétaux. Le promontoire du Diamant se présente avec ses vastes déchirements et la montagne morne et bizarre qui le borne de ce côté. A l'aspect de ces beautés sauvages, de cette scène majestueuse, l'observateur est saisi d'un recueillement religieux; et le souvenir des sacrifices qui se pratiquaient dans cette horrible enceinte, serre le cœur et inspire une sorte de mystérieuse terreur dont il est difficile de se rendre maître.

VALLÉE DE NOUOU-ANOU, CASCADES ET MAISON DE PLAISANCE DE BOKI.

La vallée de Nouou-Anou est belle et très-fertile. Après l'avoir traversée, on entre dans la région des montagnes, région accidentée et coupée à chaque pas de torrents et de ravines. Le chemin rocailleux et inégal, souvent presque impraticable, est long de plusieurs milles. A mesure que l'on avance, le paysage prend plus d'étendue et de développement. La vallée d'Hono-Rourou reste derrière, avec ses plantations et la ville qui forme le fond du tableau. Un vaste plateau, au milieu de ces gorges et de ces précipices, est le champ de bataille où, par une dernière et éclatante victoire, le grand Tamea-Mea défit Taï-Ana, le plus brave et le plus redoutable de ses ennemis. Quarante ans se sont écoulés depuis, et le souvenir de cette victoire est encore fameux dans les fastes de l'archipel, et restera un des plus beaux faits d'armes qui ont illustré le nom du Pierre (*) haouaïen.

A quelques milles plus loin, dans un site agreste, dont l'air est embaumé, au milieu d'une petite vallée entrecoupée de massifs d'arbres, de jardins et de vergers, et sillonnée par de nombreux ruisseaux, qui, tantôt calmes, roulent en bruissant sur leur lit rocailleux, tantôt arrêtés tout à coup par des accidents de terrain, tombent en cascades, et font pleuvoir au loin une humide poussière, s'élève la maison de plaisance de Boki, gouverneur de l'île.

PIC ROMANTIQUE DE PARI.

Au sortir de la vallée de Nouou-Anou, un chemin presque impraticable, de trois à quatre milles, à travers une suite de ravines, de défilés et de broussailles, conduit au fameux pic romantique de Pari, célèbre par sa situation et ses points de vue magnifiques, célèbre surtout par le souvenir de la dernière bataille qui assura la couronne à Tamea-Mea et à ses descendants. Dans ces gorges de montagnes abritées de tous côtés, l'air peut à peine pénétrer, et n'agite que faiblement le feuillage des arbres : aussi, les voyageurs seraient infailliblement victimes de leur sécurité, s'ils n'étaient prévenus du phénomène extraordinaire dont ils vont être témoins. A un détour du chemin, en tournant l'angle d'un rocher, un bruit affreux se fait entendre tout à coup; un souffle d'ouragan vient assaillir le voyageur avec une impétuosité telle, qu'il serait infailliblement renversé, s'il n'avait la précaution de se tenir sur ses gardes, et de saisir un des blocs de pierre qui bornent la route. Quelques pas de plus, et on arrive à ce belvédère aérien qu'on nomme le pic de Pari. A ce premier mouvement, succède bientôt un sentiment d'effroi dont on se rend difficilement maître, quand l'œil, plongeant dans une profondeur de mille pieds, aperçoit le fond de l'abîme, bordé par un mur taillé à pic, et hérissé de rochers anguleux.

En même temps que l'œil sonde avec effroi la distance séparant le pic de la vallée, qui s'étend, verdoyante et féconde, au pied des montagnes, le voyageur est distrait de ses premières impressions par les tourbillons de feuilles sèches, de poussière, et de

(*) Nous l'avons déjà comparé à Pierre Ier de Russie.

pierres, qui s'élèvent de toutes parts, et viennent l'assaillir, emportés par la violence du vent, tandis que les pétrels, les frégates et les phaétons, ces pirates ailés (*), se jouent dans la tourmente, en faisant entendre des cris confus et plaintifs, que semblent pousser les dieux des tempêtes.

Cette scène, si terrible d'abord, a aussi ses beautés, son luxe et ses richesses. A la terreur se joint bientôt l'admiration, quand, de cette prodigieuse élévation, on peut admirer une plaine fertile, couverte de cocotiers et de plantations de toute espèce, avec des villages populeux semés çà et là, et plus loin la grève avec ses sables, puis le port d'Horo-Rourou, enfin les îlots, les brisants et les récifs qu'entoure l'Océan de sa verte ceinture.

C'est sur la crête escarpée du Pari, sur cette aire de vautours, qu'a eu lieu l'un des traits de courage et de dévouement les plus extraordinaires dont l'histoire ait conservé le souvenir. Dans le terrible combat où l'armée de Tamea-Mea, après avoir défait celle du dernier roi d'Qahou, se fut mise à sa poursuite, Taï-Ana, après avoir soutenu pendant long-temps le choc de l'armée victorieuse, n'ayant plus autour de lui que trois cents soldats, opéra sa retraite dans la direction du Pari, arriva sur la crête de la montagne, et n'ayant plus aucun espoir de salut, il se précipita dans l'abîme, suivi de ses trois cents Spartiates, plutôt que de se rendre au vainqueur. Cette défaite assura, comme nous l'avons dit, la possession de toutes les îles Haouaï à Tamea-Mea, qui depuis lors n'eut plus de rivaux.

THÉOGONIE ET TRADITIONS RELIGIEUSES.

Depuis 1820, la religion chrétienne est devenue la religion dominante, et sera, sans doute, bientôt la seule à Haouaï. Les premiers voyageurs qui visitèrent cet archipel, constatèrent la puissance des prêtres et les immenses priviléges dont jouissait cette caste; mais aucun, jusqu'à M. de Freycinet, n'avait bien établi la théorie de cette théogonie qui n'admet aucun dieu supérieur parmi les divinités. Une espèce de polythéisme, qui n'a d'analogue ni dans les autres parties du monde, ni chez les Taïtiens où se révèle une théocratie, est en dehors de toutes les religions connues. Voici ce qu'en dit ce savant navigateur :

« Les attributs de la divinité forment autant de dieux différents ou d'esprits particuliers, auxquels a été accordé le pouvoir de dispenser le bien et le mal; suivant le mérite de chacun. Leur résidence habituelle est placée dans les idoles ou dans le corps de certains animaux. Une hiérarchie immuable soumet aux dieux les plus puissants ceux qui exercent un moindre pouvoir. Les ames des rois, des héros, de certains prêtres, forment une légion de dieux inférieurs et tutélaires, subordonnés également entre eux, suivant le rang qu'ils occupent sur la terre. Des malins esprits qui ne cherchent qu'à nuire sont l'objet de conjurations et d'exorcismes. Des prêtres, des sorciers, des augures, des offrandes, des sacrifices humains, les honneurs rendus aux morts, les cérémonies expiatoires et quelques autres, enfin l'établissement des villes de refuge, tel est l'ensemble du culte extérieur. » La métempsycose était aussi en vigueur dans l'archipel Haouaï, car le même voyageur ajoute : « Certains insulaires, adorateurs des requins, jettent à la mer le corps de certains enfants mort-nés, avec certaines offrandes, dans l'espoir que l'ame du défunt, passant dans celle du requin, deviendra un puissant protecteur pour toute la famille, près de ces redoutables poissons. Des prêtres veillent à toutes ces offrandes devant les temples du dieu, et annoncent avec de grands cris, aux parents, l'instant où la transmigration a dû s'opérer. »

« Des divinités, continue M. Frey-

(*) Ces oiseaux, qui attaquent le poisson et quelquefois l'homme, et même les mets de sa table, semblent ressusciter les harpies de l'Énéide.

cinet, présidaient aux phénomènes astronomiques et physiques. Les unes commandaient aux saisons ; d'autres aux pluies, aux vents, aux flots de la mer, et celles-ci étaient l'objet d'un culte spécial, culte inviolable, sous peine de mort, de la part des marins. Le dieu Tiha était adoré à Mawi. Les pêcheurs de Haouaï faisaient leurs offrandes à Rac-Apoua et Kane-Apoua, divinités de la mer, tandis que les habitants de l'île Morokaï avaient élevé sur chaque promontoire de leur île des temples au dieu Moho-Arou (roi des lézards), adoré sous l'emblème d'un requin. Dans l'Héïau, à l'arrivée de certains poissons de passage, le même dieu avait droit aux prémices de la pêche. Deux divinités puissantes étaient Kaono-Hiokala et Koua-Païro, dont la fonction était de recevoir l'esprit des rois à la sortie de leur corps, de les conduire dans certaines parties des cieux, d'où ils les retiraient au besoin pour surveiller ou conseiller leurs descendants. Aussi les Haouaïens avaient-ils le plus grand respect pour les mânes de leurs rois et de leurs chefs.

« L'un des dieux les plus hideux de l'archipel, *Karaï-Pahoa*, était l'objet d'un culte spécial de la part des habitants de l'île Morokaï. Cette idole, qui fut brisée à la mort de Tamea-Mea, et partagée entre les principaux chefs de l'île, était faite d'un bois tellement vénéneux, que l'eau que l'on y renfermait devenait bientôt mortelle. Une autre statue semblable à celle-ci restait à Morokaï, et était l'objet d'une étrange histoire :

« Sous le règne du grand Koma-Raoua, ancien roi de Morokaï, il y avait dans l'île un certain Kanea-Kama, homme entièrement livré à la passion du jeu. Un jour, il fut si malheureux au jeu de Maïta, qu'il perdit toutes les parties qu'il avait engagées, et se trouva dépouillé de tout ce qu'il possédait. Il ne lui restait plus qu'un cochon qu'il avait consacré à son dieu favori, et qu'il n'osa mettre au jeu. Dans la nuit qui suivit cette journée, son dieu lui apparut en songe et lui ordonna d'aller le lendemain dans un lieu qu'il lui indiqua, et d'y jouer son cochon. Kanea-Kama s'y rendit en effet ; mais la chance de la veille était entièrement changée, et il regagna non-seulement ce qu'il avait perdu la veille, mais encore tout l'argent de ses adversaires. Aussi se hâta-t-il d'offrir une grande partie de ses richesses à son dieu protecteur.

« La nuit suivante, son dieu lui apparut comme la veille, et lui ordonna d'aller trouver le roi pour lui dire qu'en un certain lieu de la forêt se trouvait un massif d'arbres, et que s'il voulait faire une statue avec le tronc de celui qui lui serait désigné, il consentirait à habiter cette idole, et prendrait Kanea-Kama pour prêtre. Le roi y consentit, donna des bûcherons au messager, et lui permit de faire couper l'arbre qui lui conviendrait. Arrivés aux environs de Karou-Akaï, ils aperçurent le groupe d'arbres où étaient logés Tane et d'autres dieux qui indiquèrent aux bûcherons le travail qu'ils avaient à faire. Mais à peine ceux-ci eurent-ils commencé à porter les premiers coups, que des copeaux détachés du tronc en ayant touché quelques-uns, les firent périr à l'instant. Cette mort jeta l'épouvante parmi les autres ouvriers, qui se sauvèrent en abandonnant leurs haches ; mais Kanea-Kama parvint à les ramener, et les décida à continuer, en leur couvrant tout le corps de feuilles de dracæna, et ne laissant qu'un œil libre. Ils se servirent aussi de pahoas au lieu de haches ; d'où le dieu fut nommé *Karaï-Pahoa*, fait avec le pahoa. »

A chaque famille et à chaque membre de la famille était attachée une divinité particulière. Pélé, la déesse des volcans, et Taïri, le dieu de la guerre, protégeaient Tamea-Mea ; à Mawi, on adorait Keoro-Eva.

L'apparition des dieux volcaniques, dans l'archipel, date de *Kaï-Akahinarii* (mer de Kahinarii) ou déluge d'Haouaï. La famille royale fixa d'abord sa résidence à Kiro-Ea ; mais elle faisait de fréquentes excursions dans l'île, et son apparition sur les hautes montagnes était précédée de coups de tonnerre et de tremblements de terre. Ces éruptions arrivaient surtout à l'occasion de l'infraction des lois religieuses, et des offrandes de cochons étaient le seul moyen de conjurer le fléau. Quelquefois Pélé, dans une seule course, dévorait deux cents cochons. L'île entière, tributaire de ces dieux, entretenait leurs *héiaus* ou temples, et nourrissait les prêtres chargés de les desservir. Les offrandes étaient jetées dans le cratère pour prévenir l'éruption : mais on les jetait dans les coulées de lave lorsqu'elles s'étaient fait jour.

La famille de ces dieux arriva de Taïti, terre lointaine. Elle se composait de : *Kamo-ho-arii* (roi de la vapeur); *Ta-poha-i-tahi-ora* (explosion dans le lieu de la vie); *Te-oua-te-po* (pluie de la nuit); *Tane-hetiri* (tonnerre mâle); *Te-o-ahi-tama-iawa* (fils de la guerre vomissant le feu), tous frères, et deux d'entre eux difformes comme Vulcain. Les sœurs venaient ensuite; c'étaient : *Pélé*, l'aînée et la plus redoutable; *Ma-kore-wa-wahi-waa* (aux yeux étincelants, et brisant les pirogues); *Hiata-wawahi-lani* (déchirant le ciel et saisissant les nuages). Puis, avec l'attribution générique *Hiata*, *noho-lani* (habitant le ciel et saisissant les nuages), venaient *Taarava-Mata* (aux yeux sans cesse en mouvement); *Noi-te-pori-a-Pélé* (baisant le sein de Pélé); *Ta-bouena-ena* (montagne enflammée); *Tereiia* (couronnée de guirlandes). *Opio* (la jeune) venait la dernière.

Pélé avait rendu plus d'un service à ses fidèles adorateurs. Tamea-Mea était en guerre contre Ke-Oua, qui avait sans doute violé un tabou. Pour l'en punir, la déesse choisit une nuit où ce chef avait fait camper sa troupe auprès de son palais. Un tremblement de terre ébranla tout à coup la montagne, et le volcan, vomissant d'énormes rochers, écrasa un grand nombre de guerriers, tandis que des rivières de lave atteignirent ceux qui voulaient fuir. Quatre-vingts des plus braves guerriers de Ke-Oua perdirent la vie dans cette éruption, et leur général, malgré sa bravoure, ne put tenir plus long-temps contre Tamea-Mea, pour lequel la déesse s'était déclarée d'une façon si éclatante.

Plusieurs tentatives avaient été faites à divers temps pour chasser de l'île ces terribles divinités ; mais toujours elles restèrent sans succès. Un jour, cependant, Pélé faillit être vaincue par Tama-Pouaa, monstre gigantesque, moitié homme, moitié cochon. Cette espèce de minotaure étant venu de Oahou à Haouaï, alla trouver Pélé dans son palais, et lui proposa de la recevoir et d'en faire son amant; mais la déesse lui répondit avec colère, et lui donna, entre autres épithètes injurieuses, celle de fils de cochon. Irrité de son refus, Tama-Pouaa se précipita sur la déesse, et ayant appelé à son secours les eaux de l'Océan, il parvint à éteindre le volcan. Mais les frères et les sœurs de Pélé s'étant ligués avec elle, burent toute l'eau dont ils étaient inondés, et rassemblant tous leurs feux, sortirent en bouillonnant du cratère, et leur ennemi, forcé de fuir, fut écrasé sous les rochers et noyé dans la mer où il s'était réfugié.

LE TABOU OU INTERDICTION RELIGIEUSE A HAOUAI.

L'institution religieuse la plus puissante et la plus étendue, institution commune aux autres parties de la Polynésie, c'est le *Tabou*, qui signifie : interdiction complète, rigoureuse défense du contact et de la vue. Le tabou est la chose sacrée, appartenant à la divinité, tout à fait en dehors de l'homme; le tabou est la chose que l'on ne peut toucher sans encourir la peine de mort; le tabou est l'institution qu'on ne peut violer sans être mis à mort, si toutefois le coupable n'a parmi les prêtres et les chefs de puissants amis. Les coupables étaient offerts en sacrifice, étranglés ou assommés par les prêtres, ou brûlés dans l'enceinte du héiau.

Le tabou était général ou relatif,

permanent ou temporaire : ainsi les dieux, les prêtres consacrés à toutes les divinités ou à une seule divinité, les temples, la personne et même le nom du roi, ainsi que sa famille, tous les objets à l'usage de ces êtres privilégiés, ainsi que certains lieux, tels que ceux où se baignaient le roi et sa famille, étaient constamment tabou. Les animaux consacrés à la divinité étaient tabou pour les femmes, et il en était de même, à leur égard, de quelques aliments particuliers, et des aliments servis à la table des hommes. Elles mangeaient à part et loin d'eux. A peine sevré, le garçon prenait le nom de son père, mangeait avec lui, et la mère ne pouvait, sous aucun prétexte, toucher ses aliments, ni manger dans le même lieu. Certains indices convenus, nommés *ounou ounou*, avertissaient le peuple que certaines choses étaient *tabouées*. Ainsi, une tresse passée dans l'oreille d'un cochon signifiait qu'il était *tabou*; un pieu enfoncé au bord de la mer et surmonté d'une touffe de feuilles ou d'un morceau d'étoffe blanche interdisait la pêche sur cette partie du rivage. Pour montrer qu'un fruit était *tabou*, on liait une feuille de cocotier autour de l'arbre. Quand un endroit était frappé du tabou, le peuple était averti d'avance, et un envoyé des prêtres faisait sa tournée le soir, pour ordonner au peuple d'éteindre tous les feux, et de laisser l'intérieur du pays libre pour les dieux, et le rivage libre pour le roi.

La durée du tabou, différente selon les circonstances et selon les époques, était ordinairement de quarante jours avant Tamea-Mea; mais il la réduisit à dix, puis à cinq; et Rio-Rio, son successeur, l'abolit entièrement. Un tabou de plusieurs mois pesait quelquefois sur certains animaux, dans des circonstances extraordinaires, telles que la mort d'un chef, une grande cérémonie, une entreprise de guerre. Un détroit, une certaine étendue de la mer étaient taboués pendant un temps déterminé. La tradition rapporte que, du temps d'Oumi, un tabou de trente ans fut mis sur les arbres, et plus tard un autre de cinq ans.

Quelques fêtes périodiques exigeaient de grands préparatifs et donnaient lieu à des pratiques bizarres, et souvent cruelles. La plus importante était celle qu'on célébrait à la nouvelle année. Alors un prêtre faisait le tour de l'île en portant à sa main droite l'idole Kekou-Aroa, tandis que sa main gauche saisissait, au profit du Dieu, tout ce qui se trouvait à sa portée. La pêche des bonites était tabouée pendant six mois. Une fête de trois jours et deux nuits avait lieu à chaque nouvelle lune : elle n'était que de deux jours et une nuit pour les autres phases. Pendant ce temps, les hommes ne pouvaient se livrer à la pêche ni à aucun ouvrage manuel; les jeux leur étaient interdits, ainsi que la communication avec les femmes.

Dans certaines circonstances, le tabou était tellement rigoureux que, dans le pays qui y était soumis, les habitants ne pouvaient sortir de leurs maisons, ni allumer aucun feu, et devaient même museler leurs cochons et couvrir les yeux des poules pour les empêcher de crier; car alors le tabou était violé, et il fallait du sang au dieu offensé. Les peuples étaient tenus de se prosterner devant les chefs, qui eux-mêmes étaient taboués au point de ne pouvoir toucher la nourriture de leurs mains, ni même se mettre à l'ombre pour se garantir du soleil : cependant il suffisait aux hommes, dans les solennités ordinaires, de s'abstenir de tout travail et d'assister aux prières du héïau. Si, dans ces grandes circonstances, les victimes venaient à manquer, les prêtres omettaient à dessein d'annoncer le tabou dans quelques endroits; et les malheureux qui étaient pris en contravention aux lois qu'ils ignoraient, tombaient sous le couteau sacré. Un autre moyen puissant pour les prêtres de se donner de l'influence, c'était la persuasion qu'ils avaient donnée au peuple que les maladies étaient l'effet d'enchantements. Pour les guérir, des enchantements contraires étaient indispensables, et ils se faisaient passer pour sorciers. Par l'effet de leur science, il leur suffisait d'avoir entre les mains un objet appartenant à la personne dont on voulait se débarrasser, et quelques paroles suffisaient pour la faire mourir sur-le-champ. Les cheveux et la salive étaient les plus propres à ce genre d'exorcisme; aussi Tamea-Mea était-il toujours suivi d'un officier qui avait pour fonctions de recueillir dans un vase le crachat du roi qui, sans cette précaution, aurait pu tomber entre les mains d'un sorcier malveillant.

Voici des détails d'un grand intérêt que nous devons au capitaine Kotzebuë sur certaines applications du tabou à Haouaï :

« Environ une semaine après notre arrivée, un chef, nommé Tereacou, mourut subitement. On défendit aussitôt aux indigènes de quitter le rivage. Ils paraissaient tous en proie au plus violent chagrin; ils erraient çà et là dans un état de nudité complet, poussant des cris lamentables, se coupant les cheveux, se brisant les dents, et se faisant des brûlures sur le corps avec de l'écorce d'arbre enflammée.

« Les prêtres s'assemblèrent dans la maison du défunt, et tracèrent à l'entour une vaste enceinte, en fichant en terre des baguettes, à l'extrémité desquelles étaient fixés de petits pavillons blancs. Quoiqu'il y eût autour de cette enceinte plusieurs milliers d'Indiens, aucun d'eux n'osa en franchir les limites. Les prêtres allumèrent un grand feu et y jetèrent le cœur du défunt, priant avec ferveur pendant qu'il brûlait : ils en réunirent ensuite les cendres dans une calebasse, qu'ils suspendirent à une perche, et la recouvrirent d'un magnifique tissu de plumes; alors deux hikanis (conseillers) prirent la perche sur leurs épaules, et coururent vers la mer, en criant de toutes leurs forces: *Noho! noho!* ce qui veut dire, *Prosternez-vous!* Les indigènes devant qui ils passaient s'étendaient par terre et se dépouillaient de leurs vêtements. Les hikanis s'étant avancés dans la mer jusqu'à la ceinture, jetèrent les cendres contenues dans la calebasse. On répéta les mêmes cérémonies pour le foie et pour les entrailles du défunt. Au coucher du soleil, tous les travaux furent suspendus, et un homme parcourut le village, en criant que quiconque, après huit heures, sortirait de sa maison, y conserverait du feu ou de la lumière, ou y fumerait la pipe, serait puni de mort. Cet ordre s'étendit non seulement aux blancs établis dans l'île, mais même aux bâtiments qui étaient dans le port. On alla jusqu'à défendre de laisser sortir ni chien, ni cochon, ni volaille, afin d'éviter toute espèce de bruit; et les bâtiments ne purent sonner leur cloche le lendemain matin.

« Toutefois, au lever du soleil, le tabou (interdiction) fut levé pour les bâtiments, mais il resta en vigueur à terre. Les prêtres livrèrent aux flammes le corps du chef décédé, après en avoir ôté les os, et en firent jeter les cendres dans la mer. Ils nettoyèrent ensuite soigneusement les os, les rassemblèrent, et les mirent dans un grand canot qui fut expédié à Haouaï. Six heures après le départ de ce canot, le tabou fut entièrement levé, et tout rentra dans l'ordre accoutumé. Tels sont les honneurs funèbres que l'on rend à toutes les personnes de distinction. Quant aux individus des autres classes, on les enterre tout simplement. Lorsque les chairs sont détruites par la putréfaction, les parents exhument les os, les nettoient avec soin, les enveloppent d'une étoffe, et les mettent dans des calebasses ou gourdes qu'ils suspendent dans leurs maisons.

« Dans une autre circonstance, Tamea-Mea vint à notre bord avec ses hakinis et ses femmes. Une multitude de canots couvrirent alors la mer; en peu de temps il y en eut plus de quatre-vingts, portant depuis trois jusqu'à dix hommes, indépendamment de plusieurs centaines d'hommes, de femmes et d'enfants qui nageaient autour du bâtiment, sans s'inquiéter des requins. Notre pont ne tarda pas à être couvert de monde. Le capitaine Robson, un peu effrayé d'en voir autant à bord, pria le roi de les renvoyer. Celui-ci prit alors une pique, dit quelques mots, et en un instant le bâtiment fut évacué. Le roi nous engagea ensuite à hisser un pavillon blanc, ce qui, dans ce pays, est un signe d'interdiction, et ordonna à deux de ses hikanis ou officiers de rester à bord pour empêcher les indigènes de nous voler. Tamea-Mea dîna à notre bord et y resta toute la journée, avec ses femmes et ses principaux officiers; mais comme il leur est défendu de toucher à des provisions de mer, ils firent venir de terre tout ce dont ils eurent besoin. Nous remarquâmes avec surprise que les différents vases ou ustensiles dont le roi s'était servi furent soigneusement renvoyés à terre par ses ordres.

« Un jour, enfin, un des principaux prêtres vint à bord, et cet homme orgueilleux ne voulut jamais descendre dans ma chambre, pour que personne ne marchât au-dessus de sa tête. »

Avec de telles institutions religieuses, qui mettaient les prêtres si haut au-dessus du peuple; avec des pratiques de piété difficiles et minutieuses, qui atteignaient chaque action de sa vie privée, le pouvoir de ces charlatans sacrés devait être, et était, en effet, immense. Dans l'origine du tabou, il est à présumer que cette institution fut bornée d'abord à quelques objets du culte; mais les prêtres sentirent bientôt tout le parti qu'ils pouvaient tirer d'un moyen aussi puissant sur des hommes ignorants et crédules: aussi l'institution dut-elle s'étendre rapidement; et les rois, s'associant à la perversité des ministres de leurs dieux, les protégèrent pour être protégés par eux. Ils s'unirent donc; et là, comme dans un grand nombre de sociétés, prêtres et rois firent un pacte impie, pour tenir ce malheureux peuple sous le joug de l'ignorance, de la tyrannie et de la superstition.

ABOLITION DU TABOU ET DE L'IDOLATRIE.

Tamea-Mea, ce roi philosophe dont il sera souvent question dans l'histoire moderne d'Haouaï, donna un premier coup à la monstrueuse institution du tabou, en se nommant lui-même chef de la religion, et en abolissant la barbare coutume de massacrer sur les autels des dieux tous les prisonniers de guerre et les malheureux naturels qui, pendant une éclipse de soleil ou de lune, avaient le malheur d'être surpris près d'un lieu taboué. A ces institutions sanguinaires, il en substitua d'autres plus équitables, et créa un code religieux et civil, juste et humain. Il prépara ainsi les esprits à l'abolition d'un culte barbare, et son fils, Rio-Rio, acheva une œuvre si bien commencée. Cependant Tamea-Mea résista toujours aux pressantes sollicitations que lui firent Kotzebuë et les missionnaires pour abjurer sa religion. « Votre « religion, répondait-il aux mission- « naires qui le pressaient de se faire « baptiser, peut être meilleure que la « mienne, mais avec elle je ne pourrais « gouverner mes peuples. » Ce grand roi sentait bien qu'en heurtant de front tant de préjugés, en faveur depuis si long-temps, il soulèverait contre lui les prêtres, les fanatiques et les ambitieux de tous les genres. Nul doute qu'il ne désirât sincèrement changer un culte qu'il désapprouvait; mais il fallait, par des améliorations progressives, préparer les esprits au coup décisif.

L'abolition définitive de l'idolâtrie et du tabou fut, avons-nous déjà dit, l'œuvre de Rio-Rio, fils et successeur du grand Tamea-Mea. Pour obtenir ce résultat, le prince assembla les principaux chefs de la nation, et, dans une espèce de congrès qui dura un mois, et donna lieu à de vives discussions, l'abolition fut décrétée, et les députés allèrent en mission auprès de Keo-Pouo-Lani, mère du roi, et supérieure à lui par la naissance, pour obtenir la sanction désirée. « Mais, dit la vieille reine, quel mal nous ont fait les dieux que vous voulez détruire? — Ils ne nous ont jamais fait de mal, répondirent les chefs; mais quel bien nous ont-ils fait jamais? Les prêtres n'exigent-ils pas des sacrifices humains pour le culte? n'avons-nous pas des pratiques minutieuses et embarrassantes? D'ailleurs, nos dieux nous ont-ils donné la victoire sur nos ennemis? » A cette harangue, la reine répondit qu'elle donnait son consentement; et, le même jour, le peuple apprit que les moraïs et les héïaus avaient cessé d'être sacrés. Les lieux où étaient déposés les ossements des chefs furent les seuls monuments religieux conservés, et quelques vieux prêtres en furent nommés les gardiens.

L'abolition du tabou, cet antique symbole d'inviolabilité, demanda à Rio-Rio encore plus d'adresse. Il s'adressa d'abord au grand-prêtre, Kekoua-Oka-Lani, que Tamea-Mea avait préposé au culte, et il fut assez heureux pour le mettre dans son parti. Pour accomplir cette innovation, le tabou qui pesait sur les femmes fut frappé le premier. Le roi attendit un jour de grande fête, où les indigènes venaient en foule entourer le palais et assister au royal festin. Les nattes ayant été disposées, et les mets destinés aux hommes mis sur une natte, et ceux des femmes sur d'autres nattes, le roi arriva, choisit parmi ses aliments plusieurs mets interdits aux femmes, passa de leur côté, se mit à en manger et à leur en faire manger. Aussitôt le peuple de pousser des cris d'horreur et de crier : « Tabou! tabou! » Mais Rio-Rio, ne tenant nul compte de leurs cris, continua à manger. Les prêtres, prévenus par la foule, accoururent du moraï, et simulèrent d'abord une grande indignation. « Voilà, en effet, dirent-ils, une violation manifeste au tabou; mais pourquoi les dieux offensés ne s'en vengent-ils pas eux-mêmes? Avons-nous le droit de punir une action qu'ils permettent? Ce sont donc des dieux impuissants ou de faux dieux. Venez, habitants d'Haouaï (s'écria le grand-prêtre), débarrassons-nous d'un culte incommode, absurde et barbare. » Et, armé d'un flambeau, il mit lui-même le feu au moraï principal. Les autres villes de l'île et toutes celles de l'archipel imitèrent cet exemple, et le culte du tabou ne fut plus qu'un souvenir.

Ainsi fut aboli ce culte exécrable qui avait pesé long-temps sur un peuple doux et humain. Depuis, les insulaires ont adopté généralement la religion nouvelle, apportée par les missionnaires protestants. Cette religion n'exige d'eux ni surveillance continuelle sur tous les actes de la vie, ni sacrifices humains, et, à un tabou barbare, elle a fait succéder un tabou plus doux : l'interdiction de la polygamie et celle du travail le dimanche.

En terminant ce qui nous restait à dire de cette terrible institution, nous ajouterons que ce mot nous paraît dériver de l'arabe littéral *taoubou* ou *taouboun*, expiation ou pénitence. On le trouve dans le chap. IX du kôran. Nous avons déjà dit que le tabou existe en partie aux îles Carolines sous le nom de *penant*, aux îles Radak sous celui d'*emo*, à Ombaï sous celui de *pamalé*; il existe encore à Célèbes et ailleurs. Le tabou existe aussi, mais avec des différences, dans l'Hindoustan, en Chine et autres contrées asiatiques. Il peut avoir été apporté dans les îles de Sounda, et spécialement à Borneo, par les Hindous qui ont colonisé ces grandes îles, et nous pensons que, de Borneo, les Bouguis ont transporté et naturalisé le tabou à Célèbes, et de là dans les Carolines et dans les autres îles de la Polynésie, où il aura pris un caractère plus terrible par l'ignorance des sauvages. Il existe dans quelques parties de la Mélanésie. Les Arabes, les Chinois, les Japonais, et peut-être les Hindous, ont visité d'ailleurs une partie des îles comprises dans les différentes divisions de l'Océanie.

Six missionnaires américains se chargèrent d'enseigner la religion nouvelle. Rio-Rio vanta l'efficacité du *poulé* et du *pala-pala*; et Keo-Pouo-Lani, mère du roi, et Kapeo-Lani, épouse de Naïké, chef de Kaï-Roua, ayant abjuré publiquement leur ancienne religion et embrassé la nouvelle, leur exemple entraîna une foule d'insulaires à demander le baptême, et la religion chrétienne devint ainsi la religion du pays.

Les missionnaires français catholiques ont été dernièrement renvoyés, grace à l'influence des missionnaires protestants. Mais M. l'évêque de Nicopolis, Français, que nous avons vu récemment à Paris, se proposait de partir au plus tôt pour l'archipel de Haouaï, avec le titre de *vicaire général de l'Océanie*, et il espérait faire de nombreux prosélytes dans cette cinquième partie du globe.

Les missionnaires protestants, anglais ou américains, ont souvent imposé aux peuples de l'Orient, de l'Océanie et de l'Amérique, le despotisme de la bigoterie et les mesquines croyances d'un puritanisme jaloux et taquin. Quant aux missionnaires catholiques, on les a attaqués avec autant d'injustice que d'acharnement. Certes, ils ont commis des fautes, car ils n'étaient pas infaillibles; mais ils nous ont légué des documents historiques et des recherches scientifiques d'une plus grande valeur que les écrits fragmentaires des missionnaires protestants, et ils prêchaient le christianisme aux peuples de l'Orient d'une manière bien plus rationnelle et plus libérale que ceux-ci.

La religion des missionnaires anglais et américains à Haouaï semble consister tout entière, comme en Angleterre et aux États-Unis, dans la stricte observation du dimanche, poussée jusqu'à la plus rigoureuse absurdité. Ainsi, dans les îles Taïti, et surtout dans l'archipel de Haouaï, où ces hommes se sont faits législateurs, tout amusement est défendu le dimanche; bien plus, tous les habitants sont obligés d'aller deux fois par jour à l'église; bien plus encore, la promenade à pied ou à cheval leur est défendue, et cette interdiction a été étendue aux étrangers : ceux qui ont voulu s'y soustraire ont vu leurs chevaux confisqués, et ont été condamnés à des amendes pécuniaires considérables. Le ridicule de cette tyrannie religieuse est poussé si loin, que l'usage de tout aliment chaud est prohibé, parce que ce serait travailler que d'allumer du feu. Le pauvre Haouaïen, dont les mets ne sont pas très-variés, trouve cette loi fort dure, parce qu'il n'a pas, comme les missionnaires qui le gouvernent, des meetings où ils se gorgent de pâtés et de bonnes viandes froides, et s'abreuvent de bordeaux et de madère.

S'il faut en croire M. le docteur Meyen, ces messieurs sont loin de pratiquer la doctrine de l'égalité et de l'humilité chrétienne. « En nous dirigeant, dit-il, vers la maison du chef des missionnaires, M. Bingham, pour qui nous avions des lettres de recommandation, nous fûmes témoins d'un spectacle qui, dès l'abord, refroidit grandement notre estime pour les missions. Nous vîmes deux des femmes des missionnaires qui prenaient l'air dans une voiture découverte, traînée par des naturels du pays. »

Ces disciples de Jésus et de ses apôtres ne paraissent pas marcher à Haouaï sur les saintes traces de leurs maîtres, leurs maîtres si charitables et si indulgents. Ils en ont banni l'hospitalité, chassé la gaieté et la joie, pour mettre en place une religion austère et morose, que les naturels comprennent moins que le culte pompeux et imposant du catholicisme romain. Ils possèdent toute l'autorité temporelle et spirituelle de l'archipel haouaïen, et tiennent sous une complète dépendance le roi actuel. Leurs maisons sont magnifiques, et même la demeure de la famille royale est misérable à côté de ces belles constructions en pierre de taille. L'intérieur répond à l'extérieur; on y voit de beaux tapis, de superbes pianos, et un ameublement des plus riches. Pourtant les missionnaires étaient arrivés extrêmement pauvres dans ces îles, et ils se sont environnés de tout ce luxe avec l'argent des peuples auxquels ils venaient apporter la civilisation. Nous avons vu nous-même la répétition de tels abus, de la part de ces messieurs, dans les différentes parties de l'Inde, à Ceylan et dans la Malaisie, sauf le cas de la voiture traînée par des hommes, en guise de bêtes de somme. Mais ce fait, que nous apprend M. Meyen, nous été confirmé par des Haouaïens que nous avions vus à Wampou (près de Canton en Chine). Il faut cependant l'avouer, ces missionnaires ont répandu quelque instruction parmi le peuple. Les écoles de Haouaï comptent déja plus de vingt mille élèves.

GOUVERNEMENT.

Nous avons déja indiqué les réformes importantes qui furent apportées dans la législation par Tamea-Mea et son fils Rio-Rio, surtout en ce qui avait trait à la religion. Il nous reste à examiner la forme du gouvernement.

A l'époque de la découverte, la royauté était héréditaire; et il en était de même des grandes dignités sacerdotales, civiles et militaires qui, néanmoins, étaient soumises au contrôle du roi. La direction du gouvernement n'était pas le partage exclusif des hommes; car on cite plusieurs femmes qui gouvernèrent même avec éclat. Le pouvoir du monarque était absolu, et n'était tempéré que par un conseil de chefs soumis, par le fait, à la volonté monarchique. Il pouvait anoblir un sujet obscur ou dégrader un dignitaire, selon sa volonté. A la mort des chefs de famille, la propriété rentrait dans le domaine du roi, qui en disposait à son gré, mais la laissait presque toujours dans la famille; et cette coutume, suivie presque constamment par Tamea-Mea, est aujourd'hui puissante et respectée comme une loi de l'état.

Le savant Ellis, un des plus estimables missionnaires protestants, divise en quatre classes la population haouaïenne, ainsi qu'il suit : 1° le roi et les membres de la famille royale, auxquels il faut ajouter le premier ministre ou régent; 2° les gouverneurs des diverses îles et des six grands districts d'Haouaï, ainsi que quelques grands chefs, tous descendants d'anciens princes ou rois, de Taraï-Opou, de Tahi-Teri, de Tepori-Orio-Rani, et Ta-Eo; 3° les possesseurs à bail des cantons et des villages qu'ils font cultiver par des serviteurs, ou qu'ils sous-louent à des francs-tenanciers, classe composée des anciens chefs et des petits prêtres; 4° le reste de la population, petits propriétaires, industriels, ouvriers, pêcheurs, etc.

Une division plus récente de la population est la suivante : 1° les *ariis*, chefs d'îles ou de districts, dont le roi est lui-même le chef suprême, sous le nom d'*arii-tabou*; 2° les *rana-kiras*, chefs inférieurs, dignitaires civils et militaires, prêtres, propriétaires, etc.; 3° enfin les *hanakae* ou *tanatas*, ou prolétaires, c'est-à-dire tous ceux qui ne vivent que de leur travail. Il est important de remarquer que cette division répond à celle des ariis, raatiras et taatas à Taïti; des eguis, mataboulés et touas à Tonga-Tabou; des arikis, ranga-tiras et tangatas de la Nouvelle-Zeeland.

Les ariis étaient chargés de rendre la justice et de faire exécuter les jugements. Le meurtre, la rébellion et les vols d'objets appartenant au roi étaient des crimes punis de mort. La même punition était infligée pour la violation du tabou; mais, dans les derniers temps de l'existence de cette institution, le criminel pouvait racheter sa vie. L'adultère, surpris avec la femme d'un chef, était mis à la discrétion de l'époux outragé, qui lui faisait crever les yeux et pouvait même le tuer. Le casse-tête et la corde étaient les instruments de supplice pour les grands criminels; la bastonnade faisait justice des délits plus légers.

La perception des impôts se fait au moyen des chefs de districts. Certaines terres, dites *aina-kou-pono*, en sont pourtant exemptes de temps immémorial; et les franchises ne périment jamais, alors même que le roi en dépouillerait les détenteurs. Un impôt particulier à ce pays, c'est celui qui oblige chaque insulaire, quand le roi ou un arii fait bâtir une maison, à payer un tribut particulier pour en obtenir l'entrée.

Avant l'arrivée des Européens dans cette île, les contributions se payaient en nature, c'est-à-dire en poules, cochons, chiens, filets, pirogues et autres objets; mais aujourd'hui les propriétaires doivent donner une certaine quantité de piastres d'Espagne ou du bois de sandal.

INDUSTRIE.

L'industrie primitive des habitants se réduisait à un nombre de procédés très-borné. Le sol, d'une grande fertilité dans plusieurs parages de l'île, produisait abondamment le taro, la banane, l'igname et la patate. Le seul instrument agricole connu alors était le *noho*, sorte de spatule en bois de six pieds de long qui remplaçait la bêche. Depuis, la civilisation ayant apporté avec elle de nouveaux besoins, a fourni les moyens d'y satisfaire, et nos instruments aratoires se sont naturalisés à Haouaï, ainsi que plusieurs plantes et animaux de l'Europe, de l'Asie et de l'Amérique.

L'architecture se bornait à la construction des habitations et des pirogues. Les cases, ordinairement groupées au nombre de cent à deux cents, et disposées irrégulièrement ou alignées, étaient, dans tous les cas, coupées de chemins parallèles. Une grande pièce dont les dimensions variaient depuis douze à soixante pieds de longueur sur huit à quarante pieds de largeur, une porte à chaque extrémité, et une fenêtre sur les côtés, une toiture supportée par des solives et recouverte en feuilles de pandanus, de canne à sucre ou de cocotier, avec un mur sans ciment du côté de la mer, et une plate-forme en cailloux dans les lieux humides, telles étaient les habitations ordinaires.

Les chefs, ainsi que les familles d'un certain rang, avaient trois cases, l'une servant de cuisine, la seconde de salle à manger, et la troisième, au fond, de chambre à coucher. Quelquefois une enceinte palissadée entourait ces cases, et, dans cette enceinte, les chefs faisaient pratiquer quelquefois des logements pour leurs serviteurs.

La pêche, la culture, la fabrication des armes se sont perfectionnées surtout depuis l'arrivée des Européens. Les hommes seuls sont chargés de ces divers travaux. Ceux des femmes sont la fabrication des nattes, qui sont unies ou couvertes de dessins, d'après la méthode adoptée pour le tissage. Les nattes les plus grossières servent de voiles aux pirogues, d'autres servent de tapis, et enfin forment des manteaux, des boîtes et des paniers. Les femmes fabriquent, en outre, avec les feuilles du *dracæna*, des corbeilles, des éventails, des casques du travail le plus exquis, et ces précieux manteaux de plumes qui ornent les chefs dans les grandes fêtes. La fabrication des étoffes est, de tous les travaux de femmes, le plus important, et exige divers procédés, la plupart très-compliqués. Le plus long consiste à réduire en filaments le *liber* du mûrier à papier. Pour exécuter ce travail, on enlève l'écorce, qu'on doit macérer dans l'eau pendant un temps plus ou moins long; puis, l'écorce intérieure, séparée en rubans, est étendue uniformément sur une planche formant un plan incliné, et battue avec des maillets arrondis ou prismatiques, selon le degré de finesse que l'on veut donner à l'étoffe. Ainsi préparé, ce fil végétal est exposé au grand air sur des claies, et acquiert une grande blancheur, en y séchant. Pour le colorer, on le trempe dans les sucs exprimés de certains végétaux, et l'on en relève les nuances par un vernis du plus vif éclat. Dans cet état, il sert à la fabrication des fines étoffes.

MARINE ET NAVIGATION.

Le roi possède une frégate et un brick construit, gréé, armé et équipé à l'européenne.

La marine locale est composée de pirogues de commerce et de pirogues de guerre.

Ces pirogues sont doubles ou simples, extrêmement allongées, et tellement étroites, pour la plupart, qu'il faut une certaine habitude pour s'y maintenir sans les faire chavirer. Aussi les habitants se tiennent-ils quelquefois entassés au nombre de vingt à trente dans telle embarcation que quatre Européens feraient infailliblement tourner. D'ailleurs, quand cet accident arrive, il est de peu d'importance, chacun nage de son côté, et l'on relève la pirogue. Les plus simples ont, en général, vingt-quatre pieds de longueur sur dix-huit à vingt pouces de largeur, et sont terminées en coin, à leurs extrémités, avec des balanciers fort bien adaptés. Un tronc d'arbre, creusé d'un à deux pouces d'épaisseur et de la longueur du bâtiment, compose le fond. Les bords sont formés par trois planches d'un pouce d'épaisseur, très-artistement soudées. Les insulaires manœuvrent, soit avec une voile triangulaire ajustée sur un mâtereau, soit avec des rames ; mais ils vont ordinairement à la pagaye, c'est-à-dire à la rame. Ce n'est que par un vent très-favorable qu'ils emploient les voiles.

Les pirogues doubles ont de soixante à quatre-vingts pieds de longueur, et une largeur assez considérable. Un espace est réservé dans le centre pour porter les passagers et les marchandises, et les bancs des rameurs ou pagayeurs sont établis en dehors.

Les habitants de l'archipel sont d'assez bons marins, braves, fidèles et de bonne humeur. Ils sont excellents nageurs ; mais on a quelquefois exagéré leur habileté en ce point ; ils ne peuvent pas nager à plus de sept milles de distance de terre : on n'en a pas vu non plus qui plongeât à plus de onze brasses de profondeur ; quand ils y parviennent, le sang leur sort par le nez et par les yeux ; du reste, ils sont très-adroits dans cet exercice. « Le cuivre de notre bâtiment s'était rongé sous la quille, dit Choris ; un insulaire plongea, examina le dommage, en vint rendre compte, plongea de nouveau avec un marteau, un morceau de cuivre et des clous, et répara tout avec beaucoup d'exactitude. »

Souvent des insulaires s'embarquent sur des navires américains qui vont à Canton, ou à la côte nord-ouest d'Amérique. A leur retour, ils éprouvent beaucoup de plaisir à raconter leurs aventures à leurs compatriotes, et, comme cela arrive quelquefois aux hommes plus civilisés, ils exagèrent ce qu'ils ont vu dans leurs voyages.

Ils ont un certain nombre de petits bâtiments qui sont constamment en communication avec ceux des autres îles. Dans l'année 1821, un vaisseau de cent quatre-vingts tonneaux mit à la voile, de Oahou pour Port-Jackson (Australie), avec une cargaison de bois de sandal, de bois rouge et de noix de coco, et revint heureusement, après avoir échangé toute sa cargaison contre des provisions salées, des armes à feu et de la coutellerie. L'équipage était entièrement composé d'indigènes, et le commandement en avait été confié à M. Rives, Français de naissance, le même qui accompagna le feu roi en Angleterre, en qualité de secrétaire et d'interprète de S. M.

M. Rives avait déjà résidé dans l'île depuis seize ans, et parlait très-couramment la langue haouaïenne. Il est retourné chez eux, et il a assuré à plusieurs capitaines français que tous les encouragements possibles seraient donnés à ceux de ses compatriotes qui voudraient se résoudre à venir visiter l'île, dans des vues commerciales ou autres.

Les habitants de l'archipel sont, en général, affables et communicatifs ; et lorsqu'on considère que plus de cent mille de ses habitants sont actuellement ou seront sous peu familiarisés avec les productions de l'Europe et avec les habitudes d'un monde plus civilisé, il est permis de penser qu'ils nous demanderont bientôt un grand nombre de ses produits en échange des leurs, et qu'un assez beau champ pourrait s'ouvrir aux entreprises commerciales entre la France et Haouaï.

Les Haouaïens se livrent à la pêche : celle des albicores, des bonites et des dauphins est très-ingénieuse. Ils se servent aussi d'une espèce de bruyère qui a la propriété de rendre le poisson malade et de le faire venir à la surface de l'eau, où on le prend alors très-facilement. Ils réduisent cette plante en poudre, dit Kotzebüe, et plongent au milieu des rochers pour en répandre dans le voisinage des poissons. Ceux que l'on pêche de cette manière sont ouverts et vidés sur-le-champ.

MŒURS ANCIENNES ET CARACTÈRE MODERNE.

Le caractère de ces insulaires est naturellement doux, généreux, hospitalier, brave et affable. Plus communicatifs que les habitants de Tonga, ils sont plus graves que ceux de Taïti. Avant de communiquer avec les Européens, ils vivaient entre eux en bonne intelligence, et les hommes traitaient les femmes avec douceur, signe assuré d'une certaine civilisation.

Le père et la mère avaient sur leur famille le droit de vie et de mort, et en usaient assez souvent, surtout envers ceux de leurs enfants disgraciés de la nature : aussi, la population qui restait, était-elle forte et robuste.

Quand un enfant naissait, on le lavait dans l'eau de mer, puis on le laissait sur une natte, libre de tous ses mouvements. Le baptême et la circoncision étaient inconnus; et Cook cite, au contraire, une opération inverse de cette dernière, que l'on pratiquait sur les enfants nouveau-nés. L'éducation, bornée presque uniquement au développement des forces physiques, consistait toute en gymnastique et en exercices militaires.

La polygamie était généralement admise; mais elle n'était guère pratiquée que par les chefs, ainsi que dans le reste de la Polynésie. La cérémonie du mariage était très-simple. Quand les mariages étaient arrêtés entre les parents, le futur jetait une pièce d'étoffe sur sa fiancée, en présence des deux familles ; et après le repas, il conduisait la fiancée dans la case qu'ils devaient occuper. Ceux qui avaient déjà une épouse se dispensaient même de cette simple formalité.

Les chefs choisissaient ordinairement leurs épouses dans leur famille. Les fils succédaient à leur père, épousaient souvent leurs veuves, et rien n'était plus fréquent que de voir le frère épouser la sœur.

COUTUMES GUERRIÈRES.

Les coutumes guerrières, dans la pureté primitive de ces peuples, offrent des détails nombreux et du plus grand intérêt. Entourés d'ennemis, forcés de se tenir toujours prêts à attaquer et à se défendre, élevés dans des habitudes militaires, leurs histoires sont de longues narrations d'attaques, de surprises, de descentes et de combats. Quand un parti se trouvait assez fort de sa propre force ou de la faiblesse de ses voisins, il trouvait toujours des prétextes pour les attaquer.

On ne connaissait pas dans ces îles de troupes permanentes. Habitués dès l'enfance à manier la lance et le javelot, les jeunes Haouaïens acquéraient dans ces exercices une adresse étonnante, et rarement les frondeurs manquaient le but à vingt-cinq toises. Leur vigueur égalait leur adresse, et leur force musculaire était prodigieuse.

Les armes offensives étaient le javelot, la fronde, le casse-tête et le poignard. Ils ne connaissaient pas le bouclier : le javelot leur en tenait lieu, et, avec le manche, ils paraient avec une merveilleuse prestesse les coups de leurs adversaires et jusqu'aux pierres des frondes. Le vêtement des soldats se composait simplement du maro, espèce de ceinture. Les chefs portaient des casques et des manteaux couverts de plumes jaunes et rouges disposées en losanges et avec beaucoup d'art. Le roi seul avait droit de porter un manteau de plumes jaunes. Les casques étaient de forme grecque et surmontés de panaches de diverses couleurs. Les guerriers célèbres et les chefs de second ordre portaient seulement l'écharpe à plumes barriolées. Outre le manteau de plumes, une marque distinctive des chefs consistait en un hausse-col nommé *parawa*, suspendu par une tresse de cheveux.

Les questions de guerre et de paix étaient traitées par l'assemblée générale des chefs et des guerriers. Là étaient énumérés les motifs de vengeance, les avantages et les inconvénients des diverses expéditions, et, plus d'une fois, ces discussions donnèrent lieu à de chaleureuses harangues, remplies d'une éloquence âpre, mais entraînante. Ellis cite ces paroles d'adieux d'un guerrier partant pour le camp, à la veille d'une bataille : « Nos rangs, disait-il, sont comme des rocs dans l'Océan, immobiles contre l'effort des vagues; chaque guerrier est comme un hérisson auquel personne n'ose toucher. Que la troupe du roi s'avance, et elle s'élèvera devant ses ennemis comme un grand arbre à pain au-dessus de l'herbe la plus humble. Au combat, le guerrier tiendra ferme comme le palmier aux profondes racines, et planera au-dessus des têtes ennemies, comme le cocotier élancé plane au-dessus des roseaux courbés. Dans nos attaques de nuit, l'éclat de nos torches les surprendra comme le feu des éclairs, et nos cris les terrifieront comme les grondements du tonnerre. »

Quand la guerre était résolue, les prêtres et les guerriers s'assemblaient dans le temple, et des victimes y étaient amenées. Dans les circonstances ordinaires, des poules, des cochons suffisaient; mais dans les dangers pressants, dans les guerres lointaines, le sang humain devait couler. Les prisonniers faits dans les dernières guerres, et, à leur défaut, les coupables retenus dans les prisons, étaient amenés aux sacrificateurs. Conduits dans le hëïau, et traînés au pied de l'autel, un coup de massue brisait leur crâne et faisait souvent jaillir la cervelle sur les bourreaux et les assistants. Dix, vingt victimes humaines étaient quelquefois sacrifiées, en même temps qu'un grand nombre d'animaux; et les dépouilles entassées étaient éventrées, pour que les prêtres pussent lire, dans leurs entrailles palpitantes, la volonté des dieux et annoncer leurs oracles. D'après leurs réponses, la guerre était ajournée ou résolue.

Dans ce dernier cas, les prêtres et les guerriers réunis discutaient et réglaient entre eux le nombre de guerriers nécessaires, l'époque à laquelle ils devaient être appelés, et la marche à suivre. Chaque guerrier devait apporter ses armes, ses vivres, et même les noix nécessaires à l'éclairage.

Le commandement en chef de l'armée appartenait au roi ou à un chef désigné par lui. Chaque chef commandait les guerriers ses vassaux. Dans les cas de levée en masse, des messagers, nommés *réré*, parcouraient toute l'île, et leur agilité était telle, qu'ils s'acquittaient de leur mission en huit ou neuf jours, malgré les haltes qu'ils devaient faire, et les détours que nécessitaient les escarpements de la côte dans une multitude d'endroits. La bravoure étant la vertu principale chez ces peuples adolescents, peu d'insulaires valides manquaient à l'appel. D'ailleurs, un officier, nommé Ourou-oki, était chargé de surveiller les retardataires, et, s'il s'en rencontrait quelques-uns, il leur fendait ou même leur enlevait une oreille, et leur imprimait ainsi une flétrissure indélébile. Ensuite, on les amenait au camp avec une corde passée autour du corps.

On se hâtait de conduire dans un lieu escarpé et presque inaccessible les vieillards, les femmes, les enfants et les troupeaux, et quelques guerriers étaient préposés à leur garde. Arrivés au rendez-vous général, on établissait un camp volant dans un lieu facile à défendre, et l'on construisait des huttes de ti ou de cocotier.

Des prêtres portaient en tête de l'armée la statue du dieu de la guerre, du terrible Taïri. Les augures étaient de nouveau consultés et rendaient les réponses des dieux, après avoir inspecté les nuages et les entrailles des victimes. Le roi haranguait l'armée; puis chaque chef animait ses soldats, et l'on se préparait au combat.

ARMÉE.

L'armée était rangée en bataille, et divisée en centre et en ailes, disposées de telle sorte que, lorsqu'elle s'était ébranlée, elle prenait la forme d'un croissant. Les frondeurs et les lanciers occupaient la première ligne. Le combat commençait rarement par une action générale. Après s'être observés quelque temps, et s'être mutuellement tendu des embuscades, souvent un guerrier sortait de ses rangs, et venait dans la lice défier un adversaire du camp ennemi. Un guerrier répondait à l'appel, et en présence des deux armées, qui chacune de leur côté faisaient des vœux pour leur combattant et l'animaient de leurs cris, s'engageait une lutte terrible, une lutte acharnée qui ne devait finir que par la mort de l'un des deux champions. Là se déployait tout ce que la nature, aidée d'une éducation toute gymnastique, a pu développer de vigueur et de souplesse chez ces insulaires; les feintes, les simulacres de fuite, les attaques brusques et les coups parés aussitôt que portés. Chaque mouvement, chaque cri d'un guerrier portait dans son camp l'espoir ou la terreur, faisait tressaillir et rugir tour à tour les deux armées; car de l'issue de la lutte dépendait souvent le sort du combat. Assez souvent il commençait sur plusieurs points de la ligne par des engagements partiels, et quand, après plusieurs jours de ces luttes isolées, il n'y avait d'avantage bien marqué de part ni d'autre, un envoyé, tenant à la main une branche de palmier ou de ti, se présentait porteur de paroles de paix. Alors les chefs se rassemblaient : si la fin de la guerre était résolue, on se rendait au temple, où l'on immolait un cochon de lait dont le sang arrosait la terre; puis, en présence des deux armées, les chefs tressaient une couronne de *maïri*, plante odoriférante; la couronne était déposée dans le temple, et des danses, des festins et des fêtes, où les deux camps assistaient confondus, terminaient la cérémonie et scellaient la réconciliation.

Quand, après des engagements partiels ou au premier choc, l'action devenait générale, alors une mêlée furieuse s'engageait et s'étendait bientôt sur toute la ligne. La réserve, ménagée avec soin et composée de guerriers d'élite, paraissait ordinairement pour décider la victoire. Dans quelques circonstances, les troupes se retiraient des deux côtés sans résultat décisif; d'autres fois, le succès restait indécis plusieurs jours de suite; mais, le plus ordinairement, l'un des partis restait maître du champ de bataille, et les vaincus, abandonnant leurs armes, fuyaient, les uns dans la direction du Pouho-Noua ou lieu d'asile, d'autres au Vari ou lieu retranché, d'autre enfin dans les montagnes; mais les vainqueurs, ardents à la poursuite, s'attachaient à leurs pas, et, s'ils parvenaient à les atteindre, les ramenaient au camp, prisonniers. Là, la vie et la liberté des captifs étaient entièrement à la discrétion des chefs et du roi. Quand celui-ci était réputé clément, les prisonniers tâchaient de se trouver sur son passage et de se jeter à ses pieds. Un signe, une parole, l'entrée du palais suffisait pour les sauver. Si le roi disait : « La face en l'air, » le captif avait la vie sauve; mais il devenait esclave et restait dans le temple, pour servir de victime au besoin, quand, au contraire, il disait : « La face contre terre; » ou même s'il se taisait, à l'instant même l'arrêt de mort était exécuté.

A la suite d'une bataille, le parti vainqueur n'enterrait que les siens, abandonnant, sans sépulture, les cadavres qui avaient appartenu aux ennemis. Le partage du butin se faisait entre les guerriers vainqueurs, en proportion de leur rang; et les prisonniers, les femmes et les enfants, devenus esclaves, étaient forcés de travailler pour leurs nouveaux maîtres.

Telles étaient les mœurs et les institutions guerrières des habitants d'Haouaï, quand ils furent visités la première fois par les navigateurs européens; mais, aujourd'hui, vainement irait-on, dans les îles de la Polynésie, chercher les sauvages de Cook. A peine trouverait-on dans l'intérieur des plus grandes et des moins fréquentées quelques types échappés à notre civilisation et aux besoins qu'elle entraîne à sa suite. Déjà Kau-Ike-Ouli, le roi actuel, s'est entouré d'une garde d'indigènes portant l'uniforme anglais, et les autres troupes, nues ou revêtues du maro, sont exercées à nos manœuvres, et ont remplacé la fronde et la lance par le fusil et la baïonnette. Les villes ont été fortifiées et garnies de canons, et plusieurs goëlettes de guerre parcourent l'archipel, manœuvrées par des indigènes, et commandées, la plupart, par des marins anglais ou américains.

CULTE DES MORTS.

Nulle part le culte des morts n'est plus révéré qu'à Haouaï; nulle part les marques de douleur et de deuil ne sont plus bruyantes, plus exagérées. Mais c'est surtout à la mort d'un roi que la douleur publique se manifeste sous des formes incroyables pour les Européens. Les tatouages extraordinaires, les mutilations, les jeûnes, les prières, les sacrifices, rien n'est épargné. Quelquefois, à ces signes de douleur, se joignent des vers chantés en l'honneur du pays.

Voici la complainte que M. Ellis, savant missionnaire anglais, nous a conservée, telle qu'elle fut chantée sur le tombeau de Kiaï-Mokou, gouverneur de Mawi, par une de ses femmes:

Mort est mon seigneur et mon ami;
Mon ami dans la saison de la famine;
Mon ami dans le temps de la sécheresse;
Mon ami dans ma pauvreté;
Mon ami dans la pluie et dans le vent;
Mon ami dans la chaleur et dans le soleil;
Mon ami dans le froid de la montagne;
Mon ami dans la tempête;
Mon ami dans le calme;
Mon ami dans les huit mers.
Hélas! hélas! il est parti mon ami,
Et il ne reviendra plus.

Les missionnaires nous ont transmis les cérémonies funèbres qui accompagnèrent la mort de Tamea-Mea, arrivée le 8 mai 1819. La nouvelle de cette mort, à laquelle on s'attendait pourtant depuis long-temps, se répandit comme un choc électrique, et couvrit les îles d'un voile lugubre. Sans qu'il fût nécessaire de régler le deuil, chacun se mit en devoir d'apporter son tribut de douleur. Ce fut un unanime concert de pleurs et de gémissements, qui n'étaient interrompus que pour raconter des traits de la vie du roi qu'ils avaient perdu. Hommes et femmes s'arrachaient les cheveux en se roulant à terre. Honteux de ne pas donner assez de marques d'affliction, plusieurs, en se rencontrant, se meurtrissaient le visage; et tous, pour éterniser les marques de leur douleur, voulurent se faire arracher quelques dents. Non contents de se faire tatouer la langue, comme il est d'usage en pareille circonstance, la plupart se firent graver sur le bras cette inscription en anglais : « Notre grand et bon roi, Taméa-Mea est mort le 8 mai 1819. » Plusieurs insulaires poussèrent même le fanatisme de la douleur jusqu'à brûler leurs cases et leurs meubles. De toutes les parties de l'île, les habitants étaient accourus vers la capitale; et, à Towaï-Haï et Kaï-Koua, villages des environs, le peuple resta trois jours et trois nuits sur la place publique sans prendre aucun repos ni nourriture, uniquement occupé à donner des témoignages de sa profonde douleur.

Les témoignages de deuil qui avaient accompagné la fin de Tamea-Mea, dit M. Reybaud, se reproduisirent avec tous leurs accessoires quand mourut sa veuve, Keo-Pouo-Lani, mère de Rio-Rio et de Kau-Ike-Ouli, épouse de roi, mère de deux rois. Aucune expression humaine ne saurait rendre cette douleur publique, cette scène grecque à qui il a manqué un Homère. Un récit de M. Stewart ne peut en donner qu'une idée approximative. C'était à Mawi, résidence actuelle de Keo-Pouo-Lani. Les habitants de l'île, au nombre de plus de cinq mille, se portèrent vers la case de la défunte, hurlant, gémissant, se tordant les bras de désespoir, affectant les poses les plus bizarres et les plus expressives. Et ce n'était pas seulement le peuple qui manifestait ainsi ses regrets, mais les chefs, mais les seigneurs de la cour, mais Koua-Kini lui-même, l'un des plus puissants parmi eux. Ces doléances avaient chacune leur attitude et leur expression individuelle (voy. pl. 131). Les femmes échevelées, les bras tendus vers le ciel, la bouche ouverte et les yeux fermés, semblaient invoquer une catastrophe pour marquer le jour néfaste; les hommes croisaient leurs mains derrière la tête et semblaient abîmés dans la douleur; ici on se jetait la face contre terre en se roulant dans le sable; ailleurs on tombait à genoux, ou l'on simulait des convulsions épileptiques. Ceux-ci prenaient leurs cheveux à poignées, et semblaient vouloir s'épiler la tête. Tous multipliaient leurs gestes et leurs manifestations extravagantes, puis criaient lamentablement : *Auwe! auwe!* en accentuant ce mot d'une manière saccadée et lente, et appuyant sur la dernière syllabe, comme pour la rendre plus expressive et plus douloureuse. Groupés ou distincts, courant ou au repos, avec toutes leurs poses si diverses, si effroyables, si caractérisées, ces insulaires en deuil, ce peuple faisant dans une pantomime générale l'oraison funèbre de sa reine (voy. pl. 131), formaient le tableau le plus bizarre que l'on puisse imaginer, mais aussi le plus touchant, le plus profond, le plus poétique. Interrogés sur le motif qui les engageait à manifester leur chagrin d'une manière si exagérée, ils répondaient que c'était trop peu encore et qu'ils devraient garder des traces éternelles de cette douleur. »

Nulle part, dans aucun pays, marques de douleur ne furent aussi sincères, aussi unanimes; c'est que, dans Tamea-Mea, les Haouaïens ne pleuraient pas seulement un roi imposé par la force des armes, la ruse ou le hasard de la naissance : ils pleuraient un père, un protecteur, qui n'avait cessé de les diriger dans la voie des améliorations et de s'occuper de leur bien-être, et dans la reine ils pleuraient celle qui avait mérité l'affection du père de la patrie.

Ils sont rares les rois qui, dans nos sociétés civilisées, jouissent à leur mort des marques du regret aussi sincère! Si l'on objecte les différences d'habitudes, de climat, de civilisation, nous répondrons que la cause en est dans nos institutions elles-mêmes. Comme elles ne sont nullement harmonisées avec les besoins nouveaux, nés d'une civilisation toujours croissante, elles tendent toujours à refouler les existences vers le passé, sans tenir compte de la marche progressive de l'humanité; elles font l'homme individuel centre de tout, et, substituant l'égoïsme le plus absolu aux liens sympathiques qui tendent à réunir les hommes, font d'une société d'hommes autant d'existences séparées, occupées uniquement à se soutenir, et à résumer en elles toutes les jouissances des individualités qui les entourent.

REPAS, CONVERSATION ET CHANTS.

Chez un peuple de mœurs aussi simples, vivant dans un climat doux et tempéré, l'alimentation était frugale. Le fruit à pain, le taro, les patates, les ignames, les bananes, quelquefois du poisson frais ou salé, telle était la base des repas qui se servaient trois fois par jour : l'un au matin, le second au milieu du jour, et le troisième au coucher du soleil. Quelques calebasses pour contenir l'eau, des vases de bois servant d'écuelles et de tasses, constituaient les ustensiles de ménage. Chaque convive, s'accroupissant autour de la natte où étaient servis ces mets, mangeait, à sa convenance, avec les doigts. A ces aliments, les chefs ajoutaient un cochon ou un chien rôti, et buvaient, au commencement du repas, quelques gorgées de kava, sévèrement interdit au peuple, qui ne buvait que de l'eau. Autrefois, comme nous l'avons déjà dit, les femmes mangeaient à part; mais le tabou ne leur interdisait pas, comme à Taïti, la case des hommes.

Les femmes étaient chargées de la préparation des aliments. Avec la racine d'un *arum* nommé taro, pétrie et cuite au four, elles faisaient le *poe*, qui remplace notre pain. Si l'on se bornait à écraser cette racine avec eau et à la faire cuire, on obtenait une pâte consistante, qui, séchée au soleil, pouvait se conserver plusieurs mois; pétrie en bouillie et soumise à la fermentation douze à quinze heures, elle acquiert une saveur acidulée et devient très-appétissante. Ils mangeaient le poisson cru, trempé dans la saumure ou même dans l'eau de mer. Les aliments cuits dans des fours de terre y acquéraient une excellente saveur; ce qui engagea l'équipage de Cook à adopter cette méthode, dont on se trouva bien.

29ᵉ *Livraison.* (OCÉANIE.)

La conversation se fait, à Haouaï, entre les habitants couchés à plat ventre autour d'une natte. L'usage veut que, lorsqu'un parent ou un ami revient après un voyage ou une expédition, on commence à crier et à gémir, puis que l'on se console et qu'on s'embrasse. Quand une famille reçoit la visite d'un hôte de distinction, on célèbre son arrivée par une chanson improvisée. Voici la traduction d'une de ces poésies, d'après M. Ellis :

Nom de Mawi, fils de Para,
Comment vous célébrer ?
O Mawi ! femme célèbre dans l'Hovoua,
Femme habile dans l'agriculture !
Marions le pêcheur
A la femme qui cultive la terre.
Heureuse la terre qui vous appartiendra !
Si le mari est pêcheur,
Et si la femme cultive la terre,
Les vivres sont assurés pour les vieillards et les jeunes gens,
Comme pour nos guerriers chéris.
On songe à la vie de l'ami ;
On cultive pour Touï-te-Lani.
Les vastes forêts de Tapa-Pula ont été brûlées ;
Le précipice même a été embrasé ;
La terre de Toua-Ehou était solitaire.
L'oiseau se perchait sur les rocs d'Ohara-Hara.
Durant huit mois, durant huit jours,
Ceux qui cultivent furent essoufflés,
Fatigués de planter des herbes,
Succombant sous le soleil ;
Autour d'eux, ils regardaient avec inquiétude.
Par le vent, par la tempête, chargés de pluie,
Le sable a été jeté sur Hoïna ;
Les yeux en étaient tout rouges.
O Taouaï ! ô Taouaï ! sois chérie !
Terre au milieu de la mer,
Qui reposes paisiblement au sein des ondes,
Et tournes ton visage aux vents agréables.
Le vent avait rougi les yeux
Des hommes dont la peau est tatouée.
Le sable de Taou est à Poha-Touoa ;
La lave à Ohia-Ota-Lani.
La mer était la route pour arriver
A la plage sablonneuse de Taïmou ;
A l'intérieur, par la cime des monts,
Le sentier était caché ;
Kiro-Ea était caché par la tempête.
Pélé réside à Kiro-Ea,
Dans le volcan et se nourrit toujours de flammes.

JEUX GYMNASTIQUES ET DANSES.

La plupart des jeux de ces insulaires consistaient en exercices gymnastiques, où ils déployaient une force et une agilité surprenantes. Ils connaissaient l'escarpolette, le jeu des cinq balles, jeu connu dans l'Inde et en Europe, et qui consiste à maintenir toujours en mouvement cinq boules, reçues et renvoyées tour à tour par le joueur, et formant ainsi une espèce de gerbe toujours mouvante au-dessus de sa tête. Ils avaient un autre jeu qui, semblable à celui des anciens gymnases grecs, consistait à se maintenir, le plus long-temps possible, avec un seul pied, sur une pierre arrondie et parfaitement lisse. Mais le jeu favori des jeunes gens, jeu auquel les Haouaïennes prennent part fréquemment, c'est la course, qui donne lieu à de nombreux paris, et leur donne l'occasion de développer toute leur vigueur et leur agilité. L'espace à parcourir est assez borné d'abord ; mais la lice s'étend bientôt en raison du nombre des adversaires, qui, arrivés plus tard que les autres, se retirent ; et enfin, dans une dernière épreuve, le vainqueur, baigné de sueur et hors d'haleine, est proclamé et gagne les enjeux.

La natation est un autre exercice dans lequel hommes et femmes excellent également. Dans les tempêtes, au milieu des ressacs les plus furieux, on les voit, poussant une planche devant eux, affronter, avec ce simple appui, la fureur des vagues, et s'avancer à plusieurs milles en mer, disparaissant souvent des minutes entières sous le brisant des vagues, mais revenant de l'autre côté et continuant toujours à nager. Karaï-Mokou et Taï-Ana, chefs célèbres, aimaient à prouver leur habileté dans cet exercice. L'un des jeux habituels de ces insulaires avait beaucoup de rapport avec notre jeu de dames, et consistait en un damier avec deux cent trente-huit cases disposées sur dix-sept rangs, et sur lesquels on faisait manœuvrer de petits cailloux.

Mais les principaux amusements des îles Haouaï sont, sans contredit, les jeux scéniques, consistant en des espèces de pantomimes et des danses, figurées principalement par les femmes, et auxquelles les dames des chefs ne dédaignent pas de prendre part (voy. pl. 119). Ces jeux sont exécutés en mesure et dirigés par des musiciens du pays, qui souvent ne sont pas les acteurs les moins intéressants de la pièce.

Les missionnaires et les voyageurs nous ont transmis la description de plusieurs de ces fêtes.

Les danses ou *houras* commençaient par des poses moelleuses et des mouvements lents et gracieux qui s'accéléraient graduellement, et les poses finissaient par devenir si étranges, les mouvements si rapides, que le spectateur avait peine à les suivre de l'œil. Le meilleur danseur était celui qui pouvait se maintenir le plus long-temps. Cook parle d'un danseur qui avait un collier d'algues autour du cou, et des bracelets garnis de dents de chien aux poignets et aux jambes (voy. *pl.* 123). De sa main droite, il tenait une grande calebasse où étaient renfermés des cailloux, et, de la gauche, il frappait dessus avec un bâton. Ce danseur exécutait des pas grotesques dans le genre des bouffons italiens. Ellis vit une fois un jeune homme qui exécuta seul une houra, accompagné par le son d'une calebasse qu'il agitait en l'air et par les cris des assistants, qui chantaient des vers du pays. Dans une autre circonstance, il assista à une danse dont les acteurs étaient deux enfants, garçon et fille, de neuf à dix ans, qui, accompagnés par cinq musiciens frappant sur leurs tam-tams, exécutaient des passes très-difficiles, en chantant les louanges des guerriers d'Haouaï (voy. *pl.* 130).

Mais les plus beaux divertissements sont ceux que l'on fit en l'honneur de Vancouver. Ce célèbre navigateur raconte longuement les combats simulés, les danses et les jeux de toute espèce dont il fut régalé dans son second voyage. Ce fut, comme nous le verrons, en 1793, un an après l'assassinat de son lieutenant Hergerst, que Vancouver mouilla dans la baie de Ke-Ara-Kekoua, résidence du roi Tamea-Mea. Ce fut sans doute pour rétablir la bonne intelligence entre les Européens et les naturels que ce monarque ne cessa de prodiguer les fêtes et tous les spectacles en usage à Haouaï. Vancouver admira surtout le spectacle d'un combat simulé, où il fut à même de juger l'étonnante vigueur et la prodigieuse adresse des guerriers de l'archipel haouaïen. Tâchons de reproduire à notre manière ce récit curieux :

JEUX MILITAIRES.

Deux corps de guerriers de cent cinquante hommes chacun, armés de lances émoussées, se rangèrent, conduits par leurs chefs, en ordre de bataille, sur la partie septentrionale de la plage, en dehors du moraï. Celui de droite figurait l'armée de Tamea-Mea, et celui de gauche les troupes des rois de Tahi-Teri et Ta-Eo, ses ennemis. Dans un combat véritable, des frondeurs auraient dû garnir les ailes; l'imagination devait suppléer à leur absence.

A un signal convenu, les deux armées s'ébranlèrent spontanément; mais, arrivées à la portée du javelot, les chefs de chaque parti, se portant devant leurs guerriers, les haranguèrent avec chaleur, en accompagnant chaque parole des gestes les plus significatifs; puis, de part et d'autre, furent échangées des provocations et des menaces, puis, à un autre signal, une grêle de traits partit de chaque côté, mais la plupart s'amortirent sur les fers de lance avec un bruit éclatant. Ce prélude de combat, où les adversaires des deux partis firent preuve d'une étonnante adresse à lancer et à parer les coups, n'était cependant que le commencement de l'action. De chaque côté s'avancèrent, la provocation à la bouche, et rapides comme l'éclair, des guerriers, qui, aussitôt, devenaient le point de mire des traits de leurs adversaires; mais ils les paraient avec une telle dextérité, que, pour les atteindre, souvent ils saisissaient en l'air plusieurs des javelots qui leur étaient lancés, et les renvoyaient à l'ennemi, sans cesser de se garantir des nouveaux coups qui leur étaient portés.

Tamea-Mea surtout excita, par son intrépidité, l'admiration des compagnons de Vancouver. Il s'était mêlé un instant aux combattants. Dès que les guerriers de Tahi-Teri l'aperçurent au premier rang, toutes les attaques furent dirigées contre le grand roi. En un instant, six dards volèrent, à la fois, sur sa tête et sur sa poitrine.

4.

D'une main il en saisit trois qu'il renvoya aussitôt à l'ennemi, évita un quatrième par un mouvement rapide, et brisa les deux autres avec le fer de sa lance. Cependant les ennemis ne cessaient de faire pleuvoir sur lui une grêle de javelots, et, malgré des prodiges d'adresse, il allait sans doute être atteint, quand, par une manœuvre adroite, ses troupes lui firent un bouclier vivant: aussitôt cette masse compacte et hérissée de fer se porta sur le centre de l'ennemi, l'enfonça, le poursuivit et obtint la victoire. Tamea-Mea n'avait pas reçu une blessure.

Dans les derniers instants du combat, les Anglais avaient remarqué un point où se concentraient d'incroyables efforts, un vrai duel à mort dans ce combat si acharné. Il s'agissait de disputer le corps du premier guerrier terrassé. Ce guerrier se trouvait du parti de Tahi-Teri; et la lutte se soutint long-temps sans avantage prononcé d'aucun côté. Dans les combats de ces insulaires, le premier prisonnier est sacrifié au moraï : aussi de part et d'autre redoublent les efforts; le plus souvent, ce point devient le centre de l'action et le théâtre d'une mêlée furieuse. Enfin, vint l'instant où l'armée de Tahi-Teri et de Ta-Eo fut enfoncée; alors les blessés, ou plutôt les guerriers qui en jouaient le rôle, et qui, pendant l'action, avaient été foulés aux pieds, meurtris et couverts de coups, furent saisis par les vainqueurs, qui, les prenant par les talons, les traînèrent sur le sable, assez loin du champ de bataille. Déja couverts de contusions, ces insulaires, pour achever leur rôle, se laissèrent traîner au milieu des herbes et des cailloux, sans proférer un mot ni sortir de leur immobilité. Enfin la comédie finit, et les acteurs de ce drame incroyable, couverts de poussière, de boue et de sang, se relevèrent joyeux et alertes, et, après s'être secoués, allèrent se débarbouiller dans la mer.

Ce combat si acharné, où tant de vigueur et d'adresse avaient été déployées, n'était pourtant que le prélude d'un combat plus vif, d'efforts mieux combinés, d'évolutions plus savantes.

Les chefs n'avaient pas paru : les guerriers ordinaires avaient seuls figuré. Les premiers, escortés de soldats armés de lances pointues, *pololou*, longues de 16 à 20 pieds, s'avancèrent en ligne et en exécutant plusieurs évolutions sur le champ de bataille, où ceux qui les avaient précédés, assis à terre à la manière orientale, étaient occupés à parlementer.

Arrivées à 12 ou 15 toises de distance l'une de l'autre, les deux troupes s'arrêtèrent spontanément. Le chef qui représentait le roi Ta-Eo prit d'abord la parole et prononça une harangue à la manière des héros de l'Iliade; puis vint le tour des autres guerriers, qui donnèrent chacun leur avis; souvent la discussion alla jusqu'à l'emportement, et pendant tout ce temps, les deux partis ne cessèrent de se surveiller, comme s'ils eussent craint quelque embûche ou une attaque spontanée. Aux propositions de paix, les gardes du camp inclinaient la pointe des lances; aux discours violents, ils les relevaient à une hauteur uniforme. Les chefs qui s'étaient prononcés pour la guerre firent triompher leur avis. De part et d'autre les guerriers, se levant, formèrent leurs phalanges. Cette fois, des frondeurs et des arbalétriers, voltigeant sur les ailes, engagèrent le combat. Les troupes, pendant ce temps, effectuèrent des évolutions dans le but simulé de choisir des positions avantageuses et de dominer l'armée ennemie. Enfin, après ces dispositions et quelques attaques simulées, les deux armées en vinrent aux mains. Dans cet archipel, les chefs constituent une classe distincte et sont supérieurs en force et en intelligence aux guerriers de la classe du peuple. Plusieurs ont jusqu'à six pieds de haut et sont doués d'une grande force; d'ailleurs leur éducation gymnastique tend à développer encore cette force : aussi déployèrent-ils de part et d'autre une agilité et une force dont les Anglais furent frappés, même après avoir assisté au combat précédent. Là, le terrain fut disputé pied à pied : chaque ligne de combattants semblait un mur d'airain, mais un mur d'où jaillissaient des coups incessants, d'où partait sans cesse une grêle de traits qui allaient, impuissants, se briser contre le mur opposé.

La victoire resta quelque temps douteuse; mais le parti de Tamea-Mea devait être vainqueur. L'aile gauche du roi Tahi-Teri, un instant indécise, donna le temps à l'armée de Tamea-Mea de concentrer toutes ses forces sur ce point. Alors, d'un bond, elle se précipite sur l'aile gauche, en poussant d'horribles cris. De ce moment, il n'y eut plus que des vainqueurs poursuivant des vaincus. Plusieurs de ceux-ci tombèrent sur la plage, entre autres les rois Tahi-Teri et Ta-Eo. Les autres, poursuivis à outrance, gagnèrent l'intérieur. Les rois vaincus furent amenés, malgré leur résistance, à Tamea-Mea, qui ordonna de les conduire au moraï pour être immolés. Les guerriers, obéissant à leur chef, s'emparèrent des prisonniers; mais au lieu de les assommer, on les accompagna, avec les honneurs dus à leur rang, à un grand festin qui termina la fête, et où, vainqueurs et vaincus, oubliant leurs querelles et le combat qui venait de se livrer, s'abandonnèrent à une joie naïve, et se félicitèrent du spectacle qu'ils venaient de donner à leurs nouveaux hôtes.

Tels étaient les jeux de ces aimables enfants de la nature, alors qu'ils furent visités par les premiers Européens. Depuis, il s'est opéré de grands changements. La civilisation apportée par nous a déjà profondément altéré la physionomie nationale des Haouaïens, des Taïtiens, des Tongas et autres prétendus sauvages de Cook et de Bougainville; bientôt les voyageurs, en lisant les récits des navigateurs du dernier siècle, croiront lire des fables.

COSTUMES ET ORNEMENTS.

Le costume des habitants de Haouaï a subi, dans ces derniers temps, de nombreuses modifications, et principalement l'uniforme de l'armée, ainsi que nous l'avons vu. A l'arrivée de Cook, le simple *maro*(*) était l'unique habit des hommes du peuple et des chefs subalternes. Celui des femmes consistait en une pièce d'étoffe drapée selon le goût ou la fantaisie de chacune, tantôt recouvrant la tête et relevant les seins, d'autres fois entourant simplement le corps. Les chefs supérieurs seuls avaient droit de porter un manteau ou une natte fabriqués avec l'étoffe du pays et agrafés sur l'épaule. Dans les grandes solennités et les jours de combat, ils se couvraient du manteau à plumes. Les deux sexes allaient nu-pieds ordinairement. Dans leurs courses, s'ils devaient marcher longtemps sur les coraux, ils avaient soin de se garantir les pieds avec des sandales de bourre de coco. Les chefs seuls portaient des casques de guerre. Partout ailleurs, ils n'avaient pour toute coiffure, ainsi que les habitants, que leurs cheveux, qu'ils arrangeaient diversement. Les uns les portaient longs et sans apprêt; d'autres les faisaient tresser ou relever en nattes; d'autres, enfin, n'en conservaient qu'une bande de quatre doigts de largeur, s'étendant du front à l'occiput, et imitant la crinière d'un casque. Le reste était rasé.

Telle était la coiffure des hommes; mais les femmes, ainsi que chez nous, s'appliquaient particulièrement à cette partie de leur costume. Les femmes des chefs portaient souvent des ornements en fleurs artistement disposées. Plusieurs mêlaient aux tresses des plumes diversement coloriées en jaune, en rouge ou même en noir, et entremêlées des fruits de pandanus, ce qui produisait un assez bon effet. Un grand nombre teignaient en blanc une bande de deux doigts de largeur dans la circonference qui avoisine le visage. D'autres, rasant la partie postérieure de la tête, relevaient les cheveux de la partie antérieure, comme les Taïtiennes. Un grand nombre, enfin, relevant tous les cheveux sur le haut de la tête, les

(*) Le maro est une ceinture pour cacher la nudité. Il rappelle le *langouti* des noirs.

repliaient ensuite sur eux-mêmes, de manière à y figurer un bonnet phrygien.

A Haouaï, comme dans les autres îles de l'archipel, hommes et femmes portaient des bracelets et des colliers de diverses espèces, en dents de cochon, en coquillages ou en fleurs. Au lieu de bagues, les femmes portaient à leurs doigts de petites figurines en bois, représentant des tortues. King cite une parure composée de plumes, à fond rouge, marqueté de bandes jaunes et noires. Cet ornement, nommé *raï* dans la langue du pays, et qui se porte au cou et dans les cheveux, représente assez bien une espèce de fraise aplatie et circulaire, tant les plumes sont serrées et parfaitement unies.

Le capitaine Cook cite une autre espèce d'ornement représentant, chez ces peuples, nos masques de théâtre. C'est une calebasse travaillée, tressée, surmontée de petites branches vertes, et portant à la partie inférieure, figurant le menton, une bande d'étoffe noire pour imiter la barbe. Au milieu, ont été ménagés un trou pour correspondre au nez, et deux autres pour les yeux. Un jour, plusieurs insulaires, montant une double pirogue, vinrent autour du bord, le visage couvert de ce masque et exécutant les mouvements les plus bizarres. Ces masques leur servaient vraisemblablement pendant leurs *saturnales*. Cet usage semble avoir disparu (voy. pl. 118).

Aujourd'hui, le peuple et les chefs aiment extraordinairement les habillements européens; quelques chefs s'en vêtent, mais seulement quand ils font visite aux bâtiments qui arrivent. Taïmotou, frère de la reine Kahoumanou, était presque toujours mis à l'anglaise. Les femmes aiment toujours les colliers de verre bleu, ainsi que toutes les Polynésiennes.

TATOUAGE.

Le tatouage, si usité dans le reste de la Polynésie, ne l'était guère, en temps ordinaire, à Haouaï, que parmi les guerriers, qui en faisaient un ornement; mais la plupart des habitants portaient des signes nombreux et la plupart assez compliqués des tatouages qu'ils s'étaient faits à la mort des chefs ou des personnes de leur famille, ainsi qu'il arriva à la mort de Keo-Pouo-Lani, épouse de Tamea-Mea et mère des deux rois Rio-Rio et Ko-Ike-Ouli.

Les nobles étant, sans exception, très-gras, boivent du kava ou ava, pour maigrir, en même temps qu'ils gardent une diète sévère; et effectivement leur embonpoint diminue sensiblement, la peau se ride, tombe par écailles, et se renouvelle. Beaucoup de vieux chefs boivent le kava, par plaisir; ils maigrissent, leurs yeux deviennent rouges; l'usage de cette boisson leur donne un air de gens à demi ivres. Les voyages de Cook décrivent la manière dégoûtante dont on prépare cette boisson, qui est en vogue dans les principaux archipels du Grand-Océan, et dont l'abus produit partout des effets pernicieux. On a pensé qu'il faut lui attribuer en partie les nombreuses maladies de la peau dont les insulaires sont attaqués. Voici ce que dit Choris à ce sujet:

« J'ai vu à Vahou un Anglais que la goutte avait rendu entièrement perclus: il ne pouvait ni s'asseoir, ni marcher. Un vieil insulaire s'y prit ainsi pour le guérir: il lui fit d'abord observer la diète la plus rigoureuse; ensuite il le frottait constamment tous les jours, en appliquant les mains depuis la ceinture jusqu'au bout des pieds, et ne cessait que lorsque le malade s'endormait. En six semaines celui-ci fut entièrement guéri, comme il nous l'apprit lui-même lorsque nous revînmes à Vahou. » Le procédé employé par cet insulaire rappelle ceux que le magnétisme met en usage.

LANGUE ET LITTÉRATURE.

La langue d'Haouaï nous paraît un dialecte de la langue générale daya-polynésienne, ainsi que nous croyons l'avoir déjà prouvé. Elle est douce et harmonieuse, et elle se rapproche du malayou pour les formes radicales; tandis que, pour la prononciation, elle a le plus grand rapport avec l'italienne. Ayant avec les autres dialectes polynésiens une telle conformité de mots, de construction et de grammaire, qu'un système commun d'écriture et d'orthographe peut leur être appliqué, elle diffère pourtant du dialecte des Taïtiens, en ce qu'il est mieux articulé, et de celui des Nouveaux-Zeelandais, en ce qu'il a moins de notes gutturales. Toutes les syllabes, tous les mots, par conséquent, sont terminés par des voyelles. La plupart de ces mots sont dissyllabiques, quelques-uns seulement trissyllabiques, à l'exception cependant des mots composés.

Jusqu'en 1822, l'écriture était inconnue à Haouaï, ainsi que dans les autres îles de la Polynésie. Cependant, le missionnaire Ellis cite des caractères tracés sur la lave, et qui avaient le plus grand rapport avec les hiéroglyphes mexicains et péruviens. Ces signes semblent figurer quelque circonstance d'un voyage. Un demi-cercle avec un point au milieu pouvait indiquer qu'un homme avait fait la moitié du tour de l'île; un cercle entier avec le point au centre marquait qu'il l'avait fait en entier. Enfin, plusieurs cercles superposés indiquaient peut-être autant de voyageurs étrangers qu'il y avait de lignes ou de points.

Dans le système grammatical adopté par les missionnaires américains, dix-sept lettres, cinq voyelles, a, e, i, o, u, et douze consonnes, b, d, h, k, l, m, n, p, r, t, v, w, suffisent pour exprimer tous les sons de la langue d'Haouaï. Les missionnaires pensent même que l'on pourrait, sans inconvénient pour la prononciation, retrancher les cinq lettres b, d, r, t, v.

Ce fut, comme nous l'avons indiqué, en 1822 que fut imprimé le premier livre haouaïen. C'était un essai de grammaire où l'on suivait les principes déjà adoptés pour les langues de Taïti et de la Nouvelle-Zeeland. Depuis, les progrès de l'imprimerie ont pris une extension telle que, dix ans après, en 1832 166,000 exemplaires étaient sortis des presses en six mois. Les plus répandus parmi ces ouvrages étaient: l'*Histoire de la Bible*, les *Éléments d'arithmétique*, le *Pain quotidien*, plusieurs livres tirés de l'*Ancien Testament* et du *Nouveau*, un *Traité sur le mariage*, des *Questions de géographie*, tous tirés et répandus en très-grand nombre. Il est encore question de publier de nouveaux ouvrages sur l'histoire, la géographie, la grammaire, etc.; surtout de fonder un almanach. En dix ans, dans un pays neuf, où les missionnaires avaient dû tout former eux-mêmes, ce travail était immense.

Les anciens habitants employaient la numération décimale : ils comptaient par nuits, et non par jours, pour estimer les fractions d'un mois; et chaque lune, ainsi que chaque nuit de lune, avait un nom spécial. Douze lunes formaient l'année; mais les périodes véritables étaient dans les saisons.

Ignorant complètement l'art de fixer la pensée, la littérature des Haouaïens, purement orale, se bornait à quelques histoires plus ou moins fabuleuses, à quelques pièces de vers, que le missionnaire Ellis a recueillies avec soin, et à des pièces de théâtre. Dans ce dernier genre de littérature, ces insulaires avaient atteint un point de perfection dont les Européens se feraient difficilement une idée. Le drame, grave et solennel d'abord, avait un enchaînement tel que l'intérêt allait toujours en croissant. Ils avaient deviné et mis en œuvre notre ancienne poétique. Ils avaient senti que pour tenir l'auditeur attentif, il fallait établir une progression d'intérêt, pour arriver au dernier résultat, à l'enthousiasme. Dans ces sortes de pièces, les acteurs secondaient merveilleusement le mérite du drame, et l'on pouvait reconnaître sur la scène des actrices consommées, qui n'avaient pu arriver à ce degré de perfection que par des études longues et sérieuses. Les premières artistes, surtout pour la prestesse de leurs gestes, la grace de leurs mouvements et la merveilleuse harmonie établie dans toutes les combinaisons qui font le plus grand mérite de la représentation, excitaient au plus haut point l'enthousiasme des spectateurs. Il est probable qu'il existait des espèces de conservatoires où les acteurs se formaient aux gestes et à la déclamation, et cette probabilité devint, pour les Anglais et les Français invités à ces fêtes, une certitude, quand ils virent sur la scène de jeunes actrices qui faisaient ressortir toute la différence qui existait entre elles et les actrices exercées depuis long-temps.

REPRÉSENTATIONS THÉATRALES.

Dans le dernier voyage fait par Vancouver, pour l'investiture d'Haouaï au nom de l'Angleterre, en 1794, Tamea-Mea donna aux Anglais plusieurs représentations héroïques. Nous allons en analyser les détails les plus intéressants, quelquefois en les traduisant, plus souvent en donnant une libre imitation du texte de Vancouver.

Le premier spectacle eut lieu en plein air. Une femme d'une physionomie gracieuse, nommée *Poukou*, était le seul acteur de la pièce. La tête et le cou de l'actrice étaient ombragés de plumes ondoyantes de couleurs variées. Les épaules et les seins étaient nus et fort beaux. Autour de la ceinture étaient roulées plusieurs pièces d'étoffes qui tombaient avec grace jusqu'aux genoux. Des espèces de brodequins serraient fortement le bas de la jambe, puis, libres au niveau du mollet, étaient attachés au-dessus du genou. Un réseau de mailles, auquel étaient suspendues des dents de chien, recouvrait cette partie de l'habillement. Elle portait autour des poignets des bracelets faits avec des dents de cochon, liées entre elles avec beaucoup d'art et disposées avec symétrie.

La foule de spectateurs, formant un demi-cercle, applaudit bruyamment l'arrivée de l'actrice, qui reçut ces acclamations en femme accoutumée à les entendre. L'orchestre se composait de deux musiciens qui, tenant chacun à la main droite une grande calebasse évidée, ouverte par le haut, et finissant en pointe par le bas, frappaient alternativement la terre de cet instrument, et le relevaient pour le frapper avec leurs mains et leurs coudes à la manière des tambours de basque. De ces divers mouvements résultait un accompagnement pour leurs chansons, et leurs gestes passionnés indiquaient aisément tout l'intérêt qu'ils prenaient au succès de la pièce. D'ailleurs, le bruit résultant de leurs instruments n'avait rien de sauvage et s'harmonisait avec les mouvements de l'actrice, qui s'avançait ou s'éloignait alternativement selon les exigences de son rôle. Le récitatif fut grave d'abord et solennel; puis, s'animant par degrés et donnant de l'expression à sa voix, elle arriva bientôt au degré le plus élevé d'enthousiasme. Alors sa déclamation fortement accentuée, ses poses nobles, ses gestes énergiques et passionnés électrisèrent la foule, qui applaudit avec fureur au succès de l'actrice. Quoique Vancouver et les siens ne comprissent rien aux paroles qu'elle prononçait, ils furent vivement émus du feu de son action et de l'accent de sa voix : mais la foule, tour à tour calme et transportée, selon le sens du drame, s'était complétement identifiée au rôle de Poukou.

A cette pièce jouée par une seule actrice, en succéda une autre d'un genre plus relevé, et à laquelle prirent part les épouses des principaux chefs.

Le lieu de la scène était un espace carré, bordé de maisons. Quatre mille spectateurs, groupés, entassés les uns sur les autres, attendaient impatiemment le commencement de la pièce, qui avait été retardée d'une heure pour les apprêts nécessaires en pareille circonstance. L'orchestre, composé de cinq musiciens, tenant d'une main une pièce de bois poli en forme de lance, et armés, de l'autre, d'un bâton avec lequel ils frappaient la première, commença l'ouverture. Les airs variaient suivant le mouvement, la mesure et la différence des notes, qui dépendaient du point où l'on frappait l'instrument.

L'orchestre avait à peine terminé son ouverture, que les cris et les applaudissements de la foule annoncèrent l'arrivée des acteurs. Alors les musiciens se retirèrent au fond de l'enceinte. Le costume de la plupart des actrices ressemblait beaucoup à celui de Poukou; mais chez la plupart d'entre elles, les étoffes étaient plus riches et les ornements plus nombreux. Elles avaient autour du cou et des épaules des colliers de feuilles de *dracæna*, et autour des jambes et au bas de leurs robes, elles portaient des guirlandes de lianes tressées, qui remplaçaient le réseau et les dents de chien de la première actrice.

La pièce, divisée en quatre actes, était un mélange de chants et de récitatifs, et avait été faite en l'honneur d'une princesse nommée Karaï-Kouli-Niao, retenue captive à 60 milles du lieu de la scène. Pour mieux associer les spectateurs à l'intérêt que devaient inspirer les malheurs de la princesse, ils étaient tenus, hommes et femmes, d'enlever momentanément les ornements qu'ils avaient sur la poitrine, chaque fois que le nom de l'héroïne était prononcé. Les actrices qui étaient en scène étaient seules exemptes de cette cérémonie, probablement parce qu'elle aurait ralenti l'action.

Les actrices, au nombre de sept, se rangèrent, sur une seule ligne, en face de l'espace occupé par les dames de qualité et par les chefs. L'actrice principale, dont les traits gracieux étaient encore relevés par une guirlande artistement tressée autour de sa tête, était l'épouse d'une espèce de chambellan, et avait été la favorite de Tamea-Mea. Près d'elle était la fille captive du roi Tahi-Teri; puis, au milieu, comme la plus élevée en rang et en naissance, se tenait Karaï-Mahamou, sœur cadette de la reine. Autour d'elles s'étaient groupées les autres actrices, dont le nom et la position étaient moins élevés.

Les trois premiers actes avaient été une suite de chants et de récitatifs, où les actrices avaient déployé le plus grand talent; mais au quatrième acte, de sérieux et mesuré qu'était le drame, il devint tout à coup tellement licencieux, que les Européens en furent scandalisés. Cependant, ce fut cette finale qui attira les plus grands applaudissements. Les Anglais n'avaient pu juger que les gestes; mais, d'après ce qu'ils en virent, ils purent deviner les paroles qui, sans doute, ne le cédaient pas à la pantomime.

Telle était la scène à Haouaï. Sans doute, pour arriver à ce point, elle devait avoir une origine passablement ancienne. Il est fâcheux que les traditions ne nous apprennent rien à cet égard.

Dans un spectacle que le régent Enemo donna à Vancouver, ce savant navigateur put constater la différence qui régnait entre le théâtre de l'île Haouaï et celui de Kaï-Koua. Le divertissement, en trois actes, était exécuté par trois groupes, chacun de deux cents femmes environ, qui, dans une position moitié assise, moitié couchée, exécutaient, malgré leur position bizarre, une multitude de mouvements telle que l'œil avait peine à les suivre et à les démêler. Elles semblaient obéir, dans tous ces mouvements exécutés avec un ensemble merveilleux, à un homme placé quelques pas au-devant d'elles. Les contrastes étaient combinés de la manière la plus avantageuse pour produire de l'effet. A des mouvements vifs et saccadés, succédait tout à coup une complète immobilité; puis, se laissant tomber comme si elles eussent été frappées de mort, ces actrices se roulaient à terre dans leurs vêtements, et y semblaient ensevelies. Tous ces mouvements étaient accompagnés de chants mélodieux, et cette scène, à la fois étrange et effrayante, laissa dans l'admiration Vancouver et ses officiers. La plus scrupuleuse décence fut observée d'un bout à l'autre de la pièce, qui dura deux heures.

HISTOIRE DES ILES HAOUAI.

L'origine de la race haouaïenne, consacrée, comme celle de tous les peuples, dans des annales purement traditionnelles, en des souvenirs nationaux, perpétués par quelques chants populaires, plus empreints de merveilleux que de vraisemblance, est l'objet de plusieurs versions plus ou moins contradictoires, qui ne peuvent fixer l'attention de l'observateur judicieux qu'en raison de l'intérêt qui se rattache au peuple chez lequel elles ont cours, et dont elles lui révèlent le caractère et les mœurs. Sous ce rapport, les traditions haouaïennes nous semblent mériter d'être étudiées.

Selon une partie des prêtres, le premier habitant de ces îles était d'origine céleste; il descendait d'*Haouméa*, divinité bienfaisante et du sexe féminin. Suivant une autre, *Akéa*, dieu mitoyen entre les dieux et les hommes, était le père de la population, et la souche directe de ses rois. Mais l'opinion la moins dénuée de vraisemblance, en la dégageant du merveilleux dont elle est entourée, c'est que les habitants primitifs arrivèrent, dans une pirogue, de *Taïti*, c'est-à-dire *de loin*. Voici ce qu'ajoute la tradition : Dans les temps les plus reculés, à l'époque où l'Océan couvrait tout l'espace, un oiseau énorme s'abattit sur les eaux et y pondit un œuf, qui, sans doute, fécondé par le soleil, produisit Haouaï. Bientôt arrivèrent, dans une pirogue venant de *Taïti*, un homme, une femme, un cochon, des poules et un chien. D'un commun accord, ils s'établirent sur la côte orientale de l'île principale, et s'arrangèrent à l'amiable, dit-on, avec les dieux et les esprits qui, seuls alors, peuplaient les sommités de rochers et de montagnes, appelées îles Haouaï. Selon les traditions d'Oahou, un déluge submergea ce groupe d'îles, à l'exception d'un piton demeuré à sec, qu'on appelle le Mouna-Kéa. Là purent se sauver quelques individus, et ce débris d'une population engloutie sous les eaux servit de noyau à la population actuelle. Un prêtre d'Haouaï, Kama-Pii-Kaï, colonisa Taïti. Sous le règne de Kahou-Kapou, le fameux temple de Makini fut bâti par un *kaouna* ou prêtre étranger, nommé Paao, qui y fonda son culte. Ce prêtre était un homme blanc, qui arriva des contrées lointaines avec deux dieux, l'un grand et l'autre petit, qui furent aussitôt comptés parmi ceux de l'île, et adorés dans le temple de Makini. Ce prêtre, entre autres faits merveilleux, guérit, par ses prières, un des enfants de Kahou-Kapou. Opiri succéda à son père Paao, et servit d'interprète au roi, dans une seconde apparition des blancs sur l'île.

Près de ce temple, suivant les traditions, habitait le frère de Kana, géant qui voyageait d'île en île, en marchant dans la mer. Souvent il se tenait debout, un pied sur Oahou et l'autre sur Haouaï. Entre autres actions extraordinaires qu'on lui attribue, les insulaires répètent souvent la suivante : Un jour, les Haouaïens ayant offensé le roi de Taïti, celui-ci, pour les punir, les priva du soleil. Effrayés des ténèbres qui couvraient l'île, les habitants invoquèrent le frère de Kana, et le supplièrent de se rendre à Taïti, où habitait Kohoa-Arii, le maître du soleil. Le géant mit ses fortes bottes, alla trouver Kahoa-Arii, et obtint de lui que le soleil serait rendu aux Haouaïens, et, pour éviter à l'avenir un pareil malheur, il fixa cet astre dans le ciel, d'où il n'a pas bougé depuis. Au milieu de ces allégories ne peut-on pas démêler une histoire véritable? Cet homme qui traverse la mer, cette lumière fixée sur les îles, toutes ces fables ne semblent-elles pas constater une certaine civilisation, passablement ancienne, et une connaissance immémoriale dans l'art de la navigation?

D'autres légendes viennent d'ailleurs à l'appui de celle-là, et établissent clairement qu'à diverses époques, des insulaires d'Haouaï firent plusieurs voyages à Naou-Hira et Tahou-Ata (ces lieux sont évidemment les mêmes que Nouka-Kiva et Tao-Wati). L'une de ces traditions, à laquelle on donne le nom de voyage de Kama-Pii-Kaï, rapporte que le dieu Kane-Nouï-Akea, dont ce prêtre desservait le temple, lui apparut, et lui ordonna de se rendre à Taïti, dont il lui révéla la situation. Kama-Pii-

Kaï, pour obéir aux ordres de son dieu, s'embarqua, avec un grand nombre de compagnons, sur quatre doubles pirogues, et resta quinze ans absent. A son retour, Kama-Pii-Kaï fit à ses compatriotes un tableau ravissant du pays qu'il avait visité, et qu'il nommait Haupo-Kama. Il citait une plage, nommée One-Rau-Ena, couverte de coquillages et de fruits, et peuplée d'une belle race d'hommes; mais ce qui attirait le plus l'attention, c'était une fontaine appelée Waï-Ora-Roa (eau de longue vie), qui avait la faculté de rajeunir et de cicatriser toute espèce de blessures.

Kama-Pii-Kaï fit encore trois nouveaux voyages, accompagné chaque fois par un grand nombre de curieux, qui étaient attirés surtout par le désir de se baigner dans les eaux merveilleuses de la Jouvence polynésienne. Le prêtre entreprit un quatrième voyage d'où il ne revint pas, et l'on en conclut qu'il avait péri en mer ou qu'il s'était fixé à Taïti.

De toutes ces traditions populaires on peut conclure qu'à une époque reculée des indigènes avaient fait le trajet de Haouaï aux îles Carolines orientales, à Nouka-Hiva et à Taïti. Il est vraisemblable que des communications habituelles existaient entre ces îles, qui, peut-être même, formaient non un continent, mais une chaîne d'îles, dont la continuité fut interrompue par quelque grand cataclysme. Quoi qu'il en soit, la grande conformité des mœurs et des types, et même celle des idiomes, quoique plus altérés par l'isolement, l'interruption de communications et tant d'autres circonstances, donne un haut degré de probabilité à notre opinion.

Un certain nombre de ces insulaires, reconnaissable à la teinte plus claire de sa peau, à ses cheveux bruns et bouclés, au caractère de sa physionomie, se fait gloire d'être descendu de sept étrangers, arrivés d'Europe dans cette île par la baie Ké-Ava-Kékoua, et qui, ayant reçu des naturels du pays l'accueil le plus amical, et ayant épousé des femmes du pays, se fixèrent parmi eux, et gouvernèrent quelque temps le pays.

Les groupes des îles Haouaï, les Sandwich de Cook, ne peuvent être autre chose que les *îles des Amis* et les *îles des Jardins*, découvertes en 1542, par Gaëtan, capitaine espagnol, ainsi que l'a avancé le célèbre Lapérouse, tant les traits par lesquels les relations de ces navigateurs caractérisent les îles que désignent ces différentes dénominations, nous paraissent identiques. Il est même probable que les sept étrangers, dont nous avons parlé dans le dernier paragraphe, étaient sept marins de l'équipage de Gaëtan. La relation du voyage du navigateur espagnol et la chronologie de Haouaï sont d'accord pour en fournir la preuve. Il est vraisemblable, d'après le terme généralement convenu pour la durée du règne des monarques, que Kahou-Kapou vivait deux cents ans avant Taraï-Opou, dont il était le sixième ancêtre en ligne droite, et cette époque correspondrait parfaitement à celle qu'a fixée Gaëtan.

Chaque île, à l'époque de l'arrivée de Cook, avait son *arii-rahi* ou chef suprême, et plusieurs chefs subalternes, appelés *ariis* ou princes de districts; mais tous paraissaient être sous la juridiction de la race royale qui règne à Haouaï, et dont King, l'un des compagnons de Cook, recueillit, sur les indications verbales des prêtres, le tableau généalogique que nous allons reproduire ici :

Pourahou-Aou-Kaï-Kaïa, roi de Haouaï, eut un fils nommé Nirou-Akoua, lequel eut trois fils, dont l'aîné, qui lui succéda, se nommait Kahavi. Kahavi ne laissa qu'un fils, Kaïa-Mamao. Celui-ci eut deux fils, Taraï-Opou et Kakoua; Taraï-Opou, ayant épousé la veuve de Mea-Mea, roi de Mawi, en eut un fils nommé Tiwaro, lequel, à son tour, épousa Roaho, sa sœur utérine. Les prétentions ambitieuses que cette double filiation fit naître dans l'esprit de Taraï-Opou, le portèrent à revendiquer, en faveur de son fils, la possession de Mawi et des îles adjacentes. Mais il trouva une puissante opposition de la part de Tahi-Teri, frère du défunt roi de Mawi, qui, soutenu d'un parti puissant, lui résista à force ouverte.

Les choses en étaient là quand Cook descendit dans la baie de Waï-Mea. Nous désirons que notre style affaiblisse le moins possible l'intérêt qui s'attache aux principales circonstances du séjour de ce grand navigateur parmi les Haouaïens, les Haouaïens qui, après l'avoir accueilli et honoré comme un dieu, finirent par le massacrer et le mutiler comme un chien.

Un chef, nommé Rono-Akoua, déifié par la superstition de ses compatriotes, avait, en s'exilant volontairement, annoncé d'un ton prophétique qu'il reviendrait un jour sur une île flottante portant des cocotiers, des cochons et des chiens; et chaque année, Rono, attendu comme un dieu protecteur, était l'objet d'une fête générale, dont l'effet du moins était d'entretenir le souvenir de sa promesse, et dans laquelle on célébrait des jeux assez analogues à ceux de l'ancienne Grèce : lutte, course, pugilat, combat au javelot, y étaient, comme autrefois à Pise et à Olympie, des exercices publics, dans lesquels on décernait solennellement des prix aux vainqueurs. Ainsi se consacrait annuellement l'attente de Rono; et cette préoccupation des esprits explique l'accueil extraordinaire dont Cook fut l'objet, dans son troisième voyage autour du monde. Lorsqu'il aborda dans l'archipel, ses vaisseaux furent pris pour des îles flottantes, et lui-même pour le dieu si long-temps attendu. C'était le 20 janvier 1778 qu'il mouilla dans la baie Waï-Mea. À la vue de ces vaisseaux énormes, les naturels, saisis d'une admiration mêlée d'effroi, ne s'approchèrent, avec leurs pirogues, qu'avec une extrême prudence, et ne montèrent qu'un très-petit nombre sur le pont, où tout ce qu'ils virent les jeta dans une stupéfaction difficile à décrire. Cependant les démonstrations amicales du capitaine et de ses compagnons les rassurèrent peu à peu, et, de part et d'autre, s'établit une entière confiance; des échanges paisibles eurent lieu entre les insulaires et les Anglais. Cook visita les îles Taouaï, Niihaou, l'écueil Tahoura, et reconnut, de loin et à la voile, l'île Oahou, et les comprit sous la dénomination d'îles Sandwich. Ensuite il appareilla pour la côte nord-ouest de l'Amérique.

Mais l'année suivante Cook voulut compléter la reconnaissance de l'archipel. Le 17 janvier 1779 il y reparut, et mouilla dans la baie de Ke-Ara-Kekoua, sur la côte occidentale de Haouaï. Ses habitants furent émerveillés à l'aspect des deux grands vaisseaux européens, et à peine ce célèbre navigateur fut-il descendu sur la plage, qu'il devint l'objet de respects unanimes. Kaou, chef du collège des prêtres, et son fils, One-Ea, prêtre du dieu Rono, vinrent au-devant de lui, et, rappelant d'anciens oracles, n'hésitèrent pas à déclarer que c'était Rono lui-même, reparaissant au milieu des Hawiiens pour acquitter sa promesse. Dès lors Cook fut reconnu dieu par toute la foule prosternée en terre devant lui, et par des acclamations incessantes, l'appelant le grand, le puissant Rono. Dans les temples on ne voyait que des sacrifices en son honneur. Lui seul, ignorant la légende fabuleuse de Rono, et n'entendant point l'idiome des insulaires, avait peine à deviner où tendaient ces démonstrations inouïes, et presque à son insu, mais de la meilleure grace du monde, pour ne pas indisposer cette multitude, il se laissa déifier, se prêtant à des cérémonies bizarres, souvent incommodes, dont il ne comprenait pas la signification. On le conduisit au temple appelé *Hare no o Rono* (maison de Rono), où on le fit placer sous l'effigie du dieu, idole monstrueuse et gigantesque, de l'aspect le plus effrayant et le plus bizarre à la fois. Là, les prêtres lui enveloppèrent le bras d'une longue bande d'étoffe rouge, et chargèrent un des officiers de sa suite de lui soutenir ce bras en l'air. Alors l'un des pontifes, s'avançant au milieu de douze prêtres complètement nus, sauf la ceinture, prit des mains d'un de ses acolytes un petit cochon, sur lequel il adressa à Rono une longue et solennelle prière, puis étrangla l'animal, qu'on fit cuire immédiatement. On présenta ce mets à Cook avec des noix de coco, et des coupes pleines de cette liqueur fermentée qu'affectionnent les habitants de la Polynésie, et qu'ils appellent kava, le tout accompagé d'un redoublement de prières et de démonstrations cérémonielles. Quoique le pontife, par un dernier témoignage de respect, prît la peine de porter de ses mains, jusqu'à la bouche du prétendu dieu, le mets du sacrifice, Cook fit la grimace, et repoussa l'offrande avec obstination, mais toutefois avec douceur; car à une cérémonie préliminaire on l'avait forcé à avaler du cochon pourri. Tenant à honneur de vaincre la résistance du grand Rono par toutes sortes de bons procédés, le prêtre Koala s'avança, mâcha lui-même les premiers morceaux et les lui offrit ensuite. A des moyens si engageants, Cook n'eut plus la force de résister.

Les dispositions bienveillantes des prêtres et des insulaires ne se bornaient pas à de stériles honneurs. Tout l'équipage du navigateur fut comblé de provisions bien autrement confortables que la fumée d'un vain encens. Jusque-là les chaloupes tardaient à paraître; les bons Hawaïens envoyaient à bord des pirogues chargées de cochons, de noix de coco, de fruits et de légumes, offrandes toutes désintéressées de la part de ces derniers, trop heureux que le divin Rono daignât les accepter.

L'arii-rahi, ou souverain de l'île, absent pour une expédition militaire au moment de l'arrivée de Cook, en fut à peine informé qu'il s'empressa de venir lui rendre hommage, et de lui offrir les présents que l'on offre aux dieux. A cet effet, le jour fixé pour la cérémonie, l'arii-rahi, dont le nom personnel était Tarii-Opou, s'embarqua vers midi dans une grande pirogue, suivie de deux autres chargées de provisions, et se dirigea vers le vaisseau de l'Anglais. Les deux fils cadets de ce monarque, son neveu, devenu célèbre depuis sous le nom de Tamea-Mea, et les principaux officiers de l'arii-rahi, coiffés de leurs casques, les épaules couvertes de leurs plus riches manteaux, et armés de piques et de poignards, remplissaient l'embarcation royale; celle qui suivait était occupée par les prêtres, portant leurs idoles pompeusement parées d'étoffes rouges comme aux plus grandes solennités. Ces idoles consistaient en des sortes de mannequins d'osier, d'une taille gigantesque, garnis de plumes bariolées; leurs yeux étaient une noix foncée entourée de nacre de perle; leurs mâchoires étaient garnies de deux rangs de dents de chien; tous leurs traits présentaient un aspect grotesque et sauvage. A la tête des prêtres marchait le vénérable Kahou. Des provisions de légumes, de cochons, et autres productions de l'île, remplissaient la troisième pirogue à la suite du corps sacerdotal. Des chants nationaux et religieux accompagnèrent la marche, du rivage au bord des vaisseaux, et l'air retentit de l'hymne qui consacrait la vie et les malheurs de Rono, et entretenait l'espoir de son retour. En voici la traduction :

O RONO-AKOUA.

1. Rono-Akoua de Hawaii, dans les temps anciens, habitait avec sa femme à Ke-Ara-Kekoua.

2. Kaïki-Rani-Ari-Opouna était le nom de la déesse, son amour. Un rocher escarpé était leur demeure.

3. Un homme monta au sommet du rocher, et de là parla ainsi à l'épouse de Rono :

4. « O Kaïki-Rani-Ari-Opouna! ton « amant te salue; daigne le garder : « éloigne l'époux, celui-ci te restera « toujours. »

5. Rono, entendant ce discours artificieux, tua sa femme dans un mouvement de fureur.

6. Désespéré de cet acte cruel, il porta dans un moraï son corps inanimé, et pleura long-temps sur elle.

7. Ensuite, atteint d'une folie frénétique, il parcourut Hawaii, se battant avec tous les hommes qu'il rencontrait;

8. Et le peuple étonné disait : « Rono « est-il devenu fou ? » Et Rono répondait : « Oui, je suis fou à cause d'elle, « à cause de mon grand amour. »

9. Ayant institué des jeux pour célébrer la mort de sa bien-aimée, Rono s'embarqua sur une pirogue triangulaire, et vogua vers les terres lointaines.

10. Mais avant de partir Rono prophétisa ainsi : « Je reviendrai dans les « temps futurs sur une île flottante, « qui portera des cocotiers, des co- « chons et des chiens. »

Arrivées devant les vaisseaux, les pirogues en firent le tour; mais au lieu de monter sur le pont, le roi, par un signe intelligible, invita le capitaine anglais à venir conférer avec lui sur le rivage. Les Anglais y dressèrent à la hâte une vaste tente où chacun se rendit. Là, au milieu d'un profond silence, le roi se leva, et s'avançant vers Cook, assis à l'extrémité de la salle d'audience, il plaça son propre manteau sur les épaules de l'Anglais, le coiffa d'un casque en plumes, lui mit un éventail dans les mains, et étendit à ses pieds plusieurs manteaux d'un très-grand prix. Pendant que le roi étalait ses riches présents, les officiers de sa suite déposèrent aux pieds du capitaine d'autres offrandes, consistant en cochons, cannes à sucre, noix de coco, et des fruits à pain. L'audience se termina par l'échange des noms entre Cook et Taraï-Opou, formalité très-solennelle et très-importante dans les îles de la Polynésie. Les prêtres à leur tour firent hommage à Rono d'une quantité considérable de cochons, et de corbeilles pleines de bananes, de patates, de légumes et de fruits. Cook répondit à toutes ces prévenances par des cadeaux à peu près équivalents à ceux qu'il recevait.

La bonne harmonie ne fut pas un instant troublée pendant la station des Anglais dans l'île, et les Européens vivaient dans une parfaite intelligence avec les naturels.

Cependant le monarque haouaïen finit par montrer quelque inquiétude de la quantité de provisions que le pays fournissait aux vaisseaux de l'étranger.

« Ces gens-là, se disait Taraï-Opou, viennent d'un pays où ils mouraient de faim; pour peu qu'ils séjournent, ils affameront mon royaume. » Aussi éprouva-t-il la joie la plus vive en apprenant que leur départ était fixé au 4 février; il redoubla de prévenances, et envoya pirogues sur pirogues, chargées de vivres. Mais les prêtres voulaient retenir Cook-Rono, ou au moins King, officier qu'ils croyaient son fils. C'est avec un extrême regret qu'ils virent *la Découverte* et *la Résolution* emporter ce dieu de nouvelle espèce.

Les Anglais avaient donc trouvé chez les Haouaïens une franche et généreuse hospitalité, quand, près de terminer l'exploration du groupe, un coup de vent endommagea un de leurs vaisseaux. Pour réparer les avaries, ils reparurent dans la rade de Ke-Ara-Kekoua, le 11 février 1779. Ils établirent des tentes, des ateliers, des forges près du moraï, lieu d'adoration et de sépulture. Les dispositions des naturels ne paraissaient aucunement changées; le roi fit même accueil à Rono-Cook. Mais deux jours étaient à peine écoulés, que la défiance et la froideur avaient succédé au respect et à l'empressement. Le penchant au vol s'était réveillé chez ces sauvages; tout objet en fer excitait leur cupidité. Dès le 13, une rixe s'éleva entre eux et les Européens; la présence de Cook fit cesser cette collision. Presque au même instant, les marins de *la Découverte* firent malheureusement feu sur quelques imprudents maraudeurs. Ces préludes fâcheux et des malentendus amenèrent des actes de violences de la part des Anglais contre un chef nommé *Paria*, qui les avait comblés de bienfaits. Les indigènes furieux se jetèrent sur les agresseurs, et si Paria ne fût pas lui-même intervenu, tous les Anglais eussent été massacrés.

L'affaire fut assoupie; mais dès le soir quelques naturels s'étant introduits auprès des tentes de l'étranger, on tira sur eux. Le 14 au matin on s'aperçut que la chaloupe de *la Découverte* avait été volée.

A cette nouvelle, Cook, naturellement impérieux, dur et colère, et d'une extrême opiniâtreté, eut l'imprudence, nous dirons même l'injustice, de faire tirer à boulets sur deux pirogues qui voguaient dans la rade. Audacieux et inflexible, il résolut d'aller enlever le roi et les principaux ariis, et de les garder en otage jusqu'à ce que la chaloupe eût été restituée. Cependant Cook aurait dû savoir que les sauvages ne crurent commettre qu'une légère faute, surtout à l'égard des étrangers, en violant le droit de propriété. Cette conduite devait dessiller les yeux des malheureux et crédules Haouaïens : elle était peu digne d'un dieu juste et bienfaisant. Rono-Cook n'était plus que le dieu de la terreur et de la vengeance, ou plutôt un mortel téméraire, ingrat, passionné, au niveau d'un homme vulgaire. Le 14, à huit heures du matin, après avoir donné ses ordres à bord, il s'embarqua dans un canot, monté de neuf soldats et marins, officier en tête, et alla prendre terre à Kaava-Roa. Il marcha droit à la résidence du vieux roi qui dormait encore, à qui il signifia l'ordre de le suivre. Le faible monarque, loin de faire résistance, envoya chercher ses deux fils cadets, et se remit avec eux entre les mains de Cook. Des marques de vénération accueillirent le capitaine anglais sur tout son passage. Déjà les fils de Taraï-Opou étaient embarqués, lorsque sa favorite Kanona s'élança sur le rivage, et supplia le roi de ne pas suivre ces étrangers. La foule grossissait et regardait cette scène sans la comprendre. Pâle et consterné, le vieux monarque s'assit sur le sable, n'osant prendre un parti. « La guerre ! la guerre ! » cria un naturel accouru ; « les étrangers ont commencé le combat ; ils ont tué hier un des chefs de nos pirogues. » A ces mots une partie du peuple brandit le pahoa, l'autre s'arma de pierres.

Le peloton anglais rangé en bataille se disposa à faire feu. Un naturel menaça Cook de sa lance ; le capitaine, armé d'un fusil à deux coups, prévint le Haouaïen, et l'étendit mort à ses pieds. Une décharge des Anglais répondit à ce signal. Les Anglais témoins de cette déplorable catastrophe assurent que Cook voulut faire cesser le feu, et que son commandement ne fut pas entendu, et qu'il essaya en vain de haranguer les insulaires. Un coup de pahoa lui entra dans le dos, pendant qu'un fer de lance lui traversait le ventre, et il tomba dans l'eau roide mort. Ainsi périt misérablement ce grand navigateur, qui avait tant fait pour la science et qui pouvait lui rendre encore d'éminents services.

La mêlée devint générale ; les insulaires se précipitèrent sur les mousquets avec une intrépidité et un acharnement admirable. Quatre soldats furent tués ; trois, grièvement blessés, et l'officier, qui reçut un coup de pahoa, gagnèrent leur vaisseau, et les corps de Cook et des quatre soldats restèrent au pouvoir des naturels. Une seconde bataille se livra au moraï, à côté duquel les Anglais avaient établi leurs tentes, et les insulaires furieux ne cessèrent le combat qu'après avoir vu tomber leurs plus braves guerriers. Les Anglais prirent alors le parti de se retirer à bord, et de là ils demandèrent le corps de leur commandant. Deux prêtres apportèrent un morceau de chair humaine du poids de huit livres, enveloppé dans quelques étoffes : c'était, disaient-ils, tout ce qui restait du corps du divin Rono, qui, suivant la coutume, avait été brûlé, et dont les os avaient été distribués aux différents chefs. Les prêtres eurent plus de respect pour ce dieu de nouvelle fabrique que le peuple, et il est fort étrange que ces sauvages, tremblant à leur voix, aient osé verser le sang de l'illustre Européen qu'un pontife avait divinisé.

Les Anglais ne pouvaient plus aller à l'aiguade sans que des combats partiels eussent lieu entre eux et les indigènes. La mousqueterie dispersait ceux-ci un instant, mais ils revenaient presque aussitôt à la charge. L'officier anglais qui avait succédé à Cook dans le commandement des deux vaisseaux, résolut de brûler le village des prêtres qui avaient adoré son prédécesseur, et fit massacrer les sauvages qui voulurent s'y opposer. Cet acte de vengeance amena la paix le 19 février. Le lendemain, le chef Yaopo, suivi de plusieurs milliers d'insulaires, apporta sur le rivage, avec les démonstrations de la vénération la plus profonde, les débris du corps de l'illustre capitaine. Le 21 on obtint les os que les chefs avaient reçus en partage, le canon de son fusil, ses souliers et autres objets; le 22 on rendit avec solennité les derniers devoirs à la noble victime. Les échanges, les bons procédés, les visites se rétablirent, et la rade et les rivages de Ke-Ara-Kekoua reprirent leur première situation.

Malgré toute la bonne volonté des chefs, la chaloupe volée, qui avait été le principal grief, et avait occasionné la guerre, ne put être restituée. Les naturels l'avaient dépecée aussitôt qu'ils l'avaient eue en leur pouvoir, pour avoir les clous, dont ils faisaient des hameçons.

Les Hawaïens rendirent les honneurs divins aux dépouilles de l'illustre Anglais. La fable de Rono avait pris crédit parmi eux; les chefs et les prêtres étaient profondément affligés de la mort de Cook, dont la mémoire fut immortalisée dans l'île. Avant leur conversion au christianisme, ces insulaires croyaient encore que le divin Rono, ressuscité, reparaîtrait pour tirer vengeance de ses impies meurtriers.

Le 22 février, *la Découverte* et *la Résolution* mirent à la voile, et le 1er mars, elles mouillèrent sous le vent de l'île Niihaou, où les naturels leur parurent insolents et voleurs. La guerre civile désolait cette contrée, pour trois ou quatre chèvres laissées par les Anglais l'année précédente, et que le chef de Taouaï disputait au chef de Niihaou. Les hostilités avaient cessé dans les îles méridionales du groupe. Taraï-Opou avait conclu un traité avec Tahi-Teri, par lequel il lui cédait la souveraineté viagère des trois îles Moro-Kaï, Ranaï et Tahou-Rawe. A la mort de Tahi-Teri, elles devaient revenir à l'héritier présomptif Kau-Ike-Ouli, fils aîné de Taraï-Opou. Si l'héritier présomptif mourait sans postérité, Tamea-Mea, fils de Keoua, frère cadet de Taraï-Opou, devait être substitué à tous ses droits. Taraï-Opou, selon Vancouver, mourut bientôt, de mort violente, dans une révolte, et sa royale veuve ne dut son salut qu'à l'intervention du brave Tamea-Mea.

Kau-Ike-Ouli succéda à son père. Ce despote, insolent et cruel, souleva la haine de la population. Suivant le récit de *la Blonde*, il avait interdit à ses sujets des classes inférieures de jeter un regard sur lui depuis le lever jusqu'au coucher du soleil. Toute infraction à cette consigne était punie de mort. Tamea-Mea, hardi, ambitieux, se posa le défenseur du peuple, et les prétextes ne lui manquèrent pas pour disputer le trône au tyran. Il lui présenta la bataille à Moko-Houa, près du village de Kiï. Kau-Ike-Ouli y perdit le trône et la vie. Sa fille tomba entre les mains de Tamea-Mea, qui en fit son épouse, afin d'unir les droits de la naissance aux droits de la conquête. Ke-Oua, un de ses plus jeunes frères, espéra en vain maintenir son indépendance dans quelques cantons. Le jeune prince vint le trouver à Towaï-Heï, où Tamea-Mea lui pardonnait, lorsque Kiompkou, son ennemi particulier, arrêta sa pirogue, y monta, et lui plongea son poignard dans la gorge.

Notre illustre et infortuné Lapérouse mouilla à Haouaï, en 1786. Il fut bien accueilli par les habitants, resta à l'ancre devant l'île vingt-quatre heures au plus, et n'ajouta aucune notion nouvelle sur l'archipel haouaïen. Portlok et Dixon visitèrent ces îles en 1786 et en 1787, et éprouvèrent toutes sortes d'égards de la part des naturels. A cette époque, Tahi-Teri était devenu chef de Ohaou. A cette même époque, le capitaine anglais Meares parcourut les îles Hawaii. Il conduisit à Macao (Chine) Taï-Ana, le plus célèbre des généraux de Tamea-Mea : c'était un fort bel homme, haut de cinq pieds dix pouces, bien fait, d'une figure agréable, d'un caractère doux et juste, doué de beau-

OCÉANIE.

coup d'intelligence, et sachant conserver, en toute occasion, les convenances et la modération.

Un jour Taï-Ana se trouvait à un grand dîner que Meares donnait à bord à plusieurs capitaines : de malheureux Chinois mendiaient autour du navire quelques miettes de leur festin ; les matelots les repoussaient sans pitié, et les officiers d'applaudir. Taï-Ana, se tournant avec une émotion visible vers le capitaine et ses convives : « Vous avez plus qu'il ne vous faut, dit-il ; donnez à ces malheureux qui meurent de faim ; c'est cruel de laisser ainsi souffrir des hommes. A Haouaï personne n'a faim, personne ne mendie : la terre suffit à nourrir les naturels et les étrangers. » Admirables paroles, pleines de vérité! En effet, nous, étranger ; nous, fils de cette Europe si inhospitalière ; nous, élevé à la source de la plus haute civilisation, nous n'avons pas même eu la peine de demander à satisfaire la faim, la soif et d'autres besoins, non pas à Haouaï que nous n'avons pas visité, mais dans les principales terres de l'Océanie où nous avons abordé, et là où la tyrannie et le fanatisme n'ont pas dénaturé le cœur de ces hommes que les Européens et les Américains nomment sauvages, et méprisent avec une hauteur vraiment inconcevable.

Haouaï devint bientôt un point de relâche pour les bâtiments qui naviguaient dans ces parages, et y trouvaient d'amples et excellentes provisions fraîches à bon compte, en échange de couteaux, de clous, de cercles de fer ; mais des armes à feu ayant été échangées, les insulaires, surpris de l'immense supériorité qu'elles donnaient sur ceux qui en étaient dépourvus, s'en montrèrent si avides, qu'ils commirent plusieurs vols pour s'en procurer. Cela donna naissance à de déplorables collisions entre eux et les chrétiens.

Un capitaine américain, nommé Metcalf, avait armé deux bâtiments pour le commerce des fourrures : l'un, *la Belle Américaine*, goelette commandée par son fils et le maître d'équipage Isaac Davis, avec cinq matelots : le second bâtiment, qu'il commandait lui-même, était le brick *l'Éléonore*, de dix canons, avec un équipage de dix Américains et de quarante Chinois, dirigé par le maître John Young, qui avait déjà hiverné dans l'archipel. En février 1790, les deux bâtiments allèrent mouiller devant Mawi. Ce fut pendant ce mouillage qu'eut lieu la catastrophe dont nous allons parler.

Un matelot qui gardait la chaloupe amarrée sur l'arrière du brick, fut enlevé avec elle pendant la nuit, et l'on rapporta le lendemain à Metcalf les restes décharnés de l'infortuné matelot. Le capitaine, qui avait besoin de vivres, dissimula et fit croire qu'il avait tout oublié ; mais, quand ses provisions furent faites, il voulut laisser aux insulaires de sanglants adieux. Un jour qu'ils étaient venus, sans défiance, vendre les provisions à bord, il fit ranger toutes leurs pirogues sur une ligne, et, pointant toute l'artillerie du bord. qu'il avait fait charger à mitraille, il commanda le feu, et plus de cent malheureux, entassés sans défiance dans leurs embarcations, furent victimes de cet infâme guet-apens : des hommes innocents du meurtre du matelot payèrent pour les coupables. C'est ainsi que l'on voulait civiliser ces peuples! c'est ainsi qu'on leur apprenait la justice! On les flattait quand on avait besoin d'eux, pour les égorger lâchement! Heureusement, notre pavillon ne s'est pas souillé dans ces îles de semblables atrocités!

Sur-le-champ Metcalf appareilla pour Haouaï, où il espérait que son crime n'avait pas été connu. Il fut encore confirmé dans cette croyance par l'accueil tout amical qu'il reçut des habitants. Mais, le 18 mars, un chef de district, nommé Tamea-Moutou, s'étant présenté le long de la goelette avec quelques-uns des siens, sous le prétexte de faire des présents au jeune capitaine, ne fut pas plutôt monté à bord que, se précipitant sur le jeune Metcalf, il le jeta à la mer, ainsi que le maître Davis. Le premier fut aussitôt englouti ; mais le maître d'équipage, bon nageur, parvint à se réfugier à bord d'une pirogue. Le maître Young

30ᵉ *Livraison.* (OCÉANIE.) T. II.

était en même temps gardé à terre par les ordres du roi Tamea-Mea.

Aussi lâche à Haouaï qu'il fut cruel à Mawi, le commandant de *la Belle Américaine*, abandonnant précipitamment sa conserve, qu'on se disposait à lui rendre, fit son appareillage et ne reparut plus.

Les deux Américains, conduits à terre, s'attendaient à expier par leur mort le massacre de Mawi; mais Tamea-Mea en avait jugé autrement. Sentant les immenses services qu'il pouvait en tirer pour la civilisation naissante de ses états, il les déclara solennellement ses prisonniers; mais pour adoucir leur captivité, il leur fit bâtir deux belles cases auprès de son palais, les combla de présents et leur donna la liberté de choisir les femmes qui leur conviendraient le mieux dans son royaume. Ainsi établis dans l'île, et responsables solidairement l'un de l'autre, les deux maîtres commencèrent à enseigner aux habitants la construction des navires, ce qu'ils savaient de menuiserie, et popularisèrent une foule de procédés des arts entièrement inconnus dans l'archipel. Ils trouvèrent dans leurs élèves une sagacité étonnante, et le roi, voyant ses espérances de civilisation se réaliser au delà de son attente, craignit plus encore qu'auparavant de perdre deux hommes aussi précieux, et les combla de nouveaux bienfaits. Dans les diverses relâches de bâtiments de commerce qui eurent lieu dans cette période, ils servirent tour à tour d'interprètes, et firent, dans l'intérêt de Haouaï, les acquisitions qu'ils jugèrent les plus convenables. Des déserteurs de bâtiments américains et anglais voulurent aussi se fixer dans l'île, et s'attachèrent au service des différents chefs.

A cette époque, il y avait à la cour d'Haouaï deux partis bien distincts. Le premier avait pour chef Taï-Ana, qui s'était fait une réputation de courage parmi les vaillants guerriers d'Haouaï. Ambitieux, violent et emporté, mais brave, hardi et d'une activité prodigieuse, Taï-Ana véritable flibustier, ne voyait d'avenir, de civilisation possible que par la force et la guerre. Éloquent et persuasif, il avait attaché à son parti ses deux frères Noma-Taha et Tamea-Moutou. Ce fut même, selon toute apparence, d'après ses conseils que ce dernier s'était emparé de *la Belle Américaine*. Le roi Tamea-Mea avait exigé qu'on la rendît; et s'il avait retenu Young prisonnier, c'était pour avoir un otage et obtenir satisfaction de l'attentat commis à Mawi. Ce chef ambitieux, qui depuis long-temps rêvait la conquête de l'archipel, ne voyait, pour y parvenir, d'autre moyen que de se procurer des bâtiments de guerre et des armes à feu : aussi, dans l'hivernage de *l'Éléonore*, avait-il proposé de s'emparer de ce brick, et, depuis, il renouvela encore la même proposition au sujet de *la Princesse royale*, bâtiment pris aux Anglais par les Espagnols. L'autre parti avait à sa tête le roi lui-même et plusieurs chefs distingués, tels que Kiaou-Mokou, Kara-Haïro et Karaï-Mamahou. Ce roi, si peu connu encore parmi nous, mais si bien apprécié par les navigateurs qui eurent des rapports avec lui, devait être, pour les îles d'Haouaï, ce qu'avait été Pierre le Grand pour la Russie. Brave et éloquent comme Taï-Ana, il avait, de plus que ce chef, les qualités éminentes qui distinguent un législateur. Juste et ferme, il avait compris que c'était en substituant la bonté à la violence qu'il s'attacherait inviolablement ses sujets. Politique profond, il voyait que pour faire adopter et goûter les innovations, il fallait substituer au vol et à la fraude, la justice et la loyauté. Aussi ne dériva-t-il jamais de ses principes, et s'opposa-t-il sans cesse aux téméraires projets de la faction opposée.

Les partis étaient ainsi nettement dessinés, et la civilisation allait toujours croissant, quand, en 1792, l'Anglais Vancouver, qui devait exercer sur ces îles une si grande influence, vint mouiller dans la baie de Ke-Ara-Kekoua. Là, il reçut la visite des deux généraux de Tamea-Mea, Taï-Ana et Kiaou-Mokou, et peu de jours après il alla jeter l'ancre sur les côtes d'Oahou, où il trouva Tahi-Teri, roi du pays, faisant les plus grands préparatifs pour repousser une agression des guerriers d'Houaï. Depuis long-temps, ce monarque voyait avec crainte s'accroître la puissance de Tamea-Mea, et avait engagé dans son parti les îles de Mawi et de Moro-Kaï. Ce fut de cette île que Vancouver partit bientôt pour se rendre à Taouaï, qui était alors gouvernée par Enemo, nommé régent pendant la minorité de Taumou-Arii prince fort spirituel, âgé alors de douze ans. Mais avant de quitter Oahou, un épisode sanglant marqua le passage des navigateurs anglais. *Le Dedalus*, bâtiment chargé de vivres pour l'expédition, et commandé par le lieutenant Hergest, étant venu mouiller à Waï-Mea, dans l'île d'Oahou, un malentendu, dont on ne connaît pas exactement le motif, amena une rixe entre les matelots anglais et quelques insulaires. Des coups furent échangés de part et d'autre, et le lieutenant Hergest, ainsi que l'astronome Gooch, qui se trouvaient sur le lieu du combat, furent égorgés. Quelques jours plus tard, quand les officiers du *Dedalus* réclamèrent les corps de leurs compatriotes, on leur répondit que les os avaient été partagés entre les chefs, circonstance qui rappelle la mort de Cook.

Une observation pénible frappa surtout Vancouver et ceux qui avaient fait partie des premières expéditions dans ces îles : ce fut la stérilité et la désolation qui s'étaient répandues sur ce pays, qu'ils avaient trouvé alors si florissant. Là où s'élevaient jadis des bourgades florissantes, croissaient des ronces et des mousses qui s'échappaient à travers les débris des maisons. Les enclos, les champs étaient restés sans culture ; et là où les navigateurs avaient trouvé dans leur premier voyage des insulaires hospitaliers, ils ne trouvèrent que terres en friche et solitudes. C'est que là s'étaient exercées des vengeances ; là, la guerre avait sévi, acharnée et impitoyable. Aussi, de tous les chefs que Vancouver avait connus dans son voyage de 1779, un seul s'élevait sur tant de ruines et ce chef commençait sa carrière de grand homme ; ce chef était Tamea-Mea.

Un an après, en 1793, Vancouver reparut dans ces parages. Il visita successivement To-Waï-Haï, puis Kaï-Roua, et enfin, le 22 janvier, il jeta l'ancre dans la baie de Ke-Ara-Kekoua. Dans ces diverses relâches, il eut lieu de s'assurer de la bonne volonté des insulaires à son égard. Dans la dernière, Tamea-Mea donna le premier exemple d'une noble confiance. Franc, généreux, prudent et éclairé, il vint sans garde et seulement accompagné de son beau-père Karaï-Mahamou, de son fils, enfant de neuf ans, et de plusieurs officiers de sa cour, visiter le commandant anglais. De beaux présents furent échangés de part et d'autre, et la confiance remplaça dès lors la défiance et la crainte de surprise qui avaient présidé aux rapports des Européens et des insulaires. Tamea-Mea avait déja compris tout l'avantage qui devait résulter pour ses sujets du frottement avec les Européens. En donnant aux Haouaïens l'exemple de la confiance et de la générosité à l'égard des derniers, il savait qu'ils s'empresseraient de l'imiter, et qu'initiés aux progrès de la civilisation, ces peuples, neufs et ingénieux, embrasseraient avec enthousiasme les idées européennes, et se trouveraient ainsi mûrs pour les réformes qu'il méditait déja.

Après la visite du monarque civilisateur, Vancouver en reçut une autre : ce fut celle de Taï-Ana et de Tamea-Moutou. Principaux agents de la puissance du roi, ces deux frères, envieux du grand homme, regrettaient d'avoir mis tant de zèle à l'élever si haut. Ce qui les offusquait le plus, c'était l'élévation de l'Anglais Young, devenu confident intime du roi. Il exagérait, disaient-ils, aux Anglais la puissance de Tamea-Mea, qui, seul, recevait toutes les prévenances des Européens, tandis que les autres chefs, hommes de cœur et de bonne volonté, étaient tout à fait éclipsés. Vancouver, pour les consoler, leur fit quelques cadeaux de prix ; mais il prédit dès lors ce qui arriva depuis, c'est-à-dire, la ruine

5.

des chefs et la toute-puissance de Tamea-Mea.

Pour que la réconciliation fût pleine et entière, le roi voulut donner à ses hôtes des spectacles et des fêtes, et les principaux chefs s'empressèrent de l'imiter. Vancouver, de son côté, ne voulant pas rester en arrière de bons procédés, fit tirer à bord un feu d'artifice. Un spectacle si nouveau, si extraordinaire, épouvanta d'abord ces naïfs insulaires, qui se hâtèrent d'abandonner la plage; mais bientôt la frayeur fit place à l'admiration, et les Anglais les entendirent saluer chaque fusée de cris de surprise et des plus vifs applaudissements.

Cependant la confiance de Tamea-Mea envers le navigateur anglais prenait chaque jour un caractère plus intime, et souvent il lui demanda des conseils sur les améliorations immédiates à établir dans ses états, et sur la meilleure direction à suivre. Vancouver, désirant faire profiter cette confiance au progrès de la civilisation, essaya d'amener la paix entre le roi d'Haouaï et ceux de Tauaï et d'Oahou.

Le premier sembla goûter les discours, au moins il ne les désapprouva pas; mais sa marche était tracée. Son ambition, hors de ligne, faisait servir à ses projets mille et mille ambitions secondaires : l'archipel tout entier suffisait à peine à la satisfaire, et, il faut l'avouer, nul chef n'était aussi digne de commander que Tamea-Mea.

De Ke-Ara-Kekoua, Vancouver se dirigea sur Mawi, et y mouilla le lendemain 12 mars, en rade de Lahaina. Là, il trouva le roi Taï-Teri, vieillard cacochyme, usé par l'abus du kava, mais d'un caractère enjoué et d'une physionomie douce et bienveillante. Aux réclamations de Vancouver, pour obtenir justice des meurtriers du lieutenant Hergest, il répondit que cet assassinat n'avait pas été commis par ses sujets de Mawi, mais par une bande d'aventuriers qui parcouraient la côte; qu'au reste le sang avait été payé par le sang; que trois assassins, dont on s'était emparé, avaient été exécutés par ses ordres, et que de nouvelles perquisitions seraient faites pour s'emparer des autres. Après une telle justification, Vancouver n'avait plus rien à demander, et il fut forcé de s'en contenter; mais s'étant rendu quelques jours après à Oahou, dans la baie de Waï-Titi, où le meurtre avait été commis, il exigea une nouvelle vengeance. Teri-Toubouraï, gouverneur de cette île, fils aîné de Taï-Teri, et qui, à trente-trois ans, présentait tous les caractères de la caducité, et fut porté à bord comme un enfant, ordonna de nouvelles perquisitions. Elles aboutirent à la découverte de trois coupables, qui furent conduits dans une chaloupe le long du bord, et fusillés par leurs propres chefs, à la vue des équipages anglais.

Mais avant de quitter Mawi, Vancouver avait manifesté le désir de conférer avec les deux rois alliés sur leurs relations avec Tamea-Mea. Le lendemain de sa première entrevue avec Taï-Teri, il apprit l'arrivée de Ta-Eo, roi de Tauaï, qui avait été prévenu. Vancouver reconnut dans ce chef, âgé de cinqante ans, mais doué de la plus grande vigueur, un caractère affable et poli, et un grand désir de s'instruire. Quand les premières civilités eurent été échangées de part et d'autre, Vancouver leur fit part de sa conversation avec Tamea-Mea, des bases qu'il avait cru devoir poser, et qui n'avaient pas été repoussées; il ajouta qu'en sa qualité d'étranger, et surtout d'hôte de rois dont il n'avait qu'à se louer, il avait cru devoir offrir son intervention, qui n'avait pour but que d'amener la paix et la réconciliation des partis. Les deux rois, après l'avoir écouté attentivement, répondirent qu'à ces conditions ils seraient prêts à déposer les armes, mais qu'ils connaissaient les projets de Tamea-Mea, et qu'ils ne pouvaient se reposer sur la sincérité de ses paroles : « Car, disaient-ils, Tamea-Mea est ambitieux et ne peut supporter d'égaux; et quand vous vous serez éloigné de ces côtes, il y paraîtra bientôt à la tête de ses guerriers. Si, cependant, vous pouviez retourner pour revoir le roi et terminer toute cette affaire, il se pourrait qu'il consentît à rester en repos; autrement, il ne se croira pas engagé par la parole qu'il vous a donnée. » Les deux rois avaient deviné juste, et la mission de Vancouver ne retarda la guerre que de quelques jours.

Vancouver avait ses instructions, et ne pouvait perdre son temps dans une croisière diplomatique. Il se récusa, et, à la suite de longues conférences, il fut convenu qu'un chef, nommé Martier, qui jouissait de la confiance des deux rois, se rendrait à To-Waï-Haï avec une lettre du commandant anglais pour Tamea-Mea.

D'Oahou, Vancouver mit à la voile pour Taouaï, où il reçut du régent Enemo et du jeune prince Taumou-Arii l'accueil le plus généreux. Dans la traversée, il avait rencontré une magnifique pirogue construite avec un seul tronc de pin, qui, après avoir été vraisemblablement jeté sur les côtes de l'Amérique occidentale, avait échoué à Tauaï. L'envoyé d'Enemo, qui la montait, allait rendre compte au roi de Tauaï d'une grande conspiration étouffée avant sa naissance. D'autres pirogues plus petites suivaient celle-la, et portaient les cadavres des chefs et quelques conspirateurs garrottés, qui devaient être exécutés en grande cérémonie.

Vancouver continua sa traversée pour la côte nord-ouest d'Amérique.

Après quelques mois de séjour, il reparut, au mois de janvier 1794, dans la baie de Waï-Akea, située à l'est de l'île. Navigateur habile et politique adroit, il voulait faire reconnaître le patronage anglais sur cette île, et y établir une propagande commerciale. Vancouver avait mis dans son parti les deux marins anglais conseillers de Tamea-Mea, auxquels il avait déjà fait quelques ouvertures pendant son dernier voyage : aussi, quand il arriva, tout était prêt pour l'investiture. Son intelligence rectiligne parcourait, comme un courrier, sa course entière. Le roi fut le trouver à son bord, et consentit à faire avec lui la traversée de Waï-Akea à Ke-Ara-Kekoua.

De là ils se rendirent à Kaava-Roua, où l'investiture eut lieu, le 25 février 1794. Le point principal, pour Vancouver, c'était de contracter avec un monarque puissant et civilisateur une alliance qui pût tourner au profit de son pays. Il ne pouvait se dissimuler que Tamea-Mea était un prince d'une trop haute portée pour se croire engagé par un vain cérémonial, à moins qu'il n'eût l'intention secrète d'obtenir la protection des Européens et des secours contre ses rivaux. Vancouver ne conçut probablement la pièce ridicule qui fut jouée que pour satisfaire l'orgueil national et plaire à l'amirauté de Londres. De magnifiques présents avaient aplani les derniers scrupules du roi, et, dans une audience d'apparat, en présence des chefs haouaïens et des officiers anglais, et peut-être sans comprendre la valeur des mots employés par les interprètes, le roi Tamea-Mea se reconnut, lui et les siens, sujets du roi d'Angleterre.

COLONIES ET ENTREPÔTS ANGLAIS.
DOMINATION COMMERCIALE UNIVERSELLE DE CE PEUPLE.

Les Anglais exercent une grande influence dans les îles Haouaï. En attendant qu'ils en deviennent les maîtres, ils y établissent des entrepôts. C'est ainsi qu'ils se sont assurés de l'approvisionnement universel du monde. Leurs nombreuses colonies et entrepôts ont été choisis de manière à leur permettre l'exploitation de contrées étendues. En effet, les îles de Jersey et Guernesey, dans la Manche, servent à solder à la France, par la contrebande, la différence des importations. Dans la mer du Nord, vis-à-vis les embouchures de l'Elbe et du Weser, l'île Helgoland, port militaire très-important par sa position et ses fortifications, et entrepôt important pour la contrebande avec l'Allemagne; Malte et Corfou, rapprochent l'Angleterre du Levant, et assurent sa prépondérance dans le commerce méditerranéen, dont Gibraltar est la clef, en attendant que la France sache tirer parti de la Corse et d'Alger; et elle verse par cette torteresse inexpugnable ses produits en Espagne et en Barbarie. Les îles d'Ormus et de Keschmi, et la résidence de Bouchir, lui donnent le commerce du golfe Persique et des pays arrosés par les grands fleuves qui s'y jettent. Socotora est une possession précieuse pour la côte orientale de l'Afrique, et l'entrée dans la mer Rouge et en Abyssinie; Poulo-Pinang commande le détroit de Malakka; Singhapoura le passage de l'Inde en Chine et dans la Malaisie occidentale et septentrionale; les îles de Melville et de Bathurst lui seront un moyen de disputer les épiceries des Moluques aux Hollandais, et de pénétrer au centre de la Malaisie, pendant que le cap de Bonne-Espérance, l'île de France et les Séchelles lui assurent la suprématie de l'océan Indien, et Sainte-Hélène, ses traversées du Brésil et son passage aux Indes. Son invasion dans la Guinée et l'intérieur de l'Afrique, la Jamaïque et une grande partie des Petites-Antilles, lui facilitent des relations politiques et commerciales avec diverses parties de l'Amérique. Enfin, si on veut connaître l'importance de l'Angleterre, il faut ne pas oublier que la totalité des possessions britanniques, y compris ses dépendances politiques dans les cinq parties du globe, offre une surface de 4,470,000 milles carrés, et une population de cent cinquante millions d'âmes, c'est-à-dire, la plus grande population du monde après celle de l'empire chinois; et cependant on cite toujours l'ambition de la France!

SUITE DE L'HISTOIRE DE L'ARCHIPEL DE HAOUAI.

L'alliance contractée avec Tamea-Mea donnait à Vancouver le droit d'intervenir dans les démêlés politiques. Il s'informa du résultat de la négociation de Martier, envoyé de Taï-Teri, et il apprit que cet ambassadeur avait été pris pour un espion et renvoyé à coups de fusil. Vancouver dès lors ne put plus douter des projets de Tamea-Mea. Le pacificateur céda la place à l'homme politique, et il laissa le roi arranger ses projets d'agrandissement.

Car quel était le but de la Grande-Bretagne? d'acquérir une importance politique et commerciale dans ces îles; et cette dépossession des rois voisins au profit du roi allié, réunissant toute la puissance dans une même main, devait accroître son influence : aussi Vancouver prêta les mains à l'envahissement en envoyant à terre les charpentiers de ses bâtiments, qui, aidés des maîtres Young et Davis, construisirent un joli bateau ponté, de trente-six pieds de quille, qui reçut le nom de *Britannia*. L'équipage fut formé des Européens qui avaient déserté leurs bords pendant les relâches, et qui étaient déjà à Haouaï au nombre de onze, tant Anglais que Français et Américains, non compris ceux qui s'étaient établis à Oahou et à Tauaï.

Parti de Haouaï le 13 mars 1794, Vancouver visita encore tour à tour Mawi, Moro-Kaï et Tauaï. Il fut reçu dans cette dernière île par le régent Enemo, qui, soutenu de quelques Européens, avait levé l'étendard de la révolte, et s'était déclaré indépendant pour traiter avec son souverain. Il ne voulut pas faire à Vancouver une réception moins brillante que celle de Tamea-Mea, et il ordonna aussitôt des danses et des fêtes pour célébrer l'arrivée de ses hôtes.

Après une courte relâche à Niihau, Vancouver quitta ces parages le 14 mars 1794, et porta à l'amirauté un brevet de souveraineté sur Haouaï, la déclaration de vasselage de Tamea-Mea, et surtout de nombreuses découvertes et d'utiles observations scientifiques, qu'il recueillit pendant ses relâches dans les îles de cet archipel.

Dès que Vancouver eut quitté l'archipel, Tamea-Mea se hâta de recommencer les hostilités, et envoya sur les îles son général Taï-Ana; mais celui-ci, au lieu d'agir contre les ennemis, joignit ses forces aux leurs, et Tamea-Mea eut un nouvel adversaire plus dangereux que les autres. Il ne se ralentit pas cependant, et, marchant à la tête d'une nouvelle armée, il eut bientôt purgé d'ennemis toutes les îles voisines et établi sa domination,

Pendant son absence, une révolte avait été tentée par le frère de Taï-Ana; mais le retour du roi suffit pour l'étouffer, et dès lors il fut résolu que tous les chefs suivraient l'armée à la guerre; et pour donner à cette ordonnance une application immédiate, Tamea-Mea conduisit toutes ses forces à Oahou, et nomma pour son lieutenant général le vaillant Karaï-Mokou. Dès les premiers jours de la descente, Tamea-Mea rencontra l'armée ennemie dans la plaine située entre Nono-Kourou et la rivière Eva. La bataille fut funeste aux révoltés, et Ta-Eo, roi de Tauaï et de Niihau, resta sur le champ de bataille. Taï-Teri et Taï-Ana rallièrent les débris de leur armée dans la vallée Anou-Anou, près du pic de Pari. Tamea-Mea ne se fit pas attendre, et bientôt une lutte nouvelle, lutte plus acharnée que la première, s'engagea sur tous les points. Le roi Taï-Teri fut tué dès le commencement de l'action, et Taï-Ana, entouré de trois cents braves, après avoir fait des prodiges de valeur, recula jusqu'au sommet du Pari, où Tamea-Mea l'avait cerné; là, le nouveau Léonidas ayant perdu tout espoir de résistance, dédaignant de survivre à sa défaite, se précipita du haut de ce pic célèbre, plutôt que de se rendre, et fut suivi de ses trois cents compagnons. Ces hommes indomptables, ces héros au cœur de bronze étaient dignes d'un meilleur sort.

Après cette dernière victoire, Tamea-Mea n'eut plus d'ennemis; car Taumou-Arii, chef des deux îles Tauaï et Niihau, redoutant le sort des rois ses voisins, s'empressa de faire sa soumission; aussi, de ce moment, le rôle du grand homme changea; n'ayant plus de rivaux, il tourna toutes ses vues vers la civilisation. Comprenant la liaison qui s'établit par les échanges, il s'appliqua à multiplier les transactions, et donna lui-même l'exemple de la bonne foi et de la sincérité qui devaient y présider. Enchanté des premiers essais de la goëlette *la Britannia*, il fit construire et acheta de nouveaux bâtiments sur le même gabari. Les bâtiments de commerce lui apportèrent des canons, des fusils et des munitions de guerre, et les choses allèrent si bien, qu'un inventaire des forces de Haouaï, fait en 1804, portait à vingt et un les bâtiments armés de pierriers, de la force de *la Britannia*, presque tous commandés par des Européens. L'arsenal renfermait en outre six cents fusils, huit canons de quatre, cinq de trois, un de six, six mortiers et quarante pierriers. De leur côté, les insulaires apprirent la valeur de l'argent et des marchandises, et pour avoir des armes et des verroteries, ils apportaient du bois de sandal des montagnes de l'intérieur, et se prêtèrent à des coupes régulières.

Doué d'un esprit juste et d'une grande perspicacité, Tamea-Mea prit lui-même l'initiative du progrès. Il ne se contenta pas d'indiquer à ses sujets ce qu'il fallait faire, il leur donna l'exemple : au lieu de les suivre dans la réforme, il les précéda. Jouissant d'un pouvoir sans contrôle, il pouvait commander; mais il fit mieux, il persuada, et, dans le cours de quelques années, il fit franchir à ses peuples un pas immense. Il fut bien secondé, sans doute, par les circonstances; mais il sut toujours en profiter, et souvent les faire naître, comme il arriva pour le maître Young, le premier et peut-être le plus utile instrument de civilisation pour ces îles. L'accueil généreux et la distinction dont jouirent les premiers Européens établis dans Haouaï, en engagea d'autres à s'y fixer, et ses peuples, se façonnant peu à peu aux allures d'une autre civilisation, sentirent de nouveaux besoins et travaillèrent sans relâche à les satisfaire.

Tous les voyageurs qui le visitèrent s'accordent à vanter sa sage administration et l'esprit de justice qui ne cessa de présider à toutes ses relations avec eux. Ceux qui purent l'observer dans la vie intime, vantent l'égalité de sa rare intelligence, la fermeté de son caractère, sa douceur et sa générosité. Entre autres traits de sa vie, Turnbull cite le suivant, qui fait en même temps l'éloge de sa bonté envers les autres et de sa sévérité envers lui-même : Tamea-Mea s'était livré depuis quelque temps à l'usage immodéré des liqueurs fortes; et quand il en avait abusé, de bon et affectueux qu'il était d'habitude, il devenait colère et méchant. Plus d'une fois ses ministres Young et Davis avaient eu à s'en plaindre; et voulant donner une leçon au roi, ils allèrent le trouver, et lui déclarèrent que, s'il continuait à s'enivrer, leur intention formelle était de quitter son île. Surpris de cette déclaration et sentant qu'il la méritait, Tamea-Mea leur demanda s'il avait jamais manqué aux égards qu'il leur devait, et s'il avait cessé de les regarder comme ses meilleurs amis et ses conseils intimes. Les deux ministres lui répondirent que, sans doute, ils avaient reçu de lui le meilleur accueil, mais que quand il avait bu des liqueurs il n'était plus le même homme, et que, pour éviter d'être tués par lui quand il serait ivre, ils préféraient partir. Tamea-Mea leur promit de devenir sobre, et, à compter de ce jour, il régla sa dose de rhum et ne la dépassa jamais.

Pour prouver tout l'attachement et le dévouement absolu de ses sujets, Turnbull cite encore le trait suivant, qui eut lieu les premières années de son règne, quand sa marine était encore naissante. Un capitaine de commerce étant venu mouiller dans la rade, il le pria de lui céder une de ses enclumes. Celui-ci en fit apporter une, et, la faisant jeter à la mer, par un fond de quinze brasses d'eau : « Si vous la faites prendre, dit-il, elle est à vous. » Tamea-Mea, au lieu de se fâcher, accepta l'offre, et fit appeler ses sujets. Le lendemain, plusieurs pirogues se rendirent au lieu désigné, et, au grand étonnement des marins, une quarantaine de plongeurs, descendant tour à tour au fond de la mer, parvinrent, après des efforts incroyables, à traîner jusqu'au rivage, distant de plus d'un mille, cette énorme masse de fer.

Jaloux de consolider ses relations et de les étendre encore, Tamea-Mea envoya au roi George III, par la frégate *la Cornwallis*, un magnifique manteau de guerre et beaucoup d'autres cadeaux précieux. Pour le remercier, l'amirauté lui vota un beau schooner, qui fut construit à Port-Jackson, et qui, annoncé en 1816, n'arriva à Haouaï qu'en 1822, long-temps après la mort de Tamea-Mea. Par cet échange réciproque d'égards et de bons procédés, le roi conserva toute sa vie l'alliance de la Grande-Bretagne.

Ce ne fut qu'en 1816 que le gouvernement russe fit paraître son pavillon dans ces îles, avec quelque influence. Le 24 novembre de cette année, le brick *le Rurick*, commandé par Kotzebuë, vint mouiller en rade de Kaï-Koua, devant Ke-Ara-Kekoua, où siégeait alors Tamea-Mea. La première idée du roi fut de se mettre sur la défensive; mais quand le commandant eut fait connaître sa mission de géographe et de savant, le roi changea de façons à son égard. Il le reçut en audience particulière, et lui offrit avec bienveillance tous les vivres frais dont il pourrait avoir besoin pour son équipage. Ensuite il se plaignit à lui d'un complot qui avait été tramé à Tauaï, en 1804, par un nommé Scheffer, aidé de quelques officiers du navire colonial *Petropaoulofski*. Il lui demanda si c'était du consentement de l'empereur Alexandre que ces Russes, venus de l'établissement américain de Sitka, et comblés de politesse, avaient voulu révolutionner ses îles. Kotzebuë blâma hautement la conduite du médecin Scheffer et des autres Russes qui s'étaient joints à lui.

Ces explications satisfirent pleinement le monarque, qui présenta le navigateur à la reine Kaahou-Manou et à son fils Rio-Rio, qu'il venait d'associer à sa couronne, en lui donnant le privilége du tabou. Ce jeune prince, qui continua l'œuvre civilisatrice de son père, et donna le dernier coup aux institutions religieuses de ces îles, et surtout au monstrueux tabou, vivait alors dans un état de torpeur qui n'aurait pas permis de présumer ce qu'il devait être plus tard. Lourd et sans intelligence, il ne prenait nul souci des affaires du royaume, et dormait souvent, étendu sur une natte, pendant les audiences que donnait son illustre père.

Le roi fit préparer un festin aux officiers russes; mais il n'y prit pas part. Ensuite, au sortir de table, il les conduisit dans son moraï de famille, qu'il affectionnait particulièrement, et où il faisait ses adorations. Il courut aussitôt vers l'idole principale, et, la serrant dans ses bras: « Voilà les dieux de Tamea-Mea, dit-il. Les dieux des Européens sont-ils meilleurs? Je l'ignore; mais, ce que je sais, c'est que jamais notre religion ne nous ordonne de méchantes actions. » Après avoir prononcé ces paroles, il entra dans sa chapelle, où il accomplit certaines cérémonies, puis il se mit à table devant ses hôtes, en disant que, puisqu'il avait vu les Européens manger, il était juste qu'à leur tour ils le vissent prendre son repas. Tamea-Mea n'avait pas adopté l'usage de la vaisselle européenne. Il mangeait avec les doigts, et il dit à ceux qui l'observaient, qu'il ne voulait pas quitter la coutume de son pays. Il eut bientôt expédié son repas, qui consistait en ignames, en poisson bouilli et en un oiseau rôti très-rare, qui est réservé pour la table du roi.

Tamea-Mea dans sa jeunesse, avait les traits hardis et sauvages. Les jours de combat, il s'avançait coiffé d'un casque de plume et armé d'un sabre, d'un fusil, et d'un javelot qu'il lançait dès le commencement de l'affaire. On citait sa force prodigieuse et son adresse incroyable. Il arrêtait, en combattant, les javelots dirigés sur lui, et ses coups atteignaient presque toujours leur but. Mais alors il était déjà vieux. Sa tournure était replète; ses traits ridés, son front couvert, ses petits yeux éraillés et ses grosses lèvres lui donnaient un air commun et peu prévenant. Dans cette visite, il était vêtu à l'européenne, avec un gilet boutonné et une cravate. Le dessinateur de l'expédition, M. Choris, n'obtint de lui le consentement de poser quelques instants, que sur l'assurance qu'il reçut de Kotzebuë, que ce portrait devait être remis à l'empereur de Russie, qui lui saurait gré de sa complaisance. Pendant le reste du séjour à Haouaï, M. Choris fut assiégé d'une foule d'insulaires qui demandaient à voir le portrait, et restaient émerveillés de la ressemblance parfaite qu'il avait avec le roi.

D'Haouaï, Kotzebuë relâcha à Oahou, où il trouva Karaï-Mokou, qui gouvernait au nom de Tamea-Mea, et qui fut effrayé d'abord à la vue du pavillon russe; mais quand il connut la mission du commandant, il s'empressa de fournir des vivres et toutes les provisions nécessaires à l'escadre.

Tamea-Mea continua son œuvre de civilisation. De toutes les parties du monde affluaient des aventuriers français, anglais, espagnols et américains, accourant comme à une curée, et tout surpris de trouver déjà des insulaires habitués aux affaires et rusés comme eux. La petite ville d'Hono-Rourou, qui était la plus fréquentée, à cause de la sûreté de sa rade, était pleine de boutiques, tenues surtout par des Anglais et des Américains. A la même époque, plusieurs plantations des zones méridionales, les légumes d'Europe et les arbres fruitiers d'Andalousie, apportés par l'Espagnol Marini, s'étaient naturalisés à Oahou, et des bestiaux, importés de l'Asie et de la Malaisie, se multipliaient et étaient employés au labourage. Des militaires européens avaient en même temps organisé la défense de l'île, construit des fortins armés de canons et d'obusiers, qui battaient les points les plus menacés, et discipliné les troupes. Les milices d'Haouaï et de Oahou exécutaient les manœuvres européennes. La marine avait aussi pris une certaine importance. Des bâtiments chargés des productions du pays avaient été expédiés sur les marchés de Chine, et en avaient rapporté des marchandises du céleste empire. Tous ces travaux, cette ébauche de civilisation, étaient l'ouvrage de Tamea-Mea, et lui avaient coûté trente années de soins. Aucun peuple, sans doute, n'a marché aussi vite, aussi bien dans la voie du progrès que le peuple d'Haouaï, qui, dans une période aussi courte, franchit un pas qui coûte ordinairement des siècles d'efforts et des flots de sang.

Bientôt l'archipel devait perdre son civilisateur. Le 8 mai 1819, Tamea-Mea mourut. Pendant un mois entier que dura sa maladie, tous les yeux furent fixés sur lui. A chaque heure du jour, des courriers expédiés dans toutes les directions allaient porter à ses sujets des nouvelles de sa santé. Des prêtres, des devins accoururent de tous côtés pour conjurer les dieux; mais tout devait rester inutile. Dès le premier jour de sa maladie, Tamea-Mea sentit son état, fit appeler son fils auprès de lui : « Rio-Rio, lui dit-il, je te laisse un pays qui doit suffire à ton ambition : tu le conserveras, si tu es sage; tu le perdras si tu cherches à l'agrandir. Les chefs qui m'entourent te seront fidèles à la condition que tu seras juste. Mon fils, ne te presse jamais de punir une faute commise par les étrangers : souffre-s-en même une seconde; ne sévis qu'à la troisième. Adieu; porte mes vœux à ta mère et à mes femmes. » Ainsi mourut Tamea-Mea. Les obsèques eurent lieu avec la plus grande magnificence, et son tombeau est le monument le plus sacré de ces îles, celui de tous dont le tabou est le plus inviolable.

La main ferme et prudente de Tamea Mea avait contenu et dirigé toutes les ambitions; mais l'indolence et la faiblesse reconnue de Rio-Rio donnèrent des espérances aux envieux. A peine assis sur le trône et revêtu de la royauté, sous le nom de Tamea-Mea II, il devina un rival et un adversaire dans Ke-Koua-Oka-Lani, jeune chef ambitieux et actif, neveu de Tamea-Mea Ier, qui lui avait accordé la grande prêtrise, réunie à son sceptre jusqu'à la fin de son règne. Les chefs ennemis du nouveau monarque ne tardèrent pas à lui contester ses droits à l'hérédité.

Les choses en étaient là, quand le corvette française *l'Uranie*, commandée par M. de Freycinet, le premier bâtiment de guerre qui parut sur ces côtes avec le pavillon français, mouilla dans la baie de To-Wai-Haï, le 8 août 1819. L'Anglais Young, alors octogénaire, alla à bord supplier le commandant d'interposer son autorité, et de prêcher aux chefs dissidents la concorde et la soumission. Le lendemain, une entrevue eut lieu. Le commandant, dans un discours plein de modération, rappela ce que l'on devait à la mémoire de Tamea Mea, dont la perte était encore toute récente; il dit combien cette mémoire serait outragée par la guerre et par des dissensions civiles qui feraient retomber le pays dans l'état d'ignorance d'où ses travaux l'avaient tiré. Il parla de l'intérêt que le roi de France portait à la prospérité des états de Rio-Rio; et pour rassurer la reine, qui avait paru manifester quelque étonnement, le commandant se hâta d'ajouter que le nom du roi de France n'avait été prononcé que comme moyen de pacification, et nullement pour revendiquer les droits de son ami, le roi d'Angleterre, sur ces îles; que son seul but était la pacification et la civilisation générales des états d'Haouaï. Cette harangue, qui fut longue et bien sentie, fut rendue aux princes par un aventurier français, né à Bordeaux, nommé Rives, qui, de simple mousse d'un bâtiment marchand, était devenu le premier médecin du pays, et l'interprète de la cour. Le Bordelais fut tellement concis, que les Français crurent à une mystification : en quelques minutes, il eut traduit tout le discours, et il assura qu'il devait produire de l'effet. Les chefs parurent enchantés.

Les officiers français et les passagers se firent bientôt accueillir à la cour; et, par des invitations et des égards réciproques, ils se concilièrent non-seulement la bienveillance du monarque, mais encore l'amitié des principaux chefs de l'île, qu'ils purent parcourir à leur aise.

Nous allons faire une visite au harem de S. M., sous la dictée de M. Jacques Arago, le dessinateur de l'expédition commandée par M. de Freycinet.

« Un Gascon vint me saluer, à mon arrivée à terre, avec des manières tout à fait gracieuses, et me conduisit, ainsi que MM. Requin et Dubout, dans l'appartement où les veuves de Tamea-Mea consumaient leur vie dans une mollesse et une oisiveté qui feraient honte à nos chanoines. Là, pour nous donner une idée de sa faveur et de son crédit, il s'approcha bénignement de la favorite du défunt et lui donna de légers coups du dos de la main sur la joue, ce qui ne semblait pas trop l'amuser. Mais comme, après ces caresses, il lui tâtait le pouls et faisait certaines grimaces de charlatan, nous nous empressâmes de lui demander s'il exerçait aussi les fonctions de médecin de la cour; et dès qu'il nous eut répondu que c'était lui qui avait traité Tamea-Mea, nous ne fûmes plus surpris d'une mort si fatale à ces îles. Le malheureux ne savait absolument rien : armé de sa boîte à médicaments, il donnait l'ipécacuanha et la scille à ceux qui avaient du rhume, et prodiguait le séné, la manne et la casse aux infortunés qui auraient dû vomir.

« La reine mère, Kaou-Manou, favorite de Tamea-Mea, étendue sur des nattes très-fines, était enveloppée dans une pièce d'étoffe de la plus grande beauté. Sa figure était intéressante, sa grosseur extrême. Quoique ses yeux fussent abattus par une indisposition légère, en la considérant, on n'est pas surpris du vif attachement que Tamea-Mea avait pour elle. Ses jambes, la paume de sa main gauche, ainsi que sa langue, sont tatouées avec art, et l'on voit sur son corps un grand nombre de traces de brûlures et d'incisions qu'elle s'est faites à la mort de son mari. Elle nous offrit de la bière avec beaucoup d'obligeance, et, à son exemple, nous portâmes un toast à Tamea-Mea. Un jeune homme, fort propre et très-bien fait, agitait devant elle un éventail élégant de plumes de divers oiseaux, tandis qu'une fille, par intervalles, lui présentait un petit vase de calebasse, à moitié rempli de fleurs et recouvert d'un mouchoir noué, dans lequel elle crachait. Ce vase était aussi offert aux autres princesses; mais on voyait que les soins et les plus grands égards étaient pour la favorite.

« Les reines étaient au nombre de cinq, et la favorite, qui pesait au moins quatre quintaux, était la moins massive. Les autres étaient plutôt des masses informes de chair que des figures humaines. Deux d'entre elles ressemblaient passablement à ces éléphants de mer qui se traînent si péniblement sur le rivage. Toutes étaient couchées sur le ventre; et j'avoue que je n'ai pas vu une seule femme des îles Sandwich qui, étendue sur des nattes, prît une autre position.

« L'appartement qu'elles occupaient était petit et encombré de calebasses, de petits coffrets de Chine, d'étoffes anglaises et du pays, jetés comme par hasard dans tous les coins. La porte était obstruée par une foule nombreuse de peuple, et un corps-de-garde, établi auprès, veillait à la sûreté des princesses. Lorsque nous avons demandé quels étaient leurs divertissements, et comment elles passaient leur vie, on nous a fait entendre qu'elles s'occupaient de ne pas mourir : ce qui est assez difficile avec un médecin de la force de celui dont j'ai parlé.

« Nous allâmes chez le roi avec notre officieux interprète. S. M. était vêtue de l'uniforme d'un colonel de hussards et coiffé d'un chapeau de maréchal de France : il portait cela d'un air si empesé, que nous jugeâmes sans peine que son corps était habitué à plus de liberté.

« Je le dessinai avec sa femme, et je joignis au tableau ses principaux officiers qui étaient couchés à ses pieds, ainsi que les gardes à manteaux de plumes, qui, le sabre nu, semblaient prêts à le défendre. Nous fîmes cadeau à Leurs Majestés d'un châle de Madras et de belles boucles d'oreilles; mais nous eûmes regret de voir qu'ils recevaient nos présents sans affection et sans paraître y attacher le moindre prix. »

L'épouse de Rio-Rio était, dit-on, sa propre sœur, une gracieuse et jolie personne aux manières enfantines et niaises. Le dessinateur nous apprend que ces manières auraient pu passer pour des avances. Sa taille, de cinq pieds six pouces, n'enlevait rien à ses formes de leur harmonie et de leur grace. Des quatre épouses du roi, Kou-Onou (tel était son nom) était la favorite.

Pendant cette relâche, le premier ministre du roi, Karaï-Mokou, surnommé *Pitt*, ayant appris qu'à bord de la corvette se trouvait un aumônier, demanda à être baptisé. Ce ministre était un homme de haute stature, d'un regard pénétrant et rempli d'expression. Sa conversion au catholicisme romain semblait plutôt l'effet d'un calcul que de la conviction, et peu de jours après, son frère, le gouverneur Boki, jouit de cette même faveur.

M. Jacques Arago raconte ainsi la cérémonie du baptême :

« Le baptême eut lieu sur *l'Uranie;* le roi voulut y assister, la reine mère l'y accompagna. Le canot du commandant, sous les ordres de M. Jeanneret, fut chargé de transporter à bord tous les membres de la famille royale. J'étais à terre, et, désirant faire de cette scène le sujet d'un dessin, je préférai m'embarquer sur une double pirogue que le roi avait fait préparer pour lui. Le roi demanda quelque moment pour s'habiller, et, peu galant envers les dames, il se fit attendre plus d'une demi-heure. Les deux plus chères épouses étaient déjà embarquées. Avant d'entrer dans le canot, il se fit *détabouer*, pour pouvoir se mettre à l'ombre sous une tente ou sous un parasol. Sa mise n'était pas brillante : il portait une petite veste bleue galonnée, des pantalons verts collants et un chapeau noir de paille : il ménageait ses grands costumes. Il fut le dernier qui s'embarqua; et nous remarquâmes qu'en entrant dans le canot, il appuya fortement son nez contre celui de la reine mère, et qu'ils répandirent tous deux quelques larmes.

« Son embarcation ouvrait la marche; la nôtre suivait immédiatement, et derrière nous étaient encore deux doubles pirogues et quatre pirogues simples portant des personnes de distinction.

« Le roi fut salué de onze coups de canon. Il descendit dans la batterie pour voir exécuter le feu. L'autel était prêt. Le néophyte, M. Pitt, ou Karaï-Mokou, était à bord depuis plus de deux heures; M. l'abbé de Quélen, notre excellent aumônier (*), officia tout simplement, ne pouvant se faire comprendre de son auditoire. Notre commandant était le parrain; M. Gabert, son secrétaire, la marraine; leur domestique, le sacristain. On offrit des chaises aux princesses, dont la plupart se couchèrent par terre. Plusieurs des officiers haouaïens présents nous demandèrent combien on faisait sauter de dents, et combien on arracherait de membres à leur ministre; et nous eûmes beaucoup de peine à leur faire comprendre que c'était contraire à notre religion (voy. *pl.* 126).

« Pendant la cérémonie, le roi demanda une pipe et fuma. Les reines étaient étonnées du costume brillant du prêtre, et de la beauté de l'image de la vierge qui se trouvait sur l'autel. Chacune d'elles demanda à la baiser. De temps en temps, elles demandaient à boire, ce qu'on n'osa leur refuser; puis elles visitèrent le navire et descendirent jusque dans nos chambres, où elles nous firent compliment sur nos couchettes, qu'elles trouvaient fort élégantes et fort commodes. »

Peu de jours après cette cérémonie, la corvette alla mouiller à Mawi, puis à Oahou, et partout les naturels se montrèrent justes et obligeants, à l'exception d'un seul, nommé Kiaï, chargé par le roi des approvisionnements, et qui rançonna les Français.

Il était difficile de porter le sceptre laissé par Tamea-Mea; et cette tâche devenait encore plus difficile pour un prince tel que Rio-Rio, dont on connaissait l'apathie. Cependant, quand il fut chargé des importantes fonctions de la royauté, il se révéla un tout au-

(*) Cousin de l'archevêque de Paris.

tre homme. Le premier acte de son règne accusa en lui une énergie dont on ne l'aurait jamais cru capable. Tomou-Arii, chef de Taouaï, pensa que l'heure de l'affranchissement avait sonné pour lui à la mort de Tamea-Mea, et il refusa de reconnaître son successeur. Quand Rio-Rio apprit cette nouvelle, il fit aussitôt appeler deux ou trois officiers dévoués, se jeta avec eux dans une chaloupe, et, malgré l'agitation des flots et une tempête qui s'était élevée, il aborda à Taouaï, alla droit à Tomou-Arii, qui, surpris de cette visite, ne sut que dire pour sa justification, et promit hommage et obéissance à l'avenir. Cet acte fut décisif. On vit que le sang de Tamea-Mea coulait dans les veines de son successeur.

Le père avait été réformateur politique et social d'Haouaï, le fils voulait en être le réformateur religieux. Le second acte de son pouvoir fut l'abolition complète du tabou. Déjà Tamea-Mea avait porté les premiers coups à cette monstrueuse institution; mais il ne se crut pas encore assez fort pour l'abattre complétement. Il prépara ses sujets à ce changement, et Rio-Rio frappa le coup décisif. Le seul obstacle sérieux qu'il rencontra, lui vint de la part de Kekoua-Oka-Lani, grand prêtre et gouverneur de Oahou. Ce prince artificieux avait toujours refusé de prendre part aux conférences qui avaient eu lieu, et, quand la destruction des idoles eut été résolue, prenant en main l'idole de Taïri, le dieu de la guerre, il attira à lui quelques fanatiques. D'Oahou il se rendit à Haouaï, grossit son armée d'une foule de mécontents, et se trouva bientôt en état d'offrir le combat à l'armée du roi. La mêlée fut affreuse. Les révoltés, conduits par Kekoua-Oka-Lani et son épouse, qui ne cessa de combattre à ses côtés, montrèrent toute la puissance du désespoir et du fanatisme; mais leur rage devait rester impuissante contre la valeur et les savantes dispositions du ministre Karaï-Mokou, le digne ami de Tamea-Mea. Le chef des rebelles périt dans le combat, et son épouse fidèle reçut la mort à ses côtés. En vain les soldats des idoles voulurent se rallier; en vain ils défendirent leur cause avec un courage indomptable, ils périrent tous jusqu'au dernier. De ce jour, le culte des dieux altérés de sang humain fut détruit, et le célèbre Taïri, cette oriflamme de l'archipel d'Haouaï, tomba au pouvoir du vainqueur, qui la donna, quelques années après, au capitaine Byron. Les moraïs et les heïaus cessèrent d'être sacrés. On conserva seulement les lieux où les os des chefs étaient déposés, et on en confia la garde à quelques prêtres.

La religion chrétienne devait remplacer dans ces îles le culte du tabou. La mère du roi, Keo-Pouo-Lani, et Kapeo-Lani, femme du chef de Kaï-Roua, embrassèrent la religion chrétienne, et leur exemple fut suivi par une grande partie du peuple. Les missionnaires anglais, qui étaient venus la prêcher, engagèrent le roi à faire un voyage à Londres. Rio-Rio s'embarqua le 27 novembre 1823, laissant le royaume aux mains du vaillant ministre Karaï-Mokou. Le navire de commerce *l'Aigle* fut frété pour le transporter lui et sa suite, composée de son épouse Kamea-Marou, sa femme préférée, de Boki, gouverneur d'Oahou, de quelques officiers et du Français Rives, qui devait servir de drogman.

Le bâtiment mouilla à Portsmouth le 31 mai 1824, et de là Rio-Rio se rendit à Londres, mais il y mourut peu de temps après, ainsi que son épouse, avant d'avoir pu être présenté au roi George IV. Les chefs furent reçus en audience particulière; ils reçurent un accueil flatteur et des cadeaux qui les comblèrent de joie, et la promesse d'un bâtiment pour les ramener à Haouaï avec les dépouilles mortelles du roi et de la reine.

La corvette *la Blonde*, commandée par le capitaine Byron, fut chargée de reconduire l'ambassade à sa destination, et le 4 mai suivant, elle mouillait en rade de Lahaina, de là elle se rendit à Nono-Rourou, devenue la résidence royale et le centre de toutes les opérations commerciales. Des cérémonies, qui durèrent plus de quinze jours, eurent lieu pour les funérailles du roi, la réception des chefs et celle du capitaine Byron : mais dans ces cérémonies, dans ces fêtes, le type indigène s'effaçait ; la civilisation européenne avait poussé déjà de profondes racines. Les restes du souverain furent portés dans l'église réformée, et delà déposés dans un tombeau chrétien, au lieu de l'être dans le moraï de leurs ancêtres.

Le capitaine Kotzebuë reparut à Oahou dans le courant de décembre 1824. Karaï-Mokou, gouverneur de l'île, le reçut comme une ancienne connaissance, et lui accorda une audience particulière en présence de la reine Kaahou-Manou, et de Noma-Hana, l'une des veuves du grand Tamea-Mea. Haute de cinq pieds et demi et d'une carrure d'athlète, la royale veuve s'éprit soudainement de Kotzebuë, et dès le lendemain elle écrivit la lettre suivante :

« Je te salue, Russe ; je t'aime de tout mon cœur, et plus que moi-même. Aussi, en te voyant dans mon pays, je ressens une joie que mon pauvre langage ne saurait t'exprimer. Tu trouveras ici tout bien changé. Tandis que Tamea-Mea vivait, le pays était riche et florissant ; mais depuis sa mort, tout tombe en ruine. Le jeune roi est à Londres ; Kaahou-Manou et Karaï-Mokou sont absents pour quelques jours, et Chino, qui les remplace, a trop peu de crédit sur le peuple pour te recevoir comme il convient à ton rang. Il ne peut te procurer autant de cochons, de patates et de taro qu'il t'en faudrait. Combien je regrette que mes propriétés soient sur l'île Mawi, si loin à travers la mer ! Si elles étaient plus près, tu serais chaque jour entouré de cochons. Aussitôt que Karaï-Mokou et Kaahou-Manou reviendront, tous tes besoins seront satisfaits. Le frère du roi vient avec nous ; mais c'est encore un enfant sans expérience, qui ne sait distinguer le bien d'avec le mal.

« Je te prie d'embrasser ton empereur en mon nom. Dis-lui que je voudrais bien le faire moi-même ; mais la vaste mer nous sépare. N'oublie pas de faire mes salutations à toute la nation. Puisque je suis chrétienne, et que tu l'es aussi, tu excuseras mon écriture. La faim m'oblige de terminer ma lettre. Je désire que tu puisses manger aussi la tête de ton cochon avec plaisir et appétit. Je suis avec une constance royale et un amour éternel, « TA NOMA-HANA. »

La nouvelle de la mort de Rio-Rio encouragea quelques ambitieux. Le successeur de Tamou-Arii leva l'étendard de la rébellion, et Karaï-Mokou se vit forcé de le combattre. Le 6 juin 1825, Kau-Ike-Ouli, frère cadet de Rio-Rio, jeune enfant de dix ans, élevé par le missionnaire américain Bingham, fut proclamé roi, et, pendant sa minorité, la régence fut confiée à Karaï-Mokou.

Le premier acte de la régence fut la confirmation des droits d'ancrage et de mouillage établis par Tamea-Mea, à raison de dix sous par tonneau pour les bâtiments qui se bornaient à une simple relâche, et de trois francs pour ceux qui entraient en relations d'affaires. Peu de temps après, Karaï-Mokou mourut d'hydropisie à l'âge de 70 ans. C'était, après Tamea-Mea, le plus grand homme de l'archipel. Boki fut nommé à sa place. L'homme qui gouverne aujourd'hui de fait, c'est Koua-Kini, le frère de la reine Kaahou-Manou, dont la fille a été fiancée au nouveau roi en 1830.

Le jeune roi Kau-Ike-Ouli, âgé de 19 à 20 ans, élève du missionnaire Bingham, lui succéda. Sous son règne les Européens et les Américains établis à Haouaï et à Oahou ayant voulu se mettre au-dessus des lois, au sujet d'une vache qui avait été paître un instant dans un enclos appartenant à un étranger, le conseil de régence rendit une décision aussi ferme que juste et modérée. Voici cette pièce qui peut donner une idée à la fois de l'esprit de la population et du gouvernement, ainsi que des formes naïves et originales de la chancellerie biblico-haouaïenne.

Kau-Ike-Ouli, le roi ; Kaahou-Manou, régente (voy. *pl.* 114) ; Boki, gouverneur de Oahou ; Adams Koua-Kini, gouverneur de Hawaii ; Manouia, Kekoua-Noa, Hinaou, Aïka-Maka, Paki, Kinaou, John Li, James Kahouhou.

Oahou, octobre 1829.

« Moi, voici ma décision pour vous. Nous consentons à la requête des résidents anglais ; nous accordons la protection des lois : c'est le but de votre pétition.

« C'est pourquoi voilà ma proclamation, que je vous fais connaître, ainsi qu'à tous les hommes des contrées étrangères. — Les lois de mon pays défendent le meurtre, le vol, l'adultère, les prostitutions, les debits des liqueurs fortes dans les distilleries, les amusements le jour du sabbat, l'escroquerie et les jeux de hasard les jours du sabbat et les autres jours.

« Si quelqu'un viole ces lois, il est sujet au châtiment. Il en est de même pour tout étranger, que pour tous les hommes de ces îles : quiconque violera ces lois sera puni.

« Le mariage chrétien est convenable aux hommes et aux femmes. Seulement, lorsqu'une femme regarde un homme comme son seul mari, et que l'homme regarde la femme comme son unique épouse, ils sont également mariés ; mais si les parties ne sont pas mariées, et ne se regardent point comme mari et femme, qu'elles soient séparées sur-le-champ.

« Voici encore notre décision, que je vous déclare maintenant. Nous avons vu votre méchanceté jusqu'à ce moment. Vous ne nous avertissiez point que vos vergers et vos enclos étaient *tabou* (sacrés, inviolables), jusqu'au moment où nos animaux sont entrés dans vos plantations ; alors, sans hésiter, vous les avez tués. Mais nous vous avons avertis du tabou de nos cultures long-temps à l'avance, et nous vous avons avertis aussi de retenir vos bestiaux. Nous avons appris que vos bestiaux étaient entrés dans nos cultures, et les avaient ravagées ; pour ce motif, quelques-uns de vos bestiaux ont été tués.

« Voici quel était le moyen d'obtenir justice. Si vous jugiez l'homme coupable, vous ne deviez point le punir tout d'abord ; il fallait attendre une consultation de notre part ; puis, si nous l'avions trouvé coupable, nous vous aurions accordé des dommages. Mais non, vous l'avez cruellement et sur-le-champ maltraité. C'est un crime de deux d'entre vous. Cependant, nous vous représentons que la blessure d'un homme est un plus grand mal que celle d'un animal, attendu que l'homme est le chef de tous les animaux.

« C'est notre communication pour vous tous, pères des pays d'où viennent les vents ; ayez pitié d'une nation de petits enfants, très-faibles et très-jeunes, qui sont encore dans les ténèbres de l'esprit ; aidez-nous à faire le bien, et observez avec nous ce qui doit faire le plus grand bien de notre pays.

« Quant à la mort de la vache, elle a péri pour avoir violé le tabou établi pour la protection de la plantation. L'endroit était garanti par une palissade élevée par le propriétaire. Ayant ainsi clos sa propriété, ce qu'il restait à faire était du devoir des maîtres du bétail, qui étaient prévenus par le surveillant de la plantation de ramener chaque soir chez eux le bétail. Il leur parla ainsi ; mais on n'y eut point égard, et on les laissa libres durant la nuit. Alors le propriétaire de l'habitation songea à obtenir des indemnités, car plusieurs animaux avaient déjà été surpris, et leurs maîtres n'avaient payé aucun dommage ; c'est pourquoi le maître de la récolte résolut de tuer l'un des animaux qui la dévastaient. Car il avait été dit que, si quelque animal forçait un enclos et ravageait la récolte, il serait confisqué et adjugé au maître de la récolte. Plusieurs avaient été saisis, puis réclamés, et enfin restitués ; cela a été fait maintes fois. Pourquoi alors êtes-vous si prompts dans votre colère ? C'est dans l'enclos même que la vache a été atteinte, puis elle en est sortie. Pourquoi donc votre déclaration mentionne-t-elle que la vache a été méchamment tuée sur le terrain commun? La vache n'aurait pas été tuée pour l'avoir fait paître seulement dans le pâturage commun : il est bien connu que c'était dans l'enclos même qu'elle se trouvait, par tous ceux qui prenaient soin de la plantation. »

« *Signé*, KAU-IKE-OULI. »

On reconnaît dans cette pièce la direction, et je dirai presque un acte gouvernemental des missionnaires. Ce jeune roi donne les plus belles espérances : grand, bien fait, d'une physionomie ouverte, impartial, généreux, il rappelle heureusement son aïeul Tamea-Mea, et deviendra sans doute un grand roi, s'il est bien dirigé dans ses premiers pas (voy. *pl.* 113). Il a épousé Kini, nièce de la reine Kadou-Manou; sa sœur Nahi-Nahina est belle et spirituelle (voy. *pl.* 113).

GROUPE DE WASHINGTON.

Nous proposons de réunir sous cette dénomination, qui rappelle le nom de l'île principale et celui du grand fondateur des États-Unis de l'Amérique septentrionale, les petites îles Washington, Palmyra, America, Noel (Christmas), Fanning, qui était autrefois habitée, Jarvis, les îles vues par le capitaine Walker en 1814, l'île Douteuse de Broke, et quelques autres. Le chef-lieu de ces îles basses serait celle qui a reçu le nom de Washington, et qui occupe presque le centre de ce groupe. Nos lecteurs ne confondront pas ce groupe et cette île Washington avec les îles Ouahonga, ou Washington, qui font partie de l'archipel de Noukahiva, nommé *Marchand* par les Français, du nom de ce capitaine, *Mendana* par les Espagnols, *Washington* par les Américains, et auquel nous donnerons, selon notre méthode, son véritable nom, celui que lui donnent les indigènes, le nom de Nouka-Hiva.

Notre groupe de Washington est situé au sud de l'archipel de Haouaï, à l'est de celui des Carolines, et au nord de notre archipel de Roggeween, que nous décrirons plus tard. Il est borné à l'est par une immense étendue de mer : nous n'en parlons que parce que nous avons à cœur de compléter entièrement la description de toutes les parties de l'Océanie ; mais nous ne pouvons guère que nommer et classer ces îles, et donner leur position, car ce ne sont que des points insignifiants pour la plupart, déserts presque tous, et ne comportant qu'une sèche et courte nomenclature.

Les îles Smith ont été découvertes en 1807 par le capitaine Johnson de la frégate anglaise *Cornwallis*, et revues, en 1815, par le capitaine français Dayot, commandant *le Hernando*, navire espagnol. C'est un groupe d'îlots inhabités, coralligènes et couverts d'une végétation chétive. Elles ont environ neuf milles de circuit du nord-ouest au sud-est, et sont situées par 16°53' de latitude nord et 171°52' de longitude ouest.

L'île Palmyra, reconnue pour la première fois par l'Américain Fanning, le 14 juin 1798, fut retrouvée quelques années après par le capitaine Mackay. C'est une île basse de trois lieues d'étendue, avec deux petits lagons à l'intérieur, et des brisants extérieurs, dont celui à l'ouest s'étend jusqu'à trois lieues au large. Un mouillage existe au nord par dix-huit brasses. Son nom lui fut donné par le capitaine Sawle de *la Palmyra*, qui la revit en 1802. Cette île déserte gît par 5°50' de latitude nord et 164°45' de longitude ouest. A quatre ou cinq lieues au nord est situé un écueil dangereux, également découvert et reconnu par le capitaine Fanning. Sa forme est celle d'un croissant; il occupe six lieues d'étendue du nord au sud.

L'île de Washington, la New-Year des cartes d'Arrowsmith, fut aussi découverte par Fanning. C'est une terre élevée et couverte de verdure, mais déserte et hérissée de brisants. Sa position est par 4° 45' de latitude nord et 162° 28' de longitude ouest. Le groupe Fanning, près de l'équateur, est formé de trois îlots boisés et ceints de brisants, au dedans desquels est un bon mouillage. Les deux îlots du nord ont chacun neuf milles de long ; celui de l'est en a six. C'est vraisemblablement l'île America de quelques navigateurs. Quand Fanning débarqua, il trouva l'île déserte et couverte d'oiseaux de mer si familiers qu'ils se laissaient prendre à la main. Mackay, qui y fut chercher du caret et du tripang, y trouva sur le sol des pierres régulièrement taillées, et, dans une fouille pratiquée à deux pieds de profondeur, un caveau en maçonnerie rempli de cendres, de quelques os humains, d'instruments en pierre, en coquilles et en os, de lances, de flèches et de différents ornements. A son tour, M. le Goerant, Français, y relâcha en 1828, et y rencontra vingt-cinq bâtiments occupés à la pêche du tripang. Sa position est par 3° 48' de latitude nord et 161° 25' de longitude ouest.

L'île de Noël ou Christmas fut découverte par Cook en décembre 1777. Il passa plusieurs jours au mouillage, et s'y procura des tortues et du poisson. C'est une île basse, boisée, déserte, d'environ quinze lieues de circuit, avec un assez bon mouillage. La bande occidentale est tellement échancrée que cette île a la forme d'un croissant. On y trouve du poisson et des tortues. Elle gît par le 1° 59' latitude nord et le 159° 50' longitude ouest.

Arrowsmith assure que l'île Jarvis a été découverte par un capitaine Brown, et revue en 1822 par un capitaine Lock. Il la place par 0° 30' de latitude sud et 162° 18' de longitude ouest. M. Dumont d'Urville pense que l'île Broke, placée sur la liste américaine à peu de distance au sud-est de l'île Jarvis, n'est autre chose que l'île Jarvis elle-même.

GRAND ARCHIPEL DES CAROLINES.

Nous avons dit que l'Inde était la croix des géographes chargés de décrire l'Asie, de même que l'Allemagne de ceux qui décrivent l'Europe. Nous pouvons à plus juste titre nommer le grand archipel des Carolines la croix des géographes de l'immense Océanie. Il se compose d'une cinquantaine de groupes, dont plusieurs ne sont pas déterminés: la plupart de ses îles innombrables n'ont pas encore été visitées; il est, par conséquent, bien difficile de faire pénétrer la lumière dans ce chaos d'incertitudes et de contradictions : *hic opus, hic labor est.*

Le voyage d'un savant navigateur russe, M. le capitaine Lütke, a jeté une grande clarté sur ces groupes, dont vingt-six ont été parcourus par lui. Les expéditions des savants navigateurs Duperrey et d'Urville avaient déjà éclairé, en partie, l'obscurité qui les entoure; mais il reste encore bien des lacunes à remplir. Dans cet état de choses, nous ferons tous nos efforts pour classer cette intéressante contrée avec le plus d'exactitude qu'il nous sera possible.

Notre grand archipel des Carolines se composera, à l'ouest, du groupe des îles Péliou, des Dangereuses Matelotes, de l'île des Martyrs, de Saavedra, de Sonsorol ou Saint-André, des îles Anna, Mariera, Lord-North, etc., que nous considérons comme ses annexes, et des îles Freewill, ou Guedes, ou Saint-David, avec l'île Nevil que nous considérons comme une annexe de l'atollon de Freewill. Les Carolines propres feront naturellement partie de cet immense archipel, et nous y comprendrons, en outre, le groupe de Ralik, et le groupe de Radak qui est identique avec l'archipel de Marshall et de Mulgrave de la plupart de géographes. Plusieurs motifs puissants nous ont empêché d'y placer les îles Mariannes, malgré l'opinion du savant M. de Chamisso.

En conséquence, cette immense région s'étendra depuis l'île Bigar, la dernière île septentrionale de la chaîne de Radak, par le 12° lat. nord, jusqu'aux îles Lougounor, par le 3° lat. sud, et depuis l'île Sonsorol, par le 129° long. est, et l'île la plus orientale des Mulgraves, près du 170° long. est; ce qui donnera aux Carolines, d'après notre classification, 225 lieues du nord au midi, en traversant l'équateur, et 1025 lieues de l'ouest à l'est.

Après avoir groupé les terres de cet immense archipel, nous consacrerons une description étendue aux prin-

31e *Livraison.* (OCÉANIE.) T. II.

cipales ou aux plus célèbres, telles que Coror, dont Péliou, sa capitale, est devenue en quelque sorte classique par le séjour de Wilson; Gouap, ou plutôt Yap, Lamoursek, Lougounor, Oulia, Sataoual ou Sataouan, Hogouleu, Ualan, Aur, Otdia, Pouynipet et quelques autres. Quant aux îles qui n'ont aucune importance, nous indiquerons seulement leur situation et les familles ethnographiques auxquelles elles appartiennent.

Commençons la description et l'histoire des Carolines par les îles occidentales.

GROUPE DE PÉLIOU.

Le groupe des îles Péliou, ou Palaos, ou Panlog (que j'eusse nommé Péli, d'après ceux de ses habitants que j'ai entendu les nommer ainsi, si je n'avais à lutter contre l'usage toujours difficile à détruire, mais que je continuerai d'appeler Péliou), forme la partie occidentale de l'archipel des Carolines. Elles ont été découvertes par les Espagnols. Ses îles les plus considérables sont :

Babelthouap. Elle a neuf lieues du nord au sud, et une montagne assez élevée, de laquelle la vue plane sur toutes les îles de ce groupe. Ses principaux districts sont Emmalagui, Artingall et Emerings, commandés chacun par un rupak ou chef. Celui d'Artingall s'est rendu célèbre par ses guerres avec le rupak de l'île qui suit.

Coror. Cette petite île, qui n'a que six milles de l'est à l'ouest, se compose d'îlots fort rapprochés. Elle a pour chef-lieu *Péliou*, dont le brave rupak Abba-Thoulé et son aimable fils Li-Bou occuperont une place importante dans l'histoire de ce pays.

Ouroukthapel, Errokong, et *Ouroulong*, célèbre par le naufrage de *l'Antilope*, ne sont que des îlots.

Pélélíou, qui a huit milles du nord-nord-est au sud-sud-ouest, est assez fertile et présente un aspect charmant. Elle est environnée d'îlots.

La petite île d'*Angour*. En 1801, Ibargoïtia, capitaine espagnol, y resta quelques jours, et en trouva les habitants bons, doux et généreux.

Les îles *Matelotes* ou *Reyes*, vues par Saavedra et Villalobos, sont régies par différents chefs. Leur approche est dangereuse.

Les deux petites îles *Sonsorol* ou Saint-André, furent découvertes par Padilla, en 1710. Elles sont fréquentées par les habitants de Péliou. Celle du midi est la plus grande; elle est séparée de l'autre, que les naturels nomment Kodokopoui, par un canal d'environ deux milles, latitude nord 5°20′, longitude est 129°54′.

Enfin l'île Mortz, l'île Kyangle et celle de Lord-North, inconnues jusqu'à ce jour, et sur lesquelles nous donnerons, à la fin de la description des îles Péliou, quelques détails entièrement neufs.

Voici ce qu'on lit dans les *Lettres édifiantes*, touchant une tentative faite par deux missionnaires espagnols qui montèrent le vaisseau la *Santa-Trinidad*, commandé par Padilla, pour aller prêcher l'Évangile aux habitants de Sonsorol. La relation est de la main de Joseph Somera, l'un des officiers du *Santa-Trinidad*.

« Après quinze jours de navigation, depuis les Philippines, le 30 novembre 1710, nous découvrîmes la terre au nord-est : c'étaient deux îles que les PP. Dubaron et Cortil, que nous conduisions, nommèrent Saint-André, du nom de la fête du jour. Lorsque nous en fûmes proches, nous aperçûmes un bateau qui venait à nous, et dans lequel il y avait de ces insulaires qui nous criaient de loin : *Mapia! mapia!* (bonnes gens!) Un Palaos (habitant de Péliou), qui avait été baptisé à Manila, et que nous avions mené avec nous, se montra à eux, et leur parla. Aussitôt ils vinrent à bord et nous dirent que ces îles s'appelaient *Sonsorol* (Sonrol sur la carte de Cantova, *Sarol* sur celle de Serrano), et qu'elles étaient du nombre des îles Palaos. Ils firent paraître beaucoup de joie d'être avec nous, et la témoignèrent en nous baisant les mains et en nous embrassant.

« Ces peuples sont bien faits de corps et d'une complexion robuste; ils vont tout nus, excepté qu'ils couvrent leurs parties sexuelles d'un morceau de natte; leurs cheveux sont presque crépus; ils ont fort peu de barbe. Pour se garantir de la pluie, ils portent sur les épaules un petit manteau fait de fils de patates, et sur la tête, une espèce de chapeau de nattes, autour duquel ils attachent des plumes d'oiseaux toutes vertes. Ils furent surpris de voir nos mariniers fumer du tabac. Ils paraissaient faire grand cas du fer; ils le regardaient avec des yeux avides, et nous en demandaient sans cesse. Après midi, deux autres barques vinrent à nous, chargées chacune de huit hommes. Dès qu'ils approchèrent de notre bord, ils se mirent à chanter, réglant la cadence en frappant des mains sur leurs cuisses. Quand ils eurent abordé, ils prirent la longueur de notre bâtiment, dans l'idée qu'il était fait d'une seule pièce de bois; d'autres comptaient les hommes qui étaient sur notre bord. Ils nous apportèrent quelques cocos, du poisson sec et des herbes. Ces îles sont toutes couvertes d'arbres jusque sur le bord de la mer. Les bateaux sont assez bien faits, ayant des voiles latines; un côté du bateau est sontenu par un contre-poids qui l'empêche de tourner. Nous leur demandâmes à quelle aire de vent était la principale de leurs îles, qui s'appelle Panlog: ils nous montrèrent le nord-nord-est; ils ajoutèrent que vers le sud il y a encore deux îles, l'une s'appelle *Mariera* et l'autre *Poulo*, sur la carte de Serrano *Mouries* et *Falia*.

« J'envoyai la chaloupe avec la sonde chercher un endroit où l'on pût mouiller. A un quart de lieue de l'île, elle fut abordée par un bateau du pays rempli d'insulaires: l'un d'eux aperçut un sabre, le prit, le regarda attentivement, et se jeta à la mer, l'emportant avec lui. Mon aide-pilote ne put trouver aucun lieu propre à jeter l'ancre; le fond était de roche et fond partout. A son retour, j'envoyai encore un autre homme chercher un mouillage: il alla tout près de la terre et trouva partout, comme le premier, grand fond de roche; ainsi nul endroit où l'on pût jeter l'ancre. Je me soutenais à la voile contre le courant qui portait avec vitesse au sud-est; mais le vent étant venu à manquer, nous dérivâmes au large. Alors les insulaires venus sur notre bord rentrèrent dans leurs bateaux pour s'en retourner. Les deux missionnaires voulurent engager l'un d'eux à rester, et ne purent l'y résoudre: ils s'entretinrent de religion, et lui firent prononcer les noms de Jésus et de Marie, ce qu'il fit d'une manière très-affectueuse. On l'interrogea sur la grandeur de l'île et le nombre des habitants; il répondit que l'île avait bien deux lieues et demie de tour, qu'il pouvait y avoir huit cents habitants qui vivaient de cocos, de poissons et d'herbages.

« Je pris la hauteur du soleil à midi, et me trouvai par 5° 16' latitude nord, et la variation 5° nord-est; les courants nous emportaient au large avec violence vers le sud-est. Je ne pus regagner la terre que le 4 décembre: nous nous trouvions à l'embouchure d'une passe entre deux îles. J'envoyai la chaloupe pour chercher un bon mouillage; mais partout grand fond de rocher, et l'impossibilité de jeter l'ancre. Les PP. Dubaron et Cortil formèrent le dessein d'aller à terre planter une croix. Padilla et moi leur représentâmes les dangers auxquels ils s'exposaient, ce qu'ils avaient à craindre des insulaires, dont ils ne connaissaient pas la génie, et l'embarras où ils se trouveraient si les courants jetaient si bien le vaisseau au large qu'on ne pût se rapprocher de terre pour les reprendre ou pour les secourir. Ils ne furent pas touchés de ce raisonnement: ils entrèrent dans la chaloupe avec le contre-maître, l'enseigne des troupes de débarquement, le Pilaos interprète, sa femme et ses enfants. Après leur départ, nous nous soutînmes à la voile toute la journée, à la faveur du vent; mais il manqua sur le soir, et le courant nous jeta au large. Jusqu'au 9 à midi, nous fîmes tous nos efforts pour approcher de terre, sans pouvoir rien gagner: au contraire, nous nous éloignions de plus en plus; je me trouvai par 5° 28' latitude nord. Nous tînmes conseil sur le parti qu'il y avait à prendre : Padilla, un frère jésuite, l'aide-pilote et moi, fûmes tous d'avis de faire route pour découvrir l'île Panlog, principale de toutes, et éloignée de celle que nous quittions d'environ cinquante lieues. »

Dès que Padilla eut reconnu Panlog, il retourna aux îles Sonsorol, pour s'informer du sort des missionnaires. Après avoir passé trois jours en croisière autour du groupe, sans qu'aucune pirogue se montrât, un vent violent le força de s'éloigner. L'année suivante, le P. Serrano partit à son tour pour aller secourir les PP. Dubaron et Cortil; mais, au troisième jour de navigation, un effroyable ouragan brisa son navire; deux Indiens et un Espagnol échappèrent seuls à ce triste naufrage, et en portèrent la nouvelle à Manila. Plus tard, un bâtiment espagnol, passant près des Palaos, attaqua les insulaires, et emmena quelques-uns de ceux-ci captifs dans cette capitale des Philippines. « Là, dit le P. Carier, qui donne ces derniers détails, on leur demanda par signes ce qu'étaient devenus les deux Pères qui étaient restés dans une de leurs îles : ils répondirent de même par signes, et firent entendre que leurs compatriotes les avaient tués et ensuite mangés. »

Poulo-Anna fut découverte en 1761 par le vaisseau *Carnavon;* Carteret et autres navigateurs la reconnurent plus tard. C'est une petite île basse et boisée. Position : 4° 38' latitude nord, 129° 44' longitude est. La petite île *Mariera*, découverte par Padilla, fut retrouvée, en 1781, par *le Montrose*. Elle est habitée. Son étendue est de deux milles du nord au sud, et d'un mille de largeur. Dans la carte d'Arrowsmith elle porte le nom de *Hastings;* car les Anglais ont toujours eu l'injuste prétention d'imposer des noms anglais aux terres découvertes par d'autres peuples. Elle est située par le 4° 20' latitude nord et 130° 8' longitude est.

L'île *Nevil* fut découverte en 1781 par le navire *Montrose*, par qui nom lui fut imposé. Elle reçut tour à tour les noms de *North* et de *Johnston*. Nous la croyons identique avec l'île *Evening*, vue par Carteret le 17 septembre 1767. Cette petite île, basse et entourée d'un récif à sa pointe orientale, est située par le 3° 3' de latitude nord, et le 128° 44' de longitude est. C'est une annexe des îles suivantes :

Les îles *Guedes*, découvertes en 1537 par *Grijalva* et *Alvaredo*, furent retrouvées, en 1767, par Carteret, qui les nomma *Freewill*, et vues par Meares, Macluer et le savant Horsburgh. Elles sont au nombre de cinq, quoiqu'on n'en compte que trois dans presque tous les ouvrages de géographie. Ces îles ont reçu également le nom de *Saint-David*.

La principale est appelée *Pégan* par les naturels. Carteret les compare aux insulaires de Palaos. « Couleur de cuivre avec de beaux et longs cheveux noirs; mais peu de barbe, parce qu'ils l'épilent. Leurs traits sont beaux et leurs dents d'une blancheur et d'un poli singulier; ils sont de stature moyenne, mais extraordinairement vigoureux et alertes; gais, confiants et hospitaliers. Leurs pirogues, leurs cordages, leurs nattes qui servent de voile à leurs canots, prouvent l'industrie et l'intelligence. » Ces îles sont basses et petites; il paraît que les cocotiers, les arbres à pain, le bétel et autres végétaux de l'île Péliou y font la substance des habitants. Ces peuples, ainsi que je l'ai déjà dit, sont de véritables Polynésiens, au jugement de Carteret lui-même, comme tous ceux qu'on trouve depuis l'île Péliou jusqu'à l'île de Pâques.

C'est à tort que Malte-Brun a placé les Freewill parmi les îles des Papous.

HISTOIRE NATURELLE.

Les terres de ce groupe sont couvertes d'arbres, parmi lesquels les Anglais ne reconnurent que l'ébénier, l'arbre à pain sauvage, la canne à sucre, le bambou, le citronnier, l'oranger et le bétel, le chou palmiste, l'ananas, le carambolier, le bananier, l'*engenia-jambos*, le *curcuma* qui leur fournit la couleur jaune dont ils aiment à se teindre la peau, ainsi que les Carolins propres. Parmi les arbres qui paraissent particuliers à cette contrée, il en est dont la circonférence a plus de vingt-huit et trente pieds, et dont la moelle forme une nourriture saine et abondante.

On ne voit d'autres quadrupèdes dans les îles Péliou que des rats d'un gris foncé, et quelques chats, si peu nombreux et si maigres, qu'ils paraissent y avoir été portés par quelque canot des îles voisines qui y aura fait naufrage.

Les oiseaux domestiques ou sauvages y sont très-communs; les poules y vivent au milieu des bois, et, avant l'arrivée des Anglais, jamais les insulaires n'avaient songé à s'en nourrir; dans le temps de la couvée ils recherchaient leurs œufs, auxquels ils n'attachaient de prix que lorsque le petit poulet y était déjà formé.

Les pigeons sont très-nombreux aussi dans les forêts de Péliou; mais les naturels ne connaissent point l'art de les tuer au vol: ils enlèvent les petits dans le nid, les attachent par la patte à une corde au-devant de leurs maisons, et les nourrissent d'ignames. Le cochon n'existait pas à Péliou au temps de Wilson. Kadou, sauvage carolin, qui avait visité cette île, dit à M. de Kotzebuë qu'il avait vu des vaches, des chèvres et autres animaux domestiques que les Européens y avaient naturalisés.

Les côtes fourmillent de poissons de toute espèce : on y remarque surtout le narval ou unicorne.

Dans toute l'étendue de ces îles on ne voit aucune rivière; mais il y a des ruisseaux, de belles fontaines et des étangs d'eau vive et douce, dans lesquels on pêche des moules d'une grosseur prodigieuse.

NOURRITURE.

La nourriture des indigènes est très-simple, et même, en général, peu agréable : ils font griller leurs poissons sur le feu d'un bois odoriférant, ce qui les rend très-faciles à conserver, mais leur donne une odeur insupportable; ils mangent les coquillages crus, excepté la chair de gros tridacnes ou bénitiers, qu'ils font cuire sur la braise. Ils font bouillir des tortues qu'ils aiment par-dessus tout, sauf le pigeon, qui est pour eux un mets royal, et ils font cuire au soleil les oiseaux qu'ils prennent très-jeunes, et qui sont, conséquemment fort tendres.

Avec le sirop de la canne à sucre et de palmier, et des amandes de noix de coco, ils font différentes confitures. Leur boisson habituelle est l'eau douce mêlée avec un peu de sel, avec le sirop du palmier ou avec le jus de la canne à sucre; quelquefois ils mêlent ensemble le sel, le sucre et une espèce de poivre, pour en composer une liqueur enivrante qu'ils aiment passionnément, et qui ressemble au seka ou kava.

INDUSTRIE.

Les habitations de ces insulaires sont ingénieusement construites, et annoncent beaucoup de goût pour les arts chez un peuple qui, n'ayant point de fer, a nécessairement des instruments très-imparfaits. Des piles de pierres, taillées au sortir de la carrière avec des cailloux tranchants, élèvent leurs cases ou maisons de quatre pieds au-dessus du sol; deux rangs de bambous, rangés sur ces piles, servent de plancher; d'autres bambous, chevillés sur les premiers, forment les côtés de la maison que couvre le toit en feuilles de palmier, deux fois aussi élevé que les murs latéraux. Dans l'un des bouts le plancher est percé, et le trou, rempli de pierres, sert de foyer pour cuire les aliments et entretenir le feu pendant toute la nuit; au bout opposé, une planche tournant sur une canne de bambou sert de porte et de fenêtre. Les meubles qui garnissent l'intérieur de ces cases sont fort simples et cependant assez commodes. Un petit panier, ouvrage des jeunes filles, est la possession la plus précieuse de chaque famille, et sert à transporter toutes les provisions; des petites écuelles de bois de toutes les formes composent toute leur vaisselle;

des morceaux d'écaille de moule leur servent de couteaux, et ils fabriquent, avec un os de poisson, une fourchette dont la ressemblance avec les nôtres est frappante. Ils ont de grands peignes en bois d'oranger et d'un seul morceau. Leurs pirogues sont faites avec des troncs d'arbres creusés, peints en rouge en dedans et en dehors, et incrustés de coquilles; mais elles sont inférieures à celles des Carolins propres.

Les armes des habitants de Péliou sont faibles et paraissent plutôt destinées à la chasse qu'à la guerre. Leurs lances ont quelques pieds de long, terminées par un os de poisson qui imite absolument la forme d'un dard barbelé: ces lances, qu'ils dirigent avec beaucoup d'adresse, servent également dans les combats et à la pêche des gros poissons; mais le plus souvent ils ne se servent que de la fronde, qu'ils manient avec beaucoup de facilité.

PUISSANCE DES CHEFS.

Malgré toute sa puissance, Abba-Thoulé n'était point souverain du groupe entier. Les rupaks d'Emerings, d'Emmalagui, d'Artingall et autres îlots, étaient indépendants dans leurs propres territoires. Abba-Thoulé lui-même, dans l'exercice de son pouvoir, était obligé de convoquer le conseil des rupaks pour toutes les affaires importantes, et de se conformer à l'avis de la majorité. Dans le cours ordinaire des choses, il tenait chaque après midi une audience publique, dans laquelle il écoutait les réclamations de ses sujets, et prononçait sur les différends qui pouvaient survenir entre eux. Soit au conseil, soit ailleurs, tout message adressé au roi était d'abord confié à voix basse à son rupak subalterne, qui, à son tour, après une profonde révérence, le répétait à demi-voix à Abba-Thoulé, en ayant soin de tenir son visage tourné de côté.

Les rupaks, qui composent la noblesse du pays, se divisent en plusieurs classes, distinguées par la forme de l'os qu'ils portent au poignet. Suivant Wilson, la dignité de plusieurs rupaks n'est point héréditaire; mais elle est conférée par le roi.

Les Anglais crurent remarquer que le roi était propriétaire de tout le sol, et que les habitants n'avaient de propriété durable que le produit de leur industrie. Chacun pouvait, il est vrai, considérer comme sa propriété privée sa case, sa pirogue et ses meubles; chacun jouissait également du terrain qui lui était accordé, tant qu'il l'occupait; mais lorsqu'il le quittait pour s'établir ailleurs, le fonds retournait au roi, qui en disposait à son gré.

COSTUMES.

Les Péliouiens des deux sexes pratiquent l'usage du tatouage (*molgoth*).

Les chefs et les grands de Péliou n'ont pour marque distinctive qu'un os de poisson qu'ils portent autour du bras, ou des franges qu'ils attachent au bas de leurs jambes.

Les hommes sont ordinairement nus; les femmes, pour couvrir ce que la pudeur et même la propreté défendent de montrer, portent un *maro* (espèce de pagne ou de langouti fort étroit), et au-dessus de ce maro un petit tablier d'environ dix pouces de large, composé d'écorces d'arbre et orné de petites graines rouges.

Les jeunes femmes se distinguent par leurs pendants d'oreilles, par les fleurs qu'elles portent dans des trous pratiqués à cet effet aux deux côtés du nez, et surtout par la noirceur de leurs dents. Le séneçon est une des plantes dont elles se servent pour en ternir la blancheur naturelle, et l'on ne peut, dans ce pays, avoir de prétentions à la beauté si l'on n'a pas les dents noires comme l'ébène.

RELIGION.

Sans avoir une religion déterminée, sans rendre aucun culte extérieur à la Divinité, les habitants de ce groupe ont cependant un respect profond pour *l'Être puissant*: c'est le nom qu'ils donnent à la Divinité. Ils craignent aussi de tomber entre les mains de l'Être terrible; et si ces idées, qui sont les bases de toutes les religions, ne les conduisent à aucunes pratiques superstitieuses, du moins servent-elles à leur inspirer quelques bonnes actions. Quoique inférieurs aux Carolins propres, les indigènes se ressentent de leur voisinage.

CARACTÈRE ET MŒURS.

Ces insulaires sont un peuple aimable, gai; mais ils ne sont pas dans un état d'innocence comme Wilson les a représentés. Leur douceur, leur affabilité, leur industrie ont frappé les navigateurs européens. Ils sont bien faits et d'une taille au-dessus de la moyenne; leur teint est foncé, mais ils ne sont pas noirs, et leur chevelure est longue et flottante.

Dans le tableau que Matthias Wilson fit à ses compatriotes, les mœurs des habitants de Péliou étaient véritablement celles de l'âge d'or. « Le monarque y est absolu, dit-il, mais il n'use de son autorité que pour le bonheur de ses sujets; les chefs y ont plusieurs femmes, mais ils partagent absolument leurs caresses entre elles, et prodiguent les égards et les soins les plus recherchés à celles qui se trouvent mères. La nation entière n'est qu'une grande famille, et chaque famille est une société d'amis dans laquelle on a de la peine à distinguer le chef. Les habitants vont prendre un bain, en se levant, dans un local séparé des femmes, où règne la décence. » Dans la partie historique nous donnerons notre opinion sur ce point, et le lecteur verra que si ce peuple n'a pas été flatté par Wilson, on peut dire de lui : *Quantum mutatus ab illo!*

NAUFRAGE DE L'ANTILOPE.

Quoique découvert par les Espagnols, le groupe de Péliou néanmoins ne fut connu de l'Europe que par le naufrage et la résidence du capitaine Henri Wilson, dont la relation exagérée fut encore embellie et brodée par sir J. Keate.

Le capitaine Henri Wilson, commandant le paquebot *l'Antilope*, du port de 300 tonneaux, armé pour le compte de la compagnie anglaise des Indes orientales, partit de Macao le 21 juillet 1793, ayant à bord une vingtaine de matelots, seize Chinois, plusieurs officiers, entre autres son frère et son fils, un médecin, un chirurgien, et un Malais interprète pour la langue malayou, qui est en quelque sorte la langue franque de l'Océanie. Il fit route à l'est et doubla le 26 les îles Bachi.

Pendant un mois, le navire, battu par la tempête, se trouva plusieurs fois à la vue d'une terre qui semblait absolument déserte; enfin l'équipage, fatigué d'un travail continuel, croyait entrer dans des parages plus tranquilles, lorsque, tout à coup, le ciel s'enflamme, la tempête redouble, et l'officier de quart fait entendre ce mot redoutable, avant-coureur du naufrage : *Brisants! brisants!* En effet, dans la nuit du 10 août, le navire touche et *l'Antilope* se perd sur un brisant.

Cette terrible secousse sème l'effroi dans tous les cœurs; l'équipage, les Chinois surtout, accourent sur le pont et se pressent autour du capitaine, qui, après un moment de réflexion, déclare qu'on ne peut se flatter de sauver le vaisseau : il fait couper les mâts et mettre les chaloupes à la mer.

A peine cet ordre était-il donné, que le vaisseau, entr'ouvert par les rochers, tombe sur le côté droit, et ne laisse à tout l'équipage d'autre ressource que celle de se retirer sur le gaillard d'avant qui s'élevait encore de quelques pieds au-dessus de la mer.

Une nuit entière se passe dans cette cruelle situation; enfin le vent tombe, le tonnerre s'éloigne, la pluie cesse, les flots se calment, et au lever du soleil, un matelot, monté sur le mât brisé, s'écrie : *Terre! terre!*

A ces mots, l'espoir renaît dans tous les cœurs; tout le monde se lève; chacun veut grimper au bout du mât pour y contempler la terre qu'on n'espérait plus de revoir; on met les chaloupes en mer; on y porte les vivres, les armes, les choses les plus précieuses; on compose, avec les débris des mâts, un immense radeau, sur lequel on transporte une partie de la cargaison du navire, et l'on se dispose à partir. On apercevait une île au sud, et quelques autres à l'est. Bientôt des réflexions, qu'un premier mouvement de satisfaction n'avait pas permis de faire, se présentent à tous les esprits : on se demande quelle est cette terre, par qui elle est habitée, et s'il n'y a pas de danger à y conduire, sans précaution, les effets sauvés du naufrage, les seules ressources que l'on puisse opposer à la misère et à la faim. Le conseil s'assemble tumultueusement sur le gaillard d'arrière; on se décide à envoyer reconnaître le terrain par Matthias Wilson, frère du capitaine, et sept hommes. Les embarcations sont préparées sur les neuf heures du matin: bientôt on les perd de vue; quatre heures du soir étaient arrivées avant qu'elles fussent de retour, et déjà l'inquiétude s'emparait de nouveau de tous les esprits. Elles abordèrent dans un petit havre bien abrité, y débarquèrent les provisions, et retournèrent avec deux hommes seulement. Le capitaine avec les cinq autres étaient restés à terre pour disposer un enclos propre à recevoir tout l'équipage.

La mer était calme, les embarcations prirent le radeau en remorque, et, après en avoir complété le chargement, attérirent au coucher du soleil. On fut obligé d'abandonner le radeau mouillé dans une anse, grâce aux obstacles qu'il avait rencontrés. L'équipage ne savait pas encore sur quel point du globe il se trouvait; il ignorait le sort auquel il était réservé dans une île qui paraissait déserte : mais enfin il était à terre, et la satisfaction qu'il éprouva, en reportant ses regards sur les dangers auxquels il avait échappé, fut si générale, qu'au même instant, et par un mouvement spontané, tout le monde se prosterna et rendit grâces à l'Être suprême. Ensuite on s'occupa exclusivement, pendant cette journée, du sauvetage du radeau. A la nuit, une voile que l'on avait apportée fut étendue sur les rames de la chaloupe; on en composa une tente; un pistolet servit à allumer le feu : on fit sécher les habits, on plaça des sentinelles, et l'on dormit d'un sommeil aussi tranquille que si l'on eût été rendu dans le sein de sa famille. Au point du jour, la chaloupe fut remise en mer, et le capitaine alla voir s'il restait quelque espoir de remettre le navire à flot, en le déchargeant entièrement.

Au moment où il arrivait, la marée montante sembla réaliser son espérance. Le vaisseau fit un mouvement, il se remit à flot; mais, après être resté quelque temps en équilibre, il retomba dans sa première situation.

Le capitaine et tout l'équipage étaient de retour, lorsque les matelots, chargés de chercher de l'eau douce dans les rochers qui s'élevaient de toutes parts sur les bords de l'île, accoururent la terreur peinte sur le visage, et annoncèrent qu'ils avaient vu des noirs dans plusieurs chaloupes aux environs de l'habitation.

A cet avis, tout le monde courut aux armes, et le capitaine rangea sa petite troupe autour des provisions. La frayeur agissait si fortement sur les Chinois, qu'il était impossible d'en tirer aucun parti; ils s'étaient cachés au milieu des ballots dont la tente était remplie.

Bientôt les prétendus noirs (c'étaient des hommes d'un jaune bronzé, de vrais Polynésiens) furent à la portée du fusil; on vit qu'ils ne montaient que deux petits canots, et qu'ils étaient très-peu nombreux. Le capitaine s'avança seul, l'épée d'une main, un pistolet de l'autre, et il dit à l'interprète de leur demander, dans la langue malayou, ce qu'ils voulaient, et quel était le nom de cette île. Ils ne parurent point entendre ces paroles; mais l'un d'entre eux fit signe d'arrêter les canots, et demanda en malayou au capitaine, *s'il était ami ou ennemi*.

L'interprète n'attendit pas qu'on lui dictât la réponse qu'il devait faire; il dit que l'équipage était anglais, que le navire avait été brisé par la tempête, et qu'on espérait de leur humanité un asile et les secours nécessaires pour remettre en mer.

Le Malai qui accompagnait les indigènes leur eut à peine expliqué cette réponse, qu'ils descendirent de leurs canots et allèrent, sans précaution, auprès des Anglais, qui se précipitèrent dans leurs bras avec autant de confiance que s'ils retrouvaient d'anciens amis.

La table était dressée, on allait prendre le thé; on en offrit aux insulaires, qui ne se firent pas prier, et mangèrent avec plaisir du biscuit de Chine, trempé dans du thé. L'interprète leur parla vainement malayou, il n'en put tirer aucune parole, et s'aperçut enfin que cette langue leur était absolument étrangère, et n'était connue que de l'homme qui avait parlé en leur nom au capitaine Wilson.

Cet homme, auquel le truchement fit une multitude de questions, lui apprit qu'il était Malai, et qu'il avait fait naufrage sur un navire chinois; que l'île où les Anglais se trouvaient était déserte et se nommait Ouroulong; qu'elle dépendait du roi de Péliou, et que ce prince était si humain, qu'à la première nouvelle du naufrage des Chinois il avait envoyé ses sujets pour leur porter des secours.

Cette première entrevue entre les Anglais et les insulaires devint la base d'une amitié qui ne s'altéra pas un seul moment pendant près d'une année.

Deux frères du roi, qui se trouvèrent parmi les huit insulaires, invitèrent le capitaine à envoyer l'un de ses officiers à Péliou, capitale de l'île Corror, pour y régler les conditions de leur séjour. Matthias Wilson, frère du capitaine, fut chargé de cette ambassade, et son séjour auprès du prince parut resserrer les liens de l'amitié qu'il avait, dit-il, déjà conçue pour les Anglais.

Il vit avec étonnement le village de Péliou, et étudia avec soin les mœurs des habitants pendant deux jours qu'il resta au milieu d'eux.

HISTOIRE.

Les Anglais de *l'Antilope* ne paraissent pas s'être occupés des traditions historiques et religieuses des habitants de Péliou, bien qu'ils y aient résidé environ un an.

Voici ce que Matthias Wilson nous apprend dans une partie de son rapport à son frère le capitaine, rapport extrait et traduit de l'original anglais :

« Lorsque le canot qui me portait, approcha de l'île Corror où le roi faisait sa résidence, le peuple sortit en foule des maisons pour me voir débarquer. Le frère du roi m'accompagnait, et me prit par la main pour me conduire au lieu du débarquement (voy. *pl.* 96), et de là à la ville. On avait étendu une natte sur un pavé de pierres carrées, où il me fit signe de m'asseoir : j'obéis, et le roi ne tarda pas à paraître. Averti par son frère, je me levai pour le saluer à la manière des Orientaux, en portant la main à mon front, et en m'inclinant en avant ; mais il ne parut pas y faire attention. Après cette cérémonie, j'offris au roi des présents dont mon frère m'avait chargé pour lui : il les reçut très-gracieusement. Alors Arakouker parla avec lui quelque temps ; je présumai que c'était pour l'instruire de notre désastre. Après cet entretien, le roi mangea un peu de sucre candi, qui lui sembla bon, et en distribua à chaque chef. Aussitôt il ordonna d'emporter les présents chez lui, et on apporta, de sa part, dans une noix de coco, des rafraîchissements, consistant en eau chaude qu'on édulcora avec une espèce de mélasse. Après qu'il en eut goûté, il dit à un jeune homme qui était à côté de lui de monter sur un cocotier pour y cueillir des noix fraîches. Il en prit une, en ôta la coque, en goûta le lait, et la donna au jeune indigène pour me la présenter, me faisant signe de la lui renvoyer lorsque j'aurais bu ; après quoi, il cassa la noix en deux, en mangea un peu, et me la renvoya pour en manger aussi.

« Je fus alors entouré d'une foule d'individus des deux sexes. Le roi eut une longue conversation avec son frère et les chefs qui se trouvaient présents: leurs regards, qui s'arrêtaient souvent sur moi, me firent comprendre que j'en étais le sujet. J'ôtai mon chapeau par hasard, ce qui causa la plus grande surprise à toute l'assemblée. Je m'en aperçus; aussitôt je déboutonnai ma veste, et déchaussai mes souliers, pour leur montrer qu'ils ne faisaient point partie de mon corps, car je crus que ce fut leur première idée. En effet, aussitôt qu'ils furent désabusés à cet égard, ils vinrent plus près de moi, me palpèrent, et portèrent même leurs mains sur ma poitrine pour me tâter la peau.

« Déjà il commençait à faire nuit : le roi, son frère, plusieurs autres personnes et moi, nous nous retirâmes dans une maison où l'on avait servi, pour souper, des ignames cuites dans l'eau. La table était un tabouret garni tout autour d'un banc de trois à quatre pouces de haut. Il y avait dans un plateau de bois une espèce de poudding fait aussi d'ignames bouillies, écrasées et battues ensemble, comme nous arrangeons les pommes de terre. J'y vis en outre quelques coquillages, mais je n'en pus reconnaître les espèces.

« Après souper, on me conduisit dans une autre maison, à quelque distance de la première. J'y trouvai cinquante personnes des deux sexes. J'y fus mené par une femme, qui, aussitôt que j'entrai, me fit signe de m'asseoir ou de me coucher sur une natte et sur l'aire de la pièce; autant que je le compris, c'était dans cet endroit que je devais dormir. Lorsque le reste de la compagnie eut satisfait sa curiosité, en me considérant de la tête aux pieds, chacun s'alla coucher; je m'étendis sur la natte, et je plaçai sur moi une seconde, que je présumais avoir été mise à côté de moi pour cet effet. Mon oreiller fut un billot : c'est le seul dont se servent ces insulaires.

« Quoiqu'il me fût impossible de sommeiller, je demeurai tranquille. Assez longtemps après que tout était devenu silencieux, sept ou huit hommes se levèrent, et se mirent à faire deux grands feux à chaque bout de cette maison, qui n'était pas divisée par pièces, mais ne formait qu'une grande habitation. J'avoue que leur démarche m'effraya; je pensai qu'ils se disposaient à me rôtir, et qu'ils ne s'étaient couchés que pour me laisser endormir, et se saisir de moi dans cette situation.

« Quel que pût être l'événement, dans le danger dont je me voyais menacé de toutes parts, et qu'il m'était impossible d'éviter, je rappelai toutes mes forces, et me recommandai à l'Être suprême, attendant ma destinée avec résignation. Mais quel fut mon étonnement lorsque je les vis, peu de temps après s'être chauffés, se couvrir de leurs nattes, et rester paisiblement couchés jusqu'au point du jour! Je me levai aussi à ce moment, et me promenai de tous côtés, au milieu de la foule qui m'environnait.

« Le frère du roi ne tarda pas à me rejoindre. Il me mena dans plusieurs maisons où l'on m'offrit des ignames, des noix de cocotier et quelques petites friandises de leur façon. Il me conduisit ensuite chez le roi, à qui je m'efforçai de faire entendre, par gestes, que je désirais beaucoup retourner vers mon frère. Le roi me comprit très-bien, et me dit aussi, par signes, que les canots ne pouvaient se mettre en mer, à cause du vent et de la grosse mer. Pour me désigner le grand vent, il me montra de la main les astres, et souffla très-fort. Quant à la violence des flots à laquelle les canots seraient exposés, il joignit les deux mains, puis, les élevant, il les renversa aussitôt, voulant par là indiquer que les canots pouvaient chavirer.

« J'employai le reste du jour à me promener dans l'île, pour en examiner les productions : elles me parurent consister en ignames et en cocos; les naturels cultivaient les premières, avec le plus grand soin, dans de grandes plantations situées au milieu de terrains marécageux, comme on voit le riz dans l'Inde. Les cocotiers croissent près de leurs maisons, de même que le bétel, qu'ils mâchent comme du tabac. »

Le lendemain Raa-Kouk, frère du roi de Péliou, vint annoncer aux An-

OCÉANIE.

glais que ce prince se proposait de se rendre à leur camp pour leur donner de nouvelles marques de son amitié. Effectivement, un peu avant le coucher du soleil, on vit la mer couverte de petits canots, dans le milieu desquels il était facile de distinguer quatre barques plus grandes, plus élevées, et couronnées de bandelettes rouges, de colliers de graines rouges et de fleurs.

Ces canots pouvaient avoir huit pieds de long; ils paraissaient creusés dans le tronc d'un arbre; une petite voile servait à les diriger, et deux rameurs, placés dans chacune, menaient leur pagaye(*) avec tant d'adresse, que l'eau sautait par-dessus leur tête sans mouiller le canot.

Toute cette petite flottille s'arrêta à l'entrée du port; les quatre canots du roi s'avancèrent seuls. L'un d'eux, chargé d'un plus grand nombre de rameurs, prit les devants, et débarqua, absolument en face du camp des Anglais, un indigène d'une taille avantageuse, portant une couronne, des bracelets et une ceinture de plumes. Cet ambassadeur portait à la main une espèce de palme de bananier, en signe de paix, selon l'usage adopté dans toute la Polynésie, et, en agitant cette palme, il fit signe aux Anglais de s'approcher. Le capitaine, environné de l'équipage, s'avança; les conques marines sonnèrent de toutes parts, et le roi, accompagné de son premier ministre, que l'on distinguait par l'os qu'il portait au poignet, vint s'asseoir devant la tente.

Le prince avait un air majestueux, mais doux et affable; il n'attendit pas qu'on lui demandât son nom; il déclara qu'il se nommait *Abba-Thoulé*, et qu'il était rupak de l'île. Il était tout nu, et portait sur l'épaule une hache de fer, qui lui avait sans doute été donnée par le Malai que le naufrage de son navire avait fixé dans cette île; car les haches des chefs étaient en pierres ou en coquilles. Le maître d'équipage apporta alors les présents, qui furent distribués au roi et à sa suite. Abba-

(*) Ce mot signifie une rame.

Thoulé voulut sur-le-champ se revêtir de l'habit rouge qu'on lui avait donné, et chaque Pélouien s'enveloppa des pièces d'étoffes qui lui avaient été données.

Le capitaine commanda ensuite l'exercice à feu, qui parut faire beaucoup de plaisir au roi; mais il ne put se défendre d'un mouvement d'inquiétude, lorsqu'il vit un matelot tuer au milieu des airs une volaille qui s'était échappée du navire.

Les Chinois que *l'Antilope* avait pris à bord parurent ensuite, et firent, à leur manière, des exercices militaires qui ne réjouirent pas autant Abba-Thoulé.

A chaque pas que faisait ce prince il éprouvait une nouvelle surprise; l'éclat des armes et leur poli paraissaient surtout l'étonner. Sa joie fut extrême, lorsque le capitaine lui eut appris à polir lui-même sur la meule la hache qu'il portait.

Deux dogues d'Angleterre, qui se trouvaient dans la tente, excitèrent encore plus son admiration. Il n'avait jamais vu d'autres quadrupèdes que des rats; il ne connaissait pas d'animaux domestiques; et la force de ces chiens, leur jappement, leur douceur, leur intelligence, faisaient naître dans son imagination mille idées nouvelles.

Abba-Thoulé se retira; quelques chefs restèrent auprès des Anglais avec plusieurs insulaires. Au moment où Wilson et ses marins allaient se coucher, on entendit ces sauvages entonner un chant aigre et perçant qui donna l'éveil aux naufragés: ils prirent ce chant pour un cri de guerre. Chacun saisit ses armes; mais on reconnut bientôt que ces cris étaient une espèce de prélude à un chant national, qu'ils se mirent à exécuter, mais d'une manière bizarre, et confusément expliquée par Wilson et son arrangeur sir J. Keate.

« Lorsqu'ils furent d'accord, dit le narrateur, Raa-Kouk présenta une ligne, ou plutôt une planchette, que prit un autre rupak (chef) assis à quelque distance. Celui-ci chanta un couplet, accompagné des autres insulaires, excepté de Raa-Kouk et du jeune prince. Ils répétèrent deux fois le refrain, et les naturels qui étaient dans la tente voisine le répétèrent à leur tour en chœur. Raa-Kouk présenta une autre planchette, avec laquelle ils chantèrent de la même manière, et l'on continua ainsi les dix ou douze couplets. Ils se parlaient dans les intervalles, et parurent faire entendre que les chanteurs n'avaient pas bien pris les différents tons.

« Lorsqu'ils eurent fini leurs chants, ils désirèrent entendre quelques chansons anglaises. On les satisfit sans délai. Le jeune Cobbledick en chanta plusieurs dont ils furent charmés. Ce fut ainsi que se terminèrent nos craintes, et l'on ne douta plus que ces gens n'avaient eu intention que de s'amuser. Après ces chants, ils allèrent dormir; mais durant cette nuit, peu d'Anglais se remirent totalement de leur frayeur; l'alarme leur avait donné de trop violents soupçons pour qu'ils se rassurassent promptement. »

La paix et l'union la plus étroite existèrent longtemps entre les Anglais et les habitants de Péliou. Ceux-ci, conformément aux ordres du roi, ou plutôt du rupak le plus puissant, se prêtaient avec zèle à tous les travaux qui pouvaient hâter la construction du navire, lorsque le capitaine s'aperçut tout à coup d'un refroidissement inattendu. Le roi venait moins souvent; Raa-Kouk, son frère, et Li-Bou, son fils, venaient aussi fréquemment, mais ils avaient un air de tristesse et d'embarras dont on ne pouvait deviner la cause.

Enfin, un matin, avant le lever du soleil, le roi vint trouver le capitaine, qui était encore au lit; il avait les larmes aux yeux, et, après avoir hésité quelque temps, il lui apprit, par son interprète, qu'il avait une grâce à lui demander; que, depuis un mois, il cherchait l'occasion de lui en parler, et n'avait pas osé le faire, dans la crainte de le fâcher. Le capitaine le pressa de s'expliquer. Alors il lui apprit qu'il allait avoir la guerre avec ses voisins, et qu'il attendait de l'amitié des Anglais que quatre d'entre eux viendraient, avec leurs fusils, combattre à ses côtés. Quelle délicatesse envers des hommes auxquels on a sauvé la vie !

Au lieu de quatre hommes, Wilson en promit cinq. Bientôt ils furent prêts à partir. Son frère Matthias se mit à leur tête, et une grande partie du peuple de Péliou vint les chercher dans des pirogues magnifiquement ornées.

GUERRES D'ABBA-THOULÉ CONTRE SES VOISINS.

La flottille entière fut bientôt réunie; les Anglais se placèrent chacun dans un canot nagé par quatre rameurs, et l'on mit à la voile pour aller trouver les ennemis dans une île voisine. Bientôt on découvrit leur flottille, à peu près aussi nombreuse que celle d'Abba-Thoulé. On s'arrêta lorsqu'on fut à la portée de la voix, et les ambassadeurs, ornés de plumes blanches, furent expédiés de part et d'autre sur les pirogues, auxquelles le nombre des rameurs donnait une très-grande vélocité. On s'expliqua pendant longtemps. Enfin, les ambassadeurs se retirèrent, le signal du combat fut donné, et les troupes d'Abba-Thoulé, qui couvraient le front des canots anglais, se retirèrent aussi. Alors les pirogues ennemies, qui s'avançaient à pleines voiles, furent accueillies par une terrible décharge, chaque Anglais ayant six coups à tirer. Le bruit et la portée des armes à feu, qui étaient absolument inconnues des naturels, des figures nouvelles, et ces habits européens qu'ils n'avaient jamais vus, les cadavres qui les entouraient, tout porta la consternation dans leurs âmes; ils prirent la fuite de toutes parts, et Abba-Thoulé, triomphant, ramena les Anglais au milieu des chants de guerre et du bruit des conques marines.

En reconnaissance de ses services, le grand rupak fit dire à Wilson, par l'organe de son frère, le général Raa-Kouk, qu'il lui abandonnait l'île Ouroulong, où il se trouvait, en toute propriété; en même temps il invitait le capitaine à se rendre auprès de lui, pour qu'il reçût les honneurs dus à son rang. Wilson refusa la seconde offre, mais accepta la première (si toutefois elle fut faite), en faisant hisser au haut d'un mât le pavillon anglais, qu'il salua de trois décharges de mousqueterie.

Raa-Kouk leur fit servir quelques rafraîchissements sur la grève. On apporta d'abord une large soupière de bois, ayant la forme d'un oiseau, garnie d'écorce en dedans, et remplie d'une boisson sucrée; puis un cabaret peint, de deux pieds de hauteur environ, garni comme la soupière, et sur lequel on avait disposé des confitures et des oranges; enfin, deux paniers, l'un rempli d'ignames et l'autre de noix de coco.

Cependant Abba-Thoulé entra, reçut l'accolade du capitaine Wilson, et s'assit à ses côtés. Les Anglais étaient servis par un homme qui distribuait à chacun d'eux, par ordre du roi, sa part des provisions. Ensuite Wilson offrit à Abba-Thoulé les présents qu'il avait apportés : des cercles de fer, des colliers en fil d'or et d'argent, attachés par un ruban à chaque bout. La maison était entourée de naturels qui examinaient les étrangers avec la plus grande curiosité. Un des compagnons de Wilson, nommé Davis, qui savait dessiner, ayant remarqué dans la foule une femme assez belle, se mit à faire son portrait; mais celle-ci, s'apercevant que l'étranger la regardait souvent, en traçant quelque chose devant lui, se retira d'un air chagrin, sans que les instances des rupaks pussent la retenir. L'un d'eux, ayant jeté les yeux sur le travail de Davis, en fut si content qu'il voulut le montrer au roi; et celui-ci, enchanté à son tour, témoigna le désir que le dessinateur fît le portrait de deux de ses femmes, dont l'une se nommait Luoï. On les fit venir, et d'abord elles se prêtèrent à poser d'un air riant et satisfait; mais quand elles virent que Davis ne cessait de tenir les yeux attachés sur elles, elles prirent un air inquiet et sérieux, et, sans les ordres formels du roi, elles seraient sorties. Enfin les portraits furent terminés et présentés au prince, qui en parut fort content. Quant aux deux modèles, elles retrouvèrent leur gaieté à l'aspect du dessin, et parurent honteuses des inquiétudes qu'elles avaient eues.

Le bon rupak conduisit plus tard les Anglais vers sa capitale, située sur un coteau couvert de bois, à trois cents toises du rivage. Au delà du bois était une belle chaussée pavée, bordée de plusieurs rangées d'arbres et divisée en deux chemins, dont un se rendait au chantier et l'autre aux bains. Les Anglais virent plusieurs femmes assez belles et dont la poitrine était peinte en jaune, ce qui leur fit penser qu'elles étaient d'un rang distingué. Ils remarquèrent plusieurs cases assez jolies (voy. pl. 97), furent logés dans celle qui leur avait été assignée, et y passèrent une assez bonne nuit, parce qu'on avait eu le soin d'allumer des feux pour chasser l'humidité et les moustiques. Le lendemain, ils furent conviés à déjeuner avec le roi. Dans l'après-midi, un grand conseil eut lieu en plein air, sur la place, et non loin de leur logement. A l'issue du conseil, le roi, suivi de l'interprète malai, vint trouver les étrangers, et demanda à Wilson dix hommes pour l'assister dans un second combat qu'il voulait livrer aux mêmes ennemis. A quoi Wilson répondit que les Anglais étaient ses amis, et qu'ils regardaient ses ennemis comme leurs propres ennemis. Ensuite il demanda le motif de cette guerre. Abba-Thoulé raconta que, dans une fête à Artingall, un de ses frères et deux de ses chefs avaient été tués, et qu'au lieu de les punir, Artingall avait protégé les meurtriers. Depuis lors, ajouta le rupak, les deux îles sont en guerre. Wilson consentit à sa demande, en disant qu'il désirait que l'on retînt ses gens à Péliou le moins longtemps qu'il serait possible. « Comment voulez-vous, dit alors affectueusement le roi, qu'on les renvoie au moment qu'ils viendront de nous être utiles? Laissez-moi les garder au moins deux ou trois jours pour les fêtes, après que nos ennemis auront été vaincus. »

Dans la soirée, les Anglais furent régalés d'une danse guerrière. Les fêtes et les invitations continuèrent jusqu'au 4 septembre, époque à laquelle le capitaine retourna avec ses compagnons à Ouroulong.

Quelques jours après, ils reçurent une nouvelle visite du bon et brave rupak de Péliou. Abba-Thoulé emmena avec lui les dix soldats que lui avait promis le capitaine. Ils retournèrent six jours après à Ouroulong, et voici de quelle manière Matthias Wilson raconte cette nouvelle campagne :

« La nuit où nous quittâmes Ouroulong, nous vînmes à Péliou; le roi voulait continuer sa route sur-le-champ vers Artingall, mais le temps était très-humide. Nous lui fîmes observer que la pluie endommagerait nos armes; en conséquence, il remit le départ à la soirée suivante. Nous fûmes conduits dans la même maison où mon frère et le médecin Sharp avaient été régalés auparavant, et l'on nous fournit tout ce que nous pouvions désirer.

« Vers le soir du jour suivant, nous nous assemblâmes sur la chaussée, où se trouvèrent le roi, Raa-Kouk, Arra-Kouker et les autres rupaks ou grands officiers. Nous nous rendîmes ensuite à bord des pirogues qui stationnaient pour nous recevoir. Nous fûmes suivis au rivage par une foule de vieillards, de femmes et d'enfants, qui paraissaient attirés par la curiosité et l'intérêt. Lorsque les pirogues quittèrent la terre, une conque se fit entendre pour annoncer notre départ. On dépêcha en différents endroits de l'île tous les canots répandus dans les criques les plus éloignées, et qui n'attendaient qu'un ordre du roi pour rejoindre.

« Après avoir reçu ces renforts, notre flottille était de plus de deux cents canots. Nous avançâmes pendant la nuit vers Artingall; mais on s'arrêta, quelques heures avant l'aurore, à une île dépendante des possessions d'Abba-Thoulé, où l'on descendit sur une espèce de quai : on y dormit par terre environ trois heures. Alors on se rembarqua pour passer dans un vrai labyrinthe de petits rochers, et l'on arriva devant Artingall un peu avant la pointe du jour. On fit halte jusqu'au lever du soleil : les peuples de Péliou ne surprennent jamais leur ennemi, et ne l'attaquent jamais dans l'obscurité.

« Déjà il faisait jour : un petit canot d'une construction très-légère, chargé seulement de huit hommes, s'avança pour sommer l'ennemi de venir, afin qu'on s'expliquât. Quatre hommes avaient dans les cheveux une plume de l'oiseau du tropique. Ceux qui étaient ornés de ces plumes faisaient les fonctions de nos hérauts; ils allaient ou faire des propositions ou demander à être entendus sur les circonstances de la querelle, et pendant cet intervalle on suspendait les hostilités.

« Abba-Thoulé avait fait d'abord savoir au roi d'Artingall qu'il viendrait sous peu de jours lui livrer bataille; aussi ce roi s'était-il préparé à l'événement. L'ennemi, apercevant donc le signal par lequel on lui demandait une conférence, expédia un canot à Raa-Kouk. Celui-ci le somma de souscrire à ce que lui proposait son frère en réparation de l'injure dont il avait à se plaindre. Le canot retourna vers le roi d'Artingall, et lui fit part des propositions du roi de Péliou; il refusa d'y souscrire, et, sur sa réponse, Raa-Kouk informa son frère que l'ennemi était disposé à l'attaque.

« Aussitôt Abba-Thoulé fit sonner de la conque. Puis, se tenant debout dans sa pirogue, il agita son bâton dans l'air pour ordonner aux différentes flottilles de se mettre en ordre de bataille. Cependant l'ennemi rassemblait ses canots tout près de terre, et faisait aussi sonner de la conque pour nous défier. Il paraissait décidé à ne pas quitter le rivage et à nous attendre. Les dix Anglais s'étaient placés dans plusieurs canots différents. Le roi en avait un dans le sien, et le général un dans un autre. Les autres, armés chacun d'un mousquet, d'un sabre, d'une baïonnette, accompagnaient les divers rupaks. Il y avait plusieurs canots légers montés par quatre hommes portant des plumes blanches à leurs cheveux. Ces canots étaient sans cesse occupés à porter d'une division à l'autre les ordres du roi et du général aux autres chefs. Ils rendaient ces ordres avec une rapidité incroyable.

« Le roi, voyant que l'ennemi était décidé à ne pas quitter sa position près du rivage, et sentant bien qu'il ne pouvait l'y attaquer avantageusement, envoya quelques-unes de ses pirogues porter l'ordre à une division de se cacher derrière un terrain élevé. Après ces dispositions, on se lança quelques traits de part et d'autre; la conque sonna, et le roi de Péliou fit semblant de fuir dans son canot. Il fut aussitôt suivi de ses gens, qui se retirèrent avec une précipitation apparente.

« Ce stratagème d'Abba-Thoulé encouragea l'ennemi, qui, croyant que notre flotte était saisie d'une terreur panique, s'éloigna bientôt du rivage pour la poursuivre. La division qui était en embuscade ne l'eut pas plutôt aperçu, qu'elle sortit à toutes rames, et se porta entre l'île et l'ennemi pour lui couper la retraite. Le roi, voyant le succès de sa ruse, revint à l'ennemi, et rangea sa flotte en ordre de bataille. Alors l'attaque devint générale; les traits volèrent avec la plus grande rapidité de part et d'autre. Les Anglais firent un feu continuel et tuèrent beaucoup de monde. Les ennemis, en désordre, restaient confondus à la vue de leurs guerriers qui tombaient sans qu'on aperçût le coup dont ils étaient frappés. Ils voyaient bien qu'ils étaient percés, mais ils cherchaient en vain l'arme qui avait fait la blessure, et ne pouvaient concevoir par quels moyens ces combattants étaient à l'instant privés de la vie.

« En général, ces insulaires n'ont dans chaque canot qu'un guerrier; les autres n'y sont que pour ramer ou diriger les mouvements. Le feu des mousquets n'eut pas plutôt déconcerté les guerriers d'Artingall, qu'il en résulta un effet tout contraire chez ceux de Péliou. Au moment même où le bruit des armes se fit entendre, ceux-ci se levèrent tous dans leurs canots, firent retentir l'air de leurs clameurs, et augmentèrent encore la terreur de l'ennemi. Enfin les troupes d'Artingall, ne se trouvant pas en état de tenir contre une si terrible attaque, prirent la fuite.

« La division postée entre elles et leur île, les attaquant en queue, les arrêta longtemps dans leur retraite; mais comme elle n'était pas d'égale force à l'ennemi, celui-ci parvint à regagner le rivage. On ne prit que six canots et neuf hommes; ce qui fut regardé comme un grand succès, car ces insulaires font rarement des prisonniers. Les vaincus s'efforcent toujours d'emporter leurs morts ou leurs blessés, de peur que l'ennemi n'en expose publiquement les corps. Notre flotte se promena en triomphe autour de l'île d'Artingall, et sonna de la conque pour défier l'ennemi, sur lequel on tirait même lorsqu'il paraissait à la portée du mousquet. L'action ne dura pas plus de deux heures : on fit encore inutilement plusieurs mouvements le long des côtes pour attirer l'ennemi à un nouveau combat. Alors Abba-Thoulé ordonna aux canots de se disposer au départ, ce qu'on fit promptement, et nous retournâmes du côté de Péliou.

Matthias nous a appris qu'ils n'avaient fait que neuf prisonniers dans cette bataille navale et qu'ils étaient tous blessés. Ce fut en vain que les Anglais supplièrent les chefs pour empêcher qu'on les mît à mort; on ne voulut rien entendre en leur faveur, et ils furent cruellement massacrés sur-le-champ. Afin de justifier ce procédé, qui paraît si opposé à l'humanité dont les habitants de Péliou avaient donné tant de preuves aux Anglais, ils leur représentèrent qu'ils étaient forcés d'en agir ainsi pour leur propre sûreté. Ils leur assurèrent qu'ils épargnaient autrefois les prisonniers, en les gardant comme esclaves; mais que ceux-ci trouvaient toujours le moyen de retourner dans leur pays, et qu'après avoir ainsi vécu parmi les habitants de Péliou, et bien connu les canaux et les criques de l'île, ils en profitaient pour y débarquer en secret et commettre d'affreuses déprédations; qu'ainsi la conduite des chefs qui leur paraissait blâmable n'était que l'effet d'une triste nécessité.

Parmi ces prisonniers il se trouvait un rupak. Il avait au poignet un os que nos insulaires voulurent lui enlever; mais, malgré leurs efforts, il défendit si courageusement cette marque de son rang, qu'il ne la perdit qu'avec la vie. On le transporta à Péliou, et on lui coupa la tête, que l'on exposa sur un bambou devant la maison du roi.

Le canot qui ramenait Matthias de cette expédition portait deux de ces prisonniers : l'un avait la cuisse cassée, l'autre était blessé de plusieurs coups de lance. Lorsque ces gens vont à la guerre, ils ont coutume de tresser leurs cheveux d'une manière qui leur est particulière, et ils les rassemblent sur le sommet de la tête. Dès qu'ils sont prisonniers, ils les détachent et les laissent tomber en désordre sur le visage, attendant avec intrépidité le coup de la mort, qu'ils sont sûrs de recevoir de leur vainqueur. Lorsque ces deux malheureux furent dans le canot où se trouvait le frère du capitaine, et qu'ils eurent témoigné leur résignation à mourir, nos insulaires leur dirent de s'asseoir au fond. Celui qui avait la cuisse cassée le fit avec douceur; mais l'autre, montrant de la résistance et semblant provoquer sa destinée par son opiniâtreté, un des naturels saisit sur-le-champ la baïonnette de l'Anglais et la lui plongea dans le sein. Quoique cet infortuné luttât longtemps contre la mort et répandît beaucoup de sang, il ne poussa ni plainte ni soupir.

Un des officiers de Wilson, M. Benger, par ses pressantes sollicitations, avait, pendant deux heures, conservé la vie à un prisonnier blessé; mais un des sujets du roi, blessé lui-même par l'ennemi, apercevant ce malheureux, prit le poignard du Malai Sougel et l'en perça sur-le-champ, sans que l'Anglais s'en aperçût. Ce natif d'Artingall qui, pour la première fois de sa vie, voyait un homme blanc, se soumit courageusement à son sort; mais ses derniers regards furent constamment fixés sur l'Anglais qui avait voulu le sauver. Il paraissait surtout frappé, en mourant, de la blancheur de son généreux ennemi.

Abba-Thoulé, en retournant à Péliou, s'arrêta dans plusieurs îles qui dépendaient de lui ou de ses alliés. Il y fit exposer publiquement les cadavres de ses prisonniers. Le peuple de ces différentes îles se réjouit beaucoup de sa victoire, et apprêta des rafraîchissements. La perte de l'ennemi fut considérable. Le roi eut quelques blessés de son côté; il ne mourut toutefois aucun de ses gens.

On arriva de nuit à Péliou. Dès qu'on en fut proche, la conque sonna pour annoncer le retour du roi. A peine eut-on descendu sur le quai d'où on était parti, que le peuple vint en foule recevoir les vainqueurs avec des rafraîchissements. Les Anglais s'arrêtèrent jusqu'à ce que tout le monde qui restait fût descendu et réuni; car plusieurs canots de la flotte avaient fait halte pendant la route. Enfin ils entrèrent dans Péliou, où l'on chanta et l'on dansa une partie de la nuit : les naturels leur attribuaient le succès de cette journée, et répétaient même souvent dans leurs chants le mot *Englis*.

Enorgueilli par ces succès et par l'assistance de ses redoutables alliés, de ses alliés armés du tonnerre, le brave Abba-Thoulé voulut en profiter pour soumettre le peuple d'Artingall. Il demanda bientôt au capitaine anglais quinze hommes et un pierrier pour une troisième campagne. Sa demande lui fut accordée, mais à la condition expresse que les prisonniers seraient désormais remis aux Anglais, pour qu'ils en disposassent comme ils le jugeraient à propos, c'est-à-dire, selon le droit des gens de l'Europe, dicté par l'humanité, du moins en ce qui concerne les prisonniers. La petite escadre quitta Ouroulong le 29 septembre, et fut de retour le 7 octobre.

L'équipage était à peu près le même que dans l'expédition que nous venons de raconter, si ce n'est que le nombre des canots était beaucoup plus considérable. Nous allons emprunter à Mathias Wilson le récit de cette nouvelle guerre : « Quand nous abordâmes à Artingall, on ne voyait aucun canot, quoique, selon l'usage, l'ennemi fût averti de l'attaque. Les soldats de Péliou, dans le dessein de provoquer l'ennemi, descendirent à terre et s'éloignèrent du rivage. Raa-Kouk avait pris le commandement et les conduisait; le roi, resté dans son canot, lui envoya de temps en temps ses ordres, ainsi qu'à Arra-Kouker. On nous pria de ne point prendre terre; cependant, comme l'ennemi commençait à se défendre, nous sautâmes sur le rivage pour secourir nos amis, et nous assiégeâmes plusieurs cases occupées par l'ennemi. Le canon attaché sur un canot, que les naturels avaient disposé avec autant d'adresse que de bon sens, tirait continuellement sur les cases fortifiées et remplies de monde. Notre mousqueterie eut bientôt délogé les Artingalls et réduit en cendres une des plus apparentes. Néanmoins, ils nous firent beaucoup de mal, en nous accablant d'une grêle de lances. De notre côté, nous faisions un feu continuel, ce qui devait non-seulement les disperser, mais en tuer un très-grand nombre. Arra-Kouker, après les avoir longtemps poursuivis, monta sur une colline opposée aux canots, puis, voyant descendre un des Artingalls, il se cacha dans des broussailles pour le surprendre et l'étourdir d'un coup d'une espèce de hache. Il allait l'emmener prisonnier dans son canot, lorsque Thomas Wilson, fils du capitaine, aperçut quelques ennemis se précipiter sur lui, et près de le tuer; il courut à son secours et pointa le canon sur eux. Les Artingalls, effrayés, prirent aussitôt la fuite. Cette circonstance fut d'autant plus heureuse, que Thomas avait épuisé toutes ses munitions, et n'avait pas même, dans ce moment, de quoi charger son mousquet.

« Les naturels d'Artingall se comportèrent bravement dans cette action : ils défendirent la maison incendiée, et ne la quittèrent que lorsqu'elle menaça de les écraser par sa chute. Un soldat de Péliou montra aussi un courage extraordinaire : il courut à la maison tandis qu'elle brûlait encore, saisit un brandon, et, le portant à une autre case où les ennemis s'étaient réfugiés, il y mit le feu; elle devint dans peu la proie des matières combustibles qui y étaient renfermées. Cet homme, après avoir exécuté une entreprise aussi hardie, eut le bonheur de retourner vers ses compatriotes. Le roi récompensa publiquement sa valeur, en lui mettant de sa propre main un anneau à l'oreille, et en lui donnant le grade de rupak inférieur à son retour à Péliou.

« Les ennemis perdirent, dans cette action, six canots qu'ils avaient halés sur le rivage, et leur digue, qui était beaucoup plus longue et plus large que celle de Péliou, fut entièrement détruite. Les vainqueurs, entre plusieurs dommages causés à l'ennemi, emportèrent la pierre sur laquelle le roi d'Artingall avait coutume de s'asseoir pour tenir son conseil. On fit à ce sujet de grandes réjouissances; mais les transports furent moins vifs qu'après la seconde bataille. La mort du fils de Raa-Kouk, et celle d'un autre jeune homme distingué, diminuaient la gloire de ce dernier triomphe; d'ailleurs, il y eut quarante ou cinquante blessés, dont plusieurs moururent peu de jours après leur arrivée à Péliou. »

A peine la paix était conclue avec les Artingalls, qu'Abba-Thoulé demanda de nouveaux auxiliaires à Wilson, contre les habitants de l'île Péliou : le rupak vainqueur exigeait qu'on lui rendît deux Malais retenus chez eux. Pour cette grande expédition, déjà plus de trois cents pirogues de guerre, formant trois divisions, étaient prêtes. Le capitaine anglais fournit un renfort qui, parti le 27 octobre, fut de retour le 31.

Cette quatrième expédition parvint le jour de son départ à une petite île au nord d'Oroulong, et passa la nuit sous des rochers. Le lendemain, dès la pointe du jour, elle cingla vers une île à quatre ou cinq lieues plus loin, du côté du midi. Cette île inhabitée est à quatre ou cinq milles de Péléliou; les troupes y construisirent des huttes et y campèrent. Le temps était très-mauvais; mais lorsqu'il devint un peu plus calme, une partie des troupes s'avança vers une autre île peu distante de la première, et qui appartenait à Péléliou. Ces guerriers sauvages ravagèrent les plantations d'ignames, brûlèrent les cases et coupèrent un grand nombre de cocotiers. Les habitants avaient quitté leur île avant que les troupes de Péliou y abordassent. Il n'y avait que deux Anglais parmi celles qui furent dépêchées. Ce détachement, après avoir causé quelque dommage à l'île ennemie, revint au camp avant le coucher du soleil. Le lendemain, le temps était très-mauvais; mais il s'éclaircit vers le soir, et l'on envoya d'autres troupes sur l'île, qui ravagèrent tout ce qui avait été épargné la veille. Il y avait trois Anglais dans ce nouveau détachement, qui revint au camp sur le soir, comme le jour précédent.

Le surlendemain, deux rupaks de Péléliou arrivèrent au camp; mais aussitôt ils s'en retournèrent accompagnés des interprètes. Vers le soir, ils rejoignirent le roi avec trois chefs de Péléliou qui demandèrent la paix. Abba-Thoulé tint un conseil immédiatement après leur arrivée. Le lendemain, Arra-Kouker se rendit à Péléliou et conclut la paix. A son retour, le roi fit savoir aux Anglais que la guerre étant terminée avec les habitants de Péléliou, s'ils voulaient visiter la ville, Arra-Kouker, son frère, les y accompagnerait, et que lui et Raa-Kouk ne prendraient point terre. Ce message étonna un peu les Anglais; mais l'interprète dissipa bientôt leur surprise. Il leur apprit qu'aucun rupak d'un rang supérieur à Arra-Kouker ne pouvait aller à Péléliou dans la situation actuelle des choses, parce que le roi ferait un trop grand honneur à la ville, soit en y allant lui-même, soit en y envoyant la personne qui tenait le premier rang après lui. Après cette explication, les Anglais acceptèrent l'offre du roi, et visitèrent Péléliou; mais ils convinrent entre eux de prendre leurs armes, et de se tenir ensemble lorsqu'ils seraient débarqués, de crainte de quelque surprise; car la paix venant d'être conclue tout récemment, les indigènes pouvaient avoir quelque méfiance de ces étrangers; mais ils en reçurent l'accueil le plus flatteur. Ils trouvèrent que la ville était défendue par un rempart jeté sur la chaussée qui conduit à Péléliou; ce rempart avait dix à douze pieds de hauteur; il y avait un banc élevé dans l'intérieur, sur lequel les habitants pouvaient se tenir et jeter des lances à leurs ennemis. L'eau était fort basse près de la ville, et par conséquent les canots naviguaient très-difficilement. En effet c'est ce qui empêche les habitants de Péléliou, quoique très-nombreux, d'avoir beaucoup de pirogues, et leur manière de fortifier ainsi l'entrée de leur ville prouve que, lorsqu'ils sont en guerre avec les îles voisines, ils se fient plus sur leurs forces naturelles que sur leurs forces navales.

Abba-Thoulé s'empressa de revenir à Péliou; le premier rupak de Péléliou, qui était son frère, l'accompagna dans un de ses propres canots, ayant dix femmes à sa suite. Était-ce une humiliation exigée par Abba-Thoulé? était-ce un témoignage public de confiance et d'amitié après la paix? c'est ce que les Anglais ne purent comprendre. Mais ils surent que ces femmes ne devaient plus retourner à Péléliou avec leur roi; car, quelque temps après, Abba-Thoulé en amena deux à Oroulong. Venaient-elles comme amies ou comme otages? c'est ce que les Anglais ne purent apprendre ni deviner. Quant aux deux Malais, ils furent donnés au roi. Il est probable que Sougel, le Malai favori, avait sollicité le prince à demander ses deux compatriotes au roi de Péléhou, et que celui-ci, en refusant de les donner, avait porté Abba-Thoulé à lui faire la guerre. En effet, ils semblaient, dans cette quatrième et dernière expédition, avoir montré un ressentiment que l'on n'avait point remarqué dans leurs premières querelles. Avant midi, Raa-Kouk vint à Oroulong avec tous ses gens. Les Anglais admirèrent l'île de Pélélíou; ils observèrent qu'elle paraissait fertile, qu'elle était peu montagneuse, que les maisons étaient plus grandes et mieux bâties qu'à Péliou, et qu'elle abondait en cocotiers et autres arbres fruitiers. Les habitants leur parurent doux, hospitaliers; et s'il faut en croire Wilson et son arrangeur, ces étrangers en reçurent mille témoignages d'affection, quoiqu'ils fussent venus chez eux comme des alliés formidables de leur ennemi; mais ces messieurs ont beaucoup trop loué ce pays dont ils ont fait un nouvel *Eldorado*, et ses habitants qu'ils nous ont représentés comme des anges.

Le petit navire que les Anglais avaient construit était enfin prêt à mettre en mer; on lui avait donné le nom d'*Oroulong*. Abba-Thoulé voulait absolument retenir ses hôtes; il leur proposa à tous les premières dignités de ses États; il offrit au capitaine de le faire rupak du premier rang : Wilson y consentit. On lui donna, avec la plus grande pompe, l'investiture de l'ordre de l'os; mais il déclara formellement qu'il ne pouvait rester à Oroulong, et l'on se prépara de part et d'autre à se quitter.

Une inscription fut placée, au bruit du canon et au milieu des gémissements de tous les habitants de Péliou, sur la partie du rivage où les Anglais avaient abordé; elle portait : *Européens, que le hasard ou la tempête conduira sur ces bords, salut. Le navire l'Antilope, de la compagnie des Indes, commandé par Wilson, a été perdu sur le récif que tu vois; l'équipage y a construit un navire sur lequel il est reparti, le 12 novembre 1783. Rends, si tu le peux, aux bons habitants de ce pays tout le bien qu'ils nous ont fait.*

Enfin, le jour du départ étant arrivé, le pavillon britannique flottait déjà sur l'*Oroulong*; il fallait songer à d'éternels adieux. Le peuple entier était assemblé et avait les larmes aux yeux; Abba-Thoulé ne savait comment exprimer sa douleur; Li-Bou, second fils d'Abba-Thoulé et le meilleur ami des Anglais, était plein d'inquiétude; Raa-Kouk et Arra-Kouker étaient montés sur leurs pirogues, et conduisaient la flotte qui devait accompagner les Anglais au delà du récif. Le capitaine fit conduire auprès du roi deux petites pièces de campagne, deux fusils, tous les outils qui avaient servi à la construction du navire; en un mot, tout ce qui pouvait mettre les indigènes de Péliou à même de se défendre et de perfectionner leurs arts. Ces présents, auxquels Abba-Thoulé ne s'attendait pas, donnèrent un nouvel essor à sa reconnaissance. Des fruits de toutes espèces, des corbeilles, des bambous, les ustensiles les plus précieux de Péliou furent apportés de toutes parts avec tant de profusion, que le capitaine, ne sachant plus dans quelle partie du bâtiment les déposer, se vit obligé de les refuser. Il était cependant bien difficile de résister à leurs instances. *Plus que ceci..... encore ce fruit..... pour l'amour de moi..... pour ma part.....* disaient ceux dont on ne pouvait recevoir les présents.

Raa-Kouk voulait suivre les Anglais, mais Abba-Thoulé rejeta sa demande : « Mon frère, lui dit-il, vous avez oublié que vous êtes l'héritier de mon pouvoir, et, en cas de mort, vous devez me succéder. » En effet, à Péliou, l'autorité se transmet du chef à ses frères. Son neveu, fils de son frère tué à Artingall, et dont la mort avait occasionné les guerres récemment terminées, fit la même demande.

Abba-Thoulé lui répondit par un refus formel, et ajouta : « Vous êtes ingrat et négligent envers votre mère; vous avez pour épouses de bonnes et honnêtes femmes que vous traitez fort mal, ainsi que tous vos parents, ce qui vous attire le mépris général. Vous êtes honteux de votre conduite, et vous voudriez quitter votre famille. Vous n'aurez pas mon consentement. Je prie le capitaine de ne point vous soutenir dans ce projet. Restez chez

7.

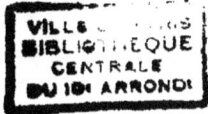

vous, et que la honte et le remords vous corrigent. »

Du côté des Anglais, un individu, nommé Maden Blanchart, témoigna le désir de rester parmi les insulaires. Wilson résista d'abord et lui fit toutes les objections possibles; puis, le voyant résolu dans son projet, il y consentit, et lui donna plusieurs objets nécessaires dans sa position, et d'excellents avis pour la conduite qu'il devait tenir. On n'a jamais su ce qu'était devenu cet homme.

VOYAGE EN EUROPE ET MORT DU JEUNE SAUVAGE LI-BOU.

Li-Bou, cet aimable fils du célèbre rupak Abba-Thoulé, Li-Bou qui, pendant le long séjour des Anglais, avait témoigné tant d'attachement pour eux, fut alors amené par les jeunes gens de son âge; sa famille se pressait autour de lui, et avait l'air de vouloir le retenir. Il avait depuis longtemps formé le projet de suivre ses hôtes. Il se jeta aux genoux de son père, et lui demanda, en versant un torrent de larmes, la permission de le quitter, et d'aller en Angleterre. « Si c'est une vaine curiosité, ou l'espoir de te soustraire aux regards vigilants de ton père, qui te porte à t'éloigner, lui dit Abba-Thoulé, tu emportes ma malédiction; mais si c'est l'espoir de recueillir des connaissances qui puissent un jour te rendre utile à nos frères, tu reçois ma bénédiction. Lis dans ton cœur, et vois si tu dois m'embrasser. » Le jeune homme se précipita dans les bras de son père, en mettant ses mains devant ses yeux, comme un homme qui consomme un grand sacrifice.

Abba-Thoulé s'adressa alors au capitaine Wilson, pour lui recommander son fils. « Je désire, dit-il, que vous appreniez à Li-Bou tout ce qu'il doit savoir, et que vous en fassiez un Européen. J'ai souvent réfléchi à ma séparation d'avec mon fils. Je sais que les pays éloignés qu'il va traverser différant beaucoup du sien, il doit être exposé à bien des dangers, à bien des maladies qui nous sont inconnues. Il peut mourir peut-être..... J'ai préparé mon âme à ce malheur..... Je sais que la mort est le destin inévitable de tous les hommes, et qu'il importe peu que mon fils la rencontre à Péliou ou partout ailleurs. Je suis persuadé, d'après l'idée que j'ai de votre humanité, que vous en aurez soin s'il est malade; et, s'il vous arrivait quelque malheur que vous n'auriez pu prévenir, que cela ne vous empêche point, vous, votre père, votre fils ou quelqu'un de vos compatriotes, de revenir ici. Je vous recevrai, ainsi que tous les vôtres, avec la même amitié, et j'aurai le même plaisir à vous revoir. »

Le schooner déploya enfin ses voiles. Abba-Thoulé, qui le suivait des yeux avec inquiétude, ne cessait de témoigner, par ses gestes, les regrets et la douleur qui l'agitaient. La flottille suivit le navire bien au delà du récif, pendant deux heures, s'aveuglant sur les dangers qu'elle courait. Enfin, la nuit vint terminer cette scène attendrissante. On se perdit de vue; et les Anglais prodiguèrent à Li-Bou les témoignages d'amitié qu'ils ne pouvaient plus donner à ses compatriotes.

Quelle leçon pour les voyageurs, les navigateurs, et même les colons, les envahisseurs européens, dans ces adieux touchants! Quel triomphe pour ces marins bons et justes, qui avaient su gagner le cœur des naturels de Péliou! Quelle différence entre ce départ et celui des Espagnols proscrits du Mexique!..... L'Amérique nous serait attachée par des liens indissolubles, si, au lieu d'insulter les femmes, de massacrer les hommes, et d'envahir leurs propriétés, les Européens avaient cherché à conquérir les cœurs de ses habitants.

Pendant la longue traversée de *l'Oroulong*, Li-Bou s'occupa d'apprendre la langue anglaise, et de s'instruire de tout ce qui pouvait être à sa portée. A son arrivée à Macao, toute la ville accourut pour voir cet homme nouveau : c'était ainsi qu'on l'appelait. L'habit anglais ne le gênait point du tout; il avait un air aisé et libre dans la compagnie la plus nombreuse. Cet aimable jeune homme adressait souvent des questions, mais avec un air humble, sur les choses intéressantes qu'il voyait et qui étaient si nouvelles pour lui, et il concevait facilement tout ce qu'on lui expliquait.

Lorsque le capitaine Wilson fut de retour à Londres avec Li-Bou, pour lequel il avait conçu une amitié extraordinaire, tout le monde voulut voir l'aimable sauvage. Incapable de calculer encore la portée de sa conduite et de ses paroles, il semblait calquer toutes ses actions et tous ses discours sur ceux du capitaine.

Il s'habitua facilement à parler anglais de manière à se faire entendre; il prit un goût démesuré pour le cheval et surtout pour la voiture. *C'est charmant*, disait-il, *on marche assis, et on va à ses affaires en causant ensemble.*

On le conduisit un jour au théâtre, où il parut prendre peu de plaisir; il fut présent à l'ascension d'un ballon, et n'en fut pas étonné. Cet intelligent jeune homme semblait donner un prix aux découvertes, moins en raison de leur difficulté que de leur utilité.

On l'envoya dans une école, où il apprit à lire et à écrire. Il disait qu'à son retour à Péliou il tiendrait lui-même une école, et qu'il passerait pour un sage parmi les premiers hommes de sa patrie. Quand il parlait à son protecteur, il l'appelait toujours *capitaine*; mais il ne s'adressait jamais à madame Wilson qu'en la nommant sa mère. Cette expression lui semblait mieux rendre tout ce qu'il sentait pour elle.

Li-Bou se conformait en tout aux usages du pays, à l'exception de ses cheveux, qu'il continua de porter à la manière du sien.

Lorsqu'il voyait un jeune homme demander la charité, il en était scandalisé, disant qu'il fallait travailler; mais un vieillard, un infirme excitaient sa compassion. *Faut donner au pauvre vieux; vieux pas capable de travailler.*

Il observait avec le plus grand soin toutes les plantes et tous les arbres fruitiers, et il se proposait d'en rapporter des semences à Péliou; en un mot, dans toutes ces richesses, il ne perdait jamais de vue l'utilité dont elles pourraient être à son pays, et, après sa mort, on trouva toutes les semences et noyaux de fruits qu'il avait mangés, et qu'il avait gardés dans cette intention.

La petite vérole vint le surprendre au milieu de ses innocentes recherches, et, dès l'origine, les médecins en prédirent les funestes suites. Il prit sans répugnance tous les remèdes qu'on lui présenta. Comme on lui fit savoir que M. Wilson n'avait pas eu cette maladie, et qu'elle était contagieuse, il se soumit volontairement à la nécessité de ne pas le voir. Quand il sut que madame Wilson gardait la chambre, il s'écria : *Quoi! bonne mère malade! Li-Bou se lever pour voir elle;* et aussitôt il se leva.

Il se vit dans une glace, un peu avant de mourir. Son visage, horriblement enflé et défiguré, lui parut si hideux, qu'il détourna la tête. Enfin, se sentant plus mal, et voyant sa fin approcher, il fixa attentivement les yeux sur M. Sharp, chirurgien du schooner sur lequel il avait voyagé, et lui dit : *Bon ami, quand vous aller dans mon pays, dites à mon père que Li-Bou prendre beaucoup de boissons pour chasser la petite vérole, mais lui mourir; le capitaine et la mère très-bons. Oh! bien fâché de ne pouvoir dire à Abba-Thoulé combien ce pays renfermer de belles grandes choses!* Il fit alors le recensement de tous les présents qu'il avait reçus, et il pria le chirurgien de les distribuer parmi ses amis et les rupaks de son île.

Le moment terrible de la séparation arrivant, il rendit son dernier soupir sans crainte, et avec cette innocence, cette douceur et cette simplicité qui avaient caractérisé toutes ses actions.

La famille Wilson, les domestiques, et tous ceux qui le connaissaient, ne purent s'empêcher de pleurer quand ils apprirent ce triste événement.

La compagnie des Indes orientales lui fit ériger un tombeau, sur lequel

on lit une inscription qui finit ainsi :
Arrête, passant, arrête! l'humanité réclame une larme. Ci-gît un prince, LI-BOU, *fils de la nature.*

SUITE DE L'HISTOIRE DES ILES PÉLIOU.

Après Wilson, le lieutenant Macluer visita Péliou, séduit par le récit exagéré de Wilson, embelli par sir J. Keate, qui louait les sauvages aux dépens des hommes civilisés, pour obéir à l'usage des phraseurs, et sans respect pour la vérité. Macluer, à qui on doit de grands travaux sur les côtes de l'Inde et de la Papouasie, passa dans ce pays une partie des années 1793 et 1794; mais il en trouva les habitants soupçonneux et avides de ce qu'ils n'ont pas, comme sont la plupart des sauvages, comme sont, hélas! la plupart des hommes! Cet officier brave et instruit, qui était fatigué à juste titre des vices des sociétés européennes, et qui avait cru vivre chez des hommes avec des hommes meilleurs, n'a malheureusement écrit que quelques notes qui accompagnaient un plan assez imparfait de ces îles, mais il leur donne des noms complétement différents de ceux donnés par Wilson, et nous les avons suivis avec quelques rectifications.

Après Macluer, un autre officier du nom de Wilson, James Wilson, capitaine du *Duff*, avait reçu l'ordre de déposer des missionnaires sur Péliou, au retour d'une navigation dans l'océan polynésien. Les circonstances s'étant opposées à l'exécution complète de son projet, ce capitaine n'eut avec les naturels de Péliou que des communications à la voile; voici ce qu'il en dit :

« Le 6 novembre 1797, à trois heures et demie après-midi, nous nous trouvions à deux milles au plus du récif qui s'étend à une distance médiocre de la plus grande des îles : elle se nomme Babel Thouap, et est divisée en deux districts, gouvernés chacun par un chef qui reconnaît l'autorité suprême d'Abba-Thoulé. Quand nous mîmes en panne, nous étions devant la partie méridionale du district d'Artingall. Deux cents personnes environ se rassemblèrent sur le rivage. Une douzaine de pirogues furent vues à la mer, les unes à la voile, les autres à la pagaye; mais aussi le temps avait, en ce moment, une apparence très-sinistre. Trois d'entre elles seulement se hasardèrent assez loin au large pour venir le long du bord. Dans celles-ci les naturels avaient un morceau d'étoffe blanche attaché au bout d'un bâton, et ils l'agitaient en l'air à mesure qu'ils s'approchaient. Nous supposâmes que c'était un emblème de paix. Ils abordèrent sans crainte et sans hésitation, et nous adressèrent la parole comme à des gens qu'ils connaissaient depuis longtemps. Mais leur langage fut tout à fait inintelligible pour nous; et nous ne pûmes, même avec l'aide du vocabulaire de Henri Wilson, leur faire comprendre un seul mot, excepté quelques-uns de leurs noms propres. Du reste, ils ne cessèrent de parler très-vite, accompagnant leurs discours de gestes très-vifs des mains et du corps, qui exprimaient leur désir ardent de nous voir mouiller dans un lieu qu'ils nous désignaient au nord-ouest. L'un d'entre eux, que nous supposâmes être un rupak, à l'os grossier qu'il portait au poignet, vint en grande hâte, le long du navire, pour redoubler ces instances, et il fut suivi par deux autres, qui se montrèrent aussi pressants; mais toutes leurs sollicitations, jointes à notre désir de faire quelque séjour dans ce groupe célèbre, furent sans succès, attendu que nous ne découvrîmes aucun endroit où il fût probable qu'un navire pût mouiller en sûreté, et nous n'avions pas la carte du lieutenant Macluer pour nous servir de guide. Quand nous mentionnâmes le nom d'Abba-Thoulé, ils le répétaient plusieurs fois, en disant : *S'Toulé! S'Toulé!* et montrant la terre du doigt. On ne leur parla point de Li-Bou; car ils parlaient si vite et d'une manière si incessante, que nous trouvions à peine le moyen de leur adresser des questions: probablement le temps, qui menaçait alors d'une tempête, les empêcha d'y songer. Comme ceux qui étaient restés dans les pirogues appelaient à grands cris ceux qui étaient montés à bord, le capitaine leur offrit quelques couteaux, miroirs, etc.; puis ils prirent congé à la hâte, mais avec regret. Avant de s'en aller, ils voulurent témoigner leur reconnaissance, en lançant à bord une couple de noix de coco, qui étaient tout ce qu'ils possédaient; ils s'en retournèrent à terre. Là se bornèrent toutes les communications que nous pûmes avoir avec les habitants des îles Péliou.

« Si l'on doit juger du peuple entier par le petit nombre de naturels que nous vîmes, à notre avis ces hommes sont inférieurs, pour l'aspect extérieur, aux insulaires des îles Marquises, de la Société et des Amis (Nouka-Hiva, Taïti et Tonga); ils n'ont ni la taille avantageuse, ni les belles proportions des deux premiers peuples, et sont loin d'avoir l'air vigoureux, mâle et entreprenant des derniers. Ils ressemblent bien davantage à leurs voisins les Carolins. Parmi les coutumes qui leur sont communes, est celle de se fendre les oreilles pour y passer des ornements de végétaux, qui ont au moins un pouce d'épaisseur. Par l'effet du tatouage, à Péliou, comme aux Carolines, leurs jambes et leurs cuisses semblent avoir été trempées dans une teinture d'un noir bleuâtre; mais leur corps est orné de figures semblables à des doigts ou à des gants. Ils se montraient à nous entièrement nus, sans paraître en éprouver le moindre sentiment de honte, et ils nous témoignaient leur politesse et leur hospitalité par les plus pressantes sollicitations d'aller les visiter chez eux. »

M. D. de Rienzi a vu une partie de ce groupe dangereux. Après lui, le savant navigateur d'Urville en a reconnu, en 1828, la partie orientale, sans pouvoir communiquer avec ses habitants. Son opinion, quant à la position et au nom de ces îles, est d'accord avec celle de Macluer et de Rienzi. Voici comment ce dernier peint ce pays et ses habitants :

« Cette chaîne d'îles est réunie par des récifs, et on n'y trouve qu'un seul port assez difficile. Ces insulaires habitent un pays pauvre et passablement cultivé. Ils sont d'un jaune bronzé, robustes, d'une assez belle taille et assez bien faits, moins méchants que la plupart des autres Polynésiens, mais inférieurs aux Carolins de Yap et probablement des autres îles de l'immense archipel des Carolines. Ils sont avides, soupçonneux, cruels dans les guerres que les chefs entreprennent pour le plus léger motif. Ils vont généralement nus avec un cynisme éhonté; à peine si quelques-uns renferment dans un étui ce qui distingue l'homme de la femme. S'ils ont eu de la candeur et de la générosité à l'époque de Wilson, certes ils sont bien déchus. Il est vrai qu'ils ont eu à se plaindre quelquefois des baleiniers; ce qui a pu les rendre plus entreprenants et plus méchants. »

Ils ont osé attaquer récemment en pleine mer un navire baleinier commandé, je crois, par le capitaine Anderson, et ont failli l'enlever. Il ne dut son salut qu'au courage de quelques marins, qui, s'étant retirés dans les hunes, firent un feu nourri sur eux, et à un noir, coq (cuisinier) du bâtiment. Celui-ci, brave à sa manière, n'employa d'autres armes que les ustensiles de sa cuisine. Tantôt il puisait dans les chaudières de l'huile bouillante au moyen de la grande cuiller, et en aspergeait généreusement la face des ennemis; tantôt il renversait sur leurs pieds et sur leurs mains des pots et des marmites pleines de ce liquide brûlant. Le coq noir put se flatter d'avoir en grande partie débarrassé le navire de ces intrépides assaillants, qui prirent la fuite en hurlant de rage et de douleur.

NAUFRAGE DU NAVIRE AMÉRICAIN *LE MENTOR*. DESCRIPTION DES ÎLES MORTZ, KYANGLE ET LORD NORTH ET DES ÎLES DES MARTYRS.

Ces îles, qui complètent les annexes de l'archipel de Péliou, n'avaient pas été encore décrites. C'est grâce au naufrage du capitaine américain Edward C. Barnard que nous avons eu quelque connaissance de ses habitants. Nous allons extraire la relation qu'en a donnée ce capitaine, après son arrivée à Canton (Chine), en 1833.

« Le 18 mai 1832, je passai devant l'île Mortz, et le navire, poussé par une forte brise du sud-sud-ouest, faisait route vers le nord-nord-est à raison de 7 à 8 nœuds à l'heure. Le 20, vers midi, je cinglai au nord-est, et le lendemain à la même heure, je jugeai que nous devions être au nord-ouest des îles Péliou. Je n'avais point vu le soleil depuis mon départ de Mortz; il soufflait un vent violent de sud-sud-ouest, la pluie tombait par torrents et la mer était extrêmement houleuse : nous étions alors par latitude 8°50′ nord et par longitude 132°20′ est de Londres; notre navire fut entraîné par un très-fort courant, durant le reste de cette journée. Tout à coup, vers onze heures du soir, il frappa contre un rocher. L'équipage courut alors dégager les canots, et ce fut à grande peine que je parvins à empêcher tout mon monde de se précipiter dans le premier qui fut prêt à mettre à la mer.

« Après que ce canot se fut éloigné avec dix des nôtres, je coupai les mâts pour alléger le bâtiment, qui bondissait d'une manière effrayante et était entièrement recouvert par les vagues. Un peu après, il s'engrava et ne bougea plus. Cependant, au bout d'une heure, je vis le pont s'élever rapidement, et, craignant qu'il ne s'abîmât avant le jour, je mis à la mer un autre canot qui fut submergé en un instant, avec un matelot, nommé William Jones, qui y était descendu. Au point du jour, j'aperçus une île au sud-est, et une partie du récif, qui se trouvait à découvert, à la distance de trois ou quatre milles. Nous parvînmes, non sans beaucoup de peine, à descendre le seul canot qui nous restât, et à gagner le récif, où nous passâmes toute la journée et la nuit suivante. Le 25, de grand matin, nous vîmes une nuée de pirogues qui venaient vers nous. Les indigènes qui les montaient ne nous eurent pas plutôt rejoints, qu'ils se mirent à nous piller, et nous demandèrent des fusils. Nous leur apprîmes qu'il y en avait plusieurs à bord du navire, et ils s'éloignèrent à force de rames pour les aller chercher. Le temps s'étant alors éclairci, nous aperçûmes dans la direction du sud-est un grand nombre de pirogues qui se dirigeaient, les unes vers le navire, les autres vers l'île voisine.

« Aussitôt après que ces sauvages nous eurent quittés, nous chargeâmes dans le canot ce qu'ils nous avaient laissé d'effets, une boîte remplie de biscuit et un baril d'eau, et nous résolûmes d'aller aborder à l'île de Kyangle. Nous en étions à moitié chemin, quand nous fûmes accostés de nouveau par des naturels, montés dans une grande pirogue, et qui s'offrirent de nous prendre à la remorque, ce à quoi nous consentîmes volontiers. Après nous avoir conduits l'espace d'environ deux milles, ils descendirent leur voile et vinrent bord à bord avec notre canot, dans le but bien évident de nous piller et, peut-être, de nous assassiner. Persuadé du moins que telle était leur intention, je donnai ordre de couper la touée, et de jeter à la mer plusieurs paquets d'effets, pour occuper les sauvages, et, virant de bord, nous fîmes force de rames vers le sud, et les laissâmes bien loin derrière nous.

« Dans la soirée nous arrivâmes à la hauteur de l'île de Babel-Thouap, et pendant la nuit, voyant que nous étions environnés de toutes parts de brisants, je jetai la ligne, qui, fort heureusement, s'accrocha à un rocher. Nous restâmes dans cette position jusqu'au jour; puis nous nous dirigeâmes encore au sud, vers une terre dont nous n'étions guère éloignés. Mais, par suite de la chaleur, qui était excessive, et du manque d'eau, notre navigation fut fort lente; néanmoins, vers midi, nous abordâmes une petite île, où nous eûmes le bonheur de trouver de l'eau. Là, nous eûmes la visite de plusieurs insulaires montés dans une pirogue, qui nous quittèrent après nous avoir dévalisés. Nous les suivîmes peu après; mais au moment où nous allions descendre à terre, nous fûmes assaillis par une foule de ces sauvages, qui nous enlevèrent jusqu'aux vêtements que nous avions sur le dos, et nous laissèrent à nu. Ils voulurent bien cependant me rendre ma chemise; ce dont je leur sus infiniment de gré.

« A notre arrivée, nous comparûmes devant une assemblée de chefs, qui nous questionnèrent sur le but de notre voyage, et sur la distance qu'il y avait de leur île à l'endroit où nous avions abandonné le navire. Quand nous les eûmes satisfaits à cet égard, ils nous donnèrent à boire et nous offrirent des vivres, que nous refusâmes. Je ne sais rien des mœurs de ces insulaires, si ce n'est que les hommes vont entièrement nus, qu'ils me parurent belliqueux et barbares, qu'ils ne font pas un pas sans être armés de lances et de sabres, et que leurs femmes portaient une petite natte autour de la ceinture. Ils nous traitèrent avec la plus grande hospitalité : non contents de partager tout ce qu'ils avaient avec nous, ils nous logèrent dans la meilleure cabane de leur village, et quand ils n'avaient point de poisson à nous offrir, ils tuaient un cochon ou une chèvre pour nous le donner, prenant pitié de notre situation. Ils voulurent nous construire un bateau, mais ils furent obligés d'y renoncer, faute des liens nécessaires à cette construction. Ils construisirent alors une grande pirogue, et allèrent chercher à bord du navire une quantité de clous, qui nous servirent à mettre notre chaloupe en état. Ils nous en rapportèrent aussi des vêtements et d'autres objets dont nous avions besoin.

« Après avoir attendu un vent d'est pendant quelques jours, je me disposais à partir, lorsque mes hôtes me dirent qu'il fallait que six de mes gens restassent dans l'île comme otages, et que six chefs prissent leur place dans la chaloupe. M'étant récrié contre une aussi étrange proposition, ils m'objectèrent que le capitaine anglais Wilson en avait agi ainsi à Corror, et que, s'ils consentaient au départ de tout mon monde, il ne leur resterait aucune garantie d'être payés de leurs peines. Je leur demandai ce qu'ils attendaient en payement : « Des fusils, me répondirent-ils; les naufragés anglais en ont donné à nos frères de Corror, et nous espérons que vous nous traiterez de même. »

« Après de longs pourparlers, ils consentirent à ce qu'il en partît trois autres, et réduisirent aussi à trois le nombre de chefs qui devaient nous accompagner. Je leur dis qu'ils se trompaient dans leur calcul; qu'il y avait loin de leur île à mon pays, et qu'ils étaient dans l'erreur s'ils croyaient que je pusse y conduire leurs compatriotes, attendu qu'il me faudrait payer leur passage, et que personne ne les prendrait sans cela. Je ne pus parvenir à leur faire entendre raison, et ils me signifièrent formellement que, si je refusais de les emmener, ils mettraient en pièces la chaloupe et la pirogue, et qu'aucun de nous ne partirait. Voyant qu'ils ne voulaient point en démordre, je n'insistai point davantage. Toutefois, deux jours après, je tentai un nouvel effort, qui ne réussit pas mieux. Je leur montrai l'impossibilité où je me trouvais de leur procurer des fusils; mais je les assurai que, s'ils voulaient permettre à mes gens de me suivre, une fois rendu dans mon pays, j'instruirais mon gouvernement du bon accueil que j'avais reçu d'eux, et qu'il ne manquerait pas de leur en témoigner sa reconnaissance par quelque présent qui en vaudrait réellement la peine. Ces belles promesses néanmoins n'ébranlèrent point leur résolution. Ils me dirent que si je voulais partir, il fallait me résigner à leur laisser mon beau-frère, M. James Meager, et deux de mes gens, dont ils me donnèrent le choix. Horatio Davis, Calvin et Catlin, du Massachusetts, qui craignaient de se hasarder dans la pirogue, s'étant offerts de rester, le 15 novembre nous commençâmes à mettre nos embarcations en état, et à y charger les vivres et autres objets dont nous avions besoin. Le 22 suivant, le vent étant favorable, je partis de Péliou. Ma chaloupe était conduite par trois hommes de l'équipage, et dans la pirogue il y en avait quatre autres, avec deux chefs et un homme de l'île. Nous naviguâmes ce jour-là environ vingt milles. Quand vint la nuit, je n'étais guère rassuré de me voir en pleine mer dans une frêle embarcation, en compagnie d'une pirogue qui portait nos vivres et de l'eau pour vingt jours, sans aucun moyen de me diriger, n'ayant pour tout instrument qu'une boussole, et me trouvant alors à six cents milles de Ternate, qui était la terre la plus proche.

« Dès que nous fûmes sortis des récifs, je cinglai vers le sud-ouest. La mer était extrêmement grosse; nous avancions difficilement; pour comble de malheur, notre gouvernail se dérangea, et nous fûmes obligés de suspendre toute une nuit notre navigation, avant de pouvoir le mettre en état. Ce retard était d'autant plus à regretter, qu'il régnait une forte brise de nord-est, qui nous eût bien servis. Il plut abondamment durant la nuit, et le tonnerre gronda d'une manière effrayante. Des murmures s'élevèrent parmi mes gens, et je vis le moment où nous allions être obligés de regagner l'île Péliou, pour y attendre l'arrivée d'un navire qui nous prendrait à son bord. C'eût été sans doute le parti le plus prudent; mais lorsque le jour parut, la pluie cessa, le vent se modéra; nous réparâmes le gouvernail, et nous naviguâmes ensuite, sans encombre, jusqu'au 29. Le vent nous fut presque continuellement favorable; la chaloupe était étanche, mais la pirogue faisait beaucoup d'eau. Nous nous dirigeâmes tout le temps au sud-ouest, dans l'espoir d'aborder à Mortz ou à Guilolo. Le 29 au soir, la pirogue chavira par la négligence d'un des insulaires de Péliou, qui était chargé de tenir la voile; le mât tomba à la mer, et nous passâmes inutilement une heure entière à en ôter l'eau. Sur les dix heures, le vent s'éleva, et nous eûmes de la pluie. Je pris alors à bord de la chaloupe quatre hommes de la pirogue, n'en laissant que trois pour la conduire; mais elle se remplit tellement d'eau pendant la nuit, qu'il nous eût été impossible de la maintenir plus longtemps à flot: force donc nous fut de l'abandonner : ce que nous fîmes après en avoir enlevé autant d'eau et de vivres qu'il était prudent d'en charger la chaloupe, où nous étions alors onze personnes. Nos provisions se composaient de noix de coco et de porc frais, que nous avions fait frire avant de partir, et qui était renfermé dans des vases de terre remplis de graisse. Notre eau était contenue dans de gros bambous. Après avoir transbordé tout ce dont nous avions besoin, et avoir allégé la chaloupe, en jetant à la mer tout ce qu'elle renfermait de lourd, ne conservant par homme qu'un pantalon et une chemise de rechange, nous abandonnâmes la pirogue, et continuâmes notre route vers le sud-ouest. Pendant le calme nous ramions, et quand la brise nous était favorable, nous étendions notre voile. Nous cheminâmes ainsi jusqu'au 6 décembre, que nous découvrîmes la terre au point du jour, à environ six milles de distance. Peu après, nous vîmes plusieurs pirogues qui venaient à nous. La fuite eût été impossible, si nous y eussions songé; mais l'eau commençait à nous manquer, et il nous en fallait, à quelque prix que ce fût. Notre résolution fut donc bientôt prise. Les pirogues d'ailleurs n'étaient plus qu'à un demi-mille de nous. Je me dirigeai vers une de ces embarcations, qui avait de beaucoup devancé les autres, et quand nous en fûmes à quelques toises de distance, les indigènes qui s'y trouvaient nous montrèrent des noix de coco, en nous donnant à entendre, par leurs signes, qu'ils étaient disposés à faire des échanges, et nous crièrent : *Pecio! pecio!* Sur ces entrefaites, arriva du côté opposé une autre pirogue, dont l'équipage sauta à bord de notre chaloupe, et, en moins de cinq minutes, nous dévalisa complétement. Tous nos effets furent répartis entre plusieurs pirogues; et deux ou trois de mes gens, qui ne voulurent point se laisser dépouiller, furent jetés à la mer, où ils faillirent se noyer. Quand ces sauvages eurent enlevé tout ce que contenait la chaloupe, ils y mirent trois ou quatre des leurs pour la conduire à terre. Les pirogues reprirent alors la route de l'île, qui n'a guère que trois quarts de mille de long, sur un demi de large, et renferme environ trois cents habitants. En approchant de la côte, je vis accourir des femmes et des enfants, qui se mirent à danser et à gambader sur le rivage, et à nous saluer par des chants et par des huées. Lorsque nous fûmes débarqués, on nous servit à boire et à manger. L'île est basse et environnée d'un récif qui longe la côte à environ un demi-mille de distance. Les hommes étaient fortement constitués ; les femmes, au contraire, me parurent faibles et chétives. Pendant mon séjour parmi eux, ils me traitèrent avec bonté ; ils n'exigèrent de moi aucun travail ; une ou deux fois seulement ils me demandèrent de les aider à cueillir des noix de coco. Mais leur curiosité était fatigante ; et comme ils n'ont aucun égard pour l'âge, nous eûmes beaucoup à souffrir des importunités de leurs enfants. Il est impossible de rien voir de plus malpropre que ces insulaires. Les hommes prennent plus de part aux affaires domestiques que chez aucun des peuples sauvages que j'aie encore visités.

« Je passai mon temps à errer sur cette petite île, ayant souvent faim et ne sachant où je me trouvais. Je supposais que j'avais passé à l'ouest de Mortz, et que je devais être dans l'île de Maggo. Maintes fois je résolus de m'emparer d'une pirogue et de gagner la haute mer. Je pensais qu'en cinglant vers l'est, je devais gagner Ternate, et que si je ne voyais point de terre dans les vingt-quatre heures, je tournerais au sud-ouest, où je ne pouvais manquer de la rencontrer. La grande difficulté était de savoir comment nous pourrions nous procurer une provision suffisante de noix de coco pour le voyage. Il ne se passait point de jour que nous ne fissions quelque projet de fuite, quand, le 3 février 1833, au matin, on aperçut au sud un navire qui arrivait directement sur nous avec l'intention d'aborder à la côte occidentale. L'éveil fut aussitôt donné dans toute l'île, et, en un instant, hommes, femmes et enfants se précipitèrent de toutes parts vers le rivage, chargés de noix de coco, qu'ils se proposaient d'aller porter à bord. Nous nous y rendîmes aussi de notre côté ; mais on nous repoussa de toutes les pirogues où nous voulûmes monter. C'était un parti pris de nous garder à terre. Je m'adressai au chef, qui me dit que je ne pouvais point partir. Voyant alors la pirogue de son frère prête à mettre à la mer, j'y courus et sautai dedans. Je n'y fus pas plutôt que les sauvages m'intimèrent l'ordre d'en sortir. Je leur dis que s'ils voulaient me permettre de les accompagner, je m'engageais à leur procurer du fer, article auquel ils attachent le plus grand prix. Ils refusèrent de m'entendre, et me réitérèrent l'ordre de quitter la pirogue. Je résistai. Deux des sauvages se saisirent alors de moi pour me jeter à l'eau, quand un vieillard interposa son autorité et me retira de leurs mains. Nous hissâmes aussitôt la voile, et nous dirigeâmes vers le navire. Lorsque nous fûmes sortis du ressac, je me retournai, et je vis qu'on avait laissé à terre tous mes hommes, à l'exception d'un seul, nommé Bartlett J. Rollins, de Bangor. Il faut s'être trouvé dans une position pareille à la mienne pour pouvoir se faire une idée des sensations que j'éprouvai en approchant du navire. C'était un beau bâtiment ; et comme j'aperçus beaucoup de noirs à bord, je crus que c'était un Hollandais, monté par un équipage malai. Je le hélai et demandai la permission de monter à bord. Le perroquet d'artimon ayant été hissé, en un instant je fus sur le pont, où j'appris que c'était le navire espagnol *la Sabine*(*), commandée par le capitaine Gomez, de Manila, qui allait de Bengale à Macao. Cet officier me reçut avec la plus grande hospitalité, et je m'empresse de lui en témoigner ici toute ma reconnaissance. Nous ne nous

---

(*) J'ai vu moi-même ce navire, quelques années auparavant.   G. L. D. R.

arrêtâmes que le temps nécessaire pour prendre Rollins à bord. Le capitaine me dit qu'ayant essuyé de nombreux retards dans la traversée, et étant à court de vivres et d'eau, il ne pouvait perdre vingt-quatre heures à envoyer chercher les autres hommes de mon équipage. Il me donna alors quelques cercles de fer, dont je fis cadeau aux sauvages qui m'avaient amené, et je pus voir, à leur étonnement, qu'ils ne s'attendaient pas à un présent d'une aussi grande valeur. Ils nous auraient, je crois, tous conduits à bord de l'Espagnol, s'ils n'avaient pas craint que nous ne nous vengeassions d'eux pour avoir coulé à fond notre chaloupe. Ces insulaires s'en retournèrent si satisfaits, que je n'ai nul doute qu'ils ne traitent bien ceux qui sont restés sur leur île, et qu'ils ne les mettent à bord du premier navire qui visitera ces parages. Ces hommes sont Charles R. Bowkett, William Siddon, Milton Hewlitt, Horace Holden, Peter Andrews, Benjamin Nute; et les trois insulaires de Péliou, Lebac, Tet et Kaïer. C'est seulement après mon arrivée à bord de *la Sabine* que j'appris que l'île où j'avais séjourné deux mois était celle de *Lord North*. »

L'île de Lord North est située par 3° 3' de latitude nord, et par 131° 20' de longitude est de Londres. Ce fut le 23 février que le capitaine Barnard relâcha à Macao, et le 28 suivant il aborda à Canton.

Il nous reste encore à mentionner le petit groupe de Tamatam, Fanendik et Ollap, qui paraît répondre aux îles *des Martyrs* des anciennes cartes espagnoles. Il a été signalé avec exactitude en 1801, par l'Espagnol Ibergoïtia, capitaine du navire *Philippines*. Il fut ensuite successivement reconnu par Freycinet en 1819, par Duperrey en 1824, par Rienzi en 1826, et par d'Urville en 1828. Ce sont trois îlots bas, boisés, rapprochés, mais séparés les uns des autres, et entourés chacun d'un brisant. Le groupe entier n'a que six milles d'étendue du nord au sud. Position : 7°37' lat. nord, 147°10' long. est (Ollap).

ILES CAROLINES PROPRES.

La plupart des îles Carolines n'ont de commun que le corail qui leur sert de base, et comprennent des terrains et des peuples fort divers. Découvertes par les Espagnols, elles ont été négligées par les géographes. Les travaux récents de MM. de Kotzebue, de Chamisso, de Freycinet et Duperrey, les reconnaissances de M. d'Urville, et surtout les grands travaux du capitaine Lütke, ont attiré de nouveau l'attention sur cet archipel. Nos recherches nous ont démontré qu'il était composé de plus de cinq cents îles, dans les limites que nous avons cru devoir lui donner, tandis que Malte-Brun lui-même ne comptait que quatre-vingts îles dans les Carolines. On doit distinguer ces îles en hautes et basses; les plus élevées, parmi les premières, atteignent une élévation d'un peu moins de trois mille pieds français au-dessus de la mer. Les basses sont les plus nombreuses.

HISTOIRE NATURELLE.

Les principales productions végétales de ces îles sont le cocotier, le nipa et trois ou quatre autres palmiers, l'arbre à pain, qui fait la base de la nourriture des habitants, les vaquois ou *pandanus*, plusieurs aroïdes, les bananiers, quelques figuiers, le *barringtonia* aux fleurs superbes, le *sonneratia*, qui vit souvent baigné par l'eau de la mer, le *calophyllum*, si remarquable par la beauté de ses feuilles. On n'y connaît ni bêtes féroces, ni serpents venimeux; le voisinage de la mer y entretient une fraîcheur agréable. La mer y est fertile en admirables coquillages, tels que les vénus, d'immenses casques, de belles porcelaines, et surtout le nautile.

Le nautile est un mollusque marin du genre des sèches. Aristote, Élien, Oppien, Philès et les poëtes de l'antiquité ont célébré les merveilles de sa navigation. Voici la description que Pline en a donnée et qui rappelle celle de l'immortel Aristote : « Le *nautilos* ou *pompilos* est un des prodiges de la nature. On le voit s'élever du fond de la mer, en maintenant sa coquille dans une situation telle que la carène soit toujours en dessous, et l'ouverture au-dessus. Dès qu'il atteint la surface de l'eau, il met lui-même sa barque à flot, parce qu'il est pourvu d'organes au moyen desquels il fait sortir l'eau dont elle était remplie, ce qui la rend assez légère pour que les bords s'élèvent au-dessus de cet élément. Alors le nautile fait sortir de sa coquille deux bras nerveux, qu'il élève comme des mâts ; chacun de ses bras est muni d'une membrane très-fine, et d'un appareil pour la tendre : ce sont les voiles. Mais si le vent n'est pas favorable, il faut des rames ; le nautile en dispose sur les deux côtés de sa barque : ce sont d'autres membres allongés et extrêmement souples, capables de se plier et de se mouvoir dans tous les sens, et dont l'extrémité est constamment plongée dans l'eau : ainsi, la navigation peut commencer, et le pilote va déployer son habileté. Si quelque péril le menace, il replie sur-le-champ tous ses agrès, et disparaît sous les flots. »

On raconte qu'un naturaliste français, embarqué sur un vaisseau qui traversait la Méditerranée, eut l'occasion d'observer une quantité de nautiles ; mais il ne put en prendre un seul, tant ils étaient attentifs à observer ce qui se passe, et prompts à éviter la main qui voulait les saisir. On a prétendu que le nautile n'avait pas la faculté de construire lui-même sa curieuse coquille, parce qu'on ne l'y a jamais trouvé adhérent, comme les autres mollusques revêtus d'une enveloppe solide. On lui a même attribué les habitudes du *pagure*, nommé *Bernard l'ermite*, animal parasite qui se loge dans les coquilles vides, lorsque leur forme intérieure lui convient, et qui en déménage souvent, parce que son logement ne coûte rien à bâtir. Il n'en est pas ainsi du nautile ; on ne l'a jamais trouvé que dans sa coquille. Nous pensons que c'est à ce mollusque marin qu'il faut attribuer la demeure qu'il habite, et qu'il est à la fois le constructeur et le pilote de son ingénieuse barque (voy. *pl.* 266). J'ai vu plusieurs grands nautiles fort beaux près de l'île Yap. Au reste, l'histoire naturelle de ce mollusque est encore peu avancée. Aristote avait reconnu deux espèces de nautiles. Linné a divisé en deux genres les argonautes et les nautiles. Le genre nautile, tel que Cuvier l'a considéré, serait une famille, car cet illustre savant comprend à titre de sous-genres les spirules, les nautiles, les pompiles, les rotalies, les orthocératites, etc., etc.

ILE YAP OU GOUAP.

Les PP. Cantova et Walter partirent de Gouaham le 2 février 1731, pour aller convertir à la foi chrétienne les habitants des îles qu'on venait de découvrir au sud des Mariannes. Ils arrivèrent heureusement à l'une des Carolines le 2 mars suivant, et y séjournèrent trois mois, occupés de leurs exercices de missionnaires. Voici de quelle manière Hernando Valdès Tamon, alors gouverneur des Philippines a raconté leurs travaux et leurs malheurs. « Comme on manquait de tout dans ces îles, Walter s'embarqua pour revenir chercher aux Mariannes les choses nécessaires à la subsistance de Cantova, qui resta avec quatorze Mariannais dont il était accompagné ; mais les vents contraires obligèrent Walter de relâcher aux Philippines, où il fallut attendre, un an entier, l'occasion du bâtiment qui va tous les ans aux Mariannes. Il ne se rembarqua donc que le 12 novembre 1732, et malheureusement, après trois mois et demi de navigation, le bâtiment échoua à l'entrée du port. Les missionnaires, sans se décourager, firent, à grands frais, construire et charger de provisions un autre navire, sur lequel Walter s'embarqua le 31 mai 1733, avec quarante-quatre personnes. Après neuf jours de navigation, ils se trouvaient près des îles, et aussitôt ils tirèrent plusieurs coups de canon, pour donner avis à Cantova de leur arrivée ; mais aucune barque ne parut, ce qui donna des soupçons que les barbares pouvaient l'avoir tué. On prit la résolution d'entrer dans une baie formée par deux îles, dont la grande est Falalep, et s'étant approché du rivage à la portée du pistolet, on s'aperçut que l'ancienne maison avait été brûlée, et que la croix élevée sur la côte n'existait plus. Enfin, quatre petites barques des insulaires s'approchèrent du bâtiment et apportèrent des noix de coco. On leur demanda en leur langue des nouvelles de Cantova et de ses compagnons : ils répondirent d'un air embarrassé qu'ils étaient allés à la grande île d'Yap; mais la frayeur peinte sur leur visage, et le refus qu'ils firent de venir à bord, quoiqu'on leur offrît du biscuit, du tabac et d'autres bagatelles de leur goût, ne laissèrent aucun doute que nos gens n'eussent péri par la main des barbares. On vint enfin à bout de prendre un de ces insulaires, et de le faire monter dans le bâtiment : les autres, abandonnant aussitôt leurs barques, se jetèrent à la nage avec de grands cris. Le bâtiment passa la nuit dans cette baie, et, le lendemain, s'éloigna de ces îles à dessein de faire route vers Yap. Les Espagnols naviguèrent trois jours entiers ; mais ne sachant à quel degré l'île est située, ni le rhumb du vent qu'il fallait suivre pour s'y rendre, ils ne purent jamais la découvrir. Pendant ce temps-là on questionna l'insulaire, en lui donnant toutes sortes d'assurances qu'il ne lui serait fait aucun mal s'il disait la vérité. Il avoua enfin que, peu de temps après le départ de Walter, on avait tué Cantova et tous ses compagnons.

« Ce père s'étant rendu, avec son interprète et deux soldats, dans l'île de Mogmog pour y faire un baptême, ses compagnons étaient restés à Falalep pour garder sa maison. A peine eut-il mis le pied dans l'île, que les habitants s'attroupèrent en grand nombre armés de lances, et poussant des cris affreux, s'avancèrent vers Cantova, qui leur demanda doucement pourquoi ils voulaient lui ôter la vie, à lui qui ne leur avait jamais fait de mal. «Tu viens, répondirent-ils, pour détruire nos coutumes et nos usages : nous ne voulons point de ta religion. » A ces mots, ils le percèrent de trois coups de lance, dépouillèrent son cadavre de ses habits, l'enveloppèrent dans une natte et l'enterrèrent sous une petite maison, ce qui est, parmi eux, une sépulture honorable qu'ils ne donnent qu'aux principaux de leur île. Ils massacrèrent de même les trois autres, et mirent leurs corps dans une barque qu'ils abandonnèrent au gré des flots. Après ce meurtre, ils s'embarquèrent et vinrent à l'île Falalep, au lieu où les autres étaient restés. A l'approche des barbares, qui paraissaient transportés de rage, les soldats se mirent en défense et tirèrent quatre petits canons, qu'ils avaient placés devant leur maison, dont quatre insulaires furent tués. Ils continuèrent à se défendre à coups d'épée et de sabre, mais enfin, accablés par le nombre, ils furent tous percés à coups de lance, et leurs corps enterrés au bord de la mer. Il périt quatorze personnes en cette occasion, Cantova, huit Espagnols, quatre Indiens des Philippines et un esclave. Un autre jeune Philippin de la province tagale fut seul épargné, parce qu'un des principaux de l'île en eut compassion et l'adopta pour son fils. La maison fut pillée par les barbares, qui partagèrent entre eux tout ce qui s'y trouva, et la détruisirent. »

Le récit qui nous reste du P. Cantova nous apprend qu'outre les diverses racines qui tiennent lieu de pain aux habitants de Yap, on trouve dans cette île des patates, en leur langue *camotes*, venues des Philippines, ainsi qu'un Carolin, nommé Caïal, le lui avait rapporté. Ce Carolin lui dit que son père, nommé Coor, l'un des plus qualifiés de l'île, trois de ses frères et lui-même, alors âgé de vingt-cinq ans, furent jetés par la tempête dans l'une des îles Philippines, nommée Bissayas (*), qu'un missionnaire espagnol prit soin d'eux, leur donna des habits

(*) Vraisemblablement une des îles au sud de Louçon.

et du fer, ce qu'ils estiment plus que toute chose au monde; qu'à leur retour ils apportèrent des semences de plusieurs plantes, entre autres des patates, qui ont si bien multiplié que leur île a eu de quoi en fournir à toutes les autres. Ces insulaires font une pâte odoriférante de couleur jaune et incarnat, dont ils se peignent le corps, les jours de réjouissance: c'est, selon leur idée, une magnifique parure. J'ai peine à croire ce que m'ajouta ce même homme, qu'il y a dans son île des mines d'argent, mais qu'on n'en tire qu'en petite quantité, faute d'instruments de fer propres à creuser la terre; que quand il en tombe sous la main quelque morceau vierge, on travaille à lui donner une forme ronde, et l'on en fait présent au seigneur de l'île nommée Taguir. Il dit qu'il en a chez lui d'une grandeur propre à lui servir de siége. Le bon P. Cantova doutait avec raison de l'exactitude de ce récit, que nous nous permettrons de placer au rang des contes bleus.

Cette île fut revue ou visitée par différents marins, et entre autres par le capitaine du *Swallow*, en 1801, et plus de vingt ans plus tard par M. G. L. Domeny de RIENZI, auteur de l'ouvrage sur l'*Océanie* que le lecteur a sous les yeux. C'est lui qui a dit le premier: « Le tabou existe à Yap, sous le nom de *matmat:* une espèce de voile blanc indique le lieu taboué. L'île de Yap a un petit port au milieu des récifs; elle est infiniment moins étendue qu'elle n'a été figurée sur la carte d'Arrowsmith. Elle n'a guère que six milles du nord au sud et autant de l'est à l'ouest, et abonde en cocotiers. Elle a de grands pros, et sur le rivage d'énormes hangars. Ses habitants sont peut-être les meilleurs hommes du monde. »

Environ un an après M. de Rienzi, le capitaine Dumont d'Urville eut quelques communications avec les naturels. Voici ce qu'il dit dans son journal, où il a fixé la position de la pointe sud de Yap par 9° 25' latitude nord, et 135° 41' longitude est:

« Quatre pirogues qui, depuis longtemps, se dirigeaient vers nous, profitèrent de ce moment pour nous rejoindre; trois d'entre elles ne contenaient que trois ou quatre hommes chacune; mais la quatrième, beaucoup plus grande, en portait neuf. Tous ces sauvages montèrent à bord sans difficulté, et ne parurent nullement surpris de nous voir. Ces hommes avaient la figure ouverte, la gaieté, et la plupart des manières des autres Carolins; par les haillons que plusieurs d'entre eux portaient, il était facile de juger qu'ils avaient eu de fréquentes relations avec les Européens. En effet, l'un d'eux, qui parlait un peu espagnol, me cita les noms de six ou neuf navires qui ont péri dans son île, et m'indiqua un mouillage dans un enfoncement, sur la côte de l'est. Cet homme me dit qu'il avait été à Gouaham dans un de leurs grands pros. Il n'avait aucune connaissance des îles Élivi; mais il m'a parlé des îles Égoï, situées dans l'est sudest, et qui sont, dit-il, au nombre de quatre. Il m'a fort bien indiqué les îles Palaos et Matelotas dans leurs directions respectives; mais il m'a dit que les dernières se nommaient Goulou dans sa langue, et que sa propre île s'appelait Gouap. Je serais disposé à croire que *go* n'est qu'une particule qui signifie *c'est*, ou l'article *le, la*, comme le *ko* des nouveaux Zélandais, et le *no* des Taïtiens. Ainsi, les vrais noms de ces îles seraient Oulou et Ouap, d'autant plus qu'à Élivi les sauvages prononçaient évidemment Yap. Toutefois, jusqu'à plus ample informé, nous adopterons les désignations de Gouap et Goulou.

« Ces naturels sont assez bien faits, à peine tatoués; leur teint est fort clair, et plusieurs d'entre eux portent des chapeaux pointus comme les Chinois. Leurs pirogues sont absolument semblables à celles des Carolins, à cela près que les deux extrémités se relèvent beaucoup plus, à l'instar des gondoles de Constantinople. Ils n'avaient apporté à vendre ni fruits ni provisions, ni même aucun objet de leur industrie.

« Cependant leur île offre l'aspect le plus riant et le plus fertile, surtout dans toute sa partie méridionale, qui est basse et presque entièrement couverte de superbes cocotiers. De distance en distance, on remarque sur le rivage de très-grandes maisons avec d'immenses toits, dans le genre des cases d'Ualan. La partie du nord est plus élevée, bien plus que les plus hautes montagnes ne paraissent pas avoir plus de soixante à quatre-vingts toises au-dessus du niveau de la mer (*).

« Combien il m'eût été agréable de pouvoir mouiller à Gouap, et d'y étudier pendant quelques jours les mœurs de ses habitants et les productions du sol ! Mais l'*Astrolabe* n'était plus qu'un hôpital flottant ; un découragement général régnait à bord. Il fallut donc se contenter du coup d'œil rapide que nous venions de jeter sur ce coin de terre, et poursuivre notre route au sud ¼ sud-est, en gouvernant sur les îles Goulou. Au moment où nous fîmes servir, tous les naturels qui se trouvaient à bord sautèrent précipitamment dans leurs pirogues, et s'empressèrent de regagner la plage. On eût dit qu'ils craignaient que nous ne fussions tentés de les emmener en esclavage. Il est vraisemblable que pareils tours leur ont été joués plus d'une fois. »

PARALLÈLE ENTRE UALAN ET PÉLIOU.

J'ai dit, à mon retour à Paris, après une si longue absence, que la plus grande analogie existe entre les insulaires de Péliou et les naturels de Gouap, et c'est pourquoi j'ai uni les premiers aux Carolins, auxquels ils ressemblent si fort. J'ai vu avec plaisir qu'un savant et ingénieux voyageur, M. R. P. Lesson, partage cette opinion dans le parallèle qui suit :

« Les différences des langues et des mœurs entre les habitants de Péliou et ceux de Ualan paraissent assez sensibles ; mais elles ne tiennent qu'aux altérations de localités, qui sont survenues dans des idiomes peu formés ; peut-être même existe-t-il plus d'analogie que je ne prétends en signaler ; car la manière de rendre des sons par des signes diffère quelquefois tellement entre deux écrivains du même pays, qu'à plus forte raison il devient plus difficile de s'accorder avec un écrivain étranger. Après avoir écrit mon mémoire sur Ualan, j'ai été surpris, en lisant depuis la relation de Wilson, de la similitude qui existe entre ces îles séparées par un espace de près de six cents lieues en longitude, mais placées par la même latitude, et formant avec les Carolines cette longue bande de terres, tantôt montagneuses, tantôt à fleur d'eau sur des récifs interrompus, que peuple la même race d'hommes, et qui présente, par ce qu'on en connaît, l'ensemble des mêmes mœurs et des mêmes coutumes.

« Les îles Péliou, primitivement vues par les Espagnols, qui les nommèrent îles de Palaos, sont formées de montagnes très-boisées, bordées de terrains plats, et enveloppées de récifs de coraux qui s'avancent dans la mer. Elles sont gouvernées par un roi ou chef suprême, aidé par des chefs du second ordre, nommés rupaks, qui forment la noblesse, et correspondent aux urosses. Les affaires se traitent en conseil et assis, tel que cela se pratique à Ualan, lorsque les chefs reçoivent en assemblée publique. Le peuple n'aborde les rupaks qu'avec le plus grand respect, mettant la main devant leur figure lorsqu'ils parlent au roi, et se prosternant devant lui jusqu'à terre. Les rupaks sont décorés de l'ordre de l'os, dit Wilson ; je n'ai rien vu d'analogue chez les urosses.

« L'identité la plus grande règne dans les productions des îles de Palaos et de l'île de Ualan. Dans les unes comme dans l'autre la terre est cultivée avec soin. L'arbre à pain sauvage, les ignames (*arum esculentum*) et les cocos sont les principales productions végétales, auxquelles s'adjoignent les bananes, les oranges, les limons, les bambous les cannes à

(*) Ce qui les réduirait au rang des collines s'il n'était pas question de petites îles, telles que le sont la plupart des îles de la Polynésie.   G. L. D. R.

sucre, et le tumeric ou curcuma. La flore usuelle est sans exception la même. Le poivre siriboa est employé à Ualan pour fabriquer de la schiaka (*), boisson douce, puis excitante, que les naturels estiment beaucoup. Les habitants des îles de Palaos se servent du poivre bétel, usage qu'ils auront reçu des Malais, que des naufrages fréquents ont dû y pousser.

« Les quadrupèdes des deux îles sont le rat et le vampire. Les Péliouiens avaient des chats provenus sans doute de communications antérieures; mais on n'y trouva point les chiens et les cochons. Les coqs et les poules, d'après Wilson, ne servaient point à la nourriture, et j'ai pu faire les mêmes observations à Ualan. Les pigeons sont communs dans les deux îles. Parmi les poissons, les Anglais mentionnent à Péliou l'unicorne, les langoustes et le kima (tridacne), et ces animaux sont très-abondants à Ualan. La perspective des îles Péliou, vues en mer, dit le rédacteur du naufrage de Wilson, présente une terre haute et raboteuse, très-couverte de bois. L'intérieur était montagneux en plusieurs endroits; mais les vallées, belles et étendues, offraient à l'œil des aspects délicieux. Le sol en général était riche, et l'herbe y croissait en quantité.

« Cette description, à cela près des différences d'étendue, serait applicable à Strong, qui est d'ailleurs plus favorisée par les rivières et les sources. La manière de vivre chez les deux peuples est la même : fabrication de diverses bouillies avec la chair de coco, le suc de canne, les bananes, etc.; consommation de poisson cuit ou cru, boisson ordinaire d'eau ou de lait de coco, et même repas trois fois dans le jour. A Péliou comme à Ualan, les maisons ont un plancher en bambous, avec un espace quadrilatère au centre pour le foyer; des portes basses, fermées en bambous; des toits très-élevés, couverts de feuilles de palmier (vaquois) par lits très-épais; et il y a des maisons publiques, consacrées aux fêtes et aux assemblées, plus grandes que celles destinées au logement ordinaire.

« Les deux peuples ont les mêmes procédés pour préparer leurs aliments, à cela près de l'ébullition, inconnue à Ualan. Les habitants de Péliou ont aussi un grand nombre d'armes, dont l'état d'hostilité dans lequel ils vivent entre eux leur a fait sentir le besoin. Leurs haches sont aussi en coquilles de kima, et leurs pirogues, d'une forme élégante, sont également peintes en une couleur rouge très-solide. Les étoffes diffèrent peu dans les deux pays. On y observe la même habitude de porter des fleurs dans les trous des oreilles, de nouer les cheveux sur le sommet de la tête, et de se tatouer; mais l'usage de noircir l'émail des dents, par exemple, n'existe pas à Ualan.

« Les chefs de Péliou ont plusieurs épouses, et j'ai la conviction que les urosses en ont également un certain nombre. Les deux peuples manifestèrent absolument le même étonnement, lorsqu'ils virent de près Wilson et ses compagnons, et lorsqu'ils nous virent à Ualan. Seulement, dans le roi et les Urosses, nous ne trouvâmes point un Abba-Thoulé et un Raa-Kouk. Ceux de Ualan nous parurent envieux, jaloux de leurs prérogatives, et sans la moindre noblesse dans le caractère. »

Nous verrons plus tard la dissemblance qui existe entre l'opinion de M. Lesson et celle du capitaine Lütke à l'égard des urosses.

GUERRE ET COUTUMES SEMBLABLES CHEZ LES CAROLINS ET LES HÉROS DE L'ILIADE.

Les îles Carolines hautes étaient dernièrement, ainsi que je l'avais déjà vu sur les côtes de l'Abyssinie, dans un état de guerre et d'anarchie continuelle. Yap était la plus troublée, parce qu'elle est partagée entre plusieurs chefs. Quand un chef veut attaquer un de ses rivaux, il sonne aussitôt la conque marine; ses vassaux se réunissent autour de lui; ses hérauts vont déclarer la guerre au chef ennemi. Les guerriers préparent leurs armes : l'un se peint le corps de diver-

---

(*) C'est sans doute le séka, boisson enivrante.

ses couleurs et, surtout en jaune avec la poudre de curcuma; l'autre coiffe sa tête d'un vaste panache de fleurs. La veille du combat on chante, on danse, on mange, et on boit le séka toute la nuit. Dès le lever du soleil, les deux armées se rangent en bataille; au coucher du soleil, elles se retirent, soit que le sort leur ait été favorable, soit qu'il leur ait été contraire, et la nuit est encore employée aux plaisirs de la table. Le combat recommence au point du jour, et, à la fin de cette seconde journée, les prisonniers sont réduits en esclavage ou coupés en morceaux. Alors les jeunes filles, couronnées de fleurs, forment des danses accompagnées de chants, et offrent aux vainqueurs les fruits dont sont remplies les corbeilles qu'elles portent sur leur tête comme les portaient les *canéphores* dans les mystères d'Éleusis. On m'a assuré que, dans les îles orientales de l'archipel, et même à Yap, les prisonniers sont quelquefois dévorés dans ce troisième festin, où offerts en sacrifice aux dieux; ensuite les deux armées se réconcilient jusqu'à ce que les passions d'un des chefs les forcent de nouveau à recommencer la guerre.

Ne reconnaît-on pas dans le fond de ce récit les combats de l'*Iliade*, dénués de l'admirable poésie d'Homère? et, bien que l'*Iliade* ne mentionne pas des festins de chair humaine, ne pourrait-on pas supposer que ces exécrables festins ont existé parmi les héros de la guerre de Troie, ou peu de temps avant cette époque, quand on voit, dans l'épopée homérique, Jupiter reprocher à Junon, à l'implacable Junon aux yeux de bœuf, *de vouloir continuer la guerre jusqu'à ce qu'elle ait mangé Priam et ses fils crus ou rôtis?* N'est-il pas probable en effet que, dans les temps héroïques de la Grèce, cette contrée fameuse n'était habitée que par des demi-sauvages, auxquels de grands poètes ont donné une grande illustration, et que ces sauvages étaient anthropophages, ainsi que le sont et l'ont vraisemblablement été tous les peuples dans le soi-disant état de nature?

GROUPE D'ÉLIVI, ÉGOY OU OULUTHY.

Nous avons entendu des Carolins désigner ces îles sous le nom d'Oulevi; les Espagnols et les Maïndanéens qui les fréquentent les appellent Égoy, du nom d'un capitaine espagnol; mais M. d'Urville les nomme Elivi. Voici comment il s'exprime à ce sujet:

« Nous rencontrâmes des Carolins, et quand nous leur prononçâmes le nom de Yap, ils l'indiquèrent sur-le-champ dans l'ouest; ils avaient aussi connaissance de Satawal, Faïs, Mogmog, Lamourik, Iouli, etc.; mais le nom d'Égoy leur était parfaitement inconnu, et quand nous prononçâmes ce mot en montrant leurs îles, ils faisaient un signe de dénégation en disant, Élivi. Le mot *tamouel*, pour chef, est aussi de leur langue, et *mamaï* paraît signifier pour eux: *Bon, c'est bien*. Ces bons sauvages m'auraient encore donné de grand cœur une foule d'autres renseignements, car ils étaient fort communicatifs et même loquaces; mais nous n'entendions point leur langue, et, comme nous étions dans l'obscurité, leurs gestes mêmes étaient perdus pour nous. Au bout d'une heure, je leur fis observer que nous nous écartions de leurs îles. Ils nous quittèrent avec un regret marqué, et en nous promettant à diverses reprises de revenir le lendemain matin à bord, et de nous apporter de beaux poissons. »

Un savant navigateur, M. le capitaine Frédéric Lütke, aujourd'hui amiral (*), vint, quelques mois après, faire la géographie complète et détaillée de ce groupe, qu'il nomme *Ouluthy*, et non *Etivi*. Celui d'*Oulevi* que j'ai donné, tient le milieu entre les deux. M. Lütke mentionne sur ses belles cartes, les îles Lothoou, Fataray, Falalep, Patanga-

(*) L'excellent voyage de M. Lütke, traduit du russe en français sur le manuscrit original, par M. le conseiller d'État Boyé, n'existe, jusqu'à ce jour, que dans notre langue. Nous emploierons dans l'occasion la traduction de M. Boyé, faite sous les yeux de l'auteur, et dont MM. Firmin Didot, ses éditeurs et les nôtres, ont eu l'obligeance de nous communiquer les feuilles, à mesure qu'elles étaient imprimées.

ras, Ear, Khielap, Mogmog, Losieppe et Eou, qui correspondent aux îles Loto, Fataray, Falalep, Patagarus, Yaor, Luxeleu, et, que les Carolins de relâche aux Mariannes communiquèrent autrefois à Serrano, jésuite espagnol. Le groupe Elivi, ou Ouluthy, ou Egoy, ou Oulevi, long de dix-huit à vingt milles du nord au sud, avec une largeur à peu près égale de l'est à l'ouest, comprend une vingtaine d'îles basses et boisées, toutes de petite dimension. Les plus grandes, comme Falalep, Mogmog et Patangaras, ont à peine un mille de long sur un demi-mille de large. Leur latitude est du 9° 4' au 10° 6' de latitude nord; leur longitude du 137° 8' au 137° 28' longitude est. Si l'on en croit les vieilles relations espagnoles, le roi de ce groupe résidait à Mogmog. Les missionnaires ajoutent que, dès que les barques qui naviguent dans ce golfe sont en vue de Mogmog, on amène les voiles, comme marque de respect et de soumission des insulaires vis-à-vis de leurs seigneurs.

GROUPE DE HOGOLEU OU PLUTOT DE ROUG.

Ce groupe est le plus important de la Polynésie, après les îles Péliou. Ses hautes terres sont entourées par un véritable atolle ou groupe d'îlots très-bas.

Le capitaine américain, B. Morrell, ayant visité à diverses reprises le groupe de Hogoleu, qui n'est connue des naturels que sous le nom de Roug et qu'il nommé groupe de Bergh, y mouilla et y séjourna trois jours, à la fin du mois d'août 1830. Nous avons pensé que le lecteur serait satisfait de trouver ici ce que M. Morrell a écrit touchant ces îles. Bien que ce récit, qu'un de ses amis m'a assuré avoir été écrit et brodé par madame Morrell, nous paraisse exagéré, il donnera du moins une idée passable de ce groupe (*)

De tous les insulaires que j'ai pu visiter, ceux-ci sont certainement les plus actifs, les plus aimables et les plus intéressants. L'adresse avec laquelle ils manœuvrent leurs pirogues est vraiment étonnante; mais elle ne

(*) Une partie de ce chapitre est tiré du voyage de Morrell.

le cède en rien à l'habileté qu'ils apportent à leur construction et à leur gréement.

La plupart de ces pirogues sont longues et portent de quinze à trente hommes. Le fond se compose d'une seule pièce de bois, ayant généralement de trente à cinquante pieds de long, et taillée en forme de pirogue, sans autres instruments que ceux qu'ils fabriquent avec des coquilles, etc. Chacun des côtés est formé par une seule planche de quatorze à dix-huit pouces de largeur; l'un est perpendiculaire à la surface de l'eau, tandis que l'autre est un peu incliné par rapport à cette surface. Ces côtés sont solidement joints avec le fond, au moyen de fortes cordes en écorce d'arbre, ainsi qu'à la poupe et à la proue qui sont élégamment sculptées.

Ces pirogues allant souvent à la voile, et le côté incliné se trouvant toujours au vent, on supposera naturellement qu'elles seraient exposées à chavirer. Une ingénieuse invention supplée à cet inconvénient. Une plate-forme, nommée balancier, s'étend horizontalement, à la distance de huit à dix pieds, en dehors du bord oblique de la pirogue. Le poids de cet appareil empêche l'embarcation de s'abattre sous le vent, tandis que la forme aplatie de la partie sous le vent l'empêche de dériver; en même temps, le flotteur du balancier s'oppose à ce qu'elle puisse chavirer du côté du vent. Telle est la forme des pirogues simples qui cinglent avec une grande rapidité, soit à la pagaie, soit à la voile, soit avec ces deux moyens à la fois.

Leurs doubles pirogues sont construites précisément de la même manière, à l'exception du balancier, qui cesse d'être nécessaire. Les deux pirogues sont fixées parallèlement l'une à l'autre avec des traverses en bambous. Elles ont ordinairement quarante pieds de long, et leur intervalle est de huit à dix pieds; les bambous qui les unissent sont placés à deux pieds d'intervalle, et fortement attachés aux plats-bords avec des liens en corde d'écorce; de petits morceaux de bambous sont

8.

attachés sur ces traverses, de manière à former une plate-forme de vingt à vingt-cinq pieds de longueur, sur huit ou dix pieds de large. Les naturels font agir les pagaies sur les deux bords des pirogues, et les font marcher avec une surprenante rapidité, beaucoup plus vite que nos baleinières à six avirons, armées par nos plus vigoureux matelots. Ce sont là leurs pirogues de guerre, et plusieurs d'entre elles ont leur arrière et leur avant sculptés avec beaucoup de goût, à peu près à la manière des Nouveaux-Zélandais. Leurs pagaies ont communément quatre pieds de long, avec des pelles de six pouces de large, et sont très-habilement travaillées.

Leurs voiles sont, ainsi que leurs vêtements, fabriquées avec une belle et longue herbe, qu'ils ont le talent de tisser pour en faire une étoffe solide propre à toutes sortes d'usages. Le mât, haut de douze à dix-huit pieds, est tout à fait perpendiculaire et placé au milieu de la pirogue; à la tête de ce mât se hisse une vergue de vingt-cinq à trente-cinq pieds de long, et, quand elle est hissée en tête du mât, le bas tombe sur le plat-bord de la pirogue. Ces voiles sont taillées de manière que les pirogues n'ont jamais besoin de venir dans le lit du vent en louvoyant; car dans celles-ci les deux extrémités peuvent également se trouver en avant. Quand les naturels veulent passer de l'autre bord, ils laissent porter tout d'un coup, jusqu'à ce que l'arrière de la pirogue devienne l'avant, et se range au plus près du vent; en même temps on relève le point de la voile qui servait d'abord d'amure, et on baisse l'autre que l'on amarre à l'autre bout de l'embarcation. Ainsi, celle-ci peut tour à tour serrer le vent sur les deux bords, sans venir précisément dans son lit (voy. pl. 99).

J'ai vu de ces pirogues filer jusqu'à huit milles, à quatre pointes du vent; mais, en courant grand largue ou vent arrière, je ne doute pas qu'elles ne pussent atteindre à la vitesse de douze ou treize nœuds avec une mer calme. En touchant seulement à la voile, avec le vent du travers, ces pirogues passent et repassent entre deux îles, chaque bout servant alternativement de proue, avec une grande rapidité et sans avoir besoin de virer de bord. Les voiles, comme je l'ai observé, sont faites avec la même étoffe que les habillements; mais elle est beaucoup plus forte, et préparée par petits morceaux de trois pieds en carré que l'on coud ensemble. En coupant la voile pour lui donner sa forme, les pièces qu'il faut retrancher d'un côté vont de l'autre, ce qui fait que les drisses se placent sur le milieu de la vergue.

Ces pirogues servant principalement pour la pêche, nous allons mentionner les ustensiles nécessaires à cet objet. Leurs filets et leurs seines sont en fil retors, qu'ils fabriquent avec une écorce d'arbre. Les mailles ont environ un pouce carré, et la longueur de la seine varie de quinze à vingt brasses, avec une largeur de quinze à dix-huit pieds. En place de flotteurs en liége, ils emploient de petits nœuds de bambous, et, pour faire plonger le filet, ils se servent de petites pierres pesantes et unies au lieu de plomb. Leurs hameçons et leurs lignes sont très-ingénieusement travaillés; les premiers sont en nacre de perle et en écaille de tortue. La nacre de perle est très-propre à cet objet, attendu que les hameçons de cette espèce n'ont point besoin d'appât; car l'éclat de la nacre attire et séduit le poisson qui l'avale sur-le-champ. Leurs lignes sont de la même matière que leurs filets, proprement tordues et d'une grande force. Comme ces gens passent une grande partie de leur vie à la pêche, ils considèrent comme un jeu d'aller à quarante ou cinquante milles à la recherche de leur proie, et reviennent dans la soirée du même jour.

Lors de notre première visite, j'ai rapporté qu'une ceinture d'environ quarante petites îles en environne plusieurs autres plus grandes, dont quatre avaient environ trente milles de circonférence. Les îles de l'intérieur sont seules habitées et contiennent une population d'environ trente-cinq mille âmes, divisée en deux races distinctes. Les deux principales îles de l'ouest, avec quelques-unes des petites, sont peuplées par la race indienne de couleur cuivrée, tandis que les deux îles orientales, avec leurs dépendances, contiennent une race bien plus voisine de celle des nègres. Ils se font fréquemment la guerre, ainsi que je l'appris des deux partis, bien qu'ils fussent alors sur le pied de paix. Les Noirs sont les plus nombreux, étant au nombre d'environ vingt mille, tandis que le nombre des Indiens ne dépasse pas quinze mille. Je vais essayer de décrire brièvement chacune des deux tribus, en commençant par la noire qui occupe les deux îles de l'est.

Pour la stature, les hommes ont environ cinq pieds dix pouces anglais de hauteur; ils sont bien proportionnés, musculeux et actifs; leur poitrine est large et saillante; leurs membres bien tournés; leurs mains et leurs pieds petits. Leurs cheveux sont beaux et bien frisés, sans être semblables à ceux des Africains. Leur front est haut et droit, leurs pommettes saillantes, leur nez bien dessiné et très lèvres assez minces. Ils ont les dents belles et blanches, le menton large, le cou court et épais, les épaules larges et les oreilles petites et un peu ouvertes que les nôtres. Leurs yeux sont noirs, vifs, brillants et perçants avec des cils longs et relevés. L'expression habituelle de leur physionomie annonce un caractère fier et entreprenant.

A la ceinture et sur les reins, ils portent une natte fabriquée en écorce d'arbre élégamment tissue, et ornée avec goût d'une quantité de figures de couleurs diverses. Ils portent aussi sur la tête des ornements du même tissu, agréablement ornés de diverses espèces de plumes; cette coiffure ressemble à un turban surbaissé, surmonté d'une frange riche et élégante. Les chefs ont le lobe inférieur des oreilles fendu, de manière à présenter une ouverture suffisante pour y introduire des morceaux d'un bois très-léger, qui sont souvent aussi gros que le poignet. Cet ornement est en général enrichi d'une variété de belles plumes, de dents de requin, etc. Ils portent aussi au cou des colliers en écaille de tortue et en nacre de perle, et une touffe de belles plumes. Leur corps est couvert de tatouage, et cette opération est généralement exécutée d'une manière tout à fait agréable à l'œil, présentant l'aspect d'une armure. Ils se teignent les cheveux en rouge, et la figure en jaune et en blanc, excepté lorsqu'ils vont à la guerre; car, dans ce dernier cas, ils se peignent le visage en rouge pour se donner un air plus féroce.

Les femmes sont petites, douées de jolis traits et d'un œil noir et étincelant qui respire la tendresse et la volupté. Elles ont la gorge arrondie et bien fournie, la taille élancée, de petites mains et de petits pieds, les jambes droites et la cheville du pied peu saillante. En un mot, elles semblent, à tous égards, admirablement formées pour les plaisirs de l'amour. En mettant de côté nos préjugés touchant certaine complexion, les attraits personnels de ces femmes sont d'un ordre très-distingué; néanmoins, elles ne négligent point l'aide étrangère de la toilette, car elles se décorent des plumes et des coquilles les plus riches qu'elles peuvent se procurer par l'affection de leurs parents et de leurs frères, ou de la galanterie de leurs amants ou de leurs maris. Elles portent autour de la tête et du cou diverses sortes d'ornements faits avec des dépouilles d'oiseaux et de poissons; leurs bras et leurs jambes sont décorés de la même manière, tandis que leur gorge est tatouée légèrement, mais avec goût. Elles portent également un petit tablier de huit pouces de large et de douze pouces de longueur, orné sur les bords d'une manière très-ingénieuse, et enrichi, dans le milieu, d'un ornement en petites coquilles de choix. Par-dessus le tout, elles portent un manteau ou tunique fabriquée avec une belle herbe soyeuse, tissue avec beaucoup de goût et d'habileté, et quelquefois bordée d'une frange élégante. Cet habillement a huit pieds environ de longueur, sur six de large, avec un trou dans le milieu, tout juste assez grand pour laisser passer la tête ; il ressemble beaucoup au *poncho* des Américains du sud.

Les devoirs et les occupations des femmes consistent dans la fabrication de toutes les étoffes, des lignes de pêche et des filets, dans le soin de la cuisine et dans celui d'élever les enfants. Elles s'acquittent de cette dernière tâche avec une attention et une tendresse exemplaires. Elles sont douces et affectionnées envers leurs maris, et à leur tour ceux-ci traitent leurs femmes avec une délicatesse et des égards qui pourraient faire rougir beaucoup de chrétiens. En un mot, elles paraissent dignes de répondre aux efforts des missionnaires qui attacheront plus de prix à la pratique de la religion qu'à sa théorie.

Les deux îles de l'ouest, comme je l'ai déjà dit, sont peuplées par environ quinze mille Indiens de couleur de cuivre, qui sont un peu inférieurs pour la taille à la tribu des Noirs que je viens de décrire. Les hommes n'ont en général que cinq pieds huit pouces, mais ils sont plus forts, plus vigoureux, plus athlétiques et mieux constitués pour la guerre et pour les fatigues, que la peuplade de couleur plus foncée. Ils sont très-actifs et d'une force remarquable. Parmi eux, j'en ai vu plusieurs qui ne pesaient pas plus de cent cinquante livres chacun, et qui soulevaient notre petite ancre de bossoir, pesant plus de six cents livres, en apparence avec autant de facilité que j'aurais enlevé un poids de cent livres; pourtant ils vivent de fruits et de poisson, sans excitants d'aucune espèce. Ils ont le corps droit et arrondi, la poitrine saillante, les mains et les pieds bien conformés.

Leur teint est d'une couleur de cuivre très-pâle ; leurs cheveux, longs et noirs, sont en général proprement réunis au sommet de la tête. Ils ont le front élevé et proéminent, indice ordinaire des facultés intellectuelles. Au bas de cette partie, spécialement chez les femmes, règne une paire de longs cils soyeux, noirs comme le jais et fortement arqués. On dirait d'une draperie ou de rideaux sous lesquels leur âme sort de son palais, au travers du cristal de deux yeux noirs et brillants. Leurs visages sont arrondis, pleins et potelés, et les pommettes sont moins saillantes qu'on ne l'observe ordinairement parmi les nations sauvages. Ils ont un beau nez, modérément élevé, une bouche bien proportionnée et une double rangée de dents plus blanches que l'ivoire le plus pur. Les joues à fossette et les doubles mentons sont communs dans les jeunes gens des deux sexes. Les hommes ont le cou court et épais, et généralement couvert par devant d'une longue barbe noire qu'on laisse croître seulement à partir du menton. Cependant quelques-uns de leurs principaux chefs portent de très-grandes moustaches. Ils ont de grandes oreilles, et leur partie inférieure est percée d'une ouverture assez grande pour recevoir un ornement de la grosseur d'un œuf d'oie. Cet ornement est souvent décoré avec des dents de diverses sortes de poissons, des coquilles, des becs et des plumes d'oiseaux, et des fleurs des vallées. Ils portent aussi des colliers de la même nature. Ils ne sont guère tatoués que depuis le bas du cou jusqu'au creux de l'estomac. Souvent, sur la poitrine des chefs, c'est un tatouage non interrompu, représentant une foule de figures fantastiques, exécutées avec beaucoup de goût et de délicatesse. L'habillement des deux sexes est semblable à celui de leurs voisins de l'est, et il ne s'en distingue par rien d'important. Ils portent des bracelets en écaille de tortue aux bras, et en nacre de perle aux jambes et à la cheville du pied. Pour la propreté personnelle, ces insulaires pourraient défier tout autre peuple de la terre. Ils sont naturellement gais, affectueux, joyeux, vifs et actifs, extraordinairement doux et affectionnés envers leurs femmes et leurs enfants, et pleins de déférence et de respect pour la vieillesse.

En général, leurs femmes sont à

peu près de la même taille que les nôtres; leurs formes sont délicates, leur taille svelte et leur buste admirablement moulé ; leurs pieds et leurs mains ne sont pas plus grands que chez nos enfants de l'âge de douze ans, et j'ai souvent enfermé dans mes deux mains la taille des filles de dix-huit ans. Elles sont nubiles à l'âge de cent cinquante lunes, environ douze ans. Elles ont la tête petite, le front élevé, les yeux grands et noirs, les joues pleines et potelées, le nez bien fait, la bouche petite, et, ce qui ne manque jamais dans cette partie du monde, des dents superbes, ce qui ajoute mille attraits à chacun de leurs sourires enchanteurs. Leurs oreilles sont petites et leur cou très-délicatement formé; par derrière flottent leurs longs cheveux noirs, quand ils ne sont point réunis sur la tête. Elles sont extrêmement modestes et d'une grande sensibilité touchant certains chapitres. Souvent, on voit la rougeur percer sur leur visage à travers leur teinte foncée. Leur maintien annonce constamment le contentement et la vivacité; leurs mouvements sont élastiques et comparables à ceux des sylphides. Les Virginiennes *pocahontas*, sous le rapport des attraits personnels et des charmes du caractère, seraient éclipsées par les femmes séduisantes du groupe de Bergh.

La chasteté et la fidélité dans le mariage semblent être des sentiments innés chez ces peuples, et l'on conçoit à peine la possibilité de violer ces vertus. Par conséquent leurs liens conjugaux sont presque toujours heureux. Une femme ne parle jamais de son mari qu'avec un sourire de contentement, et, dans tous mes rapports avec eux, je n'ai jamais vu un homme parler durement ou insolemment à une femme. Les affections sociales sont aussi très-fortes, et, chez eux, les relations de parenté les plus éloignées semblent être plus sacrées que les rapports les plus intimes parmi les Américains civilisés. Ils sont amis fidèles, bons voisins, et montrent une obéissance implicite aux lois et aux coutumes sous l'empire desquelles ils vivent. Les actes d'injustice et d'oppression sont à peine connus chez eux; mais la charité, l'humanité et la bienveillance y règnent dans toute leur étendue. Ils combattront vaillamment pour la cause d'un ami ; mais ils ne conserveront ni haine ni rancune pour toute injure qui leur sera personnelle. Les disputes individuelles sont très-rares, et quand elles ont lieu, leur conduite est toujours basée sur les règles de l'honneur et de la loyauté. Un homme n'attaquera jamais son voisin, quelle que soit l'offense reçue, s'il n'est assuré auparavant que sous le rapport de la force physique son ennemi ne lui est point inférieur, attendu qu'il aurait horreur d'abuser de sa faiblesse. Pour l'industrie, l'activité, la gaieté et la persévérance, aucune comparaison ne peut être établie entre ces naturels et ceux d'aucune des îles de l'océan Pacifique que j'ai eu l'occasion de visiter. Les hommes, les femmes et les enfants sont tous en mouvement depuis le lever du soleil jusqu'à son coucher, occupés à la pêche ou à la fabrication des armes, des ustensiles de pêche, des étoffes, des habitations et des pirogues. Tout ce qu'ils font est exécuté avec beaucoup de goût et d'adresse, bien qu'ils n'aient à leur disposition que des instruments en coquilles, en pierres et en dents de poisson. Par leurs lois, il leur est extrêmement défendu de rester couchés après le lever du soleil, excepté en cas de maladie ou d'infirmité corporelle; aussi, la dyspepsie, les maladies de foie et les mille et un maux qui affligent les races civilisées, sont inconnus aux naturels de ces heureuses îles.

En décrivant les vertus et les aimables qualités de ces insulaires, je ne prétends pas faire entendre qu'il n'y ait point d'exemples, ni de circonstances isolées où les lois ne puissent être violées. Un état parfait de la société n'existe point et peut-être n'existera jamais sur ce globe si riche en anomalies. La nécessité même des lois indique le contraire. Frapper une femme est à juste titre considéré par les naturels du groupe de Bergh comme une action inhumaine et barbare, quelle que soit sa faute. Mais si une femme devient rebelle et désobéissante envers son mari, qu'elle le maltraite, et que les moyens de la douceur ne puissent la faire changer, elle est transportée sur une petite île du groupe, où nul n'habite que des femmes; l'homme qui se permettrait d'enlever l'une d'entre elles sans la permission du gouvernement, serait mis à mort. Des punitions encore plus sévères sont infligées à l'homme qui maltraite sa femme. Pour les tours de force, d'adresse et d'agilité, quelques-uns de ces naturels laisseraient bien loin derrière eux les hommes qui se donnent en spectacle chez nous. Ils feront avec rapidité une foule de pirouettes en avant et en arrière, sans avoir rien d'élastique sous leurs pieds; ils sont également habiles à courir, sauter, grimper et lancer des masses pesantes, etc. Ils monteront à la cime d'un cocotier haut, droit et poli comme le mât d'un navire, en apparence avec autant d'aisance et d'agilité qu'un marin monterait le long des enfléchures des haubans quand elles viennent d'être reprises. Ils excellent aussi dans l'exercice de la natation, et semblent aussi à leur aise dans l'eau que les requins et les tortues. Ils plongent à la profondeur de quinze toises, et rapporteront une demi-douzaine d'huîtres perlières avec autant de facilité que quelques-uns de nos meilleurs nageurs iraient à trois toises pour rapporter quelque chose du fond.

A l'égard des idées religieuses de ces insulaires, le peu de renseignements qu'il m'a été possible d'obtenir peuvent être exposés en quelques mots. Ils pensent que tout a été créé par un certain être sage et puissant qui dirige et gouverne tout, et dont la résidence est au-dessus des étoiles; qu'il veille sur tous ses enfants et sur toutes les choses animées avec un soin et une affection paternelle; qu'il pourvoit à la subsistance des hommes, des oiseaux, des poissons et des insectes, le plus petit animal étant destiné à servir de pâture au plus grand, et tous devant servir au soutien du genre humain; que le créateur arrose ces îles de ses propres mains, en laissant tomber d'en haut les pluies en temps opportun; qu'il a planté le cocotier, l'arbre à pain et tous les autres arbres, ainsi que les buissons, les plantes et les touffes d'herbe; que les bonnes actions lui sont agréables, mais que les mauvaises actions l'offensent; qu'ils seront heureux ou misérables par la suite, suivant leur conduite en cette vie; que les bons vivront alors sur un groupe d'îles délicieuses, encore plus belles et plus agréables que les leurs, tandis que les méchants seront séparés des bons et transportés dans quelque île rocailleuse et désolée, où il n'y aura ni cocotiers, ni arbres à pain, ni eau fraîche, ni poisson, ni aucune trace de végétation. Ils n'ont ni temples, ni églises, ni formes extérieures de culte; mais ils disent qu'ils aiment l'Être suprême à cause de sa bonté envers eux.

Ils regardent le contrat du mariage comme une obligation sacrée, et il doit être célébré en présence du roi, ou de l'un des principaux officiers de Sa Majesté, dûment autorisé et délégué à cet effet. Avant qu'un contrat semblable soit formé, aucune restriction n'est imposée aux deux sexes, et les femmes non mariées peuvent accorder leurs faveurs à qui leur convient, sans encourir aucuns reproches, et sans éprouver aucune sorte de remords. Mais une fois mariées, un faux pas deviendrait une infamie. Une femme enceinte, qu'elle soit mariée ou non, est considérée avec honneur et respect; elle-même, justement fière de sa fécondité, est bien loin de prendre aucune précaution pour cacher son état. Un jeune naturel, en recherche d'une épouse, accorde généralement la préférence à celle qui a déjà donné une preuve si authentique de son aptitude à se former une famille.

Leurs cérémonies funéraires ont aussi quelque chose de singulier. A la mort d'un proche parent, on s'abstient de toute espèce de nourriture durant quarante-huit heures; et durant un mois on ne mange autre chose que des fruits, en se privant entièrement de poisson, qui est la plus grande friandise du pays Pour la perte d'un père ou d'un époux, on se retire en outre dans une solitude sur les montagnes l'espace de trois mois. Mais la vérité me fera ajouter une autre circonstance que, pour l'honneur de la nature humaine, je voudrais pouvoir passer sous silence. La mort du roi ou d'un chef est toujours célébrée par des sacrifices humains!... Plusieurs hommes, femmes et enfants sont choisis pour lui servir de cortége d'honneur dans le monde des esprits, et ils sont fiers de cette distinction, car ils sont enterrés dans le même tombeau que lui!... Dans ces occasions, et durant les deux mois qui suivent les funérailles d'un chef, il n'est permis à aucune pirogue de flotter sur l'eau. Un petit nombre de missionnaires auraient bientôt dissipé ces ténèbres superstitieuses.

J'ai déjà dit que la race polynésienne, qui habite les deux îles de l'ouest, et la race noire, qui occupe les deux îles de l'est, sont souvent en guerre; mais je n'ai pas encore mentionné leur manière de commencer et de poursuivre les hostilités. D'après tout ce que j'ai pu apprendre, voici la marche ordinaire de leurs opérations:

Si les insulaires de l'ouest ont reçu ou croient avoir reçu de leurs voisins de l'est quelque injure, par un agent dûment autorisé pour cette mission, ils envoient aux agresseurs l'avis que dans cinq jours, à partir de ce moment (car ils procèdent toujours par avis de cinq jours), à telle heure et dans tel endroit, un certain nombre de guerriers débarquera, d'un nombre désigné de pirogues, sur leur territoire, armé et équipé de telle et telle manière; enfin, que des négociations seront entamées au temps et au lieu indiqués, relativement aux explications à donner et aux réparations à exiger.

Le débarquement, la conférence et la négociation, tout a lieu en conséquence; et si le sujet de la querelle est arrangé à l'amiable, l'affaire se termine par un festin, et les deux partis sont satisfaits; mais si l'on ne peut tomber d'accord, on a recours à la voie des armes. Un nombre égal de guerriers vient se mesurer avec les plaignants, et la raison du plus fort en décide. Durant une demi-heure ils combattent comme des tigres furieux, distribuent la mort et les blessures sans réserve et sans pitié; puis ils se séparent, comme d'un commun accord, et se reposent le reste du jour. Les deux partis restent près du champ de bataille, occupés à enterrer leurs morts et à soigner leurs blessés.

Le jour suivant, quand les deux troupes ont déclaré qu'elles étaient prêtes, le combat recommence avec une nouvelle ardeur, et dure deux fois plus longtemps que la veille, à moins qu'un des partis ne quitte la place, et ne cède la victoire à l'autre. Dans le cas contraire, au bout d'une heure d'un combat opiniâtre, ils se séparent de nouveau, mettent de côté leurs armes, et s'aident mutuellement à enterrer leurs morts et à panser les blessés, de la manière la plus amicale. Le troisième jour le sort de la campagne est décidé. Ils commencent le combat le matin, et le continuent jusqu'à ce que l'un des partis succombe. Si ce sont les assaillants, ils abandonnent leurs pirogues et leurs armes aux vainqueurs, qui sont obligés de donner un festin aux vaincus et de les ramener en sûreté sur leurs îles, où un traité de paix est ratifié par un nouveau festin qui dure deux jours. Les deux peuples sont ensuite en deuil pendant quinze jours, en l'honneur de leurs amis tués dans le combat. Après cela, les relations d'amitié sont renouvelées, et les insulaires des deux tribus vont et viennent, comme de coutume, les uns chez les autres.

D'autre part, si les assaillants sont victorieux, les autres acquiescent à leurs demandes, et font le traité le plus favorable que les circonstances puissent leur permettre, toujours ratifié par un festin qui dure deux jours.

Les prisonniers faits dans l'action appartiennent aux individus qui les prennent, si leur parti remporte la victoire; autrement, ils sont rendus aux vainqueurs : mais les hommes du parti qui cède ne sont jamais considérés ni traités comme prisonniers; ils sont traités honorablement et reconduits chez eux, comme on l'a déjà dit.

Les armes qui servent dans les combats consistent en lances d'un bois très-léger, et armées de pointes en silex ou en os de poisson; ils ont aussi des lances d'une autre espèce, en bois très-pesant, d'environ quinze pieds de longueur, terminées en pointes acérées et durcies au feu. Ils envoient ces lances à la distance de trente ou quarante verges, dans un but de la taille d'un homme, et ne le manquent jamais; mais ils le frappent ordinairement près du centre. Les pointes de leurs armes ne sont point empoisonnées, et je ne saurais dire si c'est par un sentiment d'honneur ou bien par défaut de moyens. Leurs casse-têtes sont fabriqués avec une espèce de bois qui ressemble beaucoup à notre *fustic*; ils ont six ou huit pieds de longueur, sont de la grosseur du poignet à chaque extrémité, mais un peu plus minces au milieu, et sont bien travaillés, bien polis, et quelquefois élégamment ciselés. Ces sauvages les tiennent par le milieu, et s'en servent de la même manière qu'un Irlandais fait de son *shilaleh*. J'ai vu un homme, avec cette arme, en tenir une demi-douzaine à distance. Les frondes, avec lesquelles ils commencent d'ordinaire le combat, sont faites avec les fibres de l'écorce d'un arbre, et ont environ trois pieds de longueur quand elles sont doublées. Au centre est proprement pratiquée la poche pour recevoir la pierre, qui est d'ordinaire de la grosseur d'un œuf d'oie, et ils peuvent la lancer à cent ou cent cinquante verges avec assez de précision.

Les habitations de ces insulaires sont bien conçues et ingénieusement exécutées. Pour la grandeur, elles varient de vingt à soixante pieds de longueur, et de dix à trente pieds de largeur; elles n'ont que le rez-de-chaussée, avec des toits angulaires proprement recouverts de feuilles de cocotier ou d'autre palmier, qui les rendent complétement impénétrables à l'eau. Durant la saison pluvieuse, les côtés de la maison sont garnis de larges nattes, que l'on met en place à la fin de novembre et que l'on enlève vers le premier février, pour les serrer sous le faîte du toit, dans un lieu destiné à cet objet. Aussi, durant près de dix mois, l'air circule librement au travers de toutes les parties de la maison, la nuit comme le jour. Quand on enlève, en février, les nattes à l'épreuve de l'eau, on les remplace, pour la belle saison, par des nattes à mailles ouvertes, ressemblant, pour l'aspect, aux filets de bastingage ou des voiles d'étai d'un vaisseau, qui servent très-bien de persiennes. Les planchers sont tapissés de nattes grossières, qui sont régulièrement lavées une fois par semaine au bord de la mer.

Leurs lits sont des nattes souples et molles, mais très-bien travaillées, et les plus délicats en ont plusieurs empilées l'une sur l'autre; quelquefois les femmes qui sont mères ont des corbeilles ou berceaux en osier, suspendus au toit de la maison pour servir de couchettes aux jeunes enfants. Ils ont aussi une espèce de lit ou plutôt de litière très-ingénieusement imaginée pour les malades : c'est une grande natte forte, étendue sur un châssis de bambou, élevé d'environ dix-huit pouces au-dessus du plancher, et garni sur les bords de filets. Ces nattes sont pourvues dans le milieu d'un trou, afin de permettre au malade, quand il est très-bas, de faire ses besoins sans être dérangé. Sur ces litières sont suspendus de grands éventails en feuilles de palmier, que le patient peut facilement mettre en mouvement au moyen d'une ficelle. Ils ont aussi des nattes très-bien travaillées, destinées particulièrement aux repas, que l'on lave chaque fois qu'elles ont servi. En un mot, sous le rapport de la propreté personnelle et domestique, ces insulaires l'emportent de beaucoup sur tous les peuples que j'ai jamais vus; et ma femme me dit souvent que, pour son instruction dans la science du ménage, elle est redevable aux leçons qu'elle a reçues des dames du groupe de Bergh.

Leurs maisons sont disposées par groupes ou petits villages, rangées régulièrement, et séparées par des rues de cinquante toises environ de large. Chaque maison a un verger spacieux qui en dépend, entouré d'une palissade en bambou, qui permet la libre circulation de l'air. Au centre de chaque village, est la résidence d'un chef qui dirige toutes les affaires en qualité de magistrat. Toutes les querelles locales sont soumises à son jugement; mais on a le droit d'appeler de sa sentence à celle du roi ou du principal chef de la tribu.

Ces îles sont d'une élévation modérée; chacune d'elles est haute au centre, et le sol s'abaisse par degrés, pour se terminer en belles vallées et prairies fertiles qui s'étendent de toutes parts le long des rivages; partout on voit couler vers la mer des torrents d'une eau limpide. On concevra facilement qu'un groupe d'îles ainsi placé près de l'équateur, couvert d'un terrain profond et peu compacte, sous l'influence du soleil des tropiques, doit offrir une végétation rapide et perpétuelle. En effet, on peut observer sur le même arbre, et souvent sur la même branche, des fleurs et des fruits mûrs, mêlés avec des fruits dans toutes les phases de leur croissance. Chaque feuille qui tombe est presque immédiatement remplacée par une nouvelle, tandis que les fruits, parvenus à leur maturité, sont obligés de céder la place à de nouveaux germes. Là, le printemps, l'été et l'automne se disputent continuellement l'empire de la nature. L'hiver apparaît à peine un instant dans cette lutte, et se retire avec un sourire vivifiant, plus doux encore que celui des autres saisons.

Si les habitants de ces îles possédaient quelques petites connaissances en agriculture, et qu'ils voulussent y consacrer une étincelle du talent et de l'habileté qu'ils déploient dans leurs ouvrages habituels d'une moindre importance, ces îles pourraient bientôt devenir les plus beaux jardins du monde. J'ose me flatter de l'espoir d'avoir pu contribuer à fonder les bases d'une révolution aussi désirable. Je leur ai donné, à cet égard, quelques instructions pendant notre séjour, à l'aide d'interprètes, dont le dialecte naturel était si semblable au leur, qu'ils pouvaient converser ensemble sans la moindre difficulté. Je leur procurai aussi diverses sortes de graines, qu'ils promirent de planter et de cultiver suivant mes instructions. Dans ce nombre étaient des pommes, des poires, des pêches, des prunes, des melons, citrouilles, ignames, pommes de terre, oignons, choux, betteraves, carottes, panais, haricots, pois, etc. Je n'hésite pas à croire que le café, le poivre, la canne à sucre et les épices de diverses espèces réussiraient facilement et peut-être sans culture sur ces îles.

L'abondance et l'épaisseur des forêts est une preuve évidente de la richesse du sol qui couvre la surface de ces belles îles. Je sais que les terrains élevés produisent du bois de sandal, mais je ne pourrais affirmer en quelle quantité. Partout on trouve un grand nombre et une variété de belles plantes, non-seulement dans les plaines et les vallées, mais encore sur les hauteurs et jusque sur leurs cimes. Plusieurs étaient étrangères pour moi, et il y en a, je pense, qui ne sont pas bien connues dans ce pays. Les cocotiers et les arbres à pain viennent ici d'une taille énorme, et leurs fruits sont très-gros et très-savoureux.

Les naturels du groupe de Bergh sont favorisés de l'eau la plus pure, qui descend en torrents limpides des sources de leurs montagnes; mais ils la boivent rarement sans qu'elle ait monté dans les veines invisibles du cocotier, et qu'elle se soit déposée au centre de son délicieux fruit.

Ici le climat est délicieusement tempéré; les bois abondent en oiseaux de diverses espèces, tous agréables à la vue, et la plupart doués d'un chant mélodieux. J'ai vu plusieurs reptiles de la famille des lézards, mais pas un serpent. Les insectes sont nombreux, brillants, mais pas un n'est importun. Nous n'aperçûmes aucun minéral digne d'être remarqué. Les eaux, à l'intérieur du récif qui environne le groupe entier, abondent en excellent poisson de tout genre, qu'on peut prendre en quantité, soit à la seine, soit à l'hameçon. Des coquillages de différentes sortes se trouvent sur les récifs, les bas-fonds et les rivages. Quelques-uns offrent des échantillons qui surpassent tout ce que j'ai jamais rencontré en aucune partie du monde. Je ne sache point d'endroit où le naturaliste et l'amateur puissent se procurer une collection de coquilles rares, curieuses et précieuses, plus riche que dans ces îles. Les huîtres perlières sont communes, et celles que nous obtînmes des naturels sont de la même espèce que celles de Soulou. La tortue verte est commune; mais je pense que la tortue à tête pointue est très-rare, attendu que nous en vîmes très-peu dans l'eau, et que l'écaille se trouvait en petite quantité entre les mains des naturels.

La biche de mer (holothurie ou tripang des Malais) s'obtient ici en grande quantité et d'une qualité très-supérieure, pourvu que l'on puisse compter sur les dispositions amicales des naturels; autrement, le temps et la peine qu'on se donnerait pour cette pêche seraient en pure perte. Si les circonstances étaient favorables, on pourrait faire ici plusieurs cargaisons de cette denrée, et la majeure partie s'en vendrait à un prix fort élevé, si les échantillons que nous observâmes peuvent servir de règle pour juger de sa qualité en général. Quelques-uns de ceux que nous trouvâmes avaient deux pieds de longueur et dix-huit pouces de circonférence; leur chair, une fois les intestins enlevés, pesait encore de sept à neuf livres. C'est une dimension bien supérieure à celle de tous les mollusques de ce genre que j'aie jamais vus aux îles Fidgi, Nouvelles-Hébrides, Bougainville, Nouvelle-Zeelande, Nouvelle-Bretagne, Nouvelle-Guinée, Nouvelle-Hanovre, et même aux îles du Massacre (*). »

Il sera curieux de comparer l'éloge pompeux qu'a fait des insulaires de Hogoleu le capitaine Morrell, avec le peu de mots qu'en dit M. d'Urville dans son journal inédit de *la Coquille*, par suite des communications qu'il eut à la voile, avec ces sauvages, en juin 1824. Voici littéralement de quelle manière il s'exprime sur leur compte :

« Quelque étendu que paraisse être ce groupe au premier abord, par le fait il se réduit à peu de chose et doit être médiocrement peuplé; aussi n'avons-nous jamais vu plus de douze ou quinze pirogues à la fois, bien que durant les deux premiers jours nous ayons mis plusieurs fois en panne pour communiquer avec les naturels. Ces insulaires n'ont rien de remarquable; ils sont d'une taille médiocre, plusieurs sont difformes ou affligés de maux dégoûtants. Leur intelligence paraît bornée, et je crois cette race inférieure à celle d'Ualan. Pour le bon ton et la dignité, les *tamol* de Hogoleu ne valent nullement les *icros* et les *ton* d'Ualan, bien qu'ils aient les mêmes dispositions au vol. Tout porte à croire qu'ils ont souvent vu des Européens, et rien dans le navire ni sur nos personnes ne paraissait vivement piquer leur curiosité ni exciter leur admiration. Leurs *maros* et leurs *ponchos* sont fabriqués avec un tissu solide et bien travaillé. Leurs *pros* sont bien faits, mais leur manœuvre est loin d'être remarquable, ni pour la simplicité ni pour l'avantage de la marche. Nous n'avons point vu entre leurs mains d'armes ni de haches en pierre. Seulement, j'ai remarqué deux frondes en bourre de coco, dont j'ai fait l'acquisition. Nous avons cru remarquer que l'autorité des chefs sur leurs inférieurs était assez grande, et ceux-ci ne manquaient jamais de remettre aux premiers ce qu'ils venaient de se procurer en présent ou par échange. Quelques-uns sont tatoués, d'autres ne le sont point du tout. Déjà indiffé-

(*) Nous parlerons plus tard de ces îles.

rents à l'égard des clous et même des couteaux, ils ne paraissent convoiter que des haches qu'ils appelaient *sarau*. Ils ne se souciaient point de miroirs, et ne donnaient que des bagatelles pour des hameçons. Ils portaient aux oreilles des cylindres en bois assez volumineux, au cou des colliers de diverses grosseurs, faits avec de petits disques en noix de coco et coquilles entremêlées. Leurs étoffes étaient teintes en rouge, en noir et quelquefois en blanc. »

M. d'Urville ne put obtenir qu'un petit nombre de mots de leur langue, qui lui parurent fort douteux quant à leur vraie signification.

GROUPES MAC-ASKILL ET DUPERREY, ILES NAMOULOUK, NOUGOUOR, ETC.

Le petit groupe de Mac-Askill fut découvert par le capitaine de ce nom et revu par MM. Duperrey et Lütke. Il comprend trois îlots bas et boisés, Pelelap, Tougoulou et Takaï. Position : 6° 14′ latitude nord ; 158° 28′ longitude est (îles du nord).

Le groupe Duperrey, découvert en 1824 par ce navigateur, se compose, d'après ses cartes, de trois îlots bas et boisés, nommés Mongoul, Ougaï et Aoura. Position : 6° 39′ latitude nord, 157° 30′ (partie nord-ouest.)

Les deux petites îles marquées sur les cartes d'Arrowsmith par le 5° 12′ lat. et 199° 5′ long. ouest, et les îles Musgrave marquées sur la carte de Krusenstern par 6° 12′ lat. et 200° 45′ long. ouest, ont été cherchées en vain par Lütke.

Les îles Namoulouk ont été découvertes par le capitaine Lütke, en janvier 1828, et revues en mai 1830 par Morrell, qui les nomma *Skeddy's group*. C'est un groupe de six milles de circuit, contenant trois îles basses et boisées, ayant environ chacune un demi-mille de long. Morrell assure que ses habitants sont semblables à ceux de Hogoleu, et que le sol des îles est presque entièrement couvert de cocotiers et d'arbres à pain. Position : latitude nord 5° 53′ ; longitude est 150° 57′.

Nous ne donnerons guère que la position des îles qui suivent, parce que la plupart n'ont pas été décrites. Voyons d'abord l'île Saint-Augustin, découverte par le capitaine Tompson en 1773. Ile basse avec un récif. Position : 7° 25′ latit. nord ; 153° 45′ longit. est. (pointe nord). Lütke ne l'a pas trouvée, mais le savant d'Urville soupçonne qu'elle est identique avec l'île Bordelaise, découverte par le capitaine Saliz, le 18 juin 1826, qui lui donna le nom de son navire. La Bordelaise est une petite île plate, unie, de un ou deux milles d'étendue, et de quatre-vingts pieds de hauteur. Position : 7° 38′ latitude nord ; 152° 45′ longitude est.

L'île San-Rafael, découverte en 1806 par Monteverde, qui lui donna le nom de son bâtiment. Petite île basse, de trois ou quatre milles de circuit, avec un brisant. Position : latitude nord 7° 17′ ; longitude est 151° 32.

Les îles Mourileu, découvertes le 2 avril 1826 par John Hall, explorées par Lütke en novembre 1828. Ces îles se composent de deux groupes distincts ; le premier, *Namolipiafan*, *Fananou* ou *Falalou* a quarante milles de circuit, et compte treize petites îles basses, dont les plus grandes ont à peine un mille d'étendue, celles-ci sont Ikop, Fananou et Namouïne ; l'autre groupe *Mourileu*, qui est à l'ouest du premier, a quarante-cinq milles de circuit, et compte neuf îlots bas, boisés et tous fort petits. Les principales sont Mourileu, Roua et Namorousse. Limites géographiques : en latitude, 8° 27′ et 8° 48′ nord ; en longitude, 149° 24′ et 150° 2′ est. Ses habitants sont d'habiles et entreprenants navigateurs. Oroloug est à l'est de ces îles.

Les îles Faieou (orientales), découvertes le 2 avril 1824 par le capitaine John Hall ; reconnues par Lütke en 1828. Deux îlots contigus, bas, boisés, ayant au plus deux milles d'étendue avec leurs récifs. Position : 8° 34′ latitude nord ; 149° 5′ longitude est.

L'île Onooup, découverte en 1801 par Ibergoïtia, qui la nomma *Anonyme* ; explorée en 1828 par Lütke. Ile basse, boisée, longue de deux milles et demi du nord au sud, à peine large d'un tiers de mille. Position : 8° 37' latitude nord ; 147° 30 longitude est.

Les îlots Maguir et Maghirarik, découverts par le capitaine Bunkey en 1824, qui les nomma *Îles Ramp*; explorés en 1828 par Lütke. Tous deux sont bas et boisés. Position : 9° 1' lat. nord ; 147° 55' longitude est (celui de l'est). Ils sont réunis par un récif sous-marin. L'îlot Onooun est situé à l'angle occidental de ce récif.

Les îles Pisserar, découvertes en 1824 par Bunkey, qui leur donna son nom ; explorées en 1828 par Lütke. Deux petits groupes composés chacun de trois ou quatre îlots petits, bas et boisés. *Ounalik*, le plus grand, a tout au plus un mille de long. Position : 8° 39' latitude nord, 148° 7' longitude est : de plus les îlots Pilipat et Amitideu.

Les trois atollons précédents réunis forment le groupe total de *Namonouito* de Lütke, qui a environ cent milles de circuit. Maguir et Pisserar furent vues par *l'Éclipse* le 11 avril 1827.

Les îles Poulouot (Poulousouk) et Alet, découvertes par le capitaine Mortlock en 1795, revues en 1799 et 1801 par Ibergoïtia ; explorées en 1819 par Freycinet. Deux îlots bas, boisés et peuplés, ayant quinze ou seize milles de circuit, en y comprenant les récifs. Ce sont les îles *Kata* des anciennes cartes espagnoles. Position : 7° 19' latitude nord ; 146° 55' longitude est (celle de l'est).

L'île Sooug, probablement la *San-Bartolomé* de Quiros, découverte en 1596 ; vue par Musgrave du *Sugar-Cane* en 1793, par Ibergoïtia en 1799 et 1801 ; reconnue par Freycinet en 1819. Îlot bas, boisé et inhabité, de cinq ou six milles de circuit, entouré par un haut-fond très-étendu. Position : 6° 40' latitude nord ; 147° 5' longitude est.

L'île Bigali, découverte le 3 juillet 1824 par Duperrey ; revue en février 1828 par Lütke, qui la nomme *Piguele*. Îlot bas, boisé, désert, de deux cents toises de large, environné d'un récif. Position : 8° 13 latitude nord ; 145° 18' longitude est.

L'île Lidia, découverte en 1801 ; vue par *l'Océan* en 1804. Sans doute identique avec l'île *Faralis*; vue par Morrell en mai 1830. Îlot inhabité, bas et couvert de broussailles, de trois milles de circuit. Position : 8° 37' latitude nord ; 144° 51' longitude est.

L'île Faieou (Occidentale), retrouvée par Lütke en 1828. Îlot bas et boisé, de deux cents toises au plus d'étendue, avec un brisant de près de cinq milles d'étendue. Position : 8° 6' latitude nord ; 144° 32' longitude est. Près de là est l'îlot Phigella, puis l'îlot Fanadik. Celui de Pig est entre les deux.

L'île Satarval, découverte en 1797 par Wilson, qui la nomma *Tucker*; reconnue en 1824 par Duperrey, et en 1828 par Lütke. Elle est petite, basse et habitée, et a à peine deux milles de circuit. Ses habitants sont de hardis navigateurs et vont presque chaque année faire une course à Gouaham. Position : 7° 22' latitude nord ; 144° 46 longitude est.

Les îles Namourrek, vue en 1797 par Wilson, qui les nomma îles *Swede*; reconnues en 1828 par Lütke. Elles se composent des îles *Lamourek* ou *Lamorsek* de différents navigateurs et des anciennes relations des missionnaires, qui forment une chaîne de brisants de six milles de longueur, avec trois îlots très-petits, bas, boisés et peuplés. Position : 7° 30' latitude nord ; 144° 10' longitude est (pointe sud-est). On y trouve les îles Normoliaour au sud, et à l'occident les îles Élato. Chaîne de brisants de six ou sept milles d'étendue, contenant sept îlots bas, boisés et peuplés. Position : 7° 26' latitude nord ; 144° longitude est (pointe sud).

Les îles Olimirao, découvertes par Lütke en mars 1828. Groupe de huit ou neuf milles de circuit, qui ne contient que deux îlots bas et boisés. Latitude nord 7° 45 ; longitude est 142° 37'.

Les îles Farroilap, découvertes en 1827, et nommées alors *Gardner*; explorées par Lütke en mars 1828. Groupe de quatre ou cinq milles de circuit, avec trois îlots bas et boisés. Position : 8° 37′ latitude nord ; 144° 16′ longitude est suivant Cantova ; vues dès 1696 par Juan Rodriguez.

Les îles *Ifelouk*, découvertes en 1797 par Wilson, qui les nomma *Two-Islands*; reconnues par Lütke en 1828. Groupe de trois ou quatre milles de circuit, composé non de deux îles, mais de quatre îlots bas et boisés, à savoir : Ifalouk, Moaï, Ella et Fararik. Ce groupe est assez bien peuplé. Position : 7° 25′ latitude nord ; 142° 12′ longitude est.

Les îles *Eouripig*, d'après la carte d'Arrowsmith, découvertes en 1791; vues par Saliz en 1828 ; reconnues par Lütke la même année. Trois îlots bas et fort petits. Position : 6° 46′ latitude nord ; 140° 59′ longitude est.

Les deux petites îles *Phillip*, découvertes par le capitaine Hunter en 1791. *Soror*, de la carte de Lütke. Position : 8° 6′ latitude nord ; 138° 34′ longitude est.

Les îles *Piguiram :* c'est un groupe indiqué sur la carte de Lütke. Par 2° 30′ latitude nord, et 151° 37′ longitude est. Selen, tamol ou chef de Longounor, lui apprit que leurs habitants étaient anthropophages.

Les îles *Nougouor* ou *Monteverde*, découvertes en 1806 par le capitaine Monteverde, qui leur donna son nom. C'est un groupe de plusieurs petites îles basses et habitées, ayant dix milles du nord-est au sud-ouest. Lat. nord 3° 27′ ; longitude est 153° 25′ (milieu). Il dit avoir visité ces îles en 1830. Les naturels sont grands, bien faits et actifs. La taille moyenne des hommes serait de six pieds deux pouces anglais (cinq pieds neuf pouces), et quelques-uns d'entre eux pèseraient jusqu'à deux cent cinquante livres. Leur teint est olivâtre, leur nez plat ; ils ont les cheveux noirs et frisés, de six ou huit pouces de long ; les pommettes saillantes ; de petits yeux noirs, très-vifs et très-perçants ; le front élevé, et les dents blanches et régulières. Après le mariage, le vêtement des deux sexes consiste en une sorte de tablier qui descend jusqu'à la moitié des cuisses ; avant le mariage, les deux sexes vont entièrement nus. Après avoir lié connaissance avec les Américains par divers échanges, les insulaires invitèrent leurs nouveaux amis à se rapprocher de terre, en leur promettant d'aller leur chercher des huîtres perlières, de l'écaille de tortue et des tripangs. Une cinquantaine de grandes pirogues se rassemblèrent en peu de temps ; mais Morrell reconnut bientôt avec sa lunette qu'au lieu des objets promis, les braves négociants embarquaient en toute hâte force lances, casse-têtes, et qu'en outre ils se barbouillaient la face de peinture rouge, preuve non équivoque de leurs dispositions hostiles. En effet, quand tout fut prêt, ces pirogues, montées chacune par quinze ou vingt guerriers, s'avancèrent en bon ordre, sur deux divisions, pour prendre l'*Antarctic* des deux bords en filant huit nœuds. Alors, sans les attendre, Morrell fit serrer toutes ses voiles, et fila grand largue au taux de dix nœuds, laissant les naturels de Nougouor ébahis de la marche supérieure de la grande pirogue, qu'ils s'imaginaient déjà tenir en leur pouvoir. Morrell assure que les récifs de ces îles sont littéralement couverts d'huîtres perlières, de tripangs et de tortues.

L'île *Quirosa*, découverte en 1595 par Mendana ; elle n'a pas été retrouvée. L'amiral Burney ayant calculé la route du bâtiment espagnol, supposait la longitude de l'île environ 206° ouest. (*Chronological history*, II, 179.)

L'île d'*Urville* ou *Louasape*, et l'île *Dunkins*, d'après la carte de Duperrey : ce serait un groupe découvert en 1824, situé par 4° lat. nord et 152° 12′ long. est (pointe sud). Mais il est possible que ce soit seulement un double emploi avec le groupe précédent ou bien avec le suivant.

Les îles *Ngarik*, découvertes en 1773 par Tompson, Espagnol, qui les nomma *los Valientes ;* revues en 1793 par Musgrave, du *Sugar-Cane*, qui les nomma les *Sept-Îles ;* puis en 1794 par le navire *Britannia*, qui les appela *Raven-Islands ;* vues par Don

Joachim Lafita, en 1802; explorées enfin en 1828 par Lütke. Groupe de vingt milles de circuit et d'une forme triangulaire, contenant onze îlots bas, boisés et peuplés; le plus grand n'a pas un mille d'étendue. Position : 5° 49′ latitude nord; 155° 15′ longitude est (pointe est). L'île Arao, au sud de cette île, est situé le bas groupe de Taroa, si nous en croyons le récit du sauvage Kadou qui n'a pu en déterminer la position.

L'atollon de Sotoan, ou Young William, découvert en 1793 par le capitaine Mortlock, qui lui donna le nom de son navire, le Jeune Guillaume (*Young William*); exploré par Lütke en 1828. Groupe d'une soixantaine d'îlots bas, boisés et bien peuplés, ayant environ quarante milles de circuit. Voici ce qu'en dit d'Urville : « Le plus grand de ces îlots, nommé *Ta*, a cinq milles de long sur trois cents toises de largeur au plus. Suivant Morrell, qui visita ces îles en 1830, deux de ces îlots auraient environ quinze milles de circuit, et seraient élevés d'une centaine de pieds au-dessus du niveau de la mer. Les naturels l'ayant invité à se rendre à terre, il céda à leurs désirs; il y fut accueilli très-amicalement par des hommes, et surtout par quelques jeunes filles, dont il fait à son ordinaire le portrait le plus séduisant : à l'en croire, c'étaient de jeunes nymphes de seize ou de dix-sept ans, aux yeux de gazelle, aux dents d'ivoire, aux traits les plus délicats qu'il eût jamais rencontrés. Leur taille était petite; mais leurs mains et leurs pieds étaient encore plus à proportion; elles avaient des cheveux noirs, et puis des yeux étincelants comme des grains de jais au milieu d'un émail liquide; de petites joues rondes et fraîches, un menton à l'avenant, des lèvres appelant les baisers; des cous minces et des corsages nus qu'on eût embrassés avec les deux mains. A ce portrait enchanteur, ajoutait-il naïvement, il était forcé d'opposer une ombre : leur peau était d'une couleur légère de cuivre. Les preuves réitérées d'amitié que les habitants de Sotoan donnèrent à Morrell ne servaient pourtant qu'à cacher un piège : au moment où il voulut se rembarquer, ils allaient fondre sur lui; lorsque ses camarades, à l'aide de leurs armes à feu, mirent en fuite les assaillants. A peine étaient-ils de retour à bord, que *l'Antarctic* se vit sur le point d'être environné par une centaine de pirogues, qui accouraient de toutes les îles pour lui livrer l'assaut. Morrell se voyant, dit-il, dans l'alternative ou de voir lequel pourrait faire le plus de mal à l'autre, ou de tourner le dos aux insulaires, adopta ce dernier parti comme le plus humain. »

Les limites géographiques de cet atolle sont en latitude 5° 15′ et 5° 17′ nord; en longitude 151° 16′ et 151° 28′ est.

ILES LOUGOUNOR OU MORTLOK, OU LES LOUGOULLOS DE DON LUIS DE TORRÈS.

Entre les 5° 17′ et 5° 37′ de latitude nord, et les 206° 7′ et 206° 23′ de longitude ouest, sont situés trois groupes de corail, très-bas, sur lesquels on compte jusqu'à quatre-vingt-dix îlots de diverses grandeurs. Ces îles, y compris Faïs et Étal, vues pour la première fois par le capitaine anglais Mortlock, en 1795, sont marquées sous son nom dans l'atlas de l'amiral Krusenstern et sur celui de l'amiral Lütke. Le plus oriental de ces groupes, Lougounor, est de forme ovale, et a dix-huit milles de tour. L'île de Lougounor, qui en occupe l'angle oriental, se recourbe en fer à cheval, et forme un très-bon port, appelé port *Chamisso*, en l'honneur du savant voyageur qui donna, le premier, sur cet archipel, quelques notions dignes de foi. La largeur de l'île, dit Lütke, est d'une demi-verste (*); son milieu, élevé au-dessus du niveau de l'eau d'environ sept pieds, est couvert d'arbres à pain, et sur ses rivages croissent particulièrement les cocotiers et les vaquois, dont les cimes, chargées de fruits, du côté de la lagune, pendent

(*) La verste est un 1,0668 de kilomètre.

souvent au-dessus de l'eau. La partie méridionale de l'île est sablonneuse; mais vers le nord se trouve beaucoup de terre végétale, sur laquelle sont disséminées les plantations d'*arum*, qui exigent absolument un terrain humide, et dans leur voisinage sont toutes les habitations des insulaires. Ces plantations sont entrecoupées de canaux étroits, destinés à fournir de l'eau à toutes les parties, et servent en même temps, à ce qu'il paraît, de bornes entre les propriétés des différents chefs. Le bois qui les entoure forme un magnifique panorama, où des plantes de toutes espèces et d'une variété infinie, entièrement à découvert, se présentent sous le point de vue le plus avantageux, pour donner une idée générale des productions des îles basses. L'île n'a naturellement d'autre eau douce que l'eau de pluie qui s'amasse dans les fosses et dans une autre espèce particulière de réservoirs, formés par des trous que l'on creuse exprès pour cela dans les troncs des cocotiers dont la position est inclinée. On ne trouva l'eau que dans des fosses sales et de mauvaise odeur. Cette faible provision suffit aux habitants, parce que d'abord ils boivent très-peu, et qu'ensuite cet élément, indispensable pour nous, est remplacé pour eux par cette boisson délicieuse que la nature leur prépare dans les fruits du cocotier : c'est la véritable source de vie, ajoute Lütke, jaillissant d'un coup de baguette à l'ordre du Tout-Puissant.

Les Lougounoriens sont hospitaliers, bons, réservés, et ont des manières agréables. Sans avoir la confiance enfantine des bons Ualanais, parce qu'ils connaissaient mieux la mauvaise foi et la cupidité des Européens, la bonne intelligence ne fut pas interrompue entre eux et l'équipage de l'expédition russe. Ce peuple est habile à trafiquer; il tâche de recevoir le plus et de donner le moins possible; mais, pour atteindre ce but, il n'emploie ni la fraude ni le vol. Ils ne sont même pas très-avides; ils se montrèrent hospitaliers et serviables envers les hommes du *Seniavine*. Les jeunes gens, au premier signe, grimpaient sur les arbres pour cueillir des noix de coco, portaient les bagages sans rien demander pour cela, et ils étaient toujours contents de ce qu'on leur donnait. Si quelques-uns, même parmi les plus raisonnables, ne craignaient pas de demander, l'excuse en est dans leur extrême pauvreté, et dans le désir bien naturel de se procurer des objets qui leur étaient nécessaires, et qu'ils n'avaient pas le moyen de payer.

« Une des preuves du bon cœur d'un homme, dit Lütke, c'est lorsqu'il s'attache facilement avec un autre homme dont il attend de la réciprocité, et les Lougounoriens sont tout à fait des gens de cette espèce. Chacun de nous avait son ami particulier. Le mien était Selen, avec qui, en témoignage d'amour, je dus changer de nom. Cet usage est aussi commun ici que dans les autres îles de la Polynésie. En formant ce genre de lien, on se prend par la main, qu'on tire avec force en sens opposé, comme pour resserrer les nœuds de l'amitié. Leur excessive jalousie nous ôta la possibilité de les voir dans leur vie domestique; mais ils nous parurent très-attachés à leurs femmes et à leurs enfants, et il n'est pas impossible que le soin de leur sûreté ne fût le motif qui les portait à les renfermer. Ils nous demandaient souvent des cadeaux pour leurs femmes et pour leurs enfants; et s'ils recevaient de nous quelques douceurs, comme du sucre, des biscuits, etc., ils les cachaient dans leurs ceintures pour les leur porter.

« Nous n'eûmes pas occasion de connaître en détail la base et l'étendue du pouvoir des *tamols*. Mon ami Selen s'efforça de me faire entendre qu'il était le chef de tout le groupe; que Peseng, Taliaour et les autres, quoique tamols, étaient cependant ses *pouïks*. Il paraît que ce mot signifie *subordonné*, parce qu'à Namolouk, un tamol demanda aux officiers s'ils n'étaient pas pouïks, relativement à moi en qualité de tamol. Personne cependant ne montrait du respect à Selen, et il ne semblait pas plus riche que les autres.

La seule distinction des chefs, c'est qu'ils ont plusieurs maisons; ils en ont une à part pour les femmes, une autre pour leurs grandes pirogues. »

En général, les Russes ne remarquèrent point ici des traces d'un pouvoir exclusif sur la terre et sur ses productions, comme à Ualan; il leur sembla que chacun avait sa propriété.

PORTRAIT ET VÊTEMENTS DES LOUGOUNORIENS.

La taille des Lougounoriens parut au savant navigateur que nous venons de citer, généralement au-dessus de la moyenne; leur structure forte et bien prise; la couleur de leur corps châtaine. Ils ont le visage plat, le nez aplati par le haut et relevé par le bout, les lèvres épaisses, les dents unies et saines, les yeux grands, noirs, saillants, quelquefois animés, mais la plupart sans expression. La barbe, chez quelques-uns, est passablement longue, mais rare; leurs cheveux noirs, longs et épais, un peu crépus, sont rassemblés quelquefois en paquets sur la nuque et attachés avec la fronde. Ils enfoncent dans ce chignon un peigne à trois dents, sur le haut duquel flottent deux ou trois plumes de la queue du phaéton; d'autres fois la chevelure reste éparse et forme une énorme frisure, comme chez les habitants de la Nouvelle-Guinée. Leur ceinture, qu'on appelle *tol* comme à Ualan, dit Lütke, est un morceau de tissu d'environ six pouces de large, passant de derrière par devant entre les cuisses, et qui diffère de celui des Ualanais en ce qu'il n'a point de sachet. Ils jettent sur leurs épaules une espèce de manteau, semblable au *puncho* de l'Amérique du Sud ou à la chasuble d'un prêtre catholique, comme les habitants des îles Séniavine. Cette pièce de tissu, teinte ordinairement en jaune, longue de trois archines (*) et large d'une archine et demie, est cousue de deux lés en longueur, avec une ouverture au milieu pour passer la tête. Ils portent des chapeaux de forme conique, très-artistement faits de feuilles de vaquois, qui les mettent parfaitement à l'abri du soleil et de la pluie. C'est à ces commencements de vêtement qu'il faut rapporter le vif plaisir qu'ils éprouvaient à recevoir des chemises des Russes et à s'en parer continuellement, tandis qu'au contraire les Ualanais n'y attachaient aucun prix.

TATOUAGE.

Les Lougounoriens emploient pour se tatouer une espèce d'herminette, dont le tranchant est dentelé; ils l'appuient sur le corps et frappent dessus doucement avec un petit maillet, jusqu'à ce qu'ils aient percé l'épiderme, qu'ils frottent ensuite avec le suc d'une plante (*curbera* ou *calophillum*) ou avec du charbon. Les jambes et la poitrine sont couvertes de longues lignes noires, ce qui donne aux premières l'apparence de bas rayés (voy. pl. 100 et 102). Ils tracent sur leurs mains plusieurs petits poissons, longs d'un pouce environ. Il est remarquable que ces figures portent les noms de diverses îles.

« Un naturel nommé Peseng, dit Lütke, avait sur la cuisse gauche, au-dessus du genou, un certain nombre de poissons et de crochets, qui signifiaient Lougounor et les groupes voisins; ensuite chaque ligne sur la jambe et sur la main avait le nom d'une île, à partir de Faounoupel jusqu'à Pelly. Quand il eut compté toutes ces îles, il restait encore quelques traits, qu'il appela *Manina* (Manila), *Ouon*, *Saipan*, etc.; et comme cela ne suffisait pas, il se mit à nommer en riant *Ingrès*, *Roussiala*. Peut-être que cet usage a été introduit pour conserver plus facilement dans la mémoire les îles de leur archipel. C'est une espèce de chapelet géographique. Quelques-uns d'entre nous concluaient de là que les insulaires sont dans l'habitude de tracer des lignes pour chacune des îles où il leur plaît d'aborder, et qu'ils donnent à ces signes les noms de ces mêmes îles. Ils nous assurèrent que les

---

(*) L'archine est de 0,17112 d'aune en mètre français.

femmes se tatouent avec beaucoup de goût dans les endroits qui sont couverts par le tol. Ils portent au cou des colliers de fibres de coco, ou des petits anneaux faits de cosses de coco ou de coquillages, et quelquefois de morceaux d'écaille. Ils mettent des fleurs dans les larges trous du bout de leurs oreilles, et quelquefois des morceaux de bois de deux pouces en travers, teints en jaune ou en noir. Quelques tamols, à l'instar des petits maîtres chinois, laissent croître les ongles des gros doigts.

« Ils rendent encore plus désagréable la couleur de leur visage, naturellement basané, en le frottant d'une poudre de couleur orangée, qu'ils tirent de la racine d'une plante appartenant au genre des *casius*. Ils emploient cette poudre exactement comme les Kaloches se servent de l'ocre et de la suie; quelques-uns ne s'en frottent que le front, d'autres tout le visage, ou seulement les sourcils. Les tamols ne se teignent que la paume des mains; mais, en général, ils ont sur eux une telle quantité de cette teinture, qu'il suffit d'une demi-heure passée dans leur société pour que les mains, les habits et le linge en soient salis. On ne saurait attendre de la propreté d'un peuple qui se barbouille le corps au lieu de le laver. »

Leurs cheveux sont remplis de vermine; aussi M. Lütke ajoute qu'il n'ose assurer s'ils s'en régalent, mais, qu'à en juger d'après certains gestes, il pense que, s'ils ne sont pas d'aussi déterminés phthirophages que les Ualanais, du moins ce régal ne leur est pas entièrement étranger.

INDUSTRIE ET USAGES.

On trouve beaucoup d'arbres à pain dans ce groupe. Les habitants en font cuire les fruits et les préparent pour la durée, en les faisant fermenter dans des trous. La fermentation les change en une pâte fétide, qu'on appelle *pouro* ou *houro*. Les Russes ne les virent point manger les fruits du vaquois. Ils n'aimaient pas la viande salée, mais les pigeons et les poules étaient fort de leur goût. Il n'y a que des pigeons sauvages dans l'île; mais les habitants apprivoisent les poules autour de leurs maisons, quoiqu'ils ne paraissent pas en nourrir. On a trouvé chez eux des chiens et des chats. Ils appellent ces derniers *cato*, d'où il suit évidemment, ou qu'ils les ont apportés eux-mêmes des îles Mariannes, ou que les Espagnols les leur ont apportés. Ils appellent le chien *colàk*, mot qui ressemble à celui de *galago*, nom malai de cet animal, d'où l'on doit conclure qu'il est passé ici de l'ouest, ensemble avec l'homme, quoiqu'un gros chien vu par les Russes leur parût être de la race européenne.

On n'a trouvé dans ce groupe d'autres armes que la fronde, qu'ils tressent proprement et avec goût des fibres du coco, ce qui semble prouver que la guerre est rare ou même inconnue parmi ces insulaires. Ils prenaient avec avidité toutes sortes d'objets en fer, mais de préférence à tout les haches. Les briquets et les pierres à feu, ainsi que les aiguilles, leur font le plus grand plaisir, ainsi que les pierres à aiguiser. Les verroteries et autres bagatelles de ce genre n'étaient presque d'aucun prix à leurs yeux, ce qui prouve qu'ils préfèrent l'utile à l'agréable.

Le métier sur lequel ils travaillent les tissus en fibre de bananier et de cocotier est presque tout à fait semblable à celui des Ualanais. Leurs instruments de pêche et leurs filets sont fort ingénieux, et quelques-uns ont quelques rapports avec ceux des Européens.

Les habitants de Lougounor sont les plus orientaux des Carolins voyageurs.

Leurs courses les conduisent naturellement à l'observation des astres, qui seuls peuvent les guider en l'absence de la boussole. Ils ont des noms pour toutes les principales étoiles, pour les diverses époques du cours journalier du soleil, pour chaque jour du mois lunaire. Ils divisent l'horizon en vingt-huit points, ce qui certainement est le moyen le plus naturel et le plus sûr pour celui qui n'a point à effectuer de grands changements de latitude, et pour qui, par conséquent, les amplitudes des étoiles changent peu. Tel est le cas pour les Carolins, dont l'archipel s'étend principalement dans le sens des parallèles.

On doit en dire autant des habitants d'Ualan. Cette conformité prouve que les Ualanais, aujourd'hui sédentaires, appartiennent à cette même race voyageuse; mais, jetés sur une petite île éloignée de toutes les autres, et qui leur fournit abondamment tous les besoins de la vie, ils ont perdu l'habitude des voyages, à tel point qu'ils ont même oublié l'usage des voiles. Certes les Lougounoriens sont plus habiles. Lütke nous apprend que Taliaour, le Tycho-Brahé lougounorien, recula jusqu'au delà de l'île Pelly (Palaos) l'endroit où il faut ramper sous le ciel, si l'on veut aller plus loin; et que les Ualanais, seulement à quatre lieues de leur île, s'il arrivait par hasard à quelqu'un d'entre eux d'être transporté à cette distance, délieraient bien vite leur chignon, dans la crainte d'être suspendus, comme Absalon, non aux branches d'un arbre, mais aux cornes de la lune.

LANGUE ET ARITHMÉTIQUE.

La langue des Lougounoriens est beaucoup plus difficile à prononcer que l'ualanaise, et n'est pas aussi agréable à l'oreille.

Malgré la peine que prirent les officiers du *Seniavine*, ils ne purent recueillir que peu de mots, et dans ce petit nombre, il se trouve jusqu'à vingt expressions relatives aux idées ou aux choses les plus ordinaires, qui sont ou absolument les mêmes, ou pour le moins très-ressemblantes chez les deux peuples, et prouvent une même origine.

La moitié des nombres fondamentaux du système décimal sont pareils. Il est peut-être plus difficile, après cela, d'expliquer la différence qui existe entre les deux langues, dans certains nombres, dans les noms des étoiles, des époques du jour, du soleil, de la lune, de l'homme, de la femme, de presque toutes les parties du corps, etc.

AVIS AUX NAVIGATEURS.

Lougounor n'offre pas plus de ressources au navigateur que toutes les autres îles basses. L'approvisionnement d'eau douce dépend de l'abondance ou de la rareté des pluies. Il n'y a point de bois. On peut espérer d'y faire une bonne provision de noix de coco. Si on n'y trouve des fruits à pain que dans certains temps, en revanche on n'y manque pas de poules, et il y a une grande quantité de pigeons.

REGRETS DES INDIGÈNES AU DÉPART D'UN NAVIGATEUR SAGE ET HUMAIN.

L'espace occupé par l'archipel des Carolines propres a été reconnu par le capitaine Lütke, depuis l'île d'Ualan jusqu'au groupe d'Ouluthy (îles Makenzie ou d'Egoy); il en a découvert douze, et il a décrit en tout vingt-six groupes ou îles détachées. L'archipel des Carolines, considéré jusque-là comme très-dangereux pour la navigation, sera désormais aussi sûr que les parages les plus connus du globe.

Dans son séjour dans ces îles et surtout à Lougounor, Lütke sut mériter la bienveillance des habitants. La veille de son départ de Lougounor, il parcourut cette île, accompagné de son ami Peseng. Dans sa partie nord-est, ils rencontrèrent au milieu d'un bois épais un mur en pierre de deux pieds de hauteur, formant un cercle d'environ sept pas de diamètre, avec une ouverture d'un côté; tout le sol dans l'intérieur était jonché de feuilles de cocotier. Ce mur s'appelle *Séfaiou*, et l'espace compris dans l'enceinte, *Enen*. Peseng fit entendre que c'était un lieu de repos pour les gens fatigués; et s'étendant de tout son long, il lui conseilla d'en faire autant. Les jeunes insulaires de leur suite se mirent à cueillir là des noix de coco; il paraît qu'il est exclusivement réservé pour les chefs, car personne de la troupe ne prit la liberté de dépasser l'enceinte pour mettre le pied dans l'intérieur, pas même pour nous présenter les cocos, et les matelots qui l'accompagnaient lui servirent d'intermédiaires.

« Ils montent ici sur les cocotiers, dit Lütke, exactement de la même manière qu'à Ualan, en s'empêtrant les jambes avec une vieille feuille de vaquois; par ce moyen ils escaladent, comme avec une échelle, des troncs d'arbre parfaitement droits et lisses, et de quatre-vingts pieds de haut: mes matelots, les plus résolus d'ailleurs des enfants de Neptune, avouaient qu'ils ne pourraient lutter avec eux. Pour écosser la noix, ils enfoncent en terre un pieu pointu, sur lequel ils la frappent pour déchirer l'enveloppe extérieure. L'un et l'autre de ces moyens sont un raffinement inconnu dans les autres îles de la Polynésie, et notamment aux îles de Sandwich. Là, les insulaires montent sans rien sur les arbres les plus élevés, et enlèvent à coups de dent la cosse et la noix.

« Je rôdai jusqu'à la fin de la soirée autour des habitations des insulaires, rencontrant partout le même accueil caressant. Quoique l'insupportable Farak-Farak ne cessât de nous poursuivre dès que nous approchions d'un endroit où étaient enfermées les femmes, la sévérité de la réclusion semblait être un peu relâchée; je rencontrai, le soir, sur la porte d'une maison, une vieille, qui ne songeait pas à m'éviter, mais à laquelle, par dépit, je ne fis aucune attention; je vis ensuite deux jeunes filles qui me firent le compliment d'usage: *Tamol, mamal.* L'heure avancée ne me permit pas, à mon grand regret, de prolonger l'entrevue aussi longtemps que je l'aurais désiré; je n'eus que le temps de leur donner quelques bagatelles, qu'elles reçurent avec joie, et de voir qu'elles étaient très-gentilles et qu'elles ne différaient presque point des filles ualanaises, soit par la figure ou par l'accoutrement; leur tol paraissait être seulement de deux ou trois pouces de largeur.

« Lorsque je fis connaître aux chefs mon intention de mettre en mer le lendemain, ils en parurent attristés. Peseng me déclara très-intelligiblement que, restant à Lougounor, il pleurerait, et que lorsque nous serions déjà en Russie, il penserait souvent à ce que faisait le capitaine Lütke. Cela passerait chez nous pour un vain compliment; mais dans la bouche de ce qu'on appelle un sauvage, ces mots étaient l'expression d'un cœur véritablement bon. L'annonce de mon départ fit naître dans l'île une confusion générale; tous s'empressaient de mettre à profit, autant que possible, le peu de temps que nous avions à rester; ils apportaient tous des poules, des coqs, que chacun avait; ils demandaient des clous, des couteaux, etc., et je m'en retournai avec une assez bonne provision de toutes sortes de petits objets. Par un semblable calcul, j'invitai à mon tour Selen et Peseng à venir coucher à bord, désirant profiter encore de leur société. Entre autres renseignements, j'appris d'eux les noms qu'ils donnent ici à plusieurs principales étoiles: ils passèrent une grande partie de la nuit à causer ensemble, sans seulement s'embarrasser s'ils m'empêchaient par là de reposer; mais venant même m'éveiller toutes les fois qu'une nouvelle étoile remarquable se montrait à l'écoutille.

« Rien ne nous retenait plus; nous commençâmes dès le point du jour à nous préparer à mettre en mer. Le groupe avait été reconnu en détail sur les embarcations, les chronomètres étaient vérifiés, et nous avions fait un grand nombre d'observations lunaires; je reçus beaucoup de visites d'adieu; je fis présent à mes amis de divers instruments en fer, sans oublier les bagatelles pour les femmes, et je pris congé en recevant l'assurance qu'ils me pleureraient beaucoup. Nous sortîmes du port vers les onze heures, en perdant à l'appareillage notre ancre de touée (la quatrième en moins d'un an), qui s'était probablement accrochée à quelque roche; car tous les efforts de nos gens n'aboutirent qu'à casser le grelin sans pouvoir remuer l'ancre. »

PRODIGIEUSE MULTIPLICATION DES POISSONS.

Les poissons fourmillent et multiplient d'une manière épouvantable dans cette partie de la Polynésie. A ce sujet nous allons donner quelques détails sur la prodigieuse multiplication des poissons (*). Les profonds abîmes de l'Océan sont peuplés d'une multitude d'animaux ; et la profusion des germes, la multiplication des individus, l'étonnante variété des espèces et des races, surpassent peut-être tout ce que les airs et la terre peuvent produire ensemble. La moindre goutte d'eau est un monde entier d'animalcules microscopiques ; quels milliards sont donc contenus dans le royaume des mers ! Le lit des eaux est couvert de couches épaisses de coquillages entassés et pourris depuis des milliers d'années ; la vase fourmille d'innombrables vermisseaux qui pullulent sans cesse ; et les rochers, les profondeurs, les rivages, les gouffres, les vallées, les montagnes sous-marines, sont des asiles où vivent, meurent, engendrent et s'entre-détruisent d'énormes multitudes d'animaux. La mer est un théâtre éternel de naissances et de destructions ; la matière y semble vivante et plus jeune ; tout s'y engendre pour s'y détruire et s'y reformer de nouveau.

L'on pourra juger de l'immense production opérée dans le sein des mers, par les détails suivants. Un hareng, de médiocre grandeur, produit dix mille œufs. On a vu des poissons pesant une demi-livre, contenir cent mille œufs. Une carpe, de quatorze pouces de longueur, en avait deux cent soixante-deux mille, deux cent vingt-quatre, suivant Petit, et une autre, longue de seize pouces, trois cent quarante-deux mille cent quarante-quatre. Une perche contenait deux cent quatre-vingt-un mille œufs ; une autre trois cent quatre-vingt mille six cent quarante (*perca lucioperca*, Linn.). Une femelle d'*esturgeon* produit neuf cent dix-neuf livres pesant d'œufs ; et, comme sept de ces œufs pesaient un grain, le tout pouvait être évalué à sept millions six cent cinquante trois mille deux cents œufs.

Leuwenhoek a trouvé jusqu'à neuf millions trois cent quarante-quatre mille œufs dans une seule *morue*. Si l'on calcule combien de millions de *morues* en pondent autant chaque année, si l'on ajoute une multiplication analogue pour chaque femelle de toutes les espèces de *poissons* qui peuplent les mers, on sera effrayé de l'inépuisable fécondité de la nature. Quelle richesse ! quelle profusion incroyable ! et si tout pouvait naître, qui suffirait à la nourriture de ces légions innombrables? Mais les *poissons* dévorent eux-mêmes ces œufs pour la plupart ; les hommes, les oiseaux, les animaux aquatiques, les sécheresses qui les laissent sur le sable aride des rivages, les dispersions causées par les courants, les tempêtes, etc., détruisent des quantités innombrables de ces œufs, dont le nombre aurait bientôt encombré l'univers.

Si tous les œufs du hareng étaient fécondés, il ne faudrait pas plus de huit ans à l'espèce pour combler tout le bassin de l'Océan, car chaque individu en porte des milliers qu'il dépose à l'époque du frai. Si nous admettons que le nombre en est deux mille, qui produisent autant de harengs, moitié mâles, moitié femelles, dans la seconde année il y aura deux cent mille œufs, dans la troisième année deux cents millions, la quatrième année deux cents billions, etc., et dans la huitième année deux septillions de harengs. Or, comme la terre contient à peine autant de pouces cubes, il s'ensuit que, si tout le globe était couvert d'eau, il ne suffirait pas encore pour tous les harengs qui existeraient.

(*) Voyez le Journal des voyages.

GROUPE DES ILES SÉNIAVINE.

NOMS DONNÉS PAR LES NATURELS A CES DIFFÉ-
RENTES ILES.

Après avoir passé la nuit entre deux bas groupes, *le Séniavine* gagnait le côté occidental de la grande île, quand il aperçut quatre pirogues se dirigeant vers sa frégate, et l'abordant après le préliminaire indispensable du chant, de la danse et des signes avec le chiffon rouge. C'étaient des hommes du commun, qui n'avaient d'autres choses à eux qu'un peu d'eau dans des feuilles d'un arum, et même, peut-être pour cela, plus réservés et plus intelligents que les autres. On s'assura par eux que le nom de la grande île est Pouynipet. Ils dirent avec assurance que le plus méridional des bas groupes s'appelle *Andema*, et avec moins de certitude que le plus au nord porte le nom de *Paghenema*. Les Russes apprirent de ces naturels les noms des petites îles, mais pas assez clairement pour pouvoir les porter sur la carte. Voici ces noms : Aïr, Ap, Kouroubouraë, Païti, Pingoulap, Ouneap, Amé. Il paraît que ce sont celles qui sont près de Pouynipet. Meaïra, Avada, Mo, Ouaragalama, sont vraisemblablement celles qui forment le groupe Andema. Le groupe du nord se compose des îles Kapenoar, Ta, Katelma, Tagaïk. Ils mentionnèrent encore l'île Kantenemò, mais l'équipage ne put comprendre où elle est située. Toutes ces îles ensemble reçurent la dénomination d'îles de Séniavine, en l'honneur du célèbre amiral de ce nom. Après s'être séparés des insulaires, les Russes gouvernèrent au nord et dirent adieu à leur découverte, regrettant fortement de n'avoir pu mieux connaître une terre qui semblait promettre aux navigateurs plus de ressources que toutes les autres îles de cet archipel.

Les îles Séniavine sont situées entre 6° 43′ et 7° 6′ de latitude septentrionale, et 201° ½ et 202° de longitude occidentale du méridien de Greenwich.

ILE POUYNIPET.

Dans l'île principale, Pouynipet, on reconnaît Faloupet du P. Cantova, Pouloupa, dont les habitants des îles Ougaï parlèrent au capitaine Duperrey, et Fanopé, dont il est question dans les récits de Kadou, ou mieux encore Faounoupeï, nom qu'elle porte dans toutes les îles Carolines occidentales, ainsi que nous-même nous l'avons entendu nommer.

Pouynipet a jusqu'à cinquante milles de tour; son point culminant, la Montagne-Sainte, ainsi nommée par les Russes, en mémoire de la victoire navale remportée sur les Turcs par l'amiral Séniavine, est de quatre cent cinquante-huit toises (deux mille neuf cent trente pieds anglais) au-dessus du niveau de la mer; son sommet assez uni ne permettrait pas de croire, au premier abord, qu'elle soit de près de mille pieds plus haute qu'Ualan.

Sur sa partie nord-ouest est un endroit entièrement plat, d'où la terre s'abaisse rapidement vers la pointe nord-ouest de l'île (le cap Zavalichine), remarquable par un rocher d'environ mille pieds de hauteur, presque tout à fait à pic et qui paraît être de basalte; dans les autres directions, la terre s'abaisse insensiblement du sommet au rivage. Il y a sur la côte méridionale une masse de basalte isolée et très-distincte, qui, vue de l'est et de l'ouest, ressemble à une espèce de phare.

« Autant qu'on en peut juger par l'extérieur, la formation principale de l'île, comme toutes les autres hautes îles de cette mer, est le basalte; elle est, comme elles, entourée d'un récif de corail, sur lequel sont dispersées des îles de différentes grandeurs également de corail; mais dans le port du Mouvant-Accueil, et un peu plus loin, vers l'est, il y a même près du rivage des îles élevées. Pouynipet est toute couverte de verdure, mais elle semble moins épaisse que sur l'île d'Ualan, sous le vent, c'est-à-dire, des côtés du sud et de l'ouest; des mangliers et autres arbustes, poussant dans l'eau, forment une bordure impénétrable (voy. *pl.* 105).

On ne voit du côté du rivage que très-peu d'habitations, dont la plupart sont cachées par les bois; mais la fumée qui s'élève de plusieurs endroits et de grands bosquets de cocotiers témoignent de la nombreuse population de l'île, surtout dans la partie du nord. Celle du sud-ouest paraît moins peuplée. Les Russes y virent, en différentes occasions, environ cinq cents hommes faits. La population entière de l'île, y compris les femmes et les enfants, leur parut s'élever à environ deux mille âmes. Ils virent aussi des hommes sur le groupe Paghenema, mais sans pouvoir décider s'ils y ont un domicile fixe ou s'ils y viennent seulement pour un temps. Dans tous les cas, le nombre en est très-borné.

Les maisons sont entièrement différentes de celles d'Ualan; elles n'ont pas, comme celles-ci, le toit élevé aux extrémités, et elles ressemblent plutôt aux huttes des habitants des îles Carolines basses. Les Pouynipètes diffèrent d'une manière frappante tant des Ualanais que des Carolins; ils se rapprochent beaucoup plus, à l'extérieur, de la race des Endamènes, c'est-à-dire, des habitants premiers de la Mélanésie, et, à en juger par le portrait suivant, tracé par Lütke, il a tort de les comparer aux Papous.

« Les Pouynipètes ont le visage large et plat, le nez large et écrasé, les lèvres épaisses, les cheveux crépus; chez quelques-uns de grands yeux saillants exprimant la défiance et la férocité; leur joie est de l'emportement et de l'extravagance; un rire sardonique continuel, et leurs yeux errants en même temps de tous côtés, sont loin de leur prêter de l'agrément. Je ne vis pas un seul visage d'une gaieté paisible; s'ils prennent quelque chose dans leurs mains, c'est avec un certain mouvement convulsif, et dans la ferme intention de ne pas lâcher prise tant qu'il y aura possibilité de résister. La couleur de la peau de ces hommes turbulents est d'une nuance entre la châtaine et l'olive; ils sont d'une taille moyenne et bien faits; ils paraissent être forts; chacun de leurs mouvements annonce la résolution et l'agilité. Leur vêtement consiste en un court tablier bigarré, fait d'herbes ou de lames d'écorce de bananier séchée, qui, s'attachant à la ceinture, descend jusqu'à moitié cuisse, comme chez les habitants de Radak. » Ils jettent sur leurs épaules un morceau de tissu d'écorce de mûrier (*morus papyrifera*), et d'écorce de l'arbre à pain, selon M. le docteur Mertens; mais nous nous rangeons à l'opinion de M. Lütke; car c'est avec le *morus papyrifera* qu'on fait ces tissus à Taïti et à Houaï. Il y a quelquefois une fente dans le milieu par laquelle passe la tête, absolument comme dans le puncho de l'Amérique du Sud, et dans les manteaux que nous avons vus dans les îles Carolines occidentales.

Nous avons combattu l'opinion de M. Lütke, qui les fait venir des Papous de la Nouvelle-Guinée; nous les croyons Endamènes et originaires de la Nouvelle-Irlande, qui n'est éloignée d'eux que d'environ deux cent trente lieues, distance beaucoup plus courte que celle à laquelle les habitants des basses îles Carolines étendent ordinairement leurs courses.

L'expédition russe ne put observer les productions de l'île Pouynipet; mais probablement elles diffèrent peu de celles d'Ualan, et le climat doit y être aussi humide que dans cette dernière île.

CHIEN SAUVAGE.

Les Russes trouvèrent à Pouynipet le chien dont on niait l'existence dans l'archipel des îles Carolines, et Lütke pense qu'il est venu d'une autre contrée avec les habitants. Celui qu'il put obtenir des indigènes était d'une race tout à fait différente de toutes les races de chiens européens; il était de la taille d'un chien danois et lui ressemblait plus qu'à tout autre; un front large, des oreilles pointues, une longue queue presque toujours pendante, lui donnaient le même caractère de sauvagerie et de défiance qui distinguait ses maîtres; il avait le poil court, rude, blanc, tacheté de noir; et quoiqu'il ne parût pas avoir plus de trois semaines, il était si sauvage, dit Lütke, qu'il ne sortit pas de quelques jours de dessous un affût de canon, et qu'il grognait continuellement. Il s'accoutuma plus tard à l'équipage, mais il ne se défit point de son artificieuse méchanceté, et lorsqu'il voyait quelqu'un qui lui était étranger, il cherchait à se glisser derrière lui et à le mordre aux jambes; il n'aboyait jamais, mais il hurlait quelquefois. Au port de Lloyd, dans l'archipel de Mounin-Sima, on l'emmena un jour à terre, et il se mit aussitôt à fuir dans le bois, et mordit à la main l'homme qui cherchait à le prendre. A l'arrivée *du Séniavine* à Cronstadt, près de Pétersbourg, il saisit aussi la première occasion de s'enfuir, et on ne le revit plus.

EXPLICATION DU PHÉNOMÈNE DE LA PHOSPHORESCENCE DE L'OCÉAN POLYNÉSIEN.

Nulle part sans doute la phosphorescence de l'Océan n'est plus grande qu'au centre de l'immense archipel des Carolines. Ce phénomène est un de ceux qui ont le plus divisé les savants. Nous en donnerons ici l'explication qui nous a paru la plus naturelle, dont nous extrairons la première partie d'un écrit de M. le docteur Coates, Américain, voyageur distingué dans l'Inde, et la seconde du savant M. B. de Saint-Vincent.

Les mollusques et d'autres animaux marins, dit M. Coates, sont doués de phosphorescence comme le ver luisant et la luciole; mais cette faculté est exercée par eux sur une bien plus grande échelle.

Lorsque pendant la nuit l'on observe attentivement la vague qui vient expirer sur la grève, on remarque qu'au moment de sa chute elle jette une lueur légère, et que, lorsqu'elle se retire pour faire place à une autre, le sable est un instant couvert d'étincelles, qui ne font que scintiller et disparaître. Ces lueurs peuvent donner une idée de ce que l'on entend par la phosphorescence de l'Océan.

Dans tous les temps, et presque dans toutes les situations, l'écume soulevée par la proue d'un vaisseau est parsemée de petites étoiles argentées qui se roulent sur les flots et s'évanouissent dans le sillage. Ces parcelles brillantes sont de telles minicules qu'on a peine à les isoler du liquide qui les contient. D'ailleurs, une fois hors de leur élément, elles perdent immédiatement leur radiation, qui cesse avec la vie de l'animal. Le petit nombre de celles que j'ai pu examiner étaient des mollusques gélatineux et des crevettes microscopiques; les premiers étaient lumineux dans toute leur substance, et les autres, comme le ver luisant, tiraient une lueur intermittente d'un foyer placé sur leur queue.

C'est principalement dans les régions tropicales, dans l'océan Indien et dans le grand Océan que ce spectacle se déploie dans toute sa splendeur; le vaisseau laisse derrière lui une trace de feu, et quelquefois l'on voit rouler sous la quille des globes enflammés, qui passent à plusieurs toises de profondeur. Ces globes ont généralement la grosseur d'une barrique; mais Péron et Lesueur en ont vu dont le diamètre était d'environ vingt pieds. Alors la crête de la vague ressemble à une ligne de phosphore; chaque coup de rame, chaque plongeon du sceau produisent un éclair et éparpillent des scintillations. Les poissons un peu gros se trahissent par la queue cométaire qu'ils laissent après eux, et cette clarté suffit souvent pour les harponner avec sûreté.

La mer ressemble quelquefois à un champ de neige, et Péron assure qu'elle se teint aussi de couleurs prismatiques qui varient à chaque instant; mais ces phénomènes sont rares.

Un des cas les plus remarquables de la phosphorescence de l'Océan a été signalé par un navire qui se trouvait dans les parages de *Tristan d'Acunha.* La nuit était sombre et humide, et la brise trop faible pour enfler les voiles; le navire roulait lourdement; un rideau de brouillard, qui s'était montré au nord au coucher du soleil, s'avançait sur lui comme une immense muraille, et menaçait de l'engloutir. En ce moment, un éclair s'étendit sur toute la surface de la mer, qu'il illumina complétement. Il se renouvela cinq ou six fois de suite, à des intervalles de quelques secondes, et le brouillard s'abattit sur le navire. La brise s'éleva aussitôt : on tendit les voiles, et le bâtiment reprit sa course. On n'eut pas le temps de reconnaître quel animal avait produit les éclairs; mais le vaisseau traversa dans la nuit plusieurs bancs d'insectes aquatiques, et c'est d'eux sans doute que provenaient de si grandes lumières.

Quelques savants ont vu dans ce phénomène l'effet de l'électricité occasionnée par la friction des vagues; d'autres le résultat d'une sorte de fermentation locale produite sous certaines conditions. Un grand nombre d'entre eux l'ont attribué à la phosphorescence bien connue du poisson corrompu, ou à la décomposition de ses débris; mais la véritable cause paraît être l'illumination volontaire de certaines espèces d'animaux marins, presque tous du genre des mollusques, et quelques-uns du genre des crustacés.

L'hypothèse de l'électricité est la moins soutenable; car, lors même qu'on accorderait la possibilité d'obtenir dans un fluide agité, qui n'est pas un conducteur parfait, une lueur électrique semblable à celle que donne l'attrition du sucre blanc et du verre dans l'obscurité, la loi physique, qui veut que des causes semblables produisent des effets semblables, donnerait droit d'attendre une diffusion uniforme de la phosphorescence sur une grande étendue d'eau placée sous le même méridien, et il n'en est pas ainsi; un vaisseau est parfois entouré d'une clarté suffisante pour qu'on puisse lire sur le pont, et l'instant d'après il est plongé dans l'obscurité la plus profonde. En outre, l'électricité se dégage surtout dans une atmosphère froide et sèche, tandis que la phosphorescence de l'Océan est plus forte dans les climats des tropiques, et n'est point arrêtée par la pluie ni l'orage. La supposition d'une fermentation de la surface de l'eau n'est pas plus satisfaisante; car un tel procédé entraînerait une égale expansion de la lumière sur tout l'espace sur lequel il agirait : mais la matière lumineuse est presque toujours visible sous la forme de masses ou de particules distinctes, et le petit nombre d'exceptions à cette règle ne suffit pas pour admettre une explication selon les lois connues de la fermentation. La lumière radiée par le poisson en état de corruption est une théorie plus spécieuse; mais elle ne résiste pas à l'objection de l'étendue immense de l'illumination. On a démontré dans quelle proportion incalculable se reproduisent les animaux océaniques; leur mort arrive dans la même proportion; mais l'air et l'eau abondent en dépurateurs qui se nourrissent de tout ce qui meurt à la surface ou au fond des eaux. L'albatros, l'oiseau des tempêtes, le pigeon du Cap, les mouettes, et autres volatiles qui planent par milliers sur l'Océan, saisissent tout ce qui s'offre à leur voracité. Ils suivent les vaisseaux pendant des jours entiers pour guetter les débris de la cuisine du bord, et on les prend souvent à l'aide d'une ligne et d'un hameçon garni de viande. Lorsqu'ils meurent, ils sont à leur tour dévorés par les poissons, et les débris du repas de ceux-ci deviennent la nourriture des mollusques. Les eaux sont ainsi tenues dans un état continuel de pureté, et il n'y a peut-être pas dans une lieue cubique d'eau assez de matière en putréfaction pour rendre un pied cube lumineux. On ferait quelquefois le tour du monde sans rencontrer un animal en putréfaction flottant à la surface de la mer.

Quant au but dans lequel s'exerce la phosphorescence des mollusques, le champ des conjectures est ouvert à cet égard; mais lorsqu'on réfléchit que le poisson est attiré par la lumière, et que des testacés sortent de leur élément naturel pour venir ramper autour d'un feu allumé sur la grève, on est bien tenté de croire que des animaux qui ont peu de moyens de locomotion ont été doués de cette faculté lumineuse, afin d'attirer facilement leur proie à leur portée (*).

Nul doute qu'il n'existe dans l'Océan beaucoup d'animalcules, des crus-

(*) Le reste de cet article est extrait d'un article sur la mer par M. de Saint-Vincent.

tacés et même beaucoup d'animaux très-phosphorescents, qui contribuent à son éclat nocturne, comme il existe des lampyres et des taupins qui brillent sur la terre et dans les airs, en contribuant à la beauté des nuits de nos campagnes, sans que néanmoins ces petites bêtes soient les causes du clair de lune. Nous ne reproduirons conséquemment pas ce qui a été précédemment établi, en nous bornant à remarquer qu'en dépit de tout ce que nous avons pu dire, il se trouve encore des naturalistes qui répètent textuellement les mauvais raisonnements que nous avons attaqués, et qui cherchent toujours la cause unique de la phosphorescence des mers dans les animalcules invisibles. Ils appellent éternellement à leur aide le *noctiluca miliaris*. Suriray, zélé naturaliste du Hâvre, ayant observé des myriades de ces animaux, et les ayant trouvés lumineux, les regardait comme la cause principale du phénomène. S'ensuit-il que les mers des régions antipodes, où ne se trouvent pas de *noctiluca miliaris*, ne scintillent que par elles? Une erreur matérielle, lorsqu'elle obtient possession d'état dans la science, à l'aide de quelques déclamations prises pour du style buffonien, est une chose terriblement difficile à ruiner!

Dans toutes les régions de l'Océan, dès que le jour disparaît, une nouvelle lumière semble jaillir du sein des eaux, comme pour tempérer la lugubre tristesse dont se frappe l'immense étendue. Aux crêtes des vagues qui retombent sur elles-mêmes; dans le remous continuel opéré autour du gouvernail des grandes comme des moindres embarcations; dans les lames qu'entr'ouvre la proue du vaisseau; enfin, dans les flots tumultueux qui se brisent sans interruption sur les rochers et les récifs, ou se déroulent sur de longues plages, les parties écumeuses ou agitées des eaux brillent d'une multitude de points scintillants. Ces points, quoique éblouissants, sont souvent presque imperceptibles; d'autres fois on dirait les éclairs précurseurs de la foudre. Cependant, un vaisseau poussé par les vents impétueux au sein des mers et de la nuit, laisse au loin derrière lui une trace éclatante qui s'efface avec lenteur. Des rivages sablonneux baignés par l'onde amère, des algues ou autres productions de l'Océan qu'on vient d'en retirer, paraissent tout à coup lumineuses dans l'obscurité, pour peu qu'on les touche ou qu'on les agite; de sorte que le pied ou la main de l'homme, posés sur l'arène, y impriment des vestiges qui brillent d'une lueur semblable à celle des lampyres. Il existe des parages, et particulièrement ceux des pays chauds et de la ligne, où de telles bluettes sans nombre produisent un éclat très-remarquable à l'extérieur même de l'Océan. Un baquet d'eau de mer puisé pendant le jour, et dans lequel on s'est assuré, par le secours d'un verre grossissant, qu'il n'existe aucun être animé, produit de même l'obscurité; quand on le remue, des points lumineux, et laisse jusque sur les corps qu'on y plonge des indices de phosphorescence. Si l'on garde cette eau, si on la laisse se corrompre, elle perd sa qualité étincelante.

Outre ces étincelles lumineuses dont il vient d'être parlé, les grandes eaux sont remplies par une multitude d'êtres qui répandent des lueurs inhérentes à leur organisation. Un animal chez lequel cette propriété est éminente est le *monophora noctiluca*, N., *pyrosoma* de Péron. Ces êtres lucifères appartiennent tous à la classe des vers diaphanes et gélatineux, tels que les méduses, les béroës et les biphores, flottants dans le vaste sein des mers. Ils paraissent maîtres d'une lueur dont, à leur gré, ils augmentent ou diminuent l'intensité, et qu'ils font cesser totalement quand ils paraissent le vouloir. S'il n'était pas démontré que de tels animaux sont dépourvus du sexe, on pourrait présumer qu'en leur donnant le pouvoir de manifester leur existence au moyen d'une lumière qui leur est propre, la nature permit qu'ils pussent faire de cette lumière un signal d'amour, et qu'un sexe se servît de ses feux pour allumer les feux de l'autre. Il semble d'abord que des êtres à peine organisés, jetés sans défense et sans moyen d'échapper au sein d'un élément dont les chocs sont terribles, d'un élément habité par des créatures voraces et monstrueuses, auxquelles une immense quantité de nourriture sans choix est nécessaire pour alimenter leur masse bizarre; il semble, disons-nous, que ces êtres n'ont reçu de la nature une organisation diaphane qu'afin que, confondus par leur transparence avec les fluides où ils vivent, les ennemis qu'ils ont à redouter ne puissent profiter de leur inertie pour en détruire les races entières. Cependant par quelle vue, en apparence contradictoire, la nature leur a-t-elle donné une qualité opposée à celle qui leur permet de se confondre avec ce qui les environne? pourquoi dans le silence et durant les ténèbres les voit-on, en quelque sorte, s'élancer hors d'eux-mêmes, et répandre au loin les indices de leur fragile existence? Il y a plus, c'est à l'instant même où se présente un péril que les animaux phosphoriques répandent leurs lumières humides; ils semblent avertir par leur émission qu'ils sont là; et loin que le timide sentiment de leur extrême faiblesse les porte à se tenir obscurément épars dans les flots qui les balancent confondus, ils brillent au milieu des dangers. En effet, ce n'est que lorsqu'on tourmente des animaux pareils qu'ils lancent leurs feux dans l'obscurité, et c'est seulement entre les vagues qui les froissent en se heurtant, ou par le choc d'un corps résistant, ou bien au sillage d'un vaisseau dont le remous les fatigue, qu'on voit tout à coup scintiller leur masse incandescente.

L'analogie des vers mollusques, qui forment une famille naturelle très-remarquable, et des microscopiques, appelés provisoirement infusoires, est si marquée, qu'on a cru pouvoir en conclure que, comme les mollusques gélatineux, les myriades d'animaux imperceptibles que contiennent les eaux de la mer ont la faculté de briller également à volonté, qu'ils déploient de même cette faculté dans les mêmes circonstances, et que c'est à cette phosphorescence des microscopiques marins qu'il faut attribuer celle de l'Océan. Le plus grand nombre d'étincelles phosphoriques, dans les amas d'algues qui servent de retraite à un plus grand nombre d'infusoires, serait une présomption en faveur de cette opinion à peu près reçue. Mais pourquoi les paramæcies, les cylides, les bursaires et les vorticelles d'eau douce ne sont-elles pas aussi phosphoriques? pourquoi dans les grands marais, où le microscope nous montre une aussi grande quantité d'animalcules imperceptibles à l'œil désarmé que d'eau marécageuse, ne voyons-nous rien de semblable, même en diminutif, aux lueurs jaillissantes de la mer immense, cependant non moins peuplée? Avouons-le franchement, on n'a encore publié aucune observation microscopique dont on puisse appuyer l'opinion de ceux qui expliquent la phosphorescence de la mer par les microscopiques dont elle est remplie. Ce n'est que sur l'analogie, souvent trompeuse, qu'on a bâti ce système et brodé des canevas à déclamations. Personne n'a jamais dit avoir vu de ses yeux briller un mollusque invisible à l'œil nu, pas plus qu'un infusoire. Quant à nous, qui durant notre voyage dans un autre hémisphère avons scruté toutes les eaux, nous n'avons que par hasard trouvé quelques microscopiques dans celles qui scintillaient, et ils n'y scintillaient pas. Nous avons d'autres fois éteint la lampe astrale, dont l'éclat nous servait pendant des nuits entières à éclairer le porte-objet de notre microscope, quand son champ embrassait des milliers de petits animalcules dans une goutte d'eau de mer, et nous avons cessé alors de distinguer quoi que ce soit. Pour peu que les microscopiques mis en expérience eussent été lumineux, ils fussent demeurés visibles. Il nous est conséquemment démontré que les animalcules marins sont pour rien ou pour peu de chose dans un phénomène qu'on leur attribue cependant aujourd'hui, par analogie, d'un commun accord, et principalement sur l'autorité de Péron; ce qui confirme cette maxime du grand Bacon : « Que l'analogie et le consentement unanime des hommes ne sont pas toujours des preuves suffisantes de la certitude des choses. »

Le passage que nous venons de transcrire nous a valu quelques observations critiques de la part d'un naturaliste dont plusieurs découvertes portent un grand caractère d'exactitude, à l'opinion duquel le bon usage qu'il fait habituellement du microscope, sur les bords de la mer qu'il habite, donnerait un grand poids, s'il restait le moindre doute au sujet de la participation, comme cause *unique*, des animaux marins dans la phosphorescence. Cet observateur, qui paraît tenir fermement à ce que cette phosphorescence vienne sans exception d'animalcules lumineux, mais qui ne nous dit pas avoir trouvé de véritable microscopique brillant dans les ténèbres sur son porte-objet, nous allègue les observations d'un naturaliste qui découvrit naguère des crustacés marins presque imperceptibles et phosphoriques sur les rivages de la Martinique. Nous n'avons garde de douter du fait : personne n'ignore que Banks (*Trans. phil.*, 1810, *part.* 3) observa en pleine mer le *cancer fulgens*, qui, selon l'expression de ce savant, répandrait des flammes très-vives. Dès le milieu du siècle dernier, on connaissait un autre petit crustacé du Malabar, appartenant au genre *lynceus*, qui, s'agitant dans l'eau, y brillait d'une teinte bleue; et déjà Riville (*Mém. des savants étrangers*, t. III) pensait qu'une sorte d'huile lumineuse, provenue de semblables animaux, causait la phosphorescence de l'Océan. Puisqu'il existe d'ailleurs tant de médusaires grands ou infiniment petits, doués de la faculté de briller, il peut fort bien exister des crustacés à qui cette faculté soit également départie, en plus grand nombre encore que ne le suppose notre correspondant qui paraît n'en connaître qu'un. Ces crustacés, qui se multiplient en tels ou tels parages, comme les daphnies et autres entomostracés le font par myriades dans nos citernes ou dans certains marais, produisent, nous n'en saurions douter, un effet resplendissant, comme le font des pyrosomés, des béroës et des biphores. Les observations de Gaimard ne laissent d'ailleurs aucun doute à ce sujet, et Lesson, analysant dans le *Bulletin des sciences naturelles et géologiques* (septembre 1825, n. 9, p. 130), les travaux de son jeune ami, dit : « Nous-mêmes dans les mers des régions chaudes, nous vîmes souvent des points d'azur, jouissant de l'éclat des pierres précieuses, s'agiter avec une rapidité extrême, et jamais nous n'eussions pu nous douter que cet effet était produit par une extrêmement petite crevette bleue, que nous saisîmes avec une étamine, et que nous ne distinguâmes qu'avec une très-forte loupe. » Quoy et Gaimard, en s'occupant de la phosphorescence de la mer, rapportent à ce sujet des choses fort dignes d'être annotées. Ils racontent (*Ann. des sciences naturelles*, t. IV, p. 12) qu'étant mouillés dans la petite île de Rawak, directement placée sous l'équateur, ils virent un soir sur l'eau des lignes d'une blancheur éclatante. En les traversant avec leur canot, ils voulurent en enlever une partie; mais ils ne trouvèrent *qu'un fluide* dont la lueur disparut entre leurs doigts. Peu de temps après, pendant la nuit, la mer étant calme, on vit près du navire beaucoup de ces zones blanches et fixes; en les examinant, on reconnut qu'elles étaient produites par des zoophytes d'une petitesse extrême, et qui renfermaient en eux *un principe de phosphorescence si subtil et tellement susceptible d'expansion*, qu'en nageant avec vitesse et en zigzag, ils laissaient sur la mer des traînées éblouissantes, d'abord larges d'un pouce, qui allaient ensuite jusqu'à deux ou trois par le mouvement des ondes. Leur longueur était quelquefois de plusieurs brasses. *Générateurs* de ce fluide, ces animaux l'émettaient à volonté. Un bocal, qu'on mit à la surface de la mer, reçut deux de ces animalcules, qui *rendirent immédiatement l'eau toute lumineuse*. Les observateurs de qui nous venons d'emprunter ces faits conviennent qu'ils n'ont jamais pu distinguer suffisamment ces animalcules *générateurs* d'un fluide si phosphorescent. Ils ajoutent que le calme, la chaleur, et surtout une surabondance d'électricité dans l'atmosphère, accroissent l'intensité de la phosphorescence. Ils ont remarqué, après avoir manié des masses d'animaux lumineux, et cette viscosité brillante qu'ils supposent en être formée, mais où la transparence ne permet pas d'en apercevoir, que leur odorat a toujours éprouvé une sensation pareille à celle que produit une grande quantité d'électricité accumulée sur le plateau d'une machine électrique. Telle est la funeste autorité de l'habitude et des déclamations de certains voyageurs amphigouriques, que leurs admirateurs sont parvenus à ériger en oracles, qu'après avoir exposé d'une manière élégante et lucide les faits si importants que nous venons de reproduire, nos deux savants voyageurs repoussent toute idée de coopération électrique dans la phosphorescence, ne veulent pas que la mucosité de la mer y concoure, proclament comme causes *uniques* de toute phosphorescence les animalcules invisibles, et déclarent enfin *oiseux de rappeler des systèmes que la seule observation devrait renverser*. Nous n'avons jamais entendu établir de système sur la phosphorescence de la mer, et loin que l'observation renverse ce que nous en avons imprimé il y a vingt-cinq ans environ, ce qui vient d'être rapporté confirme au contraire notre manière de voir, cependant diamètralement opposée à celle de Quoy et de Gaimard. Ces voyageurs ne s'étant jamais servis de microscope, comment peuvent-ils décider que la viscosité marine soit pénétrée d'animalcules seuls de lui donner la faculté d'étinceler ? Reconnaissant dans les corps phosphorescents une odeur particulière à l'électricité, comment prononcent-ils que l'électricité ne peut entrer pour rien dans la phosphorescence ? Enfin, si de petits zoophytes imperceptibles laissent des traînées lumineuses de plusieurs brasses de longueur, et remplissent des vases considérables d'une lumière humide, la matière phosphorique, émanée de leur corps presque sans dimension, est-elle un composé d'autres animalcules, et les microscopiques, qui en élaborent et répandent une quantité tellement supérieure à leur masse, sont-ils autre chose que les préparateurs d'une substance brillante par elle-même, alors qu'elle est émise ? Nous le répétons ; de ce que des animaux marins grands ou petits sont phosphoriques, il ne s'ensuit pas que toute phosphorescence marine doive être nécessairement attribuée à de tels animaux. L'avancer, le soutenir, traiter d'absurde, comme le fit Péron, et comme le font ceux qui se sont égarés sur ses traces, toute autre explication de la phosphorescence, que celle qu'on peut emprunter des polypes invisibles, de médusaires et de crustacés, ne nous semble pas admissible en bonne logique. S'il nous était donné d'apercevoir le globe terrestre d'un point de cet espace à travers lequel l'emporte sa rotation diurne, et que, dans l'obscurité de l'une de ses nuits, nous pussions discerner, volant à travers les campagnes, les lampyres, les fulgores et les taupins, dont l'éclat est souvent si vif, expliquerions-nous par la phosphorescence des insectes les aurores boréales qui viendraient en même temps que ces insectes embellir la nuit ? N'est-il donc dans l'étendue des mers d'autres corps lumineux que ceux dont il vient d'être parlé ? Péron lui-même rapporte (voy. aux Terres austr., t. IV, p. 180) qu'ayant fait draguer dans les parages du cap Leuwin, par quatre-vingt-dix ou cent brasses, non-seulement des zoophytes divers, « mais des fucus et des ulves en grand nombre étaient phosphoriques, et ce spectacle était d'autant plus agréable que la pêche se faisait dans les ténèbres. » Notre voyageur qui, dans la suite de son mémoire (p. 193), établit que la mer diminuant de chaleur à mesure qu'on s'y enfonce, doit enfin demeurer dans *un état de congélation éternelle dans ses abîmes*, note ici que, par une assez grande profondeur, les productions qu'on ramenait, sans en excepter les fucus et les ulves, n'étaient pas seulement lumineuses, mais qu'elles étaient plus chaudes de trois degrés au moins que la surface de l'Océan. Sans relever cette contradiction, nous rappellerons les observations de Leroy, professeur à l'École de médecine de Montpellier, et les conséquences qu'on peut tirer des expériences fort bien faites par ce physicien (*Savants étrang.*, t. III, p. 143). Il remarqua, tout comme nous, « que l'eau de mer n'était lumineuse que lorsqu'elle était agitée, et qu'elle répandait d'autant plus de lumière que l'agitation était plus forte; que si l'on mettait de cette eau dans un vaisseau découvert, elle cessait absolument d'être lumineuse après un certain temps, quelque fortement qu'on l'agitât; que si au contraire elle était contenue dans un vase bien clos, elle conservait plus longtemps sa propriété phosphorique, ce qui eût été le contraire si la phosphorescence eût été produite par des animalcules qui meurent ou ne se développent pas dans les vases fermés. » Leroy rendit au contraire de l'eau de mer phosphorique sans l'intervention de nul être vivant. Il mit dans de l'eau, qui était peu ou point lumineuse, différents poissons morts, tels que des harengs et des merlans; dès que la substance de ces poissons éprouva un commencement de putréfaction, ce qui arriva au bout de vingt-quatre heures, la surface de l'eau mise en expérience devint entièrement lumineuse, et quand on la voyait le jour, elle paraissait couverte d'une matière grasse : cette phosphorescence, comme artificielle, subsistait pendant six ou sept jours. On a répété l'expérience avec de l'eau douce, dans laquelle on avait fait dissoudre du sel marin dans la proportion d'une demi-once par pinte; l'effet fut le même; d'où l'on conclut, comme l'avait fait il y a déjà bien longtemps van Helmont, que la seule matière huileuse, donnée par les poissons corrompus, modifiée par du sel marin, suffisait pour produire le phénomène qui nous occupe. On observa encore que l'eau devenue phosphorescente le paraissait plus ou moins, selon la nature du corps avec lequel on l'agitait; de sorte que le mouvement déterminé avec un instrument de fer y produisait plus de bluettes que celui qu'on y donnait avec la main, et que celui qu'on y donnait avec la main en produisait encore plus que l'agitation causée par un morceau de bois. Ces derniers essais prouvèrent que l'électricité pouvait entrer pour quelque chose dans la phosphorescence. Cependant Leroy ne proclama point qu'il avait surpris un secret de la nature, et ne traita pas d'absurdes les naturalistes qui ne voyaient pas comme lui. Ses travaux passèrent presque inaperçus, et l'on s'en tient encore généralement aux erreurs anciennes, adoptées et pompeusement reproduites dans la relation du Voyage aux terres australes, ainsi que dans la compilation qui commence le tome XXI du Dictionnaire d'histoire naturelle publié par le libraire Déterville.

L'illustre Forster (Reinhold) avait déjà soupçonné que le phosphore devait aussi entrer pour sa part dans une merveille que, d'un commun accord, tout le monde désignait sous le nom significatif et si pittoresque de phosphorescence. Nous développâmes cette idée dans notre voyage aux quatre îles des mers d'Afrique, en décrivant sans boursouflure le spectacle que présente une mer étincelante; croyant que plusieurs autres causes pouvaient y joindre leur action, nous disions (t. I, p. 113), dès l'an XIII de la république : « Plusieurs naturalistes nient que ce soient les animalcules qui produisent les scintillations de l'eau salée, scintillations bien différentes des lueurs que répandent les animaux lucifères visibles. Ces naturalistes croient que la mer, peuplée d'êtres innombrables qui, de même que ceux de l'air et de la terre, naissent pour mourir, doit avoir vu se corrompre dans son sein des myriades d'animaux huileux, dont la plupart furent d'un volume considérable; et que cette corruption, qui est continuelle depuis tant de milliers de siècles, est la source d'un phosphore maritime dont l'éclat jaillit au moindre choc. En effet, il n'en n'est pas de l'Océan toujours agité comme de la terre relativement immobile. A mesure que les êtres nourris par cette dernière cessent de vivre et se décomposent à sa surface, l'eau du ciel, pénétrant dans son sein par infiltration, les pesanteurs spécifiques, les attractions propres aux molécules dont se composaient les êtres dissous, le temps et la stabilité, ou d'autres causes inconnues, suffisent pour que les éléments des corps détruits se mélangent tranquillement les uns aux autres selon certaines lois de la nature, et reparaissent à la surface du sol en êtres nouveaux, ou dans son intérieur en substances, à la formation desquelles concourt la dissolution de toutes les autres. Dans la mer, au contraire, l'impulsion permanente d'orient en occident qu'on lui attribue, capable de rouler au hasard toutes les molécules internes qui s'y rencontrent, l'action des marées, celle d'impétueux courants qui se côtoient ou qui se contrarient, le heurtement perpétuel des vagues poussées en tous sens par les vents déchaînés; enfin, mille autres causes de mobilité éternelle, ne permettent guère ces juxtapositions nécessaires pour la prompte recomposition des corps. Les débris de tout ce qui s'y désorganise, promenés par la force des courants, battus et mêlés par les tourmentes, se pénètrent, se confondent, et finissent par s'amalgamer à l'eau qui les tient en suspension au milieu de son agitation terrible. De là ce principe onctueux et gras de l'eau de mer; de là encore cette amertume affreuse et cette mucosité remarquable, quand on écarte avec précaution l'extrémité des doigts qu'on a mouillés pour la reconnaître. La salure de l'Océan n'a peut-être pas d'autres raisons; et alors il est naturel de chercher dans le phosphore, qui a dû provenir de tant de putréfactions et de mélanges, l'une des causes de la phosphorescence de la mer. Au reste, comme beaucoup d'autres causes tendent à décomposer les eaux, en opérant la diminution de leur masse liquide, et que ces causes n'agissent pas aussi directement sur les substances que ces eaux tiennent dissoutes dans leur état de fluidité, il se pourrait très-bien que la mer diminuant à mesure que le globe vieillit, le sel, le principe muqueux, l'amertume et la phosphorescence augmentassent de jour en jour. » De telles idées fondées sur l'observation, émises avec réserve, et déduites de ce qu'avaient dit avant nous d'habiles physiciens, ne devaient pas être traitées avec un superbe dédain par qui n'avait observé la nature qu'à travers le prisme romantique déjà introduit chez quelques écrivains qui traitaient des sciences physiques vers l'époque où les débris de l'expédition Baudin revirent l'Europe. Ce n'était point une hérésie chimique que d'admettre dans l'eau de la mer, au milieu d'une mucosité qui le pouvait mettre à l'abri du contact de l'air atmosphérique, un phosphore liquéfié, qui, venant à se dégager de sa prison en se mettant en contact avec l'oxygène dont la mer est aussi remplie, répandait sa vive lumière au moment du dégagement. Ne connaît-on pas les belles expériences de Fourcroy et de Vauquelin (*Ann. du mus.*, t. X, p. 169), qui prouvent que les sels phosphoriques abondent dans toutes les humeurs des poissons? Ils sont surtout dans leur laite.

Qui n'a observé ces traînées glaireuses que les bancs de harengs laissent fréquemment sur leur passage, nommées *grésins* par les pêcheurs, et qui, durant la nuit, paraissent aussi toutes brillantes? S'est-on jamais imaginé que leur éclat vînt de ce qu'elles étaient pénétrées de néréides noctiluques, de méduses étincelantes, de *beroës* et de *cancer fulgens*, ou autres animaux lumineux? Qu'on cesse donc d'attribuer le phénomène qui vient de nous occuper à une cause unique. Fourcroy voyait dans la phosphorescence un effet de la lumière s'engageant dans les intestins des corps, et Fourcroy avait certainement raison. Une multitude d'autres causes la déterminent et l'augmentent; et si tant d'animaux marins vivants ou morts, en font jaillir en effet à nos yeux, c'est plutôt qu'en ayant absorbé les éléments, ils les rendent à la masse commune, quand nous les voyons étinceler.

ILE UALAN, ET NON OUALAN. DESCRIPTION GÉOGRAPHIQUE. UROSSES. COUTUMES.

Ualan est certainement la même île que vit, en 1804, l'Américain Crozer qui la nomma *Strong*. Désignée sous le nom d'*Hope*, en 1807, elle figure aussi dans quelques cartes sous celui de *Teyva*. Le premier qui la visita fut M. Duperrey, en 1824, et le capitaine Lütke l'explora avec le plus grand soin en 1828. Elle est au nombre des îles hautes, telles que Yap, Hogoleu et Pouynipet. Ualan est une des terres les plus intéressantes de l'immense archipel des Carolines. La civilisation y est assez avancée; ses habitants se distinguent par la douceur, la réserve, la modestie et la chasteté conjugale, chose remarquable dans la Polynésie. Elle possède de bons ports, et elle a 24 milles de tour. Son centre est situé par 5°19′ de lat. nord et par 161° environ de longit. ouest du méridien de Greenwich, et le havre de la Coquille, qui a reçu ce nom de M. Duperrey, par 5° 21′ 25″ de latitude nord et 160° 40′ 42″ de longitude est du méridien de Paris.

Dans la description de cette île importante, nous insérerons quelques récits des voyageurs les plus distingués, en suivant l'ordre chronologique. Rien, sans doute, ne nous serait plus facile que de les mutiler et de faire de grandes phrases, et ce n'est point par paresse que nous ne remplacerons pas leurs expressions par les nôtres. Mais nous trouvons le plus grand charme à citer textuellement ces récits de voyageurs ou de navigateurs distingués, sans toucher à leur style. Outre qu'il serait souvent difficile de dire mieux qu'eux, nous considérons leur style comme une peinture locale, et en ce sens il doit être sacré. D'ailleurs nos lecteurs ne seront pas fâchés de retrouver un peu plus de variété dans cet ouvrage, où, après avoir donné le résultat de nos voyages et de nos découvertes, principalement dans la Malaisie, nous leur donnerons les morceaux les plus précieux et les plus intéressants, extraits de plusieurs centaines de voyages et autres ouvrages anciens et modernes, fort rares, ou dont l'acquisition est extrêmement coûteuse. En recevant ce cadeau, la plupart des lecteurs méconnaîtront les peines, les dépenses et les soins que ces extraits nous ont coûté. Ils ignoreront peut-être la difficulté qu'il y a à faire l'analyse critique et consciencieuse de ces voyages, et des cartes correctes ou non qui les accompagnent, à comparer leurs auteurs entre eux, et à ne choisir que des faits dont l'exactitude soit démontrée.

Voici d'abord le récit de M. Duperrey, commandant la corvette *la Coquille*. Nous regrettons que ce document soit le seul que ce savant ait publié jusqu'à ce jour sur cette île.

« Nous apprîmes que les principaux chefs habitaient la petite île Lélé, située au vent de l'île. Nous nous y rendîmes, M. Lejeune et moi, dans la journée du 8. La distance n'est que de cinq milles; mais au départ comme à l'arrivée, le sol est noyé ou coupé par des rivières, qu'il faut traverser ou suivre quelquefois pendant un temps considérable. Le chemin n'est pas beaucoup plus facile sur des terrains élevés, car ce n'est qu'en gravissant des rochers sur lesquels se précipitent de nombreux torrents, que l'on parvient à les franchir. Toutefois, cette disposition hydrologique tempère singulièrement l'ardeur du climat, et présente à l'imagination une fraîcheur et une variété de tableaux bien capables de faire surmonter les inconvénients d'une semblable course.

« Parvenus au sommet de la colline qui sépare les deux vallées opposées, nous trouvâmes sur une petite plaine plusieurs habitations, dont les dépendances étaient entourées d'une légère palissade. Les naturels sortirent de leurs cases avec empressement, pour nous offrir quelques-uns des produits de leur sol, et, lorsque nous nous remîmes en marche, plusieurs d'entre eux se joignirent à ceux qui nous escortaient déjà, pour porter devant nous les fruits que le temps ne nous avait pas permis de consommer sur les lieux. Cette plaine fournit abondamment à la subsistance des habitants, et paraît avoir été aussi choisie pour être leur dernier asile; car nous remarquâmes, parmi les plantations dont elle était couverte, une foule de petits hangars, que l'on nous dit être des lieux de sépulture.

« En descendant la vallée de l'est, nous reprîmes le cours des rivières jusqu'au havre Chabrol, et nous nous rendîmes dans l'île Lélé, en nous frayant une route sur un banc de corail entièrement submergé, qui lie la partie nord de cette île au rivage d'Oualan.

« L'île Lélé n'a qu'un mille d'étendue de l'est à l'ouest sur deux tiers de mille de largeur. Sa partie orientale présente un morne conique assez élevé; le reste est très-bas, et serait probablement envahi par la mer, si les naturels, qui ont choisi cette localité pour y établir leur principale résidence, n'avaient eu la précaution d'en élever le sol à quinze ou vingt pieds au-dessus du niveau des eaux, et d'envelopper l'île entière d'une ceinture de murailles, capable d'offrir une digue insurmontable aux phénomènes périodiques des marées.

« Le village ainsi garanti des inondations par l'industrie des habitants, est traversé, dans divers sens, par des canaux que les pirogues peuvent facilement parcourir lorsque la mer est haute; les murs qui encaissent ces canaux, ainsi que ceux qui contournent l'île, sont composés de fragments de basalte, de coraux taillés avec art, et placés sans aucun ciment les uns sur les autres. Les naturels les construisent en employant des cordes et des leviers d'une grande dimension, et ils leur donnent un talus assez considérable, pour qu'ils soient en état de résister à la poussée des terres qu'ils sont destinés à soutenir.

« Notre arrivée à Lélé répandit une joie extrême. Hommes, femmes et enfants se précipitèrent en foule sur nos pas. Leur étonnement se portait plus particulièrement sur la couleur de notre peau, qu'ils touchaient soit avec les mains, soit avec le visage, en laissant échapper à chaque instant de nouveaux cris d'admiration. C'est ainsi qu'ils nous ont escortés jusqu'à l'urosse-ton, ou chef principal, devant lequel ils s'accroupirent, en gardant un silence bien capable de fixer nos idées sur le respect qu'ils ont pour sa personne.

« Ce chef, affaissé sous le poids des ans, était couché entre deux nattes au fond d'une petite case élégante et d'une extrême propreté; sa femme et quelques domestiques seulement étaient auprès de lui. Le plus grand silence régnait dans cette enceinte, isolée de la voie publique par des murs construits en jonc et en feuilles de canne à sucre. Informé de notre arrivée, il fit des efforts pour venir au-devant de nous. Nous l'en dispensâmes, en nous asseyant promptement sur une natte qui était auprès de la sienne, et dans cette situation il nous adressa un long discours que nous eussions bien voulu comprendre, mais auquel nous ne pûmes répondre qu'en offrant quelques présents.

« Nous avons visité plusieurs autres chefs, et notamment celui qui gouverne immédiatement après l'urosse-ton. Celui-ci paraissait chargé de la police générale : c'était un homme actif, quoique âgé, d'une taille avantageuse et d'une figure à laquelle une longue barbe blanche donnait un air vénérable.

« Cette charmante peuplade porte sur sa physionomie la douceur des mœurs qui la distinguent, et ses qualités se font également remarquer dans sa moralité. Les femmes étaient libres lorsque les hommes étaient en assez grand nombre pour nous résister; mais on avait la précaution de les cacher partout où nous étions les plus forts.

« Les hommes sont d'une taille moyenne, d'une couleur peu foncée, d'un abord aisé et agréable. Les femmes sont gracieuses et bien faites; elles brillent d'ailleurs par la blancheur de leurs dents ; la vivacité de leurs yeux, et plus encore par cette pudeur non affectée qui les éloignait de nous toutes les fois que nos relations devenaient trop familières. »

Dans l'examen des conditions sociales qui appartiennent à cette peuplade, M. Duperrey crut reconnaître que les 2000 individus qui la composent étaient divisés en six classes : les tone, les pennemé, les lésigué, les néas, les metkos et les memata ; que le titre d'urosse était le synonyme de chef, et que, quoiqu'il puisse appartenir aux quatre premières classes, il est plus particulièrement affecté aux deux premières. M. Duperrey pense que le chef supérieur, étant toujours de la classe des tone, cumule ces deux titres auxquels il ajoute le mot lealen, ce qui signifie droit, lui seul ayant le privilège de se tenir debout dans les visites comme dans les convocations.

Voyons ce que dit M. Lesson de l'île Ualan et de ses habitants :

« Le 6 juin 1824, à peine *la Coquille* était mouillée dans le havre qui porte son nom, que nous nous fîmes débarquer, M. de Blosseville et moi ; et comme personne n'avait encore mis pied à terre, nous résolûmes de connaître enfin si ces naturels qui couvraient le rivage étaient doués de mœurs bienveillantes et hospitalières ; nous désirions d'ailleurs nous rendre au grand village, situé dans la partie orientale de l'île, et que nous avions vu du bord en longeant le rivage.

« Nous étions encore assez loin de la côte, lorsque notre petit canot, nagé par un de nos domestiques, ne put avancer plus loin. Nous nous jetâmes aussitôt à l'eau, et nous atterrîmes devant une grande cabane, où plus de cent naturels étaient accroupis et prenaient leur repas. A notre vue, ils poussèrent tous un bou-ai-ai prolongé dont le bruit nous assourdit, et dont nous ne savions guère la signification. Nous ne tardâmes pas à savoir que c'est ainsi qu'ils expriment leur étonnement. Les naturels nous pressèrent de nous asseoir au milieu d'eux. Là, chacun d'eux vint satisfaire sa curiosité. L'un cherchait à voir si la couleur blanche de notre peau n'était pas l'effet d'une peinture ; mais tous manifestèrent l'étonnement le plus singulier lorsqu'ils nous virent enlever notre chapeau et nos souliers ou ôter notre veste. Ces bonnes gens imaginaient peut-être que ces objets faisaient partie de notre organisme. Comme cette circonstance se reproduisit dans toutes les cabanes où nous allâmes, et de la part de tous les naturels que nous rencontrâmes, il nous suffira de dire, une fois pour toutes, que le bou-ai-ai éternel, accompagné de mille contorsions et de mille grimaces plus singulières les unes que les autres, suivit nos moindres gestes pendant tout le jour. L'un des indigènes s'empressa de nous apporter des cocos et des fruits à pain, ainsi qu'une noix pleine de schiaka, dont je goûtai seulement. Nous récompensâmes leurs soins par quelques bagatelles qui les rendirent heureux, et nous leur demandâmes alors des guides pour nous accompagner au grand village en traversant l'île. Ils comprirent parfaitement nos signes : trois d'entre eux se détachèrent en avant. L'un s'empara de ma boîte à herborisation, et la porta soigneusement jusqu'au village, en me parlant avec volubilité, quoique je n'entendisse pas un mot des jolies choses qu'il me débitait sans doute. Le chemin que nous prîmes se dirige d'abord à travers des fondrières marécageuses couvertes de mangliers, puis, sur une colline médiocre en longeant à l'est, le sol devenait très-fertile, couvert de cabanes et de plantations de cannes à sucre ou de bananiers bien entretenues. De beaux arbres unis aux citronniers, aux arbres à pain, formaient des massifs délicieux sur les tombeaux des habitants que recouvrent des cabanes légères. Nous jouissions en silence de la scène neuve qui s'offrait à nos regards, en suivant notre guide, dont l'empressement à nous être agréable nous charmait. Nous parcourions la riante vallée du centre de l'île, ayant à notre droite le pic le plus élevé et la montagne aux deux pitons. Dans toutes les cabanes nous recevions l'hospitalité la plus empressée, les prévenances les plus simples. Notre vue, en produisant la surprise, portait aussi la frayeur dans l'âme des femmes et des jeunes filles; bientôt nos guides et nos procédés les rassuraient, et la confiance s'établissait d'une manière solide. Dans une cabane, une jeune femme dérangea ma chemise et entrevit ma poitrine qu'elle recouvrait. Elle parut si frappée de cette vue qu'elle voulait absolument me dépouiller de tout vêtement pour mieux juger, sans doute, si nous appartenions à une race d'hommes formés sur un type différent du leur. Je ne crus pas devoir pousser la complaisance jusqu'à ce point. Ces jeunes femmes avaient les beaux yeux du monde, une bouche magnifiquement meublée, des traits assez réguliers; mais, du reste, elles étaient mal faites. Une étroite bande d'étoffe était le seul voile qui couvrît leurs charmes. Elles ne tarissaient point en paroles, et, quoique nous ne pussions nous exprimer autrement que par des gestes, et souvent sans nous faire comprendre, elles ne cessèrent point de parler, et nous prouvèrent que partout, civilisé ou sauvage, le sexe féminin aime à babiller. Près d'elles étaient leurs jolis métiers pour fabriquer les toiles employées en maro. Après nous être reposés quelques instants, nous continuâmes notre route. Nous suivîmes d'autres guides, les premiers ne voulant pas aller plus loin; car ils nous dissuadaient depuis quelques instants d'avancer davantage vers l'intérieur. Nous suivîmes le lit d'une rivière, dont l'eau fraîche, sous les sombres voûtes d'arbres séculaires, m'occasionna un rhumatisme à la jambe qui me mit presque dans l'impossibilité de me rendre à bord. Cette eau coule sur un lit de gravier formé de petites cascades, en descendant une haute colline, et se rend au rivage, après un mille de cours. Là, elle coule au milieu des mangliers, et ses rives sont formées d'un épais limon. Nous y trouvâmes une grande pirogue que les naturels mirent à flot, et sur laquelle nous nous plaçâmes. Bientôt nous naviguâmes dans la baie de Pané, à la partie orientale de l'île, ayant devant nous la petite île de Lélé, sur laquelle réside le roi de Ualan et la majeure partie de la population. Cette petite île tient à la grande terre par un plateau de récifs sur lequel on peut marcher, n'ayant de l'eau que jusqu'à la ceinture. On nous débarqua sur la grève comme en triomphe : nos guides paraissaient enorgueillis de conduire devant leurs chefs des objets aussi curieux que nous paraissions l'être à leurs yeux. Nous traversâmes un grand nombre de rues tortueuses, bordées de larges murs en grosses pierres de corail et pleines d'eau. Nous observâmes avec étonnement une muraille composée de blocs, de forme vraiment colossale, et nous cherchâmes à concevoir comment et dans quel but on avait élevé ces masses à quinze pieds de hauteur. Les cabanes élégantes de ces insulaires bordent les rues sur des tertres élevés, car toute la partie déclive de Lélé paraît être recouverte par les eaux de la mer, et c'est pour cela, sans doute, qu'elle est enveloppée entièrement d'une ceinture de murailles. De toutes parts une population empressée sortait de ces demeures, et hommes, femmes et enfants se précipitaient sur nos pas avec le même empressement que les Européens civilisés manifestent pour un appareil de supplice. Leur curiosité, ici, avait heureusement un but plus honorable. Toutes les fois que nous nous arrêtions, nos guides paraissaient s'impatienter. Sans doute que nous manquions à l'étiquette; car ils nous défendaient même de parler à ceux qui nous formaient une suite si nombreuse. C'est avec ce cortége que nous arrivâmes à une grande maison commune, autour de laquelle la population entière était assise en rond et par terre.

« Lorsque nous traversâmes l'assemblée pour nous rendre devant les chefs, nous fûmes salués d'un bou-ai-ai général : l'ébahissement le plus complet était peint sur toutes les physionomies. Un chef vint nous prendre pour nous introduire; nos guides alors parurent rentrer dans le néant, en se traînant sur les genoux et sur les mains, au milieu de plus de trois cents hommes. Les femmes étaient à part, au nombre d'environ deux cents, sans y comprendre les enfants. Sous la grande cabane publique, sans murailles, étaient assis sur des nattes séparées et distantes cinq chefs âgés, n'ayant aucune marque distinctive, et nus comme les autres insulaires, ou, comme eux, n'ayant qu'un étroit maro autour des reins. Les scènes très-réjouissantes de surprise se renouvelèrent, et les présents que nous leur fîmes achevèrent de nous mériter les applaudissements universels. Plus de mille yeux suivaient nos moindres mouvements, et notre position sur des nattes, au milieu de cette douce population, près de chefs âgés et vénérables, dans des cabanes gracieusement construites, ressemblait assez à quelques-uns des tableaux des Mille et une Nuits. La circonstance dans laquelle nous nous trouvions était si nouvelle qu'on peut la sentir, mais difficilement la peindre. Enfin, un chef vint nous prendre par la main et nous conduisit dans une cabane attenante, ayant une varangue de joncs. C'était la demeure du roi de l'île, ou, comme ils l'appelaient, de l'urosse-tône. Nous le trouvâmes couché sur une natte, et il se couvrit la tête à notre approche. Nous lui fîmes des présents qui le rassurèrent, car on n'aborde pas ces monarques sauvages sans avoir les mains pleines. Nous remarquâmes que tous les dons que nous avions déjà faits aux chefs lui avaient été remis, et que ma boîte de fer-blanc, pleine de plantes et d'autres objets d'histoire naturelle, qu'un Indien portait avec tant de précaution, avait déjà été offerte au roi. C'est en vain que je la réclamai : il paraît que ce qui entre à la cour n'en sort plus. J'en fis le sacrifice, et je regrettai seulement ce qu'elle contenait. Cet urosse était un vieillard sur le bord de la tombe, accablé par le poids des ans, dont l'œil mourant semblait nous dire avant de se fermer : « Quelle singulière et bizarre espèce d'hommes! » Car la couleur de notre peau et nos vêtements opposés à leur manière d'être doivent, sans doute, leur paraître bien étranges. Pendant que nous nous reposions, les chefs seuls revinrent s'asseoir auprès de nous, et le peuple ne quitta point la place. Les femmes paraissaient jouir d'une liberté plus étendue, car elles formèrent un cercle à une faible distance de nous, sans qu'on les en fît retirer. Le deuxième urosse était un vieillard plein de vigueur, très-jovial, dont les traits sereins et calmes respiraient une douce autorité. Sa chevelure et sa longue barbe blanche ondoyant sur sa poitrine lui donnaient une physionomie vénérable. Le respect que leur portent les habitants est entièrement servile. »

Le récit que MM. de Blosseville et Lesson firent à leurs collègues les engagea, dès le lendemain, à se rendre à Lélé, où déjà les naturels, revenus de leur première émotion, se montrèrent moins curieux; et à quelques visites qui suivirent, leur étonnement était complétement éteint.

Voici maintenant comment le savant et intrépide capitaine d'Urville raconte l'excursion qu'il fit à Lélé le jour suivant :

« Retenu à bord pour les devoirs de mon grade, je n'avais pu, dès le premier jour, satisfaire la curiosité que j'éprouvais de visiter le chef-lieu de la population d'Ualan, que les insulaires nous disaient être Leilei(*), situé sur la bande opposée de l'île. M. Lesson, auquel la nature de ses fonctions laissait plus de liberté, avait employé la journée du 6 à faire cette excursion avec l'élève de Blosseville. Il était revenu fort tard dans la soirée, tout à fait sur les dents : il assurait avoir marché pendant plus de dix milles pour se rendre à Leilei, et le double au moins pour en revenir, sans parler des difficultés inouïes du voyage. Cela m'étonnait; car, par les relèvements qui avaient été pris, je savais déjà que l'île entière avait à peine vingt milles de circuit, et la distance de notre mouillage à Leilei faisait à peine le tiers de la cir-

(*) C'est la petite île *Lella* de Lütke et *Lellé* de Duperrey.

conférence. Mais je savais aussi, par plus d'une expérience, que notre confrère Lesson était un bien triste piéton; la fatigue avait sans doute triplé les distances pour lui, et je réussis à déterminer à m'accompagner quelques officiers qu'avaient effrayés d'abord les doléances du naturaliste.

« En conséquence, le 7 juin, à six heures du matin, accompagné de MM. Jacquinot, Bérard, Lottin et Gabert, je m'embarquai dans un canot; deux novices portaient nos provisions et une belle hache bien aiguisée que nous devions offrir à l'urosse-ton, ou premier chef de l'île. Longtemps avant d'accoster un rivage, l'eau se trouva si basse qu'il fallut nous jeter tous à la mer et renvoyer le canot. Puis nous parvînmes au village de Lual en suivant l'embouchure d'un petit ruisseau où nous eûmes souvent de l'eau jusqu'à la ceinture. Dans ces circonstances, nous eussions volontiers échangé nos incommodes vêtements pour la ceinture légère des Ualanais, qu'un rayon de soleil séchait au sortir de l'eau.

« A Lual, nous fûmes reçus dans une grande case publique, qui servait en même temps d'atelier de construction, car j'y remarquai une grande pirogue que façonnaient deux ou trois ouvriers avec leurs herminettes en fragments de tridacne acérés. Je m'étais toujours imaginé qu'il fallait un temps immense à ces sauvages pour terminer de semblables travaux avec des outils aussi imparfaits; mais je vis qu'ils allaient encore assez vite : chaque coup de leur hache de coquille faisait voler des copeaux de bois assez gros, et je remarquai même que leurs lames, par leur forme, convenaient beaucoup mieux à leurs travaux que celles de nos instruments d'acier. Aussi le maître de cet atelier, tout en admirant la hache que nous portions à l'urosse et surtout le pouvoir prodigieux de son tranchant, essaya un moment de s'en servir; puis il nous la remit en disant qu'elle coupait beaucoup trop.

« Ayant demandé un guide pour nous conduire à Leilei, ce ne fut pas aussi facile d'en obtenir un que nous l'avions imaginé. Après une demi-heure de pourparler, l'affaire en était toujours au même point; et il me parut que la visite de la veille avait déjà éveillé les craintes des potentats de Leilei, et que les naturels de Lual avaient peur de se compromettre en conduisant de nouveaux étrangers dans la capitale. Déjà mes compagnons étaient indécis sur ce qu'ils allaient faire, quand je fis comprendre aux insulaires que je voulais absolument voir l'urosse-ton, et que, si personne ne voulait m'accompagner, malgré la récompense que j'offrais, j'allais me mettre en route et saurais bien trouver le chemin seul. Puis je commençai à m'acheminer. En me voyant si bien déterminé, un naturel, jugeant, sans doute, qu'il valait mieux pour lui gagner la récompense promise, s'offrit de bon cœur pour guide, et ne demanda que quelques instants pour faire sa toilette, qui fut aussi simple qu'expéditive. En effet, elle se borna à rattacher ses cheveux sur le haut de sa tête, à passer autour de ses reins une ceinture neuve, et à placer sur la lèvre inférieure une valve de Vénus.

« Enfin, vers sept heures, nous partîmes et suivîmes longtemps un sentier étroit et fangeux qui traverse un grand nombre de plantations. Là sont cultivés des taros, des bananiers et des cannes à sucre; celles-ci sont l'objet des soins les plus assidus, chaque touffe est rattachée le long d'un pieu, et les espaces intermédiaires sont tout à fait dégagés de mauvaises herbes. Les palissades qui les environnent sont formées avec des tiges élégantes de *dracœna terminalis*, traversées par des baguettes de canne proprement ajustées. Ces jolis enclos contiennent la plupart des sépultures de l'île, qui portent le nom de lomsi. Ce sont tout simplement de petites cases de six ou huit pieds de long sur quatre de large.

« Sur la route, on traverse plusieurs courants d'une eau fraîche et limpide. Une voûte presque continuelle d'arbres majestueux en ferait une promenade délicieuse, si les naturels avaient seulement l'attention de placer de temps en temps de grosses pierres pour poser les pieds, au lieu des fondrières où l'on enfonce quelquefois jusqu'à mi-jambe. Au bout de trois quarts d'heure nous fîmes halte dans un petit village où la population, rassemblée au nombre de quarante personnes environ de tout âge et de tout sexe, nous attendait paisiblement; ils avaient eu l'attention de nous préparer des fruits à pain, des cocos et des bananes. Tous ces sauvages nous examinaient avec une avide curiosité, et chacune de nos actions excitait de leur part des cris d'admiration. Pourtant leur curiosité, d'ailleurs si naturelle, ne se trahissait par aucune démarche importune et indiscrète. Seulement, de temps en temps, un homme ou une femme s'approchait tout doucement de l'un de nous et semblait solliciter, par ses regards, la permission de considérer et de toucher notre peau. Si cette faveur lui était accordée, alors il la palpait doucement, la flairait et semblait y trouver beaucoup de plaisir. De toutes les merveilles que nous étalâmes aux yeux des sauvages, la blancheur et l'odeur de notre peau me parurent être ce qui les flatta le plus agréablement.

« Au bout d'une demi-heure de halte, nous prîmes congé de nos hôtes, ravis de la magnificence avec laquelle nous avions jugé convenable de répondre à leurs attentions, et pourtant nos largesses s'étaient bornées à quelques bijoux en verroteries, à quelque clous et couteaux de vil prix. Notre suite s'était bien accrue, et trente sauvages nous accompagnaient quand nous quittâmes notre première station. Le sentier s'élève durant quelques lieues sur la croupe de la montagne centrale; mais je ne pense pas qu'il aille à plus de cent mètres de hauteur. Là, je trouvai une végétation semblable à celle que j'avais déjà observée à Waigiou, dans la Papouasie, mais bien plus bornée sous le rapport de la variété des espèces. La faune entomologique est d'une extrême pauvreté, et se borne à quelques papillons. Les oiseaux terrestres ne sont que de cinq ou six espèces. Un seul petit grimpereau d'un rouge éclatant flatte agréablement la vue, et souvent l'œil abusé croirait voir une fleur de pourpre se balancer sur une branche de verdure. Sur le revers opposé du coteau, la route suit longtemps le lit d'un torrent délicieux qui tombe par cascatelles, et qu'ombragent sans cesse les plus beaux arbres du monde. C'est ainsi qu'on arrive dans la vallée centrale, située entre les deux pics, et occupée en majeure partie par de florissantes plantations de cannes à sucre, à travers lesquelles serpentent plusieurs ruisseaux qui y entretiennent une fertilité inépuisable. Les sites du plus grand sont fort remarquables (voy. pl. 104). Au milieu de cette riante plaine, nous fîmes une seconde halte dans une grande cabane où nous attendaient une soixantaine de naturels; là nous trouvâmes la même hospitalité, la même réserve, le même ravissement de nous voir, de nous entendre et de nous toucher. Les deux novices qui portaient nos présents et nos bagages devinrent particulièrement l'objet d'une cour assidue et d'égards empressés de la part de plusieurs naturels plus intéressés, dans l'espoir d'obtenir d'eux quelques-uns des objets rares dont ces hommes étaient porteurs.

« Une demi-heure seulement fut consacrée à cette halte, puis nous poursuivîmes notre course par un chemin beaucoup meilleur que celui d'auparavant, si bien qu'à neuf heures et demie environ nous nous trouvâmes sur les bords d'un ruisseau considérable, dont le lit était contenu sur les deux bords par deux murailles en pierres sèches assez bien établies. Nous fîmes environ cent pas dans le lit de cette rivière avec de l'eau jusqu'à la ceinture, et cette nouvelle manière de cheminer commençait à nous incommoder beaucoup avec nos vêtements, quand nous découvrîmes tout à coup deux fort jolies pirogues qui occupaient entièrement le canal. Les beaux palpals (sorte de chapeaux chinois faits avec de petites coquilles blanches) qui les décoraient annonçaient assez qu'elles appartenaient à des urosses distingués. Notre arrivée avait été annoncée à Leilei, et ces pirogues avaient été envoyées pour nous recevoir, comme on nous l'expliqua. Nous nous y embarquâmes, et bientôt nous quittâmes la rivière pour donner dans le havre de Leilei. Alors je fus aussi étonné que ravi de voir notre excursion si facilement et si promptement terminée. J'avais bien compté sur un peu d'exagération dans le récit de notre confrère Lesson, mais je n'avais pas imaginé que cet effrayant voyage dût se réduire à une petite promenade de deux heures et demie environ.

« Du reste, mon attention fut bientôt entièrement absorbée par le spectacle admirable qui s'offrit à nos regards. Nous flottions paisiblement au milieu d'un spacieux bassin que ceignaient, dans les trois quarts de son pourtour, les verdoyantes forêts du rivage. Derrière nous s'élevaient, à droite et à gauche, les hautes sommités de l'île, couvertes, dans toute leur étendue, de tapis épais de verdure, au-dessus desquels se balançaient çà et là les tiges souples et mobiles des cocotiers. Devant nous surgissait, au milieu des flots, la petite île de Leilei, entourée des jolies cabanes des insulaires, et couronnée par un monticule de verdure; et, à quelque distance de Leilei, apparaissaient encore deux îlots plus petits occupés par de belles habitations; qu'on joigne à cela une journée magnifique, une température délicieuse, eu égard à la brise du large qui arrivait jusqu'à nous, les cris de joie et d'admiration de nos compagnons sauvages, et l'on pourra se faire une idée des sentiments qui devaient remplir nos âmes dans cette sorte de marche triomphale, au milieu d'un peuple simple, paisible et généreux. (Voy. pl. 158.)

« En approchant des rives de Leilei, une nouvelle scène de détail se présente à nos regards; de belles cases entourées de hautes murailles, des rues bien pavées, et sur la plage la population entière de Leilei, au nombre de huit cents personnes au moins, rassemblées pour assister à notre débarquement. Ce qui était surtout digne de notre admiration, c'était l'ordre et le silence parfaits que gardait cette foule composée d'individus de tout âge. Les hommes étaient rangés d'un côté, les femmes de l'autre, tous entièrement nus, et n'ayant pour vêtement que l'étroite ceinture qui couvre leurs reins, et qui porte le nom de tol. Quand nos pirogues accostèrent la plage, deux ou trois urosses se détachèrent de la foule, et nous conduisirent gravement et en silence à cent pas du rivage, dans une case immense, qui me paraît destinée aux cérémonies publiques. Elle était ouverte de toutes parts, et un petit coin seulement, pourvu d'une cloison, semblait réservé pour la station du chef principal. Nous fûmes conduits dans cet appartement, où l'on nous laissa seuls, tandis que la foule entière se tint accroupie sur les genoux en dehors de la case, gardant le silence le plus profond. Un chef seul resta près de nous, sur le seuil de notre appartement. Nous attendîmes quelque temps sans voir aucun mouvement parmi ces naturels. Enfin, fatigué de notre isolement, qui commençait à me paraître assez bizarre, je demandai au chef assis auprès de nous où était l'urosse-ton, ajoutant que nous désirions le voir. Le chef me répondit avec beaucoup de civilité que l'urosse-ton habitait dans une maison voisine, qu'il allait venir; mais qu'il fallait prendre patience, attendu qu'il avait beaucoup de peine à marcher.

« Au bout de quelques instants, nous vîmes paraître ce haut personnage. Son corps affaissé, son air décrépit, son extrême maigreur et sa démarche chancelante, annonçaient un octogénaire. A son approche, par un mouvement involontaire de politesse, nous nous levâmes tous pour le recevoir; mais un murmure sourd et général, dans toute la foule des spectateurs, nous apprit bientôt que nous avions gravement manqué au cérémonial de l'île. En effet, l'étiquette veut que tout subalterne se prosterne devant son supérieur, et devant l'urosse-ton tous les fronts doivent rester courbés contre terre. A son aspect, tous les assistants et les urosses les plus puissants s'étaient humblement inclinés; aussi tous parurent-ils surpris de la conduite de ces étrangers, qui ne craignaient pas de se lever à l'approche de leur suprême monarque. Le peuple murmura, les grands s'indignèrent; le vieux chef lui-même resta un moment interdit et indécis sur ce qu'il devait faire. Ayant reconnu notre gaucherie, je me rassis sur ma natte, et fis signe à mes compagnons d'en faire autant. Alors le trouble s'apaisa sur-le-champ, et le vieux urosse vint s'asseoir près de moi d'un air bienveillant. Chacun de nous s'empressa de lui faire divers présents, tels que verroteries, miroirs, couteaux, clous, mouchoirs, et ces largesses le mirent de si belle humeur, que le bon vieillard rit, causa, et s'ébattit même comme un véritable enfant. Dans sa joie, il distribuait à chacun de nous sa faveur royale de la manière la plus comique. A l'un il pinçait la joue, à l'autre les jambes; il frappait sur les épaules et sur les cuisses d'un troisième, tout cela pour nous témoigner son contentement. En un mot, nous devînmes les meilleurs amis du monde.

« La reine se présenta à la porte de l'endroit où nous étions, et il me parut qu'elle n'osait entrer : seulement, les femmes qui, jusqu'à ce moment, s'étaient tenues à l'écart, encouragées par l'exemple de leur souveraine, s'approchèrent en foule pour nous examiner de plus près. En ce moment, le roi se décida enfin à envoyer chercher les cadeaux qu'il devait nous offrir : je vis avec assez de surprise qu'ils se bornaient à deux tofs pour chacun de nous, neufs il est vrai, mais du tissu le plus grossier. De simples individus s'étaient montrés plus généreux, et nous en conclûmes que le brave homme devait être un roi fort économe de ce qui lui appartenait, mais très-avide de ce qui appartenait aux autres. Il voulait ma boîte d'herborisation, ma pioche, ma serpette, enfin tout ce qu'il voyait; mais je sus lui faire entendre que tout cela m'appartenait, que j'étais urosse-ton comme lui, et qu'il devait se contenter de ce que je lui donnais. Tout cela ne paraissait pas trop le persuader. Pour faire un peu diversion, je me levai de ma place, et m'avançant vers la reine, je lui passai autour du cou un brillant collier en verre taillé à facettes, et la foule d'applaudir par un murmure de satisfaction. Cette galanterie fut tellement du goût de l'auguste personne, qu'elle envoya chercher sur-le-champ cinq beaux tofs d'un plus beau tissu, qu'elle m'offrit avec aménité. Sur ces entrefaites, le peuple s'étant un peu trop approché de nous, les chefs firent éloigner les indiscrets, en les repoussant par les épaules, mais avec douceur, ce qui me donna une bonne idée du caractère général de la nation.

« On nous apporta aussi des fruits à pain et des cocos que nous avions demandés; puis nous tirâmes nos provisions, et nous nous mîmes à faire un repas plus substantiel que celui du matin. Cette licence de notre part parut d'abord contrarier le vieil urosse, et il tâcha de me faire entendre que c'était mal à nous de manger en sa présence. Pour le calmer, je lui offris des mets que nous avions apportés du bord, et sa bonne humeur revint. Parmi les lubies bizarres qui lui passèrent par la tête, le bon homme s'avisa tout d'un coup de vouloir vérifier si j'étais un homme ou une femme, et j'eus toutes les peines du monde à l'empêcher de donner suite à son examen. C'eût été un spectacle digne de Callot que de voir un officier français engagé dans une semblable lutte avec un vieux chef sauvage, en présence d'une population de six à huit cents individus des deux sexes.

« Parmi tous les urosses présents à cette entrevue, un seul, âgé d'une soixantaine d'années, homme de bonne mine et plus replet que la plupart des autres insulaires, jouissait du privilége de rester avec nous près du roi. Cet homme était peut-être le premier ministre ou le second chef de l'île; car le vieux roi lui-même nous le fit remarquer comme un urosse de distinction, en le recommandant à notre libéralité.

« Près d'une heure et demie s'était écoulée dans cette entrevue, et dans l'impossibilité où nous étions de nous communiquer nos idées d'une manière satisfaisante, je trouvai que c'était assez. Je me levai, et la séance se trouva ainsi rompue. Alors notre premier guide, qui s'était éclipsé dans la foule, reparut à notre tête, et je vis qu'il se préparait à nous faire traverser rapidement le village sans nous laisser arrêter. Cela ne faisait nullement mon compte, et je lui déclarai que je ne voulais point ainsi quitter Leilei. D'abord j'exprimai le désir de visiter la demeure royale, située tout près du grand hangar public. C'était une grande case, entourée de nattes de toutes parts, et dont l'aspect annonçait l'aisance des propriétaires. Notre guide et d'autres chefs parurent vouloir s'opposer à ce désir. J'insistai, et la reine elle-même fit cesser le débat en faisant ouvrir les portes de bonne grâce. L'intérieur n'offrait qu'un grand appartement entièrement libre, dépourvu de meubles, et dans lequel on ne remarquait qu'une cloison à son extrémité inférieure, comme dans tous les autres que j'avais déjà vus. Ma curiosité satisfaite, je fis encore quelques cadeaux à la reine et à ses filles, puis je pris congé d'elles et poursuivis mon examen.

« Les rues étaient bordées de murailles énormes qui attestent que ces naturels, en apparence faibles et peu robustes, sont néanmoins susceptibles de se livrer à des travaux pénibles. Derrière la case royale, une vaste enceinte carrée, entourée de fortes murailles, attira un instant mes regards : certaines expressions, certains signes des sauvages qui nous accompagnaient me donnèrent lieu de penser que le local pouvait quelquefois servir à des cérémonies religieuses; pourtant je ne pus y découvrir que quelques nattes éparses sur le sol, et une grande hutte en mauvais état faisant face à cette enceinte.

« Au bout de la rue, une muraille encore plus considérable que toutes celles que nous avions vues excita mon admiration; elle n'avait pas moins de vingt pieds de haut, sur dix à douze d'épaisseur, et quarante ou cinquante sur chaque face. On conçoit difficilement comment ces peuples, sans l'aide d'aucune machine, peuvent transporter des blocs aussi pesants que ceux qui entrent dans ces constructions, dont quelques-uns doivent peser plusieurs milliers; il est même plus difficile de deviner quelle peut être l'utilité de ces lourdes masses. Tout ce que j'ai pu remarquer, c'est que les résidences des urosses étaient toujours accompagnées de ces énormes murs, qu'ils nomment pot-ouro ou simplement pot, et ces murs semblaient être un des attributs de leur dignité, comme au moyen âge les remparts et les fossés accompagnaient toujours les demeures des seigneurs.

« Près des grosses murailles dont je viens de parler, s'élevaient de belles cases plus grandes et mieux tenues que celle du roi. La plupart de ces cases contenaient chacune dans leur intérieur deux ou trois grandes pirogues soutenues sur des traverses, à cinq ou six pieds au-dessus du sol. C'était encore une énigme pour nous de savoir ce que les naturels pouvaient faire de ces immenses pirogues, eux qui ne paraissaient pas avoir connaissance d'une autre terre au monde que celle de leur île. La plupart de ces maisons étaient désertes quand nous y entrions; les naturels n'y entraient qu'à notre suite, et chacun d'eux s'accroupissait à l'instant si un urosse venait à paraître. Du reste, partout on nous offrait des fruits à pain et des cocos, et partout ces avances étaient reconnues de notre part par des présents. La dernière case que nous visitâmes, sur le revers opposé de Leilei, surpassait toutes les autres par ses dimensions, et je reconnus que c'était la première qui avait frappé nos regards quand nous avions accosté l'île. Le propriétaire de cette belle habitation était un jeune urosse d'une trentaine d'années, bien fait, alerte, doué d'une physionomie agréable et de manières engageantes. Il nous fit un accueil semblable aux autres : nous restâmes une demi-heure sous son toit, et autant environ sur le rivage à converser avec les naturels rassemblés autour de nous, hommes, femmes et enfants, qui semblaient enchantés de nous voir au milieu d'eux. Puis le jeune chef arma deux belles pirogues, et nous conduisit lui-même sur la plage nord-est de Ualan, où nous lui avions témoigné le désir d'être transportés pour retourner à notre bord.

« Il n'était encore qu'une heure après midi; mais nos largesses avaient épuisé tous les objets que nous avions apportés pour distribuer. Ces largesses mal entendues avaient déjà corrompu le caractère généreux et hospitalier de ces peuples, surtout dans la classe des chefs; au lieu des avances désintéressées qu'ils nous faisaient dans le principe, il était facile de voir que leurs offres avaient pris un caractère de cupidité et de spéculation qui leur était primitivement inconnu. Ainsi nos intentions généreuses avaient déjà produit des résultats déplorables. Nous passâmes entre les deux îlots de Senei et de Senas, où sont établies de grandes pêcheries, et nous débarquâmes sur la plage. Notre jeune urosse nous accompagna jusqu'à la résidence de l'urosse chef de ce territoire. En cette occasion, je fus témoin d'une scène singulière entre ces deux personnages. Notre compagnon nous avertit que nous allions paraître devant un urosse; puis il s'avança lui-même de droite et de gauche avec beaucoup de précaution, comme pour découvrir où se tenait l'urosse chez lequel nous allions nous présenter. Bientôt nous vîmes celui-ci à la porte de son enceinte murée, assis gravement, et un peu à l'écart de ses sujets rassemblés en groupe. Aussitôt le jeune urosse, notre conducteur, alla lestement s'accroupir à cinquante pas de distance avec tous ses gens, et ils demeurèrent dans cette position, sans souffler mot, jusqu'au moment que nous prîmes congé de notre nouvel hôte. Était-ce là une forme d'étiquette entre ces deux chefs, ou bien quelque inimitié régnait-elle entre eux et les empêchait-elle de se rapprocher davantage? C'est ce que je ne pus discerner. Du reste, le dernier urosse, homme grave et d'une tournure respectable, nous accueillit encore fort honnêtement.

« Durant le reste de notre route jusqu'à la corvette, qui fut de sept ou huit milles environ, nous passâmes devant plusieurs résidences d'urosses, qui tous nous offrirent l'hospitalité, en mettant des fruits à pain et des cocos à notre disposition de la façon la plus affable. Nous n'avions presque plus rien à leur donner, et néanmoins pas un d'eux n'eut l'air d'être poussé par la cupidité. Tantôt la route suivait le bord de la grève, et alors la chaleur accablante du soleil nous fatiguait cruellement; mais parfois le sentier serpentait à travers de beaux bosquets d'*hibiscus*, de *barringtonia*, d'*œgiceras* et de *pandanus*, et alors nous respirions une délicieuse fraîcheur. Une trentaine de sauvages nous accompagnaient, hommes joyeux, obligeants, et ravis de nous rendre tous les petits services qui pouvaient dépendre d'eux. Dans nos haltes fréquentes je les interrogeais souvent pour avoir dans leur langue la valeur d'une foule d'expressions, et je les inscrivais au fur et à mesure sur mon calepin : cela les intriguait beaucoup; mais leur surprise était au comble quand ils me voyaient ensuite consulter mon livret pour leur répéter les mots dont j'avais besoin. »

Dans cette course M. d'Urville crut reconnaître que quatre castes divisent la petite population d'Ualan, forte au plus de deux à trois mille âmes. La plus élevée de ces castes porte le nom de *ton*, et c'est à celle-là qu'appartiennent les chefs les plus distingués, tous ceux qui président aux villages et possèdent de grandes cases entourées de hautes murailles. Après les *ton*, viennent les *penmai*, classe nombreuse qui paraît réunir les petits officiers, les artisans et divers petits propriétaires. Viennent ensuite les *lissinguai*; mais il ne put découvrir ce qui constitue positivement sa différence avec les autres; enfin, les *neas* semblent être tous les serviteurs ou individus sans moyen d'existence, obligés de s'attacher au service des chefs pour vivre. Le chef des urosses, ou roi de l'île, porte le titre particulier d'urosse-ton ou urosse-leallen. Tous les urosses distingués semblaient appartenir à la classe des ton; pourtant on assura à M. d'Urville qu'il y avait des urosses-penmai, des urosses-lissinguai et des urosses-neas; mais il lui fut impossible de découvrir si ces titres avaient rapport à des urosses préposés aux diverses classes des penmai, lissinguai et neas, ou bien s'ils voulaient indiquer des hommes de ces classes investis du titre honorifique d'urosse. Ce qui est constant, c'est que les naturels savaient très-bien expliquer si tel urosse était urosse-ton ou urosse-penmai.

Écoutons l'honorable et savant capitaine Lütke (*), dont les récits neufs et curieux annoncent la bienveillance d'un philanthrope, mais auxquels on pourrait peut-être reprocher un peu d'optimisme.

« L'île d'Ualan a vingt-quatre lieues de tour; son centre est situé, d'après nos observations, par 5°19′ de latitude nord et par 156°54′ de longitude ouest du méridien de Greenwich. Une coupure entre deux masses de montagnes, qui s'étend à travers toute l'île de l'ouest à l'est, la partage en deux parties inégales, dont la partie du sud est plus du double de celle du nord; sur cette dernière s'élève le morne Buache (de dix-huit cent cinquante-quatre pieds au-dessus du niveau de la mer), dont le sommet arrondi s'abaisse insensiblement de tous côtés. La partie du sud se distingue par la montagne Crozer, de dix-huit cent soixante-sept pieds de hauteur, étendant sa crête du nord-ouest au sud-est, dont le flanc septentrional est très-escarpé, et dentelé à son sommet. En général cette partie de l'île a beaucoup de pics, tantôt isolés, tantôt accouplés en forme d'oreilles d'âne. Un de ces pics, remarquable surtout par son sommet régulièrement conique et par sa position en face du port la Coquille, a reçu de nous le nom de Monument de Mertens.

« La partie septentrionale de l'île est entourée d'un récif de corail qui, s'ouvrant vis-à-vis de la coupure, forme un port de chaque côté de l'île : à l'ouest, celui dans lequel notre bâtiment était mouillé; à l'est, celui que les insulaires appellent *Ninmolchon*, et le capitaine Duperrey *Lélé*, du nom de la petite île qui s'y trouve. La partie méridionale est environnée d'une chaîne d'îlots de corail liés entre eux par des récifs, et formant, du côté du rivage de l'île, une lagune peu profonde par laquelle on peut faire le tour de toute cette partie. Cette chaîne s'interrompt vers la pointe méridionale de l'île pour former un petit port que les Français appelèrent port Lottin et dans lequel nous n'entrâmes pas. Le rivage, abrité par le récif de la violence des vagues, est entouré d'une large lisière de mangliers et autres arbustes, formant un mur épais de fraîche verdure, qui plaît d'abord par sa singularité, mais dont la monotonie fatigue bientôt la vue. Cette lisière, s'étendant à une plus ou moins grande distance du rivage, ôte non-seulement les moyens de déterminer exactement la circonférence de l'île, mais doit en changer considérablement la forme, en gagnant du côté de la mer ce qu'elle perd du côté de la terre, par le dessèchement des marais qui lui donna naissance et qui se couvre ensuite de productions plus utiles.

« En général, l'île entière, depuis la mer jusqu'à la cime des montagnes, à l'exception seulement des pics les plus aigus de la montagne Crozer, est couverte d'un bois épais, qu'une infinité de plantes rampantes rend presque impraticable. Dans le voisinage des habitations, ce bois consiste en arbres à pain, en cocotiers, bananiers et autres fruitiers. La coupure qui aboutit aux deux ports est le seul endroit par lequel on puisse passer d'un côté de l'île à l'autre. La distance n'est là que

---

(*) Nous avons employé la traduction française de M. Boyé. Nous avons déjà dit que l'original russe n'a pas été publié.

de deux milles et demi ; mais ce chemin est désagréable à cause des flaques d'eau, surtout après la pluie. On rencontre à chaque pas des ruisseaux d'eau limpide découlant des montagnes. Leur multiplicité, la force et la richesse de la végétation, et le temps que nous éprouvâmes dans une saison qui, sous les tropiques, est ordinairement sèche, attestent l'humidité peu commune du climat de cette terre. Pendant tout le temps de notre séjour, il ne se passa pas un seul jour sans pluie, et elle dura souvent pendant plusieurs jours sans interruption. Nous étions mouillés d'outre en outre sous nos tentes, et nous eûmes une peine infinie à préserver nos instruments de l'atteinte de la rouille. Le thermomètre de Réaumur se maintint toujours entre 24° et 20° ; malgré tout cela, nous ne remarquâmes point que ce climat fût nuisible à la santé. Les indigènes nous parurent être d'une constitution saine et robuste ; on pourrait l'attribuer à l'habitude : mais nos gens, qui n'avaient pas cet avantage, et qui, en outre, étaient souvent obligés de rester des heures entières dans l'eau jusqu'à la ceinture, supportèrent très-bien tous ces inconvénients. Nous n'avions pas un seul malade à notre départ, et nous n'en eûmes pas davantage dans la suite.

« Les villages, comme c'est généralement le cas dans les îles, sont ici placés principalement le long des rivages ; mais on les aperçoit très-peu de la mer, parce qu'ils sont cachés ou par la chaîne d'îlots de corail, ou par l'épaisse lisière des mangliers. Tous les villages sont entourés de murs en pierre, tels que nous les avons décrits, dont la destination est sans doute la division des propriétés. Chacun a son nom particulier qui s'étend dans l'arrondissement qui en dépend. »

Nous croyons plaire à une partie de nos lecteurs en leur donnant un état des villages de Lella et de Ualan, avec les noms des urosses auxquels ils appartiennent, et le nombre de leurs habitants, tel qu'il a été dicté par le Carolin Kaki au commandant du *Séniavine*.

(Voir le Tableau ci-contre.)

NOMS des VILLAGES.	NOMS DES UROSSES auxquels ils appartiennent.	NOMBRE des HABITANTS. hommes.	femmes.	OBSERVATIONS.
ÎLE LELLA.				Les villages sont indiqués dans l'ordre dans lequel ils se suivent.
Lik............	Sigira........	6	5	
Slaoupir.........	Sipé.........	10	15	
Ninfouiai.........	Sigira........	14	5	
Métais..........	Kanka........	5	4	
Taï.............	Kanka........	20	10	Ici demeure Kanka.
Yat.............	Sipé.........	13	9	A Yat demeurent tous les principaux urosses : Togoja, Sipé, Néna, Sighira, etc.
ÎLE UALAN.				
Limaïsse.........	Samouarka....	2	3	C'est le premier village au nord de Lella ; les autres suivent au nord, à l'ouest, et ainsi de suite tout autour de l'île.
Pétak...........	Kanka........	6	4	
Tghijik..........	Alik-Néna....	8	7	
Siélat...........	Séza.........	10	7	
Ouia............	Néna.........	9	6	
Matenté.........	Néna.........	18	9	
Taüyenziak......	Sighira.......	3	2	
Tepat...........	Séza.........	10	8	
Lual............	Sipé.........	20	15	
Ouégat.........	Sighira.......	10	14	
Founolof........	Selik.........	2	2	
Liasse...........	Selik.........	10	8	
Yeule...........	Sipé.........	5	3	
Yela............	Sipé.........	11	8	
Ouio............	Sighira.......	12	10	
Linmont.........	Selik.........	9	6	
Mot............	Selik.........	10	7	
Leap............	Séza.........	7	6	
Kioch...........	Séza.........	6	4	
Lighinielem......	Séza.........	8	6	
Ouai............	Séza.........	4	3	
Tahoéne........	Kanka........	5	3	
Icha............	Kanka et Néna.	8	6	
Nevroalit........	Kanka et Néna.	7	6	
Suimoyen........	Simouarka....	6	5	
Ouitouai.........	Kanka et Néna.	10	7	
Tamocut.........	Kanka et Néna.	5	4	
Meenké.........	Simouarka....	7	5	
Yeoungal........	Simouarka....	5	4	
Founkol.........	Sipé.........	13	7	
Téaf............	Sipé.........	6	5	
Képlé...........	Togoja.......	8	6	
Lella............	Selik.........	5	4	
Yeseng.........	Sipé.........	6	4	
Mealem.........	Séza.........	6	4	
Piliul............	Sipé.........	13	8	
Peuk............	Togoja.......	»	»	Le nombre des habitants n'est pas indiqué.
Tenoag..........	Sighira.......	8	5	
Sianjik..........	Sighira.......	7	5	Sur la rive méridionale de la baie Ninmolchon.
Taoeyat.........	Néna.........	8	6	
Toouol..........	Kanka et Néna.	9	6	
Ninnem.........	Néna.........	9	7	
Longat..........	Séoa.........	4	3	
Fouornceng.....	Séoa.........	6	4	
TOTAL......		409	301	

A en juger d'après ce qu'il eut l'occasion de voir, le commandant du *Séniavine* dut croire à l'exactitude du nombre d'habitants indiqué. Le nom de quelques villages qu'il rencontra n'est pas mentionné dans cet état : peut-être a-t-il oublié, ou bien, peut-être, Kaki ne désignait-il pas les villages séparément, mais les arrondissements en gros. Ainsi, par exemple, Ouégat et Hélo appartiennent au même arrondissement, et sont compris sous le nom d'Ouégat.

En ajoutant ce qui peut avoir été oublié, ainsi que les urosses et leurs femmes, qui ne sont pas compris dans cet état, on peut porter la population entière d'Ualan à huit cents âmes, des deux sexes, sans compter les enfants, dont le nombre est proportionnellement très-grand.

« Les chefs ou urosses, ajoute Lütke, sont divisés en deux classes : les principaux, auxquels appartiennent toutes les terres, et qui vivent tous ensemble sur l'île de Lella, et ceux de la seconde classe qui demeurent dans les villages. Nous ne pûmes reconnaître exactement le degré de dépendance et les rapports réciproques entre ces deux classes. Chaque urosse de la première a sous lui quelques urosses de la seconde; ces derniers montrent autant de respect pour les premiers, que le commun du peuple en a pour eux-mêmes : il semble qu'ils ont très-peu de propriétés indépendantes des chefs principaux. Il n'était pas rare de voir, l'instant d'après, entre les mains de ces derniers, les objets que nous venions de donner aux autres; et un jour notre ami Kaki se plaignait de Sipé, son chef, en lui reprochant d'aimer à tout enlever à ses inférieurs. Malgré tout cela, ils sont beaucoup plus riches que le commun du peuple. Celui-ci n'a rien en propre. Il peut consommer des cannes à sucre autant qu'il en a besoin pour vivre; il a quelquefois des fruits à pain, mais il n'oserait élever ses prétentions jusqu'aux noix de coco. Le peuple est à cet égard très-fidèle aux urosses. Nos officiers, dans leurs promenades, demandaient souvent des cocos, dont les arbres étaient chargés; mais ils recevaient toujours pour réponse urosse Sipé, urosse Seza; et jamais aucun des insulaires n'osa en cueillir un seul, quoiqu'il eût été très-facile de rejeter tout le tort sur nous. Des pirogues chargées de fruits passaient journellement devant nous, se rendant des villages voisins à Lella; elles abordaient souvent devant notre camp, mais nous ne pûmes jamais rien recevoir d'elles. C'est pourquoi nos échanges furent toujours très-bornés; tout ce que nous eûmes nous vint des urosses, et surtout de ceux de la seconde classe.

« Nous ne remarquâmes point de subordination entre les principaux urosses. La seule exception est celle de l'urosse Togoja, devant lequel les gens du commun et les urosses s'humiliaient également. Nous ne pûmes comprendre sur quoi se fondait la considération dont il était l'objet. S'il eût été reconnu pour chef de tous les autres chefs, ce que dans les autres îles les Européens appellent roi, il eût eu, sans doute, un peu plus de pouvoir que les autres; un signe quelconque l'eût distingué d'eux, et du moins il n'aurait pas été plus pauvre. Nous ne vîmes rien de tout cela. Personne hors de sa présence ne s'occupait de Togoja, et ce ne fut que par hasard que nous apprîmes son existence. Les biens qu'il a sur l'île sont de moindre importance que ceux de presque chacun des autres; sa maison est masquée par les autres, dont rien ne la distingue, et à laquelle on n'arrive que par une ruelle fangeuse. La seule différence, c'est qu'elle a une large porte basse en roseaux donnant sur la rue, tandis que dans les autres maisons, l'entrée est tout simplement par une ouverture dans le mur. Je ne sais si cette différence est un effet du hasard, ou si elle a quelque rapport à son rang.

« Il ne se présenta pour nous aucune occasion de connaître l'étendue du pouvoir des urosses sur leurs vassaux, sur quoi ce pouvoir est fondé, et quels sont les moyens qu'ils ont à leur disposition pour contenir ceux-ci dans l'obéissance. Il nous sembla que tout allait de soi-même. Comme dans la famille tous écoutent la voix du chef, de même ici tous obéissaient aux urosses, sans la moindre apparence de contrainte et de déplaisir. Je ne vis pas une seule fois qu'un individu du commun refusât, en quoi que ce fût, d'obéir à un urosse, ni qu'un urosse fît sentir, en aucune manière, à un inférieur le poids de son pouvoir, qu'il exigeât de lui l'impossible, qu'il s'irritât contre lui, qu'il l'injuriât, et bien moins encore, qu'il le battît. En général, pendant le temps de notre séjour, je n'entendis, dans aucun rang ou dans aucun âge, ni un seul mot dit avec colère, ni ne vis aucune main levée pour frapper. S'il s'agissait d'écarter la foule, un seul signe de la main suffisait pour cela; un seul *shut* d'un urosse, et tous ses rameurs accouraient se précipiter dans sa pirogue. En vérité, lorsque je me rappelais avec quelle inhumanité les chefs se conduisent envers le peuple dans les autres îles de la mer du Sud, les coups de bâton qu'ils distribuent de toutes leurs forces sur la foule pour faire plaisir à leurs hôtes, et que je comparais cette façon d'agir avec les mœurs d'Ualan, j'étais souvent prêt à douter si j'étais parmi des sauvages. Il semblerait, d'après tout cela, que la base de leur édifice social est le bon et paisible caractère du peuple : le pouvoir des urosses est purement moral, l'obéissance des vassaux toute volontaire, et comme il ne vient point à la pensée des chefs d'opprimer le peuple plus qu'il ne l'était du temps de leurs aïeux, de même il n'entre point dans l'idée du peuple qu'il puisse étendre ses droits jusque sur les noix de coco. Là où il n'y a pas de résistance, il n'est besoin ni de force ni de lois. »

Lütke remarqua que les principaux urosses n'habitent pas leurs possessions dispersées dans l'île d'Ualan, mais qu'ils vivent tous ensemble sur la petite île de Lella, et le plus grand nombre d'entre eux dans le village de Yat, appartenant à l'urosse Sipé. Lella est comme la capitale d'Ualan. Il est probable que c'est une mesure politique prise dans le but de maintenir dans l'île une paix perpétuelle; car des idées ambitieuses ne peuvent pas naître là où tous les chefs, se trouvant toujours ensemble, s'observent sans cesse mutuellement. Dans toutes les hautes îles de l'archipel des Carolines, une guerre continuelle, suivant Chamisso, règne entre les divers villages, et les Ualanais ne savent pas ce que c'est qu'une arme. C'est peut-être au même principe qu'il faut rapporter la singulière distribution des villages sur l'île, où ceux qui dépendent d'un même possesseur ne sont point situés conjointement, mais dispersés, de sorte qu'on ne trouve nulle part réunis plus de deux biens du même propriétaire, ainsi qu'on peut le voir dans l'état des villages et des urosses.

Nous apprenons de Lütke que la nation est divisée en trois tribus qui portent le nom de Pennemé, de Tône et de Lichenghé; à la première appartient une grande partie des principaux chefs : Sipé, Sighira, Alik-Néna, Kanka, Simonarka, Selik, Séza et Néna; Togoja et Séoa appartiennent à la seconde. Sitel-Nazuenziap, qu'ils invoquent dans leurs prières, compte dans la tribu de Pennemé. Les urosses de la seconde classe et les individus du peuple sont toujours de la même tribu que l'urosse principal dont ils dépendent; ce qui rappelle le gouvernement patriarcal qu'on trouve parmi plusieurs tribus errantes. Les Russes ne rencontrèrent dans la tribu de Lichenghé que des urosses de la seconde classe et des individus du commun, et pas un des principaux chefs. Parmi les Ualanais, les marques extérieures de respect sont très-simples. S'ils rencontrent un chef, ils s'asseyent; s'ils passent devant sa maison, ils s'inclinent; ils ne lui parlent qu'à voix basse et sans le regarder en face. Rester debout en société, est regardé par eux, à ce qu'il semble, comme un manque de savoir-vivre aussi grand que le serait chez nous celui de se coucher. Pour témoigner de l'amitié ou de l'amour, ils embrassent leur ami, lui frottent le nez et flairent fortement sa main. Quant aux urosses, ils n'ont rien à l'extérieur qui les distingue des autres habitants. Une chevelure plus soigneusement tissée, une ceinture plus neuve, le corps plus propre, une fleur fraîche et odorante à l'oreille, ou une feuille dans le chignon, et une plus grande aisance dans les manières, sont les seules marques auxquelles on puisse connaître un urosse; et s'ils n'avaient pris la précaution, lorsque nous les rencontrions pour la première fois, de dire urosse, en se désignant eux-mêmes, nous les eussions souvent confondus avec les individus du commun; mais les pirogues des principaux urosses ont une distinction qui consiste en une pyramide à quatre faces, en forme de toit chinois, tressée avec des cordes de fibres de cocotiers, et ornée de petites coquillages qu'on pose sur une plate-forme placée sur le balancier. Ils abritent ordinairement sous cette pyramide les fruits qu'ils prennent avec eux.»

D'après ce que nous apprend le capitaine Lütke, on voit que le pouvoir des chefs est fort grand; mais nous aurions désiré savoir quelle puissance maintient l'ordre établi parmi ce peuple isolé; quels peuvent être les châtiments infligés à ceux qui manquent à l'obéissance aveugle qu'ils exigent; comment il se fait que des hommes toujours portés à franchir les bornes de leurs devoirs, soient si soumis devant quelques hommes qui se transmettent le pouvoir. Les idées religieuses y ont-elles quelque part, et les chefs sont-ils en même temps les ministres du culte? Cette dernière opinion serait très-fondée; car les urosses, même après leur mort, paraissent être l'objet d'une vénération profonde et d'une espèce de culte; c'est du moins ainsi que l'on doit interpréter les soins que les naturels apportent à leur élever des mausolées, la répugnance qu'ils témoignent à en laisser approcher l'étranger, et le respect avec lequel ils en parlent.

La couleur du corps des deux sexes, est châtaine, mais plus claire chez les femmes que chez les hommes. La taille de ces derniers n'est pas au-dessus de la moyenne. Lütke trouva que Sipé, un des plus grands, n'avait que cinq pieds sept pouces et demi (mesure anglaise): mais ils sont bien faits, sans avoir rien d'athlétique, et ils sont maigres pour la plupart. Quoique les urosses, dit le navigateur russe, soient ici aussi indolents que dans les autres endroits, ils n'acquièrent cependant pas, à cause de leur nourriture presque exclusivement végétale, le même embonpoint démesuré que les chefs des autres îles du grand Océan, et surtout des îles Sandwich. Le vieux Togoja était le seul qui eût un gros ventre. Les hommes sont en général assez forts. Sipé, qui n'avait pas l'air d'être un des plus robustes, prit un jour, en badinant, entre ses bras et tourna de tous côtés, comme un enfant, un de ses compagnons, qui, à l'épreuve faite ensuite, se trouva peser plus de cent quatre-vingts livres. Le calme et la bonté sont peints sur leur physionomie, mais leurs traits sont en général insignifiants; leurs yeux manquent de toute expression: ce qui est assez naturel, le visage n'acquiert de l'expression que là où les passions sont en jeu, et ils semblent en être exempts. Les jeunes gens ont les yeux gais, et quelques petits garçons auraient pu fournir l'idéal de la franche gaîté.

Les femmes en général ne sont pas jolies; le défaut de couleurs, qui, suivant nos idées, sont l'attribut indispensable de la beauté, le lustre artificiel que l'huile de coco donne à leur corps, des seins pendants, tout cela les rend laides. Mais parmi les filles, il y en a quelques-unes dont les yeux grands et pleins de feu, les dents blanches et jolies comme des perles, les membres arrondis, mais par dessus tout, l'air de bonté et d'amabilité, la franche gaîté sans effronterie, et la modestie sans timidité, les rendent attrayantes. Les Russes les trouvèrent très-sales; ce vice les distingue à leur désavantage des autres insulaires de cette mer, dont la propreté corporelle surpasse ordinairement la pureté des mœurs. Ces jolis visages, pour la plupart, étaient couverts de crasse. Ce qui ne s'accorde guère avec la propreté qu'elles observent dans leurs maisons. Je crois, dit Lutke, que Sipé dut nous prendre pour de grands cyniques avec nos bécassines

36ᵉ *Livraison.* (OCÉANIE.) T. II.

et nos pigeons. Apercevant un jour des plumes et autres débris, dans un coin de la petite cour où nous demeurions, il en témoigna assez ouvertement son déplaisir, et depuis ce temps, nous veillâmes plus soigneusement à la propreté.

Leur souplesse est si grande qu'ils s'asseyent en pliant leurs jambes, de manière que la partie inférieure de la jambe, depuis le genou jusqu'à la plante des pieds, est parallèle à la cuisse. Lorsqu'ils s'appuient de la main par terre, la jointure du bras opposée au coude se courbe en dehors, au point de former un angle saillant, au lieu d'un angle rentrant. M. Postels, minéralogiste et dessinateur de l'expédition, ne voulut pas les dessiner dans cette posture, dans la crainte que les connaisseurs ne prissent cette position pour une faute grossière de sa part.

Les Ualanais sont extraordinairement frileux, quoiqu'ils soient presque toujours exposés à l'air. A la moindre pluie, ils tremblent de froid, et cherchent à se mettre partout à l'abri du vent. « Dans une de mes excursions à Lella, dit le capitaine Lütke, un grain de pluie nous surprit sur le récif dans un endroit découvert; la plus grande partie de ceux qui m'accompagnaient se mirent aussitôt à courir, et, parmi ceux qui restèrent, quelques-uns se cachaient derrière moi et derrière le docteur Mertens; l'un d'eux même, qui ne savait où se mettre, ramassa deux pierres plates et les tenait, en guise d'écran, devant sa figure, pour préserver du moins de la pluie une partie quelconque de son corps. »

COSTUMES DES UALANAIS.

Les Ualanais sont toujours nus; seulement ils se servent d'une ceinture accompagnée d'un petit sac, qu'ils mettent en guise de suspensoir, et qui satisfait à tous les besoins de convenance. La ceinture, ainsi que le tissu d'écorce de bananier dont elle est faite, s'appelle *tol* (*). Ils respectent pourtant les lois de la pudeur.

(*) Le lecteur voudra bien se souvenir que lorsque nous parlons des Ualanais, nous comprenons les habitants de la petite île Lella qui est attenante à Ualan, et où les voyageurs ont plus longtemps séjourné que dans la grande île.

Les femmes portent pour ceinture un morceau de ce même tissu de la largeur de dix pouces. Elles serrent si faiblement cette demi-jupe en l'attachant autour de leur corps, qu'elles sont le plus souvent obligées de se courber en marchant, afin que cet article indispensable puisse se soutenir à la chute des reins. Mais ce qui rend cette posture encore plus bizarre, c'est la natte servant de coussin pour s'asseoir, qui est attachée par son milieu au derrière de la ceinture, et qui, pendant la marche, leur bat les jambes en se balançant par les deux bouts. Il est impossible de s'imaginer une figure plus comique. Au reste, ce n'est que dans leur maison qu'elles portent ce siège mobile, pour ne pas avoir à s'en occuper toutes les fois qu'elles changent de place.

Les Ualanais attachent leurs cheveux comme on attache quelquefois en Europe la queue des chevaux, en temps de pluie. Les uns laissent croître naturellement une barbe courte, les autres l'épilent. Ils se laissaient raser avec plaisir par le barbier du *Séniarine*. Ils portent très-peu d'ornements; le plus ordinaire est une fleur ou une feuille fichée dans un trou percé dans l'oreille, ou bien placée dans le chignon. Lorsqu'ils ne portent rien à l'oreille, ils en replient le bout et l'introduisent dans le conduit auditif. Ils font aussi en haut de l'oreille un petit trou dans lequel ils mettent quelques graines odorantes. Lütke en vit quelques-uns qui avaient à cette place une longue paille au bout de laquelle était une croix que le vent faisait tourner avec une grande rapidité; quelques-uns portaient au cou des colliers de fleurs; d'autres de grains de gousse de coco et de coquillages, ou de morceaux d'écaille taillés en long, etc. Quant à ces derniers, Lütke pense qu'ils servent moins d'ornement que de marques pour distinguer la tribu à laquelle appartiennent les indigènes. Son ami Kaki portait toujours à son cou un morceau d'écaille long de quatre pouces et large environ d'un pouce et demi.

La toilette des dames n'est guère plus soignée; elles laissent quelquefois leurs cheveux dans l'état naturel; d'autres fois elles les rassemblent et les lient, non pas sur la nuque, comme les hommes, mais de côté, et sans les serrer aussi fortement. Les trous de leurs oreilles sont toujours remplis de fleurs et d'herbes odorantes, ce qui fait qu'elles finissent par avoir deux pouces de longueur; et quand les ornements n'y sont pas, cette ouverture pendante est désagréable à voir. Une des preuves des bonnes dispositions d'une dame en faveur d'un homme, c'est lorsqu'elle lui offre une fleur de son oreille. Elles se percent aussi le cartilage entre les narines; mais on n'y voit que très-rarement des ornements; elles ne manquent pas cependant d'y ficher les aiguilles que les Russes leur donnèrent, ainsi que les petits morceaux de papier qu'elles roulaient en cornet. Mais la partie la plus remarquable de leur toilette, c'est le collier. Ce collier a environ neuf pouces de tour, et se compose d'une infinité de petits cordons de fibres de cocotier fortement liés entre eux. Cette cravate ne s'ôte jamais. On peut s'imaginer quel fatras de toutes espèces doit s'accumuler là avec le temps, chez des personnes aussi malpropres.... Les cous des femmes s'accoutument à cet ornement, comme les pieds des hommes à marcher sur les pointes de corail. Lütke remarqua que la grandeur du collier était proportionnée à l'âge de l'individu : celui des filles en bas âge n'avait que quelques rangées, dont le nombre doit probablement augmenter dans des temps déterminés. Elles portent un de ces cordons à la jambe au-dessus de la cheville. Elles ont aussi une natte qui leur tient lieu de parapluie et de parasol, et dont elles se couvrent la tête et le dos pour se mettre à l'abri de la pluie et des ardeurs du soleil.

Les deux sexes s'oignent le corps d'huile de coco; coutume généralement établie dans les îles du grand Océan. Les urosses emploient l'huile fraîchement exprimée; les gens du peuple se frottent tout uniment avec un torchon dans lequel a été pilée la noix de coco. L'odeur de cette onction n'est pas désagréable, mais elle est extrêmement forte, et si durable qu'un peigne des Russes conserva cette odeur pendant plusieurs mois, quoiqu'on le lavât souvent. Il en fut de même des hamacs en toile des matelots, sur lesquels les insulaires s'asseyaient souvent.

Les deux sexes se tatouent d'une manière irrégulière : ils tirent dans la longueur des bras et des jambes de longues lignes droites, et, perpendiculairement à celles-ci, d'autres lignes courtes, etc. La figure la plus constante doit représenter un oiseau; elle est placée au-dessus des autres lignes, par une, par deux et par trois, et en nombre inégal sur les deux bras. Quelques officiers du *Séniavine* pensaient que leur nombre avait rapport à l'importance du rang; Lütke ne remarqua cependant pas cela. Il paraît qu'ils racient l'épiderme avec une coquille, et frottent ensuite l'égratignure avec une plante.

ARCHITECTURE.

Leur architecture rustique est convenable au climat. Quatre grands piliers sont liés en haut deux à deux, sous un angle aigu, à une plus ou moins grande hauteur de la terre, suivant la grandeur de la maison. On place dessus un chevron de trois solives liées entre elles, de manière que les deux bouts s'élèvent d'environ dix pieds au-dessus du milieu; ce qui donne au toit la forme d'une énorme selle. Les maisons d'Ualan ont par là un caractère particulier. Aux piliers et au chevron sont assujetties en long et en travers des perches, autour desquelles on tresse, en feuilles de vaquois, le toit qui descend jusqu'à quatre pieds de terre. Cet espace vide est garni de cloisons tressées en réseaux et en bambous fendus. Il n'y a point d'ouverture particulière pour laisser sortir la fumée; elle s'échappe par la porte, ou se perd dans la partie supérieure du toit. L'élévation des maisons fait que l'air n'y est jamais comprimé, et qu'il s'y maintient toujours pur et frais (voy. *pl.* 103.)

Telle est, en général, la construction de toutes les maisons, qui ne diffèrent entre elles que par la grandeur ou par quelques variations dans leur disposition intérieure, suivant leur destination. La plupart de ces cases ont deux toises carrées et autant en hauteur ; mais les grandes maisons à manger (et chaque village en a une) ont huit toises en carré et de trente à quarante pieds de hauteur. La partie antérieure de ces salles est entièrement ouverte ; il y a encore une porte de côté à droite, et dans le coin à gauche est une tablette sur laquelle sont posées la baguette et les trompettes marines consacrées à Sitel-Nazuenziap, des feuilles de séka dont on lui fait hommage, etc. Une ou deux pierres plates sont enfoncées dans la terre au niveau du sol, avec un creux au milieu pour briser les racines de cette plante. Dans les maisons où ils couchent, il y a deux portes sur le devant, une haute de deux pieds, et l'autre de toute la hauteur du mur. Ceux qui ne sont pas riches et qui vivent dans une seule maison, séparent par une cloison de nattes l'endroit où ils couchent. Le plancher est ordinairement couvert de nattes. La demeure des principaux urosses se compose de plusieurs maisons ordinairement réunies.

INDUSTRIE, BOISSON ET ALIMENTS.

Un peuple si simple et peu industrieux doit avoir un petit nombre des ustensiles de ménage. Au milieu de chaque maison pend, du haut du plafond, une espèce de grande et mince caisse entourée de petits rebords, servant à mettre à l'abri des rats les provisions, etc. Dans deux autres endroits sont suspendues d'autres petites caisses, ou simplement des perches avec des crochets, auxquels on suspend de menus articles de toutes sortes, tels que les cosses de cocos, dont ils se servent pour boire, et qui sont quelquefois garnies d'un tissu très-propre; les *tols*, les petits instruments de pêche, etc. Une auge en bois d'arbre à pain, de trois pieds de long sur environ deux pieds et demi de large, faite en forme de nacelle, dans laquelle ils apportent l'eau pour préparer le séka, est un meuble indispensable dans chaque maison; quand ils ne l'emploient pas à cet usage, il leur sert de siége. Quelques baquets pour divers emplois, et des métiers pour tisser les tols, complètent l'ensemble de l'ameublement de leurs maisons. Les tols sont tissus de fibres de bananier ; les fils se teignent en noir, en blanc, en jaune ou en rouge. Ils ont, pour former la chaîne, un petit métier sur lequel ils disposent les fils autour de quatre petits bâtons, de manière qu'un fil puisse successivement passer un autre, comme dans nos métiers. Lorsque la chaîne a atteint la largeur voulue, on l'attache par les bouts, et on la retire de dessus le métier. Quand le tol doit être d'une seule couleur, la tâche est bientôt achevée; mais quand il doit être avec des dessins, chaque rang de la chaîne se compose d'autant de différents fils liés ensemble, qu'il doit y avoir de changements de couleur : on peut s'imaginer quelle peine et quelle attention exige cette besogne, pour que tous les différents fils forment dans la largeur de la chaîne une seule ligne régulière, et combien un pareil travail doit être fatigant. La manière de tisser ressemble beaucoup à la nôtre : on passe un petit bâton dans chacun des bouts de la chaîne; un bout est fixé à un point quelconque, l'autre à la ceinture de l'ouvrière, et, de cette manière, la chaîne s'étire et s'allonge. Leur navette, tout à fait semblable à la nôtre, est alternativement lancée d'un côté à l'autre de la chaîne, etc. Il est remarquable que le nœud même par lequel ils lient les fils est absolument pareil à celui que font nos tisserands. Dans les maisons des urosses de la seconde classe, dans le coin où est placée la baguette de Sitel-Nazuenziap, on conserve de grandes haches, qui, à ce qu'il paraît, sont considérées comme propriété commune: elles sont faites de grosses coquilles, travaillées et affilées avec des pierres de corail en forme de demi-cylindres, assujetties avec des cordes à un manche de bois. La partie appliquée au manche est tout à fait ronde, afin qu'en tournant la hache, on puisse lui donner la position la plus avantageuse pour couper le bois. Les plus grandes haches ont vingt pouces de longueur et environ quatre d'épaisseur. Il y en a de toute grandeur; mais les plus petites sont en partie des hachereaux en fer, pour la confection desquels ils s'efforcent de façonner tout morceau de fer qui leur tombe entre les mains. Le savant et consciencieux navigateur russe auquel nous empruntons la plupart des détails sur l'industrie ualanaise, ne vit point de haches en pierre, quoiqu'elles y soient cependant en usage, puisque les indigènes appellent *tella* le basalte et autre pierre dure dont on peut faire des haches.

Les Ualanais remplacent le couteau ordinaire par une coquille affilée qu'ils portent à la ceinture ou à la lèvre inférieure, ce qui leur donne un drôle de figure. L'expédition ne trouva parmi eux aucun instrument de musique, pas même un simple tambour. Il paraît qu'en général ils n'ont pas de grandes dispositions musicales; ils écoutaient avec attention le forte-piano et la flûte des officiers, mais ni l'un ni l'autre de ces instruments ne produisit, en apparence, une grande impression sur eux.

Au nombre de leurs meubles il faut compter leurs pirogues, dont ils soignent tellement la conservation, que plusieurs les tiennent dans leurs maisons. Les grandes pirogues des urosses ont de vingt-cinq à trente pieds de long, et pas plus d'un pied et demi de large; elles sont creusées dans un seul pied de l'arbre à pain. Soit qu'ils manquent de gros arbres, soit qu'ils veuillent les épargner, leurs pirogues ont toujours des bordures larges environ d'un pied, et environ deux pieds aux extrémités; ces bordures sont attachées avec des cordes. Les Ualanais incrustent des coquilles blanches dans les petits trous, et ils enduisent les joints avec quoi que ce soit; ce qui fait qu'à la moindre houle, ou lorsque la pirogue est trop chargée, l'eau y ruisselle, et qu'il faut sans cesse s'occuper à la vider. Souvent ces insulaires s'efforcent d'arrêter une voie d'eau en enduisant les trous avec du fruit à pain (comme les Aléoutes bouchent les trous de leurs baïdarkes avec de la chair). Une mince poutrelle est placée au bout de légères traverses parallèlement à la pirogue pour la soutenir; huit ou dix rameurs entrent dans une de ces embarcations. Elles sont travaillées et polies très-proprement, et enduites d'une terre glaise rouge, à laquelle ils savent donner un beau luisant. Les pirogues ordinaires sont en tout semblables aux pirogues de parade, mais elles sont plus petites et travaillées moins proprement. Il y en a qui n'ont pas plus de six pieds de long et un pied de large; ils rament avec des pagaies qui sont partout les mêmes, et, sur les hauts-fonds, ils poussent avec des gaffes ou avec ces mêmes pagaies tournées le plat en haut. Ces pirogues sont très-bien calculées pour leur destination; elles sont légères et tirent très-peu d'eau; elles peuvent donc traverser les hauts-fonds où croissent les mangliers, pour se rendre dans les villages, et, au besoin, elles sont traînées ou transportées sans peine. La navigation bornée des Ualanais n'exige pas qu'elles aient d'autres qualités; ils ne vont jamais au delà des récifs. Ils n'ont ni l'occasion ni le besoin de se servir de voiles; c'est pourquoi ils ne les connaissent pas: c'est, peut-être, le seul cas qu'on puisse citer dans toute la Polynésie. Pour les attirer au delà des récifs, il faut quelques occasions extraordinaires, comme, par exemple, l'apparition d'un navire; mais ils sont alors assez maladroits, et s'embrouillent entre eux. En un mot, ce sont de très-mauvais marins. Lorsqu'ils étaient à bord du *Séniavine*, la plupart souffraient du mal de mer au mouvement presque insensible de la corvette. Les urosses tiennent fortement à la conservation de leurs grandes pirogues. Sipé, avec tout son bon cœur, se cacha pour ne pas prêter la sienne.

Les urosses ualanais passent leur vie dans une oisiveté complète; ils dorment fort longtemps, et sont paisibles, parce que leurs passions sont assoupies; ils passent deux heures à se frotter le corps d'huile de coco; ensuite le feu s'allume dans la maison à manger, et tout se prépare pour la cuisson des fruits à pain.

A neuf heures on se rassemble pour boire le séka (*piper methysticum*). Le maître prend la plante de ce nom, telle qu'elle a été tirée de la terre, et, s'asseyant en face du convive le plus distingué, lui adresse quelques paroles, comme s'il le priait de donner son assentiment; après l'avoir reçu, il détache la racine et pose quelquefois sur la tablette dressée dans un coin, le feuillage consacré à Sitel-Nazuenziap. Pendant ce temps, celui ou ceux qui sont chargés de la préparation, se font une ceinture de feuilles de bananier, délient leurs cheveux, et les lient ensuite de nouveau, non plus sur la nuque, mais sur le haut de la tête. Ils commencent leur besogne par laver les pierres sur lesquelles on bat le séka; ils frappent ensuite vingt-six ou trente fois de la paume de la main; prennent, après cela, les pierres servant de pilons, et en frappent les grosses pierres de dix a dix-sept fois. Ils battent alors les racines jusqu'à ce qu'elles ne forment plus qu'une masse filandreuse. Ils frappent ensuite pendant quelque temps, avec précipitation, du pilon sur la pierre, et commencent l'extraction. Après avoir versé un peu d'eau sur cette masse ainsi pilée, ils la pressent avec les mains contre la pierre, pour en faire sortir le suc, et en forment une pelote qu'ils expriment de toutes leurs forces entre les mains, dans les cosses de cocos qu'on a déjà préparées. Après cette première extraction, ils versent encore de l'eau sur la masse, la pressent et l'expriment de nouveau, continuant ainsi jusqu'à ce que le nombre nécessaire de cosses de cocos soit rempli. En attendant, les fruits à pain, déjà cuits et retirés de dessus les pierres, sont présentés ensemble avec la racine de katak, les cocos, etc., sur des plateaux tressés en rameaux de cocotier, devant le convive, dont on semble de nouveau demander la décision. Le convive coupe un des pains, et c'est là le signal que chacun peut se mettre à manger. Le grand échanson présente alors au convive une des cosses de cocos remplie de séka. Ils ne s'offensent point lorsque, ce qui arrivait le plus souvent, on refuse ce nectar. Celui qui boit porte la coupe à sa bouche, murmure une prière en s'inclinant, et après avoir soufflé l'écume, prend une bouchée de séka : quelques-uns avalent le tout; d'autres, après l'avoir gardé dans la bouche, en avalent la moitié et rejettent le reste; tout cela est suivi de râlements, de crachements et de contorsions dont Lütke ne comprit pas la cause, parce que cette boisson lui parut sans goût et peu échauffante. Après le séka, vient le dessert. Chez l'urosse Togoja, on mettait devant chaque convive, sur un plateau particulier, un coco et un fruit à pain; ensuite le convive retourne chez lui, et tout ce qui reste du festin est emporté chez lui, comme nous l'avons vu nous-même dans l'île Maïndanao.

C'est exactement de cette manière, excepté cette partie de la cérémonie relative au convive, que les urosses boivent chaque matin le séka, qui leur sert de déjeuner. Quelquefois cette cérémonie est répétée le soir; mais il paraît que c'est une exception, et le véritable *touk touk séka* n'a lieu que les matins. Outre le séka, les chefs emploient quelquefois, et de la même façon, la racine d'une autre plante appelée *kaoua*; ils se servent alors d'autres pierres, d'autres pilons, et même d'autres baquets pour l'eau. On ne prépara pas une seule fois le kaoua devant les Russes.

A part le séka du matin, qui correspond entièrement au kava qu'on boit aussi le matin à Taïti, et dans les autres îles, ils n'ont guère des heures fixes pour les repas : ils mangent quand l'idée leur en vient, assez souvent, mais peu, et même, à ce qu'il paraît, dans la nuit; du moins Nena, lorsqu'il couchait à bord de la corvette russe, avait toujours soin que l'on mît près de lui une assiette avec des fruits à pain, etc., qu'il expédiait ordinairement pendant la nuit. Ils boivent très-peu : la nourriture végétale les dispense sans doute de ce besoin.

Les poissons et les écrevisses sont la seule nourriture animale dont ils fassent usage. Ils n'ont point de quadrupèdes domestiques; mais leurs bois abondent en pigeons et en poules, et leurs rivages en bécassines, qu'ils ne mangent cependant pas. Leur principale nourriture consiste en fruits à pain, cocos, racines de katak, de taro (*arum*), en bananes, cannes à sucre, etc., qu'ils mangent, en partie crus ou cuits simplement, et en partie diversement mélangés. Leur art culinaire est plus compliqué qu'on ne pourrait le penser. Sipé, qui aimait beaucoup à parler, expliqua aux officiers du *Séniavine* la manière d'apprêter les mets, et surtout une infinité de préparations de coco, en relevant, à la manière de leurs cuisiniers, son chignon sur le haut de la tête, et en leur montrant, par signes, comment tout cela se faisait. De tous ces mets ils ne firent connaissance qu'avec le seul *paoua*, qui leur plut beaucoup. Afin de faire durer la provision du fruit à pain, qui ne se conserve pas longtemps, ils l'enfouissent sous terre pour le faire fermenter, et ils l'appellent alors *houro*. Ils font cuire les fruits à pain, le katak, etc., dans la terre, absolument comme dans les autres îles. Ils se procurent du feu en frottant une planche de bois mou, dans le sens des veines, avec une baguette de bois dur ; ce frottement, qui s'opère d'abord lentement, ensuite par degrés de plus en plus vite, et très-vite lorsque le bois commence à s'échauffer, produit au bout de la planchette, en détachant les fibres du bois, une espèce de charpie qui finit par s'enflammer. Toute l'opération ne dure pas plus d'une minute, mais il faut en avoir l'habitude pour y réussir.

Les femmes des urosses ne mangent pas avec leurs maris; il paraît qu'elles sont soumises ici aux mêmes interdictions que dans plusieurs autres îles, si ce n'est pour la qualité de la nourriture, comme là, parce qu'ici il n'y a pas à choisir. Elles n'ont pas le droit non plus d'entrer dans la maison à manger; la femme du chef Togoja ne put que se montrer à la dérobée par la porte de côté, pour recevoir les cadeaux des officiers russes. Les hommes, au reste, ne mangent pas exclusivement dans cette maison. La nourriture du commun du peuple est naturellement encore plus uniforme : une espèce de banane d'un goût insipide, qu'ils appellent *calache*, le coriace et désagréable fruit du vaquois, la canne à sucre, quelque peu de fruit à pain, et le poisson que refusent les urosses, est tout ce qui lui revient. La meilleure espèce de bananes, le katak, les cocos qui sont peu communs à Ualan, et probablement aussi plusieurs sortes de poissons, sont la propriété exclusive des urosses.

Les gens du peuple sont peu délicats, dit Lütke, et ils mangeaient avec plaisir de tous nos mets. Lorsque nous dînions à terre, ils s'assemblaient ordinairement en troupe à la porte de la tente, tant par curiosité, que pour attraper quelque chose à manger. Les urosses sont beaucoup plus difficiles ; ils aimaient tous cependant notre viande salée, qui passait naturellement sous le nom de *cocho :* ils se firent bientôt au vin de Chiji; mais, ils rejetaient l'eau-de-vie avec dégoût. Nous n'eûmes pas occasion de connaître à quoi ils employaient les oranges.

PHTHIROPHAGIE.

Nous allons parler de l'affreuse *phthirophagie* (*), coutume qu'on croyait n'exister que parmi les Hottentots, depuis que les missionnaires l'ont in-

(*) De φθὶρ, pou, et φάγω, dévorer, c'est-à-dire l'action de manger des poux.

terdite aux dames de Taïti. Cette coutume, que le docteur Mertens regardait avec raison comme le premier pas vers l'anthropophagie, n'appartient pas ici, comme elle appartenait à Taïti, exclusivement aux droits d'une certaine classe. Tous la pratiquent entre eux, dit Lütke, sans craindre la disette. Nous leur en manifestâmes si souvent notre aversion, qu'ils s'abstenaient un peu de satisfaire en notre présence leur appétit perverti; mais quelquefois ils se moquaient de nous, en faisant semblant de jeter sur nous certains petits animaux. Dans notre visite à Togoja, Sipé s'imagina de répéter ce badinage; mais je me levai, et dis que s'il faisait encore cela une fois, je me retirerais sur l'heure. Il n'eut pas de peine à m'apaiser, pendant que Togoja, selon son habitude de ne rien comprendre, se contentait de répéter : *Mea inghé?* Enfin Sipé lui expliqua, ainsi qu'à l'assemblée, ce dont il s'agissait, et il excita par son récit un profond étonnement sur la bizarrerie et les préjugés des Européens.

ANECDOTES, CHANTS, DANSES ET JEUX.

Une des premières rencontres que les Russes firent à Lella fut celle d'une énorme truie, laissée ici par la corvette *la Coquille*. Les indigènes voyant qu'on leur demandait toujours des vivres, et qu'on n'en avait jamais assez, craignirent que les blancs n'étendissent leurs prétentions jusque sur la truie, et ils la cachèrent. Cet animal était en la possession de Sipé; il avait son étable dans la cour même de la maison qu'habitaient les officiers du *Séniavine*, et vivait très à son aise. On le nourrissait avec des bananes, ce qui l'avait extraordinairement engraissé. *Cocho*, comme on l'appelait ici, parce qu'ils avaient entendu les Français l'appeler *cochon*, n'avait pas rempli les espérances que l'on en avait conçues; car, excepté lui, les Russes ne virent pas dans toute l'île aucun autre individu de sa race. Heureusement il leur restait encore à bord une femelle qu'on croyait pleine, et le capitaine Lütke la laissa à un chef de Lella.

« En apercevant la boussole, dit ce savant navigateur, les Ualanais s'écrièrent tous d'une voix : *sacré comment*, et se mirent ensuite à parler de l'*oaka* (vaisseau) qui était venu ici il y avait très-longtemps, et qui s'était arrêté à Lella. En entendant les coups de fusil de nos chasseurs, ils s'écrièrent de nouveau : *sacré comment* (*). Sipé avait déjà employé plusieurs fois cette exclamation, en voyant des objets qui l'étonnaient. Tout cela nous convainquit qu'ils avaient retenu ces mots du temps de *la Coquille*. Mais n'est-il pas étrange que de mille mots français qu'ils eurent occasion d'entendre, ils n'aient conservé dans leur mémoire que ce seul non-sens (**)?

Ces hommes nous étonnèrent souvent par la sagacité, qui semble tenir de l'instinct, avec laquelle ils reconnaissent, dans la boue ou sur le sable, les traces des urosses. Il nous arriva, avec leur aide, de trouver, d'après ces traces, positivement ceux que nous cherchions. Nous consacrions quelquefois l'après-midi à mesurer les bases et les angles de diverses parties de la baie, ensuite je me plaisais, dans mes moments de loisir, à m'occuper des enfants qui, du matin au soir, assiégeaient le mur de pierre qui servait d'enceinte à notre maison, et qu'ils n'osaient franchir. Leur gaîté et leur bonhomie étaient entraînantes. Deux ou trois petites filles de treize à quinze ans auraient pu passer pour des beautés, même chez nous : de grands yeux noirs pleins de feu, des dents comme des perles, la physionomie la plus agréable; malheureusement ces gentilles figures étaient en grande partie couvertes de crasse. Ces petites friponnes savaient très-adroitement tirer de nous ce qui leur plaisait; elles nous enseignaient, en revanche, leurs chansons,

(*) Nous pensons qu'ils ont appliqué au hasard ces mots, après avoir entendu des matelots grossiers se dire entre eux *sacré gamin*, à tout propos.   G. L. D. R.

(**) Quelques-uns de nos messieurs crurent entendre *si voulpé* (s'il vous plaît); moi je ne l'entendis pas. Lutke.

et témoignaient leur ravissement de notre facilité à les retenir (*). Les amies de la fille de notre hôte, âgée d'environ six ans, et, pour le dire en passant, pleine de coquetterie et de babil, se rassemblaient quelquefois chez elle dans une petite maison voisine de la nôtre. Ces réunions étaient assez uniformes ; mais les colliers et les boucles d'oreilles venaient y apporter de temps en temps une joyeuse diversité. Les filles chantaient et les petits garçons dansaient à leurs chants; car il n'est pas permis aux femmes de danser. Entre autres jeux, ils en ont un assez semblable à notre jeu de mains, mais beaucoup plus compliqué. Ils se placent vis-à-vis l'un de l'autre, en frappant alternativement de la paume de la main, tantôt leurs genoux, tantôt le plat de la main de celui qui est assis en face, et même des voisins des deux côtés. Ce jeu consiste en ce que, dans une multitude de tours variés, les mains, en frappant, ne s'écartent jamais de l'ordre convenu. Il s'exécute en mesure d'un air extrêmement monotone.

« Tous ces mouvements, d'ailleurs très-souples et exécutés par des hommes bien faits, comme ils le sont ici en général, ont en effet beaucoup de grâce; il faut en excepter le mouvement contraint de la tête. Tout cela se fait à la mesure d'un air chanté d'une voix basse et forcée, telle que celle d'un homme asthmatique, ce qui est assez désagréable. Ces danses sont soumises à des règles particulières: non-seulement les femmes n'ont pas le droit d'y prendre part, mais il semble même que les hommes ne peuvent danser entre eux que suivant un certain choix. Dans ces danses, ils se passent au bras, au-dessous du coude, des coquilles taillées en forme d'an-

(*) Les deux chansons suivantes paraissent être celles qui leur plaisaient le plus :

Sondé ouagma, catanazie, *combien non non.*
La sacryca (:) (*bis*), nin nin couluca (*bis*.) L.

Il se rencontre de nouveau de purs noms français qui n'ont ni liaison ni sens.

(:) Cet *y* se prononce comme le *bl* russe. L.

neau, qu'ils appellent *mock;* ils se touchent mutuellement avec leurs jambes collées en quelque sorte à la hauteur de la cuisse, ou se frappent avec des baguettes (voy. *pl.* 101

« Nous ne vîmes chez eux aucune espèce de jeux de hasard; ils sont inventés par les hommes qui ont besoin de tuer le temps, ou qui veulent s'approprier le bien d'autrui. Les bons Ualanais ne peuvent pas avoir cette dernière pensée; et quant à l'autre, ils y réussissent à merveille sans recourir au jeu. Nous n'y trouvâmes non plus aucun exercice de gymnastique, ni de lutte, ni de tir au but, etc.; tous ces genres d'occupation ont plus ou moins de rapport à la guerre ou à la chasse des bêtes féroces et ils ne connaissent ni l'une ni l'autre. Tous ces jeux conduisent à faire considérer le parti opposé comme ennemi, et le trait saillant du caractère des Ualanais est de se regarder comme frères. Ils n'ont absolument aucune arme, ni même de bâton, destinés contre l'homme; ils ne peuvent donc, à ce qu'il paraît, avoir la moindre idée, même la plus éloignée, de la guerre. Existe-t-il un pareil exemple sur la terre? Il y a aussi à Ualan des trompettes marines (*triton variegatum*), dont le son, dans toutes les îles du grand Océan, donne le signal de la guerre; mais elles sont déposées sur l'autel de Nazuenziap, et ne servent que dans les cérémonies religieuses.

BONTÉ ET SIMPLICITÉ DES UALANAIS.

Rien n'égale, selon Lütke, l'étonnante bonté du caractère de ce peuple, dont on trouverait difficilement le pareil sur la terre. « Ils ne connaissent point les grands mouvements de l'âme; ils ne déchirent pas leur peau avec des dents de requin pour manifester un chagrin, qui l'instant après est oublié; mais un visage sombre et les yeux baissés montrent l'état de leur âme. Dans la joie, ils ne vont pas jusqu'aux transports; mais ils la manifestaient par des embrassements et des éclats de rire. Ils ne viennent point à la rencontre d'un inconnu avec des branches de palmier ou tout autre signe de paix, parce qu'ils ne connaissent pas d'autre état que l'état de paix. Dès le premier instant, ils préviennent en leur faveur par une gaîté franche et par une confiance enfantine et inaltérable. » Les Russes trouvèrent toujours en eux la douceur, la probité et un caractère égal et constant.

REVUE DES DIFFÉRENTES OPINIONS SUR QUELQUES USAGES D'UALAN.

Une des principales contradictions entre M. Lütke et M. Lesson consiste dans l'interprétation des mots *tône*, *pennemé*, *lichenghé*, que le premier regarde comme la dénomination des tribus ou générations qui servent à diviser les peuples, et que M. Lesson considère comme des dénominations de conditions ou de castes, en ajoutant à ces trois qualifications quelques autres subdivisions qui ne furent point observées par le capitaine. Nous en disons autant des sept classes dont parle M. le capitaine Duperrey.

Laissons parler M. Lütke. « Nous ne remarquâmes ni cette distinction rigoureuse entre les diverses classes, ni cette différence tranchante dans l'extérieur des chefs et du bas peuple, dont parle M. Lesson. Nous vîmes que la plupart des principaux et des plus riches urosses étaient *pennemé*. Il y en avait deux, Togoja et Séoa, qui étaient *tône*, que M. Lesson croit signifier roi. Séoa n'avait rien qui le distinguât des urosses pennemé. Sitel-Nazuenziap, qui est l'objet de leur culte, était pennemé. Dans la prière dans laquelle il joue un premier rôle, on nomme des personnages de ces trois dénominations; ce qui, selon nous, ne pourrait pas être, si elles désignaient des castes.

« Dans l'urosse courbé sous le poids des ans, dont parle M. Lesson sans le nommer, il est impossible de ne pas reconnaître notre Togoja. M. Lesson dit décisivement : « L'île d'Ualan est régie par un chef suprême qui porte le titre d'urosse tône ou tol; les autres commandent les autres districts de l'île, ou entourent le roi dans Lélé. » Dans un autre endroit, il ajoute : « Lélé était la demeure du roi de l'île. » Il a été dit plus haut pourquoi nous n'avions pu reconnaître en aucune manière Togoja comme roi de toute l'île. La prière ou formule qu'on récite en buvant le séka, justifie la conjecture de M. Lesson, que les chefs après leur mort jouissent d'une espèce de culte; mais nous n'eûmes pas occasion de voir de Panthéon général d'urosses.

« M. Lesson se trompe lorsqu'il dit que la boisson de séka se fait avec les feuilles ou les branches de cette plante; elle se prépare, comme dans toutes les îles de la Polynésie, avec la racine. Nous vîmes plusieurs fois, ainsi que nous l'avons dit en son lieu, les chefs détacher la racine et porter en offrande à Sitel-Nazuenziap les branches et les feuilles. Ils n'écrasent pas ces racines dans des vases de bois, mais sur des pierres particulières enfoncées dans la terre.

« M. Lesson tombe fortement sur le caractère moral des principaux urosses. Bien que nous n'ayons pas eu nous-mêmes à nous louer toujours d'eux; que l'un d'entre eux ait évidemment participé aux vols qui nous furent faits, et que nous eussions, vers la fin, conçu quelques soupçons sur leur reconnaissance, je dois cependant les défendre contre l'attaque de notre prédécesseur. Voici ce qu'en dit M. Lesson : « Des dispositions aussi bienveillantes et aussi aimables ne se retrouvaient point chez les urosses; soit par mélange d'orgueil, de vanité ou d'avarice, soit qu'ils pensassent que nos présents leur étaient dus, ils se montraient avides, insatiables, et sans noblesse ni générosité dans le caractère. » Et dans un autre endroit : « Ceux d'Ualan (les chefs) nous parurent envieux, jaloux de leurs prérogatives, et sans la moindre noblesse dans le caractère. » M. Lesson raconte que l'un d'eux porta l'audace jusqu'à tenter de voler le gouvernail d'une yole sous les yeux des matelots français, et ordonna de déshabiller un des officiers qui était resté à Lélé(*).

« M. Lesson regarde le climat d'Ualan comme nuisible à la santé. Il ne nous parut pas tel, malgré sa grande humidité, à en juger par l'état de santé de nos gens. Dans un séjour prolongé, surtout dans la saison des pluies, ou, pour mieux dire, dans la saison des chaleurs, parce qu'il semble que les pluies durent ici toute l'année, la santé d'hommes qui n'ont pas l'habitude d'être continuellement dans l'eau et dans l'humidité, sous un soleil vertical, peut souffrir à la fin; mais il ne paraît pas que quelques jours dont on a besoin pour rafraîchir un équipage, puissent jamais lui porter grand préjudice. Nous n'observâmes pas sur les naturels des traces de la qualité du climat; ils nous parurent bien portants et d'une forte constitution. Je ne puis pas non plus accorder que la plus grande partie des habitants soit infectée de la maladie cutanée connue dans la mer du Sud; la dixième partie tout au plus nous parut en être attaquée.

« Parmi les instruments dont les dessins sont annexés à l'article de M. Lesson, dans le Journal des voyages, il en est un, sous le nom de *sague*, dans lequel nous reconnaissons la baguette de Nazuenziap, que M. Lesson prend tout simplement pour un instrument de pêche. Il serait très-possible que les Ualanais employassent pour la pêche quelque chose de tout à fait semblable, quoique nous ne l'ayons pas vu; mais ce qu'il y a de certain, c'est qu'ils montrent pour la petite baguette, élevée sur un endroit à part, dans un coin de la maison à manger, et entourée de branches de la plante de séka, une vénération qu'ils n'accordent point aux instruments de pêche ordinaires.

« Nous ne remarquâmes aucune différence dans la langue que parlent les diverses classes; nous trouvâmes que tous, sans exception, employaient le même langage; et les mots que nous empruntions aux uns nous servaient toujours pour nous faire entendre des autres. S'il arrivait souvent, qu'à la même question l'un répondait d'une manière et un autre différemment, cela ne venait pas de la différence des langues, mais de la difficulté bien connue de faire comprendre nos demandes à un sauvage, et quelquefois de ce qu'une et même chose a aussi chez eux différents noms.

« Je ne puis me ranger à l'opinion de M. Lesson, que les Ualanais sont d'origine mongole; mais comme cette observation se rapporte aux habitants de tout l'archipel des Carolines, j'en parlerai lorsque ce peuple nous sera plus connu. Quant à ce qui concerne les habitants d'Ualan, quoiqu'ils appartiennent à la même race que les habitants de tout l'archipel des Carolines, il existe en effet des traces qui paraissent indiquer qu'ils ont eu des communications avec les Japonais, et qu'ils ont emprunté d'eux quelques cérémonies de la croyance de *Sin-To*, la plus ancienne du Japon. Cette croyance est fondée sur le culte d'esprits invisibles, appelés *Sin* ou *Kami*, en l'honneur desquels on élève des temples, *mia*. Le symbole de la divinité est placé au milieu de l'édifice : il consiste en bandes de papier attachées à des baguettes de bois de finoki (*thuya japonica*). Ces symboles, nommés *Go-Feï*, se retrouvent dans toutes les maisons du pays, où on les tient dans de petits mia. A côté de ces chapelles, on pose des pots de fleurs avec des branches vertes de sakari (*cleyeria kœmpferiana*), et souvent de myrte et de pin. On y pose aussi deux lampes, une tasse de thé, et plusieurs vases remplis de sake (vin du Japon); on ajoute une cloche (soutsou), des fleurs (*fanatate*), un tambour (taïko), et autres instruments de musique, placés près du temple du Kami, et un miroir (kagami), comme emblème de la pureté de l'âme. Les daïri, regardés comme les descendants de la divinité, portent le titre de *ten-si* (fils du ciel). A l'inauguration de chaque daïri, on prend la mesure de sa

(*) C'était vraisemblablement l'audacieux urosse Séza, le seul au reste dont Lütke eut à se plaindre. G. L. D. R.

taille avec une baguette de bambou qu'on conserve dans le temple, et après sa mort le daïri est révéré comme Kami ou esprit. Ces baguettes de bois, entourées de branches de verdure et d'instruments de musique, nous rappellent fortement les baguettes de Sitel-Nazuenziap, avec les feuilles de séka et les cornes de Triton. Si nous ajoutons à ce que *ten-si* ou *si-ten* serait énoncé par les Ualanais comme *si-tel*, plutôt que de toute autre manière, la ressemblance entre *sake* et *séka*, et la consonnance tout à fait japonaise de quelques noms mentionnés dans leur prière, comme, par exemple, *kajoua-sin-liaga, kajoua-sin-nionfou*, nous serons involontairement amenés à conjecturer qu'à une époque quelconque, un bâtiment japonais aborda les rivages d'Ualan, et que les hommes qui le montaient communiquèrent aux insulaires la connaissance de leurs traditions et de leurs cérémonies, qui naturellement, avec le temps, devaient éprouver de grands changements. »

M. Mertens ajoute à ce sujet : « Il est inconcevable que M. Lesson ait pu donner une origine japonaise à la physionomie des Carolins, qui ne diffère pas moins que la nôtre des habitants du Japon. »

AVANTAGES POUR LES NAVIGATEURS.

L'île d'Ualan (*) peut servir de très-bonne relâche, et principalement aux bâtiments baleiniers qui font la pêche dans ces parages, et aux navires allant à la Chine par la route de l'est. Un beau climat, un bon peuple, une abondance de fruits, qui ne contribuent pas moins qu'une nourriture animale à restaurer les forces d'un équipage après une longue navigation, lui donnent cet avantage.

On ne peut pas s'attendre à trouver ici d'abondantes provisions de mer, mais on n'a pas à craindre d'en manquer pour la consommation journalière. Les pigeons et les poules sauvages donnent un excellent rôti, et le potage en est juteux et nourrissant. Quatre ou cinq chasseurs nous en fournissaient en assez grande quantité pour pouvoir faire chaque jour une soupe fraîche à tout l'équipage. Les bécassines sont un rôti délicat ; les poissons et les tortues, si l'on trouvait le moyen de les prendre, seraient d'un très-bon secours ; mais nous ne pûmes y parvenir, et l'on ne peut en recevoir que très-peu des habitants. Parmi les fruits, on peut se procurer autant qu'on en veut des bananes de l'espèce commune et des cannes à sucre. Il est toujours possible de tirer des urosses le fruit à pain ; nos hommes s'y accoutumèrent bientôt, et les préféraient au pain ordinaire. On ne peut pas avoir de cocos ni de bananes de la meilleure espèce ; nous recevions si peu des premiers, que ce n'était que deux ou trois fois dans le courant de la semaine que nous pouvions en donner un à chacun de nos gens. On ne peut mettre au nombre des provisions de mer que les cannes à sucre et les oranges ; ces dernières n'étaient pas mûres de notre temps, ce qui fait que nous ne pouvons connaître la quantité sur laquelle on pourrait compter. Quant aux bananes qui ne sont pas tout à fait mûres, elles achèvent de mûrir en les gardant une semaine. Il y a encore une espèce de cornichon, fruit croissant sur un arbre, d'une forme ronde, avec la peau très-épaisse et très-dure, qui, salé ou mis dans le vinaigre, donne un excellent approvisionnement ; mais nous n'en trouvâmes pas en assez grande quantité pour pouvoir en approvisionner tout l'équipage.

Peut-être qu'avec le temps Ualan pourra fournir des pourceaux aux navigateurs. L'intention louable du capitaine Duperrey resta sans effet ; il est à désirer que notre essai ait plus de succès. L'eau fraîche que nous prîmes du ruisseau qui coule au travers du village de Lual est un peu saumâtre ; mais cela n'empêche pas qu'elle ne se conserve bien, et qu'elle ne soit de bon goût et salubre. Il n'y a pas de bon bois de chauffage ; on pourrait avoir de gros *sonneratias* en aussi

---

(*) Ce petit chapitre appartient à Lütke.

grande quantité qu'on voudrait, mais ils sont humides et peu susceptibles de sécher.

Il est temps pour moi de dire adieu à Ualan et à ses bons et paisibles habitants. Je désire de tout mon cœur qu'ils nous aiment autant que nous les aimons; que notre visite réveille en eux d'aussi agréables souvenirs que ceux que nous conservons de notre séjour parmi eux; que tout ce que nous avons fait pour eux puisse servir à améliorer substantiellement leur situation; mais, par-dessus tout, qu'ils n'aient jamais sujet de regretter que les hommes blancs aient trouvé la route de leur petite terre isolée.

OBSERVATIONS IMPORTANTES SUR PLUSIEURS ILES DE L'ARCHIPEL DES CAROLINES PROPRES.

Les observations suivantes appartiennent généralement à M. Charles Henri Mertens, savant naturaliste allemand, qui fit partie de l'expédition russe envoyée en 1816, dans la mer du Sud, par l'empereur Alexandre, sous les ordres du capitaine Lütke. Nous ne pouvons mieux faire que d'extraire le mémoire précieux de ce savant, qui n'a été publié qu'en Allemagne et à Genève.

Nous fûmes étonnés, malgré la confiance entière qu'ils nous témoignaient, de ne pas entrevoir une seule femme. Nous nous aperçûmes bientôt qu'on les avait dérobées à notre vue, et que nous devions même éviter de passer devant les maisons où elles se trouvaient. Si par hasard nous paraissions vouloir en approcher, nos guides employaient presque la force pour nous en détourner, en prononçant le mot *farak! farak!* exclamation qui finit par nous ennuyer à l'excès, et qui retentit encore à nos oreilles. Il y avait cependant dans la manière dont ils s'y prenaient, pour nous engager à suivre une autre route, tant de bonhomie, qu'il était impossible de se fâcher contre eux, quoiqu'ils répétassent, sans discontinuer, leur interjection; nous finîmes par en rire. Chaque chef avait plusieurs maisons à sa disposition : la première était celle où il faisait sa résidence; la seconde était construite de la même manière que la grande maison dans laquelle on nous avait introduits à notre arrivée, seulement il s'y trouvait un plus grand nombre de chambres, où nous entendîmes souvent des cris d'enfants, sans qu'il nous fût jamais permis d'y jeter même un coup d'œil. C'était là qu'ils déposaient leurs richesses, qui consistaient en cordages, en nattes, en habillements, en appareils pour la pêche, en pierres pour aiguiser leurs haches, faites de différentes espèces de coquilles, en couteaux et autre objets européens. Cette seconde maison était encore destinée à servir d'abri aux pirogues qu'ils y plaçaient quand le temps l'exigeait. La troisième maison, beaucoup plus petite, était pour les femmes; la quatrième, encore plus petite, était formée seulement d'un petit toit qui descendait obliquement presque jusqu'à terre, ce qui laissait fort peu d'élévation aux murs. Celle-ci se trouvait généralement vis-à-vis l'entrée de derrière de la grande maison; nous en vîmes souvent la porte ornée de branches vertes; elle nous parut être destinée à servir de tombeau à la famille du chef. Nous ne vîmes qu'un petit nombre de plantations sur le groupe de Lougounor; et celles que nous aperçûmes ne consistaient qu'en aroïdées, qui occupaient les endroits marécageux. Il s'y trouvait peu d'eau douce; nous n'en avons entrevu que quelques petites mares dont l'eau était souvent très-amère et sulfureuse. La base du tronc d'un grand nombre de cocotiers était creusée pour servir, comme nous l'avons supposé, d'espèces de réservoirs pour l'eau de pluie; la plupart de ces troncs, creux à leur base, contenaient une eau infiniment meilleure que celle des mares. Ce qui tient véritablement lieu de citernes sur ces îles, ce sont les cocotiers, tant par la boisson agréable contenue dans le fruit précieux de cet arbre, que par la liqueur que les naturels du pays savent tirer de l'arbre même dans la saison où il n'y a presque plus de fruits. Cette saison est extrêmement pénible pour les pauvres habitants, parce qu'ils ne possèdent que peu de productions végétales qui puissent se conserver pendant l'espace de temps nécessaire. Nous avons retrouvé partout le même peuple sur les autres groupes des îles basses des Carolines, que nous avons visités après celui de Lougounor; c'est cette même hospitalité, cette bonhomie et enfin jusqu'à cette gaieté qui le caractérisent. Mais dans aucun de ces groupes nous n'avons rencontré ces mœurs lascives qu'on suppose régner sur toutes les îles de l'immense océan Pacifique. Les voyages lointains que les naturels entreprennent, leurs visites fréquentes chez leurs voisins, ainsi que leurs excursions, quoique dans les colonies européennes, n'ont en rien altéré l'innocence remarquable de leurs mœurs, ni fait naître en eux le désir de s'approprier d'une manière illégitime le bien d'autrui. On serait porté à croire que l'esprit de commerce qui les anime leur a appris de bonne heure à respecter chez les autres ce qu'ils n'ont eux-mêmes acquis qu'avec peine, et dont ils sont en état d'apprécier la valeur. Les habitants du groupe d'Oulétaï (*), ainsi que ceux de l'île isolée de Féis, furent moins sévères à notre égard, quant à ce qui concernait leurs femmes; ils leur permettaient de se trouver dans notre société, et il ne fallait que peu de temps pour qu'une liaison intime s'établît entre nous. Malgré cette sorte d'intimité et la confiance sans bornes qu'on nous accordait, il n'y a pas un seul individu sur *le Séniavine*, corvette commandée par le capitaine Lütke, qui puisse se vanter d'avoir obtenu quelques faveurs d'une belle des îles basses de l'archipel des Carolines. Les hommes sont bien faits (voy. pl. 102). On ne peut pas citer les

(*) M. Mertens veut sans doute parler du groupe d'Ouléa, Iouli, ou Ouléaï (les 13 îles du capitaine Wilson). On rencontre souvent les mêmes noms dans les îles Carolines, ou bien ils offrent entre eux peu de différence dans la prononciation, ce qui n'a pas peu contribué à augmenter la confusion dans la géographie de cet archipel.

G L. D. R.

femmes pour leur beauté; elles sont même plutôt laides: leurs traits distinctifs sont une fort petite taille, une figure large, et la gorge pendante lorsqu'à peine la première fraîcheur est passée; elles sont nues de même que les hommes, à l'exception d'une large bande attachée autour des reins, et d'un tissu rayé.

Nous ne poursuivrons pas ces observations sans indiquer ici la position des îles Ouléaï et non Ouléaï. Ce groupe, qui n'a que quinze milles de tour, était marqué sur les anciennes cartes, comme trente fois plus grand. Il se compose des îles Angaligaraïl et Faraïles, l'île de Motogozeu, l'île Fetalis, l'île Raour et dix-sept autres. La pointe méridionale de l'île Raour, la plus orientale du groupe et sur laquelle on trouve quatre ou cinq ports artificiels, chose unique peut-être aux Carolines, est située par 7° 20' 7" de lat. nord, et par 216° 3' de long. ouest. Ces îles ont été bien décrites par MM. de Chamisso, de Freycinet et surtout par M. Lütke, le navigateur qui a le mieux observé les Carolines. C'est ici la patrie de Kadou, espèce d'Ulysse sauvage. Les mœurs et le caractère des Ouléans ressemblent fort à ceux des Lougounoriens. Leur teint est cuivre jaune; ils portent des ceintures comme des écharpes et des chapeaux coniques comme ceux des Chinois.

« Dans l'île de Féis, dit M. Mertens, nous remarquâmes que les jeunes filles portaient une espèce de frange qui tombait depuis la ceinture jusqu'aux genoux; elle était faite des fibres de l'*hibiscus*. Dans toutes les îles basses, du côté de l'est, nous avons observé que la manière de se tatouer était absolument la même, et consistait en quelques lignes régulières le long des cuisses, des jambes et de la poitrine. On nous a assuré que les femmes se tatouaient en outre très élégamment sur des parties couvertes par la bande ci-dessus mentionnée, embellissement dont les maris seuls jouissent. Chez plusieurs de ces femmes nous avons remarqué un autre ornement des plus bizarres. Il consistait en une ou plusieurs lignes sur les bras et sur les épaules, formées par de petits boutons, que l'on produit au moyen de petites incisions faites dans la première enfance, et frottées ensuite avec le suc qui découle des branches des arbres, ou bien avec une espèce de *moxa* qu'on fait brûler sur la partie où l'on désire tracer des lignes. Ces marques sont ineffaçables, on les conserve pendant tout le cours de la vie. On prétend que cet ornement plaît extrêmement aux hommes. Dans le temps où ces boutons suppurent, ils ne ressemblent pas mal aux pustules de la vaccine, de sorte qu'en les voyant pour la première fois, on se figure avoir rencontré chez ces insulaires un supplément à cette découverte si précieuse pour le genre humain. Les femmes se parent de colliers faits de différents articles de fabrique indienne ou européenne, et de larges bracelets d'écaille et de nacre de perle, qu'elles portent tant aux poignets qu'au bas de la jambe. Elles ont un grand fond de coquetterie, qui perce même jusque parmi les femmes les plus âgées. Elles nous demandaient sans cesse des grains de verre pour colliers, indiquant en même temps la longueur du bras, pour nous faire comprendre la quantité qu'elles en désiraient avoir; mais à peine avait-on satisfait à leur demande, qu'elles tendaient de nouveau la main, de sorte qu'il était bien difficile de les contenter, vu surtout qu'elles se présentent ordinairement en grand nombre. A Oulétaï, des femmes s'approchaient tout près de notre bâtiment; mais elles n'arrivaient jamais dans les canots des hommes. Elles se plaisaient à crier et à nous appeler par nos noms, qu'elles prononçaient parfois de la manière la plus comique. Quoiqu'elles réitérassent sans cesse leurs demandes pour obtenir plus que nous ne leur avions donné, elles paraissaient ne recevoir nos cadeaux qu'avec une sorte de dédain, ce qui nous amusait infiniment. Plusieurs d'entre elles portaient de jolies ceintures de la largeur d'environ deux doigts, faites du bois de la noix de coco et de coquilles blanches arrangées ensemble de manière à rappeler les mosaïques dont se parent les élégantes de nos salons. Comme je désirais infiniment m'en procurer une, je leur offris un prix considérable à leurs yeux pour ce seul article; mais ces femmes multipliaient tellement leurs demandes chaque fois que je cédais à leurs réclamations, qu'il me fut impossible de réussir à m'en procurer une. Il me paraît, au reste, qu'elles y attachent un grand prix. J'ai vu quelquefois des hommes s'en parer; mais ils ne s'en désistaient pas davantage, et nous alléguaient pour raison de leur refus que cet ornement appartenait à leurs femmes.

L'expédition russe trouva à Mourileu un jeune Anglais, nommé William Floyd, de Gloucester, qui y avait été abandonné par un navire baleinier, et y avait passé dix-huit mois. Le capitaine Lütke le recueillit à son bord. On profita de cette circonstance pour recueillir ce qu'il avait observé sur les mœurs de ces insulaires. Voici un extrait du récit qu'il fit à M. le docteur Mertens :

Un seul et même chef règne sur les groupes de Fananou et de Mourileu, et les vingt îles qui les composent payent un tribut annuel à ce chef suprême, nommé dans leur langage *tamol;* ce tribut consiste en fruits de l'arbre à pain, en cocos, en nattes, etc. Ce qui est surprenant, c'est qu'une seule des îles du groupe de Fananou est exempte de ce tribut; que les habitants de cette île, quoique sur le même récif, dédaignent toute communication avec leurs voisins, éloignés d'eux seulement de quelques pas; qu'ils ne font aucun cas du chef, et vont jusqu'à refuser de le reconnaître.

Quoique le tamol aille lui-même à la pêche, on ne manque jamais de lui réserver ce qui se trouve de plus beau et de plus recherché de la pêche générale. Ses sujets le nourrissent parfaitement bien : tout ce qu'il commande est considéré comme loi expresse, quoique, du reste, ces lois ne soient pas maintenues dans toute leur rigueur. Le chef est, comme ses sujets, soumis aux lois. Floyd cita au savant docteur plusieurs faits qui viennent à l'appui de cette allégation. Si, par exemple, le tamol désire se marier une seconde fois, il est obligé de satisfaire au tribut qu'on exige de tout individu qui veut contracter de nouveaux liens. Il n'a aucun droit sur les femmes du pays, et il ne peut s'unir à aucune d'elles s'il n'a d'abord obtenu son consentement.

Les vieillards de l'île sont en général choisis comme juges : leur réprimande est considérée comme la peine la plus grave qu'on puisse encourir. Lorsque les affaires sont d'une nature compliquée, on a recours au tamol, qui retire de grands avantages de ces appels; car ses inférieurs sont obligés de lui rendre hommage à la suite de l'arrêt rendu. Il faut avouer que généralement il s'efforce de prévenir les querelles et les dissensions qui pourraient s'élever parmi le peuple, en mettant de côté, en pareille circonstance, tout intérêt personnel. Jamais les parties intéressées ne le quittent sans s'être réconciliées. La succession à la dignité de tamol n'est pas héréditaire, et le fils ne saurait en aucun cas succéder à son père. Lorsqu'il vient à mourir, on s'adresse au frère du défunt, et s'il n'en avait pas, cette dignité est conférée à l'un de ceux qui avaient été ses meilleurs amis. Celui qu'on choisit n'a pas le droit de refuser la place qu'on lui offre. Le plus sage, le plus juste est élu de préférence au plus riche ou au plus puissant.

Voici le portrait que M. Mertens fait des Carolins, et qui nous a paru un peu trop flatté.

« Les Carolins, dit-il, sont dignes, par leur caractère aimable, au moins ceux des îles basses, de peupler ce pays délicieux. Ceux des îles hautes, au contraire, sont adonnés à la guerre, et méritent moins d'intérêt. Les premiers sont d'une stature plus élevée que la race malaise, environ cinq pieds six pouces (anglais). Ils sont doux, modérés, et ont un sentiment de justice inconnu aux autres Polynésiens. Ces hommes, qui ne sont pas sauvages, mais dans l'enfance de la civilisation, sont bons, doux, naïfs, actifs et d'une physionomie agréable qui prévient extrêmement en leur faveur : la bonhomie est peinte dans tous leurs traits. Leur chevelure est épaisse et d'un beau châtain noir (très-rarement rousse); leurs cheveux sont généralement attachés en un grand nœud; ils ont le front très-élevé, mais fuyant un peu en arrière, le nez prononcé, mais plat et large, la bouche assez grande, les lèvres épaisses, les dents blanches comme de l'ivoire, les yeux bien fendus et garnis de superbes cils, les tempes comprimées, les pommettes très-peu saillantes, le menton proéminent, avec une barbe quelquefois épaisse, cependant plus généralement peu fournie. On a ordinairement compris ces peuples sous le nom général de la race malaise; mais il ne faut qu'un coup d'œil pour les distinguer des véritables Malais qui habitent les îles de Sounda, de Timor, etc., et même des Tagales et Bissayes des Philippines. Plusieurs différences nationales des habitants de ces îles n'échappent pas à l'observateur, particulièrement quand on compare les îles qui sont situées plus vers l'ouest avec celles de l'est. Les habitants du groupe de Séniavine paraissent différer de tous les autres, tant par la conformation de leurs traits que par leur costume et leurs habitudes. La plupart sont nus, sauf une ceinture qu'ils portent autour des reins; quelques-uns portent en outre une espèce de mante, qui rappelle beaucoup le *poncho* des habitants du Chili, et qui est faite de deux bandes avec une ouverture laissée au milieu pour y passer la tête. Cette mante ressemble par sa coupe à une chasuble; seulement elle est plus courte, car elle ne tombe pas même jusqu'aux genoux. D'autres portent un large chapeau pyramidal, fait de feuilles de pandanus, qui les garantit complétement des rayons du soleil. Des colliers en coquilles, en fleurs, où faits de la coque ligneuse des cocos, des fleurs dans leurs cheveux et aux oreilles, tels sont les ornements qui complètent leur parure. Ils accueillent les navigateurs qui leur rendent visite avec satisfaction, et font éclater leur joie de se trouver au milieu d'eux. Ils prennent intérêt à tout ce qu'ils voient, et particulièrement à tout ce qui a rapport aux vaisseaux et à la navigation, et recueillent tous les renseignements possibles au sujet des bâtiments. Sans crainte, sans défiance, ils échangent sans fraude leurs marchandises contre des articles de manufacture européenne. Ce sont des cocos, du poisson, des coquilles, différentes parties de leur costume, des appareils pour la pêche, de l'*arrow-root*, des poules, etc. Ce qu'ils préfèrent dans leurs échanges, c'est le fer, particulièrement les couteaux et les ciseaux, qui leur paraissent d'un prix inestimable : ils apprécient infiniment les aiguilles; mais ce qui excite le plus leur admiration, c'est la hache. Ils reçoivent avec transport les objets de quincaillerie, de petites perles en verre, des miroirs, des rubans, des mouchoirs. En général, ils donnent la préférence plutôt à tout ce qui peut leur être de quelque utilité réelle qu'aux objets de luxe. Ils trafiquent en véritables marchands ; ils ne donnent rien gratis, mais ils ne refusent jamais de livrer l'article qu'on choisit parmi les marchandises qu'ils offrent, après en avoir reçu le prix convenu : ils les livrent même à l'avance, persuadés qu'on usera avec eux de la même confiance et de la même équité. Lorsqu'ils se trouvent à table avec des Européens, ils observent la plus grande décence ; ils font de suite usage de couteaux, de fourchettes et de cuillers avec assez d'aisance, et assurent que la soupe et les autres plats qu'on leur présente sont de leur goût, en laissant échapper cette exclamation : *mammaï* (bon). Le sucre, le biscuit et le riz font leurs délices; mais l'eau-de-vie et même le vin leur font horreur. Des bocaux d'un verre blanc et transparent comme l'eau qu'ils contiennent, excitent vivement leur admiration. Il est impossible de rencontrer plus de bonhomie que parmi ces insulaires. Ignorant complétement l'usage ou la valeur de quantité de choses qui s'offrent à leur vue, leur premier mouvement est toujours d'y porter la main, et de s'en saisir pour les examiner de plus près. On se figure aisément combien peu ils s'entendent à manier des sextants, des montres, etc. ; mais il suffit d'une seule observation pour les arrêter et pour être sûrs qu'ils ne les toucheront plus, et qu'ils feront en outre part aux absents de la défense qu'on leur a faite à cet égard. Une sorte d'intimité s'établit promptement entre eux et les étrangers. Ils ne s'opposent à aucun des désirs de ces derniers, se tiennent tranquillement assis quand on fait leurs portraits, dansent quand on paraît le désirer, et mettent tout en œuvre pour être agréables. Ils aiment beaucoup à converser avec les navigateurs, leur parlent de ce qui se passe dans les îles voisines, les entretiennent de leurs femmes et de leurs enfants, promettent d'avance toutes les productions de leur île, pourvu qu'on veuille bien leur faire visite. On a déjà vu qu'ils aiment de préférence le biscuit et le sucre, surtout le dernier ; c'est un plaisir de les voir en réserver une petite portion qu'ils mettent soigneusement dans leurs ceintures, qu'ils gardent dans la main, et se jeter à la nage avec ce trésor pour gagner leurs canots, afin de le porter promptement à leurs femmes et à leurs enfants. Malgré le vif désir qu'ils témoignent de posséder plusieurs des objets qui se présentent à leur vue, ils ne volent jamais. Ils se contentent de ce qu'on veut bien leur donner, et ils ne se formalisent nullement lorsqu'on leur refuse quelque article qu'ils demandent. Lorsqu'ils sont sur un vaisseau, ils vont et viennent sur le tillac, dans l'entrepont et les cabines, sans contrainte et avec plaisir, et n'abusent jamais ni de la confiance qu'on leur témoigne, ni de la liberté qu'on accorde à leur curiosité. Ils observent la plus parfaite soumission envers leurs chefs;

mais, du reste, il est impossible de remarquer une distinction de rang parmi eux : ils semblent être tous de la même classe, et ne témoignent aucune déférence particulière à ceux qui sont pourtant regardés comme les princes, les seigneurs de ces îles. Ils demandent avec instance qu'on leur rende visite, et qu'on séjourne quelque temps parmi eux, et ne cessent leurs demandes que quand ils ont obtenu la promesse de se rendre à leur invitation. Alors la gaieté la plus franche brille sur leurs traits. Sans envie, ils ne sont jamais jaloux de ce qu'on donne à d'autres. Toujours gais, toujours contents, ils semblent avoir conservé l'innocence et la naïveté de la première enfance, et jamais on ne voit de querelle chez eux. La blancheur de la peau des Européens les étonne beaucoup. A la vue de leur poitrine et de leurs bras découverts, ils restent émerveillés ; ils accordent une préférence marquée à notre teint, au point de concevoir même une sorte de dédain pour le leur. Pour donner des preuves de leur admiration à ce sujet, ils leur pressent étroitement la poitrine et les bras contre eux, approchent leur nez comme pour les sentir, et sont transportés d'allégresse à leur vue et à leur toucher. »

RELATIONS DE L'HOMME ET DE LA FEMME.

Ces indigènes n'ont en général qu'une seule femme ; cependant quelques individus en ont plusieurs. Sur ce sujet laissons parler le docteur Mertens : « Celui qui désire s'unir à une femme, commence sa déclaration en lui offrant des présents, qui sont sur-le-champ acceptés si la proposition est favorablement accueillie. Dès que la jeune fille a porté à son père les présents qu'elle vient de recevoir, le futur acquiert le droit de passer la nuit avec elle, quoique le mariage n'ait lieu que le lendemain. Il ne faut pas se figurer que les noces chez ces peuples causent beaucoup d'embarras ; au contraire, tout se passe sans apprêts, sans fête quelconque ; toute la cérémonie consiste dans le consentement que la jeune fille donne à vivre avec celui qui l'a choisie pour compagne, et dans ses adieux à ses parents. Lorsqu'on ne se convient pas ou qu'on est ennuyé l'un de l'autre, on se sépare avec la même facilité avec laquelle l'union a été contractée. Quand on se marie pour la première fois, on n'est pas tenu à payer le tribut ; mais dès que l'on contracte de nouveaux liens, on est obligé d'y satisfaire en donnant une certaine quantité de nattes ou de fruits aux insulaires. Lorsqu'une séparation a lieu entre deux époux, les enfants appartiennent au père, et la mère ne conserve aucun droit sur eux. Le mari, qui en tout temps est rempli d'égards pour sa femme, redouble de soins et d'attentions durant sa grossesse. Dès que cet état se manifeste, elle interrompt ses travaux et reste presque toujours à la maison, enveloppée de nattes ; pendant ce temps son mari se charge de la servir. Il n'est plus permis aux hommes de manger avec elle ; les jeunes garçons qui ne portent pas encore de ceinture le peuvent cependant ; ceux-ci sont seuls chargés de lui apporter les cocos qui lui sont nécessaires et dont il lui faut une grande quantité, parce que toute boisson lui est défendue à l'exception du lait de ces fruits : celui de plusieurs espèces de cocotiers et de jaquiers lui est néanmoins strictement interdit. Quand l'époque de l'accouchement approche, elle est entourée de femmes rassemblées pour la soigner ; dès que les douleurs commencent à se faire sentir, ces femmes se mettent à crier et à chanter pour que le mari n'entende pas les cris de son épouse durant le travail de l'enfantement. Ces femmes sont assez habiles dans l'art de l'accouchement ; elles connaissent plusieurs procédés et possèdent plusieurs secrets pour faciliter la naissance de l'enfant. Chez ces peuples, on n'entend jamais parler ni de fausses couches, ni de la naissance d'aucun monstre ; ils paraissent presque ignorer ces sortes d'accidents. Deux jours après l'accouchement, la mère se baigne dans l'eau douce, et ce n'est qu'au bout de cinq ou six mois qu'elle recommence ses travaux accoutumés. Les mères ne sèvrent pas leurs enfants à l'époque où nous avons coutume de le faire, mais beaucoup plus tard; il y en a qui les nourrissent jusqu'à l'âge de dix ans, de même que les peuples qui habitent le détroit de Behring. Il ne leur est pas permis, pendant leur grossesse, de se peindre la figure de jaune ou d'orange, couleurs extrêmement de leur goût, et par lesquelles elles croient relever l'éclat de leurs charmes; il leur est aussi défendu de se servir d'huile pour leurs cheveux. Les bains d'eau douce leur sont ordonnés, et il y a même des pièces d'eau douce désignées pour cet objet. Dans la plupart des îles, il est défendu aux hommes de s'y désaltérer, et même de s'en approcher. Lorsqu'un mari injurie ou insulte sa femme, les amis de celle-ci l'emmènent de chez lui à l'instant même. Ces égards, cette indulgence qu'on témoigne aux femmes, sont portés au plus haut degré; car dans le cas où un mari surprendrait la sienne en adultère, la seule punition qu'il lui infligerait serait de lui refuser l'entrée de la maison pendant quelques jours. Le séducteur ne s'en tire pas aussi facilement: le mari se jette sur lui en poussant des cris épouvantables, qui attirent toute la population de l'île; il l'attaque alors avec un petit instrument muni de dents de requin, assez aiguës pour faire des écorchures qu'il conserve longtemps en punition de son crime. La fureur du mari, dans les premiers instants, est à son comble; il ne respire que la vengeance; la vie de l'adultère est même en danger s'il se trouve être plus faible que le mari. Mais généralement la foule qui survient l'empêche de se porter à cet excès; elle cherche à le calmer et parvient même à les réconcilier. Le mari se contente ordinairement en pareille occasion de quelques nattes, après quoi celui auquel il voulait arracher la vie il n'y avait qu'un instant, obtient son pardon, et tout est oublié. Ces sortes de scènes une fois passées n'altèrent en rien les relations amicales qui subsistaient avant l'événement. L'usage qui règne au groupe d'Ouléaï, et qui consiste en ce que le mari permet à un ami, s'il le trouve sous son toit, de le remplacer pour une nuit auprès de sa femme, est tout à fait inconnu dans les îles occidentales. Les maris n'aiment pas que leurs femmes reçoivent des visites d'hommes, et cependant il est permis aux individus des deux sexes, tant qu'ils ne sont pas mariés, de passer des nuits entières ensemble à causer et à danser au clair de la lune. »

L'Anglais William Floyd assura à M. Mertens que les parties nocturnes se passent presque toujours dans la plus parfaite innocence. On n'exige la fidélité que des femmes qui ont à remplir les fonctions et les devoirs de mères de famille. Quelques égards que ces insulaires observent envers les femmes, ils ont cependant établi certaines lois auxquelles elles doivent se conformer; par exemple, il leur est défendu de jamais ouvrir la bouche lorsqu'elles se trouvent dans les maisons où les assemblées ont lieu, et qui servent de logement aux étrangers.

Ces maisons, dit Floyd, sont situées au bord de la mer; quoique tous les habitants s'y réunissent pour leurs assemblées, elles n'appartiennent ni au gouvernement ni au roi, et sont la propriété de quelque insulaire qui croit prouver par là son patriotisme. Outre ces maisons, il y en a d'autres qui servent de domicile à tous les hommes non mariés; elles appartiennent également à des particuliers qui en font volontairement le sacrifice pour concourir au bien public.

Les hommes se lèvent de grand matin; leur premier soin est de se rendre au rivage pour se laver, se baigner et se rincer la bouche. Il leur est défendu d'employer de l'eau douce à ces différents usages, et ils sont persuadés que quiconque le ferait, tenterait en vain de prendre du poisson, lorsqu'il irait à la pêche. Ces mêmes défenses s'étendent aux femmes, excepté dans les cas particuliers ci-dessus mentionnés, qui exigent l'emploi de l'eau douce. Les femmes doivent se baigner du côté opposé à celui où les hommes se rendent pour le même objet, ou à l'heure où ils ne s'y trouvent pas. Ce ne sont, selon William Floyd, que les enfants que la curiosité attire, et qui, n'allant pas encore à la pêche, ne sont pas retenus par la crainte de revenir sans provisions, qui osent se glisser dans le bois pour parvenir au bord de la mer, afin de contempler les femmes lorsqu'elles se baignent, se mettant peu en peine des préjugés et des conventions établies. La décence va même jusqu'à défendre aux femmes de se montrer sur le rivage aux heures où les hommes reviennent de la pêche, parce qu'alors, pour être plus à l'aise, ils se dépouillent du peu de vêtements qui les couvrent. La pudeur, quoiqu'en dise Diderot, est dans la nature, puisqu'elle existe chez les sauvages.

PHRÉNOLOGIE CAROLINIENNE.

On sait que d'après la méthode phrénologique on ne peut pas expliquer le caractère national d'un peuple ou d'une horde par une seule tête; il en faut toujours un certain nombre pour s'assurer quels sont les organes développés à un certain degré. Les phrénologistes pourront donc étudier le caractère des Carolins sur les quatre têtes suivantes (voy. *pl.* 112).

Dans la première tête de Carolin, perdue lors du naufrage de l'auteur, l'organe de la propagation se trouve extrêmement développé.

L'organe de rapports des couleurs y était développé comme chez les Chinois; l'organe de la mécanique également bien développé; l'organe de la vanité et celui de la destructivité l'étaient infiniment.

Les facultés intellectuelles supérieures l'étaient peu, l'individu ayant le front peu élevé et fuyant en arrière; l'opiniâtreté ou la fermeté extrêmement développée.

Les trois autres têtes, appartenant à des individus également morts, furent dessinées par un officier d'un navire baleinier américain qui nous fit cadeau de son dessin (voy. la même planche).

La tête deuxième a un front dur et arrondi : cette tête présente réellement une femme douée d'un caractère excellent; elle a l'organe de l'amativité très-saillant.

Les deux autres présentent un front très-déprimé, annonçant des penchants *animalesques* (si on me passe cette expression), et très-peu d'intelligence.

MALADIES.
ÉRYSIPÈLES.

Voici les maladies communes aux Carolines :

Les érysipèles n'épargnent personne ici, pas même les nouveau-nés. Ceux des habitants qui n'éprouvent pas cette incommodité sont en très-petit nombre, et à tel point, que beaucoup d'entre eux ne la regardent pas comme une maladie. Il en résulte bientôt de nouveaux désordres qu'on doit justement redouter; car l'érysipèle se termine quelquefois par la gangrène et la mort, ou laisse à sa suite des infirmités.

Cette maladie, selon un savant et intrépide voyageur, M. le docteur Gaimard, revient presque toujours après qu'on en a été affecté une première fois. Elle est ordinairement symptomatique et dépend du mauvais état des premières voies; il peut arriver aussi qu'elle se manifeste après une suppression de transpiration. Elle attaque plus généralement les jambes et le scrotum, comme dans les fièvres gastro-adynamiques d'un caractère insidieux; la tendance à la gangrène est très-grande et fréquemment suivie de l'éléphantiasis, du sarcocèle et des hydropisies. Lorsque l'érysipèle affecte les jambes, et ce cas est le plus fréquent, il se manifeste avec une douleur très-vive des glandes inguinales, qui se propage ensuite le long de la partie interne du membre abdominal jusqu'au gros orteil; le malade y éprouve une contraction qu'on dirait produite par une corde tendue.

Pour l'érysipèle bénin, on n'emploie nul traitement. Dans l'érysipèle plus intense, on a coutume de donner des vomitifs dans des infusions diaphorétiques.

L'érysipèle facial est plus rare que les deux espèces précédentes.

LÈPRE.

Les diverses espèces de lèpres s'observent aux Carolines et aux Mariannes, et surtout celle qui a reçu le nom d'*éléphantiasis* ou lèpre tuberculeuse. L'aspect de ceux qui en sont atteints est tout ce que j'ai vu de plus affreux (voy. *pl.* 91).

Les affections de cette nature sont héréditaires. On se borne à l'emploi des remèdes palliatifs, tels que les bouillons de reptiles, les bains sulfureux, émollients et aromatiques, les antimoniaux, l'usage des viandes nutritives, l'exercice modéré, etc., etc. Il n'est pas exact de dire qu'on n'en guérisse pas, mais le cas est extrêmement rare.

ULCÈRES.

Les ulcères atoniques sont d'une difficile guérison dans un pays où la faiblesse du tissu est extrême. Ceux qui accompagnent l'éléphantiasis et les diverses affections cutanées sont regardés comme au-dessus des ressources de l'art. Les dartres lépreuses dégénèrent en ulcères à bords calleux, contre lesquels le traitement rationnel est, à peu près, sans succès.

SYPHILIS.

Cette maladie est très-commune et d'une nature plus mauvaise que celle d'Europe. Il est difficile d'en obtenir la cure radicale. Dans les cas les plus heureux, elle est suivie d'un état de débilité générale qui est toujours fort longtemps à se dissiper.

DYSSENTERIE.

La dyssenterie est endémique dans l'archipel des Carolines; elle y exerce de grands ravages, surtout parmi les voyageurs, et souvent elle y règne épidémiquement; mais elle n'est pas aussi dangereuse qu'à Kalémantan, à Timor, aux Moluques, etc. Les causes principales de cette maladie paraissent être d'abord la chaleur et l'humidité du climat qui déterminent une transpiration excessive, et, par suite, l'atonie des organes cutanés et digestifs.

Ceux qui vomissent des matières jaunes ou acides guérissent plus facilement que les autres; mais la convalescence de ces maladies est ordinairement longue.

Le docteur Gomez a remarqué que les pêcheurs, qui joignent à un travail salutaire la pratique des bains froids, sont exempts de la plupart des maladies que nous venons de décrire. On ne saurait donc trop recommander ce double usage dans les pays où l'insalubrité du climat porte par tant de causes à l'affaiblissement de la fibre.

PÊCHE.

Les Carolins se distinguent surtout dans l'art de pêcher à la ligne et à l'hameçon. Ils prennent des poissons volants avec beaucoup d'adresse, et osent même attaquer la baleine. Le combat qu'ils livrent à ce monstrueux cétacé est pour eux un spectacle du plus haut intérêt. Voici dans quels termes le P. Cantova en parle dans les *Lettres édifiantes :*

« Dix ou douze de leurs îles, disposées en guise de cercle, forment une espèce de port où les eaux sont dans un calme perpétuel. Quand une baleine paraît dans ce golfe, les insulaires montent aussitôt sur leurs canots; se tenant du côté de la mer, ils avancent peu à peu en effrayant l'animal, et le poussent devant eux jusque sur des hauts-fonds non loin de terre. Alors les plus adroits se jettent à l'eau; quelques-uns dardent l'animal de leur lance, et les autres l'amarrent avec de gros câbles dont les bouts sont fixés au rivage. Aussitôt s'élève un cri de joie parmi les spectateurs nombreux que la curiosité a attirés sur la côte. On traîne sur le sable la baleine, et un grand festin est la suite de cette victoire. »

INDUSTRIE.

La construction des pirogues des Carolins a acquis depuis longtemps une grande célébrité, et leur navigation surpasse celle des Polynésiens. « Ici, dit M. Lesson, on ne peut se dispenser de reconnaître des insulaires essentiellement navigateurs, observateurs exacts du cours des astres, possédant une sorte de boussole, instrument que l'on sait exister depuis longtemps en Chine et au Japon, quoique les habitants de ces pays soient loin d'être aujourd'hui d'habiles marins. La marche de leurs pros peints en rouge, et frottés avec quelques substances qui leur donnent l'aspect d'un ouvrage vernissé, est vraiment remarquable, quoiqu'elle soit loin de légitimer ce qu'en ont dit quelques navigateurs, et surtout Anson; elle est de cinq à six milles par heure au plus. Mais avec quelle adresse on fait changer indistinctement à ces pirogues l'avant en arrière, par un simple renversement de voile! et ces fragiles embarcations conservent toutes un genre de construction qui ne varie dans aucune île, et que nous eûmes occasion de voir sur la plupart de ces longues chaînes d'archipels. Adonnés à la guerre, poursuit ce savant, parce que l'homme y est naturellement porté, les Carolins ont aussi conservé ou su faire un grand nombre d'instruments de destruction. Cependant nous ne les trouvons pas en possession de l'arc et des flèches, réservés aux races noires (*), ni du casse-tête, ni des longues javelines, plus particulièrement usités chez les Polynésiens. Des frondes, des pierres, des bâtons pointus et garnis d'os et d'épines de poissons, des haches de coquilles, voilà les armes les plus habituelles et celles dont ils se servent plus généralement. »

Une industrie précieuse, essentiellement propre à ces peuples, c'est la confection des étoffes. Les Australiens et les Polynésiens les plus civilisés emploient, pour leur fabrication, des écorces battues et amincies sous forme de papier; les Carolins, au contraire, se servent d'un petit métier, pour assembler les fils, et composer une toile par un procédé et par des instruments parfaitement analogues à ceux dont se servent les Européens. « On ne peut, dit M. Lesson, en voyant ces tissus formés de fils soyeux de bananier teints en jaune, en noir ou en rouge, entrelacés sur un métier élégant, ornés de dessins qui annoncent du goût, que faire remonter la source d'un art ainsi perfectionné à une race plus anciennement civilisée et depuis longtemps établie en corps de nation. Pourquoi, d'ailleurs, les Carolins n'ont-ils jamais eu recours à l'écorce de l'arbre à pain si commun sur la plupart de leurs îles, et qu'ils n'avaient qu'à battre avec un maillet pour la convertir en étoffe? Cela tient à ce qu'ils ont retenu par la tradition les principes d'un art très-perfectionné dans leur patrie primitive, et que leur industrie a su en conserver l'usage pour confectionner les seuls ajustements réclamés par le climat qu'ils habitent. »

Nous pensons que les Chinois et les Japonais qui ont abordé aux Carolines, leur ont appris l'art du tisserand, sans que les Carolins soient d'origine mongole, c'est-à-dire tatare, comme le prétend M. Lesson. Nous dirons à ce sujet que, d'après la grande Encyclopédie chinoise, *San-thsay-thou-hoey*, géogr. liv. XIII, il n'y a de vrais Tatars que les Mongols et les *Wa-la* (Eulets), ou Kalmouks d'aujourd'hui. L'ethnographie exige qu'on cesse de confondre les Turcs, les Tatars et les Mandchous qui sont d'origine tungouse, etc. Pour en revenir aux Carolins, nous croyons qu'ils sont issus des Dayas de Kalémantan (Bornéo). (Voy. notre Tableau général de l'Océanie.) Au reste, cette industrie avancée, dans la civilisation encore si arriérée de ces peuplades de la Polynésie, est trop importante pour que nous ne nous y arrêtions pas encore un instant. Voici de quelle manière s'exprime sur ce sujet un observateur habile, qui le premier établit des relations amicales

---

(*) Nous ne parlerons que de deux races noires de l'Océanie. G. L. D. R.

entre l'équipage de *la Coquille* et les insulaires d'Ualan, et qui vient de périr peut-être vers les plages du Groënland.

« Un certain intérêt, dit M. Jules de Blosseville, s'attachera peut-être à la description minutieuse et même technique de l'art du tisserand, chez un peuple de la Polynésie, qui, abandonné à ses seuls moyens, nous a presque fait oublier les belles draperies d'écorce des Hawaïens et des Taïtiens, les nattes fines et jolies de Rotouma, les manteaux soyeux de la Nouvelle-Zélande, et les pagnes renommés de Madagascar. Cet intérêt s'accroît si l'on réfléchit que dans l'ancien monde la fabrication des tissus remonte à la plus haute antiquité, mais que dans l'Amérique entière et dans toutes les îles de la Polynésie, l'invention d'un métier était au-dessus de la portée des esprits. Certes, il y a loin du *caribari*, ou navette volante, et des métiers à tisser mécaniques, au *katap*, ou navette simple, et au *paoust* des Carolins; mais les merveilles de notre industrie paraissent moins surprenantes pour celui qui voit à quel degré de perfection, à quelle élégance de travail étaient parvenus, sans modèle et avec une grande simplicité de moyens, des insulaires industrieux, ignorés du reste du globe. »

TRADITIONS RELIGIEUSES DES CAROLINS OCCIDENTAUX.

Les plus anciens des esprits célestes, suivant la tradition que les insulaires des Carolines ont reçue de leurs pères, sont *Sabucor* et sa femme *Halmeleul*; ils eurent pour fils *Élieulep*, et pour fille *Ligobud*. Le premier épousa *Leteuhiul*, dans l'île d'Ouléa; elle mourut à la fleur de son âge, et son esprit s'envola au ciel. *Élieulep* avait eu d'elle un fils nommé *Leugueileng*; on le révère comme le grand Seigneur du ciel dont il est l'héritier présomptif. Cependant son père, peu satisfait de n'avoir eu qu'un enfant de son mariage, adopta *Rechahouileng*, jeune homme très-accompli, natif de Lamourek. Cette tradition porte que Rechaouileng étant dégoûté de la terre, monta au ciel pour y jouir de la félicité de son père; que sa mère vit encore à Lamourek dans un âge décrépit; qu'enfin il est descendu du ciel dans la moyenne région de l'air, pour entretenir sa mère, et lui faire part des mystères célestes. Par ces fables, les habitants de Lamourek s'attirent plus de respect et de considération de la part de leurs voisins. *Ligobud*, sœur d'*Élieulep*, se trouvant enceinte au milieu de l'air, descendit sur la terre, où elle mit au monde trois enfants. Elle fut bien étonnée de trouver la terre aride et infertile. A l'instant, par sa voix puissante, elle la couvrit d'herbes, de fleurs et d'arbres fruitiers; elle l'enrichit de verdure, et la peupla d'hommes raisonnables. Dans ces commencements, on ne connaissait point la mort : c'était un court sommeil; les hommes quittaient la vie le dernier jour du déclin de la lune; et dès qu'elle commençait à reparaître sur l'horizon, ils ressuscitaient, comme s'ils se fussent réveillés d'un sommeil paisible. Mais *Érigiregers*, esprit malfaisant et ennemi du genre humain, leur procura un genre de mort contre lequel il n'y avait plus de ressource; de sorte que les gens morts une fois le furent pour toujours; aussi les appellent-ils *élus-melabus*, au lieu qu'ils nomment les autres esprits *élus-melafirs*. Ils mettent au rang des élus-melabus *Morogrog*, qui, ayant été chassé du ciel pour ses manières grossières et inciviles, apporta sur la terre le feu, inconnu jusqu'alors. *Leugueileng*, fils d'*Élieulep*, eut deux femmes, l'une céleste, qui lui donna deux enfants, *Carrer* et *Melilliau*; l'autre terrestre, née à Falalou, dans le groupe de Morileu, dont il eut *Oulifat*. Ce jeune homme, ayant su que son père était un esprit céleste, prit son vol vers le ciel, dans l'impatience de le voir; mais à peine se fut-il élevé dans les airs, qu'il retomba sur la terre, désolé de sa chute et pleurant amèrement sa malheureuse destinée. Cependant, sans se désister de son premier dessein, il alluma un grand feu, et, à l'aide de la fumée, il fut porté une seconde fois dans les airs, où il parvint à embrasser son père céleste.

BAINS DES DIEUX.

La petite île *Falalou*, que les indigènes nomment plutôt *Fananou*, est située dans le groupe de *Fananou* ou *Falalou*, qu'ils nomment aussi *Namolipiafan*, et qui fait partie des îles Mourileu. On y trouve un petit étang ou lagune d'eau douce, où les Carolins croient que les dieux viennent se baigner. Par respect pour ce bain sacré, et de crainte d'encourir leur indignation, ces bons et naïfs insulaires n'osent pas en approcher.

CULTE.

Les Carolins donnent une âme raisonnable au soleil, à la lune et aux étoiles, qu'ils croient habités par de nombreuses nations célestes. Mais ils ne paraissent pas tenir beaucoup à leur doctrine; car, bien qu'ils reconnaissent toutes ces divinités, on ne voit parmi eux ni temples, ni simulacres, ni sacrifice, ni offrande, ni aucune espèce de culte extérieur : ce n'est qu'aux morts célèbres qu'ils paraissent rendre une sorte de culte.

SÉPULTURE.

La coutume de la plupart des Carolins est de jeter les cadavres des hommes ordinaires le plus loin qu'ils peuvent dans la mer, pour servir de pâture aux requins et aux baleines. Cependant s'il meurt une personne d'un rang distingué, ou qui leur soit chère, ses obsèques se font avec pompe et avec de grandes démonstrations de douleur. Au moment que le malade expire, on lui peint tout le corps en jaune avec de la poudre de curcuma; ses parents et ses amis s'assemblent autour du corps pour pleurer la perte commune. Ceux qui veulent donner des marques plus sensibles de douleur, se coupent les cheveux et la barbe, qu'ils jettent sur le mort. Ils observent tout ce jour-là un jeûne rigoureux, dont ils ne manquent pas de se dédommager la nuit suivante. Il y en a qui renferment le corps d'un parent ou d'un ami dans un petit édifice de pierre au dedans de leur maison; d'autres l'enterrent loin de leur habitation, et ils environnent la sépulture d'un mur de pierre. Ils mettent auprès du cadavre diverses sortes d'aliments, dans la persuasion que l'âme du défunt les suce et s'en nourrit.

On enduit le corps du tamol ou chef, d'eyong et d'huile de coco; ensuite on l'enveloppe de bandelettes fines que l'on serre étroitement; puis on l'enterre dans une fosse. A Radak, on enterre tous les morts.

ÉTAT DE L'AME APRÈS LA MORT.

Ils croient qu'il y a un lieu où les gens de bien sont récompensés, et un autre où les méchants sont punis : ils disent que les âmes qui vont au ciel retournent le quatrième jour sur la terre, et demeurent invisibles au milieu de leurs parents. Il y a parmi eux des prêtresses qui prétendent avoir des communications régulières avec les âmes des morts. Ce sont ces prêtresses qui, de leur propre autorité, déclarent s'ils sont allés au ciel ou en enfer. On honore les premiers comme des esprits bienfaisants à qui on donne le nom de *tahutup*, c'est-à-dire, patron. Chaque famille a son *tahutup*, auquel on s'adresse dans le besoin : s'ils sont malades, s'ils entreprennent un voyage, s'ils vont à la pêche, s'ils travaillent à la culture des terres, ils invoquent leur *tahutup*; ils lui font des présents qu'ils suspendent dans la maison de leurs *tamols* ou chefs, soit par intérêt, pour obtenir une grâce, soit par reconnaissance d'une faveur reçue.

RELIGION DES HABITANTS DE GOUAP.

Dans l'île de Gouap on rend une espèce de culte à un crocodile. Quelques Carolins font des enchantements avec des nœuds de feuilles de palmier : ils comptent ces nœuds, et leur nombre, pair ou impair, décide du bon ou du mauvais succès d'une entreprise, telle qu'une navigation lointaine, etc. D'autres habitants de l'archipel adorent le requin.

Si nous possédions la signification des noms propres qui entrent dans ces traditions, peut-être pourrait-on expliquer le sens des fables religieuses des Carolins ; mais le P. Cantova, missionnaire espagnol, et les autres voyageurs anciens, les ont malheureusement négligés.

Voici une des prières des Carolins pour chasser les tempêtes, telle que M. J. Arago nous l'a transmise :

Léga chédégas, léga cheldi léga, chédégas léga chédégas.
Léga cheldi léga chédégas, léga chédégas mottou.
Oguéren quenni chéri pei ; oguéren quenni chéri péré pei.

Nous n'avons pu en trouver la signification.

RELIGION D'UALAN.

Sitel-Nazuenziap est la divinité des Ualanais. C'était un homme de la tribu des Pennemé (ou peut-être bien cette tribu descend de lui). Il avait deux femmes, Kajoua-Sin-Liaga et Kajoua-Sin-Nionfou, et quatre enfants, Rin, Aouriéri, Naitoaïolen et Seouapin.

Sitel-Nazuenziap n'a ni temples, ni moraïs, ni idoles. Dans chaque maison on dispose un endroit particulier dans lequel une baguette longue de quatre à cinq pieds, pointue par un bout et cannelée par l'autre, représente leur pénate, auquel on n'accorde qu'une médiocre offrande, des branches et des feuilles de la plante du séka. La trompette marine, qui est aussi déposée là comme sa propriété, pourrait faire supposer que c'était un guerrier ; car le son de cette conque est le signal de la guerre dans toutes les îles de la mer du Sud.

A sa mort, la guerre ayant cessé entièrement, cet instrument ne sert plus que dans les cérémonies relatives à la religion. A travers le ruisseau devant lequel est situé le village de Lual, Lütke vit un fil tendu attaché sur chaque bord à un arbre et garni de petites fleurs rouges : c'était aussi un modeste hommage adressé à Sitel-Nazuenziap. La boisson de séka fait indubitablement partie de leurs rites religieux ; car ils ont une telle vénération pour la plante même, qu'il leur était désagréable de la voir toucher par les officiers du *Séniavine* quand ils la rencontraient dans les plantations ; elle est comme une oblation en l'honneur de Nazuenziap, et la prière qu'ils récitent en cette occasion, et toujours avec respect, est vraisemblablement la formule de l'offrande ; la voici :

Talaelem séka mai....Sitel-Nazuenziap (Pennemé).
Rin-séka.
Naitouolen-séka.   (Pennemé.)
Seouapin-séka.
Chiéchou-séka. (Ton.)
Mananziaoua-séka. (Lichenghé.)
Kajoua-sin-Liaga-séka.
Kajoua-sin-Nionfou-séka. (Pennemé.)
Olpat-séka.
Togoja-séka.

Mai se dit d'un ton chantant, très-allongé, *Nionfou* se prononce du nez.

Toute cette prière, à l'exception des trois premiers mots, dont j'ignore le véritable sens, se compose de noms propres, avec l'addition du nom de la plante du séka. Parmi ces noms se trouvent ceux des femmes et des trois fils de Sitel-Nazuenziap, et à la suite, celui de l'urosse actuel Togoja. Chacun de ces personnages est regardé comme appartenant à l'une des trois tribus dans lesquelles la nation est divisée, ainsi que nous l'avons déjà dit.

Voici ce que Lütke nous apprend d'une cérémonie qui eut lieu dans la maison à manger de Sipé : « L'homme qui y jouait le rôle principal était assis, les jambes repliées sous lui, sur le dos du baquet dans lequel ils apportent l'eau quand ils boivent le séka. Il avait au cou un collier de rameaux de jeune cocotier, et tenait dans ses mains la baguette représentant Sitel-Nazuenziap, qu'il pressait continuellement contre ses genoux. Ses yeux étaient troubles, il tournait la tête à chaque instant ; tantôt il sifflait d'une manière étrange, tantôt il avait le hoquet, et quelquefois il râlait et crachait comme ils font lorsqu'ils boivent le séka; il prononçait des mots entrecoupés et inarticulés, parmi lesquels on entendait quelquefois urosse Litské (c'est ainsi qu'ils m'appelaient généralement). Le tout semblait être une imitation d'un homme ivre de séka, et je crus pendant un temps qu'il était effectivement dans cet état; il avait devant lui la corne de Triton. On chauffait, en attendant, les pierres sur le foyer; tout se préparait pour la cuisson des fruits à pain, mais dans le calme et le silence convenables dans les occasions solennelles. Lorsque toutes ces grimaces se furent assez longtemps prolongées, Sipé prit la corne et la présenta respectueusement à l'officiant qui, après en avoir sonné un peu, la lui rendit, se leva bientôt après et s'enfuit de la maison par la porte de côté, en posant un pied, en passant, sur le foyer allumé. On nous dit qu'il avait été chez Togoja pour répéter la même comédie. Il courait dans la rue en agitant la baguette de tous côtés, et tout ce qui se trouvait sur son chemin se dispersait à toutes jambes. Au bout d'une demi-heure ou environ, il revint portant la baguette comme un fusil dans la charge à la baïonnette, entra dans la maison par la porte de côté, en se baissant et comme à la dérobée, et après avoir remis la baguette à sa place, vint s'asseoir parmi nous en parfaite santé et comme si rien ne s'était passé. Malgré les explications de Sipé et des autres, nous ne pûmes comprendre ce que signifiait précisément cette cérémonie. Peut-être que la représentation d'un homme en proie aux souffrances que peut occasionner l'usage immodéré du séka a été établie dans le but moral de porter le peuple à s'abstenir de ce vice, et cela est d'autant plus vraisemblable que, pendant tout le temps de notre séjour, nous ne vîmes pas un seul homme enivré de séka. Ce prêtre de la tribu de Lichenghé, et l'un de nos assidus visiteurs dans notre tente, me raconta, par la suite, qu'il était seyalik de Sitel-Na-zuenziap, me fit un long récit des pirogues venant de la mer, etc., etc.; mais ce récit, ainsi que bien d'autres, fut perdu pour nous. Il semblerait qu'ils ont quelques idées sur l'état de l'homme après la mort : ils revêtent leurs morts de tous leurs plus beaux ornements, enveloppent le corps de tissus, posent ensemble les mains sur le bas-ventre, et les enfouissent dans la terre. Je vis une tombe récente dans le village de Ouégat; elle était à côté de la maison d'un parent du défunt, et se faisait remarquer par deux bananiers entiers posés tout le long; en parlant à ce sujet, ils montraient souvent le ciel. »

Indubitablement ces insulaires professent le dogme d'une autre vie; les soins qu'ils apportent à leurs sépultures prouvent qu'ils ont cette croyance consolatrice. Les urosses, ces demi-dieux de Ualan, sont enterrés dans un lieu consacré, où les insulaires ont mis toute la puissance de leur savoir-faire, par l'élévation des murailles qui les enclosent.

Les sépultures du peuple, moins recherchées, ont quelque chose de bien touchant dans leur sauvage simplicité. C'est ordinairement au milieu des cultures de cannes à sucre que se trouve l'asile des morts; et comme les plantations existent dans la plaine comme sur le revers des montagnes, il en résulte un effet qui annonce, de la part des naturels, un sentiment réfléchi sur l'influence morale des tombeaux. Lorsque nous longions les côtes de l'île avec la corvette, dit un voyageur distingué, nos regards s'arrêtèrent fréquemment sur des toits de chaume, dont nous ignorions l'usage, qui s'élèvent du sein d'une fraîche verdure, non loin de la cime des montagnes. Le plus souvent, en effet, la sépulture d'un pauvre sauvage se trouve abritée par l'arbre à pain qui l'a nourri, au milieu des tiges de la canne à sucre, près d'un ruisseau dont les ondes fugitives coulent du sommet de la montagne, en traversant des bosquets touffus d'orangers, d'ixoras, où le liseron flexible étale ses larges corolles pur-

purines.... Chaque tombeau est proprement recouvert d'une petite cabane dont les parois latérales sont à jour. Très-souvent on rencontre de petits villages aujourd'hui habités par des morts, car les naturels d'un même endroit se plaisent à réunir leurs proches dans le même espace de terre. Des treilles recouvrent le sol de la cabane; quelques nattes y sont jetées, sans doute pour que le fils puisse venir y consulter les cendres de ses pères; et on retrouve encore, sous quelques-uns de ces toits simples, mais élevés avec soin, les instruments dont se servait probablement le défunt sur la terre, une hache pour l'homme, et le métier à étoffe pour la mère de la famille. Chez les sauvages les plus bruts, ceux de l'Australie, par exemple, les tombeaux sont respectés; il n'y a que l'homme civilisé qui ait dérogé à ce principe sacré.

Nous avons dit que, dans quelques-unes des îles Carolines occidentales et centrales, il y a des maisons où on adore la Divinité; mais l'expédition de Kotzebüe n'en a pas vu à Radak (Carolines orientales). Là est un temple qu'on ouvre tous les cinq mois; on y reste un mois, et à la fin on y brûle des poissons et des fruits en l'honneur du dieu. Personne ne peut venir au temple hors le temps fixé pour y entrer, car ce serait interrompre le repos du dieu. On ne lui donne aucune figure. Choris ayant un jour demandé à Kadou le nom de ce dieu, il eut l'air d'un homme saisi d'un transport : il tremblait de crainte et de respect; il regarda autour de lui, se boucha les oreilles, et s'écria : « Ah! ah! ce que nous ne voyons ni n'entendons se nomme *Tautup*. » Puis il lui montra le ciel comme le lieu où l'être suprême habitait.

Le mot de *tabou*, usité dans la plupart des îles du grand Océan, est remplacé à Ouléa par celui de *tapou*, qui lui ressemble beaucoup; à Radak, par *émo*; et nous avons entendu un Carolin de Gouap parler du tabou sous le nom de *matemat*.

DE LA LANGUE DES HABITANTS DE L'ARCHIPEL DES CAROLINES.

Le dialecte d'Ualan est le plus doux de tous les dialectes de l'archipel des Carolines; aucune autre langue ne renferme, selon Lütke, à qui nous empruntons les principaux détails de ce chapitre, autant de sons différents. Elle a, dit-il, l'*bl* russe pur, comme dans *taluk*, petit enfant; le *io* et *iou* russes; l'*l* dure, le *b* (*jernou*); l'*an* français et le plus pur, comme, par exemple, dans *ran*, couleur jaune; l'*u* français, *ute*; l'*ai* français ou l'*ä* allemand; l'*ão* portugais, comme *fouâon*, nez; le *w* et l'*ou* anglais; l'*h* douce des Latins et l'*x* dure des Russes. La réunion des consonnes se rencontre très-rarement dans la langue de ce peuple, et ce n'était qu'avec difficulté qu'ils pouvaient prononcer les mots russes dans lesquels se trouvait une pareille réunion. Ils ont cependant la réunion de consonnes la plus étrange de toutes : le *prz* polonais dans le mot *przoche*, de mauvais goût, ainsi que le *ng*, qui est si difficile à prononcer au commencement d'un mot, comme *nga*, moi, je. Ils prononçaient difficilement le *v* final et le changeaient ordinairement en *z*; mais ce sont là des exceptions; en général, ils prononçaient les mots russes avec plus de netteté que ne pourrait certainement le faire aucun étranger, vivant même en Russie. Ils ne pouvaient prononcer le *tch* et le *tz* : ils changeaient le premier en *t*, et le second en *s*. Leur *f* est un son qu'ils forment en plaçant les lèvres comme on le fait ordinairement pour souffler, et non comme nous, en appuyant les dents supérieures à la lèvre inférieure. Le *ch* tient le milieu entre notre *ç* et le *ch*. Ils ont beaucoup plus de sons nasillards que dans la langue française. Quelques-uns sont fort difficiles à prononcer; par exemple : *mincia*, mort. Dans ce mot, *in* se prononce du nez; mais l'*i* conserve le son primitif sans se changer en *e*, comme dans le français. L'accent se place indifféremment sur toutes les syllabes, mais plus souvent sur la dernière que sur les autres.

Cette langue paraît être assez riche; du moins chaque objet paraît avoir son nom particulier. Elle a des déclinaisons et des conjugaisons : *kouof*, qui signifie mer, fait *kouofo* au vocatif; le soleil est allé dans la mer, *fouon kouofo*; sorti de la mer, *out une kouof*. A la maison à Lual : *funmezo Lualo*. La particule *me*, à la fin du mot, signifie *de* : d'Ualan, *Ualanme*; de Lella, *Lellaemme*; de la maison; *funmezame*. Aller, *fouaj*; il va, *fouajot*. Le pluriel est marqué quelquefois par la particule *ze*, et d'autres fois par la particule *na*; par exemple : étoile, *ittu*, pluriel *ittuze*; fourmi, *maak*, pluriel *maakze*: *mogoul*, *matain*, *talyk*, au pluriel *mogoulna*, *matainna*, *talykna*.

La langue de Lougounor est déjà beaucoup plus dure et beaucoup plus difficile à prononcer que celle d'Ualan, quoiqu'il ne s'y rencontre que rarement une réunion de consonnes. En prononçant les noms des officiers et des savants composant l'expédition russe, les Lougounoriens plaçaient ordinairement une voyelle entre deux consonnes : *Liteké* ou *Licheké*, au lieu de *Litké*; *Mertenes*, *Potelis*, au lieu de *Mertens*, *Postels*. La langue de Pouïnipet est la plus rude et la plus désagréable de l'archipel. Tous ces idiomes ont de la ressemblance entre eux; mais de Lougounor jusqu'à Oulévi, on parle une même langue radicale, quoique avec des modifications considérables, surtout à cause de la différence de prononciation. Floyd, que l'expédition du *Séniavine* avait trouvé à Mourileu, et qui parlait couramment la langue de ce groupe, pouvait, en quelque sorte, converser avec les Ouléaïens; mais il ne comprenait rien à la langue des habitants d'Oulévi, et il prétendait que les habitants eux-mêmes des groupes voisins, par exemple de Mourileu et de Sataoual, ne se comprennent pas d'abord entre eux.

Les Carolins, et surtout ceux de Lougounor, ont encore le *rr* qui est fort difficile à prononcer, ainsi que le *th* des Grecs et des Anglais. Dans les groupes du nord, l'*r* se prononce à la fin des mots comme *rch*; exemple : Picerar*ch* : on l'entend à peine au milieu. A Oulévi ce son se rapproche du *t* pur. C'est ce qui explique la diversité d'orthographe dans tant de mots; par exemple : Lammourek, Namouttek, Lamoursek; Rooua, Sooua, Tooua; Roug, Toug, Soug; Lougoullos au lieu de Lougounor; Pizaras au lieu de Picerarch. On confond dans tous les groupes les lettres *l* et *n*, ainsi que l'*s* et le *t*. A Lougounor on dit quelquefois *tamol*, et dans les îles de l'ouest on prononce presque toujours *samol*.

ASTRONOMIE.

La rose de compas ou la rose des vents lougounorienne diffère, tant par le nombre que par les noms des rhumbs de vent, de celle d'Ouléaï, communiquée par M. L. de Torrès à M. de Chamisso et au capitaine de Freycinet. Peut-être emploie-t-on dans différents lieux des roses différentes; peut-être ne se sert-on pas toujours de la même rose dans un même lieu, et c'est d'autant plus vraisemblable, que dans nos questions à Ouléaï et dans les groupes voisins, sur la position des terres, on les indiqua toujours aux officiers du *Séniavine* d'après la rose lougounorienne. Celle d'Ouléaï est remarquable en ce que ses quatre points cardinaux rappellent les quatre principaux vents à Ualan.

A Ouléaï, le nord est nommé *panghi* ou *épanghi*; le sud, *iorou*; l'est, *kotu*; l'ouest, *loto*. A Ualan, les quatre points cardinaux portent le nom d'*epan*, *eïr*, *kotolap*, *rotto*.

On trouve aussi dans le voyage de *l'Uranie*, par M. le capitaine de Freycinet, Historique, tom. II, p. 105, et dans le voyage du *Rurik*, par M. de Kotzebüe, t. III, p. 117, les noms de quelques étoiles et de plusieurs constellations dans le dialecte d'Ouléaï ou de Sataoual. Quelques-uns de ces noms sont semblables aux nôtres; d'autres sont différents. On en voit aussi parmi eux quelques-uns qu'on rencontre dans la rose européenne, mais qui ne sont point compris dans notre liste d'étoiles, par exemple :

Oule-ga ou Oulea........	La grande Ourse.
Charopol ou Sarapoul...	Le Corbeau.
Meul.................	La Lyre.
Toumour.............	Antarès, et aussi l'Épi de la Vierge.
Toatoub, peut-être la même que Tanoup ou Matamotgo....	La Croix australe.

ÉTATS ET PUISSANCE DES CHEFS.

Les îles Carolines se divisent en un certain nombre de districts, dont chacun renferme quelques groupes qui obéissent et payent un tribut à un ou deux principaux tamols. En donnant à ces derniers le nom de rois, quelques voyageurs ont communiqué sur leur puissance des idées qui ne sont point conformes à la vérité. Leur pouvoir est très-restreint, et se borne à la levée d'un impôt fort modéré, parce que la guerre est inconnue aux habitants des îles basses. Le principal de ces chefs, celui du groupe d'Ouléaï, n'est pas du tout un personnage aussi important que le savant docteur M. de Chamisso l'a dépeint dans ses mémoires. Lors de l'expédition du *Séniavine*, les principaux chefs étaient les suivants, si on s'en rapporte à la liste que les indigènes donnèrent au capitaine Lütke.

Rooua était chef des groupes Ouléaï, Élato, Namourrek, Lamoliaour (oriental), Sataoual (occidental), Olimirao, Éourypyg; Kafalu, des groupes Ifalouk et Farroïlap; Raoutoumour, des îles Sooug, Poulouot, Tametam, Onooun; Timaï et Facyg, de l'île Feis; Tasso et Thyg (le *th* se prononce comme en anglais), du groupe Oulévi; Patatou, de l'île Yap; Maréno, de l'île Roug; Ouolap, des îles Picerarch et Louazap; Sorry, de l'île Fananou et du groupe Mourileu; Selen, des îles Mortlok.

On voit par là que ces rois commandent à d'assez petits territoires. Leurs domaines sont entremêlés d'une étrange manière. La domination de Roua s'étendait aux groupes les plus éloignés d'Ouléaï, tandis que Farroïlap et Ifalouk, qui en sont les plus proches, appartiennent à un autre. L'île de Namouï, qui fait partie du même groupe que Fananou, ne reconnaissait pas le pouvoir de Sorry, tandis que Mourileu, qui est un groupe détaché, lui obéissait. Les îles d'Onooun et de Picerarch, situées dans un même groupe, appartenaient à des chefs différents.

Les récits que Floyd fit à Lütke et à Mertens étaient entièrement conformes à ceux de Kadou, sur les querelles continuelles, mais courtes, que les habitants des hautes îles ont entre eux, sur la sûreté des étrangers, sur la paix qui règne dans les îles basses, etc. C'est vraisemblablement à cause de cette différence dans l'état politique, que les chefs des hautes îles, qui sont les plus riches, et par conséquent les plus forts, n'ont pas encore songé à soumettre les îles basses : ils sont assez occupés chez eux.

ILES BROWN.

Avant de passer au groupe de Ralik, je dois mentionner les îles Brown (*Brown's range*).

Ces îles sont au nombre d'une trentaine, liées l'une à l'autre par un récif de corail. Elles composent un groupe d'une forme ronde de 75 milles de tour, et dont l'intérieur est occupé par une lagune. Ces îlots sont couverts d'une épaisse verdure; mais on n'y trouve ni l'arbre à pain, ni le cocotier; c'est pourquoi ils doivent être inhabités. Les îlots Parry et Arthur en sont les plus grands. Position 11° 30' latitude nord, 160° 54' longitude est (milieu). Le groupe Brown a été découvert par le capitaine anglais Buttler en 1794, et reconnu par le capitaine Lütke en 1828; mais il est resté à peu près inconnu. Un capitaine américain m'a appris qu'il existe, dans la mer qui baigne ce petit archipel, un poisson sans queue, appelé *lune* (ou *mole*), la plus difforme de toutes les créatures, mais qui fournit une nourriture aussi saine qu'agréable au goût.

Je joindrai au groupe Brown les îles de la Providence ou d'Arrecife et quelques autres îles douteuses.

GROUPE DE RALIK.

Ce vaste groupe se compose des

îles Wadelen, des îles Namou et des îles Odia. Nous y comprendrons encore les îles Dauphin ou Pescadores, Eschsholtz, probablement l'île Udia-Milaï des naturels de Radak, l'île Bigini, Radogala, Lileb, Tebot, Telut, Kili, vraisemblablement les îles Bonham de *l'Élisabeth*, explorées par Duperrey; les îles Namourik, identiques peut-être avec les îles Baring; Hunter, peut-être l'Ibon de Kotzebüe; les îles Boston au nombre de quatorze; l'île Princesse, l'île Océan, et peut-être quelques autres de peu d'importance.

Les îles Wadelen furent découvertes en 1792, par le capitaine Bond, du *Royal-Admiral*, qui les nomma *Musquito-Croup*; revues par le capitaine Dennat, en 1797, qui les nomma *Iles Ross*; enfin par le capitaine russe Chromtschenko, en 1832. Celui-ci constata que ce groupe occupe une étendue de soixante-quatre milles de l'ouest-nord à l'est-sud-est, sur dix milles de large, et qu'il contient quarante-quatre îlots grands ou petits. Position: latitude nord 9°19'; longitude est 164° 36' (pointe nord-ouest).

L'île Namou, découverte, en 1792, par le capitaine Bond, revue, en 1832, par Chromtschenko, qui a vu que c'était un groupe de trente milles d'étendue du nord-nord-ouest au sud-sud-est, et de douze de large, renfermant cinq îles un peu grandes et vingt petites, toutes unies par un même récif. Position : 7°45' latitude nord, 166°3' longitude est (îles du Sud).

L'île Odia, sans doute l'île Lambert de Dennat, découverte en 1797, indiquée à Kotzebüe par les naturels de Radak. Cette île, qui doit former un groupe bien peuplé, a besoin d'une nouvelle exploration, et doit être située environ par 7°0' latitude nord et 166°30' longitude est. Le groupe Odia, avec les deux précédents, Wadelen et Namou, doit former la chaîne des îles Ralik annoncées à Kotzebüe par les insulaires de Radak.

D'après Kadou, le groupe de Ralik, dont nous parlerons dans le chapitre suivant, serait semblable à celui de Radak, pour l'aspect du sol, la langue des habitants et leurs habitudes générales; avec cette différence que le peuple y est plus heureux et mieux nourri, et que les naturels portent de plus grands ornements aux oreilles. Quand ces deux groupes sont en guerre, celui de Ralik peut armer jusqu'à cinquante pirogues. La paix avait été conclue entre les deux nations, quelque temps avant le passage de Kotzebüe, qui eut lieu en 1816.

GROUPE DE MARSHALL OU RADAK.

Ce groupe est parallèle à celui que nous venons de décrire, il comprend les atollons suivants :

Bigar, qui n'a pas d'habitants.

Udirik et Tagaï (Koutousoff et Souvaroff), dont les habitants sont noirs, et semblent appartenir à la race papoua.

Viennent ensuite Ligiep, Irigup, Kawen ou Araktschejeff ou Saltikoff, un des plus peuplés, Otdia ou Romanzoff, Arno, Mediuro, et Millé, soumis à un chef indépendant. Aïlu, le plus pauvre et le plus important de la chaîne qui forme ce groupe, est la résidence de Lamouri, *tamon* ou roi de tous ces atollons. On y trouve en outre les îles Miadi (Nouvel-An de Kotzebüe), l'île de Noël (*Ostrov-Rojestva-Christova* de Kotzebüe), Temo, et peut-être quelques autres.

Le groupe d'Otdia fut aperçu pour la première fois en 1788, par les capitaines Gilbert et Marshall, qui nommèrent ces îles *Chatam*. Presque oubliées depuis cette époque, elles furent explorées avec soin, en 1817, par Otto de Kotzebüe, fils du célèbre dramaturge de ce nom, qui les nomma *Iles Romanzoff*; mais il eut soin d'avertir que les naturels du pays les nomment *Otdia*, du nom de l'île principale du groupe. Nous conserverons le nom indigène, selon notre usage. Il a trente milles d'étendue de l'est à l'ouest, sur treize de largeur; il contient soixante-cinq îlots bas et boisés, dont le plus grand n'a que deux ou trois milles d'étendue, et se prolonge du 9° 21' latit. nord au 9° 34', et du 167° 28' longitude est au 167° 58'.

Le petit groupe des îlots Mulgrave qu'on trouve au sud des îles Radak, doit être compris dans ces dernières. Il est situé entre 5° 50' et 6° 20' latit. nord d'une part, et de l'autre entre 169° 28' et 170° 14' longit. est. Selon Paulding, ses habitants sont doux, bons, confiants et polygames.

Quelques voyageurs placent à l'est de ces îles San-Pedro et l'île Basker : elles nous paraissent au moins douteuses.

DESCRIPTION, MŒURS ET COUTUMES DU GROUPE DE RADAK, ET PARTICULIÈREMENT DES ILES DU NOUVEL-AN ET DE NOEL.

Les chefs jouissent d'un grand pouvoir à Radak, comme dans toute la Polynésie. Bien qu'aucune marque particulière de respect ne leur soit accordée, ils jouissent toutefois d'un privilége arbitraire sur les propriétés. « Nous-mêmes, dit Chamisso, nous vîmes souvent des chefs, auxquels nous avions fait des présents, les cacher aux regards des plus puissants. Ils semblent reconnaître entre eux plusieurs degrés de hiérarchie qu'ils ne sauraient définir. Rarik était l'homme le plus considérable d'Otdia; son père, Saur-Aur, peut-être le véritable chef du groupe, résidait à Aur. Rarik et son fils, jeune garçon d'environ dix ans, portaient autour du cou des bandelettes de *pandanus*, munies de nœuds, et cet ornement est une sorte de privilége. Dans les maisons des chefs on trouve souvent de pareilles bandelettes, qui semblent être des objets consacrés, ainsi que des têtes de poisson desséchées, des cocos verts, et certaines pierres qu'on y remarque aussi. Le droit d'hérédité ne se transmet point directement du père au fils, mais bien du frère aîné aux cadets, jusqu'à ce que tous les frères soient morts; puis le fils aîné du frère est aussi appelé à l'héritage; les femmes en sont exclues. Quand un chef s'approche d'une île, de sa pirogue on fait un signal, et à l'instant même on s'empresse de satisfaire à tous ses besoins. Ce signal est donné par des cris que pousse un homme placé en avant de la pirogue, en même temps qu'il lève en l'air son bras droit. Quand des officiers russes naviguaient dans des pirogues, ils employaient fréquemment ce signal pour faire comprendre leurs demandes et leurs besoins. Du reste, les chefs se distinguaient, au premier abord, des autres naturels par des manières plus libres et plus nobles.

« Quand les princes réunissent leurs sujets pour la guerre, le chef de chaque groupe va rejoindre l'armée avec ses pirogues. Ils tâchent de surprendre l'ennemi avec des forces supérieures; mais ils ne combattent jamais qu'à terre. Les femmes prennent part au combat, non-seulement dans le cas de défense, mais même dans les attaques; seulement les hommes se placent sur la première ligne, armés de frondes, de lances et de bâtons (voy. *pl.* 108). Les femmes, placées sur le second rang, sont occupées, les unes à battre le tambour suivant le commandement du chef, les autres à lancer des pierres. Après le combat, elles servent de médiatrices entre les deux partis. Les femmes devenues prisonnières sont bien traitées; mais on ne fait point les hommes prisonniers. Tout guerrier adopte le nom de l'ennemi qu'il a tué dans le combat. Quand une île est conquise, tous ses fruits sont pillés, mais on respecte les arbres.

« Le mariage est fondé sur un libre consentement des deux parties; il peut se dissoudre comme il a été contracté. Un homme peut avoir plusieurs femmes. La femme est la compagne de l'homme; elle semble lui obéir volontairement et sans contrainte, comme au chef de la famille. Dans les excursions, l'homme marche en avant comme le protecteur; la femme le suit. Quand on discute une affaire, les hommes parlent en premier; les femmes, si on les consulte, prennent part à la délibération, et on prête attention à leurs discours. Les femmes non mariées jouissent de leur liberté, tout en observant un certain décorum. La jeune fille exige que son amant lui fasse des cadeaux; mais les relations intimes des deux sexes restent toujours enveloppées d'un certain mystère. »

Chamisso remarqua que le salut par

le frottement des nez, usité dans toute la Polynésie, ne se pratiquait, dans les groupes des Carolines, qu'entre hommes et femmes, et seulement lorsqu'aucun étranger ne pouvait être témoin de ce gage d'affection mystérieuse.

«Entre deux amis intimes, dit le savant voyageur que nous avons cité, les droits de l'amitié obligent l'un d'eux à céder, au besoin, sa femme à l'autre. Mais une coutume barbare, et qu'on regrette d'avoir à signaler chez des peuples de mœurs aussi douces, c'est celle qui oblige chaque mère à ne pas nourrir plus de trois enfants; elle est forcée d'enterrer vivants ceux qui dépassent ce nombre. Les seules familles des chefs ne sont point assujetties à cette loi cruelle, que Kadou justifia en alléguant la stérilité des terres et la disette des vivres. »

Les enfants naturels sont élevés de la même manière que les enfants légitimes. Quand ils sont en état de marcher, le père les prend avec lui. Si aucun homme ne reconnaît l'enfant, c'est la mère qui le garde, et, quand la mère meurt, une autre femme en prend soin.

Les corps des défunts sont liés avec des cordes dans la posture d'hommes assis. Les chefs sont enterrés sur les îles, dans des enceintes carrées, entourées d'un mur de pierre et ombragées de palmiers. Les cadavres des hommes du peuple sont jetés à la mer. Suivant le rang, les corps des ennemis tués dans le combat sont traités de la même manière. Un bâton enfoncé en terre, et marqué d'incisions annulaires, indique la tombe des enfants auxquels la loi indigène n'a pas permis de vivre.

C'est la mer qui leur procure des bois de construction pour leurs canots, en jetant sur les récifs qui bordent leurs îles des troncs de sapin qui viennent du nord, des troncs de palmier et de bambou qui viennent des plages de la zone torride, et même des débris de vaisseaux européens naufragés, dans lesquels ils trouvent le fer qui leur manque absolument. Ils n'ont d'autres instruments pour fabriquer leurs canots que ceux qu'ils se font avec de vieux morceaux de fer.

Le 1er janvier vieux style (13 nouveau style) 1817, au soir, Kotzebüe eut connaissance d'une terre, dont il détermina la position à 10° 5' de latitude nord, et 190° 20' à l'ouest du méridien de Paris. Comme il était assez tard quand il s'en approcha, il tint le large pendant la nuit. L'île lui parut petite, longue au plus de deux milles marins, large d'un et demi, basse et boisée. Les cocotiers s'élevaient au-dessus des autres arbres, et on remarquait qu'il n'y en avait pas un qui fût vieux (voy. pl. 109).

Le 21 janvier (v. s.), 2 février (n. s.), s'étant approchés de l'île de bonne heure, les Russes aperçurent de la fumée, ce qui leur prouva que cette terre était habitée. Effectivement, quelques instants après, ils virent venir à eux plusieurs pirogues à la rame, chacune montée par quatre ou cinq hommes. Ils les accostèrent sans montrer la moindre crainte, et, leur faisant des gestes d'amitié, ils montrèrent des cocos et des fruits de vaquois, ainsi que des écales de cocos pleines d'eau douce. On leur jeta des cordes; ils y attachèrent leurs marchandises et les offrirent. On leur donna des grains de verroterie et du fer. Ils eurent l'air de ne faire aucun cas des verroteries, et témoignèrent au contraire beaucoup d'empressement pour le fer. On obtint d'eux plusieurs parures en coquillages et autres ornements (voy. pl. 110) qui étaient très-artistement façonnés, quelques lances faites d'un mauvais bois, les unes pourvues, au-dessous de la pointe, de crochets retournés en arrière, et d'autres garnies de dents de requin. Les Russes leur donnèrent une arme qui ressemblait à un sabre, et qui, du côté tranchant, était munie de dents de requin, ainsi qu'un beau coquillage du genre *murex*, qui avait servi de trompette.

« Quand nous allâmes à terre, dit Choris, toutes les pirogues qui nous avaient accostés reprirent avec nous le chemin de l'île; d'autres vinrent à notre rencontre. Les insulaires se rassemblèrent sur le rivage au nombre d'une centaine, tant hommes qu'enfants. Nous apercevions les femmes cachées dans les buissons.

« Un banc de corail, partant de la côte, s'étendait à une centaine de brasses en mer : il était couvert de deux pieds d'eau tout au plus, et à son extrémité, au large, nous avions peine à trouver fond avec une ligne de quarante brasses. La mer brisait sur cet écueil avec tant de force, que nous ne pûmes essayer d'y aborder avec nos canots.

« Autant les insulaires avaient montré de dispositions amicales et de bonne foi, en trafiquant à notre bord, autant ils devinrent perfides et insolents quand ils virent que dans nos deux canots nous étions quinze au plus, et que leur nombre était du double plus considérable. Ils nous vendirent des écales de cocos remplies d'eau de mer au lieu de l'être d'eau douce, et ils voulurent nous arracher par force les fruits de vaquois que nous leur avions déjà payés ; d'autres saisirent nos canots pour enlever le fer dont ils étaient garnis. Alors nous fîmes tous nos efforts pour nous éloigner, et le vent ayant un peu fraîchi, nous fûmes bientôt au large.

« Nous nommâmes ces îles *Ostrov Novaho Goda* (Iles du Nouvel An). Nous apprîmes par la suite que les insulaires les appelaient Miadi. Le 23, vers midi, nous vîmes la terre ; elle était composée de plusieurs petites îles couvertes d'arbres ; une seule offrait de vieux cocotiers ; quelques-unes s'élevaient à peine au-dessus de la surface de la mer, et consistaient en une plage sablonneuse d'une blancheur éblouissante. Le sol de toutes n'était pas à plus de cinq ou six pieds au-dessus de la mer et ne présentait que du sable. Le 24, nous étant approchés très-près de terre, nous reconnûmes que toutes ces îles, dont le nombre se montait environ à soixante, n'étaient éloignées l'une de l'autre que d'un huitième ou d'un quart de mille au plus ; quelques-unes même n'étaient séparées que par un espace large à peine de cent brasses, et de l'une à l'autre s'étendait un récif que sa couleur rouge faisait distinguer en différents endroits à la superficie de l'eau, et sur lequel la mer brisait. Ainsi ces îles formaient réellement un anneau. Nous avons tâché de trouver un passage dans le récif, afin de pénétrer dans son intérieur, où l'eau, abritée par la ceinture des rochers, était parfaitement tranquille, et formait un bassin qui avait quinze à seize milles de longueur. Bientôt nous avons aperçu, à notre grande joie, sous le vent du récif, trois passes, qui pouvaient avoir à peu près cent cinquante brasses de largeur. Nos canots ayant sondé la profondeur de ces passes trouvèrent dix-neuf, vingt-deux et même vingt-six brasses d'eau dans celle qui était la plus proche. En dehors, tout auprès, on ne trouvait pas fond à cent brasses ; dans l'intérieur on y atteignait à vingt-huit. La profondeur de l'eau était très-variable sur le récif formé de corail rouge : elle différait de deux brasses et demie à six brasses. Le 24 décembre, nous sommes entrés heureusement à l'aide du flux. Partout nous avons trouvé vingt-cinq à vingt-huit brasses, fond de madrépores et de bancs nombreux de corail, que l'on distinguait de loin, parce que la mer paraissait blanche au-dessus. Nous nous sommes rapprochés d'une petite île au nord-nord-ouest du groupe, et ayant trouvé dix brasses de profondeur sur un assez bon fond de sable, nous avons laissé tomber l'ancre. Bientôt nous avons vu trois hommes marcher sur la plage sablonneuse d'une île peu éloignée de nous.

«Nous avons débarqué sur l'île la plus voisine, que nous avons nommée *Ostrov-Rojestva-Christova* (île de Noël). Le rivage était composé de sable formé de débris de corail et de madrépores ; on voyait partout des cocotiers et des vaquois. L'île avait à peine un demi-mille marin de long ; la végétation y était visiblement plus vigoureuse dans la partie sous le vent que dans celle qui lui était opposée, où les plantes étaient flétries et basses.

« Une grande pirogue, qui portait une immense voile triangulaire, ne tarda pas à s'avancer vers notre vais-

38ᵉ *Livraison.* (OCÉANIE.) T. II.

séau. Tout le monde retourna aussitôt à bord, et nous attendîmes impatiemment la visite des insulaires ; mais ils amenèrent leur voile, et restèrent en place à deux portées de fusil de distance. Ils nous montrèrent cependant des cocos et des fruits de vaquois, en criant souvent le mot *aïdara*. Nous apprîmes par la suite qu'il signifiait ami. Nous les appelâmes ; mais ils ne voulurent pas s'approcher. On leur envoya un petit canot qui fit des échanges avec eux. Ils ne prenaient pas volontiers les grains de verroterie ; au contraire, ils échangeaient avec plaisir leurs fruits contre du fer. Le trafic terminé, ils s'en allèrent.

« Le 28, la même pirogue sortit ; mais tous nos efforts pour l'engager à nous accoster furent inutiles. Notre canot, dans lequel se trouvaient notre lieutenant, M. Schischmareff et M. de Chamisso, naturaliste, alla vers l'île d'où elle était venue. Les insulaires de la pirogue descendirent à terre ; nos gens y débarquèrent, et ils ne trouvèrent sur le rivage que trois femmes, et quelques enfants qui, à l'aspect des étrangers, s'enfuirent dans les bois ; mais tous en sortirent quand ils virent débarquer les hommes de la pirogue. Ces insulaires paraissaient très-craintifs ; néanmoins, ils ne tardèrent pas à se familiariser, quand on leur eut fait présent de morceaux de fer. Ils nous menèrent dans des cabanes très-propres et nous offrirent des fruits de vaquois, ainsi que du jus de ce fruit, qu'ils exprimèrent en notre présence dans de grandes coquilles.

« On leur donna diverses graines, entre autres de melons et de melons d'eau, en leur indiquant comment il fallait les semer, et on leur demanda de l'eau fraîche. Ils montrèrent une citerne, dans laquelle ils recueillaient l'eau de pluie et où elle se conservait très-pure, mais avec un goût assez fort. Nos canots revinrent bientôt à *Ostrov-Rojestva-Christova* qu'on avait parcourue tout entière, et où pourtant l'on n'avait rencontré que treize personnes.

« Deux jours après, les canots retournèrent à terre : les insulaires n'y étaient plus ; ils s'étaient embarqués sur leurs pirogues, et avaient fait voile vers les îles situées au sud-ouest. Nous laissâmes sur l'île cinq chèvres, avec une poule et un coq, et nous semâmes différentes graines. On y voyait plusieurs maisons qui étaient assez grandes. Les rats y étaient en quantité prodigieuse, et ne semblaient pas avoir du tout peur de nous.

« Le 31 décembre, le temps fut très-variable par rafales et par grains.

« Le 1ᵉʳ (13) janvier 1817, nous avons mis nos canots dehors, et nous sommes partis dans le dessein d'examiner plus attentivement le groupe d'îles, et de faire connaissance avec leurs habitants. Arrivés à un îlot éloigné d'un demi-mille marin de notre mouillage, nous y avons vu plusieurs cabanes qui tombaient en ruine, et, sous un arbre, une petite provision d'eau fraîche conservée dans des écales de cocos ; une pirogue était tirée à terre ; elle avait dix-sept pieds sept pouces de long, un pied dix pouces de large, trois pieds sept pouces de profondeur. Le mât était long de dix-sept pieds six pouces ; la vergue avait vingt-trois pieds quatre pouces de long. Cette pirogue était munie d'un balancier, qui glisse dans la mer avec le bâtiment et l'empêche de chavirer ; un autre balancier ne sert qu'à porter les vivres.

« Un côté de la pirogue était perpendiculaire, l'autre arqué : le premier est toujours sous le vent quand on navigue, afin d'empêcher le bâtiment de dériver ; car ceux de cette espèce ne sont destinés qu'à voguer contre le vent ; il était fait de plusieurs planches cousues ensemble.

« Quand les insulaires veulent faire changer de route à la pirogue, ils n'ont pas besoin, ainsi que nous l'avons vu par la suite, de virer de bord ; ils se contentent de tourner la voile qui est attachée au haut du mât, et l'on transporte d'un côté à l'autre la partie inférieure. Le grand balancier est toujours du côté d'où vient le vent. Un gouvernail placé à l'arrière de la pirogue dirige sa marche.

« Nous avons passé la nuit sur cette île, et le 2 (14), vers midi, nous étions prêts à continuer notre voyage, quand nous avons aperçu deux grandes pirogues arriver sur nous à pleines voiles. Bientôt elles ont amené leur voile et sont restées tranquilles. Plusieurs insulaires se sont jetés à la mer et ont nagé vers nous. Un vieillard, le plus faible de tous, fut celui qui se hasarda le premier de venir à nous. Il tint un long discours, dans lequel il prononça souvent le mot *aïdara* (ami). Nous avons invité les autres à venir nous trouver, et nous leur avons donné beaucoup de fer.

« Ayant appris que nous avions un chef, ils nous montrèrent aussi le leur, qu'ils nommaient *iri* et *ierut*. Ils nous firent remarquer qu'il avait non-seulement la poitrine et le dos tatoués comme eux, mais aussi les côtés. Ils étaient une quinzaine; ils rirent avec nous, et nous regardèrent d'un air de curiosité craintive. Leur ayant annoncé que nous voulions aller à l'île d'où ils étaient venus, ils eurent l'air de nous y inviter.

« Quand nous nous assîmes dans nos canots, et que nous leur fîmes signe de naviguer de concert avec nous, ils semblèrent y consentir; mais ils se dirigèrent vers notre vaisseau pour le considérer de plus près.

« Ayant fait route au sud, nous avons vu plusieurs îles très-petites, toutes plantées de jeunes cocotiers et de vaquois. Nous aperçûmes sous chacune des cabanes une quantité de rats, mais pas un seul habitant.

« Le 4 (16) janvier, nous sommes retournés à bord. Le lendemain nous avons fait route vers les îles du groupe le plus éloigné; mais les fréquentes rafales ne nous permirent pas d'avancer beaucoup.

« Le 6 (18), nous avons débarqué sur une île qui, de toutes celles que nous avions visitées jusqu'alors, nous parut la plus abondante en cocotiers.

« A peine étions-nous à terre que huit hommes armés de lances s'avancèrent vers nous. Un vieillard nous donna des cocos et des fruits de va- quois, et y joignit quelques fruits à pain. Les femmes s'étaient cachées dans le bois; elles revinrent bientôt, et nous firent présent de guirlandes de fleurs et de coquillages. Nous vîmes en tout vingt-trois personnes.

« Le 7 (19), nous sommes allés presque tous à terre; les insulaires nous accueillirent très-amicalement, et nous offrirent du jus de coco pour nous rafraîchir.

« Nous avons trouvé un tombeau qui avait quinze pieds de long sur dix pieds de large; il était tout entouré de pierres; il n'est permis à personne de marcher dessus. Ignorant cette particularité, nous voulions monter sur l'élévation que le tombeau formait; aussitôt tous les insulaires nous crièrent : *Emo! emo!* Nous apprîmes par la suite que ce mot avait ici la même signification que celui de *tabou* dans les autres archipels du grand Océan. »

Il est à remarquer que les indigènes considéraient les Russes avec la plus grande attention. Ils s'étonnèrent beaucoup de ce que leur poitrine n'était pas de la même couleur que leur visage et leurs mains. Souvent, en regardant les uniformes russes, ils s'écriaient : *Irio! irio* (admirable! admirable!)

ARITHMÉTIQUE ET MUSIQUE.

Les habitants des îles Radak n'ont pas d'autres noms de nombre que ceux qui suivent, à savoir :

1 Duon.	6 Dildinu.
2 Rouo.	7 Dildinin duon.
3 Dilu.	8 Edinu.
4 Emen.	9 Edinin duon.
5 Lalim.	10 Tabatot.

Ils ne comptent pas au delà. Pour exprimer onze, douze, et davantage, ils recommencent par un, deux, etc.

Dans l'île de Noël, Choris et deux officiers se rendirent aux cabanes qui sont situées à la côte sous le vent, de même que toutes les habitations des groupes qu'ils y virent plus tard. Ils y rencontrèrent des femmes et des hommes qui chantaient, et ils entendirent souvent de jeunes filles qui battaient du tambour. Cet instrument était fait d'un morceau de bois creux, couvert à une extrémité d'une peau de requin ; on le frappait d'abord avec la main en trois temps rapprochés, et puis l'on recommençait. Les indigènes chantent sur le même air toutes leurs chansons, qui renferment des traditions et les principaux événements de leur pays : ils ont cependant quelques petits airs gais.

Quand les Russes revinrent dans cette île, en retournant en Europe, les habitants avaient composé de grandes chansons sur leur première visite ; il y était question de la grandeur du vaisseau, de la quantité de fer qu'il contenait, des habits, de tous les noms qu'ils avaient appris, et de plusieurs mots de la langue russe. Ils chantaient ces chansons d'un air joyeux, mêlé de respect. Tout le monde faisait chorus, et ils continuaient de la sorte pendant plusieurs heures de suite. Ces chants sont accompagnés de mouvements des bras et des mains ; les chansons plus vives sont accompagnées de claquements de mains précipités. Quand ils entonnent leurs chants de guerre, ils prennent leurs lances à la main, les agitent d'une manière terrible ; leurs yeux étincellent ; les femmes unissent leurs voix aux voix des hommes, et c'est à qui criera le plus fort, à peu près comme chez les paysans français, excepté toutefois ceux du midi. Après un exercice si violent, ils ont besoin de plusieurs heures de repos pour reprendre leur gaieté.

DESCRIPTION ET USAGES DE L'ILE OTDIA.

Le 8 janvier, l'expédition, commandée par le capitaine Kotzebüe, laissa tomber l'ancre devant Otdia, la principale île de ce groupe, et qui lui donne son nom. « Comme nous l'avions découverte les premiers, dit Choris, dessinateur de cette expédition, nous crûmes pouvoir lui donner celui du protecteur éclairé des arts et des sciences, qui avait entrepris à ses frais notre expédition ; et, en conséquence, ces îles furent nommées Iles Romanzoff. Otdia est située par 9° 28' 9" nord, et 189° 43' 45" à l'ouest de Greenwich (192° 4' 0" de Paris).

« Ayant débarqué dans cette île, nous y avons trouvé à peu près quatre-vingts habitants des deux sexes, y compris les enfants ; c'est la plus forte population que nous ayons rencontrée dans ce groupe. Nous avons ensuite calculé qu'elle ne s'y élève, en tout, qu'à cent cinquante personnes. Nous avons retrouvé à Otdia le chef que nous avions vu le 5 janvier, qui réside dans cette île et se nomme Harik, mot qui se prononce aussi Larik. La coutume d'échanger son nom, comme marque d'amitié, y existe comme dans la plus grande partie des îles du grand Océan. Larik changea de nom avec M. Kotzebüe ; un autre insulaire, nommé Laghidiak, donna le sien à M. de Chamisso ; chacun de nous prit de même celui d'un insulaire qui se disait son ami. C'eût été, par exemple, commettre une grande impolitesse de donner à M. Chamisso son vrai nom en présence de Laghidiak, et, par conséquent, de ne pas appeler celui-ci Chamisso, dans le même cas.

« Les insulaires avaient des morceaux de fer : on leur demanda comment ils se les étaient procurés ; ils répondirent que la mer jetait souvent sur leurs côtes des pièces de bois auxquelles tenait du fer. Effectivement, dans nos excursions nous aperçûmes, sur une île, un bloc de bois qui paraissait avoir appartenu à un navire ; on y voyait encore du fer ; les vagues l'avaient jeté sur le rivage. »

L'île Otdia a plusieurs citernes. L'on y voit, ainsi que dans les autres, beaucoup de rats, que les habitants nomment *ghidirik* ; ils appliquèrent le même nom aux quadrupèdes que nous avions à bord, et les appelaient *ghidirik elip* (grands rats). Kotzebüe leur laissa deux cochons.

Ce n'est qu'après deux jours d'invitations réitérées que les insulaires se hasardèrent à venir voir les Russes à bord. Ce qui les frappa le plus, fut la grandeur et l'arrangement du vaisseau, les gros canons de fer et les ancres... Ils appelaient le fer *mel*.

Ces indigènes prirent beaucoup de plaisir à regarder la boussole, et en comprirent tout de suite l'usage; ils la tournèrent de côté et d'autre, et dirent aux officiers russes que dans ces parages il se trouvait encore quatorze groupes d'îles, semblables à celui d'Otdia, et leur en indiquèrent les positions. L'un deux, qui paraissait avoir le plus d'intelligence, expliqua à ses compagnons l'importance de la boussole.

Les Européens leur donnèrent beaucoup de fer, et ils ne purent leur rendre en échange que quelques cocos et un très-petit nombre de fruits à pain; mais en revanche ils leur donnèrent une grande quantité de fruits de vaquois, qui font leur principale nourriture. Les Russes furent constamment en bonne intelligence avec les indigènes, quoique plusieurs vols troublassent fréquemment, pour peu de temps, néanmoins, la tranquillité qui régnait entre eux. Le fer avait pour les habitants d'Otdia un si puissant attrait, qu'ils ne pouvaient résister à la tentation de le voler, quoiqu'on leur en eût donné une quantité extraordinaire. Bien plus, un morceau de fer suffisait pour faire succomber les femmes les plus modestes.

« Le 24, dit Choris, nous avons entrepris un petit voyage aux îles du groupe, qui sont à l'ouest de l'île principale. Nous n'y avons trouvé en tout que cinq insulaires, et sur ce nombre nous en connaissions trois.

« Le 26 janvier (7 février), nous avons quitté les îles Otdia ou Romanzoff; à peine avions-nous fait deux milles sous le vent de ce groupe, que nous en avons aperçu un autre bien moins considérable; on n'y compte que treize îlots qui sont boisés; il a dix milles marins d'étendue; ses habitants, très-peu nombreux, lui donnent le nom d'Irigoub; nous lui avons imposé celui d'îles Tchitchagoff, en l'honneur de l'amiral russe qui a été ministre de la marine.

« Le 29, nous eûmes connaissance d'un groupe considérable nommé Kawen par les insulaires; il reçut le nom d'îles Saltikoff.

« Le 30, nous nous en sommes approchés. Cette terre offre, comme Otdia et Irigoub, une enceinte circulaire d'îlots, qui, sous le vent, est coupée par plusieurs canaux. Bientôt de grandes pirogues à la voile s'avancèrent vers nous; les insulaires qui les montaient nous montrèrent des fruits en criant, mais n'osèrent pas nous accoster. Nous sommes entrés dans le groupe qui est très-considérable; toutes les îles sont couvertes de belles forêts de cocotiers. Kawen est l'île principale; elle est située par 8° 52′ 0″ nord, et 139° 11′ 30″ à l'ouest de Greenwich, 191° 31′ 45″ ouest de Paris. Nous avons laissé tomber l'ancre.

« Le 31 janvier (12 février), une grande pirogue s'approcha; elle était montée par quinze hommes; nous les avons appelés; plusieurs insulaires se jetèrent à la nage et vinrent à bord. Ils nous montrèrent leur chef, qui se distinguait par le tatouage de ses côtés. Nous leur avons acheté beaucoup de fruits de vaquois, dont nous avons observé plusieurs variétés, une grande quantité de cocos et de fruits à pain; on leur donna du fer qu'ils préféraient à tout. Nous leur avons fait de grands présents, et nous avons conclu un pacte d'amitié en changeant de noms avec plusieurs d'entre eux. A cette occasion, nous avons renouvelé une observation que nous avions déjà faite à Otdia, et dans tous les groupes de cet archipel que nous avions visités; c'est que les insulaires, malgré toute la peine qu'ils se donnaient, ne pouvaient pas prononcer la lettre S. Vers le soir la pirogue nous quitta; plusieurs insulaires qui avaient changé de noms avec nous répétèrent, en criant bien fort, ceux qu'ils avaient obtenus.

« Le 2 (14 février), nous avons levé l'ancre et fait voile vers d'autres îles situées au vent. Nous avons mouillé près de celle que les indigènes nomment Tyan, et nous y avons débarqué. Elle abonde en cocotiers; on y voit beaucoup de maisons; celles des chefs sont grandes et l'intérieur en est simple comme dans l'archipel des Carolines propres (voy. *pl.* 107). Elle est infestée de rats. Nous y avons aperçu quelques poules qui couraient dans les bois; elle est bien peuplée. La couche de terre végétale y est bien plus profonde que dans le groupe d'Otdia; elle a deux à trois pieds de profondeur, de sorte que les insulaires cultivent le taro; ils en ont deux variétés qu'ils nomment Ouat et Kadak. Nous y avons aussi trouvé quelques bananiers que l'on appelle Kaïbaran.

« Il paraît que ces insulaires y vivent dans une plus grande abondance que leurs voisins; ils ont des fruits à profusion; aussi ne sont-ils pas si maigres que les habitants d'Otdia. »

Les Russes y virent des femmes très-jolies, et qui avaient surtout le haut du corps très-beau. Ils visitèrent aussi une jolie île nommée Airik, et entièrement couverte de cocotiers. Ils y virent le chef du groupe qui réside ordinairement à Kawen; c'était un grand bel homme, d'un brun très-foncé.

Les Russes étaient descendus à terre pour assister aux divertissements des habitants; mais, contre l'ordinaire, ils furent reçus très-froidement. Ils étaient rassemblés au nombre au moins de quatre-vingts, tous très-robustes.

Plusieurs pirogues pleines de monde débarquèrent sur différents points de l'île, et surtout des deux côtés des canots européens. Les insulaires, qui auparavant leur témoignaient toujours du respect, en ce moment se mirent à fouiller sans façon dans leurs poches où ils savaient bien qu'il y avait toujours des clous et d'autres objets en fer. Ensuite tous se réunirent au signal du chef, en même temps les femmes s'éloignèrent; ces manières alarmèrent l'équipage, et on se rembarqua pour retourner à bord du vaisseau qui n'était pas à plus de deux portées de fusil de la côte. On tira un coup de canon à poudre; aussitôt des cris se firent entendre à terre. On fit partir une fusée qui se dirigea sur l'île comme un trait de feu. Alors la confusion augmenta parmi les insulaires qui s'éloignèrent peu à peu de la côte. Deux heures après, l'on entendit un grand tumulte dans l'île.

Les Russes retournèrent à terre dans la journée du 9 février. Leur feu avait produit une grande impression sur les insulaires. Auparavant, tout le monde venait au-devant d'eux quand ils débarquaient; et, dans cette circonstance, ils ne voyaient personne. A mesure qu'ils avançaient, les indigènes s'éloignaient; ils en appelèrent quelques-uns qui s'arrêtèrent, et les attendirent d'un air craintif et tremblant. Cependant l'amitié parvint à se rétablir; alors ils prièrent les étrangers de ne plus lancer de feu sur l'île; et ils leur montrèrent toujours de la défiance. Enfin, le 11 février, l'expédition russe quitta les îles Saltikoff, dont la population lui parut être le triple de celle des îles Romanzoff.

AVENTURES DE KADOU, SAUVAGE VOYAGEUR.

Nous ne saurions mieux terminer ces descriptions que par les aventures d'un homme, d'un sauvage qui a joué un grand rôle dans cette expédition, et qui a parcouru la plupart des groupes de l'immense archipel des Carolines, et qui a visité vraisemblablement plus de pays qu'aucun indigène de la Polynésie : cet Ulysse polynésien se nomme Kadou; il mérita et obtint l'affection de Kotzebüe, de ses officiers et de son équipage.

A peine *le Rurick*, commandé par le capitaine Kotzebüe, fut mouillé près d'Aïrik, qu'on signala du haut du mât, dans le sud-ouest, un groupe nommé Aur par les indigènes, et on y jeta l'ancre. Quelques pirogues s'approchèrent et plusieurs insulaires montèrent à bord. Ils étaient tous tatoués, excepté un qui portait seulement sur son bras des figures de poisson. Il fit des gestes d'amitié, et demanda à s'embarquer avec l'équipage russe. Le capitaine, après quelques difficultés, y consentit; il s'embarqua sur *le Rurick*, y fit un long séjour avec les Russes, et leur donna une foule de renseignements curieux. Voici comment Kotzebüe raconte leur première connaissance avec cet aimable Carolin :

« Nous remarquâmes deux sauvages tatoués d'une manière toute différente des autres, et qui parlaient aussi un langage différent, ainsi que l'observa M. de Chamisso. Nous leur demandâmes s'ils étaient originaires de cette île. Ils répondirent non, et nous racontèrent une longue histoire dans leur propre langue, mais à laquelle nous ne comprîmes pas un seul mot. Un de ces étrangers, homme d'une trentaine d'années, d'une taille moyenne et d'une tournure agréable, me plut beaucoup. Après avoir fait mes présents aux chefs, je lui donnai quelques morceaux de fer qu'il reçut avec reconnaissance, sans pourtant témoigner la même joie que les autres sauvages. Il se tenait assidûment près de moi. Au moment où le soleil se couchait, et comme nos hôtes prenaient congé de nous, il me prit en particulier, et, à mon grand étonnement, il exprima le désir de rester avec moi, et de ne jamais me quitter.

« Je ne supposais pas que ce caprice pût durer plus d'un jour; je fus surpris de l'attachement qu'il avait sur-le-champ conçu pour ma personne, et je le gardai, attendu que le fait nous amusa beaucoup. Kadou eut à peine obtenu cette permission, qu'il se retourna promptement vers ses camarades qui l'attendaient, pour leur déclarer son intention de demeurer à bord du vaisseau, et il distribua son fer aux chefs. Dans les pirogues l'étonnement fut inexprimable; les naturels s'efforcèrent d'ébranler en vain sa résolution; il resta immuable. A la fin, son ami Édock vint à lui, lui parla longtemps d'un ton sérieux; et quand il vit que les moyens de persuasion étaient inutiles, il essaya de l'entraîner de force; mais alors Kadou usa du droit du plus fort, il repoussa son ami loin de lui, et les pirogues s'éloignèrent. Sa résolution étant inexplicable pour moi, j'eus un soupçon qu'il avait peut-être le projet de commettre quelque larcin durant la nuit, puis de quitter secrètement le navire; c'est pourquoi la garde ordinaire de la nuit fut doublée, et son lit fut placé près du mien sur le pont, où j'avais coutume de dormir à cause de la chaleur. Kadou se trouva très-honoré de dormir près du timon du navire; il parla peu, malgré tous les efforts qu'on fit pour le divertir; mangea de tout ce qu'on lui offrit, et se coucha paisiblement. Je raconterai ici ce que Kadou nous apprit plus tard, à diverses reprises, de son histoire.

« Kadou était né dans l'île de Ouléa (Iouli), appartenant aux Carolines, qui doit se trouver au moins à quinze cents milles anglais dans l'ouest d'Aur, et qui n'est connue que de nom sur la carte, par la relation du P. Cantova, qui fut envoyé en 1733, des îles des Larrons (Mariannes) aux Carolines en qualité de missionnaire. Kadou partit de Ulea avec Édock et deux autres insulaires sur une pirogue à la voile, pour aller pêcher sur une île éloignée. Une violente tempête détourna ces malheureux de leur route; ils battirent la mer durant huit mois environ, et à la fin abordèrent, dans l'état le plus déplorable, sur l'île d'Aur. La plus grande partie de cette course fut accomplie contre la direction du vent accoutumé du nord-est; fait très-remarquable pour ceux qui ont cru jusqu'ici que la population de la mer du Sud avait dû s'opérer de l'ouest en allant vers l'est. Suivant le récit de Kadou, ils avaient leur voile constamment déployée durant leur voyage, quand le vent le permettait, et ils la serraient quand le vent du nord-est soufflait, dans la persuasion qu'ils étaient sous le vent de leur île. Cela seulement peut expliquer leur arrivée à Aur. Ils estimaient le temps par lunes, en faisant un nœud à une corde à chaque nouvelle lune. Comme la mer fournissait beaucoup de poisson, et qu'ils connaissaient parfaitement le moyen de le prendre, ils souffrirent moins de la faim que de la soif; car, quoiqu'ils eussent soin de ramasser de l'eau en petite provision chaque fois qu'il venait de la pluie, ils se trouvèrent souvent entièrement privés d'eau fraîche. Kadou, qui était le meilleur plongeur, descendait souvent au fond de la mer, où l'on sait que l'eau est moins salée, avec une noix de coco, munie seulement d'une petite ouverture; mais si ce moyen les soulageait pour le moment, il est probable qu'il contribuait encore à les affaiblir.

« Quand ils aperçurent l'île d'Aur, la vue de la terre ne les réjouit point, car ils avaient perdu toute espèce de sentiment. Leurs voiles étaient depuis longtemps détruites, leur pirogue était le jouet des vents et des flots, et ils attendaient patiemment la mort, quand les habitants d'Aur envoyèrent plusieurs pirogues à leur secours, et les amenèrent au rivage privés de tout sentiment. Un tamol était présent à ce moment; les ustensiles de fer que ces malheureux possédaient encore excitèrent les désirs de leurs libérateurs, et ils étaient sur le point de leur donner le coup fatal, pour se partager leurs dépouilles, quand Tigodien, tamol de l'île d'Aur, arriva heureusement à temps pour sauver leur vie. Par la suite, quand Kadou offrit tous ses trésors à son libérateur, celui-ci fut assez généreux pour les refuser; il prit seulement une bagatelle, et défendit à ses sujets, sous peine de mort, de faire aucun mal aux pauvres étrangers. Kadou, avec ses compagnons, se rendit dans la maison de Tigodien, qui prit de lui un soin vraiment paternel, et lui voua une affection particulière, à cause de son intelligence naturelle et son bon cœur. D'après son calcul, il y avait environ trois ou quatre ans qu'il se trouvait à Aur. Kadou était dans les bois, quand *le Rurick* parut en vue d'Aur; les naturels l'envoyèrent aussitôt chercher, car ils attendaient de lui l'explication d'un phénomène si étrange, attendu qu'il était un grand voyageur, et qu'il passait généralement pour un homme d'un grand savoir. Il leur avait souvent parlé de vaisseaux qui avaient visité Ulea; il se rappelait même les noms de deux hommes, Lewis et Marmol, qui étaient venus de la grande île de *Britannia;* aussi eut-il bientôt reconnu notre navire. Comme il avait beaucoup de penchant pour les blancs, il pressa les insulaires d'aller au vaisseau, et ceux-ci s'y refusèrent d'abord; car, suivant une tradition accréditée parmi eux, les hommes blancs dévoraient les noirs. La promesse qu'il leur fit de leur procurer du fer par des échanges, les décida enfin à aller à bord, et sur-le-champ il prit la résolution de rester avec nous, comme on l'a déjà vu. La précaution de le surveiller était parfaitement inutile; il dormit paisiblement toute la nuit, et s'éveilla, au point du jour, joyeux et content. »

Nous empruntons à Choris la fin des aventures de l'intéressant sauvage.

« Le soir, à souper, Kadou fut invité à nous suivre dans la chambre; les miroirs, les assiettes, les divers ustensiles dont nous faisions usage à notre repas, ne parurent lui causer aucune surprise. Il attendit que nous eussions commencé à nous servir pour imiter notre exemple; enfin il se conduisit comme un homme qui a constamment été habitué au genre de vie des Européens. Il mangea de bon appétit, mais modérément, de tout ce que nous lui offrîmes; il regarda d'abord la viande salée, et ne se hasarda à en manger qu'après nous. Il aimait beaucoup le riz au sucre, et prit grand plaisir à boire un verre de vin de Madère. Il admira la transparence du verre. Il alla ensuite se coucher sur le lit qu'on lui avait préparé, et y dormit tranquillement. A compter de ce jour, Kadou nous a constamment accompagnés; tous les insulaires paraissaient avoir pour lui beaucoup d'estime et d'affection.

« Ceux-ci nous apprirent que les îles Otdia, Oudirik, Médid, Kawen étaient alliées avec Aur, contre Arno, Medouro et d'autres, auxquelles elles faisaient la guerre. Celles-ci avaient, l'année précédente, envoyé beaucoup de pirogues armées qui avaient pillé Aur et les îles confédérées; « les brigands, ajoutèrent les insulaires, ont tout détruit. Mais actuellement notre confédération arme, nous préparons les provisions, nous équipons nos pirogues. Lamari, le grand chef, visite toutes les îles qui lui obéissent, pour rassembler les hommes de guerre. »

« Les insulaires finirent par nous inviter à prendre part à la guerre, et nous prier de leur donner du secours. Aur est situé par 8° 18′ 42″ nord et 188° 51′ 30″ à l'ouest de Greenwich (191°11′45″ ouest de Paris).

« Le 15 (27), nous en sommes partis, et le 17 février (1ᵉʳ mars), nous nous nommes approchés d'un groupe que les insulaires nomment Aïlu, et que nous avons appelé îles Krusenstern.

« Le 18 février (2 mars), nous sommes arrivés heureusement au milieu de ces îles. Nous avons pêché à l'entrée du passage beaucoup de requins et de bonites, de même que dans ceux des autres îles. Aïlu est situé par 10°13′52″ nord et 190°17′30″ à l'ouest de Greenwich (792°37′45″ ouest de Paris).

« Les insulaires nous dirent que toutes les îles que nous avions visitées, savoir : Irigoub, Otdia, Medid, Kawen, Aur, Aïlu, Arno, Meduro et trois autres encore, portent le nom général de Radak ; qu'une chaîne de groupes semblables se trouve au sud-ouest, qu'elle est plus considérable et plus riche, et se nomme Ralik. C'est probablement la chaîne nommée par les Anglais Mulgrave's-Range.

« Le 28 février (12 mars), nous sommes partis d'Aïlu avec Kadou. L'après-midi nous avons vu les deux groupes d'îles que nous avions découverts l'année précédente, et auxquels nous avions donné les noms de Koutousoff-Smolenky et Souvaroff.

« Les coups de vent, les brumes, le mauvais temps ne nous ont permis de nous approcher des îles Koutousoff-Smolenky que le 1ᵉʳ (13 mars). Nos canots, étant allés, suivant l'usage, pour chercher une passe entre les récifs, ne trouvèrent que deux, deux et demie, trois et quatre brasses d'eau ; il fallut donc renoncer à l'espoir d'y entrer.

« Bientôt plusieurs pirogues nous accostèrent. Le grand chef Lamari se trouvait parmi ces insulaires. Il s'oc- cupait dans cette île à réunir des hommes, des pirogues, des provisions ; il devait, dans trois semaines, aller aux autres îles, rassembler sa flotte, puis marcher à l'ennemi.

« On nous dit qu'à deux journées de navigation au nord-est, il y avait une petite île dépourvue de cocotiers et d'eau, et inhabitée ; mais les habitants de Radak y vont prendre des tortues et des oiseaux de mer : on l'appelle Bigar.

« Le 14 mars nous avons quitté les îles Radak, et nous nous sommes dirigés vers les îles Aléoutiennes.

« Kadou ne tarda pas à s'accoutumer avec nous, et se conduisit absolument comme un Européen. Étant naturellement imitateur, il nous divertit beaucoup ; il apprit, en très-peu de temps, plusieurs mots russes ; et comme nous avions retenu un grand nombre de mots des îles Radak, nous parvenions à nous comprendre mutuellement.

« Il nous parla beaucoup d'Ouléa, sa patrie, ainsi que des îles voisines, que nous connaissons sous le nom d'archipel des îles Carolines. Kadou les avait parcourues toutes, et avait même visité les îles Péliou. Ses récits nous apprirent que ses compatriotes étaient des navigateurs hardis, et entreprenaient souvent de grands voyages par mer ; en effet, nous sûmes aux îles Mariannes que les habitants des Carolines font tous les ans, au mois de mai, le voyage de l'île Guaham, pour échanger, avec les Espagnols, leurs pirogues et leurs coquillages contre du fer.

« Kadou nous raconta que ses compatriotes faisaient un long voyage à une île dont il ignorait le nom, pour y aller chercher du fer ; elle était visitée par de grands navires comme le nôtre, et les insulaires nommaient le fer *loulou*: c'est le nom que les naturels de Guaham donnent à ce métal.

« Nous nous convainquîmes que Kadou était très-versé dans la connaissance des étoiles ; mais il lui préférait nos boussoles, car il voyait que, même dans les temps brumeux et couverts, on pouvait régler sa route avec cet instrument, tandis que les habitants des îles, n'ayant que les étoiles pour se conduire, sont fort au dépourvu quand ils ne les aperçoivent pas.

« Les insulaires de Radak sont aussi de bons navigateurs; leurs pirogues, de même que celles des Carolines, sont construites pour pouvoir marcher contre le vent, et leur ressemblent beaucoup.

« D'après les récits de Kadou et nos propres observations, les habitants de Radak ne rendent pas un culte public à un Être suprême. Cependant on voit ordinairement dans le coin oriental de leurs cabanes divers objets entassés, tels que de petits cailloux, des feuilles de cocotier, des cocos, des têtes de poissons. Lorsque nous y touchions, ou même lorsque nous les regardions, les insulaires montraient de l'impatience, et nous criaient aussitôt : *Émo! émo!* Nous pûmes donc juger que c'étaient pour eux des choses sacrées. Nous vîmes plusieurs fois, autour du cou des chefs, des cordons de feuilles de vaquois noués d'une manière particulière (voyez *pl.* 1). Il nous parut qu'ils avaient quelque chose de sacré. Enfin le tatouage nous sembla aussi appartenir à ce qui concerne la religion; car quelques-uns de nos compagnons de voyage, ayant demandé à être soumis à cette opération, ne purent y parvenir, les chefs trouvant toujours un nouveau prétexte pour différer cette cérémonie. Kadou nous dit que cela ne pouvait se faire sans la permission de la Divinité, et qu'il fallait l'implorer pendant plusieurs nuits consécutives; alors on entend un sifflement qui est le signal de l'approbation. Cependant les hommes âgés de plus de vingt ans sont tatoués; les femmes reçoivent cette parure quand elles arrivent à dix-sept ans; mais ce n'est que dans l'île d'Aur que le tatouage est pratiqué.

« Suivant le récit de Kadou, un homme peut épouser plusieurs femmes; ordinairement il se contente d'une seule; les chefs en ont deux. Les femmes sont extrêmement fécondes; mais la mère tue sans pitié tous les enfants qu'elle met au monde quand elle en a déjà trois; elle se défait de même de ceux qui naissent faibles et mal conformés.

« Comme chez la plupart des peuples dans l'enfance de la civilisation, la pudeur et la chasteté sont étrangères aux idées de ces insulaires; un homme peut offrir sans déshonneur à un autre les faveurs de sa femme; un père livre sans rougir sa fille aux embrassements d'un étranger.

« Toutefois, ils sont moins déréglés que les habitants des îles Sandwich. Nous n'avons pas aperçu parmi eux de maladies syphilitiques; cependant Kadou nous dit qu'ils en connaissent une qui lui ressemble beaucoup. Si celui qui en est attaqué ne se hâte pas de recourir aux vieillards qui connaissent les vertus des simples, il meurt en peu de jours.

« La guerre règne ordinairement dans les îles Carolines, excepté néanmoins dans l'île Ouléa, où l'on jouit d'une paix continuelle. Yap est au contraire la plus troublée; elle est partagée entre plusieurs petits chefs.

« Nous avions vainement essayé, pendant plusieurs semaines, de demander à Kadou ses idées sur Dieu; il faisait tous ses efforts pour nous comprendre, mais inutilement. Enfin, un jour il y réussit; son visage était enflammé, tout son corps tremblait. « Ah! s'écria-t-il, vous voulez savoir le nom de celui que nous ne voyons ni n'entendons; » en même temps il se bouchait les yeux et les oreilles; « son nom est Tautup. » Lui ayant demandé où il demeurait, il montra le ciel.

« Kadou croyait beaucoup à la vertu magique de plusieurs chansons pour calmer les vents. Quel fut son étonnement, lorsque parvenus dans les mers au nord du tropique, en allant aux îles Aléoutiennes, il vit que les vents, malgré ses longues ballades, malgré les gestes dont ils l'accompagnait pour leur montrer de quel côté ils devaient se diriger, malgré ses crachements fréquents, ne lui obéissaient pas! il ne pouvait revenir de sa surprise. « Oh!

nous disait-il, dans les îles d'où nous venons et dans ma patrie les vents ne peuvent pas durer plus longtemps qu'une chanson. » L'assertion de cet insulaire n'était pas dénuée de fondement; car on sait qu'en général, entre les tropiques, les coups de vent ne durent souvent que quelques minutes ou au plus quelques heures.

« Le froid gênait beaucoup Kadou; nous en étions incommodés nous-mêmes; le thermomètre marquait dix-huit degrés, et nous étions obligés de changer nos vêtements légers des tropiques contre d'autres plus chauds. Kadou était aussi vêtu fort chaudement; il vit pour la première fois tomber de la neige, quand nous fûmes par la parallèle de 50° nord; ce phénomène le surprit beaucoup.

« Quand nous le prîmes à bord, nous lui dîmes que nous serions deux mois en mer sans voir la terre: il n'en parut pas effrayé; mais ayant passé plusieurs semaines sans l'apercevoir, il n'ajouta plus foi à nos discours; il crut que nous étions, de même que lui, poussés loin de son pays par les vents, et que nous le cherchions en vain. Cependant, ayant observé que nous étions tranquilles et que rien ne manquait à bord, ses inquiétudes cessèrent bientôt.

« Il portait à son cou un cordon sur lequel il marquait le temps par des nœuds; mais son calcul manquait d'exactitude. Il attachait un grand prix à son collier de coquillages. Il nous raconta que dans la dernière guerre, lorsque les insulaires d'Arno vinrent pour piller Aur, il prit part au combat. Il avait vaincu un ennemi et se disposait à lui couper le cou avec un coquillage; tout à coup une jeune fille éplorée accourt, se jette à ses pieds et lui demande grâce pour son père. Ému par ses larmes, Kadou épargna la vie du père. La jeune fille, éperdue de joie de voir son père sauvé, pria Kadou d'accepter son collier en témoignage de sa reconnaissance; Kadou le reçut avec plaisir. Le père lui proposa d'épouser sa fille, et l'invita de venir demeurer à Arno, où il l'appellerait son fils.

Quoique la jeune fille plût beaucoup à Kadou, il rejeta l'offre, ne voulant avoir rien de commun avec les ennemis de Radak; mais il promit de porter le collier toute sa vie. »

Il paraît que durant les premiers jours que ce bon Carolin fut à bord, sa curiosité était excessive; il voulait tout voir. Bientôt il examina tout avec indifférence, étant rassasié de nouveautés; et enfin il regarda tout comme possible ou nécessaire.

Kadou était gai et obligeant; il savait se faire aimer des officiers et estimer des matelots. Il était fier d'avoir tant voyagé. Souvent il chantait toutes les chansons qu'il savait; il aimait surtout à chanter un air de l'île de Gouap, qui ressemble beaucoup à un air de Radak (voy. t. 1er de l'*Océanie*, p. 80, musique, n° 6). Cet air, dit Choris, a souvent retenti sur la cime des montagnes neigeuses d'Ounalachka, dans la Russie américaine; Kadou passait quelquefois des heures entières à le répéter; alors le souvenir de sa patrie et de ses voyages le touchait jusqu'aux larmes.

Il nous reste à décrire le groupe Gilbert pour compléter la description des Carolines.

GRAND GROUPE DE GILBERT.

Ce groupe, que nous avons dû comprendre dans l'immense archipel des Carolines, et qui se compose des deux groupes de Scarborough et de Kingsmill, renferme les petites îles basses de *Chase* et *Francis*, l'île *Drummond*, les îles *Sydenham*, les îles *Henderville*, les îles *Woodle*, *Hopper* et *Hall*, les îles *Gilbert* et *Marshall*, les îles *Knox*, *Charlotte*, *Mathews* et *Pitt*, l'île *Byron* un peu à l'est des îles *Gilbert*, et un peu à l'ouest de ces mêmes îles, l'île *Océan*, l'île *Pleasant* et l'île *Atlantique*. Ces trois dernières sont fort peu connues.

En allant du sud au nord, on voit les petites îles basses de *Chase* et *Francis*. La première est située par 2° 28′ latitude sud et 174° longitude est; la seconde par 1° 40′ latitude sud et

173° 15′ longitude est. Dans ces parages on ressent les calmes de la ligne et leur influence insalubre sur la santé des navigateurs.

L'île *Drummond* fut découverte en 1799 par Bishop, et reconnue en 1824 par Duperrey. Voici ce qu'en dit le savant navigateur M. d'Urville dans son journal de *la Coquille* :

« Nous pouvions facilement distinguer plusieurs naturels avec leurs femmes, leurs enfants et leurs chiens, occupés sur la plage à nous considérer attentivement. Pendant ce temps, une quinzaine de pirogues, dont chacune contenait de trois à neuf hommes, faisaient tous leurs efforts pour nous atteindre, en s'aidant à la fois de leurs voiles et de leurs pagaies ; ils agitaient aussi de loin des nattes pour nous faire signe de les attendre. Deux ou trois d'entre elles, parvenues à une demi-encâblure de l'arrière du navire, furent encore longtemps à nous rattraper, bien que nous fissions à peine trois milles à l'heure, ce qui ne prouve pas en faveur de la vitesse de ces embarcations. Nous mîmes enfin en panne, et l'une d'elles, montée par trois naturels, accosta après un instant d'hésitation. Ces hommes, d'une taille moyenne, avaient un teint très-foncé et la peau couverte d'écailles de lèpre.

« Leur unique vêtement se réduisait à de petits morceaux de natte grossière passés autour du cou et à des bonnets de la même étoffe. Leurs traits n'étaient point agréables ; leurs membres étaient assez grêles, et leur langage différait complétement des idiomes polynésiens. Leurs pirogues étaient d'une construction fort grossière ainsi que leurs voiles. Aucun d'eux n'était tatoué, et, pour toute provision, ils n'apportaient que quelques mollusques de bénitier (tridacne), qu'ils échangèrent contre des couteaux et des hameçons. Ces insulaires annonçaient fort peu d'intelligence, et tous nos efforts pour obtenir les noms de leurs îles furent en pure perte. Au bout d'une demi-heure, ils nous quittèrent et regagnèrent leur île. »

Le capitaine Paulding nous apprend qu'il fit fustiger à son bord quelques naturels de Drummond qui lui avaient dérobé plusieurs objets nécessaires en mer.

« Les habitants de l'île Byron, dit Paulding, sont d'une haute taille, actifs et bien faits. Tous sont nus et couverts de cicatrices ; quelques-uns portent des bonnets faits avec une sorte d'herbe et des colliers en petits disques de noix de coco. Leurs ornements sont grossiers et rarement usités. Ils consistaient en coquilles et en colliers fabriqués avec quelque chose qui ressemblait à des os de baleine, que les uns portent autour de la ceinture et les autres autour du cou. Leurs cheveux sont longs et nattés, et leur teint très-foncé ; leur barbe est peu fournie, et frisée sur le menton comme celle des nègres. Un petit nombre de femmes vint dans les pirogues : leur air était grossier, et elles semblaient presque aussi robustes que les hommes. Autour des reins elles portaient une petite natte d'un pied de large, dont le bas était orné d'une frange. Peu d'hommes étaient tatoués, encore l'étaient-ils très-peu. Leurs pirogues étaient habilement travaillées, fabriquées avec un grand nombre de pièces d'un bois léger, réunies ensemble au moyen de coutures faites avec des tresses en bourre de coco ; mais elles faisaient eau de toutes parts, et un homme était continuellement occupé à les vider. Ces pirogues étaient fort étroites, en pointe à chaque extrémité, et garnies, d'un côté, d'une plate-forme pour les maintenir droites. Les voiles des pirogues, dans toutes ces îles, sont des nattes de paille ou d'herbe. »

L'île Byron est une chaîne d'îlots bas et boisés très-peuplés, situés sur un récif commun ; sa position est indiquée par 1° 18′ latitude sud et 175° 0′ longitude est.

Les îles *Sydenham* furent découvertes par Bishop en 1799 et reconnues en 1824 par Duperrey. Suivant M. d'Urville, les habitants ressemblent parfaitement à ceux de Drummond. Ce qui le frappa le plus, ce fut d'en voir quelques-uns portant des gilets et des pantalons en fibres de coco solidement tressées.

Les îles *Henderville* furent découvertes en 1788 par les capitaines Gilbert et Marshall. Ces insulaires, dit le dernier, paraissent être une belle race d'hommes. Ils sont de couleur de cuivre, vigoureux et bien faits; leurs cheveux sont longs et noirs, et ils ont de très-belles dents. Plusieurs d'entre eux avaient la figure peinte en blanc. Ils ont, selon lui, de l'esprit, de la vivacité et de l'expérience. Le capitaine Duperrey, qui reconnut de près l'île Henderville en 1824, ajoute, que les femmes ne portent qu'un court tablier, et pour tout ornement on leur vit des œufs de Léda et de petites pèlerines rouges (*), suspendus au cou.

Le groupe Henderville est composé de petites îles basses et boisées, dont la plus grande a six milles de longueur sur un demi-mille de large au plus. Le groupe entier n'a guère que quinze à vingt milles de circuit; sa latitude nord est de 0° 6', sa longitude est est de 171° 23' (pointe sud).

Malgré les éloges mérités qu'on a donnés à la plupart des habitants de ces groupes, et généralement à tous les indigènes de l'immense archipel des Carolines, il faut avouer que certains Carolins sont d'une humeur sombre et perfide. Ils se servent d'arcs et de flèches munies d'os de poisson et quelquefois empoisonnées, chose rare parmi les Polynésiens. Ils se servent aussi de couteaux, garnis de dents de requin, qui font d'affreuses blessures. Ils se percent les oreilles et les allongent considérablement pour y placer ce terrible couteau.

CROYANCES, CONSTRUCTION ET NAVIGATION DES HABITANTS DES ILES BASSES DE L'ARCHIPEL DES CAROLINES.

Les habitants des îles basses de cet archipel ont une grande vénération pour les esprits. Un génie, qu'on nomme *Hanno* ou *Hannoulappé*, règne sur chaque groupe d'îlots; c'est lui qui les

(*) Ce sont des coquillages.

pourvoit de tout ce qui leur est nécessaire. Au reste, il est subordonné, selon les naturels, à un être qui lui est infiniment supérieur. Peu d'individus jouissent de la prérogative de voir cet esprit, de l'entendre et de connaître ses ordonnances, et ils ne la doivent qu'à l'intercession de leurs enfants morts en bas âge : d'ailleurs, ils ne jouissent d'aucune considération ni d'aucun privilége particulier. M. Mertens, qui nous fournira les faits principaux de ce chapitre, nous apprend que ces élus sont parfois sujets aux attaques d'un esprit malveillant, qui demeure dans les coraux sur lesquels les îles reposent, et que celui-ci leur envie la faveur de contempler le front serein d'Hanno qui est à jamais invisible pour lui. Lorsque l'esprit malfaisant s'établit dans le corps d'un élu, on en consulte de suite un autre. On conduit d'abord le possédé dans la maison commune destinée aux hommes non mariés. A peine arrivé, l'infortuné pousse des hurlements affreux, fait mille contorsions épouvantables et se roule par terre. Le conjurateur arrive, il examine pendant quelques temps le malade avec la plus sérieuse attention, et finit par déclarer que le malin esprit s'est emparé de lui, et qu'il doit sur-le-champ se préparer à combattre un ennemi aussi formidable; après quoi il le quitte en donnant ordre de faire chercher des cocos. Il revient au bout de quelques heures, peint, huilé, paré et armé de deux lances, criant, se tordant les mains, et faisant tout le bruit imaginable à mesure qu'il approche de la maison du malade. En entrant, il attaque directement le possédé, qui à l'instant se lève et se précipite sur son agresseur pour se mettre à l'abri de ses coups. Après un vigoureux combat, ils jettent leurs lances, et conjurateur et possédé se saisissent de leurs *gour-gour* ou bâtons, dont ils se servent en dansant. C'est alors que la scène la plus ridicule succède à ce combat, qui paraissait devoir être à toute outrance; ils se mettent tous deux à danser de la manière la plus burlesque, en jetant autour d'eux des cocos, jusqu'à ce qu'ils soient complétement épuisés et hors d'état de pouvoir continuer. Ce combat se répète et se prolonge à différents intervalles, souvent pendant plusieurs semaines de suite, jusqu'à ce que le conjurateur ait remporté la victoire. Dans les temps de calamité, on consulte les hommes inspirés, qui cherchent, dans de pareilles circonstances, à pénétrer les intentions d'Hanno par l'intermédiaire de leurs enfants morts en bas âge. Il arrive que les oracles rendus sont ambigus et souvent diamétralement opposés. Ces insulaires célèbrent annuellement, en l'honneur d'Hannoulappé, des réjouissances qui durent un mois entier et qui exigent les plus grands préparatifs. Pendant l'espace de deux mois, le mari est banni du lit nuptial; tant que dure la fête il n'est pas permis d'attacher de voiles aux canots; aucune barque ne peut s'éloigner du rivage durant les huit premiers jours, et il est défendu aux étrangers d'aborder la côte. Les quatre jours qui précèdent la grande solennité sont employés à recueillir autant de cocos verts que possible, et à en préparer les noix avec le fruit de l'arbre à pain, dont on compose différents plats. Une grande pêche a lieu la veille de la fête; on transporte toutes les provisions au *Led*, maison ordinaire qui sert de temple à Hannoulappé, et qui, pour cette seule nuit de l'année, reste fermée. Le lendemain, entre le lever du soleil et sa plus grande hauteur sur l'horizon, tous les habitants mâles, à l'exception des enfants, se rassemblent pour voir entrer dans le temple, par la porte du nord, le tamol, paré de tout ce qu'il a de plus beau en habits, colliers, bracelets, etc. Son regard est sombre et fixé vers la terre; il tient à la main un bâton, avec lequel il a l'air de se frayer un chemin, paraît concentré en lui-même, et uniquement occupé d'un monologue auquel personne ne peut rien comprendre. Son frère, aussi richement paré, le devance, et fait son entrée dans le temple par la porte opposée, à la tête des habitants les plus distingués : ils s'asseyent; dès que le tamol paraît, l'assemblée se lève, il se place sur trois belles nattes qui lui ont été préparées, et ce n'est que lorsqu'il s'est assis que les habitants se permettent de s'asseoir par terre; le chef une fois entré, le temple est fermé pour tout autre. Le frère du tamol s'approche alors des provisions, et prend une petite portion de chaque plat, dont le nombre s'élève au moins à cinquante. Il y joint le plus grand poisson et le plus grand coco, met le tout dans un panier fait de feuilles de cocotier, et le présente à son auguste frère, pour lequel il ouvre en outre cinquante à soixante cocos. Il distribue ensuite le reste des provisions à l'assemblée réunie, se place auprès de son frère, pour partager avec lui le repas qu'il vient de lui préparer, et reçoit en récompense les enveloppes fibreuses de tous les cocos qui ont été ouverts; offrande de grand prix, à cause des cordages qu'on en retire. Au bout d'une demi-heure, cette fête, qui a coûté de si grands apprêts, se trouve terminée; le temple se transforme en maison ordinaire, commune à tous ceux qui veulent s'y rendre, s'y établir, s'y coucher, y faire du feu, etc., ayant soin seulement de ne pas toucher aux cendres, de crainte que l'île ne devienne enchantée. Cette maison, ou temple d'Hannoulappé, est le séjour ordinaire des malades; mais personne ne se hasarderait à y demeurer seul, parce que l'esprit d'Hanno y réside.

Nos lecteurs liront peut-être avec intérêt quelques détails sur la construction et la navigation de ces insulaires, enchaînés pour ainsi dire à la mer, par la position et la conformation de leurs îles et par le commerce qu'ils entretiennent. Leurs pirogues sont faites en bois de l'arbre à pain; elles sont fort simples, et toutes pourvues d'un *outtrigger*. Ils en ont de toutes les grandeurs; les plus petites ne portent pas même deux ou trois hommes; les plus grandes, qui ont trente ou quarante pieds de longueur, peuvent contenir dix à quinze hommes. Ces dernières, qui ne sont dirigées qu'au moyen de voiles, sans rames, s'emploient principalement en hiver, quand ils voyagent en famille; mais, en été, ils vont souvent en mer sur des pirogues beaucoup plus petites (voy. *pl.* 99).

En s'éloignant des côtes à des distances auxquelles les anciens navigateurs n'avaient jamais eu la témérité de songer, il est clair que les Carolins doivent employer les mêmes moyens qui ont servi aux premiers pour diriger leur route. Comme eux, ils observent le cours des astres, et ont des noms pour toutes les étoiles remarquables; ils les réunissent en constellations, auxquelles ils attachent de certaines idées. Ils disent, par exemple, que les quatre étoiles principales d'Orion représentent deux hommes et deux femmes, etc.; ils divisent l'horizon en vingt-huit points, dont chacun tire son nom d'une étoile remarquable qui s'y lève ou s'y couche, de manière que les rhumbs également éloignés des points cardinaux, ont les mêmes noms; mais tous ceux de la partie ouest de l'horizon sont précédés du mot *Tolone*, qui signifie probablement se coucher.

Chaque jour d'un mois lunaire a son nom particulier, et, dans quelques groupes d'îles, on distingue même les différentes périodes de la journée. Ils cherchent toujours à se mettre en mer d'après certains pronostics qui leur indiquent l'époque où le temps sera favorable et fixé au beau; ils profitent du clair de lune pour se mettre en route, se dirigeant durant le jour d'après le soleil, et la nuit d'après la lune et les étoiles; ils arrivent ordinairement à bon port au lieu de leur destination. Si, par hasard, ils ont un temps brumeux, ils tâchent de conserver la même route par rapport au vent, qui, entre les tropiques, est quelquefois assez constant pour servir de boussole pour un court trajet, mais qui néanmoins peut changer. C'est alors principalement qu'il leur arrive de s'égarer; dans ce cas, ils louvoient contre le vent, en cherchant d'aborder une île quelconque, pour avoir un nouveau point de départ: après s'être orientés, ils reprennent leur route. Mais si, par malheur, ils manquent toutes les îles, il ne leur reste qu'à périr en mer ou à être jetés sur quelque côte inconnue, souvent à une distance considérable. C'est ainsi que Kadou, cet Ulysse de la Polynésie, après une longue navigation, aborda à Radak, à 760 lieues plus à l'est que sa patrie qu'il cherchait en vain. Ces longs voyages faits contre le vent, s'expliquent aisément par la grande célérité de leurs pirogues, quand elles naviguent au plus près du vent, sans avoir recours, comme nous l'avons dit de Kadou, à une navigation de huit mois; chose tout à fait incroyable. Une bonne pirogue pouvait facilement parcourir environ 760 lieues en un mois. Il est bien excusable et bien naturel qu'au milieu des inquiétudes et des transes mortelles que dut éprouver cet infortuné voyageur, placé, comme il l'était, entre la vie et la mort, il ait pris sept ou huit semaines pour autant de mois.

Quand un Carolin désire faire construire une pirogue, il cherche d'abord dans toute l'étendue de l'île un arbre qu'il se procure d'un propriétaire en échange de nattes, cordes, ou autres objets d'industrie. Il peut compter sur l'assistance de ses compatriotes, qui ne tardent pas à l'aider à abattre le tronc, aussi près de la base que possible. Pour y parvenir, ils l'attaquent de tous côtés en le coupant circulairement jusqu'au cœur; précaution qu'ils regardent comme indispensable, pour que l'arbre en tombant ne se fende pas à sa base, ce qui le rendrait inutile pour la construction. Comme ils manquent de fer et que leurs haches sont peu propres à un tel travail, ils ne peuvent, malgré leurs efforts, avancer que lentement, et sont forcés de mettre des intervalles à leurs travaux, pour se soulager de la fatigue qu'ils leur causent. Ils travaillent un jour et se reposent les deux suivants. Ils veillent avec soin à ce que l'arbre, en tombant, n'endommage pas ceux qui l'entourent, car ils seraient tenus de les payer au propriétaire. L'arbre, une fois abattu, est traîné par le moyen de cordes au rivage, près de la maison commune, où on le laisse exposé aux rayons du soleil, couvert seulement de quelques branches, pendant l'espace de plusieurs mois, afin que le bois soit parfaitement sec avant d'en faire usage : c'est alors que les travaux commencent.

On ne trouve sur le groupe de Mourileu que trois constructeurs de canots. Celui que l'on choisit, commence par prononcer en public un discours, qui est en général très-long, ensuite il mesure, au moyen du pétiole d'un cocotier, les dimensions du tronc, fixe la longueur de la quille, et en indique les limites. C'est lui qui dirige les ouvriers et veille à ce que tous soient assidus à leur devoir. Dès que l'extérieur du tronc est grossièrement achevé, on commence à le creuser, ce qui se fait assez promptement, parce qu'il y a quelquefois plus de trente hommes chargés de cet emploi. Une barque à rames est, en général, l'ouvrage d'un jour. La proue et la poupe des pirogues ou canots, exigeant une attention toute particulière, doivent être faites séparément, et demandent le plus grand soin. Quelquefois on abat inutilement plusieurs arbres avant de réussir à trouver ce qui convient à cet effet. Pour les côtés du canot, dont on s'occupe ensuite, il faut une autre espèce de bois. D'après ces détails, on pourra se former une idée de la difficulté et de la durée de ce travail; surtout si on examine les misérables outils dont se servent ces industrieux insulaires, et qui doivent suffire à tout ce qu'ils entreprennent. Aussi la joie est-elle à son comble, lorsqu'on est venu à ce point, et de grandes fêtes ont lieu à cette occasion; hommes, femmes, enfants, tout ce qui est en état de travailler, court à la pêche, et s'occupe à préparer les mets en usage parmi eux, et qui se composent de cocos, de fruits de l'arbre à pain, d'*arrow-root*, etc. Dès ce moment on s'arrange de façon à ne plus travailler que jusqu'au milieu du jour; alors on sert à manger, et ensuite on place de jeunes fruits du cocotier sous la pirogue, comme une offrande à Hanno. Cette cérémonie se répète tous les jours jusqu'à ce que la barque soit entièrement achevée. Ce n'est qu'alors qu'il est permis de se régaler de poisson, qu'on a fait cuire entre des pierres chauffées, et qu'on a conservé en le déposant dans des trous bien fermés. La proue et la poupe sont ensuite ornées de guirlandes de fleurs, et on n'attend qu'une occasion favorable pour lancer le nouveau canot qu'on vient de terminer et qui hérite du nom de quelque autre hors d'usage; car on en conserve toujours une partie quelconque pour la faire entrer dans le nouveau. Le constructeur du canot est dédommagé généralement de ses peines par un riche présent de nattes, de fruits, ou autres objets.

Je regrette infiniment, dit M. Mertens, de n'avoir que des notions vagues sur la manière dont les navigateurs de ces îles font leurs préparatifs lorsqu'il s'agit d'entreprendre un grand voyage. On ne m'a communiqué des détails que pour ceux de Roua, à la haute île de Rouch ou Ouléa, qui en est à peine à une distance de quatre-vingt milles maritimes. Pour ce voyage, qui est ordinairement l'affaire d'une journée, ils portent avec eux une douzaine de fruits de l'arbre à pain, qui sont grillés; on compose en outre un mets du jaquier, qu'on sert dans des coquilles. Les cocos ne sont pas oubliés ni le poisson, quand on peut s'en procurer.

M. Mertens ajoute encore que les principaux objets de leurs recherches, dans les différents voyages qu'ils entreprennent, sont le *mar* (espèce de pâte fermentée et préparée avec le fruit à pain, qui sert presque uniquement de nourriture pendant l'hiver), tout ce qui fait partie de l'habillement, ainsi que différents ustensiles propres au ménage. Arrivés à Ouléa, ils se rendent chez un hôte hospitalier, par lequel ils sont sûrs d'être cordialement reçus. Celui-ci, dès qu'ils arrivent, fait immédiatement son rapport au tamol, qui leur envoie dire de venir déposer chez lui leurs voiles jusqu'à leur départ de l'île; cette cérémonie leur assure la protection des lois. L'échange de leurs productions respectives a lieu le soir même. Les objets de commerce des habitants des îles basses sont des canots, des voiles, des rames, des cordages, des lances, des massues, des paniers, des nattes faites des feuilles du *pandanus*, des ustensiles, etc., qu'ils échangent contre des manteaux, des ceintures et autres articles d'habillement faits, pour la plupart, des fibres du bananier et de l'*hibiscus*, végétaux dont ces habitants sont presque entièrement privés; du mar, du tek, produit tiré d'une scitaminée qui donne une couleur orange des plus magnifiques; de la terre rouge, des pierres à chaux noires, dont ils font usage pour apprêter leur *arrow-root*. Les marchés conclus, ils laissent leurs habillements usés, pour être teints en noir, ce qui se fait gratis. Les jours suivants se passent en divertissements, pendant lesquels ils se contentent de mets composés du fruit à pain, de cocos, ainsi que des racines des aroïdées.

PRODUCTIONS, ALIMENTS, MALADIES ET CLIMAT (*).

Plusieurs productions des hautes îles, telles que les *yam*, espèce de racine qui ressemble à la pomme de terre, les oranges, les bananes, le fruit délicat du *cratæva* et la canne à sucre, ainsi que le poisson, qui y est très-abondant, sont défendus aux habitants des îles basses. Ces insulaires observent très-religieusement cette prohibition, parce qu'ils sont persuadés que le démon, qui fait sa résidence dans l'arc-en-ciel, les submergerait à leur retour, s'ils se rendaient coupables de désobéissance. A leur départ

(*) Nous empruntons ce chapitre à un petit mémoire précieux et presque inconnu du docteur Ch. Mertens, qui nous a laissé trop peu de détails sur l'intéressant archipel des Carolines, et dont les savants et les voyageurs doivent amèrement déplorer la perte récente.

de l'île, on charge leurs canots de *koie*, mets préparé avec des noix de jaquier d'une qualité inférieure; ce koie est très-nourrissant et d'une grande ressource pendant les disettes, qui sont assez fréquentes en hiver dans les îles basses; on n'exige jamais rien pour ce mets. Le voyage de retour demande au moins cinq jours, parce qu'ils doivent naviguer contre le vent; c'est alors que le talent du pilote doit se déployer, pour ne pas perdre, en louvoyant, la direction de Roua. Dès qu'ils reviennent d'un de ces voyages, on prépare au pilote un dîner à part, qu'on appelle *oedderé*, auquel il est strictement défendu qu'aucun autre prenne part. Avant que le pilote, qu'on nomme dans leur langue *apalla*, commence son repas, il prononce quelques paroles, apparemment des actions de grâces à Hanno. Presque toute la population, qui a concouru à préparer ce festin, est présente quand il goûte aux provisions qu'on lui offre, et qui sont toujours en grande abondance. Tout ce qu'il ne mange pas lui est réservé; on le porte aussitôt chez lui, c'est la seule récompense qu'il obtient de ses voyages; mais aussi il ne faut pas oublier que la plupart de ces expéditions sont entreprises par l'île en commun, et non par des particuliers. Le rang de pilote est des plus distingués. On pourra facilement se figurer de quelle considération ces pilotes jouissent, lorsqu'on apprendra qu'il n'y en a que deux à Roua : l'un est le vieux tamol lui-même, et l'autre le fils de sa sœur.

Nous avons vu plus haut qu'il y avait une espèce de chaux dont on faisait usage pour la construction des pirogues, afin de lier étroitement ensemble les planches qui les composent. M. Mertens donne quelques détails sur la manière dont ces insulaires la préparent, et qui prouvent que les tribus des divers peuples répandus sur le globe, ont recours aux mêmes moyens pour tirer avantage des différents produits que la nature leur a fournis. Les insulaires, pour préparer cette chaux, commencent par chercher de grandes masses d'un corail madréporique, qu'ils transportent à un endroit désigné près du rivage; ils y font un trou assez profond, qui communique avec un canal étroit, creusé à côté, et y font un feu de bois pour le bien chauffer; ensuite ils y mettent le corail, qu'ils recouvrent d'un treillage de feuilles pennées de cocotier, par-dessus lesquelles ils en placent d'autres, puis de vieilles nattes, ou ce qui se trouve sous la main. Après cette opération, ils comblent entièrement ce trou avec de la terre, du sable, etc. Au moyen du canal qui se trouve auprès du trou, ils y font entrer une aussi grande quantité d'eau que possible, et bouchent ensuite l'ouverture, afin que les vapeurs qui s'en exhalent y soient retenues. Ce corail reste ainsi disposé pendant quelques mois de suite; après quoi ils ouvrent ce trou très-soigneusement, et trouvent le corail transformé en une masse blanche très-caustique, de laquelle ils prennent une petite quantité à l'aide de coquilles; ils portent chez eux la portion qu'ils viennent de retirer, la frottent sur une planche pour en faire sortir les petites pierres qui s'y trouvent, mêlent ensuite ce mastic avec du charbon tiré de la spathe ou de l'enveloppe fibreuse des vieux fruits du cocotier, et il se trouve alors prêt à être employé. Il ne faut pas tarder à le mettre en usage, autrement il durcit, et on ne pourrait plus s'en servir.

On se sert des feuilles coriaces du *calophyllum* pour transporter cette chaux dans les différents endroits où on veut l'employer. Après s'en être servi, on a soin de la couvrir avec des feuilles pour qu'elle ne se sèche pas trop au soleil. Les naturels, lorsqu'ils veulent faire du feu, prennent généralement un morceau de bois d'une dimension quelconque, qu'ils tirent de l'*hibiscus populneus*. Ce bois est extrêmement léger; ils y font tout du long une espèce d'entaille, et le posent à terre, tandis qu'un autre prépare une baguette du même bois, taillée en pointe, qu'il place et soutient perpendiculairement dans cette entaille, en la tenant des deux mains, pendant qu'il la fait rouler d'un bout à l'autre, avec toute la force et la vitesse imaginables. Tout le succès dépend de l'habileté du rouleur et de la sécheresse du bois; quelquefois un seul roulement suffit pour produire un feu qu'on entretient avec la partie fibreuse du fruit du *baringtonia speciosa*, qu'on a eu soin de faire bien sécher d'avance. D'autres fois on emploie cette manœuvre des heures entières, avant d'obtenir le résultat désiré.

Le kava, boisson si généralement adoptée sur toutes les îles du grand Océan, n'est pas introduit dans l'île de Roua; il est vrai que les îles Mourileu ne produisent pas ce qui le compose. W. Floyd assura au savant docteur Mertens qu'on ne le connaissait pas non plus à Olla ou Rouch, ce qui est très-extraordinaire, car à Ualan, le *piper methysticum*, plante avec laquelle on prépare cette boisson, est si commune et si recherchée, que ce piper forme l'unique revenu des chefs de l'île.

Les Carolins des îles basses et particulièrement du petit groupe de Mourileu jouissent en général d'une très-bonne santé, mais ils ne sont pas exempts de maladies. Une petite vérole, nommée *roup*, règne chez eux; elle est même quelquefois très-dangereuse. Ils donnent aussi ce nom à une tout autre maladie qui cause de grands ravages; elle attaque d'abord la paume de la main et la plante des pieds. Dans le principe, les malades sont atteints d'un genre d'excoriation sèche; une quantité de chairs mortes se détachent et doivent être cautérisées au plus vite, pour prévenir les suites qui en résulteraient si on négligeait de prendre cette précaution. On parvient sûrement à guérir cette affreuse maladie, si l'on a recours à temps à ce remède violent. Une troisième maladie, enfin, qui porte aussi le nom de roup, est tout à fait incurable; c'est une espèce de lèpre (*herpes exedens*) qui détruit promptement l'organisation et rend hideux le malheureux qui en est atteint. L'éléphantiasis y règne aussi : M. Mertens vit plusieurs chefs qui en souffraient extrêmement. Le sarcome médullaire (*fungus hœmatodes*) perce à travers l'orbite de l'œil des enfants, de la même manière que chez nous. La cécité n'y est pas rare, et se déclare à tout âge indistinctement. Ces insulaires donnent le nom de *mack* à une espèce de goutte ; quelquefois les jointures en sont tout enflées ; d'autres fois, au contraire, on éprouve de grandes douleurs, mais sans aucune enflure ; ces douleurs sont presque toujours périodiques. Lorsqu'il s'agit de traiter un malade qui en est atteint, on a recours à l'acupuncture, opération qui se fait de la manière suivante : on fixe, au bout d'une petite baguette, une des dents qui se trouvent à la base de la queue du genre de poisson nommé *aspisurus* ; cette dent, attachée à la baguette de manière à former avec elle un angle droit, est appliquée sur la partie malade et enfoncée au moyen de petits coups qu'on donne sur cette baguette. L'*ichtyosis* y est très-commune ; on l'appelle *épisa*, et celui qui en est atteint *meidome*. Les commencements de cette maladie ne sont d'aucune conséquence ; l'individu qui souffre ne se plaint d'aucune douleur ou incommodité, à l'exception d'une démangeaison presque continuelle. Dès que ce symptôme se déclare, on interdit au malade la pêche et l'usage du bain, parce que l'effet de l'eau de mer redoublerait ses souffrances. A mesure que la maladie fait des progrès, l'exhalaison est très-désagréable. La peau du malade devient inégale, pèle continuellement, de manière à ressembler même à des écailles de poisson, et à former des figures que rappellent extrêmement celles des madrépores méandriques. Les enfants sont très-sujets aux aphtes ; cette maladie en enlève un grand nombre, quelques semaines après leur naissance.

Il y a des individus sur ces îles qui possèdent le secret de guérir différentes maladies ; on les consulte toujours ; ils font le plus grand mystère du traitement qu'ils ordonnent. On les dédommage de leurs soins avec libéralité, en leur donnant différents produits de l'île. On ignore absolument ce qui entre dans la composition des remèdes. W. Floyd, qui aurait bien désiré remplir les fonctions de médecin, parce qu'il prétendait avoir des connaissances dans cette partie, ne put jamais parvenir à apprendre la moindre chose sur les moyens dont ils se servaient pour guérir quantité de maladies ; ils tiraient une grande vanité de leurs cures. Plusieurs de ces insulaires sont assez adroits dans quelques légères opérations de chirurgie ; ils savent saigner, faire l'acupuncture, employer le moxa (*), cautériser, donner des lavements, remettre les parties démises, et ils soignent même assez bien les fractures.

Le climat de ces îles est ordinairement délicieux ; les chaleurs du tropique sont tempérées par la fraîcheur des vents et le voisinage de la mer. Durant l'été, on éprouve de grands calmes ; mais alors la rosée et le serein rafraîchissent l'air. La quantité prodigieuse de pluie qui tombe dans cette saison la rend souvent désagréable ; ces fortes pluies durent quelquefois vingt-quatre heures, et souvent même plusieurs jours de suite. Les averses, au reste, n'y sont jamais rares dans aucune saison ; il ne se passe pas cinq ou six jours sans qu'il en tombe ; quoiqu'elles soient si fréquentes, les habitants y sont très-sensibles, surtout les femmes et les enfants qui les craignent d'une manière étonnante. Ce n'est que lorsqu'il y a de jeunes fruits de l'arbre à pain qu'aucune ondée ne pourrait les retenir ; dès lors il n'y a plus d'obstacles, parce qu'il s'agit de chercher ces fruits ; une telle jouissance mérite bien qu'on se donne quelque peine.

Le temps qui, chez eux, correspond à nos mois de janvier et février, est le plus désagréable de l'année ; de grands vents se font sentir très-fréquemment. A cette époque les insulaires ne

(*) Les Carolins doivent avoir appris des Chinois et des Japonais l'usage du moxa et de l'acupuncture. G. L. D. R.

quittent jamais l'île. Vers ce temps, le tonnerre (*bat*) et les éclairs (*fi-fi*) leur causent de vives inquiétudes. Ces phénomènes leur inspirent la plus grande terreur, et en même temps une haute vénération. Lorsqu'ils veulent se venger d'un ennemi, ils se rendent, pendant l'orage, chez les vieux élus, leur portent des offrandes qui consistent en fruits, en nattes, etc., et les prient de conjurer la foudre pour l'écraser. Ce serait pourtant faire tort à ce bon peuple, si l'on n'ajoutait pas qu'ils retournent quelques heures plus tard avec de nouvelles offrandes, encore plus précieuses, pour les prier d'apaiser l'orage, et d'apaiser leur ennemi.

Il est probable que ces îles sont sujettes aux tremblements de terre, car de grandes fentes qu'on découvre dans le récif sur lequel repose le groupe d'Ouléaï, prouvent clairement qu'elles n'en sont pas exemptes.

Les pluies fréquentes, et plus encore un petit scarabée noir, causent un grand dégât aux toits des cabanes, de sorte que ces insulaires sont forcés de les renouveler régulièrement deux fois par an; ils feraient même bien mieux de les renouveler quatre fois. Ces toits sont faits des feuilles du cocotier. A chaque reconstruction, les femmes des ouvriers, au nombre desquels le propriétaire est toujours le premier, préparent un joli petit repas.

Les rats sont aussi un très-grand fléau pour ces îles ; ces animaux, dont la quantité est énorme, détruisent toutes les provisions des indigènes. On raconta à M. Mertens qu'à Olla les rats avaient enlevé une quantité considérable de *mar*, et l'avaient portée dans une grotte souterraine, ce que quelques enfants découvrirent à la grande satisfaction de tous les habitants. Pour guérir avec succès les piqûres de la scolopendre, dont le nombre est très-grand dans ces îles, on prescrit une saignée à l'endroit même de la piqûre. Les moustiques y abondent pendant la saison pluvieuse. Pour s'en garantir pendant la nuit, les indigènes font de très-grands sacs, ouverts seulement d'un côté, et s'en couvrent entièrement.

SOMMAIRE DE L'HISTOIRE DES DÉCOUVERTES DANS CET ARCHIPEL.

Le navigateur espagnol Lazeano découvrit en 1686, au sud de Gouaham, une grande île, qu'en honneur du roi Charles II il appela *la Carolina*. Après lui, d'autres, rencontrant d'autres îles, et supposant qu'elles étaient la même que celle qui avait été découverte par Lazeano, leur appliquèrent le même nom, qui s'étendit ainsi à toutes les îles situées dans cette partie du grand Océan.

Les missionnaires jésuites du collége de Manila furent les premiers qui firent connaître que ces îles étaient habitées par un peuple bon et humain, s'occupant de navigation et de commerce. Ce fut assez pour éveiller le zèle de ces pères, et leur inspirer le désir de porter la lumière de la religion chez un peuple qui donnait de si belles espérances. Le P. Juan Antonio Cantova, qui habitait Gouaham, fit connaissance avec des Carolins jetés, en 1721, sur les côtes de cette île, et recueillit d'eux des renseignements détaillés, tant sur la situation que sur le gouvernement et les mœurs de ces îles. Cantova les visita l'année suivante, et depuis y répéta fréquemment ses visites apostoliques ; avec quel succès? on l'ignore. Enfin, en 1731, il fonda une mission sur l'île Falalep (groupe d'Ouluthy), et, peu de temps après, fut tué sur l'île voisine, Mogmog, ce qui mit fin aux relations des Espagnols avec les îles Carolines.

Les renseignements recueillis par les missionnaires, dit Lütke, à qui nous empruntons ce sommaire, les cartes qu'ils dressèrent sur les indications des insulaires, et principalement la carte de Cantova, furent, pendant près d'un siècle, les seuls guides des géographes européens. Les missionnaires, en recevant des notions assez exactes sur le nombre et la position respective des îles, ne purent déterminer avec la même exactitude leur grandeur et leurs distances réciproques. Il arriva de là que ces îles, à peine visibles sur l'eau, mais qui, non moins que les grandes, avaient toujours chacune leur nom, furent désignées par eux comme ayant quelques milles d'étendue, et que des groupes de dix ou quinze milles de tour occupèrent un espace de quelques degrés : ce qui forma sur leurs cartes un labyrinthe inextricable, et ce labyrinthe passa dans sa forme primitive sur toutes les cartes marines. Les navigateurs s'en éloignaient comme de Charybde et Scylla ; quelques-uns, plus hardis que les autres, le traversant dans diverses directions, s'étonnèrent de ne pas trouver même des indices de terre là où ils s'attendaient à rencontrer des archipels entiers ; et ceux à qui il arriva de découvrir des îles, sans s'inquiéter de connaître leurs noms originaires, afin de prouver l'identité de leur découverte avec les anciennes, furent ravis de l'occasion d'immortaliser le nom de quelques-uns de leurs amis ou le leur propre, en l'insérant sur la carte ; ils ajoutèrent des îles nouvelles, sans faire disparaître les anciennes, ce qui ne fit qu'augmenter la confusion. Les noms indiens qu'on rencontre répétés plusieurs fois, et qui sont souvent inintelligibles à cause de la différence de prononciation dans les divers groupes de l'archipel, et parce qu'ils sont défigurés par l'orthographe dissemblable des voyageurs, se mêlèrent à des noms européens, quelquefois non moins étranges que les premiers. Il résulta de tout cela un tel chaos, que les géographes les plus pénétrants désespérèrent de pouvoir le débrouiller, et quelques-uns se décidèrent à écarter la difficulté en tranchant le nœud gordien, c'est-à-dire, en ne portant point ces îles sur leurs cartes, dans la supposition que la plupart d'entre elles n'existaient pas. Ils tombèrent ainsi dans l'excès opposé ; mais il était difficile d'éviter l'une ou l'autre de ces extrémités.

Le docteur Chamisso fut le premier qui répandit quelque lumière sur ce chaos. Son heureuse rencontre avec Kadou, natif d'Ouléaï, et plus tard avec don Luis Torrès à Gouaham, lui donnèrent la possibilité de reconnaître l'identité de quelques nouvelles découvertes avec les anciens noms ; mais, dit Lütke, le manque de notions certaines laissa toujours un vaste champ ouvert aux conjectures, dans lesquelles le savant voyageur ne fut pas toujours heureux : ainsi, par exemple, sa comparaison du groupe d'Ouléaï avec celui de Lougoullos manque entièrement de justesse ; car les noms du premier appartiennent à de petites îles qui forment un petit groupe, et les derniers sont les noms de groupes séparés, dont quelques-uns sont plus grands qu'Ouléaï tout entier. La carte qu'il a publiée, ainsi que celle de Cantova, n'a pas été d'une grande utilité pour la géographie.

Pendant que M. de Chamisso écrivait ses intéressants mémoires sur les îles Carolines, la corvette française *l'Uranie*, traversant cet archipel du sud au nord, reconnut trois de ces îles, Sooug, Poulouot et Fanadik, auxquelles furent alors appliqués leurs véritables noms, quoiqu'elles eussent été déjà vues auparavant par des navigateurs européens. Dans son séjour de deux mois à Gouaham, le capitaine Freycinet put profiter, à un bien plus haut degré que son prédécesseur Chamisso, des journaux et des informations verbales de don Luis, et il eut en outre l'occasion de recueillir plusieurs renseignements des Carolins qui se trouvaient aux îles Mariannes. Le chapitre sur les îles Carolines, dans le voyage de *l'Uranie*, contient beaucoup de notions ethnographiques très-curieuses ; mais il manquait encore une base solide pour résoudre en un seul système général les connaissances géographiques de ces insulaires, et voilà pourquoi la carte annexée à ce voyage était encore imparfaite.

Quelques années après, le capitaine Duperrey, traversant l'archipel des Carolines de l'est à l'ouest, détermina la position de quelques îles et de quelques groupes, et, entre autres, de Hogoleu (Roug sur la carte de Lütke), de Sataoual (ou Sotoan) et de Pygheila. Vint ensuite le capitaine D. d'Urville qui reconnut l'île Gouap et recueillit des indigènes d'Élivi des renseignements sur leurs îles.

Tel était l'état dans lequel se trouvait la géographie de l'archipel des Carolines, lorsque *le Séniavine* entreprit son exploration.

Nous ne saurions mieux terminer qu'en ajoutant les excellentes observations du capitaine Lütke sur l'ensemble de cet archipel et sur ses propres travaux :

« Les notions et les reconnaissances dont nous venons de parler, dit le savant et véridique navigateur russe, allégèrent de beaucoup notre tâche, en servant pour ainsi dire de jalons auxquels nous pûmes rapporter nos propres travaux, et surtout les renseignements recueillis peu à peu dans divers endroits parmi les insulaires, et à l'aide desquels notre navigation put être dirigée de manière à ne laisser que le moins possible d'îles sans détermination. C'est ainsi que les connaissances géographiques des insulaires carolins, insuffisantes pour la science, quoique étendues pour les sauvages, et qui avaient produit une si grande confusion dans les cartes, ont elles-mêmes servi à leur propre éclaircissement.

« Lorsqu'on aura trouvé les points correspondants à la foule de noms d'îles, de bancs, hauts-fonds, etc., recueillis dans différents temps, on pourra lors être sûr qu'il n'y a plus de dangers inconnus dans l'archipel des Carolines; car on peut supposer avec vraisemblance que ces insulaires connaissent tous ces points dans leur archipel. Il est très-peu de ces noms, sur lesquels les géographes ont été dans l'incertitude, que nous n'ayons placés. Réservant pour la partie géographique du voyage les détails de nos recherches à ce sujet, nous ne mentionnerons ici que les deux ou trois principales.

« Nous entendîmes parler, dans plusieurs endroits, de l'île haute d'Arao; elle était connue de Floyd, et elle fait partie de la liste de Louïtou; il ne peut donc rester de doute sur son existence. Cette île, au dire des Carolins, est située entre l'est et le sud-est de Pouïnipet, à la distance de six ou huit jours de navigation; elle est plus petite et plus basse que cette dernière, et il se trouve entre les deux quelques petits et bas groupes où l'on s'arrête pour se reposer. Si, à cette description, qui correspond parfaitement à la situation respective de Pouïnipet et d'Ualan, on ajoute encore qu'ils n'indiquent à l'est de Pouïnipet aucune autre île haute que Arao, et qu'il n'est pas vraisemblable que Ualan leur soit connu, il ne restera presque plus de doute sur l'identité de ces deux îles. Mais la circonstance suivante m'empêche de me prononcer positivement à ce sujet. Floyd racontait que, cinq ans avant son arrivée à Roua, une pirogue de cette île avait été portée par un vent d'ouest à Pouïnipet, dont les habitants reçurent très-bien leurs hôtes, et qu'ils allèrent ensuite ensemble avec eux à Arao, où ils échangèrent une quantité de la racine qui donne la poudre jaune. Floyd ajoutait que les Pouïnipètes ont des relations constantes avec Arao, pour se procurer cette racine dont ils ont très-peu, ainsi que des nattes et des tissus. Si tout cela est vrai, alors Arao ne peut pas être Ualan, parce que, dans ce cas, nous eussions dû trouver, à ce qu'il semble, quelques traces de nos relations. Tous ces efforts, au contraire, pour savoir si les Ualanais connaissent quelques autres îles, furent toujours inutiles. On disait aussi qu'il n'était pas permis aux autres insulaires qui venaient à Arao de parcourir librement cette île. Cela non plus ne ressemble pas à Ualan. Ainsi, c'est une question qui doit rester encore douteuse, jusqu'à ce que le temps l'ait éclaircie.

« Kadou fait mention du bas groupe de Taroa, et nous en entendîmes aussi parler à Lougounor et dans d'autres endroits. Nous ne pouvons, même approximativement, déterminer sa position, sachant seulement qu'il est situé au sud de l'île Arao.

« Nous avons déjà parlé de l'île ou du

groupe Pyghiram. D'après les informations reçues à Lougounor, il est situé directement au sud de ce dernier groupe, et au sud-ouest 1/4 ouest de Mougouor; par conséquent, par 206° 1/4 de longitude, et par environ 2° 20′ de latitude nord.

« La position des îlots Pig et Orolong est à peu près connue : le premier est situé entre Fanadik et Pyghella, et le dernier à l'est du groupe Mourileu; il ne sera donc pas difficile de les trouver.

« Toutes ces îles une fois reconnues, on pourra regarder la découverte de l'archipel des Carolines comme entièrement terminée. Sans compter les îles d'Yap et de Pally, jusques auxquelles notre exploration ne s'est pas étendue, l'archipel des Carolines se compose de quarante-six groupes, renfermant jusqu'à quatre cents îles (*). Dans les deux campagnes du *Séniavine*, il a été reconnu vingt-six groupes ou îles séparées, dont dix ou douze sont de nouvelles découvertes : archipel, ce semble, assez considérable ! N'est-il donc pas étrange de dire que si, en exceptant les hautes îles d'Ualan, de Pouïnipet et de Roug, on réunissait toutes les autres, et qu'on les plaçât ainsi au haut de la flèche de Pétropavlovsky, elles couvriraient à peine tout Saint-Pétersbourg et ses faubourgs! Telle est la formation des îles de corail. Les longueurs de toutes les îles basses, ajoutées ensemble (je ne compte pas les récifs), forment vingt-cinq milles d'Allemagne; la largeur de très-peu d'entre elles va au delà de cent toises, et la moitié sont encore au-dessous de cette mesure. En prenant la moyenne de cent toises, on aura une surface moindre qu'un mille carré d'Allemagne.

« Il est difficile ici, comme partout, de déterminer la population. Un calcul, même approximatif, ne peut cependant pas être sans intérêt, à cause de la grande différence qui existe entre la population contenue ici sur un espace carré de terrain, et celle que l'on y trouve dans les autres pays. Nous supposons la population des îles basses ainsi qu'il suit :

	hommes faits.
Mortlok	300
Ngarik	30
Namolouk	40
Namonouïto	150
Namourrek et Élato	100
Olimaran	25
Ifalouk	150
Eourypyk	30
Ouléaï	350
Farroïlap	60
Mourileu	150
Fananou	150
Faï	100
Ouluthy	200
Îles que nous n'avons pas vues :	
Palelap et les îles attenantes	60
Îles vues par le capitaine Freycinet	110
Louazap	80
Sataoual	40
Sorol	30
Nougouor	200
Pyghiram	150
TOTAL	2490

« Ce calcul est fort éloigné, tant des indications du chef carolin Louïto, que de la notice trouvée par le capitaine Freycinet dans les archives de la ville d'Agagna, et basée sur les indications d'un autre chef, parce que les unes et les autres sont exagérées outre mesure. Citons un exemple : Dans le seul groupe de Namourrek, le premier compte mille quatre cents individus, et le dernier deux mille; tandis que les trois groupes contigus, étant pris ensemble, contiennent moins d'une verste carrée, et ne peuvent certainement pas nourrir plus de trente familles. En ce qui concerne les principaux groupes, comme Lougounor, Ifalouk, Ouléaï, Mourileu, etc., ainsi que l'île de Faïs, notre calcul ne s'éloigne probablement pas beaucoup de la vérité.

« Pour les autres, nous avons dû établir par approximation, ou d'après le nombre des pirogues que nous avons vues, ou sur la comparaison de l'étendue de territoire avec d'autres endroits. Ainsi, toutes les îles basses, depuis Ualan jusqu'à Mogmog, peuvent con-

---

(*) Grâce à l'étendue que nous avons donnée à cet archipel, en y comprenant les îles Péliou et leurs annexes, ainsi que les groupes de Ralik et de Radak, et le grand groupe de Gilbert, nous en trouvons environ 600.   G. L. D. R.

tenir deux mille cinq cents hommes faits, et des deux sexes environ cinq mille âmes, sans compter les enfants. Nous comptâmes à Ualan huit cents individus des deux sexes, et à Pouïnipet environ deux mille. Nous n'avons aucun renseignement sur la population de Roug. D'après sa grandeur, on ne peut l'estimer à mille individus. Ainsi, la population de tout l'archipel des Carolines (excepté Éap et Pally) serait d'environ neuf mille âmes.

« La population des îles paraît, au premier coup d'œil, au-dessus de toute proportion avec celle de grandes îles, puisqu'elle donne cinq mille individus par mille carré. Cela dépasse de beaucoup les parties les plus peuplées de l'Europe. Mais la population des îles de corail ne peut, en aucune manière, être comparée avec la population d'un continent. Là, d'après le principe ordinaire d'arithmétique politique, on ne fait point entrer en compte les deux tiers du territoire, considérés comme stériles et inhabitables, et malgré cela l'on suppose qu'un mille carré peut nourrir trois mille individus. Il n'y a point d'endroits stériles sur les îles de corail. La bande étroite dont une île est formée est entièrement couverte de plantes et d'arbres à fruit. La mer baigne le pied des cocotiers, dont les cimes, chargées de fruits, pendent souvent au-dessus de l'eau à quelques toises du rivage. Ce que nous appellerions un marais, est le terrain le meilleur pour diverses plantes dont les racines donnent une substance farineuse (*arum esculentum* et *macrorhizon*, *tacca pinatifida*, etc.). La disproportion devient par là moins grande. Mais si nous ajoutons les îles hautes, dont trois seulement sont connues dans cet espace, la proportion change alors entièrement. L'île d'Ualan contient un mille et demi carré; Pouïnipet six milles carrés. L'étendue de Roug n'est pas exactement connue; mais on peut supposer que les deux îles sont une fois et demie plus grandes que Pouïnipet, c'est-à-dire, que leur surface est de neuf milles carrés; toutes ensemble donnèrent seize et demi, et avec les îles basses, dix-sept milles et demi carrés, ou cinq cents individus par mille carré; ce qui est moins que dans tous les États de l'Europe, la Russie et la Suède exceptées. Cela provient de ce que, dans les îles hautes, les bords de la mer sont seuls habités, et que l'intérieur n'est qu'un fourré impénétrable. »

OBSERVATIONS DU CAPITAINE LUTKE SUR L'ORIGINE ET LE CARACTÈRE DES CAROLINS.

Les habitants, non-seulement de l'archipel des Carolines proprement dit, mais encore ceux de l'archipel de Radak, situé plus loin vers l'est, et peut-être aussi ceux des îles Mariannes, ainsi que l'indique la comparaison de leurs langues, sont les rejetons d'une seule et même race. Tous les voyageurs et ethnographes, autant que je sache, sont, au reste, d'accord à ce sujet, mais les opinions ne sont pas aussi concordantes relativement à la souche de laquelle ils sont sortis. Le docteur Chamisso les regarde comme étant de la même race malaise que toutes les tribus qui peuplent la Polynésie orientale; opinion partagée également par le célèbre Balbi. Un voyageur généralement considéré, M. Lesson, les rapporte, au contraire, à la race mongole, en faisant d'eux un rameau particulier, qu'il appelle Mongolo-Pélagien.

Cette opinion s'appuie principalement sur deux considérations : la constitution physique des habitants (la position oblique des yeux, la couleur du corps jaune clair ou citron) et les traces de quelques coutumes et de quelques arts; le pouvoir des chefs, l'oppression des classes communes, les chapeaux de formes chinoises, les tissus, la boussole, la vernissure des pirogues. Le savant voyageur auquel on doit ces observations sur les Carolins, les a principalement puisées à l'île d'Ualan, aux habitants de laquelle ces remarques sont en effet applicables en partie. Nous remarquâmes aussi parmi les hommes de cette île quelques individus qui avaient les yeux étroits et obliques (comme, par exemple, Néna, dont il est si souvent question dans notre récit); mais la plus grande partie d'entre eux avaient une figure tout autrement conformée; et parmi les femmes, nous ne trouvâmes pas là une seule physionomie mongole. Les chefs de cette île passent dans leurs maisons leur vie oisive et insouciante, ne s'exposent que rarement aux ardeurs du soleil, ou à la froideur des vents; voilà pourquoi la couleur de leurs corps est moins foncée que celle de leurs vassaux, dont la peau châtaine ne diffère en rien des autres peaux de l'Océanie. Nous avons aussi parlé en son lieu de l'assujettissement des Ualanais à leurs chefs. Mais quand même les remarques de M. Lesson seraient justes dans toute leur étendue, relativement à tous les habitants d'Ualan, la question, malgré cela, ne serait encore qu'à moitié résolue; car, en les appliquant aux autres Carolins, nous trouverons de grandes différences. Leurs grands yeux saillants, leurs lèvres épaisses, leurs nez retroussés présentent un contraste frappant avec la physionomie des Japonais et des Chinois, et une grande conformité, au contraire, avec les physionomies des habitants des îles de Tonga et de Sandwich; conformité que nous trouvâmes s'étendre à tout leur extérieur. La couleur châtaine de leur corps n'est pas même cachée sous la couche de jaune dont ils se frottent.

La gaieté bruyante qu'ils manifestent tous en général, l'égalité qui règne entre eux, le pouvoir extrêmement borné des tamols, ne permettent pas d'apercevoir même des traces de la servilité mongole.

La manière dont ils préparent leurs tissus (voy. *pl.* 294), est tout à fait différente de celle qui est en usage dans l'Océanie orientale, et atteste sans aucun doute qu'ils descendent d'un peuple chez lequel les arts florissaient; mais ce peuple pouvait tout aussi bien être de race indienne que de race mongole. Leurs chapeaux coniques ressemblent beaucoup à ceux des Chinois, et l'on ne peut s'empêcher de croire, en les voyant, que c'est d'eux qu'ils les ont empruntés; mais ils ne prouvent pas plus leur origine chinoise, que leurs manteaux, semblables aux ponchos de l'Amérique du sud, ne prouvent qu'ils sortent de la race des Araucanos, ou que les casques et les manteaux trouvés aux îles Sandwich ne prouveraient que leurs habitants sont les descendants des Romains. On peut en dire autant des longs ongles que nous remarquâmes sur quelques chefs lougounoriens; qu'il leur aura été facile d'emprunter ces coutumes chinoises aux îles Philippines, couvertes d'émigrés de cette contrée, ou même de quelques Chinois jetés accidentellement sur leurs îles. Ce même voyageur parle de la boussole en usage chez les Carolins. Si cet instrument eût été trouvé chez eux par les premiers Européens qui les visitèrent, il y aurait alors fortement lieu d'en conclure qu'ils descendent des Chinois, qui le connaissaient bien avant les Européens; cependant, encore à présent, les Carolins, qui visitent annuellement des colonies européennes et des bâtiments qui passent devant leurs îles, ignorent entièrement l'emploi de la boussole, et ne la connaissent que parce qu'ils la voient sur ces navires. Le lustre que les Carolins savent donner à leurs pirogues est aussi considéré comme une des traces de l'art des Chinois et des Japonais, et il faut convenir, en effet, que leurs pirogues légères, jolies, ressemblent beaucoup plus à la vaisselle vernie de ces derniers qu'à leurs laides et lourdes jonques.

Enfin, si le Japon était le berceau des Carolins, on ne saurait comprendre comment toutes les traces de leur langue primitive auraient pu si complétement s'effacer. Dans notre recueil de mots des divers dialectes carolins, il ne s'en est trouvé que deux qui aient quelque idée de ressemblance avec des mots japonais; savoir *liti*, mamelles (en japonais *tsi-tsi*), et *fouen-mas*, feuille d'oranger, ressemblant à *kfou-nen-bo*, qui en japonais signifie orange. On y trouve, au contraire, plus de vingt mots, ou qui sont tout à fait les mêmes, ou qui ont une grande ressemblance avec des mots de la langue des îles de Tonga. Des dix principaux noms de nombre de cette dernière langue, il n'y en a pas moins de sept qui sont les mêmes que les noms correspondants dans les dialectes carolins; et ce qui est remarquable, une partie d'entre eux a plus de ressemblance avec les noms ualanais, et une autre partie avec les noms lougounoriens. Kadou, né à Ouléaï, après quelques jours de communication avec les habitants des îles Sandwich, put s'expliquer librement avec eux. En pesant toutes ces considérations, on ne peut qu'être convaincu que les dialectes carolins dérivent de la même racine que la langue des îles des Amis, Sandwich et autres, c'est-à-dire, de la racine malaise.

Les pirogues, les instruments, même plusieurs coutumes et cérémonies, non moins que l'apparence extérieure des Carolins, rappellent les insulaires de la Polynésie orientale. Les pirogues des uns et des autres portent également un balancier d'un côté, sont pourvues d'une voile de nattes triangulaire et de pagaies, et ont la poupe et la proue semblables; et si les uns décorent leurs pirogues de figures sculptées et d'autres d'un vernis; si les uns joignent ensemble deux pirogues afin de pouvoir porter un plus grand nombre de guerriers, tandis que d'autres rendent les leurs capables d'entreprendre des voyages lointains, nous trouverons la cause évidente de cette diversité dans la direction différente qu'a prise leur civilisation. Les uns se sont adonnés exclusivement à la guerre, et les autres à la navigation et au commerce; chez les uns, la pensée dominante est la gloire; chez les autres, le gain; de là la différence de mœurs, et peut-être aussi cette circonstance remarquable, que les Carolins ne connaissant pas l'idolâtrie, si générale dans les autres archipels, leurs entreprises pacifiques, auxquelles les passions n'ont point de part, ne peuvent qu'être agréables à l'Être suprême, et ne demandent pas de sacrifices sanglants; leur succès dépend de leur propre habileté, et ils n'ont par conséquent pas besoin de recourir à des divinations sanguinaires pour interroger le sort. Les mêmes haches de pierre et de coquillage, les mêmes hameçons, le tol des Carolins et le maro des Océaniens orientaux, les danses-pantomimes très-ressemblantes, le même moyen de se procurer du feu, la cuisson des fruits dans la terre, le séka à Ualan, et le kava à Taïti et autres îles, préparés l'un et l'autre de la racine d'une espèce de poivrier, tous ces traits de ressemblance seraient-ils donc l'effet du hasard? On pourrait citer beaucoup d'autres exemples; mais il semble que c'en est assez pour convaincre que les peuples dont nous parlons sortent d'une même souche. Nous devons seulement remarquer encore que les Carolins, tant dans leur apparence extérieure que sous d'autres rapports, ont plus de ressemblance avec les habitants des îles de Tonga qu'avec les insulaires des autres lieux de la Polynésie. Dans les maisons particulièrement consacrées à la Divinité, il n'y a point, aux îles de Tonga, de sculptures d'idoles difformes; leurs prêtres ne forment point une classe distincte, mais se confondent avec les autres classes; la mémoire des chefs décédés se conserve parmi leurs descendants, et leurs tombeaux sont regardés comme sacrés; les hommes se conduisent avec égards envers les femmes et ne les surchargent pas de travaux; les femmes se distinguent par leur chasteté et leur attachement à leurs maris, et les deux sexes par une pureté de mœurs qui n'est pas ordinaire dans les îles de la Société, de Sandwich et autres; ils observent dans leurs entretiens une décence et une politesse particulières : tous ces caractères de différence entre les insulaires de Tonga et les autres sont autant de traits de ressemblance entre eux et les Carolins. On peut encore ajouter à cela les cérémonies observées en buvant le kava à Tonga, et le séka à Ualan.

Un examen circonstancié de leur état politique, de leurs idées religieuses, de leurs traditions, de leurs connaissances et de leurs arts, pourrait nous conduire plus sûrement à la découverte de leur origine; mais nous manquons jusqu'ici d'une base suffisante pour un pareil examen. Il n'est pas vraisemblable que la passion pour les courses maritimes lointaines, souvent avec des familles entières, et sans autre but que celui de s'amuser sur une autre île, que l'observation des étoiles, indispensable pour ces entreprises, la division de l'horizon, l'observation des périodes lunaires, il n'est pas vraisemblable, dis-je, que tout cela ait originairement pris naissance parmi des peuplades disséminées à de grands intervalles l'une de l'autre sur des îlots de corail, qui ne pouvaient que faiblement fournir à leur existence. Nous sommes persuadés qu'ils doivent descendre d'un peuple chez lequel la civilisation avait déjà fait de grands progrès, d'un peuple commerçant, navigateur; et ici la vraisemblance nous indique de nouveau la race indienne passionnée pour les voyages, plutôt que les Chinois et les Japonais qui ne quittent point leurs foyers (*).

Les voyages maritimes des Carolins sont dignes d'exciter l'étonnement. Outre une grande audace et même de la témérité, ils exigent la connaissance détaillée des lieux. Ces insulaires déterminent avec une exactitude surprenante la position respective de toutes les îles de leur archipel, ainsi que nous pûmes nous en convaincre par plusieurs expériences; mais quant aux distances, leurs indications sont beaucoup plus vagues: ainsi que tous les peuples encore dans l'enfance de la civilisation, ils n'ont pour cela qu'une seule mesure incertaine et variable, la durée du voyage. D'Ouléaï à Feïs, la distance en ligne droite est de quatre cent dix milles; ils comptent avec un bon vent deux jours, et par un faible vent trois jours de navigation; quatre jours pour le retour, parce qu'il faut louvoyer; de Mogmog cinq jours; d'Ouléaï à Namourrek, cent cinquante milles, deux jours. Toute distance au-dessous de cinquante milles est comptée pour un jour, l'une fût-elle deux ou trois fois moindre qu'une autre. Les accidents sont moins fréquents qu'on ne devrait s'y attendre dans un pareil genre de navigation; ils ont lieu surtout dans les mois où il n'y a point de fruits à pain, qui répondent aux mois d'hiver de l'hémisphère boréal. Les fortes tempêtes n'arrivent que deux ou trois fois par an; mais alors quelques pirogues deviennent ordinairement leurs victimes. Il y eut en novembre une de ces tempêtes: elle commença du sud, et passa, par l'ouest au nord, sur le groupe de Mourileu et sur ceux du voisinage; elle renversa un grand nombre d'arbres à pain et dispersa plusieurs pirogues. Dans cette saison les Carolins ne vont en mer que sur les grandes pirogues; mais en été ils y vont même avec les petites qui ne portent pas plus de quatre hommes. Ils tâchent de choisir pour leur navigation un temps sûr et le clair de lune. La nuit ils gouvernent d'après les étoiles et la lune; le jour d'après le soleil. Si le ciel se couvre de nuages, ils se dirigent d'après le vent jusqu'à ce que le temps s'éclaircisse, et c'est le plus souvent alors qu'ils s'égarent de leur route. Ils n'ont point de remarques sûres pour prévoir l'état du temps; mais ils ont en place des sorciers qui, en chantant et en agitant un paquet d'herbes attaché au bout d'un bâton, savent disperser les nuages. Ces moyens leur suffisent ordinairement, parce que ce n'est que dans des cas très-rares que leur navigation avec un vent favorable dure plus de trois jours; en louvoyant contre le vent ils risquent

---

(*) L'honorable M. Lütke commet ici une double erreur. Les lois de Manou défendent aux Hindous de quitter leur pays. Les Chinois, au contraire, voyagent dans toute l'Asie, et surtout dans la Malaisie où ils se sont établis, malgré les lois prohibitives de l'empire. Les Japonais ont eu jadis des relations fréquentes avec les Philippines, la Polynésie et une partie de la Micronésie, qu'ils ont peut-être colonisées, et dont les habitants seront retournés au Japon, à l'époque de la persécution des chrétiens par le gouvernement de ce pays. G. L. D. R.

moins de manquer le lieu qu'ils cherchent, et s'il leur arrive de le dépasser, ils tombent tôt ou tard sur quelque autre île et s'orientent alors de nouveau. Mais si par malheur ils ne rencontrent aucun des groupes jusqu'à celui de Lougounor, et qu'ils viennent à le dépasser, alors, en continuant de louvoyer, ils peuvent aller Dieu sait où, parce que les îles à l'est de ce groupe sont très-éparpillées. C'est par un de ces accidents que Kadou fut porté jusqu'à Radak. Il n'avait pas besoin pour cela de rester huit mois en route comme il le raconte. Dans la proportion suivant laquelle ils louvoient pour aller de Mogmog à Ouléaï, il pouvait s'élever en moins d'un mois d'Ouléaï à Radak. Il me paraît physiquement impossible de pouvoir se soutenir en mer pendant huit mois sans aucun moyen. Mais il ne serait point étonnant, dans la situation où se trouvait Kadou, que même huit semaines aient pu lui sembler être autant de mois.

Leurs provisions de bouche consistent en fruits à pain frais et fermentés (le houro) et en jeunes cocos. Ils prennent le houro en cas qu'ils viennent à s'égarer de leur route et à être portés sur quelque île déserte où il n'y aurait point d'arbres à pain; mais l'approvisionnement des fruits à pain frais est calculé pour toute la durée de la navigation. Pour les cuire, ils placent au milieu de la pirogue des corbeilles remplies de sable, dans lesquelles ils allument le feu. Ils ne prennent que peu d'eau douce dans des écales de coco. Il n'y a sur les pirogues ni mâts, ni vergues de rechange; leurs voiles de nattes sont si fortes que la vergue romprait plutôt que la voile ne se déchirerait. Dans les vents violents ils en diminuent la chute par le haut. Ils n'emploient aucune espèce d'ancre; pour retenir la pirogue ils l'attachent aux pierres avec des cordes; là où il n'y a point de pierres à découvert, ils plongent et attachent la pirogue à celles qui sont sous l'eau, pourvu que la profondeur le permette. Pour leur faciliter cette opération, Floyd leur conseilla d'employer les pierres au lieu d'ancre, et tâcha de leur enseigner à faire un nœud coulant; ils s'en tinrent pourtant toujours à leur ancien et pénible moyen. Dans les traversées de courte durée ils ne se couchent point pour dormir; et si la navigation est de quelques jours, ils vont dormir, sur les petites pirogues par un, sur les grandes par deux, mais jamais plus, sous le toit qui couvre le balancier. Par un grand sillage, deux, trois et même quatre hommes doivent être au gouvernail. L'action de gouverner la pirogue exige une attention continuelle. Leurs chefs sont ordinairement les premiers pilotes; voilà pourquoi, dans quelques endroits, pour s'exprimer à l'européenne, ils appelaient leurs chefs poulot (pilote).

OPINION DE L'AUTEUR SUR L'ORIGINE, LE CARACTÈRE ET LES LANGUES DES CAROLINS, ET LEUR RESSEMBLANCE AVEC LES POLYNÉSIENS.

Les habitants de l'archipel des Carolines forment un ensemble de nations qui sont diversement liées par les mêmes arts et par les mêmes coutumes, par des dialectes divers, mais dont le fonds est semblable, moins simples que ceux de la Polynésie orientale, et ayant beaucoup d'affinité avec la langue daya de Kalémantan ou Bornéo; par une grande habileté dans la navigation et dans le commerce. Ils forment des populations paisibles et douces, n'adorant aucune idole, vivant des bienfaits de la terre sans posséder d'animaux domestiques, offrant à d'invisibles dieux les prémices des fruits dont ils se nourrissent. Leurs danses et même leurs cases ressemblent à celles des Dayas. Ils construisent les pirogues les plus ingénieuses, et font des voyages lointains à l'aide de leurs grandes connaissances des moussons, des courants et des étoiles.

On peut distinguer la partie de l'archipel des Carolines qui s'étend depuis les îles Mortlok jusqu'au groupe Oulévi, et qui est proprement habitée par un peuple navigateur et commerçant.

Les autres de la même race, qui habitent plus à l'est, n'ont point avec eux de communications régulières, et ceux qui vivent plus loin, vers l'ouest, quoiqu'ils reçoivent des étrangers, n'entreprennent cependant pas eux-mêmes des voyages. Quant aux habitants de Pouïnipet, ils appartiennent à la race papoua.

Les habitants des groupes de Ralik et de Radak, ainsi que ceux du grand groupe de Gilbert, appartiennent à la même race, et ne diffèrent pas plus des Carolins (voy. *pl.* 293), que les habitants des diverses îles comprises dans l'espace que nous avons déterminé, ne diffèrent entre eux.

Il nous est démontré, soit par ce que nous avons dit dans notre *Tableau général de l'Océanie* et dans l'*Aperçu de la Polynésie*, soit par ce que nous avons extrait du voyage du *Séniavine*, que la ressemblance entre les Carolins et les autres Polynésiens est également incontestable. En effet, on trouve dans les Carolines comme dans le reste de la Polynésie, le tatouage, le mode de faire la guerre et la paix, quelques exemples d'anthropophagie, la manière de saluer, le culte des esprits, et même le tabou, sous le nom de *tapou* à Ouléa, de *penant* aux Carolines propres, de *matemat* à Gouap, d'*émo* aux îles Radak, et de *taboui* à l'île du Bouc, ainsi que l'assurent Kotzebüe et Choris. Les maisons des Carolins (voy. *pl.* 295) sont construites de la même manière. Le pouvoir immense des chefs, la division en classes, leurs ustensiles et leurs armes (voy. *pl.* 296) et l'ignorance de l'arc et des flèches, leur *tol* qui ressemble au *maro* des Polynésiens orientaux, les danses pantomimes à peu près semblables, le même moyen de se procurer du feu, la cuisson des fruits dans la terre, l'usage de la boisson enivrante du kava qui y conserve quelquefois ce nom et plus souvent le nom de séka, les lois d'une certaine étiquette, etc.; tout nous prouve que les Carolins et les Polynésiens ont une même origine, et cette origine nous l'avons indiquée chez les Dayas, dont les coutumes primitives leur auront été apportées par les Bouguis, ainsi qu'ils l'ont fait dans le reste de la Polynésie, avec cette différence que les Carolins sont moins superstitieux, moins cruels et moins luxurieux que la plupart des Polynésiens, et qu'ils sont à notre avis le peuple le plus doux et le plus pacifique, non-seulement des îles du grand Océan, mais peut-être du monde entier.

ARCHIPEL DE ROGGEWEEN.

En attendant que nous connaissions les noms que les indigènes donnent aux principales terres qui avoisinent les îles dont nous allons parler, nous avons cru devoir les grouper en un faisceau, et leur donner le nom de cet ancien navigateur. Notre archipel de *Roggeween* se composera des îles suivantes, savoir : Malden, Starbuck, Caroline, Flint, Penrhyn, Pescado, Humphrey, Rearson, Souvaroff, Danger, Solitaire, Clarence, York, Sidney, Birney, Mary, enfin les îles de Gardner et d'Arthur, et plusieurs autres dont nous ne donnerons qu'une courte description, parce que quelques-unes n'ont pas été retrouvées, et que la plupart n'ont pas été visitées.

L'île *Malden* fut découverte par le capitaine Byron, le 29 juillet 1825. C'est une terre basse, boisée, entourée de brisants dans son circuit de douze à quinze milles; à l'époque de la découverte, elle était déserte, mais elle offrait des traces d'habitation antérieure. On y voyait de vastes plateformes carrées en maçonnerie de coraux taillés à main d'homme, et s'élevant par assises, avec une pierre au centre qui figurait vraisemblablement un autel. Leur forme rappelait les moraïs de Nouka-Hiva et de Taïti. La situation de cette île est par 4° de latitude sud et 157°30′ de longitude ouest. Une liste américaine de plusieurs îles du grand Océan place à mi-chemin, entre Malden et Nouka-Hiva, une île dont l'existence est douteuse.

L'île *Starbuck* fut découverte en 1823, par le capitaine de ce nom, tandis qu'il transportait en Europe Rio-Rio et sa femme, roi et reine des îles Haouaï. Byron la revit en 1825. Ce dernier assure qu'elle est plus stérile que Malden, et qu'elle n'a pas un seul arbre. Elle gît par 5°58′ de latitude sud et 157° 26′ de longitude ouest.

En 1795, Broughton découvrit l'île *Caroline*. Arrowsmith prétend qu'elle fut revue par Bass, peu d'années après. Paulding y aborda en 1825, et c'est à lui qu'on en doit la meilleure description. L'île Caroline est une terre basse de peu d'étendue et entourée de brisants, ayant six ou sept milles de longueur sur une largeur médiocre. On y voit quelques grands arbres, mais beaucoup plus d'épaisses broussailles; elle offre partout des traces d'industrie sauvage. Sa situation est par 9°55′ de latitude sud et 152°20′ de longitude ouest. C'est la même île que quelques baleiniers viennent de signaler sous le nom de Thornton.

Le docte amiral Krusenstern croit que l'île *Flint* a été découverte en 1801 et la place par 11°30′ de latitude sud et 154°30′ de longitude ouest. Quelques géographes ont pensé que c'était l'ancienne Peregrino de Quiros.

Le capitaine Sever, commandant la *lady Penrhyn*, fut le premier qui aperçut les îles qui ont reçu le nom de son navire; mais Kotzebue les visita en 1816, et communiqua avec les habitants. Ce groupe se compose de diverses îles basses, couvertes de cocotiers et d'autres arbres, et assises sur un banc coralligène. Le navigateur russe fixa leur centre par 9°2′ de latitude sud et 159°55′ de longitude ouest.

« C'est le 30 avril, dit M. de Kotzebue, que nous aperçûmes les îles Penrhyn, formant presque un cercle, et liées les unes aux autres par des récifs de corail. Comme nous les avions supposées inhabitées, nous fûmes agréablement surpris en voyant s'élever de différents endroits des colonnes de fumée qui prouvaient que notre supposition était fausse. A l'aide de nos télescopes, nous distinguâmes en effet des hommes sur le rivage. Le lendemain, nous étant approchés à la distance de deux milles, nous vîmes venir à nous un grand nombre de canots montés chacun par douze à quinze hommes; au milieu de chaque canot on remarquait un vieillard qui paraissait commander aux rameurs, et qui tenait dans sa main gauche une branche de palmier, emblème de la paix chez tous les insulaires de la mer du Sud. Lorsque les sauvages furent à peu près à une vingtaine de brasses du *Rurick*, ils s'arrêtèrent et se mirent à entonner un chant lamentable; puis ils s'approchèrent tout à fait de nous, mais sans vouloir toutefois monter à bord. Il s'établit alors entre eux et nous un commerce d'échange. Ils n'avaient point de comestibles, mais ils nous vendirent des ustensiles et des armes contre des clous et des morceaux de fer. Pour cet effet, nous leur jetions une corde, à laquelle ils attachaient avec confiance ce qu'ils avaient, et attendaient patiemment ce que nous leur envoyions de la même manière. Ils s'enhardirent cependant peu à peu; ils cherchaient à voler tout ce qui était à leur portée, sans s'embarrasser de nos représentations, et allèrent même jusqu'à nous menacer. Un coup de fusil tiré en l'air eut l'effet désiré. Tous les sauvages se jetèrent à la mer, et y restèrent plongés pendant assez longtemps; en sorte que le plus profond silence succéda tout à coup à leurs cris, et que la mer semblait les avoir engloutis. Néanmoins ils reparurent les uns après les autres, au bout de quelques secondes, quand ils furent assurés que la détonation qui les avait effrayés n'avait fait de mal à aucun d'entre eux. Depuis ce moment ils se conduisirent avec plus de retenue.

« Ces insulaires sont de la taille des habitants des îles Marquises (Nouka-Hiva), mais ils ont le teint plus foncé. Ils ne se tatouent pas, mais ils se font sur le dos et la poitrine de longues raies rouges qui leur donnent un air vraiment effrayant. La plupart vont entièrement nus; quelques-uns seulement portent autour du corps une espèce de ceinture d'étoffe grossière.

Suivant toute apparence, leur langue a quelque rapport avec celle des habitants des îles des Amis, car ils comprirent plusieurs mots de cette dernière que nous leur adressâmes. Je ne jugeai pas prudent d'essayer de débarquer, attendu la faiblesse de mon équipage et le grand nombre d'insulaires dont nous étions entourés : j'en comptai jusqu'à quatre cents répartis sur trente-six canots. Après être restés deux jours à l'ancre, nous quittâmes les îles Penrhyn, suivis pendant quelque temps par les habitants, qui nous firent entendre, par toutes sortes de démonstrations, qu'ils désiraient nous voir revenir. »

Ajoutons à ce sujet le récit de M. Choris, dessinateur de l'expédition de Kotzebüe :

« Au coucher du soleil, on aperçut des hommes sur une pointe sablonneuse de la côte septentrionale du groupe de Penrhyn. Le lendemain on l'approcha, et bientôt quatorze pirogues, dans chacune desquelles on compta de six à treize hommes, s'avancèrent vers nous en ramant. Ils étaient entièrement nus, à l'exception d'une feuille faite de bourre de coco qui leur couvrait les parties naturelles, et qui était attachée autour du corps par un cordon.

« Le plus vieux de chaque pirogue, qui paraissait en être le chef, sembla nous adresser un long discours, en levant en l'air les mains dans lesquelles il tenait une branche de cocotier, qu'il agitait comme s'il eût voulu nous montrer qu'il ne s'y trouvait pas d'armes. Ces Indiens avaient une feuille de palmier nouée autour du cou, apparemment en signe de paix : cependant chaque pirogue était pourvue de piques et de lances très-longues. Ces pirogues, construites avec plusieurs morceaux de bois cousus ensemble, avaient des balanciers.

« Ces Indiens étaient d'une couleur brune claire. L'ancien de chaque pirogue avait beaucoup plus d'embonpoint que ses compagnons : il était gros et gras; quelques-uns d'eux avaient l'ongle de chaque pouce presque aussi long que ce doigt.

« Enfin, ils accostèrent notre bâtiment, et les échanges commencèrent; ils nous donnèrent des cocos pour du fer, surtout des clous; ils vendirent aussi des hameçons de nacre de perle, absolument semblables à ceux des îles Sandwich. Ils finirent même par se défaire de leurs armes, quand ils n'eurent plus autre chose à troquer contre le métal qui faisait l'objet de leurs désirs.

« Plusieurs de ces Indiens commencèrent à arracher tout le fer du canot amarré à l'arrière du bâtiment; ils s'étaient même emparés de la gaffe. On leur cria de cesser, en se servant du mot *tabou*, pour leur faire comprendre qu'ils ne devaient toucher à rien : l'inutilité de cette remontrance força de leur tirer deux coups de fusil à poudre; aussitôt ils se précipitèrent tous dans l'eau, et jetèrent ce qu'ils avaient pris; revenus de leur frayeur, quand ils virent qu'ils n'avaient pas de mal, ils ne voulaient plus nous remettre les objets pour lesquels ils avaient déjà reçu ce que nous leur donnions.

« Le ressac était si fort sur le rivage, le temps si variable, et les rafales se faisaient sentir si souvent, que nous renonçâmes au projet de descendre à terre; on s'en éloigna; plusieurs pirogues nous suivirent pendant longtemps, et finalement, ne pouvant nous rejoindre, retournèrent vers l'île. La pluie ayant commencé à tomber, plusieurs insulaires se couvrirent les épaules de petits manteaux de feuilles de cocotier tressées, et qui étaient si courts qu'ils descendaient à peine jusqu'au milieu du dos.

« Ces Indiens n'étaient pas tatoués; quelques-uns avaient pourtant la poitrine et les bras taillaidés avec régularité, en lignes parallèles; d'autres avaient la tête ornée de plumes de *frégates* (*), les cheveux très-courts, la barbe assez forte. »

Arrowsmith a conservé l'île *Pescado* sur sa carte; mais nous la considérons comme douteuse.

Les îles *Humphrey* et *Rearson* pour-

(*) Oiseau de mer.

raient bien avoir été confondues avec la première. Rearson et Humphrey ont pour découvreur Patrickson, qui les vit en 1822, et les signala comme des îles basses et habitées, situées par 10°32′ de latit. sud et 163°10′ de long. ouest.

Les îles *Souvaroff*, auxquelles le lieutenant Lazaref donna le nom de son navire, sont un groupe de petites îles situées par 13°2′ de latitude sud et 165°5′ de longitude ouest.

Les îles *Danger*, vues par Byron en 1765, paraissent identiques avec l'île *Solitaire*, signalée par Mendana en 1595. Elles forment un groupe de trois îles basses bien boisées, peuplées et ceintes de brisants dangereux qui s'étendent à plus de 4 lieues de terre du côté de l'ouest. Suivant ce capitaine, qui, au reste, ne put communiquer avec les naturels, la latitude de ces îles est de 10° 15′ nord ; leur longitude présumée est de 168° 18′ ouest ; mais cette indication est peut-être inexacte.

L'île *Clarence* fut découverte en 1791 par le capitaine Edwards, qui n'y aborda point, et visitée en 1825 par le lieutenant américain, depuis capitaine Paulding. A la vue de l'île, son navire, *le Dolphin*, mit en panne, et fut bientôt entouré par une foule de pirogues, dont chacune portait de 4 à 8 hommes.

Voici l'extrait que d'Urville a donné du récit de Paulding :

« Quand l'une d'elles se trouva à portée, on lui lança du navire une corde, afin qu'elle pût s'amarrer le long du bord. Les sauvages prirent le bout de la corde ; mais au lieu de s'en servir pour l'usage indiqué, ils en halèrent autant qu'ils purent, puis ils la coupèrent ; c'était débuter par un vol bien hardi. Sans s'inquiéter comment on prendrait la chose, ils n'en continuèrent pas moins à pagayer vers le bâtiment, en demandant une nouvelle corde ; et comme on leur opposait un refus formel, l'un des sauvages, homme robuste et intrépide, monta sur le pont. On l'entoura, on voulut lui parler ; mais lui, ne s'inquiétant de rien, marchant à son but comme si le navire eût été désert, alla vers l'arrière, fit signe à sa pirogue qui se plaça à portée ; après quoi saisissant tout ce qu'il voyait, cages, cordes, ustensiles, fer, plats, vivres, instruments, il jeta tout sans cérémonie à ses compagnons, qui le recueillaient et le rangeaient dans l'embarcation. Quelques marins ayant voulu réprimer l'impudent voleur, il se fâcha tout rouge, et continua avec plus d'activité qu'auparavant. Alors Paulding crut devoir intervenir ; il frappa légèrement de son mousquet l'audacieux insulaire ; mais celui-ci, sans se déconcerter, saisit le canon de l'arme ; et comme Paulding résistait, il prit Paulding à bras le corps, et aurait tout jeté à la mer, le mousquet et l'homme, si l'équipage n'eût prêté main forte. Le voleur échappa néanmoins ; il se précipita à l'eau, et regagna sa pirogue, où, triomphant, il s'assit sur son butin. Cet exemple avait mis en goût les autres insulaires. La plus effrontée filouterie se pratiquait sur tous les points. Ici, on avait enlevé à un canot son gouvernail en fer ; le capitaine parvint à le reprendre, et le plaça près de lui ; mais, au moment où il tournait la tête, l'objet était de nouveau escamoté, et le naturel sautait à la mer avec sa proie. Ailleurs, on menaçait la ligne de sonde, qu'on était obligé de jeter de temps à autre par mesure de sûreté. Ni les menaces, ni les prières n'y purent rien ; il fallut procéder au brassiage avec la crainte d'y laisser à chaque fois le plomb et la corde.

« La matinée entière se passa en hostilités et en surveillance semblables. Cent pirogues entouraient toujours le bâtiment, et les insulaires qui les montaient lançaient à bord, de temps à autre, quelques projectiles, des casse-tête, des noix de cocos ; puis ils poussaient des cris aigus et assourdissants. Une noix fort lourde vint frapper à la tête le chirurgien du bord ; sans son chapeau il eût été grièvement blessé. Cette foule d'assaillants ne s'éclaircit que pendant une heure : un canot, chargé d'aller sonder aux environs et de chercher un mouillage, venait d'être mis à la mer, et à sa vue lès pirogues avaient fui dans des directions diverses. L'opération ne fut pas troublée; mais quand le canot reprit le chemin du bord, il y eut un instant où, cerné par une foule de pirogues, il vit ses rameurs désarmés de leurs avirons, et les insulaires brandissant autour d'eux les massifs casse-tête. La situation était critique; un coup de pistolet la dénoua. Un sauvage fut blessé à la main, et le bruit suffit pour écarter les autres. Le canot rejoignit le bord. La confiance se rétablit pourtant, malgré cette voie de fait. Les pirogues revinrent, le blessé monta à bord, où il fut pansé et comblé de cadeaux. Alors un petit commerce s'établit. Les sauvages échangèrent des nattes bien travaillées, des hameçons, des ornements en coquilles et en os, contre des morceaux de fer ou de vieux clous. La bonne foi ne présida pas toujours à ces marchés, et plus d'un insulaire eut l'occasion de prouver encore son adresse dans la prestidigitation. Ces naturels étaient presque tous armés, les uns de longues lances, les autres d'une arme plus courte légèrement recourbée comme un sabre. Les lances étaient longues de 8 à 12 pieds; quelques-unes avaient deux ou trois pointes garnies, à un ou deux pieds, de rangées de dents de requin solidement assujetties avec des tresses en bourre de coco. Les sabres étaient garnis de la même manière, ce qui rendait leurs blessures redoutables et souvent mortelles. Un petit nombre de ces insulaires était coiffé de quelques guirlandes en feuilles sèches de cocotier. Leur vêtement se composait d'une ceinture en feuilles tressées, et d'une natte de 2 à 3 pieds de large sur 4 de long. Le bas de cette natte se terminait par une frange servant à la fois d'ornement et de défense contre les moustiques qui abondent dans ces îles. Vigoureux et bien taillés, d'un teint de cuivre, ces naturels sont couverts de cicatrices qui indiquent que l'usage de la lance et du sabre est fréquent parmi eux. Ils portent leurs cheveux longs et tressés en mèches d'un asp ct désagréable. Leur barbe n'est, en général, ni longue ni touffue. »

Nous avons appris du capitaine Paulding que Clarence est un groupe d'îlots bas et boisés, situés sur un récif qui paraît avoir une grande étendue. Au moment d'atterrir sur l'île dont il était le plus proche, ce marin apercevait à peine les îles les plus éloignées. La situation du groupe est par 2° 12' de latitude sud et 173° 50' de longitude ouest.

A quarante milles au nord-est de la précédente, est l'île *York*, découverte par Byron en 1765. Ce navigateur la trouva déserte; il y fit une provision de cocos. Edward la revit en 1791, et Paulding la visita en 1825. Elle était peuplée alors d'une race semblable à celle du groupe Clarence, mais moins forte, plus maladive, et par conséquent plus pauvre. Le groupe est une chaîne d'îlots bas et boisés, déterminés par un récif commun qui a environ 12 lieues de tour.

Suivant Purdy, la petite île *Sidney* a été découverte en 1823 par Emmant; elle a été revue en 1828 par M. le Goarant de Tromelin. Elle est inhabitée, assez basse et située par 4° 27' de latitude sud et 73° 4' de longitude ouest.

Suivant encore Purdy, l'île *Birney* a été découverte par le même navigateur et à la même époque; elle est située par 3°21' de latitude sud et 173°50' de longitude ouest.

Le petit groupe *Mary* a été récemment découvert par un navire de ce nom; c'est une agglomération d'îlots de 20 lieues de circuit, avec un lagon intérieur, et située par 2°48' de latitude sud et 174°30' de longitude ouest. Enfin les îles de *Gardner* et d'*Arthur* sont aussi douteuses que leur indication.

Laissons les îles Roggeween et Baumann (des anciennes cartes marines), que Kotzebüe n'a pas retrouvées, et quelques autres que les navigateurs ont en vain cherchées.

Passons au plus tôt l'équateur et abordons les célèbres îles équinoxiales de Nouka-Hiva.

ARCHIPEL DE NOUKA-HIVA,

ou

DES MARQUISES DE MENDOZA, DE MENDANA, DE LA RÉVOLUTION, DE MARCHAND, D'INGRAHAM ET DE WASHINGTON.

Les îles Nouka-Hiva sont éloignées d'environ six cents lieues de Haouaï : elles sont comprises entre le 8° et le 10° de latitude sud, et le 140° et le 142° de longit. à l'ouest de Paris. Elles occupent un espace d'environ soixante lieues marines du nord-nord-ouest au sud-sud-est, sur une largeur d'à peu près quinze lieues. La principale de l'archipel est Nouka-Hiva, dont le véritable nom nous a été révélé pour la première fois par le capitaine russe Krusenstern, aujourd'hui amiral, et auteur d'excellents mémoires sur les îles de la Polynésie ou du grand Océan. Sa plus grande longueur de la pointe sud-est à celle de l'ouest est de dix-sept milles. La première, nommée *Pointe-Martin* par Hergest, gît, d'après les observations du navigateur russe, par 8° 57' de latitude sud, et 139° 32' 30" de longitude ouest; l'extrémité sud est par 8° 58' 40" sud et par 139° 44' 30" ouest; enfin, celle du nord-ouest par 8° 53' 30" sud et 139° 49' 00" ouest. La reine de cet archipel, la riante Nouka-Hiva a été nommée par Ingraham *Federal Island*; par Marchand, *Ile Baux*; par Hergest, *Sir Henry Martin's Island*, et par Roberts, *Adam's Island*. Suivant notre usage, nous lui donnerons toujours, ainsi qu'à cet archipel, le nom que lui donnent les indigènes. Sa population est d'environ 16,000 habitants, divisés en tribus.

Oua-Houga est à dix-huit milles de la pointe Martin de Nouka-Hiva; sa direction est est-nord-est et ouest-sud-ouest; sa longueur entière est de neuf milles; son extrémité ouest gît par 8° 58' 15" de latitude sud, et par 139° 13' 0" de longitude ouest. Marchand n'a pas connu cette île. Ingraham l'a nommée *Washington*; Hergest, *Riou's Island*, et Roberts *Massachusett's Island*.

L'extrémité nord-ouest d'Oua-Poua est à vingt-quatre milles, directement par 139° 39' 0" ouest. Les officiers du *Solide* la nommèrent *Ile Marchand*; Ingraham, *Adam's Island*, Roberts, *Jefferson Island*, et Hergest, *Trevanion*. Haute et peuplée, cette île a vingt milles de circuit.

Au sud-est de la pointe sud d'Oua-Poua, à la distance d'un mille et demi, gît une petite île plate d'environ dix milles de tour, que Marchand nomme *Ile plate*; Ingraham, *Lincoln;* Wilson, *Lewel*, et Roberts, *Revolution's Island*. Elle est située par 9° 29' 30" sud. D'après Marchand, c'est un écueil accompagné d'autres écueils.

Les indigènes donnent à ces îles le nom collectif de *Mottouaity*; elles sont situées est et ouest l'une par rapport à l'autre, et séparées par un canal d'environ un mille de large. Elles sont au nord-ouest ¼ ouest, et à trente milles de distance de la pointe méridionale de Nouka-Hiva. Les habitants des îles voisines y vont souvent pour pêcher. Elles sont situées, d'après Hergest, par 8° 37' 30" sud et 140° 20' 00" ouest. Ingraham les avait nommées *Franklin Island*, et Roberts, *Blake Island*.

Hidou et *Fatouhou* sont deux îles inhabitées : la première a huit milles de long sur deux de large; son extrémité méridionale est par 7° 59' sud et par 140° 13' ouest, d'après les observations d'Hergen et de l'astronome Gooch. Ils y débarquèrent et y trouvèrent des cocotiers en abondance. Le milieu de Fatouhou, qui est ronde et beaucoup plus petite, est par 7° 50' sud et 140° 6' ouest. Ces deux îles sont au nord-nord-ouest et à soixante milles de distance de l'extrémité occidentale de Nouka-Hiva. Les habitants des autres îles vont y chercher des cocos et des plumes d'oiseaux pour leur parure. Ingraham les nomma *Knox* et *Hancock Islands*; Marchand, *Musse* et *Chanal*; Roberts, *Freemantle Island* et *Langdon Island*; Hergest, *Roberts Islands*.

Otahi-Hoa, la Santa-Magdalena de Mendana, est une île qui n'a que quinze à vingt milles de circuit; elle est haute et possède une grande population relativement à sa petite étendue.

D'après la carte de Stewart, il existe un petit îlot, dans le sud-est d'Otahi-Hoa, sous le nom de *Motou-Nao*.

A dix lieues d'Otahi-Hoa est la petite île de *Motané* : c'est la *San-Pedro* de Mendana ; elle n'a qu'une faible population, et quelques cartes indiquent un grand banc au sud de l'île. A l'ouest est située l'île *Tao-Wati* de Krusenstern, la *Santa-Christina* de Mendana, la *Waï-Tao* de Marchand. Elle a trente milles de circuit, et sa population est de dix mille habitants.

Ohiwa-Hoa est la *Dominica* de Mendana. Elle est située par 9° 42' de latitude sud et 141° 22' de longitude ouest, et a environ quatorze à quinze lieues de circuit. Sa surface, comme celle des autres îles, est entrecoupée de collines et de vallées. On estime ses habitants à sept mille environ.

A six ou sept lieues au nord-est de la précédente on trouve *Fetougou*, l'île *Hood* de Cook : c'est un îlot élevé, mais peu connu, de huit à dix milles de circuit.

Une des baies de ces îles a été nommée *Tchitchagoff* par le navigateur Krusenstern (voy. *pl.* 136).

CLIMAT.

Les îles Nouka-Hiva jouissent d'un climat chaud, mais cependant très-sain, ainsi que le prouve l'état sanitaire des insulaires et de tous les équipages qui y ont séjourné. On voit dans le voyage de Marchand qu'au port *Madre de Dios*, dans l'île Santa-Christina, le thermomètre se tenait, au mois de juin, à vingt-sept degrés au dessus de zéro. La hauteur de celui de Krusenstern, au port d'*Anna-Maria* (Nouka-Hiva), a été jusqu'à vingt-cinq ; mais ordinairement il marquait vingt-trois ou vingt-quatre. A terre il peut monter à deux degrés de plus. Comme dans toutes les régions tropicales, l'hiver est ici la saison des pluies, mais elles ne sont ni fréquentes ni continues ; quelquefois même il s'écoule plusieurs mois sans qu'il tombe une goutte d'eau, ce qui occasionne souvent la disette dans cet archipel.

HISTOIRE NATURELLE.

L'histoire naturelle de l'archipel de Nouka-Hiva est aussi peu variée que dans les autres îles polynésiennes, et elle nous présente à peu de chose près la même végétation.

Ces îles sont généralement volcaniques ; leur couche supérieure est un terreau composé de débris végétaux ; on y trouve le cocotier, le bananier, l'ananas, l'*hibiscus* à l'écorce fibreuse, l'*artocarpus*, le mûrier à papier, le *dracæna*, la canne à sucre, le tabac et le bambou, le *peper methysticum* dont on fait le kava, le *casaorina*, le *gardenia* aux fleurs odorantes, l'*eugenia*, l'acacia, le ricin, l'*inophyllus*, les *arums*, les *pandanus*, l'*inocarpus* qui fournit une châtaigne nourrissante, l'*aleurites* dont l'amande donne de l'huile, et un grand nombre de fougères d'une élévation et d'une vigueur qu'on ne trouve que dans les contrées intertropicales. On y connaît, sous le nom de kava de vie, une eau minérale d'un goût assez agréable, et qui est un spécifique puissant dans plusieurs maladies.

Presque toutes les îles du groupe sont hautes, montueuses et boisées, quoique volcaniques ; elles n'offrent aucun cratère en activité. La navigation côtière y est sûre ; parce que les bancs de coraux n'y poussent pas leurs rameaux trop au large. La seule difficulté est dans l'atterrage, à cause des calmes brusques qui saisissent un navire près de la côte, et le laissent désarmé contre les courants qui le drossent vers le rivage.

Les poules, le vampire y sont nombreux ; le cochon, le chien et le rat étaient, comme dans toute la Polynésie, les seuls quadrupèdes connus à Nouka-Hiva, avant l'arrivée des Européens.

Les habitants, ou plutôt les aimables enfants de Nouka-Hiva, ont dû à la bienveillance de plusieurs navigateurs reconnaissants la naturalisation de plusieurs animaux utiles ; mais il paraît qu'il n'y a guère que le chat qui s'y soit propagé. Les naturels attribuent son introduction à un dieu nommé Itaïti, qui l'apporta il y a une soixantaine d'années à Tao-Wati, d'où il se répandit dans le reste de l'archipel. Ce dieu était dans une pirogue grande comme une petite île, et il tua un homme durant son séjour. Cette tradition se rapporte évidemment à Cook, qui visita Tao-Wati en 1773. Un naturel fut en effet tué pendant sa relâche, et le nom d'Itaïti, qu'on donne au navigateur, est l'altération de Taïti qu'il venait de visiter, et dont le nom sans doute fût souvent prononcé par son équipage.

Les poissons sont nombreux dans l'archipel : on en trouve de plusieurs espèces et d'un goût excellent. Les coquillages y abondent et offrent une nourriture agréable. Rien n'égale la beauté de leur forme et de leur couleur.

INDIGÈNES.

Si on en excepte le capitaine Krusenstern, observateur sévère et nullement enthousiaste, et surtout le capitaine Waldegrave, qui maltraite les Nouka-Hiviens plus qu'il ne les loue, les navigateurs qui ont visité l'archipel de Nouka-Hiva ont fait le portrait le plus flatteur des avantages physiques et moraux de ses habitants. Ils n'hésitent même pas à le placer au premier rang parmi les insulaires qui peuplent les îles innombrables de la Polynésie. Les femmes surtout ont été de leur part l'objet des plus brillants éloges. Le narrateur du voyage de Mendana, après en avoir parlé assez longuement, termine ainsi : « Enfin, elles sont mieux que nos plus jolies femmes de Lima (voy. pl. 134). » La description qu'a donnée Porter de ces îles et des mœurs de leurs habitants, nous paraît résumer tout ce que l'on a dit à ce sujet; d'ailleurs, le long séjour qu'il fit parmi eux doit offrir plus de garantie que les récits des navigateurs ou des voyageurs qui ont abordé un instant le riant archipel de Nouka-Hiva. Voici le portrait qu'il trace des naturels :

« Les Nouka-Hiviens, dit-il, ont été stigmatisés du nom de sauvages; jamais expression n'a été plus faussement appliquée, car ils occupent une place élevée dans l'échelle de l'espèce humaine, soit qu'on les considère moralement ou physiquement. Nous les avons trouvés braves, généreux, honnêtes, bienveillants, fins, spirituels, intelligents : la beauté et les proportions régulières de leur corps répondent aux perfections de leur âme. Ils sont au-dessus de la taille moyenne ; ayant quelquefois moins de cinq pieds onze pouces anglais (un mètre quatre-vingts centimètres), mais plus communément six pieds deux à trois pouces anglais (un mètre quatre-vingt-sept centimètres à un mètre quatre-vingt-neuf centimètres). Leur visage, et leurs yeux malins et perçants, sont d'une beauté remarquable; leurs dents sont blanches et plus belles que l'ivoire; leur figure, ouverte et expressive, reflète toutes les émotions de leur âme, et leurs jambes, qui unissent la vigueur à la grâce, pourraient servir de modèle à nos sculpteurs (voy. pl. 133). La peau des hommes est d'une couleur cuivre foncé; celle des jeunes gens et des femmes n'est que légèrement brune. Les femmes sont inférieures aux hommes en beauté; leurs bras et surtout leurs mains sont admirables, mais d'un autre côté leur taille est peu gracieuse et leurs pieds sont grossis par l'usage où elles sont de marcher sans chaussure. Du reste, elles sont rusées, coquettes, et elles se piquent peu de fidélité. Le premier de ces défauts prouve un esprit délié et susceptible de culture; le second n'appartient pas seulement aux Nouka-Hiviennes; le troisième ne leur semble pas nécessaire, et leurs maris les en dispensent. Cependant pénétrez dans leurs demeures, vous serez témoin de l'affection sincère des femmes pour leurs maris, de ceux-ci pour leurs compagnes, des parents pour leurs filles et des filles pour leurs parents : au delà, on se regarde comme parfaitement étranger; tous les liens semblent brisés; chaque femme dispose d'elle en ce qui lui appartient, comme elle l'entend. »

La plupart des habitations sont ornées de cheveux humains, de dents, de crânes, que les Nouka-Hiviens aiment à conserver comme trophées de leur valeur; quelques-uns d'entre eux portent même des objets tels que manches d'éventails, hausse-cols, armes de guerre, fabriqués avec les petits os du corps de leurs ennemis morts : on en fait même des idoles, et on en place partout où cela se peut. On taille dans les plus gros des harpons embellis de sculptures élégantes.

Mais une coutume monstrueuse, et que l'on s'est peut-être trop empressé de leur prêter, est celle de l'anthropophagie. Aucun voyageur n'en a été témoin, et les chefs in ligènes ont toujours repoussé la qualification de mangeurs de chair humaine. Krusenstern est le premier qui en ait parlé, sur l'autorité de deux hommes vivant, il est vrai, depuis plusieurs années dans l'intimité des naturels, mais dont le témoignage aurait, je pense, besoin d'être confirmé. C'est aussi sur une pareille autorité qu'il ajoute que dans les temps de famine les hommes tuent les femmes, les enfants et les vieillards, font rôtir leur chair et la dévorent.

Quoique les Nouka-Hiviens aient été généralement peints sous des couleurs favorables, d'après les dernières nouvelles qu'on a reçues de cet archipel, il paraît certain que depuis quelques années ils se sont émancipés au point d'enlever et de piller des navires, grâce aux provocations et à l'avidité de quelques marins européens et américains. Une grande vertu de ces hommes, si injustement nommés sauvages, c'est le patriotisme et un attachement, unique au monde peut-être, pour le sol où ils ont reçu le jour, et où reposent les ossements de leurs pères, de leurs épouses et de leurs enfants.

MALADIES.

Les infirmités communes à tout cet archipel sont les éruptions cutanées, les abcès, les ophthalmies, auxquelles il faut joindre l'hydropisie, les affections pulmoniques et celles du foie, maladies auxquelles les naturels sont sujets et qui proviennent, disent-ils, des fruits taboués ou interdits. Quant à l'ophthalmie, elle résulte, selon les indigènes, d'un sort jeté par l'ennemi sur l'individu qui en est attaqué. Pour opérer ce charme, on tâche de se procurer un peu de sa salive; on la dépose dans un paquet de ficelle enveloppé d'une manière particulière. A la suite de cette opération magique, la vue disparaît peu à peu et finit bientôt par cesser entièrement, si l'on ne parvient à trouver l'objet qui opère le charme; dans le cas où l'on est assez heureux pour le trouver, les yeux reprennent leur apparence naturelle.

Par suite de cette croyance généralement admise qu'une maladie quelconque est le résultat d'un maléfice, les *tahouas* ou prêtres de la première classe sont les seuls médecins qu'on doive consulter; ce n'est qu'à eux qu'appartient le pouvoir de chasser l'esprit malfaisant, quoique celui-ci n'obéisse pas à leurs injonctions mystiques; mais ils profitent de l'infaillibilité qu'on leur prête pour immoler à leur courroux ceux qui ont excité leur vengeance. Une de leurs méthodes de guérison assez commune est de placer le patient dans l'eau en le frappant avec de petites branches chargées d'épines. On conçoit que dans certains cas cela peut réussir. Les opérations chirurgicales sont du ressort des tahouas; ils pansent les blessures et font la réduction des os fracturés; on dit qu'à l'aide d'une dent de requin ils vont même jusqu'à exécuter l'opération du trépan.

LANGUE.

La langue qu'on parle à Nouka-Hiva est un dialecte polynésien plus rapproché du haouaïen que du taïtien; elle a du reste été jusqu'ici trop peu étudiée pour qu'on puisse articuler quelque chose de précis à ce sujet. La numération est décimale, et les mots qui expriment les dix premiers chiffres cardinaux sont identiques avec ceux des autres archipels de la Polynésie.

TRADITIONS RELIGIEUSES.

D'après les traditions des indigènes, vingt générations s'étaient écoulées en 1812, depuis qu'un dieu, nommé Haïi, visita toutes les îles de l'archipel, et y déposa des cochons et des oiseaux qui s'y naturalisèrent. Il parut d'abord dans la baie de Hataotoua, située sur la côte orientale où il fit de l'eau. L'arbre sous lequel il se reposa durant son séjour, est regardé comme sacré par les Nouka-Hiviens, et a reçu d'eux le nom d'Haïi. Au reste, ils ne pourraient dire s'il était venu sur un navire ou dans un canot, ni combien de temps il séjourna parmi eux. Il est probable que ce Haïi est un navigateur venu dans ces parages, il y a à peu près quatre siècles. Mais comme aucun des voyages des Européens dans cette partie du grand Océan ne remonte aussi haut, ce serait peine perdue que de vouloir en chercher le nom dans celui que lui donnent les naturels. Toutefois, il n'est peut-être pas impossible de découvrir la nation à laquelle il appartient. Les naturels appellent le porc *bouarko* ou plutôt *pouarko*, nom qu'ils ont encore emprunté au navigateur qui le leur fit connaître. Si nous cherchons son corrélatif dans les langues européennes, nous le trouvons dans le mot espagnol *porco*, dont la prononciation est peu différente de celle qu'emploient les indigènes. La conclusion à laquelle nous arrivons reçoit un nouveau degré de probabilité, si nous observons que les Espagnols sont les premiers navigateurs qui aient traversé ces mers.

Les habitants de cet intéressant archipel ont conservé sur l'origine du cocotier une tradition assez semblable à la précédente. Un dieu, nommé *Tao*, l'apporta de l'île Outoupou à Nouka-Hiva. Ils supposent que cette île ainsi que plusieurs autres s'élèvent à l'ouest de leur archipel, et leur croyance à cet égard est tellement enracinée dans leur esprit qu'elle a donné lieu depuis longtemps à de nombreuses expéditions. Le grand-père de Gattaneoua, chef distingué, partit avec quatre grandes pirogues, abondamment pourvues d'eau et de toutes espèces de provisions, ainsi que de porcs, de volailles et de jeunes plantes, pour aller à la recherche de cette terre. Il était accompagné de plusieurs familles, mais on n'a jamais su où il aborda. Tama-Tipi, chef d'une tribu, appréhendant de se voir chassé de son district par d'autres tribus voisines, fit construire plusieurs grands canots doubles dans lesquels il devait quitter avec ses sujets la vallée où il commandait, et se diriger vers des îles qui leur promettaient plus de repos. Mais la paix ayant été conclue, les embarcations furent démontées et mises à l'abri sous un hangar construit à cet effet, et prêtes à servir si l'occasion s'en présentait.

Wilson assura à Porter qu'il était à sa connaissance que plus de huit cents hommes, femmes et enfants, avaient abandonné les rivages de Nouka-Hiva et des autres îles de l'archipel, se dirigeant vers d'autres terres. Voici ce que les naturels apprirent à Porter à ce sujet : quatre canots partirent de Nouka-Hiva et abordèrent aux îles Robert (Hidou et Fatahou), situées vers le nord-ouest, et où les indigènes vont chercher annuellement les plumes et la queue de l'oiseau du tropique. Un seul canot y resta; les autres continuèrent leur voyage, se laissant aller au souffle des vents: De ceux qui montaient le canot, un homme et une femme seuls restèrent dans ces îles, dont toutes les ressources sont des cocotiers et quelques autres arbres. Ils s'y construisirent une hutte. Quant aux autres, ils se rembarquèrent pour Nouka-Hiva, mais on n'en entendit jamais parler. L'homme mourut au bout de quelque temps, et la femme s'en retourna dans sa patrie avec des indigènes qui visitèrent l'île. Il paraît que les prêtres ne restent pas étrangers à ces migrations si singulières et à cette recherche de terres imaginaires. Quelquefois ils s'absentent pendant quelques jours, et au retour ils annoncent qu'une terre nouvelle, abondant en fruits de l'arbre à pain, en cocotiers, en porcs, a été découverte; alors les indigènes les suivent, et dirigent leurs voiles vers le rivage tant désiré; mais malheureusement ces aventuriers, après s'être jetés si imprudemment sur l'abîme, ne revoient presque jamais leur douce patrie.

RELIGION.

La religion de Nouka-Hiva paraît ressembler beaucoup à celles de Taïti et d'Hawaï.

Les Nouka-Hiviens honorent les divinités du moraï (lieu de sépulture). Ils ont en outre des dieux pénates, ainsi que de petites figurines de dieux, ordinairement faites d'os humains, et toujours pendues à leur cou. Les dieux vulgaires sont sculptés grossièrement sur les manches de leurs éventails, sur leurs échasses, sur leurs bâtons, et plus particulièrement sur leurs casse-tête. Mais ceux-ci sont traités sans aucun respect; on les vend, on les échange, on les donne avec la même indifférence que tout autre objet; leurs plus précieuses reliques, les crânes et les ossements même de ceux qu'ils ont immolés, ne sont pas l'objet d'un respect plus profond. Au reste, en fait de religion, ce sont encore de véritables enfants : les moraïs sont leurs lieux d'amusements, et les dieux leurs hochets. J'ai vu, dit Porter, Gattaneoua (un des chefs de l'île), ses fils et plusieurs autres Nouka-Hiviens, assis pendant des heures entières, frappant des mains en chantant devant quelques petites idoles de bois, enfermées dans de petites maisons érigées pour cette occasion et ornées de lambeaux d'étoffes. Ces petits édifices étaient construits comme des enfants l'auraient pu faire, de dix pieds de long et de dix-huit pouces de hauteur; il n'y en avait pas moins de dix à douze réunis en groupe, comme un petit village. De chaque côté se trouvaient plusieurs canots garnis de leurs rames, et renfermant des filets, des harpons et autres ustensiles de pêche, le tout entouré d'une ligne pour annoncer que le lieu était tabué.

Les prêtres, forts du respect qu'inspire le tabou, jouissent d'une puissance fort grande. D'après Stewart, quatre ordres distincts forment la classe des personnes que le tabou couvre de sa mystérieuse influence. Le premier est celui des *atouas*, le second celui des *tahouas*, puis viennent les *tahounas* et les *ouhous*.

Les mugissements de la tempête, le sifflement des vagues, le bruissement des feuilles, le bourdonnement des insectes, sont les signes par lesquels certains dieux manifestent leur présence. Ces dieux sont ceux qui constituent l'ordre des *atouas*, d'autant plus nombreux, qu'il comprend tous les êtres surnaturels qu'a enfantés l'imagination des insulaires, et que tous les chefs, à leur mort, vont en augmenter la nomenclature déjà fort étendue. Si un homme a dompté la fureur des éléments, s'il a par son courage étonné la multitude, alors la puissance de l'atoua lui est acquise sur la terre, et il devient en même temps l'objet d'une crainte respectueuse. Il vit retiré loin du monde, livré aux méditations que lui impose le caractère de sainteté dont il se trouve environné, et la terreur règne autour de sa demeure. Le nombre de ces dieux incarnés est au reste si minime que c'est tout au plus si chaque île en possède un.

En 1797, le missionnaire Crook eut l'occasion d'approcher de l'un de ces êtres singuliers. « C'est un homme très-âgé, dit-il, qui, depuis sa jeunesse, habite, à Hana-Téitéina, une grande case environnée d'une palissade, et où s'élève un autel. Aux poutres qui forment son habitation et aux branches des arbres voisins pendent des squelettes humains tournés la tête en bas. On ne pénètre dans cet antre que pour être immolé; ce qui paraît être assez commun, car on lui offre plus de victimes qu'à tout autre dieu. Souvent il s'assied sur une plate-forme élevée vis-à-vis de sa case, et là exige le sacrifice de deux ou trois victimes. Des offrandes nombreuses lui sont envoyées de toutes parts, afin de se le rendre propice dans les invocations qu'on lui adresse. Dans certaines occasions, quoique rarement, l'atoua transmet à ses enfants les prérogatives extraordinaires dont il est en possession. »

Le *tahoua* transmet au peuple les ordres des dieux ou atouas. Il connaît toutes les jongleries, toutes les inventions ingénieuses par lesquelles les prêtres de la Kaldée et de quelques autres contrées en imposaient aux esprits crédules. Au moyen d'un changement de voix acquis après quelque exercice, on le voit faire la demande et la réponse. Tantôt il disparaît, agite les broussailles, revient en courant comme un furieux, les membres agités de mouvements convulsifs, roulant des yeux effroyables; puis il s'arrête tout à coup, dit que son dieu l'a enlevé par les toits et ramené par la porte, demande pour lui des victimes humaines, et annonce, au milieu de cette pantomime burlesque, la mort de ses ennemis. Les *tahouas*, beaucoup plus nombreux, et pour le moins aussi influents que les atouas, sont particulièrement destinés à leur succéder; à leur mort ils deviennent dieux, et des sacrifices humains sont l'accompagnement obligé de leur apothéose. Aussi, cette cérémonie est-elle toujours le signal des hostilités lorsqu'on ne possède pas les victimes qui doivent y succomber. Les femmes peuvent devenir tahoua; cependant les restrictions qu'on leur impose en limitent beaucoup le nombre.

Le noviciat est la route par laquelle on parvient au grade de *tahouna*, inférieur à celui de Tahoua. La marque distinctive de cet emploi est un chapeau de feuilles de cocotier dont les frondes sont attachées sous le menton avec une branche du même arbre, qui leur forme une sorte de collier. Les tahounas sont les desservants en chef des moraïs : ce sont eux qui célèbrent les sacrifices et funérailles, chantent les hymnes et font résonner le tam-tam du temple. Dans l'exercice de ces fonctions, il est de toute rigueur qu'ils portent leur chapeau et leur collier.

Le quatrième titre que confère le tabou est celui de *ouhou*, auquel on ne peut prétendre qu'après avoir tué un ennemi avec le casse-tête (ouhou); de là l'origine de leur qualification. Les ouhous sont les aides des tahouas; ils n'exercent que les fonctions subalternes des temples. Il est vrai qu'ils ont le droit d'assister aux festins des tahounas et même des tahouas, privilége qui ne peut appartenir dans aucun cas au reste des insulaires.

AVENTURE D'UN MISSIONNAIRE, NOMMÉ AUX FONCTIONS D'ALLUMEUR DES FEUX DU ROI, AVEC LA REINE ET QUELQUES AUTRES FEMMES DE LA BAIE DE LA MADRE DE DIOS.

C'est vers la fin du XVIII° siècle que l'on essaya, pour la première fois, de faire pénétrer dans ces îles les lumières du christianisme. Un capitaine, nommé Wilson, fut chargé de transporter les missionnaires qui devaient exercer leur ministère dans les divers archipels de la Polynésie. Il arriva en 1797 à la baie de *la Madre de Dios*, et descendit à terre, afin de s'entendre avec un chef. Là, il trouva Ténaï, petit-fils et successeur du henou de Cook. Ténaï lui montra les dispositions les plus bienveillantes, et s'engagea à prendre les missionnaires sous sa protection. Crook, l'un d'eux, débarqua sur-le-champ; mais l'autre ne se décida qu'après plusieurs jours de réflexion. Ce pauvre homme, nommé Harris, avait peut-être un pressentiment des scènes dont il devait être l'objet. En effet, Ténaï, ayant été obligé de faire une excursion dans l'intérieur, proposa à ses hôtes de l'accompagner : Crook seul accéda à la proposition du chef; mais Harris, craignant de perdre de vue et la baie et le navire qui l'avait amené, préféra rester au logis. C'est alors qu'il fut obligé d'exercer les fonctions d'*allumeur des feux du roi*, prérogative singulière qui mérita l'attention de Krusenstern, et dont nous parlerons plus tard. Le chef croyait égayer ainsi la solitude où il le laissait par son absence; mais l'épouse de Ténaï avait, suivant l'usage, pris au sérieux cette cession qui avait déjà excité chez le missionnaire un sentiment d'horreur, et ne se payant pas des raisons de continence avec lesquelles il répondait à ses sollicitations pressantes, elle en vint à douter de la nature de son sexe. Le pauvre missionnaire tombé, à la suite d'une surprise nocturne, entre les mains de la reine et de plusieurs femmes aussi curieuses qu'elle, devint l'objet d'une vérification qui mit fin à leur incertitude. Échappé à ce nouveau genre de tentation, le nouveau saint Antoine s'enfuit vers le rivage, cherchant, mais inutilement, le navire qui devait l'emmener loin de ces rivages dignes de sa réprobation. Arrivé sur le bord de la mer avec la malle qui renfermait ses effets, il ne put se faire entendre du navire, et fut bientôt entouré d'une multitude de naturels qui lui enlevèrent son léger bagage. Éperdu, craignant de se trouver bientôt à la merci de ces espèces de bacchantes, il gagna les bois, où on le trouva quelques jours après dans un état déplorable. Le résultat funeste qui avait suivi le débarquement ne découragea nullement son entreprenant confrère. Cependant l'état de bien-être et de tranquillité dans lequel il vivait, devait avoir aussi son terme. Il se vit bientôt obligé de quitter cette terre, malgré la protection d'un chef puissant dont il s'était fait un appui, et alla débarquer à Nouka-Hiva, où sa mission n'eut pas plus de succès. Depuis lors, on ne paraît pas avoir essayé de nouvelles tentatives en ce genre.

LE TABOU A NOUKA-HIVA.

L'une des coutumes singulières qu'a engendrées la religion des Nouka-Hiviens est celle du *tabou*, que les chefs même n'osent enfreindre. Il s'ensuit, dit Krusenstern, du respect que les insulaires ont pour ce mot, que son origine dérive pour eux d'un sentiment dont la source est hors d'eux-mêmes. Les prêtres seuls peuvent prononcer un tabou général; mais chaque particulier a le pouvoir d'en attacher un à sa propriété, ce qui se fait tout simplement en annonçant que l'esprit d'un chef ou de toute autre personne y repose, et personne n'ose plus y toucher. L'homme assez imprudent pour violer un tabou est appelé *kikino*, et les kikinos sont ceux qui, dans les batailles, tombent toujours les premiers. Du moins on s'arrange pour cela, et les prêtres ne paraissent pas étrangers à cette cruelle jonglerie. La personne d'un chef et celle des membres de sa famille sont tabous de naissance. Le blanc est la couleur ou le symbole de la paix; un drapeau blanc indique les lieux taboués et dont l'accès est interdit à la multitude, ainsi que dans toute la Polynésie.

GOUVERNEMENT ET LOIS.

A l'époque des trois premiers navigateurs qui ont visité l'archipel de Nouka-Hiva, les indigènes de ces îles vivaient sous l'autorité tout à fait patriarcale d'un certain nombre de chefs ou *héakikis*, dont l'influence était même toute personnelle, quoique leur charge fût héréditaire. La seule dignité qui fût égale à la leur était celle du *toa*, chef des guerriers, dont l'autorité était du reste fort contestable partout ailleurs que sur le champ de bataille. Chacun concourait à la défense du sol selon son bon plaisir.

Cet état était encore le même en 1812, car Porter, qui eut l'occasion de recevoir de nombreux services des Nouka-Hiviens, fait l'observation suivante: « Il semble étrange qu'un peuple sans aucune forme de gouvernement visible, dont les chefs ne possédant aucune autorité, ne peuvent les pousser au travail, ni leur infliger un châtiment, puisse concevoir ou exécuter, avec la rapidité de l'éclair, les ouvrages qui nous étonnèrent. » Il ajoute plus bas: « Mais ils ont des patriarches dont l'autorité est celle d'un père doux et bienveillant sur ses enfants. »

MOEURS, COUTUMES ET COSTUMES.

Les Nouka-Hiviens, comme la plupart des indigènes de la Polynésie, ont plutôt perdu que gagné dans leurs rapports avec les Européens, et surtout avec une classe (les marins) dont les mœurs sont bien loin d'être exemptes de reproches. La manière dont on a abusé de leur hospitalité leur a fait perdre beaucoup de cette naïveté et de cet empressement qu'ils avaient jadis. Aujourd'hui la violence et l'abus de la force n'y sont pas plus inconnus qu'ailleurs.

En général, le mariage parmi les Nouka-Hiviens est un engagement dont les chaînes sont fort légères, et qui n'oblige qu'à peu de chose, et les parties ont même la liberté de se séparer si, au bout d'un certain temps, elles n'ont pas d'enfants. La seule cérémonie qui l'accompagne est une fête dont le festin forme la partie principale. Cependant, chez les chefs, les conséquences qui résultent du mariage lui donnent beaucoup plus d'importance. Une alliance amène la paix dans une contrée désolée par la guerre, et réunit des ennemis qui semblaient irréconciliables. C'est ainsi que le chef des Taïpis et le chef Keata-Nerci, son ennemi constant, ayant décidé d'unir leurs enfants, un riche canot transporta la fille du premier vers son époux, à qui elle avait été fiancée. Tout l'espace de mer qu'elle venait de traverser et qui séparait les deux vallées fut par cela même frappé du tabou : désormais toute démonstration guerrière faite dans ce lieu était un crime, et la paix devait régner perpétuellement, car l'esprit de la princesse, devenu *atoua* après sa mort, perpétuait au delà du tombeau la puissance du tabou. Un incident semblable avait amené une alliance perpétuelle entre la tribu de la vallée de Tiao-Hea et une autre tribu de l'intérieur.

Les jeunes filles sont rarement mariées avant dix-huit ou vingt ans. Jusque-là elles sont maîtresses et souvent folles de leur corps; aussi mènent-elles la vie la plus licencieuse. Mais dès qu'elles ont contracté une liaison, le droit de disposer d'elles n'appartient qu'à leur époux. Nous avons déjà vu qu'à cet égard ceux-ci étaient fort peu exigeants. Les femmes conservent toute leur beauté jusqu'à un âge avancé. Elles ne sont assujetties à aucun travail pénible; leurs occupations sont entièrement domestiques : elles confectionnent les vêtements, et prennent soin de la maison et des enfants.

Les hommes vont généralement nus, sans en excepter les chefs; car on ne peut appeler vêtement un morceau étroit d'étoffe grossière d'écorce de mûrier dont les hanches sont entourées. Il y a deux mots pour désigner cette ceinture : celle d'étoffe fine se nomme *tatou*, et celle d'étoffe plus grosse *tchiabou*. Tous les hommes ne portent pas cette ceinture.

Les femmes paraissent porter plus d'habillements que les hommes, mais elles ne sont guère plus vêtues. Une pièce d'écorce de mûrier qui entoure leurs reins, et destinée à descendre, en forme de jupon, jusqu'au-dessous du genou, rarement descend aussi bas; une autre étoffe, jetée négligemment sur leurs épaules, assez longue pour tomber jusqu'aux talons, et qui devrait couvrir leur sein, expose généralement à la vue de tout le monde, enveloppe tout le corps de manière que, suivant l'expression des peintres, prise dans l'acception littérale, la draperie n'empêche pas de voir le nu. Mais ces vêtements leur servent peu. Comme des animaux amphibies, elles passent dans l'eau une partie de leurs journées, et y paraissent aussi à leur aise que si elles étaient couchées sur un lit de gazon ou jouaient sur un lit de plume. Leur tête n'est point chargée de vains ornements; elles laissent flotter au gré des vents leur belle et noire chevelure : seulement, quand elles sont exposées à l'air, une large feuille de palmier leur tient lieu de parasol et garantit leur teint de la trop grande ardeur du soleil; quelquefois, et surtout quand elles sortent de l'eau, elles s'enveloppent la tête dans un coin de l'étoffe qui est censée les couvrir. A l'arrivée de Marchand, elles portaient des colliers composés de grains noirs, entremêlés de petits coquillages; mais bientôt elles y substituèrent nos grains de verre qu'elles aiment passionnément. Quoique leurs oreilles soient percées comme celles des hommes, on en voit très-peu qui aient des pendants; mais elles y suspendent toutes les bagatelles d'Europe qui en sont susceptibles (*).

Cependant le costume des femmes ne se ressemble pas dans tous les districts. Krusenstern en vit qui étaient enveloppées dans de longs châles d'étoffe jaune; mais ce qui les distinguait particulièrement, c'était une sorte de turban de toile blanche arrangé avec goût et qui leur allait à merveille.

Une coutume générale parmi elles est de se frotter le corps d'huile de coco, qui donne à leur corps un lustre qu'elles regardent comme une grande beauté; elles s'en oignent aussi les cheveux, ainsi que nous l'avons vu dans l'Inde, dans la Malaisie, chez les Carolins et autres peuples.

Les Nouka-Hiviens ont différentes espèces de parures; mais il n'en est aucune qui soit le privilége de la grandeur. Les dents de cochon et les graines rouges jouent le premier rôle dans leurs ornements. L'ornement de la tête est un grande casque de plumes de coq noires, ou une sorte de diadème ou de tresse de coco garnie de nœuds de perles, ou simplement une branche de bois flexible d'où pend une rangée de cordons. Quelquefois ils fixent dans leurs cheveux de grandes feuilles. Leurs pendants d'oreilles sont de grosses coquilles rondes, remplies d'une substance sablonneuse solide, elles sont traversées par une dent de cochon percée qu'ils lichent dans le lobe de l'oreille; une cheville de bois, placée dans le trou de la dent, l'empêche de tomber. Mais l'ornement de leur cou est la partie dont ils prennent le plus de soin. Ils l'entourent d'une sorte de collerette en forme de demi-lune, faite d'un bois tendre, et sur laquelle sont collées plusieurs rangées de graines rouges. Au reste, cette parure semble presque exclusivement réservée aux prêtres. Les autres insulaires en ont adopté une assez singulière : c'est une rangée de dents de cochon attachées à une tresse de fibres

(*) Voyez le Voyage du *Solide* en 1791, par Marchand, vol. I, page 129.

de coco. Ils portent aussi des dents isolées que l'on place dans la barbe, ou des boules de la grosseur d'une pomme, entièrement couvertes de graines rouges (voy. *pl.* 139).

Les Nouka-Hiviens sont fort propres, hommes et femmes, et surtout ces dernières qui passent souvent des journées entières dans l'eau; aussi les navigateurs n'ont-ils observé dans ces îles aucune maladie cutanée, si communes sous les climats tropicaux. La transpiration continuelle à laquelle le corps est exposé, oblige à des ablutions continuelles pour dégager les pores de la peau. Les femmes s'enduisent le corps entier et même les cheveux d'huile de coco, afin de leur donner un lustre dont elles font beaucoup de cas. Les fashionables se le frottent de suc de *papa*, afin de le garantir des influences de l'air et de lui conserver sa blancheur. Les habitations sont fort propres. Le capitaine Chanal, compagnon de Marchand, a assisté plusieurs fois à leurs repas, pour lesquels hommes, femmes et enfants se réunissent deux fois par jour, à midi et à la brune, et il y remarqua toujours beaucoup de propreté et d'ordre. Le célèbre Forster avait déjà dit qu'ils étaient plus propres que les Taïtiens. Il est vrai que le capitaine Cook a taxé les indigènes de Santa-Christina de malpropreté, mais il l'a fait avec trop de légèreté et seulement sur l'observation de deux faits, l'un partiel et l'autre tout à fait puéril.

On pourrait à peine croire au prix que ces insulaires attachent aux dents de baleine. Aucun bijou, quelle que soit sa valeur, n'est pas de moitié aussi estimé en Europe ou en Amérique que la dent d'un de ces cétacés parmi eux. Aussi l'ivoire le plus beau et le mieux travaillé leur paraît fort inférieur; il n'y a que les basses classes qui le portent; encore lui donnent-elles la forme de cette dent, objet de toute leur ambition (*).

(*) On peut facilement se faire une idée de leur valeur, d'après le compte suivant établi par Porter: « Un navire de 300 tonneaux, dit-il, pourrait compléter à Nouka-

Les éventails, tissés dans le genre des nattes avec une sorte d'herbe dure ou en feuilles de palmier, sont d'une délicatesse surprenante; leur forme est demi-circulaire. Les manches sont formés de quatre figures de dieux, adossées deux à deux et placées les unes au-dessous des autres. Ils sont faits en bois de sandal ou de toa, en ivoire ou en os humains, sculptés avec une grande habileté. Les Nouka-Hiviens font le plus grand cas de leurs éventails, et ne s'épargnent aucune peine pour les tenir toujours très-propres, en les blanchissant de temps à autre avec de la chaux ou quelque substance semblable.

TATOUAGE.

L'opération du tatouage se fait avec un instrument qui a la forme d'un peigne simple. Lorsqu'il s'agit de la pratiquer, on trempe l'extrémité des dents dans un mélange d'eau et de poudre de noix de coco brûlée, puis on les introduit dans la chair, en les frappant avec une pièce de bois qui fait l'office de marteau. On sent que cette opération ne laisse pas que d'être fort douloureuse; mais tel est l'empire de la mode, que ceux qui se soumettent à ce supplice se font attacher au sol sur lequel ils sont étendus, afin que les tortures qu'ils éprouvent n'interrompent pas l'exécuteur.

On commence le tatouage chez les hommes, dès qu'ils sont susceptibles de supporter la douleur, ce qui a ordinairement lieu à dix-huit ou vingt ans, et l'opération n'est jamais achevée avant une quinzaine d'années.

Elle commence chez les femmes au même âge; mais l'opération est moins longue, parce que l'embellissement tant

Hiva, une cargaison entière de bois de sandal pour dix dents de baleine, et cela d'autant plus facilement que les naturels ne s'épargneraient aucune peine pour aller le couper dans les districts les plus reculés et pour le transporter jusqu'au lieu de l'embarquement. Or, une cargaison de cette espèce, ajoute-t-il, peut se vendre en Chine à peu près un million de dollars (cinq millions de francs).

désiré est limité aux bras, aux mains et aux jambes, aux lobes de l'oreille et des lèvres; il est du reste toujours exécuté avec un soin et une délicatesse extraordinaires (voy. *pl.* 135).

Chaque tribu est tatouée d'une manière différente, et chaque ligne a sa direction fixée, laquelle donne certains priviléges dans les fêtes à celui qui la porte.

Les chefs et les membres de leurs familles, et les grands prêtres sont les seuls qui se tatouent le corps de la tête aux pieds; le visage, les yeux même et la partie de la tête où les cheveux ont été rasés ne sont pas exempts des ornements qu'exécute le plus habile tatoueur. Les guerriers s'en couvrent aussi. Mais comme les individus des classes inférieures sont peu tatoués, et que plusieurs ne le sont même pas du tout, nous pensons que le tatouage est un privilége des hautes classes, et qu'il se compose d'hiéroglyphes intelligibles aux castes des chefs et des prêtres, dans la plus grande partie des îles de l'immense Polynésie.

Quoique le tatouage n'ait jamais de conséquences bien graves, il n'en est pas moins vrai que le patient n'est guéri que plusieurs semaines après l'opération.

Les Nouka-Hiviens se rasent la tête; leurs barbiers se servent pour cela d'une dent de requin, d'une coquille, mais plus souvent d'un morceau de cercle de fer tellement aiguisé que l'opération se fait presque sans douleur. Ou brûle quelquefois les cheveux avec un tison. La barbe des jeunes gens et le poil qui se trouve sous les aisselles des personnes des deux sexes s'enlève avec des coquilles, et les femmes, dans certaines parties du corps que la nature a voilées à dessein, ne respectent nullement son ouvrage. Dans quelques occasions, les femmes se couvrent les cheveux; dans d'autres elles les laissent tomber ou elles les coupent très-courts, et quelquefois même elles les rasent; mais les voyageurs qui ont visité Nouka-Hiva n'ont pu nous en apprendre la cause. Leurs genres de coiffures sont excessivement variés; mais celui qui est le plus en usage consiste à séparer les cheveux en deux parties que l'on rejette de chaque côté de la tête, où elles sont maintenues par une bande d'étoffe blanche, avec un soin et une élégance dont il serait bien difficile à nos coiffeurs d'approcher.

Le capitaine Chanal et le chirurgien Roblet, tous deux appartenant à l'expédition de Marchand, rapportent, comme constant et commun à tous les habitants mâles de cette île, un usage dont les voyageurs espagnols et anglais n'ont pas fait mention, et qu'on sait être pareillement pratiqué par les peuplades de la Nouvelle-Zeeland, celui de faire à l'extrémité d'une certaine partie de leur corps une ligature qui prouve qu'ils ne sont pas soumis à la circoncision. Si elle n'a pas pour objet de préserver de la piqûre des insectes la partie la plus sensible de l'animal, et de la mettre, par l'enveloppe que forme cette ligature, à l'abri de toute atteinte, on pourrait croire, d'après la connaissance que l'on a acquise de leurs penchants au libertinage, que cet usage n'est chez eux qu'un raffinement de volupté, qui n'a d'autre but que de conserver à la partie toujours couverte la plus grande irritabilité quand elle cesse de l'être.

Les Nouka-Hiviens sont singulièrement enclins à la paresse. On voit à la vérité d'assez nombreuses traces de culture, des plantations de mûriers à papier, de racines de taro et de kava, mais elles ne sont pas proportionnnées à la population, ainsi que le prouvent la disette de taro et la simplicité de leurs habillements. L'arbre à pain, le bananier et le cocotier ne demandent aucun soin. La pêche est négligée et même méprisée, et la construction de leurs cabanes est ce qui leur demande le plus de travail; celle des armes n'absorbe que peu de moments : aussi passent-ils la majeure partie de leur temps couchés sur des nattes. Les femmes n'ont plus d'occupations. Ce sont elles qui fabriquent les éventails et les étoffes dont elles s'habillent. Il y en a de deux sortes : l'une grossière et épaisse, qu'elles fabriquent avec l'écorce d'un arbre, et qui est destinée aux ceintures et aux tchiabous; on la teint en jaune. La seconde, faite des fibres du mûrier à papier, est très-forte et d'une blancheur éblouissante : elle sert aux femmes riches pour leur coiffure et leurs vêtements. Cette étoffe est toutefois beaucoup moins ample et moins solide que la première.

USAGE DES ÉCHASSES.

Marchand a remarqué que les habitants de Nouka-Hiva se servent d'échasses, et il cherche l'explication de cet usage dans les inondations auxquelles ces îles sont exposées lors de la saison des pluies; ce qui est d'autant plus croyable qu'un grand nombre d'habitations, dans les parties basses, sont construites sur des plates-formes assez élevées. Porter ne fait que citer cet instrument sans donner aucun détail sur son usage, et Krusenstern n'en parle pas. Le marchepied de ces échasses est presque toujours sculpté avec soin. Sa hauteur varie suivant les lieux qu'on doit franchir. Les indigènes s'en servent avec beaucoup de dextérité.

GUERRIERS.

Le guerrier nouka-hivien, tel que nous l'a dépeint Porter, a dans son costume quelque chose de fantastique et d'extraordinaire. Son corps est couvert de tatouages sans nombre et d'une élégance vraiment admirable. Il s'orne avec profusion de plumes de coq et d'hommes de guerre (espèce d'oiseau), de longues pennes de la queue de l'oiseau tropique, ainsi que de grands pendants d'oreilles, ronds ou ovales, en dent de baleine, en ivoire, ou en une sorte de bois léger et mou blanchi avec de la chaux. D'épaisses touffes de cheveux pendent à sa ceinture, à ses chevilles et aux reins. Sur ses épaules se drape, avec une rare élégance, un manteau d'étoffe papirifique rouge, mais le plus ordinairement blanche. A son cou sont suspendues des dents de baleines, de coquilles du plus beau poli, et une pièce d'étoffe papirifique très-forte, dont l'une des extrémités tombe par-devant en forme de tablier, et serpente autour de ses reins. Il porte sur son épaule une lance de douze pieds de longueur, ou un casse-tête richement sculpté (voy. pl. 132).

GUERRE.

Pour les Nouka-Hiviens, l'art de la guerre ne consiste qu'en de continuelles escarmouches. Les parties belligérantes se placent sur le penchant de deux collines opposées, laissant entre elles une lice de quelque étendue. Un ou deux guerriers, costumés avec recherche, décorés de coquilles, de touffes de cheveux, de pendants d'oreilles, etc., s'avancent en dansant vers le parti ennemi, au milieu d'une grêle de lances et de pierres, en défiant leurs adversaires au combat. Ils sont aussitôt poursuivis par un parti de guerriers rivaux, et si, dans leur retraite, ils tombent frappés d'une pierre, on les achève à coups de lance et de casse-tête, pour les porter ensuite en triomphe.

On emploie dans les combats deux sortes de lances, travaillées avec beaucoup de soin, et que les Nouka-Hiviens ne quittent jamais : l'une a environ quatorze pieds de longueur et est faite d'un bois noir et dur appelé *toa*, susceptible de recevoir le plus beau poli; l'autre, destinée à être jetée au loin (ce dont les insulaires s'acquittent avec une grande dextérité), est beaucoup plus petite et d'un bois plus léger. A une certaine distance de l'extrémité, on les perce de trous ronds, afin qu'elles se brisent avec plus de facilité dans la blessure par leur propre poids, et qu'il soit ensuite plus difficile de les extraire. Les frondes, tressées avec les fibres du brou de la noix de coco, sont confectionnées avec un soin et une habileté qu'il serait difficile de surpasser. Les pierres que l'on y dépose sont d'une forme ovale, pesant environ une demi-livre, et bien polies. Elles se portent dans un filet suspendu à la ceinture. Le degré de vélocité et d'adresse avec lequel les Nouka-Hiviens les projettent au loin, n'en rend l'effet guère moins meurtrier que celui de nos feux d'infanterie. Il n'est que trop facile de s'en convaincre en voyant le nombre d'individus couverts de cicatrices, ou dont les jambes et les bras fracassés, quoique leur adresse à éviter ces projectiles soit très-grande (*).

Chaque tribu paraît avoir un ou plusieurs villages fortifiés, espèces de citadelles bâties sur les montagnes les plus inaccessibles, à peu près semblables aux pahs des Nouveaux-Zeelandais, ou bien dans la plaine, à l'entrée des défilés les plus importants. Les fortifications sont formées de grands troncs d'arbre de quarante pieds de long, plantés sur l'une de leurs extrémités, et assurés par d'autres pièces de bois qui y sont fortement attachées; le tout forme un parapet quelquefois d'une étendue considérable, souvent inabordable, et que l'artillerie européenne peut seule détruire. Derrière ce mur s'élève un échafaudage, sur lequel on dispose une plate-forme, où les guerriers parviennent au moyen d'échelles, et d'où ils lancent une quantité de lances et de pierres sur leurs ennemis.

TOMBEAUX.

Les cercueils se creusent dans une pièce solide de bois blanc, en forme d'auge, et de la grandeur exacte du corps. Ils sont polis et travaillés avec le plus grand soin, ce qui est une preuve certaine du grand respect des Nouka-Hiviens pour les restes de leurs amis. Lorsqu'un individu meurt, son corps est déposé dans le cercueil, que l'on place sur un tertre élevé, soit dans une maison consacrée à cela, soit

(*) Les massues et les casse-tête sont longs d'environ cinq pieds et faits de bois de casuarina; ils sont d'un très-beau poli et très-massifs, car ils ne pèsent pas moins de dix livres. A l'une des extrémités se trouve sculptée une tête d'homme.

devant une maison tabouée (consacrée), où on lui élève un petit édifice d'une étendue suffisante pour le contenir. La première de ces cérémonies se pratique surtout pour les femmes, et la seconde pour les hommes ; un gardien est ensuite chargé de les veiller et de les protéger. Lorsque la chair s'est détachée des os, ceux-ci sont nettoyés avec soin ; on en garde une partie, qui sert de relique, et l'autre est déposée dans les moraïs (voy. *pl.* 138).

INDUSTRIE.

Les Nouka-Hiviens sont fort industrieux, et comme ils ont peu de besoins, ils connaissent à fond tous les moyens de les satisfaire. Leurs occupations communes sont l'agriculture, la pêche, la construction des canots et des habitations, et la confection des étoffes à vêtements. Ils ont différents métiers de profession, mais dont les procédés ne sont pas aussi perfectionnés que ceux du tatouage et de la fabrication des ornements d'oreilles, industries qu'exercent des hommes spéciaux, et qui donnent tous leurs soins à les perfectionner. Il en est de même des barbiers. Quant à la médecine, nous avons vu que cette science est entre les mains de cette classe de prêtres appelés *tahounas*.

Les objets d'un usage ordinaire, et que l'on trouve dans toutes les habitations, sont des nattes d'un travail supérieur, des gourdes, des corbeilles, des coupes à kava en noix de coco, des berceaux pour les enfants, creusés dans un tronc d'arbre avec beaucoup de soin ; quelques petits coffres, aussi creusés dans une pièce de bois, avec leurs couvercles ; des jattes en bois, quelques planches arrangées de manière à ce que les rats ne puissent y parvenir. Les calebasses et les vases d'écales de coco sont ordinairement ornés d'os provenant des bras et des doigts de leurs ennemis.

Le seul instrument aratoire dont se servent ces insulaires est un pieu aigu avec lequel ils remuent la terre.

Un bloc de bois rond et un battoir est tout ce qui leur est nécessaire pour la fabrication des étoffes dont ils se vêtissent, lesquelles ne consistent qu'en écorces d'arbre battues. Ces deux instruments sont faits avec le même bois dont on confectionne les casse-tête. Le battoir a environ dix-huit pouces de long ; la poignée en est arrondie, le reste est carré et évidé dans toute sa longueur. Il ne s'agit, pour confectionner l'étoffe, que de la battre sur la pièce de bois, tandis que de l'autre on entretient l'humidité et on l'étend doucement. Cet emploi est ordinairement confié aux vieilles femmes, qui, dans une journée, peuvent ordinairement fabriquer trois *kahous*, ou vêtements extérieurs. Cette sorte d'étoffe est fort propre et régulière, aussi forte qu'une toile de coton ou de lin ; mais alors elle ne peut supporter le blanchissage : on la prépare à ce'a en la portant une semaine, après quoi elle est blanchie et battue de nouveau pour lui donner du lustre et de la consistance. Ainsi une femme peut se faire, par un travail modéré d'un jour, des vêtements pour six semaines. Si le vêtement a souffert quelque injure, il suffit de rapprocher les bords de la déchirure et de la battre pour les réunir. Cette manière si commode de réparer les ravages du temps ou les suites de l'étourderie, leur a rendu inutile le travail de l'aiguille, qui, d'ailleurs, leur est inconnu, même dans la confection des habillements, ordinairement composés de quatre pièces carrées.

PÊCHE.

Les Nouka-Hiviens ont une manière de prendre le poisson qui leur est particulière. Ils coupent en petits morceaux la racine d'une plante qui croît sur les rochers, et qu'un plongeur va aussitôt répandre au fond de la mer. Son effet sur les poissons est tel qu'ils paraissent en peu de temps à demi-morts à la surface de l'eau, et qu'on les prend très-facilement. Cet usage existe à Taïti avec quelques légères différences.

Ces insulaires ont cependant des filets, mais il semble qu'ils s'en servent rarement.

La troisième manière de prendre le poisson est à l'hameçon, lequel est en nacre de perle très-artistement façonnée. La ligne et tous les cordages dont ils se servent pour leurs pirogues sont faits avec l'écorce du *faou*. Ils fabriquent aussi avec les fibres du brou de noix de coco une sorte de cordage bien tissu et très-fort. Au reste, la pêche est une occupation dédaignée par quiconque possède une portion de terrain suffisante à son entretien; de sorte qu'elle est abandonnée aux individus les plus pauvres.

PIROGUES ET CANOTS.

Les canots ont généralement quarante pieds de long, treize pouces de large et dix-huit de profondeur. Ils sont construits avec des morceaux d'arbre à pain, taillés en forme de planches, réunies les unes aux autres au moyen de fibres du brou de la noix de coco. Les coutures sont recouvertes à l'intérieur et à l'extérieur de bandes de bambou fixées à l'extrémité de chaque planche et garnies d'étoupe formée de brou de noix de coco; ce qui ne les empêche pas de faire assez d'eau pour donner constamment de l'ouvrage à une ou deux personnes, afin de l'en retirer. La quille est d'un seul morceau régnant d'un bout à l'autre du canot, dont elle prend la forme, et auquel elle imprime une tension continuelle. Trois morceaux de planche divisent le canot en quatre parties, et le maintiennent dans la forme qui lui a été donnée. Pour l'empêcher de verser, ce qui pourrait lui arriver souvent, vu son peu de largeur, on place en travers, à l'arrière, au milieu et à l'avant, trois pièces de bois assemblées par deux autres, qui forment ainsi une sorte de cadre divisé en deux parties, et qui sert de balancier. La partie ornée du canot est une proue plate, dont la surface, grossièrement sculptée, représente la tête de quelque animal. On y joint quelquefois une petite planche supportée par une figure d'homme, sculptée dans le même genre. L'arrière forme une projection qui s'avance de huit pieds. Les pagaies sont fort artistement faites, d'un bois noir et dur, auquel on donne le plus grand poli. Le manche en est court, et le plat d'une forme ovale, plus large dans sa partie inférieure qui se termine en bec de faucon. Ces embarcations ne portent jamais de voiles.

Les canots de guerre diffèrent peu de ceux que nous venons de décrire, si ce n'est dans leurs dimensions; ils sont aussi richement ornés. Leur longueur est d'environ cinquante pieds, leur largeur de deux, et leur profondeur proportionnée. Chacune des pièces qui entrent dans leur construction, sans même en excepter les pagaies, a son propriétaire. A l'un appartient la longue pièce qui se projette de l'arrière, à l'autre celle de l'avant, et lorsqu'un canot est démonté, ses morceaux se trouvent ainsi disséminés dans tout un canton, et entre les mains quelquefois de vingt familles. Chacun peut disposer de la pièce qui lui appartient comme il l'entend, et lorsqu'il s'agit de les réunir, il l'apporte avec tout ce qui est nécessaire pour la fixer. Et cependant cela se fait toujours avec le même ordre et la même régularité que mettent les naturels dans toutes leurs opérations. Au reste, les canots de guerre n'appartiennent qu'aux familles riches, et ne servent que dans les expéditions, dans les cérémonies, ou lorsqu'un chef en personne va rendre visite à un autre. Dans ce cas, on les orne en profusion de touffes de cheveux humains, entremêlés d'autres touffes de poils de barbe grise. Ils font beaucoup de cas de ces objets, et ces derniers surtout sont aussi estimés parmi eux que les plumages les plus riches parmi nous. Le patron du canot, paré de plumes, est assis sur un siége embelli de feuilles de palmier et d'étoffes blanches. Quant au chef, il est placé sur une élévation au milieu du canot, et un autre individu costumé fantastiquement, et portant divers ornements en coquilles à perles pendus à des branches de cocotier, se tient sur le bord de l'avant. Les pagaïeurs sont assis deux à deux, et manœuvrent avec beaucoup de régularité; de temps à autre, ils jettent quelques cris pour s'encourager et donner de l'ensemble à leurs mouvements. Une flotte de ces canots de guerre avec ses rameurs, s'animant de leurs cris perçants, a quelque chose de splendide et de l'ordre et de la pompe militaire (voy. *pl.* 137).

Les canots de pêche sont d'un modèle plus grand encore que les canots de guerre, ayant souvent six pieds de large et une profondeur égale. Les pagaies ont la forme de nos rames et se manœuvrent de même, mais perpendiculairement.

Ils ont des canots plus petits, et qui ne sont même très-souvent que des quilles creuses de grands canots dépourvus de leurs garnitures; on s'en sert pour pêcher aux environs des ports. Quant aux canots que l'on emploie pour passer d'une île à une autre, ils sont semblables aux plus grands canot de pêche, mais réunis deux à deux, ainsi que l'indique leur nom de doubles canots; leur durée à la mer paraît assez longue. Ils sont garnis d'une voile faite de nattes et semblable à celle appelée par nos marins *voile triangulaire lacée;* mais elle est placée dans une position inverse, c'est-à-dire que l'hypoténuse en forme la base. Pendant le calme, ils naviguent à la pagaie. Les bâtiments avec lesquels on va à la découverte des terres nouvelles, sont construits d'une manière encore plus solide, quoique gréés de même.

Ce que nous venons de dire n'embrasse que les principales embarcations, aussi nombreuses que variées parmi les habitants de Nouka-Hiva.

MAISONS.

Leurs maisons sont longues et étroites, construites avec des bambous et des troncs de l'arbre appelé *faou*, entrelacés de feuilles de cocotier et de fougère. Le mur de derrière est plus élevé que celui de devant, de sorte que le toit ne tombe que d'un côté; il a un demi-pied d'épaisseur et est formé de feuilles sèches d'arbre à pain. L'intérieur de la maison est divisé par une poutre posée à terre dans toute la longueur du bâtiment: la partie antérieure est pavée; l'autre est couverte de nattes qui servent de lit à la famille et aux domestiques sans distinction de sexe. Une petite séparation, ménagée à l'une des extrémités, sert à serrer les meubles les plus précieux. Leurs calebasses, les haches, les armes, leurs tambours, etc., sont suspendus aux murs et aux toits. Afin de mettre les plumes et autres objets auxquels ils attachent du prix, à l'abri de la voracité des rats, on les place dans des corbeilles dont l'attache est telle que la vermine ne peut les couper. La porte, haute d'environ trois pieds, est placée au milieu du bâtiment: les familles ont coutume de s'asseoir en cercle à l'entour.

A une distance de vingt ou vingt-cinq toises de cette maison, il s'en trouve ordinairement une autre dont la distribution intérieure est la même; seulement, elle est élevée d'un pied et demi à deux pieds au-dessus du sol. A quelques pieds de ce bâtiment règne une plate-forme de dix à douze pieds, formée de grandes pierres et qui en a la longueur: elle sert de salle à manger. Cependant c'est une prérogative des chefs, de leurs parents, des prêtres et de quelques guerriers distingués, car elle suppose une certaine richesse, le propriétaire étant tenu d'avoir toujours un grand nombre de convives. Ceux-ci forment une société particulière qu'il doit nourrir même dans les temps de plus grande disette. Les membres de ce club se reconnaissent à certains signes tatoués. Les femmes n'assistent jamais à ces repas de société; la maison même où le banquet a lieu est toujours *tabou* pour elles.

A dix ou quinze pas des habitations, on voit toujours un ou plusieurs trous revêtus de pierres et recouverts de branches et de feuillage; c'est ainsi que se conservent les provisions. L'une de celles-ci est une sorte de pouding ou de pâte composée de fruits à pain et de racines de taro; elle se conserve plusieurs mois dans ces sortes de caveaux. La cuisine des Nouka-Hiviens est fort simple. Indépendamment de la viande de porc, qu'ils aiment comme les Taïtiens, ils se nourrissent surtout d'une pâte composée de fruits à pain et de racines de taro, qui se conserve plusieurs mois dans les caveaux dont nous venons de parler, et qui, selon Porter, a le goût d'une tarte aux pommes très-sucrée. Ils mangent aussi des ignames, du taro, des bananes et des cannes à sucre, et en général leur nourriture est plutôt végétale qu'animale. Leurs mets sont cuits sur des feuilles de bananier, qui leur servent aussi de plats. Quant aux poissons, ils les mangent généralement crus, trempés seulement dans l'eau salée. Les femmes ont la faculté de manger avec les hommes, mais il faut que ce soit dans leurs maisons. La viande de porc ne leur est pas non plus défendue; toutefois, on leur en donne rarement.

La boisson ordinaire des Nouka-Hiviens est l'eau de leurs cocos. Les indigènes de Santa-Christina boivent de l'eau de mer, sans en ressentir aucune incommodité. Le capitaine Marchand leur fit donner du vin, mais cela ne parut pas leur faire autant de plaisir que l'eau-de-vie qu'on leur offrit. Krusenstern remarque qu'ils font un usage très-modéré de la boisson du kava. Toutefois, Porter n'a pas confirmé cette observation.

MUSIQUE, CHANTS, DANSES.

Krusenstern, imbu d'idées défavorables à l'égard des Nouka-Hiviens, cherche à trouver de l'analogie entre leur musique et leur caractère. Mais il paraît qu'elle ne diffère pas de celle des autres peuples polynésiens. Leurs tambours sont d'une grandeur monstrueuse et rendent un son creux et sourd. Pour battre la mesure, ils appuient le bras gauche contre le corps et frappent violemment du creux de la main droite sur le creux de l'autre, ce qui produit un son retentissant dont le bruit leur plaît infiniment.

La danse consiste à sautiller continuellement à la même place en levant de temps en temps les mains en haut et remuant rapidement les doigts. Quant à leurs chants, ce sont plutôt des hurlements que toute autre chose.

HISTOIRE.

Quelques traditions, conservées dans la mémoire de ces insulaires et qui ont ainsi traversé les siècles, sont les seuls documents que nous ayons sur leur origine. Oataïa, leur père commun, et Oranova, sa femme, sont venus, disent-ils, d'une île appelée Vavao, quelque part au-dessous de Nouka-Hiva. Ils apportèrent avec eux diverses espèces de plantes, dont leurs quarante enfants, excepté un (Po ou la nuit), reçurent les noms. Ce récit nous paraît ne pas manquer de vraisemblance. En effet, la plus grande des îles Tonga porte le nom de Vavao et est située au-dessous de Nouka-Hiva, eu égard au parallèle passant par cette dernière, car sa direction est ouest-sud-ouest. Ses productions ne diffèrent d'ailleurs pas sensiblement de celles de l'archipel dont nous nous occupons.

En 1567, le vice-roi du Pérou chargea Don Alvaro de Mendoza et Don Alvaro Mendana de Neyra d'exécuter un voyage de découvertes dans l'océan Pacifique. Après trois mois de navigation, on découvrit plusieurs grandes terres qui reçurent le nom d'*îles Salomon*, sur la supposition que l'ophir de Salomon se trouvait ici, et que l'or devait y exister en abondance. A son retour, Mendana rédigea à ce sujet plusieurs mémoires qu'il fit soumettre à la cour d'Espagne. Celle-ci, reconnaissant toute l'importance de ces nouvelles contrées, ordonna, en 1594, à Don García de Mendoza, marquis de Caniente, gouverneur du Pérou, de faire équiper et de pourvoir abondamment le galion le *Saint-Jérôme* et trois autres navires, sur lesquels on embarqua en même temps tout ce que le Pérou avait d'hommes et de femmes inutiles, afin d'en former le noyau d'une colonie. Le commandement de cette flottille fut confié à Mendana. A environ mille lieues à l'ouest de Lima, par 10° de lat. sud, on découvrit une île, dont les habitants, après avoir fait un fort mauvais accueil aux Espagnols, parurent cependant désirer leur débarquement. Ayant passé outre, ils aperçurent trois autres îles, auxquelles on donna les noms de *San-Pedro*, *Santa-Magdalena* et *Santa-Dominica*. Celle-ci était bien plus grande que les précédentes; un canal limpide et profond, large d'une lieue, la séparait d'une quatrième, que l'on appela *Santa-Christina*. C'est ainsi qu'eut lieu la découverte de l'archipel de Nouka-Hiva. Cependant ces cinq îles n'en forment que la partie méridionale. Mendana leur donna le nom collectif de *Marquesas de Mendoza* (Marquises de Mendoza), en l'honneur de l'épouse du vice-roi. L'état houleux de la mer l'ayant empêché de débarquer à la Dominique, ainsi qu'il le désirait, il envoya le lendemain, jour de la Saint-Jacques (25 juillet), un mestre de camp avec vingt soldats, afin de chercher un port et un endroit où l'on pût faire de l'eau. Celui-ci aborda sur la côte occidentale, dans un beau port, que l'on nomma *Puerto de la Madre de Dios* (Port de la Mère de Dieu), aujourd'hui la baie de Tao-Ouati. Le débarquement eut lieu au son du tambour, et les relations amicales qui s'établirent bientôt de part et d'autre n'auraient sans doute pas été troublées, sans la punition à coups de fusil que l'on fut obligé de tirer de quelques vols par trop hardis. Ceci fut au reste bientôt oublié, et le 28 le commandant descendit à terre avec sa femme. Il y fit célébrer la messe, que les insulaires entendirent à genoux, paisiblement et en grand silence. Mais à peine Mendana fut-il de retour à son bord, que la mauvaise conduite des Espagnols donna lieu à des querelles qui se terminèrent par un combat, où se montra toute l'infériorité de leurs antagonistes. Ceux-ci traitèrent de nouveau de la paix, et l'on se quitta dans les meilleures dispositions. Le 5 août, les vaisseaux mirent à la voile, faisant toujours route vers l'ouest, pour continuer la recherche des îles vers lesquelles ils se dirigeaient.

L'archipel de Nouka-Hiva paraissait totalement oublié, lorsque Cook visita ces parages dans son second voyage, en 1774. Aux îles que Mendana avait découvertes, il ajouta celle de Hood, à laquelle les indigènes donnent le nom de Fatougou. Après avoir successivement reconnu San-Pedro, la Dominica et Santa-Christina, il rangea la côte sud-est de la seconde, et alla mouiller dans le port de *la Madre de Dios*, qu'il nomme Baie de la Révolution. Les rapports de l'équipage avec les naturels offrent peu de différence avec la manière dont ils reçurent le navigateur espagnol. Seulement, il fallut leur démontrer de nouveau, par la puissance des armes à feu, ce principe d'économie politique, que dans les échanges les objets doivent être à peu près de valeur équivalente; car fréquemment ils prenaient tout ce qu'on leur donnait sans aucune réciprocité. La description que nous possédons des découvertes de Mendana, quoique assez complète sous certains rapports, laissait beaucoup à désirer quant aux déterminations de position astronomique. Cette circonstance engagea le capitaine Cook à séjourner plusieurs jours ici, afin de lever tous les doutes à cet égard, en même temps que les naturalistes Forster et Sparzmann complétèrent la description géographique du pays. Le 9 avril, le capitaine étant descendu à terre, eut une entrevue avec un chef nommé *Honou*, qui, sous le titre de *heakiki*, se donnait pour roi de toute l'île; mais son autorité auprès de ses prétendus sujets paraissait se réduire à fort peu de chose. Il était revêtu de son grand costume, composé d'un manteau d'étoffe papyrifique, de larges pendants d'oreilles, d'un hausse-col et de nombreuses touffes de cheveux humains; sa tête était surmontée d'une espèce de diadème. Deux jours après, comme on s'aperçut que ces îles n'offraient pas de rafraîchissements en assez grande quantité pour un équipage qui, depuis plus de cinq mois,

16.

ne vivait que de salaison, *la Révolution* se dirigea vers Taïti.

Quinze ans après, en 1791, le capitaine Ingraham, de Boston, découvrit ce qui avait échappé aux investigations scrupuleuses de Cook, c'est-à-dire, les îles septentrionales de l'archipel; mais il se borna seulement à en donner la position. Au reste, il ne fit que précéder d'un mois notre compatriote Marchand, qui y arriva le 12 juin de la même année, sur le navire *le Solide*, équipé par une maison de Marseille pour un voyage de commerce à la côte nord-ouest de l'Amérique septentrionale. A peine le bâtiment avait-il jeté l'ancre, qu'il se trouva environné d'une multitude de canots remplis de naturels arrivés de l'île même et de la *Dominica*. Mais cette fois encore les relations de bonne amitié s'ouvrirent de la même manière qu'avec Mendana et Cook. Cependant, lorsque l'on se fut mis suffisamment en garde contre leur étonnante dextérité pour le vol, il leur fut permis de monter à bord, et les échanges commencèrent. On se procura par ce moyen une quantité considérable de noix de cocos, de bananes, de fruits de l'arbre à pain et de poissons, ainsi que divers objets dont les indigènes font usage. Pendant que ce commerce occupait le capitaine et les officiers, il s'en faisait un d'un autre genre entre l'équipage et les jolies indigènes, dont nos jeunes marins avaient tout à fait captivé les bonnes grâces. Ceci fut poussé à un tel point, que l'on se vit bientôt obligé d'y mettre ordre.

Quelques dispositions ayant été prises afin de prévenir toute surprise de la part des naturels, les capitaines Marchand et Chanal descendirent à terre. Là, un vieillard, qu'ils présumèrent être l'un des chefs de district, vint les saluer à la manière polynésienne, c'est-à-dire, en frottant plusieurs fois son nez contre les leurs, le plus gravement du monde. Après cette réception, qui annonçait les plus bienveillantes dispositions, on les conduisit dans une enceinte fermée de murailles en pierre de quatre à cinq pieds de haut, et d'où les femmes furent exclues. On invita les étrangers à s'asseoir sous un grand arbre, dont le feuillage ombrageait l'enceinte et les mettait à l'abri des rayons du soleil. Les naturels leur présentèrent alors un homme d'une petite stature, très-avancé en âge et auquel ils donnèrent le titre d'*otoouh* (atoua?), ce que l'on pensa devoir signifier *roi* ou *chef*; car ils le donnèrent aussi au capitaine Marchand, dès qu'ils eurent reconnu en lui le commandant du navire. Ce petit vieillard était d'un extérieur assez désagréable, et, loin d'avoir l'assurance que donne l'autorité, il semblait même frappé d'une sorte de crainte; aussi nos navigateurs eurent-ils de la peine à croire qu'un être aussi piteux pût être le chef d'un district. Cependant le capitaine Marchand lui offrit quelques présents qu'il accepta. Ceux qui l'entouraient, peut-être ses ministres, le firent asseoir entre les deux capitaines. Quatre porcs furent successivement apportés, et chacun de ceux qui les tenaient, après avoir débité une courte harangue, déposa son offrande aux pieds des étrangers. Les jours suivants se passèrent à prendre une idée générale du pays et à faire de l'eau; le bâtiment resta sur les côtes de l'île jusqu'au 21, qu'il continua sa route vers le nord, sur certaines apparences de l'atmosphère qui indiquaient une terre à peu de distance des Marquises. En effet, on découvrit bientôt une terre élevée, à laquelle les officiers du *Solide* donnèrent, par acclamations, le nom d'*Ile Marchand*. On en prit possession au nom de la nation française. Puis on aperçut successivement l'île Baux, les îlots des Deux-Frères, l'île Masse et l'île Chanal. L'archipel entier fut baptisé du nom d'*Iles de la Révolution*, en l'honneur du grand événement qui venait de renouveler les destinées de la France. Le capitaine Marchand nous a donné de nombreux détails sur l'archipel de Nouka-Hiva, et il serait injuste de lui refuser l'honneur de la découverte de toutes les îles que nous venons de nommer, puisqu'il devait ignorer, comme il ignorait en

OCÉANIE.

effet, celle d'Ingraham, qui n'a d'autre avantage sur lui que de l'avoir précédé de quelques jours.

Le 30 mars 1792, le lieutenant Hergest, chargé de porter à Vancouver les vivres nécessaires à la division que celui-ci commandait, revit les îles septentrionales, les examina avec soin, en dressa des cartes, les décrivit plus minutieusement qu'aucun autre navigateur, et leur appliqua de nouveaux noms, ignorant encore que cette tâche eût déjà été remplie par ses deux prédécesseurs. Tout cela était facile à concilier dans la rédaction des textes, la découverte du navigateur américain n'étant plus ignorée à l'époque où ils furent rédigés; mais l'amour-propre s'en mêla de part et d'autre, et on laissa les choses dans l'état où elles se trouvaient. C'est ainsi que la science, au lieu de se simplifier, devenait de jour en jour plus compliquée.

Quelques mois après Hergest, le capitaine Brown, commandant le navire *le Butterworth*, passa entre ces îles, sans cependant leur donner de noms, honneur qu'elles avaient déjà reçu quatre fois. Enfin, le dernier qui découvrit ce groupe fut Joseph Roberts, capitaine du navire américain *le Jefferson*, et le nom de Washington, qu'Ingraham avait appliqué à la seule île d'Ouahonga, fut donné par lui à tout le groupe.

En 1797, les missionnaires protestants ayant résolu de civiliser les différents archipels de la Polynésie, le navire *le Duff*, capitaine Wilson, en fut chargé.

Krusenstern visita l'archipel de Nouka-Hiva au commencement du mois de mai 1804. A peine les marins avaient jeté l'ancre, qu'ils se trouvèrent environnés de plusieurs centaines de canots. L'un d'eux était monté par un Anglais nommé Roberts, qu'au premier coup d'œil il fut impossible de distinguer des indigènes, dont il avait entièrement le costume. Il annonça qu'un autre Européen, un Français, Joseph Cabri, se trouvait aussi à Nouka-Hiva. Ces deux personnages, qui avaient acquis une grande influence dans cette partie de l'île, étaient ennemis invétérés l'un de l'autre, et semblaient, à l'extrémité du globe, représenter la haine profonde qui divisait alors leur patrie : Krusenstern essaya vainement de les réconcilier. Tous deux se laissèrent tatouer. Cabri devint un grand guerrier; mais il ne put jamais se résoudre à manger de la chair humaine : il échangeait toujours un prisonnier contre un cochon. Cabri est retourné en Europe (*). Au reste, le secours de ces deux hommes fut pour lui de la plus grande importance; car, ignorant tout à fait la langue du pays, il n'aurait pu former sur Nouka-Hiva que des conjectures souvent erronées. Roberts avait épousé l'une des parentes du roi; ce mariage lui donnait une grande considération, et le mit à même de rendre de grands services au navigateur russe.

Il y avait peu de temps que le navire était à l'ancre, lorsque le roi vint à bord avec toute sa suite. C'était un homme de quarante à quarante-cinq ans, bien fait, robuste, au cou épais et au teint brun, presque noir. Il était entièrement tatoué; mais rien ne le distinguait de ses sujets. Krusenstern lui fit quelques présents ainsi qu'à sa suite, et après deux ou trois visites du même genre, un malentendu de sa part ayant failli exciter une insurrection, il crut devoir se rendre chez lui, afin de le convaincre de ses bonnes intentions à son égard. Nous allons laisser parler ce savant navigateur :

« Le capitaine Lisianskoï m'accompagnait; nous partîmes à huit heures du matin, après avoir envoyé nos chaloupes, une heure auparavant, à l'aiguade. Nous descendîmes à terre au nombre de quarante, y compris vingt hommes armés : nous étions nous-mêmes munis de nos armes. En outre, les deux embarcations, destinées à charger les barriques d'eau, portaient chacune deux petits canons d'une livre et dix-huit hommes d'équipage, commandés par deux lieutenants. Nous pouvions par conséquent défier l'île entière, si l'on eût eu envie de nous

(*) Il était né dans le midi de la France.

attaquer. Personne ne se trouvait sur le rivage à notre arrivée. Nous avions vu pendant toute la nuit précédente des feux en divers endroits, et le matin aucun insulaire n'apporta des cocos comme à l'ordinaire : il paraissait donc que les esprits n'étaient pas encore tout à fait rassurés. Nous allâmes droit à la maison du roi, située dans une vallée à un mille dans les terres. Le chemin traversait un bocage de cocotiers, d'arbres à fruits et de mayo. L'herbe était si abondante et si haute qu'elle allait jusqu'à nos genoux et retardait notre marche; enfin, nous parvînmes à un sentier, dans lequel nous trouvâmes des traces d'une coutume de Taïti, qui ne donne pas une grande idée de la propreté des Nouka-Hiviens. Un ravin, rempli d'eau à un pied de profondeur, nous conduisit à un chemin très-bien entretenu. Nous entrâmes ensuite dans une magnifique forêt, qui paraissait s'étendre jusqu'à une chaîne de montagnes bordant l'horizon. Les arbres de la forêt, hauts de soixante-dix à quatre-vingts pieds, étaient principalement des cocotiers et des arbres à pain, qu'on reconnaissait facilement aux fruits qu'ils portaient en abondance. Les ruisseaux, qui descendaient avec rapidité des montagnes, arrosaient les habitations de la vallée; des masses de rochers interrompant leur cours, y formaient des cascades bruyantes et pittoresques. On voyait près des maisons de grandes plantations de taro et de mûriers rangées dans le plus bel ordre, et entourés de jolies palissades de perches blanches, coup d'œil qui annonçait de grands progrès dans la culture. Cette vue, vraiment ravissante, contribua beaucoup à faire trêve, pour quelques moments, à la sensation pénible que nous éprouvions de nous trouver au milieu d'un peuple de cannibales adonnés aux vices les plus révoltants.

« Le roi vint à notre rencontre à quelques centaines de pas de sa maison : il nous fit l'accueil le plus cordial. Nous trouvâmes chez lui toute la famille rassemblée et très-contente de notre visite, car chacun de nous apportait un présent. La reine fut au comble de la joie de recevoir un petit miroir. Je priai le roi de me dire franchement ce qui l'avait engagé à répandre un bruit qui avait failli rompre la bonne harmonie qui régnait si heureusement parmi nous, et aurait pu donner lieu à des scènes sanglantes, dont les suites n'auraient pas été à son avantage. Il me certifia qu'il n'avait jamais rien appréhendé de ma part; mais le Français lui avait dit que je le ferais certainement mettre aux fers si le cochon n'était pas incontinent rapporté à bord. Je vis par là que mes soupçons sur Joseph Cabri n'étaient que trop bien fondés. Je fis de beaux présents au roi et à toute sa famille, et le priai d'être bien convaincu, qu'à moins d'y être forcé, je n'emploierais jamais la violence contre personne, encore moins contre lui que je regardais comme mon ami.

« Après nous être reposés et rafraîchis avec du lait de coco, nous allâmes, sous la conduite de Roberts, voir un moraï; mais, avant de quitter la maison, on nous présenta la petite fille du roi, qui, comme tous les enfants et petits-enfants de la famille royale, est traitée d'*atoua* (être divin). Elle avait sa maison particulière dans laquelle personne ne pouvait entrer, à l'exception de sa mère, de sa grand'mère et de ses plus proches parents. Cette habitation était *tabou* pour tout le reste des insulaires. Le plus jeune frère du roi portait sur ses bras cette petite divinité, enfant de huit à dix mois. Je demandai combien de temps les mères allaitaient leurs enfants. On me répondit qu'en général les enfants ne tettent point. Aussitôt qu'un enfant vient au monde, une des plus proches parentes, parmi lesquelles il s'élève ordinairement des disputes à ce sujet, l'emporte chez elle, et le nourrit de fruits et de poissons crus. Ainsi ces insulaires ne sont point allaités, et cependant les hommes sont d'une stature colossale.

« Enfin, nous nous sommes mis en chemin pour le moraï, et nous avons passé près d'une source minérale; elles sont très-nombreuses dans cette île. Le moraï est placé sur une montagne assez haute que nous avions beaucoup de peine à gravir, ayant le soleil presque perpendiculaire sur nos têtes. Au milieu d'un bois touffu, si entrelacé de lianes qu'il semble impénétrable, nous avons trouvé une espèce d'échafaud au haut duquel était un cercueil, renfermant un cadavre dont on n'apercevait que la tête. Le moraï était orné, en dehors, de piliers de bois, taillés pour représenter des figures humaines; mais ce n'était que le travail d'un artiste maladroit. Près de ces statues s'élevaient des colonnes enveloppées de feuilles de cocotier et de toile de coton blanche. Nous étions fort curieux de savoir ce que signifiaient ces enveloppes; mais tout ce que nous apprîmes à ce sujet, c'est que les colonnes étaient tabou. A côté de ce moraï se trouvait la maison du prêtre; il était absent. Chaque famille a son moraï particulier; celui que nous vîmes appartenait à celle du prêtre; et sans Roberts, qui est allié à cette famille aussi bien qu'à la famille royale, nous n'eussions peut-être pas pu le visiter, car les Nouka-Hiviens n'en accordent pas volontiers la permission. Les moraïs sont ordinairement sur des montagnes, au centre du pays : celui-ci fait exception, car il n'est pas fort éloigné du rivage. Dès que M. Tilésius eut fini de dessiner la vue du moraï, nous retournâmes à nos canots (voy. pl. 138). »

Pendant son séjour, Krusenstern constata plusieurs coutumes qui avaient échappé à ses devanciers. Tel est ce nouveau sigisbéisme renouvelé, mis en pratique par les chefs, et qui consiste à laisser près de leurs épouses un lieutenant qui jouit de tous leurs droits, et que l'on nomme *allumeur du feu du roi*. On a vu plus haut l'incident singulier et les suites déplorables qu'il eut pour le missionnaire Harris.

Mais l'époque la plus mémorable de l'histoire de Nouka-Hiva fut le séjour qu'y fit le capitaine américain Porter, en 1813. Il venait de quitter le groupe des îles Gallapagos, où il avait établi le dépôt de nombreuses prises de baleiniers anglais qu'il avait faites dans cette partie du grand Océan, pendant la dernière guerre entre l'Angleterre et les États-Unis de l'Amérique septentrionale.

Porter aborda à Nouka-Hiva le 25 octobre 1813. Il y trouva un Anglais nommé Wilson et un Américain nommé John Maury, laissé peu de temps avant son arrivée par un navire des États-Unis, pour lequel il devait préparer une cargaison de bois de sandal. L'Anglais, qui vivait depuis plusieurs années dans différentes îles de l'archipel, en parlait la langue aussi bien que la sienne, et seulement sa couleur blanche le distinguait des insulaires dont il avait pris les gestes et les manières. Porter, d'abord assez défavorablement prévenu à son égard, crut cependant trouver en lui un homme bon, honnête, prêt à rendre tous les services; mais il s'aperçut depuis qu'il n'avait eu affaire qu'à un hypocrite consommé. Au reste, sa parfaite connaissance des idiomes et des usages des indigènes fut du plus grand secours au capitaine américain dans toutes ses relations avec eux.

Les montagnes qui environnent la vallée où avait eu lieu le débarquement, étaient couvertes de nombreux groupes d'indigènes. Ils s'apprêtaient à repousser les attaques d'une tribu guerrière, nommée *Happah*, demeurant au delà des montagnes, et qui, depuis quelques semaines, était en guerre avec les habitants de la vallée, dans laquelle ils avaient fait plusieurs incursions, détruit des maisons, ravagé des plantations et enlevé beaucoup d'arbres à pain. Toutefois, il paraît que leur nouvelle incursion fut arrêtée par la vue des vaisseaux étrangers. Porter leur envoya l'un de ces derniers, et leur fit dire qu'il avait assez de forces pour les chasser de l'île; que s'ils pénétraient dans la vallée, il enverrait un corps de troupes pour les repousser; qu'ils eussent d'ailleurs à cesser toutes les hostilités, tant qu'il résiderait à Nouka-Hiva, et que s'ils pouvaient disposer de porcs et de fruits, toute sûreté et facilité leur seraient données pour venir y trafiquer.

Après cet avertissement préparatoire, un exprès fut envoyé à Gattanéoua (*Kéata-Noui* de Krusenstern), chef de la belle vallée de Tieuhoy, et dont les plus beaux champs étaient taboués; il se trouvait alors dans l'une de ses citadelles; mais il ne tarda pas à arriver. Porter, afin de lui prouver toute son estime pour sa personne, et ses intentions pacifiques, lui fit offrir une truie anglaise. Ces indigènes, se livrant particulièrement à l'éducation des porcs, c'était, à l'exception d'une dent de baleine, le présent le plus flatteur qu'il pût lui faire. Le chef vint rendre sa visite à bord, et avant de le quitter, il sollicita l'assistance des étrangers dans la guerre où il se trouvait engagé, assistance qu'on lui promit, mais dans le cas seulement où les Happahs mettraient le pied dans la vallée.

Ceux-ci, ayant été sourds à toutes les injonctions, ayant repoussé toutes les propositions, et s'étant même livrés à des voies de fait, les hostilités commencèrent. Toutefois Porter en recula le moment autant que le lui permirent sa position et la sûreté de ses alliés. Une pièce de six fut hissée par les indigènes avec une adresse vraiment extraordinaire, sur le sommet d'une haute montagne, en même temps que le camp formé sur la plage reçut des renforts et fut armé de deux pièces d'artillerie. Le 28, au matin, le lieutenant Downes, à la tête d'un détachement, assisté d'indigènes, se dirigea vers les lieux menacés. Les Happahs, d'abord chassés de place en place, se réfugièrent dans un fort, qui tomba bientôt au pouvoir de leurs adversaires. On y trouva une grande quantité de tamtams, de nattes et d'autres ustensiles domestiques, de porcs, de noix de coco et autres fruits. La perte des ennemis fut de 5 hommes, et ils ne tardèrent pas à se soumettre au capitaine américain, qui scella cet heureux événement par quelques présents.

L'exemple des Happahs fut bientôt suivi par les tribus environnantes, et, à la requête des chefs, Porter se décida à tracer le plan d'un village, qui s'éleva comme par enchantement sous les mains de 4 à 5000 indigènes, accourus pour exécuter cet ouvrage. Dans cette occasion, on ne put trop admirer la régularité que les Nouka-Hiviens mettent dans tout ce qu'ils entreprennent. Sans chefs pour les guider, ils exécutent ce qui leur est demandé avec ordre, ardeur, promptitude, et une grande intelligence. Le village étant achevé, reçut le nom de *Madisonville*, et on éleva, sur une colline qui le domine, un fort (voy. *pl.* 299), où fut planté le drapeau des États-Unis.

C'est à la suite de cette expédition qu'il rédigea la pièce suivante, contenant la prise de possession de l'île entière de Nouka-Hiva, au nom de l'Union, quoique deux tribus fussent encore insoumises.

« Les présentes ont pour but de faire connaître à l'univers que moi, David Porter, capitaine de navire, au service des États-Unis d'Amérique, et commandant la frégate *l'Essex*, ai, au nom desdits États-Unis, pris possession de l'île nommée par les naturels Nouhivah (Nouka-Hiva), généralement connue sous le nom d'île de sir Henry Martin, mais actuellement appelée île Madison; qu'à la prière et avec l'assistance des habitants de la vallée de Tieuhoy, ainsi que des tribus des montagnes, que nous avons domptés et rendus tributaires de notre pavillon, j'ai fait bâtir le village de Madisonville, consistant en six belles maisons, une corderie, une boulangerie et autres dépendances; que pour la défense de ce village et pour la protection des naturels alliés, j'ai construit un fort susceptible de recevoir seize canons, où j'en ai placé quatre, et que j'ai nommé fort Madison.

« Nos droits sur ces îles, basés sur une priorité évidente de découverte, de conquête et d'occupation, ne sauraient être contestés. En outre, les insulaires, pour obtenir de notre part une protection qui leur était nécessaire, ont désiré être admis dans la grande famille américaine, dont le gouvernement républicain a beaucoup d'analogie avec le leur. C'est pourquoi, désirant contribuer à leur intérêt et à leur félicité, et rendre en même temps nos droits incontestables touchant la propriété d'une île fort importante sous une foule de rapports, j'ai pris sur mon compte de leur promettre qu'ils seraient adoptés par les États-Unis, et que notre chef serait leur chef. De leur côté, ils m'ont affirmé que, parmi leurs frères américains, ceux qui les visiteraient seraient à l'avenir accueillis avec amitié et hospitalité; qu'ils leur fourniraient avec abondance toutes les provisions qui se trouvent dans l'île; qu'ils leur prêteraient leur aide contre tous leurs ennemis, et qu'ils empêcheraient, autant que cela dépendrait d'eux, les sujets de la Grande-Bretagne d'aborder sur leur île, jusqu'à ce que la paix eût été conclue entre les deux peuples.

« Durant notre séjour en cette île, de riches présents nous ont été offerts par toutes les tribus; voici la liste de celles-ci:

« Six tribus dans la vallée de Tieuhoy, appelées les Taïhs; savoir: les Hoattas, les Maouhs, les Ouniahs, les Pakeuhs, les Hekouas, les Harrous.

« Trois tribus de Mamatouahs: les Mamatouahs, les Tiouhs et les Kahalas.

« Deux tribus de Attatokahs: les Fakiahs, les Paheutahs.

« Une tribu des Nikis.

« Douze tribus de Taïpis: les Pohégouahs, les Naégouahs, les Attuégéyas, les Cahounoukohas, les Tomarahinahs, les Tieheymaoucs, les Mouaikahs, les Atterhaous, les Attestapouyhounahs, les Attehacoucs, les Attetomohòys et les Attaka-Kaha-Néouahs.

« Lesquelles ont témoigné pour la plupart le désir d'être placées sous notre protection, et nous en semblé disposées à obtenir, à quelque prix que ce fût, une alliance qui leur promet une si grande utilité.

« En conséquence de ces motifs, et aussi pour que la possession de cette île ne puisse nous être disputée par la suite, dans une bouteille enterrée au pied du fort Madison, j'ai déposé une copie de la présente déclaration, et en outre plusieurs pièces de monnaie au coin des États-Unis.

« En témoignage de quoi j'ai apposé ma signature.

« DAVID PORTER.
« 19 novembre 1813 »

La prise de possession s'étendait adroitement à l'île entière. Bien que les Taïpis et leurs alliés ne fussent pas soumis, Porter leur fit sommation de se reconnaître tributaires des États-Unis; mais la négligence affectée que mettaient les Taïpis à faire cette reconnaissance ayant été suivie par quelques autres peuplades, Porter crut devoir entrer en pourparler avec eux, et leur fit signifier qu'ils eussent à choisir ou la paix, en payant le tribut, ou la guerre, s'ils voulaient renoncer à son amitié. Mais les propositions conciliantes qu'on leur fit à ce sujet furent suivies d'un défi insultant. « Les habitants de la vallée de Tieuhoy et leur roi Kéata-Nouï sont des lâches, disaient-ils; les Happahs ont été battus parce que eux aussi sont des lâches. Quant à Porter et à ses compagnons, ce sont des lézards blancs qui tomberont à la première fatigue, qui ne pourront ni gravir les montagnes, ni supporter le manque d'eau, ni même porter des armes. Et pourtant ce sont ces ennemis qui défient les Taïpis, si souvent vainqueurs, et à qui leur dieu a promis toujours la victoire! Qu'ils viennent, ces lézards blancs; nous les défions; qu'ils viennent, nous ne craignons pas leurs *bouhis* (fusils), bons tout au plus pour effrayer des lâches comme les Taïhs, les Happahs et les Choumènes. »

Porter, afin de reculer autant que possible le moment des hostilités, fit préparer, pour les intimider, un armement formidable; mais ce moyen, loin d'avoir quelque effet, fut suivi d'agressions de la part de la tribu rebelle contre celles des Happahs, des Taïhs et des Choumènes. Enfin, le 3 novembre, deux frégates et dix canots de guerre parurent au débarcadère de Taïpis, où s'étaient déjà rendus les Taihs et les Happahs. Leurs forces réunies pouvaient s'élever à 5000 hommes. Engagés sur un terrain qu'ils ne connaissaient qu'imparfaitement, les Américains se rembarquèrent, après avoir éprouvé un échec, d'autant plus fâcheux, qu'il jeta quelque défaveur à leur égard dans l'esprit de leurs alliés. Toutefois, loin de se décourager, l'intrépide commandant se décida à porter à ses ennemis un coup qui donnerait une preuve évidente de sa supériorité. Deux cents hommes furent tirés de l'*Essex*, de l'*Essex junior* et de ses prises, et l'attaque fut arrêtée pour le lendemain avant l'aurore. Après quelques préparatifs, l'ordre du départ fut donné, et les troupes remontèrent la vallée. Une décharge de mousqueterie, partie des rangs américains, fut le signal de leur présence, et les Taïpis, aussitôt sur pied, firent retentir l'air du son de leurs tambours et des conques de guerre. Cet incident fut suivi d'une halte au village des Happahs, et les troupes s'apprêtèrent à remonter la vallée le long des bords de la rivière qui l'arrose. Les Taïpis, après avoir tenté inutilement de s'opposer à leur passage, se retirèrent dans un hippah, situé sur leurs derrières. Toutefois ils en furent bientôt expulsés, et perdirent même leur chef, ce qui ne les empêcha pas de faire une vigoureuse résistance. Les Américains, quoique continuellement harcelés, continuèrent leur marche, et arrivèrent bientôt à la capitale des Taïpis, si l'on peut donner ce nom à un beau village, orné, comme tous les autres, d'une grande place publique, et qui fut saccagé et livré aux flammes. Puis ils aperçurent le fort témoin de leur première défaite. « Quoique connaissant bien, dit Porter, toute l'adresse et toute l'habileté des insulaires, je ne les aurais jamais supposés capables de construire un ouvrage aussi fort et aussi bien calculé pour la défense. Il forme un segment de cercle de près de quarante-six mètres d'étendue, bâti en grandes pierres d'à peu près deux mètres d'épaisseur à la base, et se rétrécissant vers le haut, afin de lui donner plus d'aplomb et de solidité. A gauche se trouve une entrée tout au plus assez large pour admettre un seul individu à la fois, et qui servait d'issue pour faire les sorties. Mais pour y parvenir de l'extérieur, on est obligé de passer immédiatement sous les murailles, un hallier épais en défendant les approches de tout autre côté. Les ailes et les derrières sont également gardés, et la droite est protégée par une fortification aussi solide que le corps principal. » A l'arrivée du détachement, des insignes de paix flottaient de toutes parts, et Timéa-Taïpi, chef des Taïpis, s'avança au-devant du capitaine en portant un drapeau blanc. Il lui rappela leur ancienne amitié; il sollicita de nouveau son alliance, et la paix lui fut accordée à condition qu'il payerait le tribut annuel, ainsi que les autres tribus, et de plus une rançon de 400 porcs en sa faveur. Par cette victoire, l'île entière reconnaissait désormais les lois du capitaine américain; mais la soumission de ces peuplades de l'île Nouka-Hiva, qui, réunies, peuvent mettre sur pied environ vingt mille guerriers, leur soumission, dis-je, devait cesser avec la crainte qu'inspirait la présence du vainqueur. Porter, ayant terminé ses opérations, était reparti de Nouka-Hiva le 10 décembre avec ses navires de guerre, ne laissant dans cette île que trois de ses prises amarrées sous le fort, et qu'il confia à la garde du lieutenant Gamble et de vingt-deux hommes placés sous ses ordres. La position n'était pas tenable. Les naturels, travaillés par l'Anglais Wilson, qui était naturalisé dans l'île, refusèrent bientôt le tribut convenu. Ils ne s'en tinrent pas là; ils inquiétèrent leurs hôtes et menacèrent leurs navires; d'un autre côté, l'insubordination éclata parmi les compagnons de Gamble, et plus d'une fois on méconnut son autorité. Enfin, au bout d'un mois de danger et d'inquiétude, la révolte éclata de la façon la plus sérieuse. Les mutins jetèrent leurs officiers chargés de fers à fond de cale, hissèrent le pavillon anglais et appareillèrent. Gamble, resté avec deux navires et dix hommes qui lui étaient demeurés fidèles, battit d'abord les naturels; mais bientôt, craignant qu'ils ne revinssent et l'accablassent sous le nombre, il brûla un de ses navires, s'embarqua sur l'autre avec ses dix hommes, et parvint à aborder aux îles Haouaï, où il fut pris par six bâtiments anglais. Après son départ, les naturels, suivant les conseils de Wilson, avaient égorgé les Américains qui avaient été abandonnés dans le fort Madison, à l'exception d'un seul homme qui parvint à s'échapper dans les montagnes, où il fut sauvé par un vieux chef du pays. Ainsi finit, d'une manière tragique, l'expédition commencée par Porter de la manière la plus favorable. Il semble, au reste, que l'unité du gouvernement de l'île fondée par le marin américain lui a survécu. Le vieux Kéata-Nouï garda la souveraineté de Nouka-Hiva, et son fils Maouana le titre nominal de cette autorité. Il est vrai que les chefs des tribus continuent à vivre en guerre les uns contre les autres; cependant tous reconnaissent une suprématie, quoiqu'ils la respectent peu.

L'histoire de Nouka-Hiva est à peu près insignifiante depuis les derniers événements qui signalèrent l'expédition de Porter. Le lieutenant américain Paulding, du navire *le Dolfin*, ayant mouillé, en 1825, dans la baie d'Oumi, n'eut qu'à se féliciter de ses rapports avec les naturels. Le missionnaire Stewart, ayant parcouru toute cette côte sur le vaisseau de guerre américain *le Vincennes*, vers l'année 1829, en traça à son retour un tableau aussi vrai qu'intéressant. Le capitaine du *Vincennes* avait aidé le jeune Maouana à s'emparer de l'autorité suprême dont son père était investi, et coopéré par sa présence à l'intronisation de cet enfant, encore mineur. Enfin, au mois de mars 1830, Waldegrave, capitaine anglais, à bord du navire *Seringapatnam*, fit une descente à Nouka-Hiva, et n'y recueillit aucun fait important.

Depuis Waldegrave, l'histoire de Nouka-Hiva a cessé pour nous.

ARCHIPEL POMOTOU,

NOMMÉ COMMUNÉMENT ARCHIPEL DANGEREUX.

GÉOGRAPHIE GÉNÉRALE.

Ce vaste archipel, le plus grand de la Polynésie, après celui des Carolines, reçut de l'illustre Bougainville le nom d'archipel Dangereux. Les Taïtiens le désignent sous le nom de Pomotou. Situé à l'est de Taïti, il s'étend dans un espace de 500 lieues de l'est sud-est à l'ouest nord-ouest, entre les 13° 30' et les 23° 50' de latitude sud, et les 125° 30' et 151° 30' de longitude occidentale, depuis l'île Ducie jusqu'à l'île Lazareff. Sa superficie est d'environ 370 lieues carrées.

Les îles ou plutôt les groupes d'îles qui composent cet archipel sont au nombre de plus de soixante; ce sont: Gambier, composée de cinq ou six îles médiocrement hautes, outre plusieurs îlots; l'îlot de Crescent, Pitcairn, Oeno, Élisabeth et Ducie, qui en est éloignée, mais que nous croyons ne pouvoir se rattacher qu'à cet archipel, parce qu'elle est la fin de la chaîne sous-marine qui sert de base aux îles coralligènes de Pomotou; Bird, Hood, Carysford, Whitsunday, Queen-Charlotte, Egmont, Touï-Touï, Héïou ou de la Harpe, Doua-Hidi, chaîne d'îlots bas et boisés, Croker, Chaîne ou Anaa, Cockburn, Osnabruck, le lagon de Bligh, Barrow, Clermont-Tonnerre, Serles, groupe d'îles basses, San-Pablo, Narcisse, Lanciers, Tehai, groupe d'îlots, Gloucester, San-Miguel, Margaret, Turnbull, Britomart, Cumberland, Byam, William Henry, chaîne de petites îles, Marakau, groupe d'îles, Buyers, îles basses et rapprochées, Manou, Towere, Saint-Quentin, Humphrey, Honden, Désappointement, Predpriatie, Araktchieff, Wolkonsky, Barklay, Good-Hope, Nigeri, Holt, Philips, Furneaux, Adventure, Tchittchagof, Sacken, Raraka, Wittgenstein, San-Diego, Greig, Carlshoff, Palliser, renfermant quatre groupes distincts, Romanzoff, Oura, chaîne d'îles basses, Tioukéa, autre groupe d'îles basses, Wilson, Waterland Vliegen, Krusenstern, Lazareff et Matia.

Toutes ces îles sont des terres basses et d'une nature madréporique, à l'exception de Pitcairn et du groupe de Gambier, où l'intérieur des îles hautes, telles que Péard et quelques autres, est d'origine volcanique. Elles sont généralement fertiles en arbres fruitiers et en palmiers. On pêche des perles sur les côtes de quelques-unes de ces îles, dont plusieurs sont inhabitées.

On peut évaluer la population de l'archipel entier à 20,000 habitants. Ces sauvages appartiennent à la race polynésienne; leurs mœurs sont cependant plus incultes que celles des indigènes de Taïti, leurs voisins, et une partie des habitants de l'île Tioukéa, dans les parages de laquelle on fait la pêche des perles, paraît être encore anthropophage, quoique l'autre partie ait embrassé le christianisme.

GÉOGRAPHIE DESCRIPTIVE.

L'île, ou plutôt le groupe GAMBIER fut découvert, en 1797, par Wilson, qui n'y toucha point, et il ne paraît pas que d'autres aient exploré ce pays avant Beechey, qui y passa en 1826. Il fut contraint dès les premiers jours de faire la guerre avec les naturels, et il employa son artillerie pour les réduire.

Le groupe entier se compose d'un récif à peu près circulaire de quarante milles de tour, au milieu duquel surgissent cinq ou six îles médiocrement hautes, outre plusieurs îlots assez bas sur la chaîne intérieure. La plus grande des îles hautes, l'île PÉARD, a quatre milles de long, sur une largeur d'un mille à peine. Un double piton, nommé le mont Duff, s'y élève à onze cents pieds.

Toutes les îles basses et le rivage des îles hautes sont d'une nature madréporique, mais l'intérieur de ces dernières est d'origine volcanique. La roche est en général une lave basaltique poreuse, et en quelques endroits on aperçoit des cristaux assez réguliers de basalte compacte. Beechey y trouva des zéolithes, du carbonate de chaux, des calcédoines, des olivines et des jaspes de diverses couleurs. Nulle part il ne remarqua de cratère; toutes les îles étalaient la plus admirable verdure. La terre végétale y paraît peu profonde, mais très-fertile. Ses produits comme ses habitants sont ceux de toute la Polynésie, quoique dans un degré moindre de culture et de civilisation. Les mœurs, en revanche, semblent plus retenues que dans les autres groupes. Les femmes n'y paraissent pas disposées à s'offrir à l'étranger. Beechey estime la population de tout le groupe à 1500 âmes. Il place le mont Duff, qui en est le centre, par 23°8' latitude sud et 137°15' longitude ouest.

Les naturels des îles Gambier sont bien faits, moins grands et moins robustes que ceux des îles de la Société; leur teint est beaucoup plus blanc. Les femmes sont très-jolies et se couvrent avec une ceinture de natte. Les hommes vont entièrement nus. La manière de se saluer consiste à se frotter nez contre nez, en aspirant fortement l'haleine. Ils n'ont pas de pirogues ni d'armes, excepté une espèce de pique. Le fruit à pain, le cocotier et le platane y sont abondants. Ils n'ont aucune espèce de quadrupèdes, à l'exception des rats, qui paraissent apprivoisés, et de quelques poules. Ce sont d'effrénés voleurs, et le fer est ce qu'ils convoitent par-dessus tout.

L'île HOOD a été découverte, en 1791, par Edwards, revue par Wilson en 1797, en 1826 par Beechey, qui l'a placée par 21°31' latitude sud et 137°54' longitude ouest (pointe ouest).

Découverte par Edwards, en 1791, CARYSFORD fut revue, en 1826, par Beechey, qui envoya un canot pour la reconnaître. Le naturaliste de l'expédition faillit se noyer en débarquant. On trouva sous les arbres trois puits, quelques huttes et une tombe en pierre abandonnée depuis longtemps. Beechey la place par 20°45' latitude sud et 140°43' longitude ouest.

Près de Carysford, les cartes signalaient une île Duff, que Wilson croyait avoir vue en 1797 ; plusieurs fois elle a été cherchée vainement, et nous croyons qu'elle est, comme tant d'autres, une île imaginaire.

L'île Whitsunday fut découverte, en 1767, par Wallis, qui envoya un canot à terre. On y trouva des huttes et des pirogues ; mais point d'habitants ; ils avaient fui vers l'ouest. La latitude de Whitsunday est de 19°24' sud, sa longitude de 140°57' (pointe nord-ouest). Elle a quatre milles de long sur trois de large.

Beechey a fixé la situation de Queen-Charlotte par 19°17' de latitude sud et 141°4' de longitude ouest. Elle a six milles de longueur sur un mille de largeur.

Au-dessus de Queen-Charlotte, nous vîmes Egmont, petite île habitée, basse et boisée. Elle a six milles de circuit, et est située par 10° 24' de latitude sud et 141° 36' de longitude ouest. Wallis la découvrit en 1767.

On trouve à deux cents toises de distance l'île Touï-Touï, découverte, en 1767, par Carteret, qui la nomma Gloucester, et reconnue, en 1826, par Beechey, qui la place par 19° 8' de latitude sud et 143°0' de longitude ouest.

L'île Heïou se compose de langues de coraux fort étroites, couvertes d'arbres du côté du vent, mais entièrement nues sous le vent. Elle a environ trente milles de long sur cinq milles de large. Bougainville la découvrit en 1768, et la nomma Île de la Harpe à cause de sa forme. Cook l'aperçut l'année suivante, et la désigna, par le même motif, sous le nom d'île Bow. Le capitaine Duperrey la reconnut en 1823 ; enfin Beechey fixa sa position, en 1826, par 18°26' latitude sud et 142°59' longitude ouest (milieu).

Toutes les îles basses du groupe de la Harpe (*Bow* ou *Heyou*), ainsi nommées parce qu'elles ont à peu près la forme de cet instrument, sont composées d'un récif de corail, d'une hauteur qui excède rarement dix pieds au-dessus du niveau de la mer, dans les endroits les plus élevés, et d'une largeur moyenne de cent cinquante à deux cents pas. Ce récif contient à l'intérieur un lagon, quelquefois sans issue, mais qui a plus souvent des communications avec la mer. Les habitants de ces îles n'ont d'aliments que le poisson, un fruit peu nourrissant, et les cocotiers dont beaucoup d'îles même sont dépourvues. On en trouve quelques-uns à l'île de la Harpe. Ordinairement les naturels ne donnent pas le temps aux noix de parvenir à maturité, et les abattent de bonne heure pour boire l'eau dont elles sont remplies. Il existe dans toutes les îles basses une espèce d'arbre dont la feuille sert à faire des nattes et à couvrir les maisons. Le fruit, de forme ovale et de huit pouces de long sur cinq de large, est composé d'un grand nombre de côtes, d'une forme conique, qui se détachent lorsque le fruit est parvenu à maturité. La partie adhérente est d'un beau jaune, d'une saveur très-douce, et le tout composé de filaments extrêmement déliés ; à l'intérieur se trouve une ou deux petites amandes d'un bon goût. Les indigènes font une grande consommation de fruits, et les femmes sont souvent occupées à les briser avec de grosses pierres, pour en retirer les amandes après que l'on en a sucé la partie la moins filandreuse.

Pour conserver le poisson, les naturels le fument pendant douze à quinze heures, l'ouvrent ensuite pour en tirer les arêtes et les faire bien sécher au soleil ; par ce moyen ils le conservent sain pendant plusieurs jours.

Les tortues sont très-abondantes dans l'île de la Harpe. Il paraît que c'est pour les insulaires une espèce de poisson sacré ; ils n'en donnent jamais aux femmes que lorsqu'elles n'ont rien autre chose à manger.

Un capitaine du commerce se rendant de Valparaiso aux îles Taïti, aborda ces îles en novembre 1831. Voici le portrait qu'il fait de leurs habitants ; nous l'empruntons aux Annales maritimes, 19e année (1834) :

« Les naturels des îles du groupe

de la Harpe sont très-vigoureux et agiles; ils vont nus, et n'ont qu'une ceinture de natte qui leur pend depuis les hanches jusqu'au milieu des cuisses. Cependant ils commencent à aimer les étoffes. Ils sont très-doux entre eux, vivant d'une manière patriarcale, se donnant réciproquement et partageant leur nourriture. Ils paraissent aimer beaucoup leurs enfants. Leurs maisons ont l'aspect le plus misérable; elles sont toujours d'environ douze pieds de long, larges de cinq et hautes de quatre; elles sont couvertes de nattes grossières, qui les mettent assez bien à l'abri de la pluie. Leur lit consiste en une natte, et leur oreiller en une espèce de petit banc de bois. Chaque ménage a une pirogue d'une petite dimension, avec un balancier et une voile de natte; cette pirogue est composée de plusieurs pièces ajoutées et amarrées ensemble avec des cordes ou tresses faites avec l'enveloppe de la noix de coco, qui forme un excellent cordage. Chaque homme a une lance longue de dix ou douze pieds, avec laquelle il poursuit le poisson et le transperce; il a aussi un filet et des hameçons de bois, de nacre ou de fer. Le roi a plusieurs femmes, et est un peu plus à son aise que les autres : il a une grande pirogue double, longue de trente-six pieds. Tous les naturels sont remplis de poux, qu'ils se cherchent mutuellement et qu'ils mangent : malgré tous nos efforts, nous ne pûmes jamais échapper entièrement à cette maudite vermine. Ces sauvages sont très-gais et chantent assez souvent des heures entières. Ils ont quelques idées de religion; le lieu où ils déposent les écailles des tortues qu'ils prennent, est sacré; ils suspendent ces écailles à des arbres ainsi que les os. On ne sait pas s'ils ont un temple et des usages religieux. Ils faisaient grand cas d'un livre de navigation qu'ils nous avaient pris, et d'un petit miroir dans lequel ils se contemplaient avec complaisance. »

DOUA-HIDI est une chaîne d'îlots bas, boisés et peuplés, de huit à dix milles de largeur, découverte probablement, en 1769, par Bougainville, vue l'année suivante par Cook, et comprise dans ses TWO-GROUPS. Ce navigateur aperçut de loin les habitants, qui lui parurent bien faits, très-braves et armés de lances. Beechey, en 1826, la plaça par 18°12' latitude sud et 144°38' longitude ouest, milieu.

L'île BIRD (oiseau) est basse, inhabitée, ayant tout au plus quatre milles de circuit. Découverte, en 1768, par Bougainville, qui ne daigna pas la nommer, elle fut vue l'année suivante par Cook qui lui donna ce nom, et, en 1826, par Beechey, qui la plaça par 17° 48' latitude sud et 145° longitude ouest (pointe sud).

L'île CROKER est une petite île basse de six ou sept milles de long sur un mille de large. Bougainville, en 1768, l'avait également laissée sans nom. Beechey la nomma Croker. M. d'Urville (*) pense que c'est la *San-Quintin* de l'Espagnol Bonechea, vue en 1772 et 1774. Sa position est par 17° 26' de latitude sud et 145° 47' de longitude ouest.

L'île ANAA fut découverte par Cook en 1769, qui la nomma île *Chain*; il la revit en 1773, mais sans la visiter. C'est la même sans doute que Bonechea nomma, en 1772, île de TODOS LOS SANTOS. Beechey l'a vue aussi en 1826, et l'a placée par 17°26' de latitude sud et 147°50' de longitude ouest (milieu). Ce savant navigateur ne la visita point, mais il trouva sur une petite île au sud sud-est de Touï-Touï, et qu'il nomma Byam, une quarantaine de naturels, originaires d'Anaa et convertis au christianisme. Voici comment cette émigration avait eu lieu. Tributaire de Taïti, dont elle est éloignée pourtant de deux cents milles, Anaa avait envoyé le chef Touwari et 150 naturels saluer dans cette île le jeune Pomare, qu'on venait d'y introniser. En vue de

(*) Nous avons emprunté à ce grand navigateur une partie du résumé de ces petites îles, qu'il a lui-même extrait avec soin des positions données par les navigateurs que nous citons.

Taïti, les vents d'ouest dispersèrent et chassèrent les pirogues ; deux furent perdues ; la troisième, ayant abordé l'île Barrow, toucha sur Byam, après avoir perdu une partie des indigènes. Ce fut là que Beechey les retrouva ; sur leurs instances, il prit à son bord Touwari et le ramena dans sa patrie.

Cette île, dépendante de Taïti, est aujourd'hui toute chrétienne, et déjà elle fournit des missionnaires aux autres points de l'archipel de Pomotou. Elle porte aussi le nom d'île de la Chaîne. Le caractère entreprenant et maraudeur de ses habitants peut les faire regarder comme les *flibustiers* de cette partie de l'Océanie.

Ile COCKBURN, petite île basse, inhabitée, avec un lagon à l'intérieur. Elle fut découverte, en 1826, par Beechey ; elle a quatre milles de long sur trois de large. Latitude sud, 22°12′, longitude, 141° ouest (pointe nord-est).

Ile OSNABRUCK, groupe d'îlots bas, boisés et inhabités, entourant un vaste lagon intérieur. Découverte, en 1767, par Carteret, elle fut témoin du naufrage du navire baleinier *Matilda*, en 1792 ; et Beechey, qui la visita en 1826, retrouva les débris de ce naufrage. Elle ne paraissait pas avoir d'autres habitants que des oiseaux de mer, des lézards, des crabes et des tortues. Sa longueur est de quinze milles de l'est à l'ouest, sur sept milles du nord au sud. Latitude sud, 21° 50′, longitude ouest, 141° 5′ (pointe est).

Ile LAGON DE BLIGH, îlot bas, boisé et peuplé, renfermant un lagon. Elle fut découverte, en 1792, par Bligh, et vue par Beechey en 1826. Les naturels sont presque nus et d'un teint très-foncé. Ils portent les cheveux rattachés en un nœud sur la tête. Quand Beechey parut, ils l'accueillirent avec des lances, des casse-tête et des pierres. Latitude sud, 21° 38′, longitude ouest, 142° 58′ (pointe nord).

Ile BARROW, petit îlot bas et boisé, de quatre à cinq milles de circuit, avec un lagon intérieur. Beechey, qui la découvrit et la visita en 1826, y trouva des traces d'occupation récente. Le cocotier, le pandanus, le sœvola, le casuarina, le pemphis, le tournefortia, et plusieurs autres arbres couvrent l'île entière. Latitude sud, 20° 45′, longitude ouest, 144° 24′.

Ile CLERMONT-TONNERRE, basse, boisée, avec un lagon intérieur. Découverte, en 1822, par le capitaine Bell de *la Minerve*, elle fut revue l'année suivante par le capitaine Duperrey, dont le navire se trouva la nuit fort près de ses brisants. Revue par Beechey en 1826. Les habitants étaient presque nus ; l'un d'eux avait la couleur d'un nègre d'Afrique. Ils se montraient défiants et toujours armés. Le groupe entier a douze milles du nord-ouest au sud-est, sur trois à quatre milles de large. Latitude sud, 18°28′, longitude ouest, 138°47′ (pointe nord).

Ile SERLES ; groupe d'îles basses, boisées, avec un lagon, découvertes, en 1767, par Wilson ; on y aperçut un moraï et quelques traces de population. En 1823, Duperrey la vit de loin ; Beechey la vit de près en 1826, et il nous apprend que les naturels sont semblables à ceux de l'île Lagon de Bligh. Serles a sept milles et demi de long sur deux de large. Latitude sud, 18° 22′, longitude ouest, 139° 17′ (pointe sud-est).

Ile SAN-PABLO. On la trouve sur les anciennes cartes espagnoles ; mais les navigateurs modernes ne l'ont pas retrouvée.

Ile NARCISSE, basse, boisée, peuplée, avec un lagon intérieur, revue en 1822 par les capitaines Clarke et Humphrey, en 1823 par Duperrey. Cette île a huit milles de long de l'est-nord-est à l'ouest-sud-ouest, sur un ou deux de large. Sa latitude sud est de 17° 20′, sa longitude ouest de 140° 48′ (milieu).

Ile LANCIERS, basse, arrondie, et boisée. Découverte, en 1768, par Bougainville, qui la nomma ainsi parce qu'il y vit des habitants armés de lances ; elle fut revue l'année d'après par Cook, qui la nomma *Thrumb-Cap ;* Beechey la trouva inhabitée en 1826. Elle a trois ou quatre milles de circuit ; sa position est par 18° 30′ latitude sud et 141° 30' longitude ouest (pointe nord-ouest).

Ile TEHAI, groupe d'îlots bas, boisés, habités, avec un lagon intérieur. Ce fut encore Bougainville qui le premier la vit de loin, et la nomma *les Quatre Facardins;* l'année suivante, Cook changea cette désignation en celle d'île du Lagon. Beechey, en 1826, communiqua avec les sauvages, qui lui parurent une race fort singulière. De taille athlétique, avec des cheveux frisés et touffus, et un teint plus clair que celui des habitants des îles voisines, ces naturels furent, au rebours des autres, honnêtes et bienveillants dans leurs rapports. L'un d'eux, pourvu de moustaches, avait la peau si blanche qu'on l'eût pris pour un Européen. Du reste, point d'ornements ni de tatouage. Les hommes portaient le maro; quelquefois aussi une natte sur les épaules et des plumes sur la tête. Les femmes avaient les reins enveloppés d'une natte: elles semblaient jouir sur ce point de plus de prérogatives que dans toute autre contrée polynésienne. Quand les hommes retournaient à terre avec quelques objets d'échange, les femmes les dépouillaient. Le groupe a de huit à dix milles de circuit; sa latitude sud est de 18° 43', sa longitude ouest de 141° 10' (touffe d'arbres à l'ouest).

Ile GLOUCESTER, basse, sablonneuse et inhabitée. Réunie aux trois suivantes, cette île forme le groupe que Quiros nomme *Quatro Coronados.* Carteret la revit en 1767; *le Margaret* en 1803; Beechey en 1826. Un moraï en pierre existait alors sur la pointe sud-est. Position : 20° 37' latitude sud, 145° 23' longitude ouest (milieu).

Ile SAN-MIGUEL, découverte par Quiros en 1606; revue par Carteret en 1767, qui en fit une des îles Gloucester. Position : 20° 33' latitude sud, 145° 41' longitude ouest.

Ile MARGARET, petite île basse, boisée et peuplée, découverte en 1803 par *le Margaret.* Turnbull commerça avec ses habitants. Leur teint est foncé, leurs cheveux nattés et longs; ils se présentèrent armés de lances. Position : 20° 24' latitude sud, 145° 34' longitude ouest.

Ile TURNBULL, basse et peuplée, découverte par *le Margaret* en 1803; trois milles de long. Position : 20° 0' latitude sud, 145° 39' longitude ouest.

Ile BRITOMART, découverte en 1822, quoiqu'on puisse la croire la même que le *San-Pablo* de Quiros. Position : 19° 52' latitude sud, 147° 44' longitude ouest.

Ile CUMBERLAND, basse et boisée, découverte par Wallis en 1767; revue en 1826 par Beechey; elle a huit milles de longueur de l'ouest-nord-ouest à l'est-sud-est, sur deux de large. Position : 19° 11' latitude sud, 143° 35' longitude ouest (milieu).

Ile BYAM, basse, de douze milles de circuit, avec un lagon; elle fut découverte en 1826 par Beechey. Position : 19° 48' latitude sud, 142° 45' longitude ouest (pointe nord-ouest).

Ile WILLIAM HENRY, chaîne de petites îles basses, boisées, situées sur un même récif de huit milles de l'ouest-nord-ouest à l'est-sud-est; découverte par Wallis en 1767; revue par Duperrey en 1823, et par Beechey en 1826. Position : 18° 45' latitude sud, 144° 11' longitude ouest (milieu).

Ile MARAKAU, l'un des *two groups,* découverte par Cook en 1769, et revue par Beechey en 1826. Ce sont des îles basses, boisées et peuplées, de douze à treize milles d'étendue du nord-nord-ouest au sud-sud-est. Cook trouva sur ce groupe des naturels au teint brun, bien faits, marchant nus, avec la chevelure enfermée dans un réseau. Position : 18° 4' latitude sud, 144° 36' longitude ouest (milieu).

Iles BUYERS, basses et rapprochées, découvertes par *le Margaret* en 1803. M. d'Urville fixe sa position par 18° 7' latitude sud, 145° 24' longitude ouest (milieu); mais M. Morenhout nie leur existence.

Ile MANOU, découverte en 1774 par Bonechea, qui la nomma *Las Animas;* revue en 1819 par Bellinghausen, qui la nomma *Moller;* en 1823 par Duperrey; en 1826 par Beechey. C'est une chaîne d'îles boisées et peuplées, gisant sur un récif de dix-sept milles du nord-est au sud-ouest, sur sept de large. Position : 17° 50' latitude sud, 143° 7' longitude ouest (milieu).

Ile TOWERE, découverte en 1772 par Bonechea, qui la nomma Saint-Simon et Saint-Jude; revue par Cook en 1773, et nommée Ile Résolution; retrouvée en 1826 par Beechey. En 1774, les naturels repoussèrent par les armes une descente d'Espagnols. L'île, basse et boisée, a cinq milles de long. Position : 17° 22' latitude sud, 143° 47' longitude ouest (pointe sud-est).

Ile SAINT-QUENTIN, découverte en 1772 par Bonechea; revue par lui en 1774 : elle fut probablement aussi l'île *Doubtful* de Cook; enfin, Beechey la revit en 1826. L'île est basse et bien boisée. Position : 17° 19' latitude sud, 144° 58' longitude ouest (milieu).

Ile HUMPHREY, découverte par le capitaine Humphrey du *Good-Hope*, en 1822; île basse et peu connue. Position : 16° 48' latitude sud, 143° 58' longitude ouest (milieu).

Ile HONDEN, découverte en 1616 par Schouten, qui la nomma ainsi parce qu'il y rencontra des chiens qui n'aboient point. Elle fut revue en 1816 seulement par Kotzebüe, qui la nomma *Douteuse*, voulant indiquer qu'il ne la croyait pas la même que la Honden de Schouten. C'est une île basse, inhabitée, boisée, avec un lagon; son circuit est de quinze à dix-huit milles. Position : 14° 50' latitude sud, 146° 6' longitude ouest.

Ile DÉSAPPOINTEMENT, découverte par Byron en 1765; deux groupes d'îles basses, boisées, peuplées, séparés l'un de l'autre par un canal de dix milles de large. Agiles, actifs, armés de lances, les naturels s'opposèrent à la descente de Byron. Les îles sont couvertes de beaux cocotiers; la plus petite a cinq lieues de circuit. Position : 14° 6' latitude sud, 143° 16' longitude ouest (pointe nord de la plus grande).

Ile PREDPRIATIE, découverte en 1824 par Kotzebüe, qui la trouva peuplée d'une race vigoureuse et olivâtre. De jolies huttes en roseaux paraissaient çà et là sous les arbres. La houle et l'attitude des naturels empêchèrent un débarquement. L'île est basse et boisée, avec un lagon intérieur; elle a quatre milles de l'est-nord-est à l'ouest-sud-ouest. Position : 15° 58' latitude sud, 142° 32' longitude ouest (milieu).

Ile ARAKTCHIEFF, découverte en 1819 par Bellinghausen, et revue en 1824 par Kotzebüe; basse, inhabitée, avec un lagon. Cette île a quatre milles et demi de long du nord-est au sud-ouest. Position : 15° 49' latitude sud, 143° 12' longitude ouest (milieu).

Ile WOLKONSKY, découverte par Bellinghausen en 1819; revue par Kotzebüe en 1824; îles basses sur un récif de vingt et un milles de long du nord au sud. Position : 15° 46' latitude sud, 144° 29' longitude ouest.

Ile BARKLAY, découverte par Bellinghausen en 1819; chaîne d'îles basses, situées sur le même récif, de onze milles et demi de long du nord-nord-est au sud-sud-ouest Position : 16° 6' latitude nord, 144° 43' longitude ouest.

Ile GOOD-HOPE, découverte en 1822 par Humphrey du *Good-Hope*; île basse. Position : 16° 48' latitude sud, 143° 58' longitude ouest (milieu).

Ile NIGERI, découverte en 1819 par Bellinghausen. Elle est basse; son étendue est de sept milles du nord au sud. Position : 16° 42 latitude sud, 145° 5' longitude ouest.

Ile HOLT, découverte en 1803 par le *Margaret*; revue en 1819 par Bellinghausen, qui la nomma *Yermoloff*; groupe d'îles basses sur un même récif de quinze milles et demi du nord-nord-ouest au sud-sud-est. Position : 16° 22' latitude sud, 145° 28' longitude ouest (milieu).

Ile PHILIPS, découverte par le *Margaret* en 1803. Turnbull vit ses habitants; il les dépeint farouches et intraitables. Ils étaient nus jusqu'à la ceinture qui est couverte du maro; le chef se distinguait seul par un collier d'huîtres perlières. Bellinghausen revit ce groupe en 1819; il assigne trente-deux milles, de l'ouest-nord-ouest au sud-sud-est, au récif qui lui sert de base. Sa position est du 16°

28' au 16° 42' de latitude sud, et du 145° 48' au 146° 22' longitude ouest. M. d'Urville pense que celle-ci est l'île Holt du *Margaret*, et que la précédente est une découverte de Bellinghausen.

Île Furneaux, découverte en 1773 par Cook; îles basses et peuplées, renfermant un lagon, de soixante milles de circuit. Position : 17° 6' de latitude sud, 145° 24' longitude ouest (milieu).

Île Adventure; île basse, découverte par Cook en 1773; nul ne l'a revue depuis. Latitude sud 17° 4'; longitude ouest 146° 38' (milieu).

Île Tchittchagoff, découverte par Bellinghausen en 1819; groupe d'îles basses sur un récif de onze milles de l'est-nord-est à l'ouest-sud-ouest, sur trois et demi de large. Position : 16° 51' de latitude sud, 147° 12' de longitude ouest.

Île Sacken groupe d'îles; découvert par Bellinghausen, sur un récif de treize milles et demi d'étendue du nord-ouest au sud-est. Position : 16° 29' de latitude sud, 146° 36' de longitude ouest.

Île Raraka, découverte en 1831 par le capitaine Ireland; île basse de quinze à vingt milles d'étendue. Position : 16° 6' de latitude sud, 147° 16' longitude ouest (milieu).

Île Wittgenstein, découverte en 1819 par Bellinghausen; chaîne située sur un récif de trente-deux milles du nord-ouest au sud-est, sur neuf et demi de large. Position : du 16° 3' au 16° 32' latitude sud, du 147° 43' au 148° 3' longitude ouest.

Île San Diégo, île haute d'une existence douteuse, que le capitaine de la conserve de l'espagnol Bonechea indique par environ 16° 50' latitude sud, et 149° 30' longitude ouest.

Île Greig, découverte par Bellinghausen en 1819; groupe d'îles basses et inhabitées gisant sur un récif de dix-sept milles de circuit. Position : 16° 11' latitude sud, 148° 41' longitude ouest.

Île Carlshoff, découverte en 1722 par Roggeween, revue en 1824 par Kotzebüe; île basse avec un lagon, boisée et inhabitée, ayant dix milles de l'est à l'ouest, sur quatre de large. Position : 15° 27' latitude sud, 147° 48' longitude ouest (milieu).

Îles Palliser, découvertes en 1722 par Roggeween, qui les nomma *Îles Pernicieuses*, parce qu'un de ses navires s'y perdit, et que les deux autres ne s'en tirèrent qu'avec les plus grandes difficultés. Les naturels étaient de haute taille; ils avaient les cheveux longs et le corps bariolé de toutes sortes de couleurs; leur physionomie était rude et farouche. Cook revit ces îles en 1774 et les nomma Palliser; Wilson les aperçut aussi en 1797; elles furent plus récemment explorées en 1819 par Bellinghausen, et par Kotzebüe en 1824. Ces îles renferment quatre groupes distincts : le premier, au nord, de soixante milles de circuit, par 15° 17' de latitude sud, et 148° 53' de longitude ouest (milieu); le second, au nord-est, de quatorze milles de long sur neuf de large, par 15° 28' de latitude sud, et 148° 29' de longitude ouest (milieu); le troisième, au sud-est, nommé *Élisabeth*, de dix-neuf milles de longueur de l'ouest-nord-ouest à l'est-sud-est, sur six de large, par 15° 55' de latitude sud, et 148° 20' de longitude ouest (milieu); enfin, le quatrième, au sud-ouest, de vingt milles environ d'étendue de l'est-sud-est à l'ouest-nord-ouest, par 15° 46' de latitude sud, et 149° 5' de longitude ouest (milieu).

Île Romanzoff, découverte et visitée en 1816 par Kotzebüe; île basse, déserte, bien boisée, de huit à neuf milles de circuit. Position : 14° 55' de latitude sud, 146° 56' longitude ouest.

Îles Oura et Tiouκéa, découvertes en 1616 par Schouten, qui les nomma *Zondergrond*, pour exprimer qu'il n'avait point trouvé de fond auprès d'elles. Voleurs et perfides, les insulaires attaquèrent avec leurs casse-tête les Hollandais, qui furent obligés de faire feu. Hommes et femmes, tout se défendit, les premiers avec des lances armées d'arêtes et des frondes, les secondes avec leurs mains seulement, et en sautant à la gorge des étrangers. Ces naturels étaient grands, bien faits, avec le nez camard et les oreilles percées. Ils estimaient beaucoup le fer et tâchaient d'enlever tout celui qu'ils voyaient à bord. Byron revit ce groupe en 1765 et le nomma *Iles King-Georges*. Il y descendit de vive force et s'y procura quelques cocos. Les pirogues des naturels portaient jusqu'à trente hommes, qui les manœuvraient avec adresse. Byron trouva sur cette île un gouvernail de chaloupe et divers objets en cuivre et en fer, débris évidents d'un naufrage. Cook parut à son tour sur ces îles en 1774. Les naturels n'osèrent rien faire d'hostile envers les Européens; mais ils se montrèrent indifférents et insolents à tel point que le capitaine se retira, craignant une surprise, et leur envoya pour adieux une volée de son artillerie. Les naturels étaient plus noirs et plus robustes que ceux de Taïti; leur tatouage se bornait à des figures de poisson. Les hommes n'avaient que le maro; mais les femmes allaient plus vêtues. Ils connaissaient le salut du nez; ils avaient des chiens comme ceux de Taïti, mais avec un poil long et blanc. « Ils employaient, dit Forster, une sorte de cochléaria qu'ils nommaient *inou*, pour enivrer les poissons, en le broyant avec certains testacés. » Il paraît que leur sol se réduit à une couche fort mince sur un banc de coraux. La langue de ces sauvages ressemble à celle de Taïti, quoique plus gutturale. Les moraïs sont aussi les mêmes. Ces îles ont été reconnues plus tard par Kotzebüe, au moins celle du sud, qu'il nomma *Spiridof*, pensant qu'elle n'était pas connue. Il la revit en 1824, et paraît avoir persisté dans cette opinion.

Tioukéa est un groupe d'îles basses, boisées et peuplées, d'environ trente milles de circuit, par 14° 27' latitude sud, et 147° 11' longitude ouest.

Oura, qui est aussi une chaîne d'îles basses, boisées et peuplées, a dix ou douze milles d'étendue du nord-est au sud-est; elle gît par 14° 39' latitude sud, et 147° 27' longitude ouest (milieu).

Ile Wilson, découverte par Wilson en 1797, qui la prit pour Tioukéa; revue par Turnbull en 1803; groupe d'îles basses, situées sur un récif de vingt à trente milles de circuit. Position: 14° 28' latitude sud, 148° 30' longitude ouest (milieu).

Ile Waterland, découverte en 1616 par Schouten, qui n'y trouva point d'habitants; revue en 1797 par Wilson, qui la prit pour Oura, et en 1803 par Turnbull. C'est un groupe d'îles basses sur un récif de vingt ou trente milles de circuit. Position : 14° 36' latitude sud, 148° 45' longitude ouest (milieu).

Ile Vliegen, découverte en 1616 par le capitaine Schouten, et ainsi nommée à cause d'innombrables moustiques qu'il y trouva. Schouten y aperçut cinq ou six sauvages. Roggeween revit en 1722 ce groupe, auquel il donna le nom de Labyrinthe, à cause des récifs qui l'entourent. On peut du moins attribuer à ces îles ce qu'il dit d'une terre de trente lieues de longueur qu'il trouva à vingt-cinq lieues des îles Pernicieuses. Quoi qu'il en soit, le capitaine Byron les revit en 1765; il les nomma *îles du prince de Galles*, et en prolongea la côte nord; le *Margaret* les nomma en 1803 *Iles Dean;* Kotzebüe y passa en 1816, et reconnut qu'elles formaient une chaîne d'îles boisées de plus de soixante-dix milles de l'est-sud-est à l'ouest-nord-ouest, sur vingt milles de largeur au moins, avec un lagon intérieur. Position: du 14° 49' au 15° 21' latitude sud, et du 149° 18' au 150° 18' longitude ouest.

Ile Krusenstern, découverte par Kotzebüe en 1816, et revue par Bellinghausen en 1819. C'est une chaîne d'îles basses entourant un lagon, au milieu duquel s'élève une île boisée. Le groupe a quinze milles du nord-nord-est au sud-sud-ouest. Position : 15° 00' latitude sud, 150° 34' longitude ouest (milieu).

Ile Lazareff, petite, privée d'habitants, et découverte en 1819 par Bellinghausen, longue de cinq milles et demi de l'est à l'ouest. Cette île est la plus occidentale de l'archipel Pomotou. Position : 14° 56' latitude sud, 151° 5' longitude ouest.

Ile Matia. Elle fut signalée à

Cook, en 1769, par le Taïtien Toupaïa, qui la plaça correctement sur la carte des îles qu'il connaissait sous le nom de Matechiva ou Matea. Bonechea en eut connaissance en 1774 par un pilote de Taïti; mais Turnbull est le premier qui l'ait aperçue en 1803. Il la dépeint comme un plateau assez élevé, visible à sept ou huit lieues de distance, et couvert d'une riche végétation. Le *Margaret* mouilla dans une belle baie sous le vent, et ses rapports avec les naturels ne furent pas mêlés d'hostilités. Les mœurs, les usages, les costumes, les cases, les pirogues avaient beaucoup d'analogie avec ceux de Taïti; seulement, tout était plus grossier et moins raffiné. On trouva sur l'île une pirogue arrivée de Taïti quelque temps auparavant pour percevoir le tribut. Un missionnaire pense qu'il faudrait la rattacher plutôt à Taïti qu'à Pomotou. Bellinghausen, qui l'a reconnue en 1819, lui donne quatre milles de circuit. Sa position est par 15° 53′ latitude sud, et 150° 39′ longitude ouest.

ILE DUCIE.

L'Espagnol Quiros, qui la vit le premier, en 1606, la nomma *Incarnacion*. En 1791, l'Anglais Edwards la retrouva et la nomma *Ducie*. Le savant capitaine Beechey la rangea de fort près, en 1826, la plaça par 24°40′ latitude sud et 127°6′ longitude ouest, et la reconnut d'une manière exacte. C'est, d'après lui, un petit îlot bas, inhabité, couvert de broussailles hautes de douze à quinze pieds; sa longueur est de deux milles, sa largeur d'un mille. Au centre se trouve un lagon ou petit bassin d'eau de mer, qui paraît profond, mais qui a un barrage presque impraticable. Les poissons, les requins surtout, abondent sur le banc de coraux qui forme la ceinture de l'île. Ducie est probablement la fin de la chaîne sous-marine qui sert de base aux îles volcaniques de Taïti et aux îles coralligènes.

L'île Élisabeth a un mille de large sur cinq de long; ses côtes, minées par la mer, sont hautes d'environ cinq pieds. Son sol est un calcaire madréporique, comme le banc sur lequel elle est assise. Elle doit vraisemblablement son existence à un volcan sous-marin. Jusqu'à la distance de cent brasses du rivage, on trouve le fond par vingt-cinq brasses; puis le plomb ne porte plus, même à une profondeur de deux cents brasses. Le ressac la rend presque inabordable. Elle est couverte d'un fourré assez bas, mais si épais et si impénétrable, qu'il est fort difficile de gravir jusqu'au sommet de ses collines; cependant les arbres les plus élevés de cette île sont les *pandanus*; le reste se compose d'arbrisseaux, de buissons, de fougères et de plantes rampantes. Aucun ne porte de fruits bons à manger.

L'île *Élisabeth* fut découverte, en 1606, par Quiros, qui la nomma *San-Juan-Baptista*; Krusenstern la met sur le compte de l'Anglais H. King; Beechey, qui a le premier fixé sa position par 24°21′ latitude sud et 130°38′ longitude ouest, estime qu'elle devrait porter le nom d'Henderson, quoiqu'il soit porté à croire que les premiers découvreurs sont les naufragés du navire l'*Essex*, qui, dans l'année 1820, fut démoli par une baleine. — Par une baleine! s'écriera le lecteur. — Oui, par une baleine. C'est ce que nous apprend M. Georges Pollard, marin brave et véridique.

NAVIRE DÉTRUIT PAR UNE BALEINE.

Pollard, commandant le navire baleinier l'*Essex*, se trouvait, le 20 novembre 1820, près de l'équateur et par le 120° de longitude ouest. Son équipage avait pris deux baleines qu'on tenait encore par le harpon, et que les canots suivaient et fatiguaient, lorsqu'au milieu du jour, un de ces animaux d'une taille monstrueuse, comme s'il eût voulu venger les cétacés capturés, vint fondre subitement contre le navire, et le heurta si violemment à l'arrière, qu'il l'ébranla. Cependant le brick avait résisté; mais au bout d'une heure, la même baleine, revenant à la charge, accourut contre lui avec plus de fureur, et lui fit une si large ouverture, qu'en un instant la cale s'emplit. Pour échapper au danger qui les menaçait, vite les vingt hommes de l'équipage pourvurent les trois chaloupes d'armes, d'instruments et de vivres, et s'abandonnèrent à la mer, à la merci du vent. L'une d'elles, chargée de sept hommes, n'a jamais été revue; les deux autres, après trois semaines d'une pénible navigation, abordèrent sur l'île Élisabeth, où ils ne trouvèrent que ces nids d'alcyons tant recherchés des Chinois.

EUROPÉENS ANTHROPOPHAGES.

Le malheureux équipage de l'*Essex* reprit le large, abandonnant dans cette île trois hommes qui avaient demandé à y rester. Ceux-ci restèrent trois mois sur ce rocher, vivant des oiseaux qu'ils pouvaient prendre et de quelques tortues de passage. Ils n'avaient découvert d'autre abri qu'une grotte dans laquelle se trouvaient huit squelettes humains. Dénués d'eau douce, ces malheureux avaient souffert tous les tourments de la soif, et avaient été réduits à attendre la pluie pour se désaltérer. Ils furent recueillis par le *Surrey*, capitaine Montgommery, qu'on avait envoyé dans ce but à l'île Élisabeth, après la rencontre des naufragés des chaloupes. Ces derniers n'avaient pas moins souffert que leurs compagnons. Ils subirent toutes les angoisses et les tortures de la famine : ils mangèrent d'abord deux de leurs compagnons morts d'épuisement; ensuite, ayant tiré l'un d'eux au sort, et la chance étant tombée sur le mousse du capitaine, ils tuèrent ce malheureux et le dévorèrent. Un autre homme étant mort, ils se nourrirent encore de son cadavre. Quand on rencontra les deux canots, ils étaient séparés l'un de l'autre, et ne contenaient plus que des spectres. L'infortuné capitaine Pollard a encore perdu dernièrement un autre navire sur un écueil des îles Haouaï.

HISTOIRE DES MARINS RÉVOLTÉS DU NAVIRE LE *BOUNTY*.

Le gouvernement anglais conçut, en 1787, le projet de procurer à quelques-unes de ses colonies d'Amérique l'arbre à pain, ainsi que d'autres fruits et productions utiles de la mer du Sud. Au mois d'août de la même année, M. William Bligh, lieutenant de vaisseau, fut nommé au commandement du navire le *Bounty*, de 45 tonneaux, portant quatre canons de six, quatre pierriers et quarante-six hommes d'équipage, compris le capitaine. Il partit d'Angleterre au mois de décembre suivant, et arriva à Taïti le 26 octobre 1788.

Après avoir séjourné près de six mois dans cette île délicieuse, y avoir rassemblé et embarqué dans le meilleur état tous les plants d'arbre à pain et autres qu'il pouvait désirer, Bligh appareilla, le 4 avril, dans le plus grand ordre, son équipage en parfaite santé, bien pourvu et remplissant son service avec cette exacte subordination dont nous avons été témoins sur les vaisseaux de guerre anglais.

Vingt-quatre jours après le départ de Taïti, la moitié de l'équipage se révolte contre son capitaine, soutenu, mais sans succès, par l'autre moitié. Ce complot, tramé et mûri dans le secret le plus absolu, par des hommes qui mangeaient, dormaient et faisaient le service avec ceux dont ils méditaient de se défaire, est mis à exécution le 28 avril 1789. Dix-huit hommes et le capitaine sont embarqués de force dans une chaloupe de vingt-deux pieds de longueur qu'on lance à l'abandon, et en dérive dans cette vaste mer, avec cent cinquante livres de biscuit pour toute nourriture. Alors s'opère en navigation un prodige de soumission de la part de l'équipage, de courage et de capacité de la part du chef, et de bonheur pour tous. Ils arrivent à Timor sans perdre un seul homme, après avoir, en quarante-huit jours, parcouru douze cent six lieues marines Pendant que la partie fidèle de l'équipage du *Bounty* terminait sa miraculeuse traversée, et rentrait sur une terre à demi-civilisée, que devenaient les révoltés, et quelles devaient être les suites d'une si étrange et si criminelle résolution? C'est ce que nous apprendrons du récit du capitaine Beechey, commandant le bâtiment de S. M. B., le *Blossom*, pendant les années 1825, 1826, 1827 et 1828, quarante ans après l'événement; Beechey, le seul homme qui ait survécu à ses compagnons du *Bounty* :

« L'intérêt qu'excita l'annonce que l'on apercevait du haut des mâts du *Blossom* l'île de Pitcairn, amena tout le monde sur le pont, et donna lieu à une suite de réflexions qui accrurent l'envie que nous avions de communiquer le plus tôt possible avec ses habitants, de voir et de partager les plaisirs de leur petite société, et de connaître d'eux toutes les particularités relatives au sort du *Bounty*; mais l'approche de la nuit nous força de remettre au lendemain l'accomplissement de nos désirs. Nous longeâmes alors le côté de l'île, reconnu et sondé par le capitaine Carteret, avec l'espoir d'y mouiller; dans cette position nous eûmes la satisfaction d'apercevoir un bateau à la voile, se dirigeant sur nous. Au premier abord, l'équipement complet de cette embarcation nous fit douter qu'elle fût la propriété des insulaires, et nous en conclûmes qu'elle devait appartenir à l'un des bâtiments baleiniers de la côte opposée; mais bientôt nous fûmes agréablement surpris par la singulière composition de son équipage. C'était le vieil Adams et tous les jeunes hommes de l'île.

« Les insulaires, avant de nous aborder, s'informèrent s'ils pouvaient être admis. Cette permission accordée, ils s'élancèrent à bord et serrèrent la main à chaque officier avec des sentiments non déguisés de bonheur et de plaisir.

« Le vieil Adams, moins leste que ses compagnons, ne parvint à bord que le dernier. C'était un homme de soixante-cinq ans, d'une force et d'une activité rares à cet âge, malgré l'inconvénient d'une corpulence énorme. Il portait une chemise de matelot, une culotte, un chapeau bas de forme, qu'il tenait continuellement à la main jusqu'à ce qu'on désirât qu'il se couvrît. Il conservait, malgré tout, les manières d'un marin, inclinant la tête légèrement, toutes les fois qu'un officier lui adressait la parole.

« C'était la première fois, depuis l'époque de la révolte, qu'il se trouvait à bord d'un bâtiment de guerre, et c'est ce qui produisait chez lui une espèce d'embarras, qui était encore augmenté par le souvenir des scènes relatives à l'enlèvement du *Bounty*, et par la familiarité avec laquelle l'entretenaient des personnes auxquelles il avait été accoutumé d'obéir. Il n'était d'ailleurs troublé par aucune appréhension pour sa sûreté personnelle. Il avait reçu trop d'assurances des bons sentiments tant du gouvernement britannique, que de beaucoup d'autres personnes, pour entretenir la moindre crainte à ce sujet, et comme chacun tâchait de le calmer et de le mettre à son aise, il revint bientôt à son état naturel.

« Les jeunes insulaires, au nombre de dix, étaient de haute taille, robustes et de bonne santé, et l'apparence d'un bon naturel répandue sur toute leur personne leur aurait procuré partout une réception amicale ; la simplicité de leurs manières et la crainte de faire quelque chose qui ne fût pas convenable auraient éloigné toute idée d'offense de leur part. Sans connaissance du monde, ils adressèrent diverses questions qui n'auraient dû être faites qu'à des personnes qui auraient été dans leur intimité, ou qui ne les auraient quittés que depuis peu de temps, plutôt qu'à des étrangers. Ils nous demandèrent des nouvelles de bâtiments et de gens dont nous n'avions jamais entendu parler. Leurs costumes, qui provenaient de présents faits par des capitaines et des équipages de bâtiments marchands, formaient une caricature complète. Quelques-uns d'eux n'avaient pour tout vêtement qu'un long habit noir et une culotte, d'autres des chemises sans habits, d'autres enfin des gilets seulement; aucun d'eux n'avait ni souliers, ni bas, et deux seulement possédaient des chapeaux, qui, d'après leur état, ne devaient pas leur durer longtemps.

« Ils étaient aussi curieux de connaître de nous les détails du navire que nous l'étions d'apprendre d'eux l'état de la colonie et les particularités relatives au sort des révoltés qui s'étaient établis sur l'île, ce qui avait été raconté de diverses manières par les différents visiteurs. Mais ce que nous souhaitions avant tout, c'était d'obtenir la relation de ces circonstances d'Adams lui-même, et rien ne nous semblait plus intéressant que de tenir ce récit d'un des acteurs qui se considérait maintenant comme exempt des peines encourues précédemment par son crime. »

Pour rendre sa narration plus complète, Beechey y a ajouté des faits qui sont venus à sa connaissance par l'intermédiaire d'habitants qui les tenaient de leurs parents, et dont nous allons donner le résumé.

Pendant la durée du voyage du *Bounty* d'Angleterre à Taïti, le lieutenant Bligh avait eu des mésintelligences répétées avec ses officiers, et l'équipage, en général, eut de justes raisons de se plaindre de lui. Cependant, quels qu'aient été les sentiments des officiers à son égard, il n'existait pourtant pas un réel mécontentement parmi l'équipage, et bien moins l'idée de se porter à aucune violence contre leur commandant. On doit pourtant ajouter que les officiers avaient plus de motifs de plaintes que les matelots, spécialement le maître et M. Christian. Ce dernier était un protégé du lieutenant Bligh, et malheureusement lui avait quelques obligations pécuniaires. Toutes les fois que des différends avaient lieu entre eux, Bligh lui rappelait ces obligations. Christian, excessivement irrité du blâme continuel dont il était l'objet, ainsi que les autres officiers, ne pouvait endurer qu'avec beaucoup de peine ce surcroît de reproches, et, dans un moment d'irritation, il déclara à son commandant que tôt ou tard le jour de rendre ses comptes arriverait.

La veille du jour de la révolte, Bligh avait eu avec ses officiers une querelle insignifiante dans ses motifs, mais devenue grave par l'irritation et la chaleur qu'on y avait apportée. Ce fut sur Christian que tomba tout le poids du mécontentement du lieutenant. Christian avait ressenti trop amèrement les injures qu'il avait reçues, pour les oublier. Le 28 avril 1789, pendant une nuit magnifique, entre les belles nuits que le navigateur contemple avec admiration sous le ciel des tropiques, Christian se mit à repasser dans son cœur toutes les souffrances morales dont il avait été abreuvé; puis il songea à ses amours de Taïti, et, entraîné par cette méditation silencieuse, exagérant peut-être encore sa position et les illusions de l'avenir qui pouvait lui être réservé, il perdit insensiblement le désir de retourner dans sa patrie, et songea, quels que fussent les dangers et l'extravagance d'un tel plan, à fuir sur un radeau, et à essayer de gagner l'île Tofoo, l'une des îles des Amis, au sud de laquelle naviguait alors le *Bounty*, afin de regagner l'Angleterre.

Il avait déjà pris toutes les mesures pour mettre son projet à exécution, lorsqu'un jeune officier, qui depuis a péri sur la *Pandore*, et à qui il avait confié son secret, chercha à l'en dissuader, et lui fit entrevoir une révolte comme un moyen plus sûr et plus facile. L'esprit hasardeux de Christian adopta ce plan; résolu, s'il échouait, à se précipiter à la mer, et, pour s'ôter toute chance de salut, il s'attacha au cou un plomb de sonde qu'il cacha dans ses vêtements. Après avoir préalablement disposé Quintal en faveur d'une entreprise qui rendrait à celui-ci ses amours et le bonheur dont il avait joui à Taïti, Christian lui confia ses intentions; ce matelot refusa sa participation à une tentative dont les chances lui paraissaient trop dangereuses. Christian ayant insisté, en lui reprochant sa lâcheté et lui montrant le plomb suspendu à son cou pour preuve de sa résolution, Quintal l'engagea à sonder d'autres personnes de l'équipage, afin de savoir à quoi s'en tenir sur les probabilités d'une réussite, et lui désigna d'abord Isaac Martin, qui se trouvait près de lui. Martin répondit qu'il était prêt, et que c'était la meilleure chose à faire. Le succès de ce début encouragea Christian; il continua ses propositions à tous les hommes de quart, et avant le jour, la plus grande partie de l'équipage était à sa disposition.

Adams dormait dans son hamac, lorsque Summer, un des matelots, vint lui confier à l'oreille que Christian allait s'emparer du navire et mettre le capitaine et le maître à terre. En entendant ceci, Adams se rendit sur le pont, où il trouva tout en confusion. Ne voulant pas participer à cette affaire, il retourna à son hamac, et resta couché; mais, apercevant Christian au coffre des armes, en distribuer à tous ceux qui en demandaient, et appréhendant de se trouver du parti le plus faible, il changea d'opinion, et demanda un coutelas.

Tous les partisans qu'avait réunis Christian étant prêts, il assigna à chacun sa tâche. Lui et le capitaine d'armes saisirent Bligh, lui lièrent les mains derrière le dos et l'attachèrent près de l'habitacle, malgré les reproches qu'il leur adressa sur leur conduite; ils lui répondirent même en l'insultant et en lui appliquant un coup de plat de sabre. Et comme il accusait Christian d'ingratitude, en lui rappelant les services qu'il lui avait rendus, et l'engageant à se souvenir qu'il avait une femme et des enfants, Christian lui répliqua sèchement qu'il eût dû les avoir plus tôt à sa pensée. D'un autre côté, Adams et d'autres révoltés s'étaient emparés des officiers, et leur avaient rendu la liberté, aussitôt après qu'on se fût rendu maître du lieutenant. Alors le maître, qui pourtant avait de graves griefs contre le despotisme de son commandant, dont il avait eu le privilége de subir la sévérité plus qu'aucun autre officier, avait essayé de se rallier un parti pour ressaisir le navire; mais on l'avait prévenu vivement, et la force l'ayant emporté, on l'avait fait descendre comme prisonnier.

A peine la révolte consommée, les révoltés devaient déjà se disputer entre eux. Ils étaient convenus d'abandonner les vaincus à la merci des flots; à cet effet, les uns voulaient qu'on leur donnât le cutter, d'autres penchaient pour la chaloupe. Celle-ci ayant réuni un plus grand assentiment allait être mise à la mer; mais Martin, craignant que cette embarcation ne donnât aux officiers le moyen de regagner leur patrie, et que, par suite, on se mît à la recherche des révoltés, manifesta une vive opposition contre cette imprudente concession. Ses camarades, se défiant de lui, lui retirèrent alors la garde du lieutenant et le remplacèrent par Adams, auquel Bligh ayant reproché de se trouver aussi parmi ses ennemis, il répondit qu'il n'avait fait qu'agir comme les autres.

Cependant la chaloupe avait été mise à l'eau, et tous les officiers qui étaient demeurés fidèles à leur commandant furent obligés de s'y embarquer; on leur accorda une petite pièce d'eau, cent cinquante livres de biscuit, une petite quantité de rhum et de vin, un octant, un compas, quelques lignes de pêche, des cordes, du fil à voile, de la toile et divers objets qui pouvaient leur être indispensables dans leur position. On y fit descendre ensuite le commandant. Celui-ci ayant demandé aux révoltés qu'outre les provisions accordées, on lui donnât quelques mousquets pour leur défense commune en cas de besoin, on refusa en partie, et on se contenta de jeter quelques coutelas aux hommes de la chaloupe. Bientôt le navire se trouvant à deux lieues de Tofoo, on coupa l'amarre de la chaloupe, et tous les révoltés s'écrièrent unanimement : *A Taïti! à Taïti!* Ainsi donc, dans la chaloupe étaient dix-neuf personnes : le lieutenant, le maître, le chirurgien, le second maître, le botaniste, trois officiers brevetés, l'agent comptable et huit matelots; sur le *Bounty* se trouvait l'élite de l'équipage : Christian, qui était chargé du commandement, les aspirants de marine Haywood, Young, Stewart, le capitaine d'armes, l'armurier et le charpentier, qu'on avait forcés de rester malgré eux, parce qu'on pouvait avoir besoin de leurs services; l'agent comptable, le jardinier et le reste des matelots : parmi ceux-ci Martin, qui avait voulu partir sur la chaloupe, et qui en fut empêché par Quintal, le mousquet en joue. Ainsi qu'on le voit, si l'on tirait la conséquence de la force numérique des révoltés et des vaincus, on s'étonnerait du succès de la conspiration; mais le projet avait été trop bien ourdi par Christian; les hommes qu'il avait réunis étaient trop habilement choisis, pour qu'il échouât.

On sait quel fut le sort de Bligh et de ses compagnons. Le navire, après avoir gouverné pendant quelque temps à l'ouest nord-ouest, afin de tromper l'équipage de la chaloupe sur la route qu'il voulait prendre, gouverna sur Taïti aussitôt que le vent le permit. Après avoir éprouvé pendant quelques jours des difficultés pour s'y rendre, les révoltés se dirigèrent sur Tobouai, petite île éloignée d'à peu près trois cent milles dans le sud de l'endroit où ils se trouvaient. Ils tentèrent vainement de s'y établir, les naturels leur disputèrent le terrain pied à pied. Cependant, espérant d'y revenir fonder un établissement, en faisant comprendre aux indigènes leurs intentions pacifiques, ils se dirigèrent sur Taïti pour y prendre des interprètes. Après huit jours de traversée, ils arrivèrent dans cette île, où ils furent reçus avec une grande bonté par leurs anciens amis. Christian et ses compagnons leur contèrent une histoire pour ôter tout soupçon de leur révolte; ils leur dirent que le lieutenant Bligh, ayant rencontré une île convenable pour former un établissement, y était débarqué avec les autres personnes de l'équipage, et les avait envoyés avec le navire pour se procurer des animaux vivants, ainsi que tout ce qui pourrait être utile à la nouvelle colonie, et pour amener aussi avec eux les insulaires de Taïti qui voudraient les y accompagner.

Leur conte eut un plein succès; on leur donna tout ce dont ils avaient besoin; ils obtinrent même une vache et un taureau, les deux seuls animaux de cette espèce qui se trouvassent dans l'île, et qui avaient été confiés aux soins des chefs de Taïti; des hommes et des femmes indigènes consentirent à les accompagner vers le prétendu établissement dont ils avaient parlé.

Pleins d'espoir alors que les explications de leurs interprètes pourraient enfin faciliter leur séjour dans Tobouai, et munis de tout ce qui leur était nécessaire, ils se dirigèrent vers cette île pour la seconde fois. Leur nouvelle tentative ne fut guère plus heureuse que la première; car les naturels, contre les attaques desquels ils avaient cru devoir se protéger à tout hasard, en élevant un fort entouré d'un fossé, s'imaginant que ce fossé était destiné à les enterrer, conçurent le projet de tomber sur eux à l'improviste, et les révoltés eussent sans doute infailliblement péri, si un de leurs interprètes n'eût découvert ce terrible projet, et ne leur en eût donné avis. Ils prévinrent eux-mêmes les naturels en prenant l'offensive. Le lendemain, ils les attaquèrent, et, en ayant tué ou blessé quelques-uns, les repoussèrent dans l'intérieur de l'île.

De grands dissentiments s'élevèrent alors parmi l'équipage du *Bounty*. Les uns voulaient abandonner le fort et retourner à Taïti, d'autres se rendre aux îles Nouka-Hiva; mais la majorité fut d'avis pour le moment d'accomplir ce qu'ils avaient commencé, et par conséquent de rester à Tobouai. A la fin, continuellement harcelés par les naturels, et contre les intentions de Christian, qui leur démontrait toute la folie de cette résolution, et les malheurs qui pourraient s'ensuivre, ils se décidèrent à retourner à Taïti, où ils furent reçus avec les mêmes preuves d'amitié que dans leur dernière visite.

La plupart voulurent rester dans cette île; mais presque tous ceux qui prirent cette résolution furent enlevés plus tard par le bâtiment anglais la *Flore*, qui avait été envoyé pour cet objet, aussitôt après le retour du lieutenant Bligh en Angleterre, condamnés par une cour martiale, et exécutés.

Les autres, à savoir Young, Browns, Mills, Williams, Quintal, Mac-Coy, Martin et Christian, n'étaient restés que vingt-quatre heures à Taïti. Après avoir partagé également les ustensiles, les provisions, etc., leurs compagnons leur avaient concédé le navire. Alors, selon l'avis de Christian, ils songèrent à se diriger dans quelque île inhabitée, pour y former un établissement permanent, et éviter la peine due à leur rébellion. Ils invitèrent plusieurs femmes de Taïti à bord du navire, pour prendre congé d'elles; puis ils coupèrent les câbles et les emmenèrent avec eux et les Taïtiens qui avaient consenti à les suivre.

ÉTABLISSEMENT DES RÉVOLTÉS DANS L'ILE PITCAIRN.

Ayant choisi Pitcairn pour le lieu de leur exil éternel, Christian dirigea le *Bounty* vers cette île, où ils arrivèrent en quelques jours. Après avoir exploré les lieux, ils trouvèrent cette terre propice à leur projet, tant à cause de sa position avantageuse, en cas qu'ils fussent attaqués, qu'à cause du sol et des objets nécessaires à la vie qu'on pouvait s'y procurer. Ils amenèrent et mouillèrent le bâtiment au nord de l'île dans une petite baie, qui fut nommée *Bounty-Bay*, débarquèrent tout ce qui pouvait leur être utile, et, le 23 janvier 1790, ils démolirent le navire et y mirent le feu, de crainte qu'on ne découvrît leur asile.

Cependant ils conçurent quelques craintes d'être attaqués par les indigènes au moment où ils s'y attendraient le moins, en trouvant quelques images grossièrement sculptées non loin du lieu où avait été brûlé le *Bounty*. Mais aucune autre trace d'habitants ne s'étant présentée de nouveau, ils se rassurèrent peu à peu et continuèrent de s'occuper exclusivement de leur établissement à Pitcairn. Ils fondèrent un village dans un lieu de l'île éloigné du rivage, et masqué par une masse de bois à la vue des navires qui viendraient à passer en vue; toutes les précautions furent prises pour que rien ne découvrît leur retraite. Ils employèrent les voiles du *Bounty* pour la construction des tentes et la confection de leurs vêtements. Dans tous ces travaux, ils s'étaient fait aider par les indigènes, bien qu'à leur arrivée ils se fussent partagé le terrain par égales portions, à l'exclusion de ces pauvres Taïtiens, leurs soi-disant amis, dont ils firent leurs esclaves. Ceux-ci supportèrent même l'injustice commise à leur égard, et le joug qu'on leur imposait, sans donner aucune marque de mécontentement.

La patience est souvent regardée comme lâcheté; aussi abusa-t-on de nouveau de celle des Taïtiens, et les poussa-t-on à la vengeance. Au moment où la colonie naissante semblait jouir d'une certaine prospérité, bien au-dessus même de ses espérances, Williams, ayant eu le malheur de perdre sa femme, tombée dans un précipice en cherchant des oiseaux, deux mois après l'arrivée dans l'île, exigea qu'on lui remplaçât sa compagne, et menaça de quitter l'île sur une des embarcations du *Bounty*, si on le refusait. Les révoltés, qui sentaient l'importance des services que leur rendait un armurier, cédant à ses prétentions obstinées aux dépens de leurs esclaves, forcèrent Talalou, l'un des Taïtiens, à lui abandonner sa femme. Indignés de cette nouvelle injustice, les Polynésiens firent cause commune, et se concertèrent pour massacrer leurs oppresseurs; heureusement les Européens furent prévenus à temps par les femmes qui avaient été imprudemment mises dans le secret du complot, et qui le leur firent soupçonner par une chanson dont les paroles étaient : *Pourquoi homme noir aiguiser sa hache ? Pour tuer homme blanc.* Les insulaires, se voyant découverts, demandèrent leur pardon, et l'achetèrent par la mort de leurs deux principaux complices:

Ohou, qui, après avoir su que Christian était informé du terrible dessein conçu contre les Européens, n'avait pas craint d'y persister, fut lâchement livré et assassiné par son neveu; et Talalou fut assassiné par sa propre femme dont il avait voulu venger l'injure, après avoir inutilement cherché à se faire périr par le poison.

Ce plan, ainsi tristement avorté, un autre lui succéda pourtant deux ans après; et cette fois il ne fut que trop malheureusement mis à exécution. Poussés à bout par leurs injustes et tyranniques oppresseurs, et surtout par les mauvais traitements que leur faisaient subir Mac-Coy et Quintal, les insulaires projetèrent le massacre de tous les Européens. Il fut convenu que deux d'entre eux, Timoa et Nehou, se pourvoiraient d'armes à feu, abandonneraient leurs maîtres, se cacheraient ensuite dans les bois et maintiendraient de fréquentes communications avec leurs camarades Tetaheite et Menali, et qu'à jour donné ils attaqueraient et mettraient à mort tous les Anglais, pendant que ceux-ci seraient occupés dans leurs plantations. Tetaheite, pour fortifier son parti, emprunta ce jour-là à son maître un fusil et des munitions, sous prétexte de tuer des cochons qui, à cette époque, étaient devenus sauvages et très-nombreux; mais, au lieu de cela, il alla rejoindre ses complices, et tous tombèrent sur Williams qu'ils tuèrent. Christian travaillait dans son champ d'ignames; ils le surprirent aussi, et, aidés de Menali, l'esclave de Mills, ils l'assassinèrent. Ainsi mourut cet homme qui, avec de l'éducation et du mérite, ne devint coupable d'une action criminelle, autant que l'est une révolte, que par l'excessive tyrannie de son commandant.

HISTOIRE DE L'ÉTABLISSEMENT DES RÉVOLTÉS DEPUIS LA MORT DE CHRISTIAN, LEUR CHEF.

Les Taïtiens étant parvenus, sous un prétexte, à éloigner Mac-Coy de Mills, ils continuèrent l'exécution de leur horrible projet de vengeance. Mills, victime de sa confiance en son esclave, dont il avait fait son ami, ne fut pas épargné. Mac-Coy, ayant échappé à leurs coups, rejoignit Quintal, qui déjà connaissait les résultats de la conspiration, et avait envoyé sa femme avertir ses compagnons. Martin et Brown furent ensuite assassinés séparément par Menali et Tenina.

Adams, que la femme de Quintal avait informé du danger qu'il courait, avait d'abord pu s'échapper dans les bois; mais, au bout de trois ou quatre heures, croyant tout tranquille, il avait imprudemment regagné son champ d'ignames, pour y prendre des provisions. Il fut découvert par les Taïtiens. Vivement assailli par eux, un coup de mousquet lui passa par l'épaule droite et lui traversa la gorge, et il eut un doigt cassé en parant les coups de crosse de fusil que lui portaient les assassins. Quoique épuisé par ses blessures, il avait ranimé assez de forces pour prendre la fuite, et même dépasser ses ennemis, lorsque ceux-ci, sûrs qu'il leur échapperait alors, lui offrirent de cesser leurs attaques s'il voulait revenir sur ses pas, et tinrent leur promesse. Adams fut porté dans la maison de Christian, où il reçut les soins que demandait sa position. Young, que les femmes aimaient beaucoup, et qui l'avaient dérobé à la fureur de leurs compatriotes, y fût amené également. Quintal et Mac-Coy purent se réfugier dans les montagnes, où ils vécurent des produits de la terre. Ainsi s'était terminée cette fatale journée, par le triomphe des Taïtiens et la mort de cinq de leurs oppresseurs, sur neuf.

Le massacre des hommes blancs fut vengé bientôt par le meurtre des hommes jaunes. Ceux-ci se disputèrent les femmes dont les maris avaient péri. Par suite de cette discussion, Menali, après avoir tué Timao, avait attaqué Tetaheite, qui consolait la femme d'Young de la mort de son fils favori; les femmes étaient intervenues et l'avaient empêché de commettre ce nouveau meurtre. Il réjoignit alors Mac-Coy et Quintal sur les montagnes.

Ces derniers, profitant de cette augmentation de force, défièrent le parti qui leur était opposé, en envoyant une volée de balles au-dessus du village. Les habitants lui envoyèrent alors Adams pour les inviter à revenir, à condition qu'ils tueraient Menali. Menali tomba donc sous leurs coups; cependant ils refusèrent d'accéder à l'invitation faite par Adams, tant qu'il resterait une peau jaune dans le village. Tetaheite et Nehou furent victimes de cette exigence des deux Anglais. Les femmes, qui, d'ailleurs, regrettaient la perte de leurs maris assassinés, avaient déjà comploté la vengeance, même avant le départ de Menali. En conséquence Susan frappa Tetaheite d'un coup de hache pendant qu'il dormait auprès de sa favorite, et Young tua Nehou d'un coup de fusil. Mac-Coy et Quintal ne consentirent encore à revenir qu'à la vue des têtes de ces malheureux. Cet événement eut lieu le 3 octobre 1793.

Ainsi périrent tous les indigènes. Il restait donc maintenant sur l'île Adams, Young, Mac-Coy et Quintal, dix femmes et quelques enfants. Deux mois après cette époque, Young commença un journal manuscrit, qui donne une idée précise de l'état de l'île et des occupations de ses habitants : on les voit vivre paisiblement ensemble, bâtissant leurs maisons, entourant de haies et cultivant leurs terres, allant à la pêche et attrapant des oiseaux; construisant des trappes pour la destruction des cochons sauvages, qui, à ce moment, étaient nombreux et détruisaient les champs d'ignames. Le seul mécontentement qui se montra fut parmi les femmes, qui vivaient pêle-mêle avec les hommes, et changeaient fréquemment de demeure.

Young, dans son journal, raconte qu'une discussion eut lieu entre les hommes et les femmes; celles-ci refusaient de rendre les crânes des cinq Européens qui avaient été massacrés par les Taïtiens, et s'opposaient à ce qu'on leur donnât la sépulture. Depuis la mort de ceux-ci, et depuis cette discussion, dans laquelle elles furent forcées de céder, elles désiraient vivement quitter l'île. Leurs instances furent même si pressantes, que, le 14 avril 1794, il fallut leur construire un bateau. Comme on manquait de planches et de clous, Jenny, qui, plus tard, resta à Taïti, dans son ardeur, arracha les planches de sa maison, et encouragea, mais sans succès, ses compagnes à suivre son exemple.

Un grand désappointement devait de nouveau aigrir le mécontentement des femmes. Le bateau avait été terminé le 13 août, et lancé le 15; mais, heureusement pour elles, il chavira, et prévint par là le sort funeste qui leur était sans doute réservé, si, malgré leur ignorance de la navigation, elles eussent osé s'abandonner seules à la merci des flots et des vents, sur cette frêle embarcation.

Le 16 août, on creusa une tombe pour les restes des morts; et, le 23 octobre 1794, on célébra dans la maison de Quintal l'anniversaire de la destruction des malheureux Taïtiens.

Les femmes n'avaient cessé de se plaindre de la rigueur que montraient à leur égard Mac-Coy et surtout Quintal, qui avait même proposé de ne jamais jouer ni rire avec les filles, et de ne leur rien donner; elles avaient aussi gardé le souvenir amer de la perte du bateau, auquel s'était rattaché si vivement l'espoir de leur délivrance; elles finirent par comploter le massacre des hommes pendant leur sommeil. Leurs projets furent découverts; on s'empara d'elles, et on les força d'avouer leurs coupables intentions; cependant, cette fois, on leur accorda l'impunité, à condition qu'elles se conduiraient mieux à l'avenir, et de telle sorte qu'elles ne feraient naître aucun soupçon contre elles. Malgré leurs promesses, les hommes crurent devoir prendre les plus grandes précautions. Leurs tristes prévisions se réalisèrent; car, le 30 novembre, ils les virent se réunir contre eux et les attaquer. Oubliant encore cette fois une pareille tentative, oubliant même qu'ils étaient convenus entre eux, en pareille occasion, de faire périr successivement chaque femme dont la conduite laisserait entrevoir des intentions hostiles, ils pardonnèrent de nouveau, et se contentèrent de nouvelles menaces pour l'avenir, en cas de récidive. Les femmes, les voyant déjà inexécutées, n'en tinrent aucun compte, et quelques-unes se cachèrent dans les parties de l'île les moins fréquentées. Les hommes, moins nombreux qu'elles, redoutant quelque attaque subite, furent réduits à se tenir continuellement sur la défensive.

Le 6 mai 1795, ayant terminé la construction d'un bateau commencé deux jours avant, ils se livrèrent à la pêche avec beaucoup de succès, surtout à celle du maquereau. Quelques années se passèrent sans qu'il y ait eu rien de saillant dans l'histoire des habitants de Pitcairn. Les femmes s'étaient réconciliées avec les hommes, qui les traitaient avec plus d'égards; on se rendait des soins mutuels d'une habitation à l'autre; tous menaient une vie vraiment patriarcale. Un accident seul troubla une fois la monotonie de ce calme heureux et tranquille. Mac-Coy, étant tombé du haut d'un cocotier, s'endommagea grièvement la cuisse, se foula le pied et se blessa au côté. Plusieurs tentatives culinaires et chimiques leur réussirent. Malheureusement l'une d'elles coûta la vie à Mac-Coy. Ils avaient réussi à produire une bouteille d'eau-de-vie avec la racine du *ti* (*dracœna terminalis*); de fréquentes ivresses en furent la suite. Mac-Coy surtout, plongé dans un affreux délire, se précipita d'un rocher escarpé et se tua. Ce tragique événement profita aux autres habitants : ils résolurent de ne plus toucher aux boissons fermentées.

En 1799, Quintal perdit sa femme, par suite d'une chute faite d'un rocher, en cherchant des œufs d'oiseaux. Il devint de plus en plus mécontent, et quoiqu'il eût à choisir parmi plusieurs femmes, rien ne pouvait le satisfaire que la possession de celle de l'un de ses compagnons, ne se rappelant plus les malheurs arrivés par suite d'une demande semblable.

L'outrecuidance d'une pareille prétention et l'obstination qu'il apporta dans une demande semblable, lui coûtèrent la vie. Adams et Young ayant refusé de céder, il avoit cherché à les assassiner, et même il les avait menacés de renouveler cette lâche tentative, après avoir échoué dans un premier essai. Ses compagnons ne pouvaient vivre avec l'inquiétude continuelle et les angoisses d'un guet-apens; ils se crurent justifiés d'un meurtre par les menaces de Quintal, et le tuèrent à coups de hache.

Ainsi se termina le funeste destin de sept des instigateurs de la révolte du *Bounty*.

Christian et Young étaient de familles honorables, et avaient reçu une bonne éducation. Adams en a fait de grands éloges, et a rapporté qu'ils ne manifestèrent jamais le plus léger murmure sur la position dans laquelle ils étaient tombés. Christian feignait d'être heureux aux yeux de ses compagnons; et malgré les circonstances extraordinaires où il se trouva, il sut s'en faire respecter jusqu'à sa mort.

Adams et Young, restés seuls survivants de quinze hommes jaunes ou blancs, débarqués à Pitcairn, tous deux portés aux idées sérieuses, songèrent au repentir. Ils réglèrent le genre de vie de leurs familles dans la voie de la religion, arrêtèrent qu'elles assisteraient aux prières du matin et du soir tous les dimanches, et à un service dans l'après-midi, et, de cette manière, ils parvinrent à former leurs enfants et ceux de leurs compagnons à la piété et à la vertu. Young, dont l'éducation avait été très-soignée, était le plus propre à mettre à exécution le projet conçu par lui et Adams; malheureusement il mourut d'un asthme, un an après la mort de Quintal.

HISTOIRE DE LA COLONIE DIRIGÉE PAR ADAMS.

Cette perte augmenta la ferveur du repentir d'Adams, et le détermina à se dévouer au salut de tous, dans l'espoir d'expier par là toutes ses fautes. Son projet réformateur ne pouvait avoir lieu dans un moment plus opportun. Dix-neuf enfants existaient maintenant sur l'île; ils étaient âgés de sept à neuf années. Si on les avait laissés suivre leurs propres inclinations, ils auraient pris des habitudes qu'il eût été fort difficile de déraciner. A cet âge où les enfants reçoivent plus facilement la direction qu'on leur donne, Adams vit le succès surpasser ses espérances. Il en fut de même pour la conversion des femmes taïtiennes, qu'il avait considérée avec raison comme de la plus grande influence dans l'accomplissement de ses projets. Les enfants étaient même devenus pressants dans leur désir de connaître l'Écriture sainte, et plus d'une fois le pauvre Adams se trouva embarrassé pour répondre à leurs questions. Aujourd'hui ils forment une société régulière; ils ont d'excellents principes et d'excellentes habitudes, et ils contractent des mariages entre eux. Certes, la conduite coupable d'Adams se trouve assez honorablement réparée par d'aussi heureux résultats, dus, pour la majeure partie, à ses efforts.

En décembre 1825, le total de la population de Pitcairn était de soixante-six individus, dont trente-six mâles. En 1831, cette population était augmentée; les maisons étaient bien tenues, et il y avait une belle école.

Voici ce qu'on lit sur cette intéressante colonie dans le *Journal asiatique* et les *Mémoires de la Société géographique de Londres*, années 1832 et 1833.

« John Adams, le patriarche de l'île Pitcairn, craignant qu'à une époque future l'eau qui s'y trouvait ne pût suffire aux besoins de la population, dont l'accroissement était très-rapide, remit à un capitaine de navire une lettre adressée au gouvernement britannique; il demandait, au nom de tout son monde, à être transporté ailleurs.

« Un des missionnaires des îles de Taïti se trouvait en Angleterre, lorsque cette requête parvint. On le consulta pour qu'il indiquât le lieu le plus convenable pour y déposer les habitants de l'île Pitcairn; il recommanda Taïti, dont il représenta les naturels comme le peuple le plus vertueux du monde.

« En conséquence, des ordres furent expédiés aux autorités de New-South-Wales d'envoyer à Pitcairn des vaisseaux pour y prendre les colons. La *Comète* et le navire de transport *Lucy-Ann* partirent de Sidney le 13 octobre 1830, touchèrent à la Nouvelle-Zeeland, puis continuèrent leur voyage. A l'arrivée de ces vaisseaux, les colons semblaient avoir changé d'avis; ils montrèrent naturellement une grande répugnance pour quitter l'île où presque tous étaient nés et avaient été élevés.

« Ils parurent aux équipages comme des hommes dont l'éducation morale et religieuse avait été très-soignée; ce qui frappa d'autant plus les marins de la *Comète* qu'à la Nouvelle-Zeeland, ils avaient observé absolument le contraire; car le plus grand relâchement de mœurs y régnait, et toutes les tentatives des missionnaires pour y répandre de bonnes semences avaient été inutiles.

« Après un court séjour, les deux navires embarquèrent toute la population de l'île, qui se montait à quatre-vingt-sept personnes. Tout ce monde fut heureusement débarqué à Taïti : la reine avait préparé de grandes concessions de terrain pour ces nouveaux venus. On doit se rappeler que les hommes de l'équipage du *Bounty*, en partant pour Pitcairn, avaient emmené des femmes de Taïti. Deux d'entre elles revinrent au lieu de leur naissance; leur entrevue avec leurs parents présenta une scène comique.

« Un contrat fut passé avec des habitants de Taïti pour fournir à ceux de Pitcairn des vivres pendant les premiers six mois; mais ces derniers furent tellement dégoûtés par le spectacle de la dépravation des premiers, qu'ils refusèrent de s'en laisser approcher.

« Tout ce que voyaient ces hommes paisibles leur faisait horreur. Dans leur affliction extrême d'avoir été déçus par les faussetés qu'on leur avait débitées sur le caractère moral des Taïtiens, plusieurs tombèrent malades; douze moururent de chagrin, et douze s'embarquèrent sur une petite goëlette pour retourner dans leur île. Il en décéda deux dans la traversée. Le reste a été ramené à Pitcairn par un brick américain, après avoir été obligés, pour payer leur passage, de se défaire des couvertures de laine que le gouvernement britannique leur avait données. »

DESCRIPTION DE L'ILE PITCAIRN.

Presque dépourvue d'eau, sans aucun port et même sans aucun bon mouillage, elle n'a qu'un triste débarcadère (voy. *pl.* 140); l'île Pitcairn est d'ailleurs si petite, selon le capitaine Sainderland, qu'elle ne peut suffire à nourrir seulement 400 habitants. On ne pourra jamais y établir un commerce avec les étrangers. Il serait donc fort à propos, aujourd'hui que la population est peu nombreuse, de transporter ailleurs ses habitants; mais ceux-ci sont trop passionnés pour leur pays, et d'ailleurs ont conservé des souvenirs trop défavorables des mœurs et du séjour de Taïti, pour quitter Pitcairn facilement.

Le pays est assez riche; ses paysages sont variés et offrent des beautés pittoresques (voy. *pl.* 141). On y trouve beaucoup de végétaux, de cochons, de volaille et de poisson.

MŒURS DE SES HABITANTS ACTUELS, FILS DES RÉVOLTÉS.

Le capitaine Waldegrave nous apprend dans son journal, qu'en 1830 la population de Pitcairn s'élevait en tout à 79 habitants, dont dix-neuf hommes, vingt et une femmes, trente-six enfants et trois vauriens anglais, dont l'un, nommé Noobs, aspirait à la succession du digne John Adams, comme chef des insulaires. Le respectable Adams était mort en 1829 (voy. son portrait *pl.* 142). Bien que ceux-ci montrassent beaucoup d'affection pour l'Angleterre, dont ils souhaitaient d'être regardés comme sujets, il était peu probable que les prétentions de Noobs fussent couronnées, parce qu'ils étaient peu disposés à se donner un maître. Dans le cas où ils consentiraient à accepter un supérieur, ils le prendraient parmi eux, et probablement ce chef eût été pris dans la famille de Christian, s'il s'y était trouvé un homme capable. Le capitaine Waldegrave dit que ces insulaires sont épiscopaux décidés.

M. Freemantle, capitaine de navire anglais, vient de visiter Pitcairn dans le mois de janvier 1833; il a rapporté que ses habitants ont un peu perdu de leur simplicité et de leur pureté de caractère, depuis qu'ils sont revenus de Taïti. Il a vivement conseillé d'éloigner de ces insulaires trois déserteurs anglais, hommes corrompus, qui leur ont fait le funeste présent d'une liqueur spiritueuse, distillée de la racine d'une plante, et encouragé ainsi l'ivrognerie, malgré les efforts que faisait pour déraciner ce vice, un Anglais, M. Josué Hill, remplissant à Pitcairn les fonctions de ministre ecclésiastique et de surintendant. Ce pasteur semble être le digne continuateur de l'œuvre d'Adams.

Le récit suivant donnera une idée des dangers auxquels s'exposent les bâtiments qui font la pêche de la nacre dans quelques îles de la Polynésie, et spécialement aux îles Heïou ou de la Harpe.

NAVIRE AMÉRICAIN ENLEVÉ PAR LES SAUVAGES.

Parti de Valparaiso le 5 novembre 1831, le trois-mâts la *Pomarée*, s'étant procuré vingt-quatre plongeurs à Taïti, où il fut forcé d'effacer de sa poupe son nom qui était celui de la reine de cette île, s'était dirigé vers l'île de la Harpe, dans l'archipel Pomotou, où il arriva le 24 février 1832. Quatre embarcations lui pêchaient chaque jour un chargement complet, et rien ne semblait devoir troubler le succès de son voyage. Les naturels montraient des dispositions amicales et travaillaient avec les plongeurs. Depuis son arrivée, le roi de l'île mangeait avec les chefs de l'équipage de la *Pomarée*, et couchait dans la chambre du bâtiment; on lui donnait tout ce qu'il paraissait désirer; enfin la plus parfaite sécurité régnait à bord, lorsque la plus horrible trahison vint fondre sur le navire. Un jour qu'on n'avait pu lever l'ancre pour changer de mouillage, le capitaine, voulant gagner une journée de travail, en évitant aux plongeurs un trajet d'environ huit milles, s'embarqua dans un canot pour aller leur porter des vivres jusqu'à l'endroit où ils étaient. Il prit avec lui quelques provisions pour le cas où il aurait été obligé de coucher à terre, et recommanda d'avoir soin de mettre la nuit une lanterne à la grande vergue, afin de le guider à son retour, s'il revenait de suite, comme cela était probable. La nuit venue, on avait suivi ces instructions, mais le capitaine n'arrivait pas.

Vers minuit, un des canots des plongeurs vint à bord, n'apportant que peu de nacre; les plongeurs racontèrent que leur embarcation avait chaviré et qu'ils avaient perdu beaucoup d'écailles; ils demandèrent si le capitaine était à bord, et dirent qu'ils ne l'avaient point vu. Le second était un homme incapable de rien prévoir; il ne conçut aucun soupçon, en voyant, contre l'habitude, un canot arriver de nuit.

Le lendemain, quelques pirogues étant venues, montées chacune par trois ou quatre hommes, il se trouva sur la *Pomarée* un nombre de sauvages bien plus puissant que l'équipage. C'était le canot de la nuit qui les avait amenés. Ils se rendirent facilement maîtres de tous les hommes qui étaient sur le navire.

Un officier de commerce qui s'y trouvait était encore dans sa chambre, lorsqu'il entendit deux ou trois individus qui descendaient vers lui. Se jetant à bas du lit, et saisissant un pistolet, il étendit sur le carreau le premier qui s'offrit à sa vue; le roi de l'île, au lieu d'être effrayé du coup, ne lui laissa pas le temps de prendre un autre pistolet, et s'élança sur lui comme un tigre. Pendant qu'il se défendait contre lui, l'indigène, qu'il croyait avoir tué, et qui n'était que blessé, ranima ses forces, et lui liant les pieds, le fit tomber, ce qui l'empêcha de résister plus longtemps. On l'attacha alors les mains sur le dos, et l'on se disposait à le transporter ainsi sur le pont en chemise et tout couvert du sang de l'indigène blessé, lorsqu'un des plongeurs, qui était un des chefs de l'île de la Chaîne, lui fit donner une paire de pantalons, un gilet, une veste et une casquette. On le conduisit à terre dans cet accoutrement, avec tous ceux qui faisaient partie du navire, et on les attacha chacun à un arbre. Là les plongeurs leur apportèrent quelques provisions, et les rassurèrent en partie sur leur sort, en leur disant qu'on n'en voulait pas à leur vie, et qu'on ne les tuerait pas, malgré le désir qu'en avaient les habitants de l'île. Ils se contenteraient, disaient-ils, de conduire la *Pomarée* à l'île de la Chaîne, où ils amèneraient quelques hommes de l'équipage, et où ils rendraient le navire, après avoir débarqué.

Ce langage n'était qu'à demi rassurant; l'officier de commerce s'attendait à chaque instant à ce qu'on vînt le chercher pour le lapider ou le brûler, afin de venger l'habitant qu'il avait grièvement blessé. Ces craintes lui semblaient d'autant plus naturelles, que, vers les dix heures, ce sauvage, ayant été amené à terre à une trentaine de pas du lieu où lui-même était attaché, toutes les femmes se réunirent autour et firent retentir l'air de cris, de sanglots et de gémissements lamentables. Il chercha s'il n'avait pas un canif dans la poche de son gilet, dans le dessein de se donner la mort, s'il apercevait qu'on lui préparât des tourments; il eut la douleur de se voir privé de cette dernière ressource du désespoir.

Cependant les cris cessèrent et ses craintes se dissipèrent peu à peu. Un des plongeurs, qu'il avait toujours bien traité, vint même lui donner une preuve de reconnaissance, en lui rapportant sa montre, qu'il cacha soigneusement dans son gousset.

Vers onze heures, on amena le capitaine avec les hommes de l'embarcation; ils avaient été pris la veille, et leur canot, entièrement chargé d'écailles, avait coulé bas pendant qu'il se défendait. Le capitaine seul avait opposé une résistance vigoureuse, et un de ses gens avait été mis dans un affreux état.

Les prisonniers restèrent ainsi attachés jusqu'au coucher du soleil. Un naturel de l'île, trouvant que leurs liens n'étaient pas assez serrés, s'approcha de l'officier de commerce et lui serra les pieds et les mains de toute sa force avec une corde grosse comme le doigt; ensuite il lui attacha les pieds et les mains ensemble avec une corde longue d'un pied, de sorte qu'il ne pouvait ni remuer, ni changer de position. Quelques sauvages, ajoutant l'ironie à la cruauté, lui demandèrent même s'il se trouvait bien à son aise. Il garda le silence, prévoyant bien que ses paroles ne feraient qu'irriter leur férocité. C'était une atroce souffrance; cependant ce n'était pas tout. En vain demanda-t-il qu'on le changeât de côté, puis, qu'on lui permît de satisfaire un besoin naturel; on lui refusa tout allégement à cette torture, et même, un peu au milieu de la nuit, deux de ses gardiens, voulant à la fois dormir et veiller sur lui, se couchèrent sur son corps. Il ne put résister à ce nouveau supplice, il se sentit défaillir; une fièvre ardente commençait à le dévorer, il laissa échapper quelques cris de douleur, et demanda à ses bourreaux de le tuer promptement. Alors l'un d'eux lui tâta les tempes, commença à défaire ses liens, et lui lia ensuite les mains sur le devant du corps.

Parmi les prisonniers, il s'en trouvait deux qui comprenaient le langage des naturels: les plongeurs, pour justifier la prise du navire, disaient que le bâtiment, portant le nom de la reine de Taïti, on leur avait recommandé dans cette île de faire tous leurs efforts pour s'en rendre maîtres; car c'était une insulte insupportable qu'un navire eût osé porter ce nom, et qu'ils auraient tenté de s'en emparer, quand même il eût eu le roi Georges à son bord. Ils prétendaient que le capitaine avait déterré la tête d'un de leurs chefs; qu'il avait fait périr plusieurs indigènes de l'île de la Chaîne, et d'autres faussetés semblables; ils ajoutaient qu'on voulait les faire trop travailler et ne pas leur donner assez à manger. Enfin, ils accusaient le capitaine d'être un méchant homme: cette accusation avait au moins quelque raison, car le capitaine était d'une violence extrême.

De leur côté, les naturels disaient qu'ayant été mal payés par un capitaine nommé Start, c'était pour se payer eux-mêmes qu'ils s'étaient concertés avec les plongeurs pour s'emparer du navire; puis ils ajoutaient: Si nous n'eussions pas réussi dans notre attaque sur le bâtiment, les blancs nous auraient tués; par conséquent nous avons le droit de les tuer maintenant, puisqu'ils sont en notre pouvoir. Cette singulière logique n'était rien moins que rassurante pour les victimes de leur trahison.

Le lendemain, un autre canot, conduit par Middleton, interprète que la *Pomarée* avait pris à Taïti, arriva d'une autre partie de la lagune avec le reste des plongeurs. Middleton avait été souvent à l'île de la Chaîne, où il était assez aimé; les plongeurs le laissèrent libre, et lui dirent qu'ils voulaient lui donner le commandement du navire, afin qu'il les conduisît à leur île. Il alla trouver les prisonniers, et leur demanda ce qu'il devait faire, s'offrant à partager leur sort, s'ils le jugeaient convenable.

Ils le chargèrent de demander aux Indiens qu'on leur laissât deux canots afin de tâcher, par ce moyen, de se rendre à Taïti; ayant été refusés, ils prièrent qu'on leur rendît le bâtiment, après avoir pris tout ce qui était à bord: cette nouvelle proposition fut encore sans succès. Enfin ils ne furent pas plus heureux dans la demande qu'ils firent qu'on les laissât à bord liés et garrottés, au lieu de les abandon-

43ᵉ *Livraison.* (OCÉANIE.) T. II.

ner dans l'île. Les sauvages étaient inébranlables; ils refusèrent encore à l'officier du commerce de le rembarquer, bien qu'il leur eût fait observer qu'étant passager, il n'avait aucune part aux sujets de plainte qu'ils avaient énumérés.

Les indigènes employèrent le reste du jour à débarquer dans l'île tout ce qu'ils voulurent pour la part de ceux de leurs compatriotes qui avaient aidé les plongeurs dans la prise du navire. Cependant ceux-ci ne leur donnèrent que peu de chose, et gardèrent tout ce qu'il y avait de meilleur; rien de ce qui appartenait à l'officier du commerce ou au capitaine ne fut débarqué.

Enfin, le 2 mars, on débarrassa les prisonniers de leurs liens; on leur laissa environ quarante livres de biscuit, trente livres de viande, trois bouteilles de vin, vingt-six noix de coco, deux livres de thé, vingt livres de tabac, une poêle à frire et deux tasses; ensuite on les abandonna dans l'île. Ils étaient quatorze. Middleton fut embarqué avec deux hommes de l'équipage pour diriger le navire, qui mit à la voile vers dix heures du matin. Il avait promis aux prisonniers de faire ce qu'il pourrait pour sauver la *Pomarée* des mains des plongeurs de l'île de la Chaîne, et, de quelque manière que tournât la navigation, de faire en sorte que la nouvelle de leur infortune parvînt promptement à Taïti, afin qu'on pût venir les arracher de leur position critique. C'était là la seule perspective qui leur restait pour consolation! Peut-être des années s'écouleraient-elles avant leur délivrance! Aux souffrances morales venaient encore se joindre les tortures physiques pour quelques-uns. Trois ou quatre d'entre eux étaient fort maltraités; un des matelots avait reçu des coups violents; le capitaine était presque borgne; l'officier de commerce était couvert de plaies; ses liens lui avaient enlevé la peau des pieds et des poignets, et sa résistance à bord lui avait laissé plusieurs meurtrissures et contusions. Plus délicat que ses malheureux compagnons, celui-ci eut beaucoup de peine à se guérir, et trois mois après il était encore malade; on ne pouvait suivre d'autre traitement que de laver ses plaies et d'appliquer dessus des feuilles d'arbres.

Tous les naturels de la Harpe, leurs femmes et leurs enfants, au nombre de trois cents, s'étaient réunis à l'endroit où se trouvaient les victimes de leur guet-apens; mais aussitôt que la *Pomarée* fut partie, les blancs eurent le plaisir de voir les jaunes se séparer pour se rendre chacun chez eux.

Les prisonniers s'occupèrent immédiatement de faire deux espèces de huttes avec des feuilles de cocotier, l'une pour les matelots, l'autre pour l'officier du commerce, le capitaine, le second, le charpentier et le maître d'hôtel. Dès le premier jour, ils partagèrent équitablement les provisions entre eux tous; mais les matelots, mangeant avec la même insouciance que s'ils eussent été à bord, eurent consommé leur part en six jours; les premiers, au contraire, ayant ramassé des coquillages et économisé la leur, firent durer douze jours leurs provisions en biscuit et en viande.

L'endroit où ils se trouvaient était peu abondant en poissons; cependant les naturels leur en apportaient lorsque leur pêche avait été favorable et qu'ils en avaient trop. Le second jour après le départ du navire, on leur en avait apporté une assez grande quantité, suffisante pour deux repas: ils l'avaient partagée encore entre tous; mais les matelots avaient fait cuire le tout sans que leurs compagnons s'en aperçussent, et l'avaient mangé sans dire un mot. Ces derniers, instruits à leurs dépens par cet acte d'insubordination et de gourmandise, changèrent alors de conduite à leur égard, et cessèrent de rien partager.

La hutte du capitaine, de l'officier de commerce, du charpentier, du second et du maître d'hôtel, avait six pieds de large et douze de long; elle était couverte de feuilles de cocotier, ce qui les mettait bien à l'abri du soleil, mais ne leur servait nullement contre la pluie; et comme il pleuvait fort souvent, ils étaient presque toujours mouillés. Ils avaient ramassé quelques feuilles d'arbres et un peu d'herbe dont ils avaient fait leur lit. Pendant le jour ils étaient très-incommodés par les mouches, qui étaient si nombreuses qu'elles empêchaient de reposer un seul instant. La nuit, des centaines de rats se promenaient près d'eux, et souvent leur passaient sur la figure; et une multitude de crabes de terre, de crabes ermites, de lézards, de fourmis et d'autres insectes, les tourmentaient constamment. A peine pouvaient-ils fermer les yeux, et chaque faible instant de sommeil qu'ils obtenaient était troublé par le cauchemar qu'occasionnaient la fatigue, et la fièvre morale qui les accablait depuis leur malheur.

Le septième jour après le départ du navire, les matelots, n'ayant plus rien à manger, se décidèrent à se rendre à l'entrée de la lagune, où il y avait beaucoup plus d'habitants, et où ordinairement le poisson était assez abondant.

Les chefs restèrent encore six jours dans l'endroit où ils avaient construit leur hutte, n'ayant auprès d'eux que le roi de l'île, et deux ou trois naturels qui montraient au milieu d'eux la même confiance que si jamais ils ne leur eussent fait aucun mal; puis ils partirent également pour l'entrée de la Harpe avec le roi seul pour guide. Après douze milles de marche, avec de l'eau jusqu'aux genoux, ils élevèrent une nouvelle hutte à l'ouest sur le récif intérieur; mais ils y étaient encore moins à l'abri que sous la première, parce qu'on ne leur permit pas de la couvrir de feuilles de cocotier; cependant ils avaient plusieurs incommodités de moins : il n'y avait pas de rats, et les mouches étaient moins nombreuses; ensuite ils pouvaient se réfugier, contre la chaleur du jour, à l'ombre de quelques grands arbres qui leur procuraient une douce fraîcheur; ils n'étaient qu'à cinquante pas des matelots.

Bien qu'on fût à la fin de la saison des pluies, une pluie continuelle, qui tomba par torrents, vint encore apporter d'autres souffrances à nos infortunés Européens. Pendant sept jours entiers ils furent mouillés jusqu'aux os, sans pouvoir se sécher un instant. Cette situation était déplorable; il était impossible de reposer sur l'herbe; l'un d'eux se coucha sur les débris de coraux où l'eau ne séjournait pas, mais qui lui moulurent le corps. Le jour ne leur apportait guère de soulagement; car toutes leurs provisions étant épuisées, à l'exception de cinq noix de coco, ils se trouvaient maintenant pour manger, à la discrétion des naturels qui les laissaient quelquefois plusieurs jours sans leur donner de poisson, et ils étaient forcés de se contenter pour leur nourriture d'une noix de coco entre six, et d'une petite plante grasse qui contenait une substance bouillie dans de l'eau salée. Les naturels refusaient constamment de leur prêter une pirogue et des hameçons, et ils leur vendaient maintenant pour du tabac le peu de poisson qu'ils apportaient. Ce n'est pas tout : ils tâchaient de leur dérober le peu de chose qu'ils avaient; ils leur volèrent les deux tasses, et un rasoir qui leur servait à nettoyer le poisson, bien qu'eux et leurs femmes fussent presque tous munis de rasoirs et d'instruments en fer.

Au reste, les indigènes eux-mêmes manquaient quelquefois de nourriture lorsqu'il faisait mauvais temps et qu'ils n'allaient pas à la pêche; mais s'il arrivait que la pêche eût été abondante, ils en pourvoyaient largement les hommes de la *Pomarée*: ceux-ci ne pouvaient le conserver longtemps à cause de l'humidité et de la chaleur; alors, si le temps le leur permettait, ils le faisaient sécher et le fumaient.

Le capitaine était presque toujours à la recherche des provisions, et il se trouvait heureux lorsqu'il pouvait rapporter quelques morceaux de poisson parmi lesquels il s'en trouvât qui ne fussent pas entièrement pourris. Le sauvage que l'officier du commerce avait blessé, et qui trente-cinq jours après n'était pas encore guéri, était le plus généreux. Un jour le capitaine s'approcha des naturels, qui étaient occupés à manger une grande tortue, et, quoiqu'il ne leur en demandât pas, ils lancèrent leurs chiens contre lui, et il fut mordu à la jambe. Une autre fois l'officier du commerce courut le même danger, mais il eut le bonheur d'y échapper. Pour comprendre ceci, il faut ne pas oublier, ce que nous avons déjà dit, que la tortue est sacrée à leurs yeux, et qu'ils n'en donnent aux femmes que pour les empêcher de mourir de faim.

Dénués de tout, exposés à toutes les privations et à toutes les souffrances, envahis par la vermine qui rongeait les naturels, le capitaine et l'officier du commerce, réduits au désespoir, méditèrent plus d'une fois des projets de vengeance contre ces insulaires, qui avaient aidé à leur malheur et rendaient chaque jour leur position insupportable. Mais la réflexion, et aussi l'espoir qu'on viendrait à leur secours, arrêtèrent l'exécution des projets plus ou moins extravagants que le délire moral leur faisait concevoir.

Cependant la *Pomarée* était arrivée le 9 mars à Taïti avec Middleton et les deux hommes de l'équipage auxquels les plongeurs avaient donné la permission de s'embarquer, mais pillée de tout ce qu'il y avait à bord et hors d'état de reprendre la mer. Alors le capitaine T. Ebrils, du brick-goëlette l'*Elisa* de cinquante tonneaux, de Valparaiso, qui appartenait à l'officier du commerce, sans que celui-ci en eût connaissance, avait pris ses dispositions pour délivrer ses compatriotes de l'île la Harpe.

Ceux-ci étaient constamment dans l'attente. Vers la fin de mars, le vent ayant soufflé à l'ouest pendant cinq ou six jours d'une jolie brise, ils s'étaient tenus en alerte et en vigie dans l'espoir d'apercevoir quelques voiles venant de Taïti pour les délivrer. Vaine espérance! le vent changea et renversa leurs illusions. Ils se figuraient d'ailleurs que les insulaires, en voyant paraître quelque bâtiment, ne les relâcheraient qu'en exigeant une bonne rançon; aussi pensaient-ils que tous leurs dangers n'étaient pas finis et qu'il leur faudrait passer encore par plus d'une épreuve. Afin d'obvier à ce péril, le capitaine et l'officier du commerce recommandèrent à leurs compagnons de leur donner avis quand ils verraient un bâtiment, et de cacher soigneusement cette heureuse nouvelle à leurs ennemis.

Le 7 avril, les insulaires s'embarquèrent en grand nombre dans deux de leurs pirogues pour aller chercher des vivres dans une île éloignée de l'île de la Harpe d'environ douze milles; il n'en resta qu'un nombre égal aux Européens, en ne tenant pas compte des femmes et des enfants.

Le 9, le capitaine et l'officier du commerce, qui n'avaient mangé depuis quelques jours qu'un peu d'herbe bouillie, et qui se sentaient épuisés de fatigue, désespéraient déjà de leur position, et s'imaginaient être au dernier jour de leur vie. Ils étaient ensemble dans leur hutte, lorsqu'un matelot vint leur annoncer que lui et les autres matelots voyaient depuis quelque temps une baleinière dans l'entrée de l'île. Qu'on juge de leur joie, lorsque s'étant rendus avec précaution du côté du lieu désigné, ils virent la baleinière déjà près d'eux. Les naturels l'ayant aperçue en même temps, se mirent à pousser des cris pour réunir tous ceux qui étaient dans des pirogues ou autrement, et pour empêcher l'embarcation d'approcher. Le roi fit même tirer dessus deux coups de fusil; mais les Européens, qui alors se trouvaient en force, l'empêchèrent de continuer; il commença même à trembler de tous ses membres, craignant qu'on ne tirât vengeance de sa conduite. Il fut obligé de laisser arriver l'embarcation, qui en moins de cinq minutes se trouva près des prisonniers; le capitaine Ebrils en descendit : il y avait déjà dix-huit jours qu'il était parti de Taïti pour venir à la délivrance de ses compatriotes; son bâtiment étant à dix-huit milles sous le vent, hors de vue, et le vent étant extrêmement faible, il s'était décidé à la pointe du jour à venir dans son canot, avec six hommes bien armés, tenter de les arracher à l'improviste des mains des Indiens.

Comme on le voit, son entreprise avait été complétement couronnée du succès. Il avait eu la prévoyance d'apporter du biscuit, de la viande et une bouteille de vin aux prisonniers; ce qui leur arrivait d'autant plus à propos qu'ils n'avaient pris aucune nourriture depuis plus de trente-six heures. Il était temps, un des matelots était très-malade et n'aurait probablement pas survécu de trois jours.

Vers une heure ils s'embarquèrent tous, à l'exception d'un matelot qui était allé le matin dans un autre endroit de l'île, et arrivèrent à bord à quatre heures sans accident. Le lendemain on revint chercher cet homme; en même temps on s'empara du chef de l'île, d'un autre qui n'avait jamais voulu donner à manger aux captifs, d'un jeune indigène qui, lorsqu'ils ne possédaient rien au monde, leur avait volé une aiguille qui leur était du plus grand secours pour réparer leurs effets, et du propriétaire des chiens qui avaient mordu le capitaine et failli mordre l'officier du commerce. On brûla toutes les maisons qui se trouvaient sur le rivage, les nattes, les cocos dont les Indiens se servaient pour garder l'eau, les filets, les pirogues, paniers, voiles, etc., et on reprit tout ce que l'on retrouva des objets appartenant aux Européens. Ensuite on fit monter les quatre prisonniers à bord, on les attacha l'un après l'autre au grand mât, et on les fit sauter à la mer, après avoir administré à chacun d'eux cinquante coups de corde bien appliqués.

Revenu à Taïti après de nouveaux dangers, l'équipage de la *Pomarée* retrouva son navire dans l'état le plus déplorable, dépouillé de tout ce qu'il avait été possible d'emporter, les manœuvres courantes coupées et n'ayant que quelques voiles en vergue. Une chose bien étonnante cependant, c'est que Middleton avait réussi à sauver le chronomètre, en faisant croire aux indigènes que c'était une petite boussole qui lui était nécessaire pour naviguer.

M. Morenhout est le dernier voyageur qui nous ait donné quelques nouveaux détails sur l'archipel Pomotou. Ses recherches ont été entreprises dans l'intérêt presque exclusif d'un commerce assez étendu qu'il dirigeait, le plus souvent, en personne. C'est, à notre avis, un des voyageurs qui ont visité le plus de terres dans la Polynésie.

Indépendamment des relations continuelles qu'il a entretenues de Pitcairn aux îles Viti, et de la Nouvelle-Zeeland aux îles Haouaï, il a fait jusqu'à trois fois le voyage du Chili aux îles de Taïti ou de la Société, visitant à chaque traversée un grand nombre d'îles intermédiaires. Il a parcouru, dans cinq voyages différents, les îles de l'archipel de Pomotou; visité, depuis l'île Vaïhou ou de Pâques jusqu'à celle de Manaïa, toutes les îles qui, rangées presque en ligne droite, forment comme la lisière des archipels méridionaux, ainsi que le démontre, à la simple inspection des cartes, la situation relative de Vaïhou, de Pitcairn, de Rapa, de Raïvavaï, de Toubouaï, de Rimatara, de Rouroutou et d'autres. M. Morenhout a de plus touché à quelques-unes des îles Nouka-Hiva et des îles Samoa ou des Navigateurs. Pour ces deux derniers archipels, malgré l'ignorance où il était de leur langue et de leurs coutumes, et en dépit des dispositions hostiles de leurs habitants, « J'ai pu, mieux que personne, dit-il, m'instruire de ce qu'ils pouvaient présenter d'intéressant, soit par mes relations avec quelques-uns des insulaires, soit par ce que j'en voyais moi-même, soit enfin par mes conversations avec un grand nombre de personnes qui les avaient visités et que j'ai connues à Taïti.

« Quant aux autres îles, le long séjour que j'y ai fait, et les visites répétées dont elles ont été l'objet pour moi, m'ont procuré des notions que peu de personnes, jusqu'à ce jour, se sont vues à portée d'acquérir sur leur situation géographique, sur leurs ports, sur les moyens de communication qu'elles présentent, sur l'état de leurs habitants, sur leurs ressources commerciales, sur le parti qu'on en peut tirer comme lieu de relâche ou de sauvetage dans un coup mer, etc. Ces notions, développées avec le soin que sollicite leur importance, pourront ne pas paraître tout à fait indifférentes, tant pour la direction des entreprises commerciales que pour la sûreté des explorations nautiques dans ces parages. »

M. Morenhout signale, d'après le rapport d'un capitaine baleinier, un récif des plus dangereux, dont l'existence paraît d'ailleurs bien attestée, et situé par 27° de latitude sud et par 149° à 149° 20′ de longitude ouest.

Il a reconnu personnellement un récif, situé à environ 90 milles au sud-est de Pitcairn, et qui encore, en plusieurs endroits caché sous l'eau, et n'émergeant que sur une étendue d'environ un demi-mille, présente l'aspect d'un mur élevé perpendiculairement au-dessus des abîmes de la mer, la sonde ne trouvant nulle part de fond à l'entour. M. Morenhout nous apprend qu'il a reconnu trois îles à l'ouest de l'île de Lord Hood, dont une, d'environ six milles de circonférence, est par 21° 45′ de latitude sud et par 139° 40′ de longitude ouest; une autre île, à quarante milles au sud de l'île de Lord Hood, à peu près de même forme et même étendue que cette dernière, par 22° latitude sud et par 137° 50′ de longitude ouest; une île encore, habitée, peu boisée, que deux cocotiers qui s'élèvent dans sa partie nord font distinguer de très-loin, et située par 18° 32′ de latitude sud et par 144° 35′ de longitude ouest; trois petites îles, formant comme un triangle, situées par 16° 45′ et 16° 52′ de latitude sud et par 146° 40′ de longitude occidentale; et enfin, partant deux fois des îles dites *Deux Groupes*, situées par 17° 45′ à 18° 15′ latitude sud et par 144° 35′ à 144° 50′ longitude ouest, pour se rendre à Anaa, ou l'île de la Chaîne, il s'est assuré de la non-existence des îles dites *Bayer's-Group*, marquées sur toutes les cartes anglaises. Il n'y a dans ces eaux qu'une très-grande île basse, boisée et habitée, mais située beaucoup plus au sud, selon ce que nous lui avons entendu dire à la Société de géographie de Paris.

« Toutes ces îles de corail, dit-il, ne datent pas de la même époque. Dans les unes, en effet, le sol s'élève déjà à plusieurs pieds au-dessus du niveau de la mer, et leurs lagons internes, déjà considérablement diminués ou comblés presque en totalité, s'y sont changés en terrains fertiles qui produisent la pomme de terre douce, les bananes, le taro et même le fruit à pain; d'autres, au contraire, sont encore à fleur d'eau, ou se cachent à plusieurs toises sous la mer, ou déjà s'élèvent perpendiculairement de son sein en des endroits où la sonde ne trouve pas de fond. J'en conclus, abstraction faite même de la formation journalière de nouveaux récifs à Toubouai, à Raïvavaï, à Rouroutou, et même dans quelques parties de Taïti, que les polypes, ces agents si actifs de la nature organisée, n'ont pas encore accompli leur œuvre d'édification, et que, la continuant probablement aux îles Nouka-Hiva ou Marquises, et dans l'archipel de Hamoa, ou des Navigateurs, ils y formeront de vastes baies et de beaux ports, semblables à ceux qu'ils ont formés aux îles de Pomotou, de Taïti et ailleurs; ils élèveront, des profondeurs que l'homme ne peut ni mesurer, ni connaître, des môles nouveaux, des terres nouvelles à peupler; et rapprochant ainsi peu à peu les distances, finiront par constituer un grand continent sur les débris de celui qu'une tradition de la Polynésie prétend y avoir autrefois existé.

« Les îles de corail sont presque invariablement de forme oblongue, et affectent presque aussi invariablement la direction du sud-est au nord-ouest, direction ordinaire des vents et des courants, dont l'action plus ou moins énergique pourrait bien expliquer l'identité constante de la figure de ces terres nouvelles dans toute l'étendue de la Polynésie. J'ai reconnu aussi que plusieurs de ces îles, constamment élevées dans toutes leurs parties, forment autour de la mer comme une enceinte inabordable où viennent continuellement se briser les vagues, et dont le centre présente des lacs d'eau salée très-profonds quand ils sont récents, et toujours extrêmement poissonneux. D'autres îles offrent, au contraire, sur quelques points de leurs remparts naturels, des ouvertures assez larges pour laisser passer des embarcations ou même des navires, et forment alors des ports excellents, où les bâtiments, bien abrités, pourraient se réfugier au besoin, réparer leurs avaries ou reposer leurs équipages, auxquels toutes les baies fourniraient à peu de frais, et sans beaucoup de travail une nourriture aussi saine qu'abondante, et presque toutes la meilleure eau possible. Telles sont, par exemple, parmi celles de l'archipel Pomotou ou Dangereux, l'île de la Harpe, Mathilda's Rock, les îles Nigeri, Philipps, Wittgenstein, Tiokéa, Wilson et Waterland. D'ailleurs, quant à l'eau, toutes les îles assez formées pour avoir des bancs de sable, que les vagues de leurs lagons forment toujours d'abord au nord-ouest, toutes ces îles, dis-je, en ont de plus ou moins douce; et pour l'obtenir, il suffit de faire un trou dans le sable à très-peu de distance du lac; l'eau qu'on se procure par ce moyen paraissant de suite à la surface du sol, semble n'être que celle du lac, filtrée au travers du sable et des débris de coquilles; mais elle n'en est pas moins excellente, et se conserve même fort bien à bord des navires. »

M. Morenhout remarque d'abord, avec tous ceux qui les ont parcourues, que, sous les tropiques, les courants, comme les vents, se dirigent presque continuellement à l'ouest. Les remarques qu'il a faites personnellement, et ses informations les plus exactes recueillies à bord des nombreux navires qui ont visité Taïti pendant son séjour dans cette île, l'ont convaincu de plus, qu'au sud de la ligne, ces courants sont plus violents entre les 10° et 14° degrés, et près des tropiques ou du 22° au 24° degré, que dans les latitudes intermédiaires, et varient d'intensité et souvent de direction au delà du 25°. Ce qu'il y a de singulier, dit-il, c'est que cette intensité des courants devient très-sensible à la longitude de l'île de Pâques, et se soutient au même degré jusqu'aux îles Tonga ou des Amis, où le courant paraît se resserrer; d'où l'on pourrait conclure qu'il est occasionné par la direction du lit de l'Océan, comme semble l'indiquer le gisement des terres qui se forment journellement dans ces eaux, et surtout la situation des îles basses de l'archipel Pomotou ou Dangereux.

Dans ces parages, dit M. Morenhout, les vents et les courants se dirigent toujours à l'ouest. Au sud de la ligne, ces courants sont plus violents; entre le 10° et le 14° et près du tropique, ils augmentent ou diminuent de violence, suivant les saisons; et bien que la marche en soit quelquefois comme entièrement suspendue, pendant les forts coups de vent de décembre et janvier, ils n'en sont pas moins alors plus rapides que jamais, les marées étant beaucoup plus fortes à cette époque de l'année, comme l'indique le nom même de *Tetua miti raii* (*) (*saison des hautes marées*) que lui donnent les indigènes. Ces modifications des marées et des courants se font sentir dès la fin d'octobre, au moment où le soleil, s'approchant du tropique du Capricorne, touche au solstice d'été dans ces climats, et durent jusqu'en avril, après son passage de l'autre côté de l'équateur.

Le vent régnant dans ces parages en deçà des tropiques, est, comme l'a déjà dit M. Morenhout, celui d'est sud-est. Il règne, pour le moins, neuf mois de l'année; mais il subit des changements périodiques causés tant par l'alternative des saisons, que par la différence des situations géographiques. Ainsi en décembre et en janvier commencent dans ces mêmes parages les forts coups de vent d'ouest, dont la violence augmente toujours à mesure qu'on pousse dans la direction d'où ils soufflent. Ce sont, en effet, de véritables ouragans aux îles Salomon, aux Nouvelles-Hébrides, aux îles Viti, aux îles Tonga. Parvenus à Taïti, ils y soufflent assez

(*) Mot formé de *tetau*, saison, *miti*, mer, et *raii* ou *rahi*, grand (saison des grandes mers).

violemment, puisqu'ils y abattent des arbres assez souvent ; mais ils ne se font plus guère sentir au delà de l'archipel Pomotou, et ne s'y manifestent à quelques degrés de plus dans l'est, que par des calmes et de légères agitations atmosphériques. Réciproquement, à la fin de février ou mars et en avril, des pluies fréquentes et de forts grains du nord et du nord-est annoncent le retour des vents alizés du sud-est, ou le *Tetau poaï* (*) (*saison de sécheresse*), comme disent les indigènes.

Telle est, à peu près, en effet, la marche ordinaire des vents dans ces parages : mais ils y éprouvent encore de forts changements en raison de la différence des latitudes. Les coups de vent d'ouest, par exemple, se font rarement sentir avec violence au 10° degré sud, et ne s'étendent guère que jusqu'au 24°, où ils soufflent déjà moins fort, et du sud-ouest : tandis que, de mai en octobre, quand le vent d'est règne constamment et avec force d'un bout à l'autre des îles de la Polynésie qui, sauf la Nouvelle-Zeeland et les groupes voisins de cette grande terre, sont situées entre les tropiques, il n'est pas rare d'éprouver de légers vents d'ouest près de la ligne, tandis que des coups de vent violents d'ouest, de sud, mais surtout de nord, non-seulement se font sentir à Rapa au 27° degré, mais encore s'étendent fréquemment jusqu'à Pitcairn, et même jusqu'à Raïvavaï.

Dans les îles de la Polynésie, les espèces végétales sont invariablement les mêmes sous les mêmes latitudes, mais plus ou moins riches, plus ou moins variées, suivant la fécondité du sol qui les nourrit, et elles changent en raison de la situation géographique. A Gambier, il n'y a pas une plante qui ne se trouve à Taïti ; mais il y en a beaucoup à Taïti qui ne se trouvent pas à Gambier ; à Gambier, l'arbre à pain est bien moins majestueux qu'à Taïti, et n'y donne qu'une seule récolte par an. Pitcairn, située par 25 degrés de latitude sud et par 135° 45' de longitude ouest, est l'île la plus méridionale où existe cet arbre ; mais il ne s'y trouve que d'une seule espèce, et il y est reproduit spontanément, sans que les habitants actuels aient su le reproduire en le plantant, comme on l'a fait dans les autres îles. Pitcairn est aussi l'île la plus méridionale où l'on voit l'*ouhui*, l'igname (*dioscorea alata*), le *pia* (*tacca pinnatifida*), le *haari*, le cocotier (*cocos nucifera*), le *meia*, la banane (*musa*), le *to*, la canne à sucre (*saccharum officinarum*) ; tandis que Rapa, située par 27° 36' latitude sud et par 146° 32' de longitude ouest, est la dernière île où se trouve le *taro* (*caladium esculentum*) et le *ti* (*dracænæ species*)(*), qui, avec quelques autres racines et du poisson, étaient autrefois la seule nourriture des habitants de cette île, lesquels cultivaient aussi l'*aouté* (*broussonetia papyrifera*), plante employée dans toutes les îles de l'immense Polynésie, à la fabrication des plus belles étoffes. Cette plante se trouve aussi à Gambier, à Raïvavaï, à Pitcairn ; mais elle devient plus petite à mesure qu'on s'élève en latitude ; et d'arbre qu'elle est à Taïti, elle n'est plus qu'une faible tige de médiocre hauteur à Pitcairn et à Rapa, l'Opara des cartes.

Les mêmes observations doivent s'appliquer aux autres végétaux. Pour les îles basses de corail, leurs premiers produits sont quelques herbes isolées, puis le *fara* (*pandanus odoratissimus*), qui, prenant racine entre des

---

(*) Mot formé de *tetau*, saison, et de *poaï*, faim, disette. Ce dernier mot est plus généralement employé pour désigner les temps de sécheresse (juin ou novembre) qui, dans ces contrées, amènent souvent le manque de fruits.

(*) Quelques personnes ont assuré à M. Moreuhout que ces deux dernières plantes se trouvaient aussi autrefois à la Nouvelle-Zeeland ; allégation qui mérite d'être vérifiée. C'est à M. Bertero que nous devons ces détails sur l'histoire naturelle. Il avait communiqué ses observations à M. Morenhout. Un funeste naufrage l'a enlevé prématurément à ses études et à ses utiles travaux.

débris de corail et les sables les plus arides, couvre le premier ces tristes lieux de son beau feuillage, y embaume l'air de ses parfums, et, comme le précieux cocotier, offre, bien qu'en moindre quantité et en qualité inférieure, le vivre et le couvert indispensables aux malheureux que la tempête jette et condamne à résider sur ces tristes rudiments de terres, destinés à devenir un jour peut-être de riches et vastes continents.

INDIGÈNES DES ILES POMOTOU.

Les habitants de la plupart des îles Pomotou offrent le même caractère physiognomonique que ceux de notre archipel de Roggeween. Pour en juger, nos lecteurs consulteront les *pl.* 145, 146 et 147.

« Ces hommes, qui n'avaient jamais vu que peu ou point d'étrangers, j'ai pu les observer dans toute la naïveté de leurs mœurs, dit M. Morenhout, dans cet état qu'on appelle l'*état de nature*; et ces hommes, tant que la fréquentation des Européens ne les a pas encore corrompus, tant que la brutalité des Européens et leur injustice ne les ont pas rendus vindicatifs et traîtres; quand, d'ailleurs, on peut se faire entendre d'eux et les fréquenter, en ne heurtant pas leurs préjugés, en se conformant à leurs usages, sont toujours, et je les ai constamment trouvés, malgré l'extérieur d'une farouche défiance, du caractère le plus doux et le plus débonnaire, hospitaliers surtout, au dernier point, et recevant ceux qui les visitent avec une franchise, un abandon, une cordialité qu'on chercherait en vain aujourd'hui chez les nations les plus civilisées. Le plus souvent, ces pauvres ichthyophages viendront, à votre approche, danser sur leurs rivages, en brandissant leurs lances en signe de défi.... mais ne craignez rien, abordez-les avec confiance; ils ne vous auront pas plutôt entendu parler, ils n'auront pas plutôt compris que vous ne leur voulez pas de mal, qu'ils vous accableront de caresses, vous offriront à l'envi les produits de leurs baies, les fruits de leurs terres, et verseront souvent des larmes de joie sur le sein que naguère ils menaçaient de leurs dards.

« Mes recherches ont été bien plus fécondes en résultats variés, que je ne l'avais d'abord espéré; car, après avoir observé, chez ces peuples peu nombreux et isolés des îles basses, l'homme encore endormi, pour ainsi dire, dans la première enfance de ses inclinations et de ses goûts purement instinctifs, je l'ai vu, dans les îles Gambier et ailleurs, encore entouré d'antiques coutumes, gouverné par les rites d'une religion imparfaitement connue jusqu'ici, dont l'origine et le but ont été l'objet constant de mes recherches. »

Les habitants de Gambier paraissent bons et braves. Ils sont terribles dans les combats (voy. *pl.* 143); leurs radeaux sont aussi solides qu'ingénieux (voy. *pl.* 144).

SPORADES OCÉANIENNES.

Nous comprendrons sous le nom de *Sporades océaniennes* l'île Vaïhou ou de Pâques et l'île Sala y Gomez, les deux terres les plus reculées de la Polynésie. Nous allons d'abord décrire la première.

L'île Vaïhou est située (extrémité nord-est), selon Beechey, par 27° 6′ 28″ de latitude sud, et 111° 32′ 42″ de longitude est; elle est de forme triangulaire et a environ cinq lieues dans sa plus grande largeur : son port, qu'on nomme la baie de Cook, est par 27° 9′ latitude sud, et 111° 45′ longitude est. Le point culminant de l'île s'élève à onze cents pieds environ au-dessus de la mer.

Hidi-Hidi (OEdidée), Taïtien qui accompagnait Cook, résuma parfaitement l'impression que laisse Vaïhou. *Taata maïtaï, wenoua ine*, dit-il; « les hommes bons, la terre mauvaise. » En effet, tout annonçait une ancienne civilisation perdue pour les habitants actuels : c'est que la stérilité avait changé la face de ce pays. Cook a estimé la population de cette île de six à sept mille âmes; la Pérouse à deux mille, et Beechey à douze cent soixante. Selon Roggeween, leur taille est gigantesque; selon Beechey, elle ne dépasse pas cinq pieds sept pouces et demi anglais. Un navigateur (je crois que c'est la Pérouse) prétend qu'ils vivent en communauté de biens et de femmes.

Cette île, dont les différents noms européens ont la même signification, et que les Anglais et les Américains appellent *Easter's-Island*, les Français *Ile de Pâques*, et les naturels *Vaihou*, fut découverte le jour de Pâques, le 6 avril 1772, par la division hollandaise aux ordres de l'amiral Roggeween, qui la baptisa du nom de *Paassen* (Pâques), en l'honneur de la solennité du jour.

A peine cette division était-elle en vue de cette île, qu'un naturel d'une taille élevée, d'une physionomie agréable, vint vers elle sur une pirogue, et monta à bord sans façon. Cet homme, véritable pasquin, grimacier comme un polichinelle, répondit à l'accueil amical qu'on lui fit par toutes sortes de singeries. Il copiait tout ce qu'il voyait faire, et il amusa beaucoup l'équipage. On lui fit quelques présents qu'il suspendit à son cou; il mangea avec grand appétit les aliments qu'on lui offrit; mais au lieu de boire le vin qu'on lui donna, il se le jeta dans les yeux. Plus d'un matelot rit de bon cœur, tout en blasphémant contre le drôle qui faisait, selon eux, si peu de cas du jus divin. Cette hospitalité lui allait à merveille; mais ses hôtes ne se souciaient guère d'une plus longue visite d'un sauvage dont ils ne pouvaient deviner les intentions qui pouvaient être hostiles; aussi on eut toutes les peines du monde à lui faire abandonner ses nouvelles connaissances, et à le faire descendre dans sa pirogue, lorsque le soir fut venu. Il dut pourtant se résoudre à cette séparation, qui dut être touchante de sa part, si l'on en juge par l'obstination qu'il mit à y consentir. Il retourna enfin vers la terre, en criant de toute la force de ses poumons : *Odorraga! odorraga!* C'étaient vraisemblablement ses adieux.

On ne sait pas au juste quel récit il fit à ses compatriotes de sa réception sur le navire hollandais, et s'il tenta leur cupidité ou excita d'injustes soupçons sur les intentions des Européens, mais le lendemain, quand la division mouilla devant l'île, sur la plage qui était semée d'idoles, une foule curieuse et étonnée circulait sur le rivage. Leur physionomie sembla aux Hollandais moins heureuse que celle du sympathique arlequin de la veille, et ils crurent n'engager qu'avec défiance des communications avec ces insulaires. La suite justifia la perspicacité des nouveaux débarqués. On n'a jamais pu savoir comment commença la lutte; un coup de fusil fut tiré; un insulaire tomba roide mort. Ce coup de fusil alluma la guerre. Roggeween descendit lui-même à la tête de cent cinquante hommes, tant soldats que marins, et fit feu sur la multitude, qui avait l'outrecuidance de repousser par la force des hôtes qui leur faisaient l'honneur de leur rendre visite, et cela sans respect pour la solennité des saintes fêtes de Pâques. Il y a un vieux proverbe : *Le bon pâtit pour le méchant.* Hélas! les Hollandais eurent la douleur de reconnaître, au nombre des victimes de cette première décharge, leur bon ami l'arlequin de la veille.

Les indigènes, qui n'avaient pas compris le hollandais, comprirent cette leçon de politesse; ils s'y montrèrent sensibles; et pour témoigner à leurs hôtes toute leur reconnaissance de leurs bontés, ils se hâtèrent de venir déposer à leurs pieds tout ce qu'ils avaient de plus précieux, armes, présents, provisions de toutes sortes; ils poussèrent même la complaisance jusqu'à leur amener leurs femmes, et à les forcer de coucher à bord.

Depuis cet échange de politesse, la bonne harmonie régna entre les Européens et les insulaires. Ceux-ci trouvaient qu'ils n'y avaient rien gagné; les dragées dont le parrain de leur île avait cru devoir accompagner son baptême, leur semblaient trop amères pour en chercher de nouvelles. En conséquence, les Hollandais visitèrent leur île; la terre y était bien cultivée, les champs y étaient clos et distincts, et chaque famille occupait un hameau. Les habitations, formées de pieux fichés en terre et d'un mortier d'argile ou de limon, avec une couverture de chaume, étaient larges de huit ou dix pieds et longues de quarante à soixante.

Les naturels leur semblèrent vifs, alertes, et d'une physionomie douce, soumise, agréable, modeste, presque timide : quelques-uns étaient presque blancs, mais la plupart avaient le teint d'un jaune foncé, et leur corps était couvert de dessins d'animaux et d'oiseaux.

Suivant la relation de la *Découverte*, ils préparaient leurs aliments dans des pots de terre; ce qui, si le fait est vrai, annoncerait une industrie assez avancée.

Quant aux femmes, les Européens les trouvèrent passablement jolies, et ils en éprouvèrent toutes sortes de prévenances.

Les idoles de Vaïhou étaient des statues colossales taillées dans la pierre, ayant quelque configuration humaine, et environnées d'une aire pavée en pierres blanches. Les naturels ne les regardaient qu'avec une profonde vénération, et se tenaient en foule et assidument auprès d'elles; parmi eux on distinguait divers personnages ayant des boucles d'oreilles, la tête rasée, et un bonnet de plumes noires et blanches, et que l'amiral Roggeween a cru être leurs prêtres.

Le navigateur hollandais ne put faire que de courtes observations sur Vaïhou, d'où il fut forcé de partir le lendemain de crainte d'un vent d'ouest. Depuis cette époque aucun Européen n'avait visité cette île, lorsque Cook s'y arrêta huit jours au mois de mars 1774, et y recueillit facilement toutes les notions qu'il pouvait désirer. Les naturels, instruits par une triste expérience de ce que coûtait la guerre avec les Européens, ne s'opposèrent pas cette fois à leur visite.

Ils y trouvèrent partout les hommes beaucoup plus nombreux que les femmes, et cette disproportion les frappa même tellement, que, selon Forster, ce sexe aurait été graduellement en décroissant. Il est probable qu'elles se cachaient. Cette erreur lui en fit commettre sans doute une autre dans l'évaluation de la population, dont il n'a porté le chiffre qu'à neuf mille âmes. Un Taïtien, nommé Hidi-Hidi (OEdidée), qu'ils avaient à bord, servit d'interprète aux Anglais et facilita un peu leurs rapports avec les insulaires, dans le langage desquels Forster a remarqué quelque ressemblance avec un dialecte de la langue des habitants de Taïti. Selon Cook, ils appelaient leur île *Teapi*, et selon Forster ils l'appelaient *Vaïhou*, qui est en effet son véritable nom. Ils vivaient alors sous la direction d'un chef nommé Tohi-Taï, dont le pouvoir très-restreint consistait à donner plutôt des conseils que des ordres.

Les hommes étaient tatoués de la tête aux pieds; les femmes l'étaient beaucoup moins, mais les deux sexes avaient le corps recouvert d'une couleur rouge ou blanche. Les hommes n'avaient ordinairement pour vêtement qu'un tablier court attaché autour des reins au moyen d'une corde; d'autres, et en général les femmes, étaient revêtus d'une grande pièce d'étoffe qui leur enveloppait tout le corps, et avaient les jambes couvertes d'une pièce plus petite. Çà et là se rencontraient des hommes ayant une sorte de diadème garni de plumes sur la tête; les femmes portaient un bonnet en paille et pointu par le haut; tous avaient les lobes des oreilles extrêmement allongés, parfois jusqu'à deux ou trois pouces de longueur, et ornés ordinairement de touffes de duvet blanc, de plumes et d'anneaux de diverses substances.

Leurs cases, dont la porte était si basse qu'on n'y entrait qu'en rampant, étaient de véritables chenils de la largeur de six ou huit pieds et de la hauteur de cinq ou six. Elles consistaient en des bâtons fichés en terre à quelque distance les uns des autres, recourbés ensemble à leur sommet pour former la charpente, et recouverts en feuilles de chaume. Comme on leur interdit l'entrée de plusieurs autres, construites en terre et recouvertes en pierres, ils supposèrent que c'étaient des tombeaux.

Rien ne saurait donner une idée exacte des singuliers monuments qui existaient naguère à Vaïhou, et que les Hollandais avaient pris pour des idoles. Cook les examina avec soin sur plusieurs points de l'île. C'étaient des effigies ayant des yeux en ellipse placés en travers de la tête, un nez sans front, un cou très-court, des oreilles interminables, des cheveux roides et droits, des épaules à peine indiquées, et au-dessus de ce buste un appendice en pierre de la forme la plus bizarre, et ayant quelque ressemblance avec le *psenth*, coiffure des dieux égyptiens (voyez *pl.* 171). Tel était le genre de ces monuments élevés à la mémoire des plus grands hommes du pays. Les statues étaient hautes tantôt de dix, tantôt de quinze, tantôt de vingt pieds, et souvent le tiers de ces statues n'était formé que d'un bonnet cylindrique dont le diamètre avait quatre à cinq pieds. Les naturels en interdisaient toujours l'approche aux Anglais. Ils donnaient communément à ces statues les noms de *Tomo-Aï*, *Tomo-Éri*, *Houhou*, *Maraheina*, *Ouma-Kiva*, *Winapou*, sans doute les noms des chefs auxquels ils étaient consacrés, et ils les confondaient tous sous la dénomination de *Anga-Tabou*, qui signifiait peut-être monuments consacrés ou qu'on doit révérer. Aujourd'hui les habitants ne construisent que de simples mausolées en pierre en l'honneur des morts. Les monuments vus par Cook étaient très-anciens, et il est à supposer que la décadence de l'île a empêché les habitants d'entreprendre des travaux gigantesques de ce genre.

Forster trouva l'île Vaïhou généralement couverte de pierres brunes, noires et rougeâtres, de nature spongieuse et d'origine évidemment volcanique. Des touffes de feuilles extrêmement glissantes étaient les seules preuves de sa végétation. Parfois, se présentaient un sol de tuf ferrugineux, où la roche était si compacte qu'il n'y germait ni herbes, ni plantes. Elle lui parut peu susceptible de fertilité. Bien qu'il rapporte que les naturels avaient des pirogues, il ne rencontra pas un arbre, à moins qu'on ne veuille donner ce nom à quelques tiges d'*hibiscus populneus*, chétif arbrisseau d'un bois blanc et cassant, et dont la feuille ressemble à celle du frêne, ou bien à des mûriers à papier, dont les insulaires tiraient parti pour faire leurs étoffes, et à une espèce de *mimosa* au bois rouge, dur et pesant, mais dont la tige tortue, rabougrie, épaisse de trois pouces, atteint rarement plus de sept pieds de hauteur. Il est donc très-probable que les observations du savant Forster furent incomplètes.

Les oiseaux étaient peu nombreux et la pêche peu abondante dans ces parages; les poules étaient le seul animal domestique de l'île, mais elles étaient rares, petites et maigres. Les Anglais présumèrent que les habitants se nourrissaient de rats. Leurs plantations consistaient en ignames, en patates, en citrouilles, en bananiers, en cannes à sucre et en une espèce de *solanum* ou morelle. Quoique dépourvus d'eau, ils les entretenaient très-bien. Il n'y avait dans l'île ni torrent, ni ruisseau, ni source, et ils se contentaient, pour boire, de l'eau fétide qu'ils puisaient dans une mare.

Après la Pérouse, plusieurs marins aventuriers se permirent toutes sortes de violences à l'égard des habitants de cette île. Le schooner le *Mancy* de New-London, qui pêchait des phoques sur l'île *Mas-a-Fuero*, dont les fourrures se vendent très-bien à Canton, alla recruter des matelots à Vaïhou. Ces hommes, enlevés de force, se jetèrent à la mer, et les aventuriers n'amenèrent que des femmes à Mas-a-Fuero. D'autres descentes excitèrent une indignation générale parmi les indigènes, et tous les baleiniers qui s'y présentèrent depuis, furent, avec raison, fort mal accueillis.

C'est ainsi que Kotzebüe, qui ignorait ces justes motifs d'irritation contre les Européens, tomba dans une sorte de guet-apens, quand il eut mouillé, le 28 mars 1816, devant Vaïhou, avec son petit navire le *Rurick*. A son arrivée, les naturels lui avaient fait le plus cordial accueil, lui offrant des présents, échangeant quelques productions de l'île pour de petits morceaux de fer; mais quand les Russes voulurent débarquer, ils les cernèrent et les volèrent indignement. Ils les assaillirent d'une grêle de pierres, et les forcèrent de se rembarquer. Kotzebüe ne put donc pas observer Vaïhou; seulement il remarqua que les statues avaient été renversées de leurs piédestaux.

Voici, du reste, de quelle manière Choris, dessinateur de l'expédition, fait le récit de l'expédition du *Rurick*:

« Le 16 mars, de bon matin, nous eûmes connaissance de l'île de Pâques, ou Vaïhou. On voyait sur la côte septentrionale des espaces qui avaient l'air d'être couverts d'arbres, mais ce n'étaient probablement que des bananiers. Bientôt on aperçut, à l'aide des lunettes d'approche, les monuments dont Cook et la Pérouse ont parlé; ensuite on découvrit de la fumée dans plusieurs endroits. Nous marchions lentement, de sorte que nous n'atteignîmes qu'à midi la baie de Cook.

« Deux pirogues chétives, pourvues de balanciers, et portant chacune deux hommes, s'avancèrent vers nous. Les hommes nous faisaient des signes et poussaient des cris en montrant la terre, et tenant des filets de pêche à la main. Malgré toutes nos invitations, ils refusèrent de s'approcher, et bientôt ils rebroussèrent chemin.

« On envoya aussitôt un canot pour sonder la baie et trouver un mouillage. Les insulaires étaient rassemblés en foule sur le rivage. Un grand nombre se jetèrent à la nage, et apportèrent des bananes, des ignames, des cannes à sucre, qu'ils échangèrent contre du fer; ils ne faisaient pas grand cas des bagatelles qu'on leur offrait. Un insulaire, après avoir reçu des ciseaux, qui étaient le prix des bananes qu'il tenait à la main, se mit à fuir sans avoir livré sa denrée; on l'appela inutilement. Ses camarades, qui entouraient le canot, semblaient se moquer de nos gens, de sorte que l'officier qui commandait l'embarcation fut enfin obligé de tirer à plomb sur le fuyard. Celui-ci jeta les fruits, et se hâta de gagner la terre; ses camarades le suivirent.

« L'aspect de l'île était assez aride; toutefois elle nous parut moins misérable qu'à Cook et à la Pérouse. Toutes les pentes des hauteurs étaient partagées en champs plantés de différents végétaux, dont les nuances variées produisaient un effet très-agréable; sans doute ils doivent aux bienfaits de l'expédition française, commandée par la Pérouse, plusieurs plantes utiles qu'ils cultivent aujourd'hui.

« On apercevait de tous côtés des hommes qui couraient au rivage; la plupart étaient nus; il y en avait cependant quelques-uns qui portaient des espèces de manteaux jaunes et blancs de différentes dimensions.

« Dès que nous eûmes laissé tomber l'ancre, deux canots, montés par vingt-deux hommes bien armés, se dirigèrent vers la terre. Nous nous en approchions, lorsque les insulaires se mirent à nous jeter des pierres; les uns criaient, les autres nous faisaient des gestes menaçants. Le rivage était couvert au moins de six cents hommes, qui avaient l'air de vouloir s'opposer à notre débarquement. On tira quelques coups de fusil à poudre; alors on en vit un grand nombre se réfugier derrière les rochers; le bruit passé, quand ils reconnurent n'avoir point de mal, ils sortirent de leur cachette, en riant et se moquant de nous.

« On ne pouvait pas raisonnablement se venger des plaisanteries de ces grands enfants; mais comme on avait le plus grand désir de communiquer avec eux, il fallut, puisqu'ils nous refusaient de nous laisser aller chez eux, tâcher de les attirer à nous. On leur montra donc des outils de fer. Les plus hardis se jetèrent à l'eau, nous apportèrent des fruits; cependant ils ne cessaient pas de montrer de la crainte. Enfin, quand ils virent qu'on leur payait bien leurs fruits, ils échangèrent contre notre fer des filets et un petit poulet. Leur provision épuisée, ils retournèrent à terre,

Nous leur fîmes signe de s'éloigner du rivage. Ils nous comprirent très-bien, et nous débarquâmes. Toutefois, comme il était évident que ce peuple n'avait pas de bonnes dispositions pour nous, nous restâmes à peine cinq minutes à terre. D'ailleurs le ressac était trop fort, et nos canots auraient couru des dangers.

« Nous ne vîmes pas sur le rivage de la baie les statues dont parlent les voyageurs qui nous ont précédés dans cette île, et, à l'exception d'un bâtiment haut de sept pieds, construit en petites pierres, et dans lequel on pouvait entrer en rampant par une ouverture pratiquée sur le côté, nous n'aperçûmes rien de remarquable, et rien ne nous indiqua que ce fût une habitation humaine. A droite du lieu du débarquement, et à deux cents pas environ du bord de la mer, s'élevaient un grand nombre de piliers hauts de trois à quatre pieds, construits d'une seule pierre, et surmontés d'une dalle de couleur blanche.

« Parmi la foule des insulaires qui avaient couvert le rivage, et dont le nombre s'élevait à peu près à neuf cents, nous ne distinguâmes que deux femmes. Un seul homme avait une massue en forme de spatule et ornée de ciselures.

« Il était inutile de s'obstiner à visiter cette île malgré la volonté des habitants; en conséquence on fit voile au coucher du soleil. »

Depuis Kotzebüe, il n'y a guère que Beechey qui ait donné de nouveaux renseignements sur l'île Vaïhou, bien que son débarquement n'ait pas eu plus de succès que celui que nous venons de raconter. Il la visita en 1826, en longeant de près la partie septentrionale, imparfaitement reconnue par ses devanciers, et en observant sa charpente avec plus d'attention. Il remarqua des cratères éteints et recouverts de verdure, excepté un seul vers la pointe nord-est.

Une grande aridité régnait sur les coteaux, et les vallons lui parurent mal cultivés. Il distingua dans l'un de ces vallons un moraï avec ses quatre idoles sur une plate-forme, quelques grandes cases environnées de quelques petites cases souterraines (voy, pl. 172), et un grand enclos en pierres surmonté d'autres pierres blanchies, à demi cachées par des bananiers. Pendant tout cet examen autour de l'île, Beechey avait vu une foule de naturels, dont les uns étaient nus et ne portaient que le maro, et les autres avaient un manteau jeté sur l'épaule, décrire en petit la même ligne que lui, en le suivant continuellement à terre jusqu'au mouillage de Cook, où il envoya deux canots bien armés pour établir les communications avec eux. Ils furent accueillis avec les mêmes dispositions amicales dont on avait usé vis-à-vis Kotzebüe; les naturels accoururent à la nage avec leurs femmes et des provisions à échanger. Les canots n'étaient pas encore à terre, lorsqu'un de ces insulaires, apportant sa fille sur ses épaules, la lança au milieu des Anglais, en la recommandant bien à leur attention. Cette jeune personne était des plus gracieuses; elle avait de beaux yeux noirs, et des cheveux d'ébène flottaient sur ses épaules. Ainsi que les autres femmes, elle était tatouée au-dessous des sourcils et depuis la ceinture jusqu'au genou, de sorte que de loin on croyait que c'était un vêtement qui couvrait cette partie de son corps. Cette charmante créature n'était pas dépourvue du défaut qui caractérisait ses compatriotes; car aussitôt qu'elle fut près des Anglais, elle s'empara sans façon de l'habit d'un officier, et s'en drapa à son goût.

A peine les Anglais furent-ils débarqués qu'ils s'aperçurent, un peu tard, du guet-apens dans lequel ils s'étaient jetés; les naturels les assaillirent et les volèrent. Une lutte s'engagea, dans laquelle jouèrent les casse-tête, les dards, les pierres d'un côté, et les fusils de l'autre. L'officier anglais se vit forcé de reculer vers la chaloupe, d'où il ordonna de faire feu; le chef qui avait soulevé cette lutte fut tué le premier. L'officier jugea cependant que, malgré cet avantage, la place n'était pas tenable, et regagna le bâtiment, ramenant tous les hommes qui étaient avec lui, blessés de coups de pierres. Les naturels, de leur côté, avaient eu un homme tué, outre leur chef.

Beechey, dans son journal, a tracé le portrait de ces insulaires, qu'il croit avoir beaucoup d'analogie avec les habitants de la Nouvelle-Zeeland. Le portrait qu'il en fait est assez avantageux. « C'est, dit-il, une belle race, les femmes surtout, avec leur figure ovale, leurs traits réguliers, leur front haut et uni, leurs dents superbes, leur œil noir, petit et quelque peu enfoncé. La peau des naturels est un peu plus claire que celle des Malais; la forme générale du corps est correcte; les membres, peu musculeux, accusent pourtant de l'agilité et de la vigueur; les cheveux, d'un noir de jais, ne grisonnent que fort tard. » (Voy. pl. 169 et 170).

ILE SALA.

L'île Sala y Gomez est un amas confus de rochers déserts. Elle nous paraît être la continuation de la chaîne de l'archipel Pomotou dont Ducie est l'anneau intermédiaire. Elle fut découverte, en 1793, par le navigateur espagnol de ce nom. Un second Espagnol retrouva cette île en 1805; en 1816 Kotzebüe, et en 1826 Beechey la reconnurent à leur tour, et la rangèrent de très-près. Située par 26° 28' de latitude sud et 107° 41' de longitude ouest, elle est la plus orientale des îles de la Polynésie.

Les îles du groupe de Juan-Fernandez, à l'orient de Sala, en sont éloignées d'environ 700 lieues, et appartiennent au Chili (*).

AVENTURES D'UN IRLANDAIS.

Le lecteur lira avec plaisir les aventures d'un Irlandais, et son établissement dans un endroit nommé Pat, à l'est de l'île Charles, dans l'archipel

(*) L'île Juan-Fernandez fut le théâtre des aventures du matelot écossais A. Selkirk, que Daniel de Foë a illustrées sous le nom de *Robinson Crusoé*. C'est aujourd'hui le lieu de déportation choisi par le gouvernement de la république du Chili.

des îles Gallapagos (*). Quoiqu'elles se soient passées en dehors de la Polynésie, elles n'en sont pas moins d'un grand intérêt en ce qu'elles se sont passées dans une des îles de la mer du Sud ou grand Océan, ou océan Pacifique, et qu'elles peuvent expliquer l'origine de certaines variétés d'hommes : nous les tenons du brave capitaine Porter.

Un Irlandais, nommé Patrik Watkins, ayant déserté d'un navire anglais, fixa sa résidence et se construisit une misérable hutte à un mille du lieu qui porte aujourd'hui son nom, dans une vallée qui contenait environ deux acres de terre susceptibles de culture, les seuls qui, peut-être, dans toute l'île fussent assez humides pour être cultivés. Là il parvint à faire pousser des pommes de terre et des citrouilles en grande abondance, qu'il échangeait généralement contre de l'eau-de-vie, ou qu'il vendait pour de l'argent.

L'extérieur de cet homme était aussi repoussant que possible : des haillons cachait sa nudité, et il était couvert de vermine; ses cheveux étaient rouges, sa barbe mêlée, sa peau horriblement brûlée par le soleil; enfin son aspect et toutes ses manières étaient si sauvages que nul ne pouvait le regarder sans être frappé d'horreur. Pendant plusieurs années, cet être misérable vécut seul dans cette île déserte, sans aucun autre désir apparent que celui de se procurer de l'eau-de-vie en assez grande quantité pour se mettre dans un état d'ivresse complet; et alors, après qu'il s'était absenté de sa hutte pendant plusieurs jours, on le retrouvait tout à fait insensible, gisant à terre ou roulant sur les rochers des montagnes. Il paraissait être réduit au dernier degré de dégradation dont la nature humaine soit susceptible, et n'avoir de différence avec les tortues et les autres animaux de l'île que la méchanceté et une passion effrénée pour la boisson. Mais cet homme, si dégradé et si misérable qu'il puisse pa-

(*) Ces îles dépendent géographiquement de la république du Pérou.

raître, ne fut cependant ni exempt d'ambition, ni incapable de se déterminer à une entreprise qui eût glacé de crainte le cœur de toute autre personne : il posséda même le talent de forcer plusieurs individus à le seconder dans son téméraire projet.

Il avait réussi à se rendre maître d'un vieux fusil, d'une certaine quantité de poudre et de quelques balles. Ce fut sans doute la possession de cette arme qui éveilla son ambition : il se regarda comme le souverain de l'île, et bientôt il éprouva le désir d'essayer de son autorité contre le premier être humain qui se trouverait sur son passage. Le hasard voulut que ce fût un noir commis à la garde d'une chaloupe appartenant à un navire américain, qui avait relâché à la hauteur de l'île pour s'y procurer des rafraîchissements. Patrick se rendit à l'endroit du rivage où avait touché la chaloupe, armé de son mousquet, qui était devenu son compagnon inséparable, et ordonna impérativement au noir de le suivre, et sur son refus, le tira deux fois avec son mousquet, qui, heureusement ne partit ni l'une ni l'autre fois; mais le nègre, intimidé, consentit à le suivre. Alors Patrick mit son mousquet sur son épaule, marchant devant, et, tandis qu'ils gravissaient ensemble les montagnes, il déclara fièrement au noir qu'il était devenu son esclave, qu'il travaillerait désormais pour lui, et que la manière dont il serait traité, bonne ou mauvaise, dépendrait de sa conduite future. Au moment où ils allaient entrer dans un défilé étroit, le noir, voyant que Patrick n'était pas sur ses gardes, le saisit entre ses bras, le jeta à terre, lui attacha les mains sur le dos, et, le chargeant sur ses épaules, l'emporta vers la chaloupe, d'où il fut transporté à bord du vaisseau, lorsque les gens de l'équipage furent de retour. Un contrebandier anglais était alors aussi mouillé dans le havre : le capitaine condamna Patrick à être fouetté à bord des deux vaisseaux, sentence qui fut mise à exécution; après quoi il fut reconduit à terre et emmenotté par les Anglais. Ils le forcèrent à leur faire connaître l'endroit où il cachait quelques dollars que lui avait produits la vente de ses pommes de terre et de ses citrouilles, et ils les lui prirent. Mais, pendant qu'ils étaient occupés à détruire sa hutte et son jardin, le malheureux parvint à leur échapper, et se cacha parmi les rochers dans l'intérieur de l'île, jusqu'à ce que le vaisseau eût remis à la voile. Alors il sortit de sa cachette, et, au moyen d'une vieille lime qu'il enfonça dans un arbre, se débarrassa de ses menottes. Depuis, il médita une vengeance terrible, mais il cacha ses intentions. Des vaisseaux venaient toujours relâcher à son île, et Patrick leur fournissait des légumes; de temps à autre il réussissait, en administrant de fortes doses de sa liqueur favorite à quelques hommes de leurs équipages, et en les enivrant au point d'être tout à fait insensibles, à les cacher jusqu'à ce que leur vaisseau eût mis à la voile. Alors, comme ils se trouvaient entièrement sous sa dépendance, ils s'enrôlaient volontiers sous sa bannière, devenaient ses esclaves, et lui-même était le plus absolu des tyrans. Par ce moyen, il se donna quatre compagnons, et fit ensuite tous ses efforts pour leur procurer des armes, mais inutilement. On suppose que son but était de surprendre quelque navire, d'en massacrer l'équipage et de s'en emparer. Tandis que Patrick méditait son plan, deux bâtiments, l'un anglais et l'autre américain, touchèrent à l'île et s'adressèrent à lui pour des légumes. Il leur en promit la plus grande quantité, pourvu qu'ils envoyassent leurs chaloupes à son lieu de débarquement, et que leurs gens vinssent les chercher jusqu'à son jardin, alléguant que ses esclaves étaient depuis quelque temps devenus si paresseux qu'il ne pouvait les faire travailler. Cette condition fut acceptée : deux chaloupes partirent de chaque vaisseau, et vinrent aborder dans l'île. Tous les marins qui les montaient se rendirent à l'habitation de Patrick; mais ils n'y trouvèrent ni Patrick, ni un seul de ses gens : après avoir attendu jusqu'à ce que leur patience se fût épuisée, ils retournèrent au rivage, où ils ne virent plus que les débris d'une des chaloupes qui était restée à terre. Les commandants des deux navires envoyèrent d'abord chercher leurs matelots dans une embarcation; ensuite, redoutant quelque nouvelle fourberie, ils pensèrent que le plus sûr était d'abandonner l'île au plus vite, laissant Patrick et ses complices tranquilles possesseurs de la chaloupe volée. Mais avant de lever l'ancre, ils mirent, dans un coffre qu'ils attachèrent sur le rivage, une lettre dans laquelle toute l'histoire était contée. Cette lettre fut trouvée par le capitaine Randal, mais seulement après qu'il eût envoyé sa chaloupe chercher des légumes vers le lieu de débarquement de Patrick; et, comme on doit le penser, son inquiétude fut grande jusqu'au retour de ses gens; ils revinrent enfin, et rapportèrent une lettre de l'Irlandais trouvée dans sa hutte, et conçue dans les termes suivants : « ....J'ai souvent demandé à des capitaines de navires de me vendre une chaloupe ou de m'emmener hors de ce lieu, mais ils ont toujours refusé. Aujourd'hui que l'occasion se présente de m'emparer d'une chaloupe, j'en profite..... J'ai longtemps tâché, à force de travail et de souffrances, d'amasser une petite fortune qui me permît de vivre avec une certaine aisance, mais j'ai été plusieurs fois volé et maltraité; en dernier lieu, par un capitaine anglais, qui n'a point eu honte, outre l'affreux châtiment qu'il m'a infligé, de me voler environ 500 dollars..... Aujourd'hui 9 mai 1809, je pars pour les îles Marquises (Nouka-Hiva). Qu'on ne tue pas la vieille poule, elle couve maintenant, et ses petits doivent bientôt éclore. »

Patrick arriva seul à Gouayaqouil dans sa chaloupe découverte ; ses compagnons de voyage périrent sans doute en chemin, faute d'eau, ou peut-être les fit-il périr, lorsqu'il s'aperçut que la provision d'eau diminuait. De Gouayaqouil il se rendit à Payta, où il s'éprit d'amour pour une donzelle basanée, et obtint d'elle qu'elle voulût bien retourner avec lui dans son île, dont il lui peignit apparemment les beautés sous de brillantes couleurs; mais son extérieur sauvage le fit regarder par la police comme une personne suspecte, et, trouvé sous le tour de loch d'un petit bâtiment alors prêt à être lancé à la mer, soupçonné de mauvaises intentions, il fut incarcéré.

Par suite de cette circonstance, dit Porter, l'île de Charles, ainsi que le reste du groupe des Gallapagos, peut rester bien longtemps inhabitée. Cette réflexion nous conduit naturellement à envisager la question sur laquelle tant de conjectures ont été hasardées. Je ne hasarderai, moi, qu'un mot à ce sujet : les siècles passés peuvent avoir produit des hommes aussi entreprenants que Patrick, et des femmes aussi disposées que l'était son amante à les accompagner dans leurs aventureux voyages. Puis, lorsque nous considérons la race qui pourrait provenir de l'union d'un Irlandais à cheveux rouges avec une compagne à la peau cuivrée, il ne faut plus nous étonner des variétés innombrables de l'espèce humaine.

Si Patrick, sortant de prison, pouvait gagner avec sa belle son île chérie, peut-être quelque navigateur futur, un jour qu'on ne songera plus ni à lui ni aux îles Gallapagos, surprendrait-il le monde par leur découverte et par les détails qu'il donnerait sur le peuple étrange par qui elles seraient probablement habitées. Vu la souche dont serait sorti ce peuple, il est vraisemblable qu'il aurait un trait de caractère commun à tous les naturels des îles de l'océan Pacifique, une grande disposition à s'approprier le bien d'autrui. Cette circonstance pourrait faire confondre son origine avec celles de tous les autres

CLASSIFICATION DES ILES TOUBOUAI, TAITI, ET DE TOUTES LES PARTIES DE LA POLYNÉSIE.

Nous pensons que la manière de diviser la Polynésie en régions naturelles (et son immense extension exige une classification qui en facilite la connaissance), est de comprendre les îles Mariannes, notre archipel de Gaspar-Rico, le grand archipel des Carolines et ses dépendances, ainsi que celui que nous nommerons Mélano-Polynésien, dans la *Polynésie occidentale*, dont l'île déjà célèbre d'Ualan serait le centre.

La *Polynésie septentrionale* se composerait de l'archipel de Haouaï ou Sandwich, ainsi que du groupe de Washington, comme nous l'avons déjà fait.

Arrivé maintenant au centre de ces myriades d'îles, nous formerions la *Polynésie centrale*, de notre vaste archipel de Roggeween, de celui de Taïti et du groupe de Toubouaï, du groupe de Manaïa, de l'archipel de Samoa ou Hamoa, ou des Navigateurs, et de celui de Tonga ou des Amis.

La *Polynésie orientale* se composerait de l'archipel de Nouka-Hiva ou des Marquises, du grand archipel de Pomoutou et de ses dépendances, et des îles Vaïhou et Sala y Gomez, que nous avons nommées sporades océaniennes.

La *Polynésie australe* ou *méridionale* comprendrait le groupe de Kermadec et les îles de la Nouvelle-Zeeland, les plus grandes de cette division de l'Océanie, avec les îles Chatam, l'île de l'Antipode et l'île Macquarie, et se terminerait par les deux îlots l'Évêque et son Clerc.

POLYNÉSIE CENTRALE.

Nous avons décrit en passant le vaste archipel de Roggeween, sur lequel nous avons fort peu de détails; nous avons du moins fait tous nos efforts pour fixer de la manière la plus exacte la position géographique de ses îles, dont plusieurs sont très-douteuses, ou plutôt n'existent pas. Nous allons continuer notre tâche par la description des îles Toubouaï.

GROUPE DE TOUBOUAI.

Nous comprendrons sous cette dénomination, à l'exemple de notre savant ami M. Balbi, les cinq îles suivantes : Toubouaï, Rouroutou ou Ohiteroa, Rimetara, Vavitou ou Raïvavaï, et Routoui. Nous y ajouterons celle de Broughton, si elle existe, car elle nous paraît au moins douteuse. Ces îles sont hautes et situées au sud de l'archipel de Taïti, et se trouvent à de grandes distances les unes des autres. Leurs habitants offrent beaucoup de ressemblance avec les Taïtiens.

ILE TOUBOUAI.

TOUBOUAÏ. L'île principale du groupe, et la seule qui ait un port, gît par 23° 24′ de latitude sud, et par 151° 41′ de longitude ouest; y compris le brisant qui la cerne, elle n'a pas plus de quatre à cinq milles de largeur, quoiqu'elle soit dominée par de hautes collines boisées. On y mouille par cinq brasses de fond en dedans des récifs de la bande occidentale, et c'est sur cette grève que se sont établis les habitants de l'île, au nombre de trois cents; cependant on y comptait jadis mille âmes. Cette île marche lentement à la dépopulation, ainsi que les groupes voisins.

Les naturels sont vigoureux; ils ont la peau cuivrée. Quelques-uns sont nus, d'autres se drapent avec des étoffes blanches, d'autres ont des huîtres perlières tombant en collier sur leur poitrine.

On trouve à Toubouaï des cocotiers, l'arbre à pain, le bananier et autres arbres, du taro, des poules, et beaucoup de poisson.

Toubouaï fut découverte par Cook en août 1777; il n'y mouilla point, mais il communiqua avec les habitants qui vinrent dans des pirogues de trente pieds de long, montées chacune par sept ou huit hommes.

Après cet intrépide navigateur, parurent à diverses reprises les révoltés du *Bounty*, qui cherchèrent vainement à s'y établir.

Les missionnaires protestants vinrent, en 1821, y prêcher la foi chrétienne, et après d'assez grandes difficultés, ils ont converti une partie des habitants.

Le capitaine Paulding y passa en

1826; la population était encore partagée entre les deux cultes. Il est probable qu'aujourd'hui la population entière a embrassé le christianisme.

VAVITOU.

VAVITOU ou Raïvavaï a douze ou quinze milles de circuit; elle est placée par 23° 50′ de latitude sud, et par 150° 12′ de longitude ouest. Cette île, vue à distance, paraît être de moyenne hauteur, fertile et boisée. Sa végétation est analogue à celle de Taïti. Sa population était de trois mille âmes, mais une affreuse épidémie l'a réduite à sept cents.

Ce fut Gayangos, Espagnol, qui découvrit cette île le 5 février 1775, mais il n'y débarqua point. Les indigènes n'étaient point tatoués, et portaient des vêtements papyriformes comme ceux de Taïti. Ils avaient de belles armes et de belles pirogues. Gayangos les représenta comme des voleurs, tracassiers et turbulents; mais on doit se méfier du récit d'hommes qui n'ont vu d'un pays que quelques individus, et encore en passant. On ne peut juger des peuples qu'après avoir vécu quelque temps avec eux et sur leurs terres.

Broughton revit Vavitou en 1771. En 1811, elle fut aperçue par Henry, qui s'en crut le découvreur. En 1822, elle fut convertie à la foi calviniste par des néophytes taïtiens. Ces convertisseurs polynésiens surpassèrent tous les travaux des missionnaires européens. Jamais on ne vit de succès aussi prompt et aussi complet.

Cette île est visitée de temps en temps par des navires de commerce.

ROUROUTOU.

Les missionnaires taïtiens ont également converti, en 1822, l'île de ROUROUTOU, ou autrement Ohiteroa, découverte par Cook en 1769. Les productions et les habitants ne diffèrent guère des habitants et des productions de Vavitou. Rouroutou a environ douze milles de circuit, et gît par 23° 27′ de latitude sud, et 153° 6′ de longitude ouest.

RIMETARA.

RIMETARA, découverte, en 1811, par Henry, resta oubliée jusqu'en 1821, où les missionnaires y abordèrent. Cette mission sert de centre à tous les petits groupes environnants. Paulding la trouva entièrement chrétienne en 1826. Sa population est de trois cents habitants, vivant sur un sol extrêmement fertile. L'île est peu élevée, longue de trois milles sur trois de large, défendue par une ceinture de brisants, et située par 22° 28′ de latitude sud, 154° 22′ de longitude ouest.

ILOT PEUPLÉ D'OISEAUX DE MER.

Au delà de Rimetara, par 21° 48′ de latitude sud, et 157° 14′ de longitude ouest, est un petit îlot dont la base de corail est entourée de brisants, et a un mille de longueur sur 1800 pieds de largeur. Sa surface est couverte de broussailles. Paulding, qui découvrit cet écueil en 1826, le trouva peuplé entièrement et uniquement d'oiseaux de mer; la grève était couverte de leurs œufs, et ils ne se dérangeaient nullement devant les matelots, qui en firent une chasse abondante, sans autre peine que de se baisser.

Quant à l'île Routoui, elle n'est connue que par les rapports des naturels des autres îles.

ARCHIPEL DE TAITI (*),

(ET NON OTAHITI)

NOMMÉ AUSSI GÉORGIEN ET DE LA SOCIÉTÉ.

VUE PITTORESQUE ET POÉTIQUE DE TAITI.

Laissons les écueils sans nombre, les terres de coraux, les bandes de sable et les lagons de l'archipel Pomotou, et les habitants incultes de ses rivages, pour les terres fertiles et rian-

(*) Nous dirons toujours *Taiti* et non *Otahiti*. La lettre *o*, placée en tête du mot, signifie *c'est*. Les premiers navigateurs questionnant les habitants sur le nom de leur île, ceux-ci répondirent *O Taïti*, c'est-à-dire, c'est Taïti.

tes, et les peuples aimables de l'archipel de la Société.

Des innombrables terres de la Polynésie, aucune n'est aussi connue que Taïti et les îles qui l'entourent comme de tendres sœurs. Elles ont fourni matière à plus d'écrits que plusieurs États de l'Europe. Leurs sites, leurs coutumes et leur histoire sont plus connus que l'histoire, les coutumes et les sites de l'Albanie et de la Norwège, de l'Irlande et de la Sardaigne. Taïti, qu'un célèbre navigateur (*) avait nommé la *nouvelle Cythère*, a reçu généralement le titre de *Reine de l'océan Pacifique*, et ce titre, elle l'a mérité. Elle a inspiré à Bougainville, à Diderot, à Delille, à Cowper, à Châteaubriand, à Victor Hugo, les tableaux les plus gracieux, les pages les plus éloquentes, ou les vers les plus touchants. Taïti semble être la patrie de Pomone, de Flore, de Comus, de Vénus et de Morphée. Elle réalise toutes les plus séduisantes fictions de l'ancienne poésie grecque et latine.

A côté des prairies émaillées de jolies fleurs, auprès des eaux des lagunes qu'ombrage le peuplier pyramidal, entre des colonnades de palmiers qui balancent leurs chapiteaux dans les airs, et des forêts d'arbres à pain, qui déploient leurs tiges en forme de parasol, les torrents, se précipitant des pics volcanisés, roulent en grondant sur des lits de noir basalte; de longues lianes, mêlées de fleurs, jettent des ponts naturels sur leurs rives, que tapissent les *heliconias* purpurins, et dont les ravins hérissés de hautes fougères épineuses sont ombragés par la rose de Chine et le suave *gardenia*. Ici, par une belle matinée, au milieu de la pompe du soleil tropical, le voyageur contemple la mer s'élevant tantôt comme un boa menaçant, tantôt comme la foudre tonnant avec fracas; là, on admire une cascade mugissante, montant, tombant, remontant et retombant en montagnes écumantes. Ces merveilles d'une grande et imposante nature enivrent son imagination; le soir le trouve encore immobile en ces lieux; une immense pensée l'occupe tout entier, et il demande à tout ce qui l'entoure si ce nouveau monde est une nouvelle création des volcans, ou s'il est formé des ruines d'un ancien monde!......

Dans ces bocages, Bougainville fut invité par un Taïtien hospitalier à partager le gazon qui lui servait de siège. Le Taïtien lui adressa, ainsi qu'à ses compagnons, des paroles pleines d'affection, et que ses gestes rendaient plus touchantes. Il mêla ses chants aux sons d'une flûte, et ce chant avait des charmes puissants sans doute, puisque l'illustre voyageur s'écria : « Cette scène charmante est digne du pinceau gracieux de Boucher ! »

Comment parler sans enthousiasme de ces paysages enchanteurs, où l'on n'apercevait que le bonheur et la fécondité ; où l'admiration changeait seulement d'objet ; où les indigènes, insouciants, naïfs et indolents, se livraient habituellement à la danse et à des plaisanteries, filles d'une innocente joie? Cependant l'amour de la nouveauté, le besoin de connaître s'emparent de quelques-uns de ces hommes simples. Tantôt Otourou, brûlant du désir de visiter nos régions, s'embarque avec Bougainville, et, au sein de la capitale de la France, ne tarde pas à regretter les verts bocages de sa patrie; tantôt Hidi-Hidi (Œdidée) parcourt avec Cook des mers froides et orageuses, et revient dans l'île où il a reçu le jour, effrayer les amis de son enfance, en leur parlant de montagnes dont la cime est couverte de neiges éternelles; tantôt Maï va visiter la métropole de l'Angleterre, et à son retour partage entre ses compatriotes les plus chers les trésors que les Européens lui ont donnés pour enrichir le sol qui l'a vu naître : heureux si, enivré plus tard à la coupe du pouvoir, il n'avait échangé ses vertus et la simplicité contre la tyrannie, la vengeance et la cruauté !

Le sévère Wallis retrace avec plaisir les charmes de la reine Obérea (*), cette

(*) Bougainville.

(*) Son véritable nom était *Pouria*.

nouvelle Didon qu'il délaissa après un mois de transports mutuels. Plus tard, Vancouver ramène dans leur pays Rahina et Timarou, deux jeunes beautés qu'une indigne trahison en avait arrachées, et le savant navigateur verse des larmes en ordonnant son départ, tant la reconnaissance de la belle Rahina a ému son cœur.

Le caractère des peuples insulaires se distingue par l'originalité, l'amour de l'indépendance, l'opiniâtreté, un patriotisme égoïste et la haine envers l'étranger. Les insulaires de cet archipel ont au contraire fêté constamment les étrangers, et en sont devenus les sujets les plus soumis.

Aimables Taïtiens, vos coutumes ont été altérées par l'étranger. Votre religion a fait place à la religion de Jésus; la société des arreoys n'offensera plus, il est vrai, Dieu et la nature; vous entendrez les douces paroles de l'Évangile dans des lieux où retentissaient les gémissements des victimes humaines et les cris des oiseaux de proie rassemblés autour de l'autel ensanglanté. Mais trop d'austérité a succédé à vos fêtes et à vos plaisirs. Toutefois votre pays n'a pas changé : il n'était pas au pouvoir des hommes de détruire les charmes que la Providence lui a départis.

GÉOGRAPHIE.

Le groupe de Taïti se compose des îles Maïtia, Taïti, Eïméo, Tabou-Émanou, Wahine, Raïatea, Tahaa, Bora-Bora, Toubaï, Maupiti, et de l'île basse Tatoua-Roa.

Il règne une grande confusion dans les diverses dénominations qui ont été imposées par les différents navigateurs à Taïti, la plus grande île de ce groupe, et celle qui a donné son nom à l'archipel. Les uns ont compris cette île et toutes celles qui l'environnent sous le nom d'*Iles de la Société ;* pour les autres, ce sont les *Iles Georgiennes.* Les Anglais, dont le patriotisme, parfois trop exclusivement arbitraire, s'attache opiniâtrément à des futilités ainsi qu'à de graves questions d'intérêt national, ne peuvent encore renoncer à ces dénominations, par lesquelles leurs navigateurs et leurs missionnaires désignèrent cet archipel, bien que le mérite de sa découverte ne leur appartienne pas. Plusieurs d'entre eux, et surtout les missionnaires, ont augmenté encore cette confusion, en n'appliquant les noms d'*Iles de la Société* qu'à l'île Taïti et aux quatre îles adjacentes, et d'*Iles Georgiennes* aux îles occidentales. La question sera bien vite tranchée, si on veut s'en tenir à son véritable nom de *Taïti*, qui est celui par lequel les naturels désignent l'archipel et l'île principale.

ILE TAITI.

Taïti est une terre élevée qui s'abaisse de tous côtés vers la mer, et dont le littoral est seul habité et cultivé; un ruban de récifs, diminuant à certaines distances, et formant de petits îlots, environne ses rivages, excepté dans certains endroits où s'ouvrent de larges et profondes passes qui conduisent aux mouillages intérieurs. Cette île s'allonge en deux péninsules inégales, qui ne se marient l'une à l'autre que par un isthme si bas, que les hautes marées le submergent: la plus grande, de forme ronde, est Taïti proprement dite; la seconde, de forme ovale, est désignée sous le nom de Taïtia-Rabou. Leur ensemble s'étend du nord-ouest au sud-est, sur une longueur de 40 milles, et sur une largeur qui varie de 6 à 21 milles, par 17° 28' au 17° 56' de latitude sud, et 151° 24' au 152° 1' longitude ouest. Lors de son passage, Cook ne compta dans Taïti que 100,000 âmes, tandis que Forster évalua la population à 145,000. Ce nombre a diminué depuis d'une manière effrayante; en 1828, Taïti, si l'on en croit le recensement qui en fut fait par les missionnaires, ne comptait plus que 7000 indigènes.

ILE EIMÉO.

Eïmeo, trouvée, en 1606, par Quiros, semble perdue au milieu des divers noms sous lesquels elle fut décrite par les missionnaires et les navigateurs. Les missionnaires l'appellent *Mouréa;* Wallis, qui la retrouva en 1767, la nomma *York;* Bougainville la reconnut en 1768; puis Cook, qui la visita en 1769, en 1774 et en 1777, lui restitua son nom; enfin Bonechea, qui la vit en 1774, lui donna celui de *Santo-Domingo.* Elle est environnée de récifs qui offrent çà et là d'excellents mouillages, et s'étend sur une circonférence d'environ vingt-cinq milles. Le port de Talou est situé par 17° 28′ latitude, et 152° 13′ de longitude ouest. On a évalué sa population à 1300 habitants.

ILE TATOUA-ROA.

Tatoua-Roa change de nom ainsi qu'*Eiméo,* selon les cartes des mêmes voyageurs, qui virent aussi cette île. Il est probable que c'est *Tatoua-Roa* que Quiros découvrit en 1606, et nomma *la Fugitiva.* Elle fut retrouvée par Bougainville en 1768, qui lui appliqua par erreur la dénomination d'*Oumaïtia;* reconnue, en 1769, par Cook, qui l'appelle *Rethuroa,* et enfin revue, en 1774, par Bonechea, qui la nomma *Tres Hermanos. Tatoua-Roa* se compose de deux à trois îlots bas et boisés, formant une étendue de trois milles de l'est à l'ouest, dont le milieu se trouve par 17° 4′ latitude sud, et par 151° 5′ de longitude ouest, à neuf lieues de Taïti. On n'y compte guère que quelques familles.

TABOU-ÉMANOU.

Tabou-Émanou est une terre assez élevée environnée de brisants; elle est située, quant à son centre, par 17° 28′ de latitude sud, et 152° 43′ de longitude ouest; elle a près de quatre milles de circonférence, et est occupée par deux cents habitants environ. Wallis la découvrit en 1767, et la nomma *Saunders;* Cook la revit en 1769; Bonechea en 1774: celui-ci l'appela *Pelada.* Les missionnaires lui donnent le nom de *Maiao-iti.*

WAHINE.

Wahine a la forme élevée de *Tabou-Émanou;* c'est une terre riche et fertile, environnée de brisants, qui forment autour d'elle un cercle ovale, sur une étendue de vingt-cinq milles environ. Elle compte aujourd'hui 1800 habitants. Le port de Ware gît par 16° 41′ latitude sud, et 153° 23 long. ouest. Cook découvrit cette île en 1769, et la revit en 1774 et en 1777; il l'appela *Huaheine.* Bonechea, qui l'aperçut en 1774, lui donna le nom de *Hermosa.*

RAIATEA ET TAHAA.

Raïatéa et *Tahaa,* dont Cook altéra le nom en ceux d'*Uliétéa* et *Otaha,* sont deux îles élevées qui forment un groupe par le lien de récifs communs, parsemé de petits îlots boisés, qui les environne sur une étendue de vingt-quatre milles du nord au sud, avec une largeur de cinq à douze milles, par 16° 31′ au 16° 56′ de latitude sud et 153° 40′ au 153° 56′ longitude ouest. Ce groupe fut découvert, en 1769, par Cook, qui le revit en 1774 et 1777. L'espagnol Bonechea désigne *Raïatéa* sous le nom de *Princesa;* cette île ne compte actuellement que 1700 habitants. Tahaa, moins peuplée encore, n'en compte que 1000.

BORA-BORA.

Bora-Bora possède un mouillage, situé par 16° 30′ latitude sud et 154° 6′ longitude ouest; c'est une île haute, et, comme toutes ses sœurs, environnée de récifs: elle est flanquée d'îlots, comme ceux de Toubouai, Tenaki-Roa et Piti-Aou. Elle n'a que 800 habitants. Ce fut Cook qui en fut le découvreur en 1769; il comprit mal son nom, qu'il a écrit *Bola-Bola,* sans doute comme il crut l'entendre prononcer par les indigènes. L'indispensable parrain en deuxième baptême Bonechea, la nomma *San-Pedro* en 1774.

TOUBAI OU MOTOU-ITI.

Toubaï ou *Motou-Oti* est un groupe formé de deux petites îles basses et boisées, d'une étendue de près de quatre milles, et environnées par un brisant unique, dont le milieu est placé par 16° 17' latitude sud, et 154° 9' de longitude ouest. Toubaï n'est guère habitée que par quelques familles. Elle fut découverte, en 1769, par Cook, qui l'a désignée sous le nom de *Tubia*.

MAUPITI OU MAU-ROUA.

Maupiti ou *Mau-Roua*, qui, ainsi que les autres îles de l'archipel de Taïti, renferme des roches basaltiques d'origine récente, se distingue de ces îles par les masses d'une belle variété de dolérite qu'on trouve dans son terrain. Cette île élevée, bien boisée, compte cinq à six cents habitants. Une ceinture formée d'un seul brisant l'environne sur dix-huit milles de circuit; ce brisant est, par son centre, situé par 16° 27' de latitude sud et 154° 34 de longitude ouest; il est entièrement emprisonné, d'un côté, par le bord de l'île autour de laquelle il serpente, et de l'autre, par les deux îlots bas et boisés Awera et Toua-Nae. Maupiti fut découverte, en 1769, par l'illustre Cook; l'espagnol Domingo Bonechea, qui la vit après lui, en 1774, la baptisa pieusement, selon l'ancienne coutume de sa nation, d'un nom cher à l'Église, du nom de *San-Antonio*.

MAITIA.

Maïtia a environ cinq à six milles de circuit. Sa hauteur est de 1250 pieds au-dessus de l'Océan. Cette île, d'origine volcanique, est située par 17° 53' latitude sud, et 150° 25' longitude ouest. Elle est faiblement peuplée et pourrait dépendre de Taïti. Le premier qui la vit fut Quiros, en 1606. Il la nomma *Dezena*. Wallis la visita en 1767, et l'appela *Brabruck*. Quelques mois après, Bougainville la nomma *le Boudoir*, et, en 1772, Bonechea lui donna le nom de *San-Christoval*. Tous les navigateurs qui arrivent à Taïti par le côté de l'est, aperçoivent et relèvent l'île Maïtia.

A l'ouest des îles Taïti se trouvent encore trois îles qui pourraient être réunies à ce groupe.

MOHIPA.

La plus importante, l'île *Mohipa*, est un groupe de petits îlots bas et boisés, élevés sur un récif à fleur d'eau de quatre lieues environ de circuit, et situé par 16° 42' latitude sud, et 156° 34' longitude ouest; elle paraît inhabitée. Ce fut Wallis qui la découvrit en 1767; il la nomma île *Howe*. Cook, ainsi que Wallis, ne fit qu'en approcher en 1774. Ni l'un ni l'autre n'y remarquèrent d'habitants. D'un autre côté, les insulaires de Raïatéa dirent à Cook que les naturels des îles de Taïti allaient à Mohipa à la pêche de la tortue, et qu'elle n'avait point d'habitants.

SCILLY.

La seconde s'appelle *Scilly*; la découverte en fut faite également par Wallis en 1767; il l'a décrite comme un groupe peu étendu d'îlots bas et flanqués de brisants, dont le milieu gît par 16° 30' latitude sud, et 157° 55' longitude ouest. Sa description nous paraît devoir être la plus exacte de toutes celles qui ont été faites depuis.

ILE BELLINGHAUSEN.

L'île *Bellinghausen* est la troisième. Elle n'est connue que depuis le voyage de Kotzebüe en 1824. C'est également un groupe d'îlots bas, boisés et liés par une chaîne de brisants, et dépourvus d'habitants. L'île *Bellinghausen* s'étend sur une longueur de trois milles du nord au sud, et sur une largeur de deux milles et demi; le centre se trouve par 15° 48' de latitude sud, et 154° 32' de longitude ouest.

CLIMAT ET POPULATION DE TAÏTI.

Nous avons déjà dit que les beaux climats du tropique sont la patrie naturelle de l'homme. En effet, si on en excepte les hautes montagnes des grandes îles qui sont sans habitants, et dont l'intérieur, encore agreste, est tel qu'il sortit des mains de la nature, on ne voit nulle part de champs plus fertiles et souvent mieux cultivés qu'aux îles Haouaï, Taïti, Tonga et autres. Le terrain est couvert de cocotiers et d'arbres à pain ; on aperçoit partout des plantations de bananiers, de jeunes mûriers qui servent à la fabrique des étoffes, et d'autres plantes utiles, telles que les ignames, *arum esculentum*, les cannes à sucre, etc., etc. A l'ombre des charmants bocages de Taïti, Forster avait vu une multitude de maisons qui paraissaient n'être que des hangars, mais qui suffisaient pour mettre les naturels à l'abri de la pluie, de l'humidité et de l'inclémence de l'air : aujourd'hui les missionnaires et les chefs y ont des maisons à demi-européennes. Les maisons sont remplies d'habitants, et les plus grandes contiennent plusieurs familles, dit-il ; et de quelque côté que nous portassions nos pas, nous trouvions les chemins bordés d'insulaires, sans cependant qu'aucune des habitations fût déserte, et quoique nous eussions laissé d'ailleurs une foule nombreuse sur les rivages vis-à-vis du vaisseau. La population est extraordinaire dans cette métropole des îles du tropique, et tout concourt à l'augmenter.

Le climat est doux et tempéré, et les brises de terre et de mer, en modérant l'action trop vive du soleil, excitent le développement des végétaux : cette heureuse combinaison est en quelque manière aussi favorable à l'organisation humaine ; à Taïti principalement, il y a une telle abondance d'excellents fruits qui y croissent sans culture, que personne n'est embarrassé de pourvoir à sa subsistance. Les insulaires ont d'ailleurs l'utile ressource de pouvoir prendre, jour et nuit, le long des récifs, une grande quantité de très-gros poissons, de coquillages, d'oursins ou châtaignes de mer, d'écrevisses, et plusieurs espèces de mollusques. Ils vont souvent sur les îles basses, situées à quelques lieues au large, pour en rapporter des *cavallas* (sorte de petits poissons), des tortues et des oiseaux aquatiques. Autour de chaque maison ou cabane, on voit un chien, des coqs et des poules, souvent deux ou trois cochons. L'écorce du mûrier à papier, l'arbre à pain, et d'autres, fournissent la matière d'une étoffe légère et chaude, dont on fabrique différentes qualités, que l'on teint de diverses couleurs, et dont on fait des vêtements.

Lors de la seconde relâche du capitaine Cook à Taïti, au mois d'avril 1774, les habitants faisaient des préparatifs pour une grande expédition navale contre Moréa, canton de l'île Eïméo. « Nous aperçûmes, dit Forster, une flotte de pirogues de guerre et beaucoup de petits bâtiments ; nous vîmes les naturels préparer d'autres pirogues de guerre en quelques endroits : les rameurs et les guerriers s'exerçaient, et l'armement de deux cantons passait déjà en revue devant la maison du principal chef à O-Parri. Le canton d'Atahourou est un des plus grands, et celui de Tittahah un des plus petits. Le premier avait équipé cent cinquante-neuf pirogues de guerre, et environ soixante-dix petits bâtiments destinés aux chefs, aux malades et aux blessés, et probablement aussi au transport des provisions. Le second district envoyait quarante-quatre pirogues de guerre, et vingt ou trente petites. Cette partie de Taïti, qu'on appelle *T'Obréonou*, et qui est la plus grande et la plus occidentale des deux péninsules, contient vingt-quatre cantons. Tierrebou, la plus petite péninsule, ou l'orientale, en a dix-neuf : supposé que chaque district de T'Obréonou peut armer une quantité de pirogues de guerre moyenne entre la plus grande et la plus petite de celles dont on vient de parler, cette quantité serait de cent. Pour faire un calcul plus modéré, supposons que chaque canton peut seulement envoyer cinquante pirogues de guerre et vingt-cinq petits navires de convoi, le nombre des pirogues de guerre de T'Obréonou sera de douze cents, et celui des petits bâtiments de six cents. Nous comptâmes cinquante hommes dans les grandes pirogues de guerre, en y comprenant les guerriers, les rameurs et ceux qui gouvernent, et environ trente sur les plus petites ; quelques-unes des pirogues de guerre exigeaient, à la vérité, cent quarante-quatre pagayeurs ou rameurs, huit hommes pour gouverner, un pour commander les pagayeurs, et environ trente guerriers pour la plate-forme; mais comme il y a seulement un ou deux bâtiments de cette grandeur à chaque île, ce n'est pas la peine de changer notre supposition en mettant vingt hommes sur chaque pirogue de guerre; or, le nombre de ceux qu'il faut pour défendre et manœuvrer douze cents bâtiments sera de vingt-quatre mille : chacun des petits navires de convoi contenait environ cinq hommes ; par conséquent les équipages de toutes les petites pirogues des vingt-quatre cantons (en comptant vingt-cinq bâtiments par chaque canton), forment un nombre de trois mille, qui, ajoutés au complétement des pirogues de guerre, donnent vingt-sept mille. Supposons d'ailleurs que chacun de ces hommes est marié, et qu'il a un enfant, le nombre total des insulaires sera donc de quatre-vingt-un mille. On conviendra que le calcul est porté aussi bas qu'il est possible, et que le nombre des habitants de T'Obréonou est au moins double. En effet, tous les insulaires ne sont pas guerriers, tous ne travaillent pas à la manœuvre des pirogues; plusieurs vieillards restent d'ailleurs dans les habitations, et ce n'est sûrement pas assez de donner un enfant à chaque époux; ils en ont ordinairement beaucoup plus. J'en ai vu six à huit dans plus d'une famille : Happaï, père d'O-tou, roi actuel de T'Obréonou, en avait huit, dont sept vivaient quand nous relâchâmes à Taïti; plusieurs autres familles avaient de trois à cinq enfants.

« On se demande d'abord comment une si prodigieuse quantité d'hommes rassemblés sur un si petit espace peut trouver assez de subsistance. Nous savons déjà combien ces terres sont fertiles : trois gros arbres à pain suffisent pour nourrir un homme pendant la saison du fruit à pain, c'est-à-dire pendant huit mois. Les plus gros de ces arbres occupent, avec leurs branches, un espace de quarante pieds de diamètre; par conséquent chaque arbre occupe seize cents pieds carrés; ou, s'il est rond, douze cent quatre-vingt-six pieds deux tiers : un acre d'Angleterre contient quarante-trois mille cinq cent soixante pieds carrés. Il s'ensuit que plus de sept gros arbres à pain et trente-cinq des moindres trouveront place sur un acre ; leurs fruits nourrissent dix personnes durant huit mois dans le premier cas, et douze dans le second ; durant les quatre mois d'hiver, les naturels vivent de racines d'ignames, d'eddoës (*arum*) et de bananes, dont ils ont des plantations immenses dans les vallées des montagnes inhabitées ; ils font aussi une espèce de pâte aigre de fruit à pain fermenté, qui se garde plusieurs mois, et qui est saine et agréable pour ceux qui se sont une fois accoutumés à son goût acide. Comparons cette fertilité à la plus grande qu'on connaisse : en France, une lieue carrée, qui contient environ quatre mille huit cent soixante-sept arpents, ne peut nourrir que treize cent quatre-vingt-dix personnes dans les pays de labourage, et deux mille six cent quatre dans les pays de vignoble ; dans les premiers, un homme a besoin pour vivre de trois arpents et demi ; et dans les derniers, il faut près de deux arpents pour la subsistance d'un individu : à Taïti et aux îles de la Société, dix ou douze personnes vivent huit mois sur un espace de terre égal à un acre d'Angleterre, c'est-à-dire, sur quarante-trois mille cinq cent soixante pieds carrés, au lieu que l'arpent, qui est de cinquante-un mille cinq cent cinquante pieds carrés (mesure d'Angleterre), ne nourrit qu'un homme pendant six mois en France. D'après ce calcul, en prenant de part et d'autre les terrains les mieux cultivés, la population de Taïti est à celle de France à peu près comme dix-sept est à un; de plus, supposons que sur toute l'île de Taïti quarante milles anglais seulement soient plantés d'arbres à pain, cette supposition n'est pas trop forte, chaque mille étant composé de six cent quarante acres, quarante milles font vingt-cinq mille six cents acres; or, dix à douze hommes vivent huit mois sur un acre; par conséquent, trente ou trente-six hommes subsistent le même espace de temps sur trois acres, et vingt ou vingt-quatre trouveront leur subsistance pendant une année entière sur trois acres, et sur toute l'étendue de vingt-cinq mille six cents acres, cent soixante-dix mille six cent soixante personnes, suivant la première supposition, ou deux cent trente-quatre mille huit cents, suivant la seconde, peuvent y vivre annuellement ; mais on a vu plus haut que le premier calcul ne suppose à Taïti que cent quarante-quatre mille cent vingt-cinq habitants, ce qui est près de vingt-six mille cinq cent trente-cinq de moins que la terre ne peut en nourrir dans le premier cas, ou soixante mille six cent soixante-quinze dans le second.

« Enfin, dit Forster, en terminant ses belles et importantes observations, j'ajouterai deux remarques à cet état de la population des îles du grand Océan. 1° Je ne prétends pas que mes évaluations soient parfaitement exactes ; ce ne sont que des conjectures qui approchent de la vérité, autant que l'ont permis les données que nous avons eu occasion de recueillir ; elles sont plutôt fautives en moins qu'en plus ; 2° la population des pays augmente à proportion de la civilisation et de la culture : ce n'est pas que la civilisation et la culture soient véritablement des causes d'une plus grande population ; je crois plutôt qu'elles en sont les effets. Dès que le nombre d'hommes, dans un espace borné, augmente à un tel degré qu'ils sont obligés de cultiver des plantes pour leur nourriture, et que les productions spontanées ne suffisent plus, ils imaginent des moyens de faire ce travail d'une manière facile et commode ; ils sont contraints d'acheter d'autrui des graines et des racines, et de stipuler entre eux de ne pas détruire leurs plantations, de se défendre mutuellement contre les invasions, et de s'aider les uns les autres. Tel est l'effet des sociétés civiles ; elles produisent plus tôt ou plus tard les distinctions de rang et les différents degrés de puissance, de crédit, de richesse, qui se remarquent parmi les hommes ; elles produisent même souvent une différence essentielle dans la couleur, le tempérament et le caractère de l'espèce humaine. »

Nous ajouterons à ce que dit Forster que la population est nombreuse dans un pays où les femmes sont nubiles à neuf ou dix ans, et où elles font des enfants pendant l'espace de vingt années. La pensée se porte naturellement sur l'heureuse simplicité dans laquelle les Taïtiens passent leur vie ; car ce manque d'inquiétude qui est le propre de la vie sauvage, doit être une des causes de la plus grande population.

HISTOIRE NATURELLE.

Le délabrement où l'on voit le sommet des montagnes de Taïti semble avoir été causé par des tremblements de terre ; les laves qui composent la plupart des rochers, et dont les insulaires font plusieurs outils, prouvent qu'il y a eu autrefois un volcan sur cette île. Le riche sol des plaines, qui est un terreau végétal, mêlé de débris de volcans et de sable de fer noir qu'on trouve souvent au pied des collines, confirme cette assertion. Les vallées extérieures des collines, qui sont quelquefois extrêmement stériles, contiennent beaucoup de glaises jaunâtres mêlées avec de la terre ferrugineuse ; mais les autres sont couvertes de terreau et boisées commes les plus hautes montagnes : on y rencontre des morceaux de *quartz*. Les voyageurs n'ont cependant rien vu qui indiquât des minéraux précieux, ou des métaux d'aucune espèce, excepté le fer, qui même est en petite quantité dans les terres qu'on y ramasse. L'intérieur des montagnes cache peut-être des mines de fer assez riches pour être fondues. Quant aux morceaux de fer qu'un voyageur a dit être une production de Taïti, il est permis de révoquer ce fait en doute, puisque le salpêtre natif n'a jamais été trouvé en masse solide.

Dans la délicieuse vallée de Mataval, tout annonce l'abondance et le bonheur : on ne passe jamais devant une hutte, où l'on voit des troupeaux de cochons errer autour de chaque cabane, sans que les habitants n'invitent le voyageur à y entrer et à se rafraîchir; on ne peut se défendre de leur invitation, et ne pas être touché de leur civilité naïve. En avançant environ à un mille de Touaprou, la colline sur la côte orientale de Taïti offre une coupe perpendiculaire d'environ cinquante pieds de hauteur, dont le dessus, formant une inclinaison, est revêtu d'arbrisseaux jusqu'à une élévation considérable. Une belle cascade tombe perpétuellement de cette partie festonnée dans la rivière, et anime la scène, qui est triste et sauvage, mais fort pittoresque. En avançant davantage, on observe que plusieurs angles de ce rocher perpendiculaire se projettent en saillies; et lorsqu'on a marché dans l'eau pour arriver au pied, on le trouve composé de colonnes réelles d'un basalte noir et compact, dont les naturels font des outils. Ces colonnes sont debout, parallèles et jointes l'une à l'autre; leur diamètre ne semble pas excéder quinze à seize pouces ; on n'y remarque qu'un ou deux angles qui soient saillants.

Les Taïtiens tirent de leurs forêts une grande partie de plantains sauvages nommés *vahi*, et une herbe parfumée (*é-ahaï*) avec laquelle ils donnent à leur huile de noix de cocos une odeur agréable.

On trouve dans une des premières vallées d'*Oparre* un arbre superbe qu'un voyageur a nommé *baringtonia*. Il a une grande abondance de fleurs plus larges que des lis, et parfaitement blanches, excepté la pointe de leurs nombreux filets, qui est d'un cramoisi brillant. Les naturels, qui donnent à l'arbre le nom d'*addou*, assurent que si on brise le fruit, qui est une grosse noix, et qu'après l'avoir mêlé avec des poissons à coquilles, on le répande sur la mer, il enchante et enivre les poissons pendant quelque temps, de manière qu'ils viennent à la surface de l'eau, et qu'ils se laissent prendre à la main. Il est à remarquer que diverses plantes maritimes des climats du tropique ont cette singulière propriété. Les palmiers de ce pays s'élèvent au-dessus des autres arbres ; les bananiers déploient leurs larges feuillages, et d'autres arbres, couverts d'un vert sombre, portent des pommes d'or, qui, par le jus et la saveur, ressemblent à l'ananas. Les espaces intermédiaires sont remplis de petits mûriers dont les insulaires emploient l'écorce à fabriquer des étoffes, de différentes espèces d'*arum* ou d'eddoës, d'ignames, de cannes à sucre (*to*), etc. Il y a dans l'île une quantité de cannes, que les naturels se contentent quelquefois de mâcher au lieu d'en faire du sucre. Les cabanes, placées à l'ombre des arbres fruitiers, sont assez éloignées les unes des autres, et entourées d'arbrisseaux odorants, tels que le *gardenia*, la *guettarda* et le *calophyllum*. Les longues feuilles du *pandang*, ou palmier, servent de couverture à ces habitations, soutenues par de colonnes d'arbre à pain. Comme un simple toit suffit pour mettre les habitants à l'abri des pluies et des rosées de la nuit, et que le climat de cette île est peut-être un des plus délicieux de la terre, les maisons ordinaires sont ouvertes dans les côtés; quelques-unes cependant, destinées aux opérations secrètes, sont entièrement fermées avec des bambous réunis par des pièces transversales de bois, de manière à donner l'idée d'une vaste cage; celles-là ont communément un trou par où l'on entre; ce trou est fermé par une planche. Malgré le changement de mœurs opéré par les missionnaires, on observe encore quelquefois devant les cases de l'intérieur de Taïti, des groupes d'habitants, couchés ou assis comme les Orientaux, c'est-à-dire accroupis sur un gazon ou sur une herbe sèche, et passant ainsi des moments fortunés dans la conversation ou dans le repos. Lorsque des étrangers viennent à eux, les uns se lèvent et se joignent à la foule qui ne manque pas de suivre; mais ceux d'un âge mûr restent dans la même attitude, et se contentent de s'écrier : *Tayo*, *tayo* (*Ami*, *ami*) : c'est leur exclamation habituelle quand ils veulent saluer quelqu'un.

On découvre encore du sandal blanc et noir sur les montagnes, qui offrent, selon leur élévation, des plantes assez rares. M. d'Urville y a trouvé un grand nombre de fougères. Les Européens y ont naturalisé une grande quantité de plantes potagères.

L'ARBRE A PAIN.

L'arbre le plus utile de Taïti est assurément le jaquier à feuilles découpées, le véritable arbre à pain (*artocarpus*). Ce végétal précieux a été l'objet de plusieurs expéditions destinées uniquement à faire l'acquisition de quelques pieds de cet arbre pour en doter les colonies anglaises de l'ancien et du nouveau monde. Si les premiers explorateurs avaient eu le soin de mettre quelques boutures dans des pots, de les transporter à bord de leurs vaisseaux, et de ne pas leur épargner les arrosements, ils auraient hâté de plusieurs années des jouissances que l'on n'a pu se procurer que beaucoup plus tard, et à grands frais. Bougainville eût pu le porter aux colonies françaises, et plus tard Cook aurait épargné à l'Angleterre l'expédition malheureuse du capitaine Bligh. C'est, je crois, Péron qui l'a naturalisé aux îles de France et de Bourbon.

Cet arbre (*) s'élève à une quarantaine de pieds, sur un tronc droit, de la grosseur du corps d'un homme ; la cime est ample, arrondie, couvrant de son ombre un espace d'environ trente pieds de diamètre. Le bois est jaunâtre, mou et léger ; les feuilles sont grandes, profondément incisées de chaque côté en sept ou neuf lobes. Les fleurs mâles et femelles viennent sur le même rameau. Les fruits sont globuleux, plus gros que les deux poings, raboteux à l'extérieur ; leurs rugosités présentent une disposition assez régulière en hexagones ou en pentagones mêlés de triangles. Sous la peau, qui est épaisse, on trouve une pulpe qui, à une certaine époque avant la maturité, est blanche, farineuse et peu fibreuse ; la maturité change sa couleur et sa consistance : elle devient jaunâtre, succulente ou gélatineuse. Quelques-uns de ces fruits sont sans noyaux ; les arbres de l'île de Taïti n'en portent point d'autres ; mais dans les autres îles de l'Océanie, on trouve des variétés plus agrestes qui contiennent encore des noyaux anguleux presque aussi gros que des châtaignes. L'arbre à pain donne ses fruits pendant huit mois consécutifs. Pour les manger frais, on choisit le degré de maturité où la pulpe est farineuse, état que l'on reconnaît par la couleur de l'écorce. La préparation qu'on leur donne consiste à les couper en tranches épaisses que l'on fait cuire sur un feu de charbons : on peut aussi les mettre dans un four bien chaud, et les y laisser jusqu'à ce que l'écorce commence à noircir. De quelque manière qu'on les ait fait cuire, on ratisse la partie charbonnée, et le dedans est blanc, tendre comme de la mie de pain frais, d'une saveur peu différente de celle de l'artichaut. Pour faire usage de cet aliment pendant toute l'année, les insulaires de l'Océanie profitent du temps où les fruits sont plus abondants qu'il ne faut pour la consommation journalière, et ils préparent avec l'excédant une pâte fermentée, et qui peut être conservée longtemps sans qu'elle se corrompe. Lorsque les arbres cessent de produire du fruit, on se contente de cette pâte que l'on fait cuire au four, et qui donne une sorte de pain dont la saveur acide n'est pas désagréable.

Une expédition anglaise alla chercher l'arbre à pain à Taïti, pour le distribuer dans les colonies de la Grande-Bretagne, entre les tropiques. Les relations de tous les voyageurs, surtout celle du capitaine Cook, avaient donné la plus haute opinion des avantages

---

(*) La description de l'*artocarpus* est due en partie à Forster et à un des principaux rédacteurs d'un de nos magasins littéraires le plus en vogue : les autres observations nous appartiennent.

que procurait la culture de l'arbre à pain. Les colons anglais supplièrent le gouvernement de leur procurer cet arbre merveilleux, et leur demande fut accueillie. Un excellent navire de deux cent cinquante tonneaux fut destiné pour Taïti, sous le commandement de M. Bligh, alors simple lieutenant, et qui parvint ensuite jusqu'au grade d'amiral. Il avait accompagné Cook dans ses voyages, et donné en plusieurs occasions des preuves de grands talents et d'une bravoure à toute épreuve. L'expédition partit en 1787, et après dix mois de navigation elle était à Taïti. Les insulaires l'accueillirent avec empressement; plus de mille pieds d'arbres à pain furent mis dans des pots et des caisses, et embarqués avec une provision d'eau suffisante pour les arroser. Les travaux que ces approvisionnements exigeaient durèrent cinq mois; en sorte que l'expédition ne fut prête pour le retour qu'au commencement de 1789. Jusque-là tout l'avait favorisée; mais après le départ, la trahison et la vengeance d'une partie de l'équipage en fit perdre tout le fruit. Un complot formé par la majeure partie de l'équipage, et enseveli jusqu'alors dans le plus profond secret, éclata après vingt-deux jours de navigation : le commandant, dont les révoltés connaissaient la bravoure, fut saisi pendant qu'il dormait et mis dans une chaloupe.

Nous avons dit plus haut que les révoltés, après avoir embarqué dans une chaloupe le commandant Bligh, avec dix-huit hommes qui lui étaient restés fidèles, leur laissèrent quelques instruments pour guider leur navigation, des vivres et de l'eau pour quelques jours, un peu de vin et de rhum, et les abandonnèrent à leur destinée, emmenant le vaisseau, qui fut bientôt hors de vue. Voilà donc les dix-neuf délaissés dans une embarcation non pontée, au milieu de l'Océan, à une distance prodigieuse de toute terre connue ! Ils ne perdirent pas courage, et Bligh leur donnait l'exemple d'une inébranlable fermeté, dirigeant la chaloupe, continuant ses observations, écrivant des notes. Après des fatigues et des souffrances extrêmes, auxquelles un seul de ces infortunés succomba, ils arrivèrent à Koupang, dans l'île de Timor : ils avaient fait dans leur chaloupe une navigation de plus de douze cents lieues. Le gouverneur hollandais les reçut avec l'intérêt que leurs aventures et leur situation excitaient à tant de titres, et bientôt douze d'entre eux furent en état de se rendre en Europe. Le commandant Bligh obtint en Angleterre la justice qu'il méritait; loin qu'on lui imputât le mauvais succès de l'expédition, il fut promu au grade de capitaine de vaisseau, et chargé du commandement d'une seconde expédition, plus considérable que la première, pour le même objet. Celle-ci ne fut troublée par aucun événement fâcheux : la traversée jusqu'à Taïti ne fut que de huit mois. Au bout de trois mois, plus de douze cents pieds d'arbres à pain étaient à bord, et, après deux ans d'absence, les deux vaisseaux de l'expédition arrivèrent en Angleterre, sans avoir perdu un seul homme de leurs équipages.

Les colons anglais sont en pleine possession de l'arbre à pain depuis près de cinquante ans. Les espérances que cette acquisition avait fait concevoir n'ont pas été tout à fait réalisées. Ils comptaient sur les produits de l'arbre nouveau pour la nourriture de leurs esclaves; mais ceux-ci préfèrent les bananes, et le bananier peut être cultivé aussi facilement, rapporte plus tôt et produit davantage. Le goût des Européens est différent de celui des noirs; les fruits à pain leur plaisent beaucoup, et ils le préparent de diverses manières, suivant les préceptes de la cuisine anglaise. Ainsi, les deux cultures se maintiendront, et contribueront l'une et l'autre à l'embellissement des pays où elles prospèrent; car une plantation de bananiers est très-agréable à voir, et l'arbre à pain obtiendrait à juste titre une place dans les jardins d'agrément, quand même il n'aurait aucune autre utilité.

Forster a fait de longues recherches sur la manière dont ils cultivent l'arbre à pain, et on lui a toujours répondu qu'on ne le plantait jamais. Si on examine les endroits où croissent les rejetons, on en sera convaincu. On observera toujours qu'ils poussent sur les racines des vieux, lesquelles se prolongent près de la surface du terrain. Les arbres couvriraient donc les plaines, quand même l'île ne serait pas habitée, ainsi que les arbres à écorces blanches croissent naturellement à la terre de Diémen, où ils composent de vastes forêts; d'où l'on peut conclure que les habitants de Taïti, loin d'être obligés de se procurer leur pain à la sueur de leur front, sont forcés d'arrêter les largesses de la nature, qui le leur offre en abondance. Et il paraît qu'ils extirpent quelquefois des arbres à pain qu'ils remplacent par d'autres arbres, afin de pouvoir changer quelquefois d'aliments. On compte à Taïti jusqu'à 28 variétés de ce bel arbre.

Les Taïtiens remplacent surtout l'arbre à pain par le cocotier et le bananier. Le premier n'exige pas de soins, lorsqu'il s'est élevé à deux ou trois pieds de la surface du sol; mais le bananier en donne davantage.: il ne tarde pas à produire des branches, et il commence à porter des fruits trois mois après qu'on l'a planté. Ces fruits, et les branches qui les soutiennent, se succèdent assez longtemps; on coupe les vieilles tiges à mesure qu'on enlève le fruit. Le sol taïtien nourrit plus de 15 variétés de bananiers.

Au reste, les différentes productions ne sont pas aussi remarquables par leur variété que par leur abondance.

On aperçoit un grand nombre de différentes plantes sauvages au milieu des champs, dans cet admirable désordre de la nature qui surpasse infiniment la symétrie des jardins pompeusement réguliers de le Nôtre et de la Quintinie. On y trouve dans la partie du nord plusieurs herbes, qui, croissant toujours à l'ombre, forment des lits de verdure aussi frais que moelleux.

COCHONS D'UNE ESPÈCE SINGULIÈRE.

Outre les rats, les lapins, et les chèvres sauvages, qu'on voit dans l'île principale et dans l'archipel, on y trouve le cochon, qui y existe de temps immémorial et en grande abondance; mais il n'y est plus aussi commun qu'autrefois. Sa chair n'a rien de cette saveur fade qui fait qu'on s'en dégoûte sitôt en Europe, quand il n'est pas salé. On peut comparer la graisse des cochons de Taïti à la moelle, et le maigre y a presque le goût du veau, comme ceux que nous avons mangés à Canton. Les végétaux dont se nourrit cette sorte de cochons semblent être la cause principale de cette différence; ils peuvent même avoir influé sur l'instinct naturel de ces animaux. Ils sont de la petite race qu'on nomme communément chinoise, et n'ont pas ces oreilles pendantes qui caractérisent les animaux domestiques, selon Buffon. Infiniment plus propres que les cochons d'Europe, ils ne paraissent pas suivre leur sale usage de se vautrer dans la fange. Il est certain que ces animaux font partie des richesses réelles des Taïtiens; cependant l'extirpation entière de cette race ne serait pas pour eux une grande perte, car ils sont devenus un objet de luxe qui n'appartient guère qu'aux chefs de la nation. En général, ils ne tuent ces cochons que très-rarement, ou dans certaines occasions solennelles; mais alors les chefs mangent du porc avec toute la gloutonnerie et la voracité d'un gastronome parisien mangeant une dinde désossée aux truffes ou un pâté de Lesage. Le peuple en mange à peine quelques morceaux, quoiqu'il ait toute la peine de les nourrir et de les engraisser. On peut attribuer à trois causes la rareté des cochons à Taïti, d'abord à la quantité qu'on en a consommée, à celle qu'en ont emportée les vaisseaux qui y ont relâché, et ensuite aux guerres fréquentes.

Cependant on voit encore sur les propriétés des grands, des troupeaux de cochons, de chiens, et des légions de volailles. Les poules, errant à leur gré au milieu des bois, se juchent sur des arbres fruitiers: les cochons courent aussi en liberté; mais on leur donne chaque jour des rations régulières.

COCHON TETANT UNE FEMME.

Anderson, en se promenant un soir avec le docteur Sparmann, remarqua une vieille femme qui nourrissait un petit cochon avec une pâte aigrelette et fermentée de fruit à pain, appelée *mahei* : elle tenait le cochon d'une main, et elle lui offrait une peau coriace de porc ; mais dès que l'animal ouvrait la bouche pour saisir cet appât, elle lui jetait un morceau de la pâte. Sans cet expédient, le cochon ne l'aurait pas mangé. Ces quadrupèdes, malgré leur stupidité, étaient réellement soignés et caressés par toutes les femmes, qui leur offraient à manger avec une affection ridicule. Anderson vit une femme peu âgée présenter les mamelles pleines de lait à un petit chien, accoutumé à la teter. Ce spectacle le surprit tellement, qu'il ne put s'empêcher de témoigner son dégoût ; mais elle sourit, et elle nous apprit qu'elle se laissait teter quelquefois par de petits cochons, parce qu'elle venait de perdre ses enfants. Cet expédient, très-innocent, était pratiqué jadis en Europe (*).

Les chiens de toutes ces îles sont courts, et leur grosseur varie depuis celle d'un bichon jusqu'à celle d'un grand épagneul. Ils ont la tête large, le museau pointu, les yeux très-petits, les oreilles droites, les poils un peu longs, lisses, durs, et de différentes couleurs, mais plus communément blancs et bruns. Ils aboient rarement, mais ils hurlent quelquefois, et ils montrent beaucoup d'aversion pour les étrangers.

Les petits oiseaux peuplent les bocages ; leur chant est très-agréable. De très-petits perroquets d'un joli bleu de saphir habitent la cime des cocotiers les plus élevés, tandis que

(*) L'auteur de cet ouvrage a vu cet usage employé à Malte et en Amérique, par des femmes qui, ayant beaucoup de lait, se faisaient teter par des chiens, pour dessécher leurs mamelles.

d'autres, d'une couleur verdâtre et tachetés de rouge, se montrent ordinairement parmi les bananes, et souvent dans les habitations des naturels, qui les apprivoisent et qui estiment beaucoup leurs plumes rouges.

On y admire les belles tourterelles kourou-kourou, et le martin-pêcheur d'un vert sombre, avec un collier de la même couleur sur son cou blanc. Le gros coucou, et plusieurs sortes de pigeons et de tourterelles se juchent d'une branche à l'autre, tandis que le héron bleuâtre se promène gravement sur les bords de la mer, mangeant des vers et des mollusques.

De beaux papillons sont les insectes terrestres les plus nombreux ; l'insecte nommé *velia oceanica* s'y trouve, d'après M. Lesson, dans les temps de calme, à des distances inouïes de toute terre.

Voici de précieux détails que nous devons au célèbre Cook :

« Tandis que nous étions dans la baie de Ware, on porta à terre le reste du biscuit qui était dans la soute aux vivres, afin d'en ôter la vermine qui le dévorait. On ne peut imaginer à quel point les blattes infestaient mon vaisseau. Le dommage qu'elles nous causèrent fut très-considérable, et nous employâmes vainement toute sorte de moyens pour les détruire. Ces blattes ne firent d'abord que nous incommoder, et, habitués aux ravages que produisent les insectes, nous y fîmes peu d'attention ; mais elles étaient devenues pour nous une véritable calamité, et elles ravageaient presque tout ce qui se trouvait à bord. Les comestibles exposés à l'air durant quelques minutes en étaient couverts ; elles y creusaient bientôt des trous comme on en voit dans des ruches à miel. Elles mangeaient en particulier les oiseaux que nous avions empaillés et que nous conservions comme des curiosités. Ce qui était plus fâcheux encore, elles semblaient aimer l'encre avec passion, en sorte que l'écriture des étiquettes attachées à nos divers échantillons était complétement rongée ; la fermeté seule de la reliure pouvait conserver les livres, en empêchant ces animalcules déprédateurs de se glisser entre les feuilles. M. Anderson en aperçut deux espèces, la *blatta orientalis* et la *germanica*. La première avait été apportée de mon second voyage; et quoique le vaisseau eût toujours été en Angleterre dans le bassin, elle avait échappé à la rigueur de l'hiver de 1776. La seconde ne se montra qu'après notre départ de la Nouvelle-Zeeland; mais elle s'était multipliée si prodigieusement, qu'outre les dégâts dont je parlais tout à l'heure, elle infestait jusqu'au gréement, et dès qu'on lâchait une voile, il en tombait des milliers sur le pont. Les *orientalis* ne sortaient guère que la nuit; elles faisaient alors tant de bruit dans les chambres et dans les postes, que tout semblait y être en mouvement. Outre le désagrément de nous voir ainsi environnés de toutes parts, elles chargeaient de leurs excréments notre biscuit, qui aurait excité le dégoût de gens un peu délicats. »

De beaux ruisseaux qui roulent leurs ondes argentées sur des lits de cailloux, descendent des vallées étroites, et, à leur embouchure dans la mer, offrent leurs eaux et d'excellents poissons aux voyageurs qui en ont besoin.

Les poissons de mer abonde dans l'archipel; les meilleurs sont: le maquereau, la bonite et l'albicore. On y trouve aussi beaucoup de homards, crabes et autres crustacés.

Les tortues marines, la franche et le caret, pullulent sur tous les bas-fonds. On n'y trouve aucun batracien; mais de dangereux hydrophis, au venin mortel, nagent tortueusement autour des motous coralligènes que baignent les flots caressants d'une mer généralement tranquille.

Les rivages sont quelquefois fréquentés par de grands squales et plusieurs variétés de *murénophis* au nager serpentiforme.

On y trouve également un grand nombre d'admirables madrépores et de brillantes coquilles, telles que les porcelaines, les olives, les harpes, les mitres, etc., etc.

TOPOGRAPHIE DE L'ARCHIPEL.
DESCRIPTIONS DES LIEUX LES PLUS REMARQUABLES DE SES ILES.

L'île de Taïti possède les baies de Oïtipeha, Langara et Matavaï. Celle-ci offre un mouillage sûr pendant huit mois de l'année, c'est-à-dire, depuis avril jusqu'en novembre : elle est située par 17° 29′ de lat. sud et 151° 56′ de long. ouest. Eïméo et Raïatea ont chacune plusieurs mouillages; Huahine s'enorgueillit de la baie de Ware, et Bora-Bora de celle de Fanouï.

SITES, LACS ET CURIOSITÉS DE L'ILE DE TAÏTI.

Il serait difficile de trouver dans le monde entier un canton d'un aspect plus riche que la partie sud-est de Taïti. Les collines y sont élevées, d'une pente roide, et escarpées en bien des endroits; mais les arbres et les arbrisseaux les couvrent tellement jusqu'au sommet, qu'en les voyant on a bien de la peine à ne pas attribuer aux rochers le don de produire, et d'en retenir cette charmante verdure. Les plaines qui bordent les collines vers la mer, les vallées adjacentes, offrent une multitude de productions d'une force extraordinaire, et, à la vue de ces richesses du sol, le spectateur est convaincu qu'il n'y a pas sur le globe de terrain d'une végétation plus vigoureuse et plus belle. La nature y a répandu l'eau avec la même profusion : on trouve des ruisseaux dans chaque vallée; ces ruisseaux à mesure qu'ils s'approchent de l'Océan, se divisent souvent en deux ou trois branches qui fertilisent les plaines sur leur passage. Les habitations des naturels sont dispersées sans ordre au milieu des plaines, et quand on les regarde du haut de la dunette du navire, elles offrent des points de vue enchanteurs : pour augmenter le charme de cette perspective, la portion de mer qui est en dedans du récif et qui borde la côte, est d'une tranquillité parfaite; les insulaires y naviguent en sûreté dans tous les temps : on les y voit se promener mollement sur leurs pirogues, lorsqu'ils passent d'une habitation à l'autre, ou lorsqu'ils vont à la pêche.

A Taïti il y a peu de ces choses qu'on appelle curiosités naturelles d'un pays. On peut citer toutefois un étang ou lac d'eau douce, qui se trouve au sommet de l'une des plus hautes montagnes, où l'on n'arrive du bord de la mer qu'après un jour et demi ou deux de marche. Ce lac est d'une profondeur extrême, et il renferme des anguilles d'une énorme grandeur. Les naturels y pêchent quelquefois sur de petits radeaux formés de deux ou trois bananiers sauvages joints ensemble. Ils regardent ce lac comme la première des curiosités naturelles de Taïti. On trouve aussi à la même distance de la côte une mare d'une eau douce, qui d'abord paraît très-bonne et qui dépose un sédiment jaune; mais elle a un mauvais goût; elle devient funeste à ceux qui en boivent une quantité considérable, et produit des pustules sur la peau lorsqu'on s'y baigne.

DESCRIPTION DE L'ADMIRABLE VALLÉE DE MATAVAI.

Parmi les endroits les plus remarquables de l'île principale, nous devons surtout décrire l'admirable vallée de Matavaï. Très-populeuse du temps de Cook, et à peu près déserte aujourd'hui, son sol toujours fertile est couvert de *spondias cythærea*, d'arbres à pain et de cocotiers. Après avoir traversé un torrent, que votre guide passe quelquefois avec de l'eau au-dessus de la ceinture, en vous portant sur ses épaules, (usage que nous avons observé en Grèce, dans le Levant, dans l'Inde et dans les différents endroits de l'Océanie que nous avons visités), on arrive dans ce beau lieu. Plus loin et à trois milles de la mer, sa vallée se resserre, les flancs des montagnes se rapprochent, et les bords de leurs versants abruptes sont couverts d'arbres touffus. Les hirondelles, les tourterelles, les perruches vertes et les phaétons sont les hôtes ordinaires de ces lieux solitaires, et cependant ils ne redoutent pas le voyageur, car les indigènes ne sont pas, comme nous, du matin au soir en embuscade, pour attenter à leur vie, ou tout au moins à leur liberté. L'eau, filtrant à travers les rocs d'un trachite noir et très-poreux, serpente en filets ou tombe en cascades. Aussi jouit-on d'une fraîcheur constante et délicieuse dans ce paradis silencieux, que les rayons du soleil éclairent à peine quatre heures par jour. Les Antoines et les Pacomes modernes, les nouveaux pères du désert, les chartreux, les trappistes trouveraient ici, contre les tempêtes des passions, contre les troubles de la vie et les persécutions des tyrans, un asile plus sûr et plus agréable que dans les solitudes arides et brûlantes de la Thébaïde. Plus loin, le torrent, encaissé entre deux rochers, s'élance de 70 à 80 pieds de hauteur; plus loin encore, l'aspect du lieu devient plus imposant; le terrain se déploie en un vaste et vert bocage, tandis que le roc se dresse comme une muraille, à cent pieds d'élévation, en prismes basaltiques, à peu près semblables à ceux de la chaussée des Géants, qu'on voit près d'Antrim en Irlande. Plus haut, une nappe écumante tombe en rosée dans le torrent. Au delà, une masse d'eau épouvantable se précipite avec fureur d'une hauteur immense, et le bruit de cette retentissante cascade, que les indigènes nomment *Piha Mallé*, et auquel se rattachent d'anciennes superstitions et une poésie sombre et terrible, ce bruit est tellement formidable qu'on croirait entendre l'explosion de plusieurs tonnerres, ou la détonation de quelques bombes (voy. *pl.* 162).

PALAIS DU ROI.

Un quai commode et assez bien entretenu conduit de Matavaï à la résidence royale. C'est une grande maison plus spacieuse que les autres, et dont le toit est supporté par un double rang de colonnes. Elle est divisée en deux pièces : la première est une espèce de salle des gardes, la seconde est occupée par la famille royale et sa cour. Le

15ᵉ *Livraison.* (OCÉANIE.) T. II.

monarque n'a d'autre trône qu'un fauteuil en bois; le reste de la famille est assis sur des chaises, et les courtisans se tiennent debout. Le quartier dans lequel est situé le palais est charmant et bien cultivé. Ce sont des bosquets où l'on a réuni l'utile et l'agréable. On y voit un grand nombre d'arbres à fruits, des *casuarinas* et des *barringtonias*.

TOMBEAU DU ROI POMARE II.

Le grand roi Pomare II est enseveli tout près de la résidence royale. Son mausolée est un petit édifice en maçonnerie, contenant un caveau dans lequel est déposé le corps du monarque. Trois canons encloués sont placés près du caveau. L'édifice est entouré d'une palissade, et garni à l'intérieur de *baringtonias* et de *casuarinas* (voy. *pl.* 159). C'est une idée religieuse fort instructive que d'avoir placé la tombe d'un roi auprès de la demeure de sa famille.

PALAIS DE LA RÉGENTE ET HABITATION DES MISSIONNAIRES.

La demeure de la régente est située plus loin sur la plage de Papaï-Iti. C'est une maison grande et jolie, entourée de fleurs et de beaux arbres fruitiers. A deux cents pas plus loin, on voit l'habitation et la chapelle de la Mission. M. Crook, un des plus anciens missionnaires envoyés aujourd'hui par la société de Londres à Taïarabou, y a demeuré longtemps.

BELVÉDÈRE DE POMARE II.

Près de là on aperçoit le très-petit îlot de Motou-Ta, oasis placée au sein des récifs qui s'élèvent au milieu des solitudes de la mer. Cet îlot charmant était le belvédère du roi Pomare II. C'est là qu'il employa une partie de son temps à traduire la Bible en taïtien.

FORUM RELIGIEUX ET LÉGISLATIF.

A peu de distance de la résidence royale, l'attention de l'étranger est frappée à la vue d'une sorte de hangar immense, long de 600 pieds et large de 70. Toute la population de l'île, se montant à sept mille habitants, s'est quelquefois réunie dans cette enceinte, soit pour écouter la prédication de la loi chrétienne et les exhortations de ses ministres, soit pour discuter la constitution et les lois du pays. Les réunions des assemblées religieuses et des conseils législatifs sont plus rares depuis quelques années, et cette espèce de forum est mal entretenu.

PIC DE MOWA.

Après avoir gravi le morne Taha-Raï, et marché pendant quelques heures dans un chemin roide et difficile, on est bientôt obligé d'avoir recours aux buissons, aux bruyères épineuses et à des fougères gigantesques, pour gravir un roc hérissé d'aspérités angulaires, avant d'arriver au fameux pic de Mowa. Parvenu au dernier plateau servant de base au piton, et situé à 7300 pieds de hauteur, on est contraint de s'arrêter; du moins aucun voyageur ni indigène n'a poussé l'intrépidité jusqu'au point de déchirer son corps d'épines, pour arriver au sommet du pic, qui paraît avoir quinze cents pieds de hauteur. Le plateau dont nous venons de parler renferme des arbres des hautes zones, et des cyathées arborescentes, déployant leurs touffes gracieuses que rasent de nombreux phaëtons. De ce lieu on domine le nord de l'île de Taïti, les pitons d'Eiméo et de Tabou-Emanou, et les plaines de Tétoua-Roa éloignées de plus de douze lieues.

RUINES DU MORAI DE PAPARA.

Dans le district de Papara, près de Tébou-Toa-Téa, se trouve le fameux moraï de Papara, édifice remarquable, consacré par le grand-père de Taati au dieu Oro, son protecteur dans ses guerres contre Pomare; il n'en reste plus que des vestiges depuis l'introduction du christianisme dans l'archipel (voy. *pl.* 161).

LAC WAHI-RIA.

Dans l'intérieur de l'île de Taïti

OCÉANIE.

existe un lac nommé Wani-Ria, réservoir mystérieux dont les eaux, si l'on en croit les naturels, n'ont point de fond, et dont les bords, suivant les superstitions que nourrissait ce peuple, pendant qu'il était encore soumis au paganisme, étaient continuellement peuplés de mauvais génies.

ANGUILLES MONSTRUEUSES.

Dans les rivières de la grande presqu'île de Taïti on trouve d'excellentes chevrettes et de poissons fort bons à manger. Un lac situé à une grande hauteur, et avant 66 pieds de profondeur sur ses bords et 110 pieds vers le milieu, renferme des anguilles monstrueuses, semblables à celles qu'on rencontre quelquefois dans les bassins élevés de l'île de France.

SUCRERIE.

Sur la pointe Ta-One, M. Bicknell, Anglais, a établi une riche sucrerie au milieu de magnifiques champs de cannes dont quelques-unes s'élèvent de 20 à 25 pieds de hauteur, et atteignent une grosseur proportionnelle. La canne à sucre de Taïti est la meilleure qui soit connue dans le monde entier (voy. pl. 160). Près de cet établissement est une vaste et belle propriété bien cultivée, appartenant à un indigène nommé Taati.

LIEUX REMARQUABLES DE L'ILE EIMÉO OU MOUREA. SITES, LAC ET HAVRE D'OPOU-NOHOU.

L'île d'Eïméo, que les indigènes nomment plutôt Mourea, offre les sites les plus variés et les plus pittoresques. Nul pays ne surpasse la fécondité de son sol. Des torrents fougueux y bruissent au milieu des ravins. Un beau lac situé entre la mer et les montagnes foisonne en canards et en poissons. Eïméo ou Mourea possède un mouillage aussi sûr que commode, souvent visité par Cook ; c'est le havre de Talou ou Opou-Nohou.

ÉGLISE DE PAPÉTOAI.

Le village de Papétoaï, composé de petites cases bâties à l'européenne, est situé à l'ouest d'Opou-Nohou. Ce village possède la plus belle église de l'archipel. C'est un grand bâtiment octogone de 60 pieds sur chaque face, construit en blocs de corail, d'un poli si parfait qu'on les prendrait pour de la pierre de taille. On y voit des bancs et une tribune comme dans les temples protestants. La tribune est en bois d'*artocarpus*.

ACADÉMIE DES ILES DE LA MER DU SUD.

C'est dans le village d'Afare-Aïtou, situé dans une position délicieuse, que les missionnaires ont établi le collége qu'ils ont nommé Académie de la mer du Sud (*) : il est spécialement destiné aux enfants des missionnaires. Le roi Pomare III a été élevé parmi eux par les chefs de l'Académie, MM. Orsmond et Blossom.

En outre de l'instruction primaire, on y enseigne les mathématiques, l'histoire, la géographie, l'astronomie, le dessin et les éléments des autres sciences et arts.

A côté de cette noble fondation, MM. Armitage et Simpson ont établi une fabrique de coton et une de cordages. Les habitants d'Eïméo sont les plus dociles de l'archipel aux lois et au culte des missionnaires.

LIEUX REMARQUABLES DE L'ILE WAHINE.

L'île Wahine possède la jolie baie de Ware, avec ses cases bâties sur la plage et alternant avec des bouquets d'arbres (voy. pl. 164). La partie nord-est du district de Fa-Ri est un des sites les plus pittoresques de cette île (voy. pl. 167)

C'est à Wahine que le capitaine Furneaux avait pris Maï (Omaï). Cook l'y ramena et l'installa dans une maison qu'il lui fit bâtir dans le style anglais. Elle était entourée d'un jardin. Le terrain sur lequel elle fut bâtie

---

(*) *South sea Academy*. N'auraient-ils pas dû dire, *Académie des îles de la mer du Sud ?*

s'appelle encore *Beritani*, par corruption du mot *Britain*, Bretagne.

Les chefs Pohue-Héa et Taraï-Manou, possesseurs en 1824 de Beritani, y ont construit une maison à deux étages, la plus belle de l'île, et le jardin compte beaucoup d'arbres fruitiers.

RAIATÉA. DEMEURE ROYALE.

Dans l'île de Raïatéa, on voyait le village de Vao-Ara presque entièrement abandonné, parce qu'il a plu aux missionnaires de se transporter au village d'Outou-Macoro; la vieille reine de Raïatéa, Tere-Moe-Moe, y réside. La demeure royale est fort jolie (voy. *pl.* 156); les lambris des appartements sont peints. Dans les cabinets latéraux on trouve de jolies couchettes garnies de nattes posées les unes sur les autres, et recouvertes d'indiennes de couleur; les lits ainsi que les fenêtres sont décorés de draperies en *tapa* ou en étoffe blanche.

BORA-BORA. SITES ROMANTIQUES.

Cette île offre des sites romantiques et curieux. Le terrain y est singulièrement accidenté. On y voit un cône de rochers, sorte de phare sans fanal, espèce de haut clocher sans cloches, couvert de végétation, et dominant une vallée étroite, avec un échelon de *pandanus* et un de cocotiers qui se dressent comme des tiges de parasol. Çà et là sont de jolies cases bien propres et bien alignées. Une chose remarquable, c'est que, dans le bassin circulaire qui sépare les récifs de l'île, l'eau est d'une rare limpidité, et que la chaîne extérieure de ses brisants n'est pas tantôt sous-marine, tantôt à fleur d'eau, ici unie et là couverte d'une chétive végétation, comme dans plusieurs îles, mais qu'elle est plantée entièrement de cocotiers qui forment une couronne verte autour d'un bouquet.

Maupiti a un piton dont la constitution a quelque analogie avec celui de Bora-Bora, mais il est moins aigu et moins élevé.

PORTRAIT, CARACTÈRES, COSTUMES, MŒURS, COUTUMES ET USAGES ANCIENS.

Avant de retracer l'état moderne de Taïti tel que l'ont fait les missionnaires anglicans, il est important de peindre les mœurs anciennes de cette *reine de la Polynésie*. Ces mœurs s'effacent chaque jour, et bientôt elles n'existeront plus que dans les livres des écrivains.

Les Taïtiens ont le teint de couleur olivâtre tirant sur le cuivre; ils sont généralement d'une haute taille et d'une obésité remarquable, surtout les personnes appartenant aux premières classes. Les femmes ont été beaucoup trop louées par Wallis, Bougainville, Cook et quelques autres navigateurs ou voyageurs; elles sont bien faites, mais bientôt fanées, et leur beauté est bien inférieure à celle des femmes de Nouka-Hiva. Après six mois de navigation sans relâche, ou quelquefois après une ou deux relâches chez des Mélanésiens, on conçoit que les marins les aient prises pour des Vénus.

Naguère les jeunes gens des deux sexes étaient absolument nus. L'habillement des hommes et des femmes était gracieux et ne manquait pas de noblesse : il était fait d'une pièce d'étoffe blanche que leur fournit l'écorce de l'arbuste nommé mûrier à papier, et qui ressemble beaucoup au gros papier de Chine. Deux pièces de cette étoffe formaient leur vêtement : l'une, avec un trou au milieu pour y passer la tête, pendait depuis les épaules jusqu'aux jambes, devant et derrière; l'autre avait six ou sept pieds de longueur, et environ un et demi de largeur : ils l'enveloppaient autour de leur corps sans la serrer. Cette étoffe n'était point tissue; elle était fabriquée comme le papier, avec les fibres ligneuses d'une écorce intérieure, qu'on faisait macérer, qu'on étendait ensuite, et qu'on battait les unes sur les autres. Les plumes, les fleurs, les coquillages et les perles faisaient partie de leurs ornements. Les femmes surtout se paraient de perles d'une couleur assez brillante, mais écaillées par les trous qu'on y faisait. Elles arrangeaient, pour leur commodité, de plusieurs manières différentes, suivant leurs talents et leur goût, une simple étoffe blanche, dont elles se drapaient avec beaucoup de goût. Une grâce naturelle accompagnait leur simplicité.

VÊTEMENT DE DEUIL FORT SINGULIER.

Les habits de deuil, composés des productions les plus rares de l'île et de la mer qui l'environne, et travaillés avec un soin et une adresse extrêmes, étaient d'un prix considérable. Cet ajustement, remarquable par sa bizarrerie, consistait en une planche légère et demi-circulaire, d'environ deux pieds de long et de quatre à cinq pouces de large. Cette planche était garnie de cinq coquilles de nacre de perle choisies, attachées à des cordons de bourre de coco passés dans les bords des coquilles et dans plusieurs trous dont le bois était percé. Une autre coquille de la même espèce, mais plus grande, festonnée de plumes de pigeons gris-bleu, était placée à chaque extrémité de cette planche, dont le bord concave était tourné en haut. Au milieu de la partie concave, on voyait deux coquilles qui formaient ensemble un cercle d'environ six pouces de diamètre, et, au sommet de ces coquilles, il y avait un très-grand morceau de nacre de perle oblong, s'élargissant un peu vers l'extrémité supérieure, et de neuf à dix pouces de hauteur. De longues plumes blanches de la queue des oiseaux du tropique formaient autour un centre rayonnant. Du bord convexe de la planche pendait un tissu de petits morceaux de nacre de perle, qui, par l'étendue et la forme, ressemblait à un tablier; on y comptait dix ou quinze rangs de pièces d'environ un pouce et demi de long et un dixième de pouce de large; chacune était trouée aux deux extrémités, afin de pouvoir se poser sur d'autres rangs. Les rangées étaient parfaitement droites et parallèles entre elles; les supérieures, coupées et extrêmement courtes à cause du demi-cercle de la planche.

Les inférieures étaient aussi communément plus étroites, et aux extrémités de chacune était suspendu un cordon orné de coquillages et quelquefois de grains de verre d'Europe. Du haut de la planche flottait un gland ou une queue ronde de plumes vertes et jaunes sur chaque côté du tablier; ce qui était la partie la plus brillante du vêtement. Toute cette parure tenait à une grosse corde attachée autour de la tête du pleureur : par devant, elle tombait perpendiculairement; le tablier cachait sa poitrine et son estomac; la planche couvrait son cou et ses épaules, et les coquilles masquaient son visage. Une de ces coquilles était percée d'un petit trou à travers lequel celui qui la portait regardait pour se conduire. La coquille supérieure et les longues plumes dont elle était entourée s'étendaient au moins à deux pieds au delà de la hauteur naturelle de l'homme. Le reste de l'habillement n'était pas moins bizarre. Le pleureur mettait d'abord le vêtement ordinaire du pays, c'est-à-dire une natte ou une pièce d'étoffe trouée au milieu; il plaçait dessus une seconde pièce de la même espèce, mais dont la partie de devant, qui retombait presque jusqu'aux pieds, était garnie de boutons de coques de coco. Une corde d'étoffe brune et blanche attachait ce vêtement autour de la ceinture; un large manteau de réseau, entouré de grandes plumes bleuâtres, couvrait tout le dos, et un turban d'étoffes brunes et jaunes, retenues par de petites cordes brunes et blanches, était placé sur la tête. Un ample chaperon d'étoffes avec des rayures parallèles et alternativement brunes, jaunes et blanches, descendait du turban sur le cou et sur les épaules, afin qu'on n'aperçût presque rien de la figure humaine. Ordinairement le plus proche parent du mort portait cet habillement bizarre(*). Il tenait dans une main deux grandes coquilles perlières, avec lesquelles il produisait un son continu, et dans l'autre un bâton armé de dents de *goulu*, dont il frappait tous les

(*) Cook, tom. I.

naturels qui s'approchaient par hasard de lui (voyez pl. 149 et 150). On n'a jamais pu découvrir quelle est l'origine de cette singulière coutume; mais il semble qu'elle est destinée à inspirer de l'horreur, et l'ajustement bizarre qu'on vient de décrire, ayant cette forme effrayante et extraordinaire que les femmes attribuent aux esprits et aux fantômes, on est tenté de croire qu'il y a quelque superstition cachée sous cet usage funéraire. Peut-être imaginaient-ils que l'âme du mort exige un tribut d'affliction et de larmes, et c'est pour cela qu'ils appliquaient à ceux qu'ils rencontraient des coups de dents de *goulu* : mais leur douleur n'allait pas jusqu'à se frapper eux-mêmes.

USAGE DE PORTER LES ONGLES LONGS.

C'était un usage de distinction parmi les Taïtiens de porter les ongles des doigts fort longs, parce que, pour les laisser croître de cette manière, il ne faut pas être obligé de travailler. Nous avons vu cette coutume en Chine, et elle est répandue chez beaucoup d'autres nations. Les premiers voyageurs ont rapporté cette singulière manie, mais ils n'en donnent pas la cause. M. de Meunier en trouve le motif dans l'exemple des Espagnols, qui ont l'ongle de l'index et du petit doigt fort long, afin de s'écurer les oreilles et de pincer de la guitarre; d'où il tire la conséquence que les Taïtiens ont peut-être adopté le même usage pour jouer de quelque instrument (*); mais on verra par la suite, par la description de leurs instruments et par la manière dont ils s'en servent, que leurs ongles sont superflus pour cet usage, et nous croyons ne devoir l'attribuer qu'à la vanité.

SALUTATIONS ET AUTRES USAGES PARTICULIERS.

Les insulaires avaient l'habitude de saluer ceux qui éternuaient, en leur disant : *Evaroua-e-Atoua*, que le bon *Atoua* te réveille, ou bien que le mauvais *Atoua* ne t'endorme pas. Voilà des expressions et un usage d'une origine commune avec les nations de l'ancien continent (*).

FABRICATION DES VÊTEMENTS.

Ils fabriquaient et fabriquent encore leurs étoffes, en battant l'écorce fibreuse du mûrier. Ils employaient pour cela un morceau de bois carré qui a des sillons longitudinaux et parallèles, plus ou moins serrés suivant les différents côtés. Ils se servaient de maillet pour battre, et d'une poutre au lieu de table; ils mettaient dans une gousse de noix de coco une espèce d'eau glutineuse, dont ils frottaient de temps à autre les pièces de l'écorce pour les coller ensemble. La corde, qui vient de l'*hibiscus esculentus*, est absolument essentielle dans la fabrique de ces immenses pièces d'étoffes, qui, ayant quelquefois trois ou quatre pieds de large et cinquante de long, sont composées de petits morceaux d'écorce d'arbres d'une très-petite épaisseur. En examinant avec soin leurs plantations de mûriers, on n'en trouve jamais un seul de vieux; dès qu'ils ont deux ans, on les abat, et de nouveaux s'élèvent de sa racine, car il n'y a pas d'arbre qui se multiplie davantage; et si on le laissait croître jusqu'à ce qu'il fût en fleur, et qu'il pût porter des fruits, peut-être couvrirait-il bientôt le pays. Il faut toujours enlever l'écorce des jeunes arbres. On a soin que leurs tiges deviennent longues sans aucunes branches, excepté seulement au sommet, de sorte que l'écorce est la plus entière possible. Autrefois les femmes occupées du travail qu'on vient de décrire, portaient de vieux vêtements déguenillés et fort sales, et leurs mains, accoutumées à ces sortes de travaux assez pénibles pour un sexe faible, devenaient facilement très-dures et très-calleuses (**).

(*) Esprit des usages des différents peuples, t. II, pag. 201.

(*) Cook, t. I, pag. 319.
(**) Bougainville, t. II, pag. 85.

ARMES.

Les Taïtiens faisaient usage jadis des arcs et des flèches, des piques, des dards, des massues, des casse-tête, des bâtons noueux, de la fronde et des pierres qu'ils lançaient avec la main ou avec le pied. Leur manière de tirer était singulière : ils s'agenouillaient, et au moment où la flèche partait, ils laissaient tomber l'arc. Ils ne s'en servaient que pour tuer des oiseaux, et surtout des tourterelles assez grasses dont ils avaient une grande quantité.

SIGNES DE PAIX.

Leur manière de désigner la paix était d'agiter une large feuille verte qu'ils tenaient en main, en poussant des acclamations réitérées de *tayo-e*. La tige de bananier qu'ils jetaient à ceux avec lesquels ils cherchaient à lier amitié était un symbole de paix; ils faisaient alors différents présents qui consistaient en diverses productions du pays (*).

RECRUTEMENT.

Lorsque les insulaires voisins voulaient former une attaque contre l'île, chaque district de Taïti, sous le commandement d'un arii ou chef, était obligé de fournir son contingent de soldats pour la défense commune, et les forces réunies de l'île étaient commandées par l'arii Rahi ou roi (**).

PORTRAITS, CARACTÈRES ET OCCUPATIONS.

Les peuples montagnards sont plus libres et se laissent plus difficilement asservir que ceux des plaines, et les peuples insulaires ont moins d'obstacles à vaincre pour être heureux, que les peuples des continents, parce que les îles étant ordinairement d'une petite étendue, une partie des habitants ne peut pas être employée à opprimer l'autre. La mer les séparant des grands empires, la tyrannie ne peut y envoyer ses suppôts à l'aide de la tyrannie. Les conquérants affrontant moins facilement les dangers et les nécessités de la mer, pour aller chercher au loin des hommes à vaincre et à asservir, qu'ils ne le font sur les continents, les peuplades insulaires risquent moins de devenir tributaires d'autres peuplades, et conservent plus aisément leurs lois. Sans doute, les heureux habitants de Taïti durent la douceur de leurs mœurs antiques à ces avantages politiques de la situation de leur patrie.

La vie de ces insulaires se passait dans un long repos et un léger travail. Ils se levaient avec le soleil; ils allaient se laver à la rivière ou à une fontaine; ils passaient le matin à travailler ou à se promener jusqu'à ce que la chaleur fût fatigante. Ils se retiraient alors dans leurs habitations, ou ils se reposaient à l'ombre d'un arbre : là ils s'amusaient à lisser leurs cheveux ou à les parfumer d'huile odorante, ou ils jouaient de la flûte et chantaient, ou enfin ils écoutaient le ramage des oiseaux. A midi ils dînaient; après leur repas, ils reprenaient leurs travaux ou leurs amusements domestiques, et l'on remarquait dans cet intervalle une affection mutuelle répandue dans tous les cœurs; les voyageurs ont souvent joui de ce spectacle d'innocence et de bonheur. Les saillies gaies sans malice, les contes simples, la danse joyeuse et un souper frugal amenaient la joie. On se lavait une seconde fois à la rivière, et on finissait ainsi la journée sans inquiétude et sans peine. Si l'on faisait un parallèle de cette vie sauvage avec celle des peuples civilisés, quel contraste! où trouverait-on la vraie jouissance? C'est ce qui reste à penser. Voici à ce sujet ce que dit Montesquieu : « Ces Indiens croient que le repos et le néant sont le fondement de toutes choses et la fin où elles aboutissent; ils regardent donc l'entière inaction comme l'état le plus parfait et l'objet de leurs désirs; ils donnent au souverain être le surnom d'Immobile. Les Siamois croient que la félicité suprême consiste à n'être point obligé d'animer une machine et

---

(*) Cook, t. I. p. 300.
(**) Relation de Cook; Banks et Solander, II, pag. 522.

faire agir un corps. Pour un pays où la chaleur excessive énerve et accable, le repos est si délicieux et le mouvement si pénible, que ce système de métaphysique paraît naturel. Malgré cela, plus les causes physiques portent les hommes au repos, plus les causes morales les en doivent éloigner. »

La fabrique des étoffes est un passe-temps très-agréable, et la construction des cabanes et des pirogues, ainsi que les manufactures des outils et des armes, sont des occupations amusantes, parce que les ouvriers jouissent du fruit de leurs travaux. Les Taïtiens passaient donc la plupart de leurs jours dans un cercle de jouissances variées, et au milieu d'un pays où la nature a formé des paysages charmants, où la température de l'air est chaude, mais rafraîchie sans cesse par une brise de mer, où enfin le ciel est presque toujours serein.

MAISONS.

Pour former l'emplacement de leurs cases, les Taïtiens ne coupaient des arbres qu'autant qu'il leur en fallait pour empêcher que le chaume dont elles étaient couvertes ne pourrît par l'eau qui dégoutterait des branches; de manière qu'en sortant de sa cabane le Taïtien se trouvait sous l'ombrage le plus agréable. C'étaient surtout des bocages d'arbres à fruits sans broussailles, et entrecoupés de chaque côté par des sentiers qui conduisaient d'une habitation à l'autre. Les maisons construites ordinairement sur la grève, n'étaient pas rangées en villages, mais éloignées les unes des autres d'environ cinquante pieds et environnées de petites plantations. Rien n'était plus délicieux que ces ombrages dans un climat si chaud; il était impossible de trouver de plus jolies promenades. Un air pur y circulait librement, et les maisons n'avaient point de murailles : elles recevaient les zéphyrs et les vents du côté où ils soufflaient. Il y avait et on voit encore d'autres maisons beaucoup plus grandes qui sont bâties pour servir de retraite à tous les habitants d'un canton. Quelques-unes ont deux cents pieds de long, trente de large et vingt d'élévation; elles sont construites et entretenues aux frais communs du district pour lequel elles sont destinées, et elles sont environnées de palissades.

REPAS.

Dans la vie simple, naturelle et presque patriarcale que menaient ces insulaires, leurs repas, quoiqu'ils n'eussent pas de tables, se passaient avec beaucoup de propreté; leurs mets étaient trop simples et en trop petit nombre pour qu'il y régnât de l'ostentation. Ils mangeaient ordinairement seuls; cependant, lorsqu'un étranger les visitait, ils l'admettaient quelquefois à manger avec eux. Le Taïtien s'asseyait sous un arbre vis-à-vis de sa maison; sa nappe consistait en une certaine quantité de feuilles; un panier contenait sa provision, et des coques de noix de cocos étaient ses bouteilles, qui contenaient de l'eau salée et de l'eau douce.

Les indigènes d'un rang plus élevé que le peuple se lavaient la bouche et les mains, avant, pendant et après le repas. Ces peuples y prenaient une quantité étonnante d'aliments, et s'endormaient bientôt après; il n'y avait que les jeunes gens qui restassent éveillés par l'effervescence et l'activité de leur âge. Quoique les naturels aimassent déjà beaucoup les manières européennes, ils éprouvaient une grande difficulté à manger à table avec des couverts. Le capitaine Furneaux ayant fait manger un insulaire avec lui, celui-ci entreprit de se servir du couteau et de la fourchette dans le repas; mais lorsqu'il avait pris un morceau avec la dernière, il ne pouvait parvenir à conduire cet instrument; il portait la main à sa bouche, entraîné par la force de l'habitude, et le morceau qui était au bout de sa fourchette allait passer à côté de son oreille. Les grands aujourd'hui mangent à table et selon nos usages, ainsi que le font les osmanlis d'un haut rang en Turquie, et les fonctionnaires publics en Égypte.

OCÉANIE.

NOURRITURE.

La nourriture du peuple taïtien consistait principalement en poisson, en coquillages, taro, fruits de l'arbre à pain, bananes et cocos. La chair de porc, réservée pour les chefs, n'arrivait aux tables du peuple que de temps en temps, aux jours solennels. Les vivres étaient cuits dans des fours en terre, et rarement rôtis. Outre ces produits, on avait encore, pour servir d'aliment, la châtaigne d'*inocarpus*, l'igname ou *ouhi*, la patate douce ou *oumara*, une autre racine nommée *patera*, la racine du *pia*, dont les Anglais font aujourd'hui d'excellent *arrowroot*, les fruits du *spondia dulcis* ou *evi*, ceux d'un *eugenia* ou *ahia*, quelquefois ceux du *morinda* ou *nono*, et les jeunes pousses du *pohoue* ou *convolvulus brasiliensis*, et d'une grande fougère nommée *noche*. On n'avait recours qu'en temps de disette à ces derniers aliments, ainsi qu'aux tubercules de l'*arum rumphii*.

Comme tous les prétendus *sauvages*, les Taïtiens n'avaient pas d'heures fixes pour prendre leur nourriture; ils mangeaient quand la faim les pressait, et ils mangeaient souvent. Anderson nous apprend que leur principal repas était pourtant dans la soirée.

MANIÈRE D'APPRÊTER LES ALIMENTS.

Leur manière de faire cuire la viande était assez ingénieuse : ils produisaient du feu en frottant le bout d'un morceau de bois sur le côté d'un autre; ils faisaient ensuite un creux d'un demi-pied de profondeur et d'environ trois pieds de circonférence; ils en pavaient le fond avec de gros cailloux unis; ils faisaient du feu avec du bois sec, des feuilles et des noix de cocos. Lorsque leurs pierres étaient assez chaudes, ils séparaient les charbons et retiraient les cendres sur les côtés; ils couvraient le foyer d'une couche de feuilles vertes de cocotier, et ils y plaçaient l'animal qu'ils voulaient cuire, après l'avoir enveloppé de feuilles de plane. Si c'était un petit cochon, ils l'apprêtaient ainsi sans le dépecer; ils le coupaient en morceaux, s'il était gros. Lorsqu'il était dans le foyer, ils le recouvraient de charbons, et ils mettaient par-dessus une couche de fruits à pain et d'ignames, également enveloppés dans des feuilles de plane; ils y répandaient ensuite le reste des cendres, des pierres chaudes et beaucoup de feuilles de coco; ils revêtaient le tout de terre, afin d'y concentrer la chaleur. Ils ouvraient le trou après un certain temps proportionné au volume de l'animal qu'il contenait; alors ils en tiraient la viande, qui était tendre, pleine de suc, et beaucoup meilleure que si elle avait été apprêtée d'une autre manière. J'ai vu quelques Tatares employer une méthode assez semblable à celle-ci, qui est encore en usage chez la plupart des habitants de Taïti. J'ai mangé quelquefois, suivant cette méthode, dans plusieurs îles de l'Océanie, et, je l'avoue, ces rôtis m'ont paru supérieurs à ceux de nos meilleures tables. Le jus des fruits et l'eau salée formaient toutes les sauces. Ils n'avaient d'autres couteaux que des coquilles avec lesquelles ils découpaient très-adroitement, et dont ils se servaient en mille occasions. Les sauvages caraïbes et les Hurons des environs du lac de Niagara ignorent également l'usage de vases ou de poteries qui supportent l'action du feu; ils n'ont aucune idée de l'eau chaude ni de ses effets, et comme ils n'ont aucun ustensile pour la contenir et la soumettre à la chaleur ignée, ils ne conçoivent pas plus qu'on puisse échauffer l'eau que la rendre solide.

BOISSONS.

L'eau était et est encore leur boisson habituelle; mais l'ava était et est toujours leur boisson recherchée, quoiqu'ils la boivent souvent en secret. Leur manière de la préparer était aussi simple que dégoûtante. Ils exprimaient la liqueur qu'ils faisaient avec l'*ava*, de la racine de la plante qui porte ce nom. Plusieurs personnes mâchaient ces racines jusqu'à ce qu'elles fussent molles et tendres; ensuite elles les crachaient dans un même plat de bois. Quand elles en avaient mâché une quantité suffisante, elles y mettaient plus ou moins d'eau, suivant que le jus de la racine était plus ou moins fort. Dès que le jus était ainsi délayé, on le passait à travers une étoffe fibreuse, qui tenait lieu de pressoir. La liqueur dès ce moment était potable. Elle se faisait au moment où on voulait la boire ; elle avait un goût de poivre ; malgré cela, elle était assez insipide. Quoiqu'elle soit enivrante, elle ne produisait pas son effet sur les naturels qui en buvaient avec modération et peu à la fois. Ils mâchaient souvent cette racine, comme les Européens mâchent le tabac, les Indiens le bétel, et les Malais le bétel ou le gambier, et ils avalaient leur salive. Plusieurs mangeaient des morceaux de cette racine.

PROPRETÉ.

Outre l'usage des insulaires de Taïti de se laver la bouche et les mains plusieurs fois dans les repas, ils se lavaient encore constamment tout le corps dans une eau courante, trois fois par jour, à quelque distance qu'ils fussent de la mer ou de quelque rivière. On ne trouvait sur leurs vêtements aucune tache ni malpropreté ; en sorte que dans une assemblée nombreuse de Taïtiens on n'était jamais incommodé que de la chaleur. On n'en peut pas dire de même des sociétés les plus brillantes de l'Europe.

MASSAGE.

La manière que les Taïtiens employent pour se délasser était assez naturelle. Les femmes étaient chargés de cet emploi envers les étrangers. Elles frottaient de leurs mains les bras et les jambes, et elles pressaient doucement les muscles entre leurs doigts. Il paraît que cette opération facilite la circulation du sang, et rend leur élasticité naturelle aux muscles fatigués ; ce qu'il y a de certain, c'est que l'effet de ce frottement est extrêmement salutaire. J'ai vu le massage en usage chez les Chinois, les Hindous, les Arabes, et chez la plupart des Orientaux. Ce raffinement de volupté était connu même des Romains.

COUTUMES RELATIVES A LA POLITESSE.

Outre la politesse et la bienveillance qu'ils avaient pour les étrangers, ils employaient certaines démonstrations qui exprimaient le respect qu'ils devaient aux supérieurs. C'était une marque du respect dû au souverain du pays que d'avoir devant lui les épaules et la tête nues ; les plus grands seigneurs n'étaient pas exceptés de cet usage. Les Taïtiens portaient ordinairement les cheveux courts, et les porter long est un privilége accordé aux princesses du sang royal. Leur rang ne les dispensait cependant pas d'avoir les épaules découvertes en présence du roi, cérémonie qui procurait aux femmes les occasions de développer toute la beauté de leurs formes.

OCCUPATIONS DU SOIR.

On a déjà dit que ces insulaires se couchaient une heure après le court crépuscule du soir. Lorsqu'il était nuit et qu'ils étaient rassemblés en famille, ils chantaient des chansons ; et quoiqu'ils n'eussent pas de feu pour se chauffer, ils se servaient pourtant d'un feu artificiel entre le coucher du soleil et le temps où ils allaient se reposer.

CARACTERE.

Les Taïtiens étaient légers et oublieux, très-expansifs, plutôt portés à la bonté qu'à la méchanceté ; ils étaient, ainsi que les enfants, toujours prêts à exprimer par des larmes tous les mouvements de l'âme dont ils étaient fortement agités, et comme eux ils paraissaient les oublier dès qu'ils les avaient versées ; ils avaient donc la sensibilité du moment. Mais il n'est pas étonnant que le chagrin de ces peuples sans art fût passager, et qu'ils exprimassent sur-le-champ et d'une manière forte les sentiments qui les animent ; ils n'avaient jamais appris à déguiser ou à cacher ce qu'ils sentaient, et comme ils n'avaient point de ces pensées habituelles qui rappellent sans cesse le passé et anticipent l'avenir, ils étaient affectés par toutes les variations du moment, ils en prenaient le caractère, et changeaient de dispositions toutes les fois que les circonstances changeaient. Ils ne suivaient point de projets d'un jour à l'autre, et ne connaissaient pas ces sujets continuels d'inquiétude, dont la pensée est la première qui s'empare de l'esprit au moment du réveil, et la dernière que l'on quitte au moment du sommeil. Cependant, si l'on admet qu'ils étaient plus heureux que nous, il faut dire que l'enfant est plus heureux que l'homme, et que nous avons perdu du côté du bonheur en perfectionnant notre nature, en augmentant nos connaissances et en étendant nos vues par la civilisation. Ces insulaires ne distinguaient pas la décence de l'indécence : ils satisfaisaient en public à leurs besoins, à leurs désirs, à leurs passions, sans aucun scrupule. Des hommes qui n'ont point d'idée de la pudeur par rapport aux actions, ne sauraient en avoir relativement aux paroles. Aussi la conversation de ces insulaires roulait-elle sur ce qui était la source de leurs plaisirs, et les deux sexes y parlaient de tout, sans retenue, dans les termes les plus simples, et agissaient de même. D'ailleurs la douceur de leur caractère se montrait dans leurs regards et dans leurs actions. Ils donnaient des marques de tendresse et d'affection en prenant les mains ou en s'appuyant sur les épaules de ceux qu'ils aimaient. La confiance de ce peuple et sa conduite cordiale et familière se montraient dans le jour le plus favorable.

A mesure que les hommes vivent en société, ils s'unissent l'empire des lois et d'une police régulière; leurs mœurs s'adoucissent, les sentiments d'humanité naissent en eux, le droit et les devoirs sont mieux connus, la férocité des guerres s'affaiblit, et même au milieu des combats les hommes se souviennent de ce qu'ils se doivent mutuellement. Le sauvage combat pour détruire, le citoyen pour conquérir : le premier est inaccessible à toute pitié et n'épargne personne; le dernier a acquis une sensibilité qui adoucit ses fureurs. Il est encore beaucoup de peuples sauvages, dit Robertson (*), à qui ce degré de sensibilité est totalement étranger. La barbarie avec laquelle ils font la guerre est telle, qu'on ne peut s'empêcher d'en conclure qu'ils sont imparfaitement civilisés. Cette réflexion est toute à la gloire des peuples de Taïti.

Il est doux de penser que la philanthropie semble naturelle à tous les hommes, et que les idées sauvages de défiance et de haine ne sont que la suite de la dépravation des mœurs, qui ne peut exister chez un peuple qui n'en a pas même l'idée. On puise la preuve de cette réflexion dans le fait suivant. Le capitaine Wallis, le 18 juin 1767, ayant eu un différend avec les naturels de Taïti, fit tirer sur eux et en blessa ou tua un grand nombre. Ce bon peuple, quelque temps après, oubliant ce désastre, fit la paix avec le navigateur anglais, et lui fournit beaucoup de rafraîchissements en fruits, en volailles et en cochons. Cependant, il faut l'avouer, les Taïtiens sont peut-être les seuls des peuples polynésiens pour qui la vengeance ne fut pas un besoin.

PENCHANT AU VOL.

Malgré ces qualités naturelles qu'on remarque dans le caractère des Taïtiens, l'on y observe aussi des vices dominants : celui du vol est le plus général. Mais il faut considérer aussi que ces peuples, par les simples sentiments de la conscience naturelle, ont une connaissance du juste et de l'injuste, et qu'ils se condamnent eux-mêmes lorsqu'ils font aux autres ce qu'ils ne voudraient pas qui leur fût fait. Il est plus que certain qu'ils sentent la force des obligations morales, et s'ils regardaient comme indifférentes les actions qu'on leur impute, ils ne seraient pas si fort agités, lorsqu'on leur démontre la fausseté de l'accusation. On doit sans doute juger

(*) Histoire de l'Amérique.

de la vertu de ce peuple par la seule règle fondamentale de la morale, et par la conformité de sa conduite à l'égard de ce qu'il croit être juste ; mais on ne doit pas conclure que le vol suppose dans son caractère la même dépravation qu'on rencontrerait dans un Européen qui aurait commis cette action. Les tentations des Taïtiens sont si fortes à la vue des objets qu'ils croient leur être utiles, que si ceux qui ont plus de connaissances, de meilleurs principes et de plus grands motifs de résister à l'appât d'une action avantageuse et malhonnête, en éprouvaient de pareilles, ils seraient regardés comme des hommes d'une probité rare, s'ils avaient le courage de les surmonter. En effet un Polynésien nous vole quelques couteaux de la valeur d'un sou, de la rassade (*) et des morceaux de verre brisés, mais il ne touche pas à des coffres remplis d'or et de bijoux ; d'où l'on peut conclure que si les Taïtiens étaient portés au vol, il n'était pas si méprisable parmi eux que parmi nous. Un peuple qui satisfait si aisément à ses besoins, et chez lequel les hommes de tous les rangs vivent de même, a peu de motifs de commettre des vols. Les maisons ouvertes, sans portes, sans grillages, sont des preuves bien sensibles de leur sécurité mutuelle. Nous étions plus blâmables qu'eux, puisque nous les exposions à des séductions trop fortes, en leur présentant des objets extrêmement utiles, à la vue desquels ils ne pouvaient résister. Ils semblaient d'ailleurs attacher peu d'importance à leurs larcins, peut-être parce qu'ils croyaient ne pas occasionner de grands dommages.

DES FEMMES EN GÉNÉRAL.

Le capitaine Cook, dans un de ses voyages à Taïti, rapporte un fait qui prouve la licence des femmes en général. Il dit qu'ayant fait monter sur son vaisseau quelques naturels des deux sexes, il y eut une femme qui eut fort envie d'une paire de draps qu'elle vit sur un lit ; et, sur le refus que son conducteur lui en fit, elle insista, et lui promit en échange quelques faveurs : celui-ci ne les dédaigna pas, et, *comme*, dit le navigateur anglais, *la victime approchait de l'autel de l'hymen*, le vaisseau toucha (*). Cet événement imprévu dut interrompre la solennité. Au reste, cette licence existe dans une grande partie de l'Océanie et de l'Afrique. « Dans ce nombre infini d'îles (la Polynésie), dit Montesquieu, divisées en une infinité de petits États, où il n'y a que des misérables qui pillent, et des misérables qui sont pillés, ceux qu'on appelle des grands n'ont que de très-petits moyens ; ceux qu'on appelle des gens riches n'ont que leur subsistance. La clôture des femmes n'y peut être assez exacte pour contenir la corruption des mœurs qui y est inconcevable. C'est là que l'on voit jusqu'à quel point les vices du climat, laissés dans une grande liberté, peuvent porter le désordre ; c'est là que la nature a une force, et la pudeur une faiblesse que l'on ne peut comprendre ; il semble que dans ces pays-là les deux sexes perdent jusqu'à leurs propres lois. En Guinée, quand les femmes rencontraient un homme, elles le saisissaient et le menaçaient de le dénoncer à leur mari, s'il les méprisait..... Elles se glissaient dans le lit d'un homme, elles le réveillaient, et, s'il les refusait, elles le menaçaient de se laisser prendre sur le fait. »

Il est certain que les indigènes de Taïti ne paraissaient pas regarder la continence comme une vertu. Les Taïtiennes vendaient leurs faveurs aux étrangers librement, avant l'introduction du christianisme ; leurs pères et leurs frères les amenaient même souvent eux-mêmes, afin de traiter sur cet article. Ils connaissaient cependant le prix de la beauté, et la valeur du salaire que l'on demandait pour la jouissance d'une femme, était toujours pro-

(*) On entend par rassade une petite quantité de grains de verre pour faire des bracelets et des colliers.

(*) Cook, t. I, p. 305.

portionnelle à ses charmes. Ce n'était pas l'usage, à Taïti, que les hommes, uniquement occupés de la pêche et de la guerre, laissassent au sexe le plus faible les travaux pénibles du ménage et de la culture, comme chez les Hurons, et tant d'autres peuples; une demi-oisiveté dans ces climats était le partage des femmes, et le soin de plaire aux hommes était leur plus sérieuse occupation (*).

LICENCE DES FILLES.

Dans nos climats et dans beaucoup d'autres, on retient les filles par une éducation analogue aux usages. On a soin d'écarter de leur esprit toutes les idées qui tiennent à l'amour. Il arrivait précisément à Taïti tout le contraire. Les jeunes filles dansaient entre elles, et y prenaient des positions et des gestes extrêmement lascifs, auxquels on accoutumait les enfants dès le bas âge. Cette danse était accompagnée de chants qui exprimaient encore plus clairement la lubricité. Ces amusements, permis à une jeune fille, lui étaient interdits dès le moment qu'elle était devenue mère; car elle pouvait chaque jour mettre en pratique et réaliser les symboles de la danse. D'après cela, on ne peut pas supposer que ces peuples aient estimé beaucoup la chasteté. L'infidélité conjugale, même dans la femme, n'était punie que par quelques paroles dures et par quelques coups légers.

Montesquieu rend, en peu de mots, raison de ce désordre apparent. Dans les climats du Nord, dit-il, à peine le physique de l'amour a-t-il la force de se rendre bien sensible. Dans les climats tempérés, l'amour, accompagné de mille accessoires, se rend agréable par des choses qui d'abord semblent être lui-même, et ne sont pas encore lui; et dans les climats plus chauds, on aime l'amour pour lui-même, il est la cause unique du bonheur, il est la vie.

« A mesure que nous approchions de Taïti, dit Bougainville, les insulaires avaient environné les navires. L'affluence des pirogues fut si grande autour des vaisseaux, que nous eûmes beaucoup de peine à nous amarrer au milieu de la foule et du bruit. Tous venaient en criant *tayo*, qui veut dire *ami*, et en nous donnant mille témoignages d'amitié. Tous demandaient des clous et des pendants d'oreilles; les pirogues étaient remplies de femmes qui ne le cèdent pas, pour l'agrément de la figure, au plus grand nombre de nos Européennes; et qui, pour la beauté du corps, pourraient le disputer à toutes avec avantage. La plupart de ces nymphes étaient nues, car les hommes et les vieilles qui les accompagnaient leur avaient ôté la pagne dont ordinairement elles s'enveloppent. Elles nous firent d'abord, de leurs pirogues, des agaceries où, malgré leur naïveté, on découvrait quelque embarras; soit que la nature ait partout embelli le sexe d'une timidité ingénue, soit que, même dans les pays où règne encore la franchise de l'âge d'or, les femmes paraissent ne pas vouloir ce qu'elles désirent le plus. Les hommes, plus simples ou plus libres, s'énoncèrent bientôt clairement; ils nous pressaient de choisir une femme, de la suivre à terre, et leurs gestes non équivoques démontraient la manière dont il fallait faire connaissance avec elle. Je le demande, comment retenir au travail quatre cents Français, jeunes, marins, et qui depuis six mois n'avaient point vu de femmes? Malgré toutes les précautions que nous pûmes prendre, il entra à bord une jeune fille, qui vint sur le gaillard d'arrière se placer à une des écoutilles qui sont au-dessus du cabestan; cette écoutille était ouverte pour donner de l'air à ceux qui viraient; la jeune fille laissa tomber négligemment une pagne qui la couvrait, et parut aux yeux de tous telle que Vénus se fit voir au berger phrygien : elle en avait la forme céleste. Matelots et soldats s'empressaient pour parvenir à l'écoutille, et jamais cabestan ne fut viré avec une pareille activité.

(*) Bougainville, t. II, p. 80.

« Nos soins réussirent cependant à contenir ces hommes ensorcelés ; le moins difficile n'avait pas été de se contenir soi-même. Un seul Français, mon cuisinier, qui, malgré les défenses, avait trouvé le moyen de s'échapper, nous revint bientôt plus mort que vif. A peine eut-il mis pied à terre avec la belle qu'il avait choisie, qu'il se vit entouré par une foule d'insulaires qui le déshabillèrent dans un instant, et le mirent nu de la tête aux pieds. Il se crut perdu mille fois, ne sachant où aboutiraient les exclamations de ce peuple qui examinait en tumulte toutes les parties de son corps. Après l'avoir bien considéré, ils lui rendirent ses habits, remirent dans ses poches tout ce qu'ils en avaient tiré, et firent approcher la fille, en le pressant de contenter les désirs qui l'avaient amené à terre avec elle : ce fut en vain. Il fallut que les insulaires ramenassent à bord le pauvre cuisinier, qui me dit que j'aurais beau le réprimander, mais que je ne lui ferais jamais autant de peur qu'il venait d'en avoir à terre. »

Les Taïtiens faisaient de l'union des deux sexes l'objet d'une cérémonie publique. Plusieurs peuples anciens ont eu l'idée bizarre d'obliger les jeunes filles à immoler en honneur de la divinité, et par une sorte de prostitution sacrée, ce trésor de la virginité, qui, aux yeux des Européens et de la plupart des peuples, constitue la dot la plus précieuse.

JEUNES FILLES PROSTITUÉES PAR DEVOIR CHEZ LES PEUPLES ANCIENS ET MODERNES.

Les Babyloniennes, les plus riches comme les plus pauvres, se livraient, par devoir religieux, aux étrangers dans le temple de Mylitta. Les Phéniciens paraissent avoir eu des fêtes religieuses, desquelles la prostitution des femmes de tout rang faisait partie. A Hiéropolis, la déesse Atargaté reçut jusqu'au temps de Constantin ce genre de culte, dont il reste de nos jours des traces dans l'usage adopté dans quelques villages de supplier les voyageurs de jouir des femmes et des filles de l'endroit. Chez les Arméniens, les familles les plus distinguées livraient leurs filles au même culte dans le temple d'Anaïtis, et c'était même un moyen de les marier honorablement. Il est probable que les nations modernes, chez qui la virginité est proscrite par les lois et les mœurs, attachent à cette idée quelques superstitions inconnues. Les indigènes non chrétiens des îles Philippines ont des fonctionnaires publics chargés de déflorer les vierges avant le mariage, et s'il est vrai que chez les naturels du Brésil et sur la côte d'Or il existe un usage de ne jamais marier une fille vierge, peut-on chercher la cause de ces singulières coïncidences ailleurs que dans l'idée d'un sacrifice agréable à quelque divinité ? Il est prouvé, à l'égard des Taïtiens, qu'ils faisaient de l'union des deux sexes l'objet d'une cérémonie publique dont la description égaye les voyages du capitaine Cook.

Nous trouvons même chez Marco Polo, le premier des voyageurs modernes, une description naïve et détaillée de ce même usage singulier chez les Tibétains ; description qui confirme et éclaircit admirablement les rapports d'Hérodote, qui ont été légèrement révoqués en doute par Voltaire.

« Une coutume honteuse, dit-il, « règne parmi les habitants de cette « contrée : ils ne veulent pas pour « tout au monde épouser une fille « vierge ; mais ils exigent qu'elles aient « auparavant eu commerce avec l'autre « sexe ; *ce qui est*, disent-ils, *agréa-* « *ble à leurs divinités.* » Nous devons à la bonne foi de dire que les manuscrits A et C du grand voyageur Marco Polo, que possède la Bibliothèque royale de Paris, n'ont pas la phrase soulignée. Le premier, à la date de 1298, dit :

Et hia un teil costume de marier fames qe vos dirai. Il est voir qe nul home ne preneroit une pucelle à fame por rien dou monde, et dient qeles na vaillent rien se elles ne sont ures et costumes comaint homes.

Le manuscrit C (en bas latin) dit :

Gens illius contractæ habet malam consuetudinem, quia habent tales mores maritandi feminas, quia nullus potest accipere aliquam virginem in uxorem pro toto mundo, et dicunt quod nihil valet nisi sit consueta stare cum multis hominibus.

En conséquence, lorsqu'il arrivait une caravane de marchands, les vieilles femmes, tant des châteaux que des cabanes, conduisaient leurs filles dans les rues et sous les tentes des marchands, et les faisaient coucher dans le lit de ces voyageurs; elles se disputaient la préférence, et chacune suppliait le voyageur d'agréer sa fille, et de la garder avec lui aussi longtemps qu'il resterait dans leur pays. Lors de leur départ, ils les rendaient à leurs mères, et n'osaient jamais les emmener avec eux; mais ils leur donnaient quelques légers présents ou joujoux. Le manuscrit A dit : *Et puis quant les hommes ont faict à lor volunté de les, et ils se velent partir, adonc arient que donc a cete fame a cui il a ieu, aucune ioie ou aucun seign por ce le que puisse monstrer quant ale se vient à marier, aele a eu amant.*

Plus loin les présents donnés par les marchands sont nommés *signaus*. Le manuscrit C dit : *Et quando mercator jam fecit factum suum, oportet quot det is aliquid gaudiolum sive jocale, ad hoc ut possit ostendere quod aliquis habuit facere secum.*

Les traductions par *Peninus di Bononia* emploient également les mots *gaudiola et jocalia*, que la jeune fille rapportait chez elle. « Celles qui, dans la suite, étaient destinées au mariage, portaient ces joujoux autour du cou, et celle qui en possédait le plus grand nombre était considérée comme avant paru la plus aimable; par conséquent elle était la plus estimée par les jeunes gens qui cherchaient des épouses. Elle ne pouvait apporter à son mari une dot plus agréable qu'une quantité de semblables présents. Lors de ses noces, elle les déployait aux yeux de l'assemblée, et il (le mari) les regardait comme une preuve que leurs idoles ont rendu sa femme aimable aux yeux des hommes. Mais à l'avenir personne n'osait avoir commerce avec elle, puisqu'elle était femme mariée, et cette règle n'était jamais violée.

Nous sommes surpris que ce récit ait pu laisser des doutes dans l'esprit du savant M. Marsden, éditeur anglais de Polo, voyageur si longtemps méconnu et calomnié, et qu'il a traduit et commenté en anglais d'après la traduction italienne(*). Il veut absolument que cette coutume ait pris son origine dans une sordide spéculation, et le texte qu'il a suivi dit pourtant expressément et à deux reprises que c'était une coutume fondée sur la religion; et que les présents, donnés en simples souvenirs, étaient de petits objets qu'on pouvait suspendre à son cou. Nous pensons donc, malgré l'autorité de M. Marsden, que l'intérêt n'était pour rien dans cette coutume bizarre, et qu'elle était, du moins originairement, fondée sur quelque superstition aujourd'hui inconnue.

Nous proposerons une conjecture à ce sujet. Les caravanes de voyageurs dont parle ici Marc Paul n'étaient peut-être que des troupes de *gosseins*, ou pénitents indiens, et les présents qu'ils laissaient à leurs compagnes tibétaines n'étaient que des amulettes, des talismans, des grains de chapelet (**). Encore aujourd'hui les femmes hindoues se livrent à des superstitions de ce genre.

FEMMES MARIÉES CÉDÉES AUX VOYAGEURS.

Nous voyons quelques femmes cé-

(*) Nous regrettons que le savant M. Klaproth n'ait pas achevé son édition de Marco Polo commentée, qui devait être suivie d'une carte analysée des pays qu'il avait visités, et que la Société de géographie de Paris devait publier à ses frais. Le manuscrit français paraît être le premier qu'ait rédigé Marco Polo. Outre le français et le latin, il en existe à la Bibliothèque royale cinq autres, dont un en italien, moins complet que le manuscrit français et imprimé dans la collection de Ramusio. Le savant père, aujourd'hui cardinal Zurla, a éclairci dernièrement le texte, suivi des notes du docte M. Bossi, de l'Institut de Milan.

(**) Voyez Annales des voyages, vol. XVII, et la Dissertation de G. L. D. de Rienzi sur Marco Polo.

dées aux voyageurs dans quelques parties de la Polynésie, mais rarement à Taïti, et point aux Carolines. M. Marsden regarde encore l'intérêt comme le motif de la généreuse hospitalité de quelques Tatares qui cédaient leurs femmes et leurs maisons, pour un court espace de temps, à des étrangers qui passaient par une de leurs villes.

L'admirable Marco Polo s'exprime ainsi (*) :

« Les habitants de Kamul (Hamil) vivaient dans les plaisirs et les amusements. Quand un étranger arrivait chez eux, ils le recevaient de la manière la plus gracieuse; ils ordonnaient à leurs femmes, filles et sœurs, de prévenir tous leurs vœux; puis ils quittaient la maison et se logeaient en ville, abandonnant à leurs hôtes la jouissance de tous leurs droits, et ils leur envoyaient aussi tout ce qui leur était nécessaire, mais contre payement. Ils ne rentraient dans leurs maisons que lorsque les étrangers en étaient sortis. Cette manière d'abandonner leurs femmes aux étrangers, qui, après les périls du voyage, avaient besoin de récréation, passait pour être *agréable à leurs divinités*, et propre à leur assurer du bonheur dans toutes leurs entreprises, ainsi qu'à attirer sur leur famille l'abondance et la richesse. Les femmes, qui étaient fort jolies et très-voluptueuses, obéissaient avec joie aux commandements de leurs maris. »

Voici ce qu'ajoute M. Polo :

« Les habitants de Kaindou avaient la honteuse coutume de ne pas regarder comme un outrage les liaisons que les étrangers, en passant chez eux, pouvaient avoir avec leurs femmes et filles. Au contraire, tous les maîtres de maison allaient au-devant des étrangers, les conduisaient chez eux, et leur abandonnaient toutes les personnes du sexe dans leur maison, où ils les laissaient entièrement les maîtres, et d'où eux-mêmes s'éloignaient. Aussitôt la femme plaçait au-dessus de la porte un signal qui n'était enlevé qu'après le départ de l'étranger; alors le mari avait le droit de rentrer. Ils faisaient cela en l'honneur de leurs idoles, croyant par ces actes d'hospitalité obtenir les bénédictions du ciel et d'abondantes récoltes des biens de la terre. »

Cette étrange hospitalité ne serait-elle pas due à quelques superstitions inconnues, et non à l'intérêt, comme le prétend M. Marsden (*)? Telle est du moins notre opinion.

SOCIÉTÉ INFAME.

La plupart des Taïtiens des deux sexes formaient des sociétés extraordinaires où toutes les femmes étaient communes à tous les hommes. Cet arrangement mettait dans leurs plaisirs une variété continuelle, dont ils étaient tellement affamés, que le même homme et la même femme n'habitaient pas plus de deux ou trois jours ensemble. Si une des femmes de cette société devenait enceinte, ce qui arrivait rarement par raison physique, l'enfant était étouffé à sa naissance, afin qu'il n'embarrassât pas le père dans ses occupations journalières, et qu'il n'interrompît pas la mère dans les plaisirs de son abominable prostitution. Quelquefois la mère, par sensibilité, surmontait cette passion effrénée de la brutalité plutôt que de la nature; mais on ne lui permettait pas de sauver la vie de son enfant, à moins qu'elle ne trouvât un homme qui l'adoptât comme étant de lui. Dans ce cas, ils étaient tous deux exclus de la société, et perdaient pour toujours tout droit aux privilèges et aux plaisirs de l'*arréoy*, nom qu'ils donnaient à cette société infâme.

La classe des arréoys avait d'abominables privilèges : le vol, le pillage étaient permis à ses membres. Vagabonds, licencieux, despotes, ils pouvaient fatiguer impunément le pays de leurs vexations et de leurs désordres. Ils formaient entre eux une ligue puissante, une association compacte, existant non-seulement à Taïti, mais dans presque toute la Polynésie, une secte qui avait à la fois ses traditions, sa généalogie

(*) Livre I, chap. 37.

(*) Annales des voyages, ibid.

et ses priviléges. Ils descendaient de Ourou Tetefa et d'Oro Tetefa, fils de Taaroa et de Hina, et frères d'Oro.

Les arréoys se divisaient en sept classes distinctes dont chacune avait son tatouage. La plus élevée était celle des *avae paraï*, jambe peinte; la seconde celle des *oñ ore*, dont les deux bras étaient tatoués depuis les doigts jusqu'aux épaules : puis venaient la troisième, celle des *haroteas*, tatoués depuis les aisselles jusqu'aux hanches; la quatrième, celle des *houas*, avec deux ou trois petites figures seulement sur chaque épaule; la cinquième, celle des *atoro*, avec une simple marque sur le côté gauche : la sixième, avec un petit cercle autour de chaque cheville; enfin la septième, celle des *pous*, espèce de candidats au tatouage, qui portaient également le nom de *pou fa rearea*, parce qu'à eux était dévolue, dans les grandes occasions, la partie la plus pénible et la plus fatigante des danses, pantomimes, etc.

PUDEUR DES TAITIENNES D'UN CERTAIN RANG.

Malgré ce désordre, qui n'était pas général chez ces insulaires, les femmes de Taïti n'étaient pas toutes portées à accorder les dernières faveurs à ceux qui voulaient les payer, comme l'ont assuré sans fondement quelques voyageurs. Il était aussi difficile dans ce pays, comme dans tout autre, d'avoir des familiarités avec des femmes mariées et avec celles qui ne l'étaient pas, si l'on en excepte toutefois les filles du peuple, et même parmi ces dernières il y en avait beaucoup qui étaient chastes. Il est vrai qu'il y avait des prostituées comme en tout pays; le nombre en était peut-être encore plus grand, et telles étaient les femmes qui venaient à bord des vaisseaux. Il est naturel de penser qu'en les voyant fréquenter indifféremment les femmes chastes et les femmes du premier rang, l'étranger était disposé à penser qu'elles avaient toutes la même conduite, et qu'il n'y avait entre elles d'autre différence que celle du prix. Il est vrai qu'une prostituée ne paraissait pas, aux yeux des femmes chastes, commettre un crime assez noir pour perdre l'estime et la société de ses compatriotes. Ces prostituées ne manquaient pas de vanité : elles ne se donnaient jamais d'autre nom que celui de *tedoua* (grande dame), titre de leurs femmes nobles, et qui s'applique surtout par excellence aux princesses de ces îles. Quand la sœur du roi venait à passer, tandis que les marins de Cook étaient assis dans une maison, les naturels qui les entouraient étaient avertis de découvrir leurs épaules, par des hommes qui, l'épiant de loin, disaient simplement *tedoua harremai* (la grande dame vient ici), ou bien *arie*; ce qui en pareille occasion dénote toujours quelqu'un de la famille royale. Les marins qui n'entendaient pas la langue, croyaient que leurs Dulcinées s'appelaient toutes du même nom, ce qui occasionna de plaisantes méprises. D'ailleurs, les femmes étaient toutes fort habiles dans l'art de la coquetterie; elles se permettaient par ce moyen toutes sortes de libertés dans leurs propos; il n'est donc pas étonnant qu'on les ait taxées de libertinage : mais, selon Cook, il était loin d'être général.

MARIAGES.

Le mariage chez ces peuples n'était qu'une convention entre l'homme et la femme, dont les prêtres ne se mêlaient point; c'était cependant un engagement pour la vie. Dès qu'il était contracté, ils en observaient les conditions; mais si les parties se séparaient d'un commun accord, dans ce cas le divorce se faisait avec aussi peu d'appareil que le mariage. Montesquieu dit à ce sujet : « Il y a cette différence entre le divorce et la répudiation, que le divorce se fait par un consentement mutuel à l'occasion d'une incompatibilité mutuelle, au lieu que la répudiation se fait par la volonté et pour l'avantage d'une des parties, indépendamment de la volonté et de l'avantage de l'autre. » La coutume du pays n'accordait au souverain qu'une seule femme; mais elle lui laissait la liberté de se choisir un certain nombre de concubines.

ESPÈCE DE CIRCONCISION.

Quoiqu'il n'y eût pas de taxe fixée par les prêtres au sujet du mariage, eux seuls avaient le privilége de certaines cérémonies dont ils retiraient des avantages considérables. Une d'elles provenait de l'usage de se piquer la peau; l'autre, de l'usage de se fendre la partie supérieure du prépuce, pour empêcher qu'il ne recouvre le gland. La dernière opération n'est pas tout à fait la même que la circoncision, qui est une amputation circulaire inconnue de ces peuples; et comme c'était le plus grand déshonneur de n'en pas porter les marques, cette cérémonie était très-lucrative aux prêtres, en proportion des facultés et du rang des parties.

CÉRÉMONIE RELATIVE AUX MARIAGES.

Il était d'usage dans l'île de Taïti que les premiers moments destinés au mariage fussent employés publiquement. En conséquence, les nouveaux époux sacrifiaient à Vénus devant une nombreuse assemblée, sans paraître attacher aucune idée d'indécence à leur action : ils ne s'y livraient au contraire que pour se conformer à l'usage. Parmi les spectateurs il y avait plusieurs femmes distinguées, et celle qui présidait à la cérémonie donnait à la victime des instructions sur les différentes épreuves qu'elle devait subir. En général, quoique les filles qui passaient par ces épreuves fussent jeunes, elles ne paraissaient pas toutefois avoir besoin de conseils. Cette cérémonie singulière peut servir à l'examen d'une question qui a été longtemps discutée par les philosophes. La honte qui accompagne certaines actions que tout le monde regarde comme innocentes en elles-mêmes, est-elle imprimée dans le cœur de l'homme par la nature, ou provient-elle de l'habitude et de l'usage? Si la honte n'a d'autre origine que la coutume des nations, il ne sera peut-être pas facile de remonter à la source de cette coutume, quelque générale quelle soit; si cette honte est une suite de l'instinct naturel, il ne sera pas plus facile de découvrir comment elle est anéantie ou sans force parmi ces peuples, chez qui on n'en trouve pas la moindre trace. Cependant, en considérant l'homme sauvage dans ses actions et ses habitudes, on aperçoit que la honte ne doit pas exister dans l'état de pure nature, parce qu'il ne peut y avoir de honte où il n'y a point de crime : elle n'est donc pas imprimée dans le cœur de l'homme par la nature, mais par l'influence des lois, qui sont encore relatives à des raisons de climat. Dans les régions glacées, où les habitants ont toutes les parties du corps constamment couvertes, paraître nu comme les sauvages polynésiens serait regardé comme un acte très-indécent et très-honteux. Il y a des pays civilisés où les femmes montrent leur buste entier; dans d'autres elles le cachent précieusement. C'est un crime énorme à une femme chinoise de montrer son pied; en Europe, les femmes emploient l'art pour faire paraître leurs pieds dans toute l'élégance de leurs formes. D'après cela, on peut conclure que la honte n'est que relative; qu'elle n'est pas dans la nature de l'homme, puisqu'il lui faut des lois pour lui faire connaître et réprimer les excès qui sont les principes de cette honte.

CONNAISSANCES NATURELLES.

Les Taïtiens étaient doués d'une sagacité étonnante pour prévoir le temps qui devait arriver, ou du moins le côté d'où soufflerait le vent. Ils avaient plusieurs manières de pronostiquer cet événement. « La voie lactée, disaient-ils, est toujours courbée latéralement, tantôt dans une direction, tantôt dans une autre, et cette courbure est un effet de l'action que le vent exerce sur elle, de manière que si la courbure continue pendant une nuit, le vent soufflera le lendemain. » Ce principe s'oppose diamétralement aux idées que nous avons de la voie lactée, sur laquelle il est aussi impossible que les vents aient de l'influence, que sur la puissance qui la dirige. Mais il suffit de dire que quelque méthode qu'ils employassent pour prédire le temps, ou au moins le vent qui soufflerait, ils se trompaient rarement. Dans leurs plus grands voyages ils se dirigeaient sur le soleil pendant le jour, et sur les étoiles pendant la nuit. Ils distinguaient toutes les étoiles séparément par des noms; ils connaissaient dans quelle partie du ciel elles devaient paraître, à chacun des mois où elles étaient visibles sur l'horizon; ils savaient aussi, avec plus de précision qu'on ne le pourrait croire, le temps de l'année où elles commençaient à paraître et disparaître. Ils divisaient le temps par *mahama* ou par lunes: ils comptaient treize de ces lunes, et recommençaient ensuite par la première de cette révolution; ce qui démontre qu'ils avaient une notion de l'année solaire. Il est impossible de connaître comment ils calculaient leurs mois de façon que treize de ces mois avaient vingt-neuf jours, en y comprenant un de ces jours dans lequel la lune n'était pas visible. Ils ne se trompaient guère sur le temps qui devait régner dans chacun de ces mois, pour lesquels ils avaient des noms particuliers. Ils donnaient un nom général à tous les mois pris ensemble, quoiqu'ils ne s'en servissent que lorsqu'ils parlaient des mystères de leur religion. Le jour était divisé en douze parties, avant les changements introduits par les missionnaires.

MALADIES.

Il y a peu de maladies chez un peuple dont la nourriture est si simple, et qui en général ne s'enivre presque jamais.

Leurs maladies étaient, selon eux, le résultat des vengeances des dieux et des génies malins. Les moyens curatifs se réduisaient donc aux conjurations des prêtres. La folie n'était pas une maladie, mais une inspiration, un état de divination: aussi les fous étaient-ils respectés. Nous avons déjà observé ce fait à Haouaï et dans l'Inde, fait commun d'ailleurs à presque tout l'Orient.

«L'ivrognerie, dit l'illustre Montesquieu, se trouve établie par toute la terre dans la proportion de la froideur et de l'humidité du climat. Passez de l'équateur jusqu'à notre pôle, vous y verrez augmenter l'ivrognerie avec les degrés de latitude. Passez du même équateur au pôle opposé, vous y trouverez l'ivrognerie aller vers le midi comme elle avait été vers le nord. Ce sont les différents besoins, dans les différents climats, qui ont formé les différentes manières de vivre parmi les hommes; les uns boivent parce qu'ils ont trop chaud; les autres, parce qu'ils ont trop froid.»

Les Taïtiens étaient sujets à la colique, aux érésipèles et à une éruption cutanée de pustules écailleuses qui approchait de la lèpre. Ceux des naturels qui étaient malades vivaient totalement éloignés du reste des habitants. Depuis que les Européens ont pénétré dans cette île, et qu'ils y ont porté la syphilis, on a vu quelques naturels couverts d'ulcères qui paraissent virulents, les laisser exposés à l'air ou à la discrétion des mouches, sans y faire la moindre attention. Comme il n'y a pas de médecins dans un pays où l'intempérance produit des maladies, le Taïtien qui souffrait avait recours à la superstition, et les prêtres étaient ses seuls médecins. La méthode qu'ils suivaient pour opérer la guérison, consistait en prières, en cérémonies et en signes qu'ils répétaient jusqu'à ce que le malade mourût ou recouvrât la santé.

Ces insulaires se plaignaient, en 1773, qu'un vaisseau européen leur avait communiqué une maladie qui, à ce qu'ils disaient, affectait la tête, le gosier et l'estomac, et qui enfin les faisait mourir: ils paraissaient la redouter beaucoup. Depuis ce temps, ils ont demandé à plusieurs voyageurs s'ils l'avaient. Ils appelaient cette maladie *apa-nó-peppe*, comme ils appellent la syphilis *apa-no-pretane*, maladie anglaise, quoiqu'ils convinssent généralement que le vaisseau de M. de Bougainville l'avait apportée dans leur île.

Quoi qu'il en soit, on pourrait conclure que longtemps avant l'arrivée de quelques vaisseaux européens, ces insulaires avaient cette maladie ou quelque autre qui lui ressemblait beaucoup, car Cook entendit parler de Polynésiens morts avant cette époque, d'une maladie qu'il a jugé être la maladie vénérienne. D'ailleurs elle n'est pas moins répandue qu'elle ne l'était en 1779, quand ce voyageur visita ces îles pour la première fois (Cook, t. 1, p. 450). Ce qu'il y a de constant, c'est qu'en 1767 cette maladie n'avait pas pénétré chez les habitants de Taïti, car, selon Cook, aucun homme de ses équipages n'y contracta la syphilis. Comme les Anglais eurent commerce avec un grand nombre de femmes, il paraît évident que cette maladie n'était pas encore répandue dans l'île. « C'est à M. de Bougainville ou à moi, dit Cook, à l'Angleterre ou à la France qu'il faut reprocher d'avoir infecté de cette peste terrible un peuple heureux; mais j'ai la consolation de pouvoir disculper d'une manière incontestable, et ma patrie, et moi. » Cet aveu est établi sur des listes et des journaux soigneusement tenus, des malades et des morts qu'ont occasionnées différentes maladies. La copie est déposée à l'amirauté d'Angleterre, et signée par les convalescents.

On y voit qu'excepté un malade renvoyé en Angleterre sur une flotte, le dernier enregistré pour maladie vénérienne, est déclaré, par la signature et par le rapport du chirurgien, avoir été guéri le 27 décembre 1766, près de six mois avant l'arrivée du navigateur anglais à Taïti, où il débarqua en juin 1767; et que le premier inscrit pour la même maladie au retour, a été mis entre les mains du chirurgien en février 1768, six mois après que ce célèbre marin eut quitté l'île, d'où il partit en juillet 1767. Puisque le capitaine Cook, dans son voyage sur l'*Endeavour*, trouva cette maladie établie dans cette île; puisque le voyage de Bougainville a été antérieur au sien, il est aisé de conclure, malgré les dénégations du navigateur français, qu'au lieu d'appeler la syphilis la maladie anglaise, ces insulaires pourraient l'appeler plus justement que ne l'ont fait les Espagnols, les Portugais et les Napolitains, *la maladie française*.

OPÉRATIONS CHIRURGICALES.

Leurs connaissances en chirurgie étaient assez étendues : il n'y a presque point de naturel, tel blessé qu'il fût, qui ne parvînt à guérir. MM. Banks et Solander citent une occasion dans laquelle un matelot anglais s'étant mis une écharde dans le pied, en souffrait extrêmement. Un vieux Taïtien, présent à cette scène, examina le pied du matelot; il alla sur le rivage prendre un coquillage qu'il rompit avec ses dents, et au moyen de cet instrument, il ouvrit la plaie et en arracha l'écharde, dans l'espace d'une minute. Il avait apporté une espèce de gomme qu'il appliqua sur la blessure; il l'enveloppa d'un morceau d'étoffe, et en deux jours le malade fut parfaitement guéri. Bougainville nous apprend que les Taïtiens pratiquaient la saignée, mais ce n'était ni au bras ni au pied. Un *taoaa*, médecin ou prêtre inférieur, frappait avec un bois tranchant sur le crâne du malade; il ouvrait par ce moyen la veine *sagittale*, et lorsque le sang en avait coulé suffisamment, il ceignait la tête d'un bandeau qui assujettissait l'ouverture; le lendemain, on lavait la plaie avec de l'eau.

NUMÉRATION.

Leur numération ressemblait à celle d'Haouaï. Ils comptaient par *ourou*, dizaine; *rau*, centaine; *mano*, mille; *mano tini*, dix mille; *rahou*, cent mille; jusqu'à *tou*, un million. Les poissons, les fruits d'arbre à pain et les cocos, se comptaient autrefois par couples. Ce peuple, du reste, a toujours eu de la facilité à calculer; et la classe d'arithmétique, au dire des missionnaires, est celle où ils obtiennent le plus de succès.

Ils comptaient de un à dix, nombre des doigts des deux mains, et qu qu'ils eussent pour chaque nombre un nom différent, ils prenaient ordinairement leurs doigts un à un, en passant d'une main à l'autre, jusqu'à ce qu'ils fussent parvenus au nombre qu'ils voulaient exprimer. Quand ils comptaient au delà de dix, ils répétaient le nom de ce nombre, et y ajoutaient le mot *plus*; dix et un de plus signifiaient onze, dix et deux de plus signifiaient douze, et ainsi de suite. C'est l'expression verbale des signes d'algèbre. S'ils arrivaient à dix et dix du plus, ils avaient une nouvelle dénomination pour ce nombre. Lorsqu'ils calculaient dix de ces vingtaines, ils avaient un mot pour exprimer deux cents. On ne sait s'ils avaient d'autres termes pour l'expression de plus grands nombres, et il ne paraît pas qu'ils en eussent besoin; car deux cents, dix fois répétés, montaient à deux mille, quantité si forte pour eux qu'elle ne se rencontrait presque jamais dans leurs calculs.

Les Mexicains avaient une méthode encore plus simple de désigner les nombres; ils avaient inventé pour cela des caractères ou signes de pure convention. La figure du cercle représentait l'unité : elle se répétait pour exprimer les petits nombres; des signes particuliers exprimaient les nombres plus grands, et il y en avait pour désigner les nombres cardinaux depuis vingt jusqu'à huit mille. Ils divisaient l'année en dix-huit mois, chacun de vingt jours, qui tous ensemble font trois cent soixante jours. Avant observé ensuite que le soleil ne faisait pas sa révolution tout entière dans cette période, ils ajoutèrent cinq jours à l'année. Ces cinq jours intercalaires étaient appelés d'un nom synonyme de surnuméraire ou perdus; et comme ils n'appartenaient à aucun mois, pendant toute leur durée on ne se livrait à aucun travail et on ne célébrait aucune cérémonie religieuse. Si une différence si rapprochée entre l'année des Mexicains et l'année vraie prouve que ces peuples ont porté quelque attention à des recherches et à des spéculations astronomiques, on peut en déduire à peu près le même principe à l'égard des Taïtiens, relativement à leurs connaissances; d'où l'on peut conclure que l'origine de ces peuples n'a pas été un état de barbarie.

Les Taïtiens connaissaient encore moins l'art de mesurer les distances que celui de former les nombres. Ils n'avaient qu'un terme qui répondît à notre brasse; lorsqu'ils parlaient de la distance d'un lieu à un autre, ils s'exprimaient, comme les Asiatiques, par le temps qu'il fallait pour la parcourir. Il y a dans le midi de la France quelques départements où l'on exprime par des heures la distance des lieux.

DESCRIPTION D'UNE FLOTTE TAITIENNE.

Les bâtiments de guerre consistaient en une infinité de doubles pirogues de quarante à cinquante pieds de long, bien équipées, bien approvisionnées et bien armées. Les chefs et tous ceux qui occupaient les plates-formes de combat étaient revêtus de leurs habits militaires, c'est-à-dire, d'une grande quantité d'étoffes, de turbans, de cuirasses et de casques. La longueur de quelques-uns de ces casques embarrassait beaucoup ceux qui les portaient; tout leur équipage semblait mal imaginé pour un jour de bataille, et plus propre à représenter qu'à servir. Quoi qu'il en soit, il donnait de la grandeur à ce spectacle, et les guerriers ne manquaient pas de se montrer sous le point de vue le plus avantageux. Le vêtement de ces guerriers était très-bigarré; il consistait en trois grandes pièces d'étoffes trouées au milieu, et posées les unes sur les autres : celle du dessous était la plus large et la plus blanche; la seconde était rouge, et la plus courte brune. Leurs boucliers ou cuirasses étaient d'osier, couverts de plumes et de dents de *goulu*. Il y avait des casques d'une grandeur prodigieuse, ayant jusqu'à cinq pieds de haut. C'étaient de longs bonnets d'osier cylindriques : la partie antérieure était cachée par un demi-cercle plus serré et qui devenait plus large au sommet; il se détachait ensuite du cylindre de manière à former une courbe. Ce fronteau, de la largeur de quatre pieds, était revêtu partout de plumes luisantes bleues et vertes d'une espèce de pigeon, et d'une assez jolie bordure de plumes bleues; un nombre étonnant de longues plumes de queues d'oiseaux du tropique divergeaient de ses bords en rayons, ce qui ressemblait à l'auréole dont les peintres ornent communément les têtes des anges et des saints. Les principaux commandants se distinguaient par de longues queues rondes, composées de longues plumes vertes et jaunes qui pendaient sur leur dos, ce qui les faisait ressembler aux pachas turcs. L'amiral en portait cinq, à l'extrémité desquelles flottaient des cordons de bourre de coco entremêlés de plumes rouges; il ne portait point de casque, mais un turban. Des pavillons, des banderoles, décoraient les pirogues, de sorte qu'elles formaient un spectacle majestueux. Des massues, des piques et des pierres, composaient les instruments de guerre. Les bâtiments étaient rangés les uns auprès des autres, la proue tournée vers la côte; le vaisseau amiral occupait le centre. Entre les bâtiments de guerre il y avait encore des doubles pirogues plus petites qui portaient toutes un pavillon peu spacieux, et un mât et une voile, ce dont manquaient les pirogues de guerre. Ces bâtiments étaient destinés aux transports et à l'avitaillement; car les naturels ne laissaient dans les pirogues de guerre aucune espèce de provisions. Chaque pirogue contenait environ quarante hommes, ce qui donnait sept mille sept cent soixante hommes pour les trois cent trente bâtiments dont cette flotte était composée (voy. pl. 148). Le spectacle d'une pareille flotte augmente encore les idées de puissance et de richesses que l'on a de cette île, et l'on est dans un étonnement extrême en pensant aux outils dont se servaient ces peuples pour leurs travaux, et l'on admire la patience qu'il leur fallait pour abattre des arbres énormes, pour couper et polir ces arbres, pour couper et polir leurs branches, et enfin pour porter ces lourds bâtiments à un si haut degré de perfection. C'était simplement avec une hache de pierre, un ciseau, un morceau de corail et une peau de raie, que ces habitants industrieux produisaient de pareils ouvrages. Une étoffe blanche était placée entre les deux becs de chaque pirogue, ce qui tenait lieu de pavillon, et le vent l'enflait comme une voile. D'autres portaient une étoffe bariolée de rayures rouges, qui servait à reconnaître les divisions de chaque commandant. Ces pirogues allaient à la rame comme à la voile. On remarquait dans chaque bâtiment des amas de pierres et de gros tas de piques et de longues massues, ou des haches de bataille dressées contre la plate-forme, et chaque guerrier tenait à la main une pique ou une massue. Il y avait aussi des amas de grosses pierres. Sur quelques-unes des petites pirogues on apercevait une assez grande quantité de feuilles de bananes; c'était le lit sur lequel l'on déposait les morts : ils donnaient à ces bâtiments le nom de *Ewaa-no te-atoua*, ou pirogues de la Divinité (*).

MANIÈRE DE COMBATTRE.

Ces insulaires avaient beaucoup d'agilité dans les différentes manières de combattre corps à corps. Ils paraient fort adroitement les coups que leurs adversaires essayaient de leur porter. Ils faisaient un saut en l'air pour éviter les coups de massue qu'ils tâchaient de s'appliquer sur les jambes; et, afin d'éviter ceux qui menaçaient leur tête, ils se courbaient un peu, et sautaient de côté, de manière que le coup tombait à terre. Ils paraient les coups de pique et de dard à l'aide d'une pique qu'ils tenaient droite devant eux; ils s'inclinaient ensuite plus ou moins, suivant la partie du corps qu'attaquait leur ennemi, et qu'ils voulaient garantir. Ces champions étaient presque nus.

TROPHÉES.

Les conquérants emportaient les mâchoires des ennemis qu'ils avaient vaincus, et les réunissaient dans un

(*) Cook, t. II, pag. 300.

même lieu en les suspendant dans une espèce d'enceinte, ainsi que les sauvages de l'Amérique septentrionale portent en triomphe les chevelures des hommes qu'ils ont tués.

Les insulaires de l'île de Taïti s'exerçaient à l'art de la guerre par des combats qui se faisaient avec une sorte d'appareil : c'était ordinairement dans une grande place palissadée de bambous d'environ trois pieds de haut. Le chef s'asseyait dans la partie supérieure de l'amphithéâtre, et les principales personnes de sa suite étaient rangées en demi-cercle à ses côtés. C'étaient les juges qui devaient applaudir au vainqueur. Quand tout était prêt, dix ou douze combattants, et qui n'avaient d'autres vêtements qu'une ceinture d'étoffe, entraient dans l'arène; ils en faisaient le tour lentement, et les regards baissés, la main gauche sur la poitrine : de la droite, qui était ouverte, ils frappaient souvent l'avant-bras de la première avec tant de roideur, que le coup produisait un son assez aigu; c'était le signe d'un défi général. Ensuite venaient les défis particuliers, et chacun choisissait son adversaire. Cette cérémonie préliminaire consistait à joindre le bout des doigts et à les appuyer sur la poitrine, en remuant en même temps les coudes du haut en bas avec beaucoup de vitesse. Si l'homme à qui le lutteur s'adressait acceptait le défi, il répétait les mêmes signes; ils se mettaient tout aussitôt l'un et l'autre dans l'attitude de combattre, et à l'instant, ils en venaient aux mains. Le grand point était de saisir l'adversaire par la cuisse, ou par les bras, les cheveux ou la ceinture, et de le renverser. Lorsque le combat était fini, les vieillards applaudissaient au vainqueur par quelques mots que toute l'assemblée répétait en chœur sur une espèce de chant, et la victoire était ordinairement célébrée par trois épouvantables cris de joie, auxquels des oreilles européennes auraient de la peine à s'accoutumer. Pendant le combat on exécutait des danses et des chants. Il est à remarquer que le vainqueur ne montrait à son adversaire aucun signe d'orgueil, et que le vaincu ne murmurait point de la gloire de son rival; pendant tout le combat, on n'observait que la bienveillance et la bonne humeur. Ces combats duraient environ deux heures, après lesquels il y avait un grand repas. Ces sortes de combats ressemblaient assez, mais d'une manière grotesque, aux combats des athlètes de l'antiquité.

CHANTS ET DANSES.

Les chants et les danses, si chers aux Taïtiens, s'exécutaient au son d'un orchestre, pauvre en harmonie. Les instruments étaient les tamtams de diverses grandeurs, la trompette marine, l'*ihara*, sorte de tambour formé par un bout de bambou, comprenant un entre-nœud tout entier, et percé d'un bout à l'autre. On frappait là-dessus avec un bâton. Le dernier instrument était une flûte ou *vivo*, le plus souvent faite avec un roseau d'un pied de long, pourvue de quatre trous, et sur laquelle on jouait avec le souffle des narines. Ses sons, quoique un peu sourds, étaient assez agréables : habituellement cette flûte servait à accompagner les *pehe* ou ballades consacrées à chanter les dieux et les héros.

Leurs danses étaient aussi fort variées. Dans la *heiva* figuraient les hommes et les femmes, mais presque toujours séparément. Les femmes étaient gracieusement costumées. Coiffées de tresses de *tamau*, ou de cheveux humains, ou de guirlandes de la fleur blanche du teaïri, elles avaient les bras et le cou découverts, les seins ornés de coquilles ou de touffes de plumes, puis une robe presque toujours blanche, avec une bordure écarlate (voy. *pl.* 151). Un autre costume non moins gracieux était celui d'une jeune fille qui fut chargée de porter à Cook les présents des insulaires. Sa robe d'étoffe flottait sur un mannequin d'osier, à peu près semblable aux paniers de nos aïeules (voy. *pl.* 152). Les objets offerts étaient étalés là-dessus avec un certain art,

Les mouvements de ces danseuses étaient en général lents et précis : les bras et les jambes allaient dans un parfait unisson avec le tam et la flûte. Le plus souvent ces danses avaient lieu dans des maisons élégantes affectées spécialement à cette destination. Un toit soutenu par des pieux de bois, une palissade basse tapissée de murailles pour le dehors, au dedans une vaste salle tapissée de nattes, sur lesquelles dansaient les acteurs et s'asseyaient les spectateurs : voilà de quoi se composaient ces salles de théâtre. Le *patau*, ou maître de ballet, s'y installait auprès du tambour, et indiquait les figures. Ces danses avaient lieu le soir, et se prolongeaient parfois durant toute la nuit.

JEUX DES FEMMES.

Bougainville nous dit qu'une douce oisiveté était le partage des femmes, que le soin de plaire devenait leur plus sérieuse occupation ; aussi ces sirènes cherchaient-elles tous les moyens de développer les charmes dont la nature les avait comblées. Tantôt, déployant à la fois la grâce et la force, elles se livraient au pugilat avec une ardeur extrême. Mais, par une suite touchante de la douceur de leurs mœurs, aussitôt que l'une d'elles était tombée, l'autre l'embrassait tendrement; elle semblait préférer l'amitié à la gloire (*).

DANSES THÉÂTRALES.

La danse, chez ces peuples, était une sorte de passion. Elle ne se bornait point à l'exécution de quelques pas, elle représentait presque toujours des scènes d'amour ou des combats. Sous un climat délicieux, ces pantomimes devaient se répéter plus fréquemment que partout ailleurs. Un paysage à la fois noble et gracieux leur servait de théâtre ; des hommes, accoutumés à ces espèces de pastorales, après avoir peint l'action par de simples mouvements, voulurent que des paroles ex-

(*) Turnbull, Voyage autour du monde.

primassent les impressions que leur causaient la nature, l'amour, une religion plus poétique que celle des autres nations barbares. Les représentations théâtrales naissaient donc, chez les peuples de cet archipel, des jeux avec lesquels ils avaient une véritable analogie ; ces jeux eux-mêmes ne devenaient habituels que sous le plus beau climat, au milieu de l'abondance et du repos. N'avons-nous point en Europe une preuve de cette influence de la nature sur la poésie dramatique ? C'est sous le beau ciel de l'Indoustan qu'ont été élevés les premiers théâtres.

HEAVA.

Dans les îles de Taïti, les *heava*, toujours mêlés de danses et de chants, ressemblaient davantage à nos opéra qu'à la comédie ou au drame tragique (*). On choisissait les acteurs dans différents rangs de la société ; les sœurs mêmes du roi adoptaient un rôle dans ces compositions improvisées, dont le plan paraît s'être conservé par tradition.

DESCRIPTION D'UN HEAVA, ESPÈCE DE DRAME MIMIQUE.

Oréo fit représenter en présence de Cook, un heava dans lequel jouaient deux jeunes femmes très-jolies. Voici comment il l'a décrit :

« Le spectacle se donna sur un terrain d'environ trente pieds de long et dix de large, renfermé entre deux édifices parallèles l'un à l'autre. L'un était un bâtiment spacieux capable de contenir une grande multitude de spectateurs, et l'autre une simple hutte étroite, soutenue sur une rangée de poteaux, ouverte du côté où l'on jouait la pièce, mais parfaitement fermée d'ailleurs avec des nattes et des roseaux. L'un des coins était natté de toutes parts : c'est là que s'habillaient les acteurs. Toute la scène était revêtue de larges nattes du travail le plus

(*) Vancouver, Voyage autour du monde, t. III, p. 46.

fin et rayées en noir sur les bords. Dans la partie ouverte de la petite hutte, nous vîmes trois tambours de diverses grandeurs, c'est-à-dire, trois troncs de bois creusés, et couverts d'une peau de goulu : quatre ou cinq hommes qui jouaient sans cesse avec les doigts seulement, déployaient une dextérité étonnante. Le plus grand de ces tambours, élevé d'environ trois pieds, en avait un de diamètre. Nous étions assis depuis quelque temps sous l'amphithéâtre, parmi les plus belles femmes de l'île, quand les actrices parurent; l'une était Poyadoua, fille du chef Oréo, et une seconde, grande et bien faite, qui avait des traits agréables et un beau teint pour une habitante de l'archipel de Taïti. Leur habit, très-différent de celui qu'elles mettaient ordinairement, consistait en une pièce d'étoffe brune de la fabrique du pays, ou une pièce de drap bleu européen, serré avec soin autour de la gorge; une espèce de vertugadin de quatre bandes d'étoffe alternativement rouges et blanches, portait sur leurs hanches, et de là pendait jusqu'aux pieds; une toile blanche, qui formait un ample jupon, traînant par terre de tous côtés, semblait devoir les embarrasser dans leurs mouvements; le cou, les épaules et les bras étaient découverts, mais la tête était ornée d'une espèce de turban, élevé d'environ huit pouces, fait de plusieurs tresses de cheveux, qu'on appelle tamou, et placées les unes sur les autres en cercles qui s'élargissent vers le sommet; elles avaient laissé au milieu un creux profond rempli d'une quantité prodigieuse de fleurs très-odorantes de *gardenia*, ou de jasmin du Cap; mais tout le devant du turban était embelli de trois ou quatre rangs de petites fleurs blanches qui formaient de petites étoiles, et qui produisaient sur leurs cheveux très-noirs, le même effet que des perles. Elles se mirent à danser au son des tambours, et, suivant toute apparence, sous la direction d'un vieillard qui dansait avec elles, et prononçait plusieurs mots, que, d'après le son de sa voix, les Anglais prirent pour une chanson. Leurs attitudes et leurs gestes, très-variés, allaient quelquefois jusqu'à l'obscénité; mais ils n'offraient point cette grossière indécence que les chastes yeux des Anglaises contemplent à l'Opéra. Le mouvement de leurs bras était très-gracieux, et l'action continuelle de leurs doigts avait quelque chose de très-élégant; mais ce qui blessa nos idées de grâce et d'harmonie, c'est l'odieuse coutume de tordre la bouche; elles la tordaient d'une si étrange manière, qu'il nous fût impossible de les imiter; elles la retirèrent d'abord de travers, et ensuite elles jetèrent tout à coup leurs lèvres avec des ondulations qui ressemblaient à des convulsions subites.

« Après avoir dansé environ dix minutes, elles se retirèrent dans la partie de la maison où elles s'étaient habillées, et cinq hommes, revêtus de nattes, prirent leurs places, et jouèrent une espèce de drame, composé d'une danse passablement lascive, et d'un dialogue qui avait de la cadence; quelquefois ils se mettaient à crier en prononçant tous ensemble les mêmes mots. Ce dialogue semblait lié à leurs actions. L'un d'eux s'agenouilla, et un second le battit, lui arracha la barbe, et répéta la même cérémonie sur deux autres; mais enfin, le cinquième le saisit et le frappa d'un bâton. Ensuite ils se retirèrent tous, et les tambours donnèrent le signal du second acte de la danse, que les deux femmes exécutèrent presque de la même manière que le premier.

« Les hommes reparurent de nouveau; les femmes les remplacèrent, et finirent le quatrième acte. Elles s'assirent pour se reposer : elles paraissaient très-lasses, car elles suaient beaucoup. L'une d'elles, ayant de l'embonpoint et de la vivacité dans le teint, ses joues étaient couvertes d'un rouge charmant. La seconde, fille d'Oréo, excita l'admiration par son jeu, quoiqu'elle se fût fatiguée la veille à jouer le matin et le soir. »

DU ROI ET DE L'INVESTITURE ROYALE (*).

Voici comment procédait la hiérarchie : le roi, la reine, les frères du roi, les collatéraux par l'ordre du sang. La royauté était héréditaire et les femmes n'en étaient pas exclues. Le plus singulier usage de ces peuples était celui de l'abdication forcée du roi à la naissance de son premier enfant. Le père déclarait lui-même sa propre déchéance, et faisait promener sur l'île une bannière royale aux armes de son héritier. Partout où cette bannière passait intacte, cela signifiait la soumission et l'obéissance; si on la déchirait, c'était la révolte et la guerre. Après l'intronisation, on formait la cour du jeune prince. Comme on le pense, son autorité n'était que nominale. De fait, le père régnait toujours. Le roi et la reine ne marchaient jamais. Ils avaient des porteurs qui les voituraient sur leurs épaules. Quand ils voyageaient, ils faisaient ainsi près de deux lieues à l'heure, transportés par des hommes vigoureux qui se relayaient de distance en distance. Le changement s'opérait en un clin d'œil. Les deux porteurs s'abaissaient, l'un pour mettre à terre le fardeau royal, l'autre pour le recevoir, et le souverain sautait de dessus les épaules de l'un sur celles de l'autre; ce moyen de transport, interdit aux autres *ariis* (seigneurs), se nommait *amo* ou *vaha*. La plus grande marque de respect vis-à-vis du roi et de la reine était de se dépouiller de ses vêtements en leur présence : nobles ou peuple y étaient astreints. Quand on criait *te arii* (voici le roi), il fallait se mettre dans un état de nudité complète, et rester ainsi jusqu'à ce que le monarque eût passé. Si, par nonchalance ou par mauvaise volonté, on manquait à cette déférence, le vêtement devait être déchiré à l'instant même. En passant devant une résidence royale, indiquée par un tii, ou statue en bois, le même cérémonial était exigé. L'investiture royale se célébrait avec magnificence. Variable dans son époque, elle avait lieu assez habituellement quand le prince atteignait sa dix-huitième année. On essayait d'y préluder par quelque miracle, comme la pousse inattendue et soudaine d'un arbre. Le grand signe distinctif de la dignité royale était le *maro-oura*, ceinture serrée, tissue des fibres battues de l'ava, tressées avec des *ouras* ou plumes rouges, prises aux effigies des divinités. Ces plumes devaient transmettre au jeune roi des attributions divines. Des sacrifices humains s'accomplissaient pendant tout le temps employé à la fabrication du maro sacré. Quand tout était prêt pour la cérémonie, le cortége se rendait processionnellement au moraï d'Oro. La statue de ce dieu était posée sur une estrade, et son lit habituel, sorte de banquette en bois ciselé, devait servir de trône au roi. A peine y était-il assis, que le grand prêtre (*tarimoua*), suivi des autres prêtres (*miro-tahouas*), avec le grand tam-tam, des trompettes et divers instruments sonores, avec le *tapaau* au bras, sorte d'instrument en feuilles de cocotier, enlevaient l'idole, qui sortait du temple entre deux haies de ses fidèles adorateurs. La procession se rendait vers la plage, et Oro montait bientôt sur la pirogue sacrée, facile à reconnaître à ses *tapaaus* entrelacés. A un certain signal, le roi, resté jusqu'alors sur le lit du dieu, se levait, et prenant une branche de *mero* sacré coupée dans l'enceinte du moraï, marchait vers la mer, s'y baignait et s'y purifiait. Cette ablution accomplie, il montait la pirogue, où le grand prêtre le ceignait du *maro-oura*, en invoquant la divinité par ces mots : « Répands l'influence du roi sur la mer vers l'île sacrée. » Cependant la foule rassemblée sur le rivage saluait l'investiture du roi par les cris : *Maeva arii! maeva arii!* et ce vivat escortait la flottille de pirogues qui se promenait sur la mer. Les monstres marins eux-mêmes ne manquaient pas de venir s'humilier devant le nouveau souverain des flots. Deux requins déifiés, *Tonoumao* et

---

(*) Extrait de M. J. d'Urville.

Tamhoni, s'approchaient de sa majesté pendant qu'elle se baignait, et la félicitaient de son avénement; mais il est probable qu'on n'admettait leurs hommages qu'à une distance respectueuse. Après cette course nautique, le roi retournait vers le rivage et allait s'étendre sur le lit d'Oro, la tête appuyée sur le coussin sacré de *taféou*, bloc de bois ciselé. Quatre porteurs, membres de la famille royale, l'enlevaient alors, et le conduisaient vers le temple national de Tabou-Tabou-Atéa. Les prêtres suivaient avec leurs instruments, et ensuite les chefs et le peuple vociféraient: *Maeva arii!* Arrivés dans l'enceinte du moraï, on plaçait Oro et son fils à côté du roi sur une plate-forme élevée, et là, dieu et souverain recevaient les hommages du peuple. La cérémonie se terminait par une espèce de saturnale populaire.

Ce caractère divin que l'investiture attribuait au roi, se reproduisait dans tous les objets à son usage: habits, meubles, pirogues, porteurs, cases de passage ou de résidence habituelle; la chose s'étendait même jusqu'à leurs qualifications. Ainsi, les maisons s'appelaient *aroaï*, nuages du ciel; sa pirogue, *anoua-noua*, arc-en-ciel; sa voix était le tonnerre; les lumières de son palais, des éclairs; pour dire qu'il voyageait, on se servait du mot *mahouta*, voler. Enfin, toutes les hyperboles orientales se retrouvaient dans la langue à l'usage de la cour.

DISTINCTIONS SOCIALES.—GOUVERNEMENT.

La distinction des rangs à Taïti, rendait le peuple moins malheureux qu'ailleurs. Outre l'*arii rahi* (le roi), la société se composait de trois classes, à peu près comme aux îles Haouaï; à savoir: celle des *houï-ariis*, comprenant la famille royale et la noblesse; celle des *boue-raatiras*, propriétaires ou principaux fermiers, et celle des *mana-hounes*, ou menu peuple. « Ces trois classes, dit M. d'Urville, se subdivisaient encore, et la dernière comprenait les *titis*, ou esclaves, et les *téoutéous*, ou serviteurs. Les *titis* étaient des prisonniers faits à la guerre ou des habitants des pays conquis; ils étaient rarement privés de la vie, et on les traitait avec douceur; quelquefois même on leur rendait la liberté. Les *téoutéous* se composaient des non-propriétaires qui étaient obligés de se mettre au service des riches.

« La dépopulation des îles, ajoute M. d'Urville, a rendu cette classe peu nombreuse. Les artisans et les pêcheurs étaient quelquefois classés parmi les téoutéous, quelquefois parmi les raatiras. Les raatiras se composaient des individus qui pouvaient mener une existence indépendante, tels que les propriétaires du sol, et ceux qui exerçaient de nobles métiers. Il y avait une hiérarchie dans les raatiras, les uns possédant beaucoup, les autres possédant peu; les premiers rentiers, les seconds fermiers. Cette classe était la partie vitale de la population: plus sobres, plus industrieux, plus moraux que les nobles, ils fécondaient le pays par l'activité et le travail. Dans leur langage figuré, ils disaient: « Taïti est un vaisseau, le roi est le mât, les raatiras sont les cordages. » Les raatiras étaient aussi ou guerriers ou prêtres. Au-dessus d'eux planaient les houï-ariis, ou membres de la famille royale, jouissant d'une immense considération et de nombreux priviléges. Jaloux de leurs prérogatives, ils les exploitaient judaïquement, et veillaient à ce qu'aucun intrus ne se glissât point dans leur caste. Tout fruit d'une union entre un houï-arii et une personne d'un rang inférieur était impitoyablement massacré. »

Au reste, cette division sociale avait quelques rapports avec le gouvernement féodal; mais la simplicité de la manière de vivre de ces peuples devait tempérer ces distinctions et ramener l'égalité dans un pays où le climat et la coutume n'exigent pas un vêtement complet; où il est aisé de cueillir à chaque pas assez de plantes pour en former une habitation décente, commode et pareille à toutes les autres; où, avec peu de travail, chaque individu se procure ce qui est nécessaire à la vie. Des hommes vivant dans un tel état connaissent plus rarement que nous l'ambition et l'envie. Il est vrai que les premières familles possédaient presque exclusivement quelques articles de luxe, les cochons, le poisson, la volaille et les étoffes ; toutefois le désir de satisfaire la gourmandise et la parure peut tout au plus rendre malheureux quelques individus, et non pas une nation. La populace de quelques États policés est malheureuse, parce que les riches ne mettent aucun frein à leurs plaisirs ; mais à Taïti, entre l'homme le plus élevé et l'homme le plus nul, il n'y avait pas cette distance qui subsiste dans les États policés entre un négociant et un laboureur.

L'affection des insulaires pour les ariis, qu'on remarque dans toutes les occasions, donne lieu de supposer qu'ils se regardaient comme une seule famille, et qu'ils respectaient leurs vieillards dans la personne de leurs chefs; d'où l'on peut conclure que dans l'origine la constitution de ce peuple était patriarcale, et que, bien que modifiée par le temps, il est probable qu'avant qu'elle prît la forme que lui a donnée récemment Pomare II, lorsqu'il a publié la nouvelle constitution, la constitution écrite sous l'influence des missionnaires ; il est, dis-je, probable que c'était le vieillard le plus vertueux que les Taïtiens élevaient au rang de pasteur du peuple. La familiarité qui régnait naguère entre le monarque et le sujet, offrait encore des restes de la simplicité antique. Le dernier homme de la nation parlait aussi librement au roi qu'à son égal, et il avait le plaisir de le voir aussi souvent qu'il le désirait. Le prince, pour donner des marques d'égalité, se livrait quelquefois aux mêmes travaux que le peuple, parce qu'il n'était pas encore dépravé par les fausses idées de noblesse et de grandeur. Il pagayait souvent sur sa pirogue, ou jetait le filet, sans croire déroger à sa dignité.

En Chine, l'empereur ouvre tous les ans un sillon dans la terre : on a voulu exciter les peuples au travail par cette cérémonie publique et solennelle. Van-Ti, troisième empereur de la troisième dynastie, cultiva la terre de ses propres mains, et dans son palais il fit travailler à la soie l'impératrice et ses femmes.

Chez les anciens Perses, il y avait un jour de l'année où les rois renonçaient à leur faste pour manger avec les laboureurs.

Il est à désirer que cette précieuse égalité, source de tant d'émulation et de tant de vertus, cette égalité si heureuse dure toujours; et elle devrait même augmenter avec la religion chrétienne, car l'Évangile bien entendu prêche l'égalité, la liberté et la charité ; mais l'indolence des chefs est un acheminement à la destruction, malgré la fertilité inépuisable du sol. Les téoutéous chargés de la culture sentaient à peine le poids du travail. Peu à peu il s'appesantit sur eux ; car le nombre des chefs et des riches s'augmenta dans une proportion beaucoup plus grande que celui des téoutéous, par la raison que les chefs ne faisaient absolument rien. Cet accroissement de travail produisit un mauvais effet sur les corps : les téoutéous devenaient mal conformés et s'affaiblissaient ; plus exposés à l'action du soleil, leur peau se noircit ; en prostituant leurs filles dès le bas âge aux plaisirs des grands, leur race devint beaucoup plus petite que celle de leurs maîtres. Ceux-ci, au contraire, bien nourris et bien entretenus, conservèrent tous les avantages d'une taille extraordinaire, d'une élégance supérieure de formes et de traits, et d'un teint plus blanc, en se livrant à leur appétit vorace, et en passant leur vie dans une entière oisiveté. Aujourd'hui de respectables missionnaires leur ont fait entendre la loi de l'Évangile. Ces Spartacus chrétiens, qui ont brisé les chaînes de l'esclavage et anéanti les causes qui l'avaient produit, ont ranimé dans leurs cœurs le sentiment naturel des droits de l'homme. Cette révolution juste était nécessaire, et tel est le cercle naturel des choses humaines. On ne saurait trop répéter aux Européens que l'introduction même des besoins factices devait hâter cette époque. Si cependant ce changement devait détruire le bonheur de ce peuple intéressant, il serait à désirer que les îles de la mer du Sud fussent restées inconnues à l'Europe et à ses habitants inquiets et dominateurs.

Autrefois le monarque taïtien était continuellement entouré de conseillers judicieux qui avaient une grande part au gouvernement. On ne sait pas au juste jusqu'où s'étendait son pouvoir comme roi, ni quelle autorité il avait sur les chefs; tout paraissait cependant concourir à l'état florissant de l'île. Il est fâcheux qu'on ne connaisse son ancien gouvernement que d'une manière superficielle, car on ne sait pas par quelle liaison et par quel rapport tant de classes d'ordres, de fonctions et d'emplois différents formaient un corps politique. Après y avoir bien réfléchi, on peut assigner à l'ancien gouvernement de Taïti, la forme d'une administration féodale qui avait de la stabilité. Les *jawas* et les *whannas* mangeaient toujours avec le roi; excepté les *téoutéous*, il n'y avait aucun insulaire qui fût exclu de ce privilège, sauf les femmes : car, quel que fût leur rang, elles ne mangeaient jamais avec les hommes. Malgré cette espèce d'établissement monarchique, la personne du roi n'avait rien qui pût la distinguer, aux yeux d'un étranger, du reste des Taïtiens; il était vêtu d'une pièce d'étoffe commune, enveloppée autour de ses reins. Il affectait même de mettre beaucoup plus de simplicité dans ses manières, qu'aucun autre des grands de sa cour. En général, les chefs de ces îles inspiraient l'amour, et non la crainte au peuple : ne doit-on pas en conclure qu'ils gouvernaient avec douceur et équité ?

C'était un usage parmi les *ariis* et les autres insulaires d'un rang distingué, de ne jamais se marier avec les *téoutéous*, ou dans des classes inférieures à la leur. Ce préjugé est probablement une des grandes causes qui produisirent les sociétés appelées *arréoys*, où un grand nombre d'hommes et de femmes se réunissaient, et mettaient en commun leurs épouses et leurs maris. Il est certain que ces sociétés, où les frères pouvaient jouir de leurs sœurs, empêchaient infiniment l'accroissement des classes supérieures, dont elles étaient uniquement composées. La constitution politique de cette île était la même que celle des peuples anciens, à beaucoup d'égards. Les hommes, parvenus au même degré de civilisation et de puissance, se ressemblent les uns les autres plus qu'on ne le croit généralement, même aux deux extrémités du monde. Les chefs des districts de Taïti, par exemple, n'avaient aucun respect pour le monarque. S'il survenait des contestations entre les habitants, touchant la propriété de terres, le plus fort se mettait en possession du terrain contesté; mais le plus faible portait ses plaintes à l'*arii*, qui, si l'on en croit Bougainville, dans les vues politiques de maintenir l'égalité entre ses sujets, manquait rarement d'accorder au plus pauvre la terre qui était en litige. Quoique ce peuple, qui ignorait entièrement l'art d'écrire, et qui, par conséquent, ne pouvait avoir des lois fixées par un titre permanent, ne parût pas vivre sous une forme régulière de gouvernement, il régnait cependant parmi les naturels, une subordination qui ressemblait beaucoup au premier état de toutes les nations de l'Europe, lors du gouvernement féodal, qui accordait une liberté licencieuse à un petit nombre d'hommes, et qui soumettait le reste au plus vil esclavage.

Taïti est divisée en deux péninsules; il y avait dans chacune un *arii rahi* qui en avait la souveraineté. Ces deux espèces de rois étaient traités avec beaucoup de respect par les Taïtiens de toutes les classes; mais ils ne paraissaient pas exercer autant d'autorité que les ariis en exerçaient dans leurs districts. Les *manahounes* cultivaient le terrain qu'ils tenaient de l'*arii* (espèce de baron), et les téoutéous étaient chargés des travaux les plus pénibles; ceux-ci cultivaient en effet la terre sous la direction des manahounes, qui n'étaient cultivateurs que de nom ; ainsi, les grands dédaignaient de se livrer à la culture des terres, qui est réellement, comme le dit Montesquieu, le plus grand travail des hommes. Aussi, dit-il encore, plus le climat les porte à fuir ce travail, plus les lois doivent les y exciter. Ainsi, les lois de certaines parties des Indes qui donnent les terres aux princes et aux sujets avec la condition de les cultiver, ôtant aux simples particuliers l'esprit de propriété, augmentent les mauvais effets du climat, c'est-à-dire, la paresse naturelle et le dégoût du travail. Les téoutéous étaient obligés d'aller chercher le bois et l'eau, d'aller à la pêche, et d'apprêter les aliments.

En général, chacun des ariis avait une espèce de cour composée des fils cadets de sa tribu, qui avaient chacun différents emplois auprès de sa personne.

Nos lecteurs ont déjà vu qu'il était d'usage que l'enfant d'un roi fût souverain pendant la vie de son père ; et que, suivant la coutume du pays, il succédait en naissant à son titre et à son autorité. On choisissait alors un régent ; mais le père du nouveau monarque conservait ordinairement sa place à ce titre, jusqu'à ce que son fils fût en âge de gouverner par lui-même. On s'écartait quelquefois de cet usage, lorsque le père du nouveau roi avait fait quelque action éclatante dans la guerre ; mais pour prévenir, par un plus grand mal, les désordres que pouvait occasionner la commune prétention des enfants de succéder à la couronne, il régnait à Taïti une politique cruelle qui les faisait étouffer en naissant.

CONSIDÉRATIONS SUR L'ÉTAT SOCIAL.

Il est difficile d'apercevoir si, sous un gouvernement aussi imparfait que grossier, la justice distributive était administrée d'une manière fort équitable ; mais on devait commettre peu de crimes dans un pays où il était si facile de satisfaire ses goûts et ses passions, et où, par conséquent, les intérêts des hommes étaient rarement opposés les uns aux autres. « Les peuples des Indes, dit le grand Montesquieu, sont doux, tendres et compatissants ; aussi les législateurs ont-ils une grande confiance en eux. Ils ont établi peu de peines, et elles sont peu sévères ; elles ne sont pas même rigoureusement exécutées. Il semble qu'ils ont pensé que chaque citoyen devait se reposer sur le bon naturel des autres. Heureux climat qui fait naître la candeur des mœurs, et produit la douceur des lois ! »

Les Taïtiens n'avaient ni monnaie, ni signe fictif qui lui ressemblât ; il n'y avait donc dans l'île aucune richesse permanente dont la fraude ou la violence pussent s'emparer, et sur laquelle elles pussent exercer leur empire. « Ce qui assure le plus la liberté des peuples qui ne cultivent point les terres, dit encore l'auteur de l'Esprit des lois, c'est que la monnaie leur est inconnue. Les fruits de la chasse, de la pêche, ne peuvent s'assembler en assez grande quantité, ni se garder assez pour qu'un homme se trouve en état de corrompre tous les autres ; au lieu que, lorsqu'on a des signes de richesse, on peut faire un amas de ces signes, et les distribuer à qui l'on veut. Chez les peuples qui n'ont point de monnaie, chacun a peu de besoins, et les satisfait aisément et également : l'égalité est donc forcée ; aussi les chefs n'y sont-ils point despotiques. » Nous ajouterons que, partout où les lois ne mettent point de restriction au commerce des femmes, il y a peu d'adultères de la part des hommes.

Ces insulaires étaient voleurs ; mais, comme chez eux personne ne pouvait éprouver de grands dommages ou tirer de grands profits du vol, il était rarement nécessaire de réprimer ce délit par des châtiments. Cependant le vol et l'adultère se punissaient quelquefois, quand les coupables étaient pris sur le fait. Dans tous les cas d'injure ou de délit, la punition du coupable dépendait de l'offensé. Comme la punition n'était autorisée par aucune loi, et qu'il n'y avait point de magistrat chargé de la vindicte publique, le coupable échappait souvent au châtiment, à moins que l'offensé ne fût le plus fort. Cependant un chef punissait ses sujets immédiats, quand ils commettaient des fautes à l'égard les uns des autres. Il châtiait même les insulaires qui ne dépendaient pas de lui, lorsqu'ils étaient pris en flagrant délit dans son propre district. Malgré cela, la distinction des rangs était marquée à Taïti, et la disproportion si cruelle, que les rois et les grands avaient droit de vie et de mort sur leurs esclaves et leurs serviteurs; il y avait même, dit Bougainville, une classe de ces malheureux qu'on choisissait pour servir de victimes dans les sacrifices.

MYTHOLOGIE.

La religion des peuples sauvages tient de près à l'aspect de la nature, et exerce une grande influence sur la poésie. Les Taïtiens avaient peuplé leurs collines et leurs bocages de divinités, mais ils ne donnaient âe pouvoir supérieur à aucune d'entre elles (*). Ils croyaient que l'âme est immortelle, et qu'elle était un don du Créateur; et, ainsi que les Hindous, ils l'accordaient aux animaux, aux plantes et aux arbres. Ils animaient pour l'éternité tout ce qu'ils avaient sous les yeux. Quand l'âme des hommes était prête à s'échapper, ils disaient qu'elle voltigeait autour des lèvres du mourant, et qu'elle s'exhalait ensuite dans le sein d'un dieu qui devait la réunir à sa propre substance. Après avoir demeuré quelque temps dans cet état, elle passait dans le lieu où se rassemblait tout ce qui avait joui de l'existence. Comme l'ardeur d'un soleil tropical leur fait souhaiter l'instant où le jour cesse de paraître, ils prétendaient qu'ils devaient passer l'éternité au milieu d'un crépuscule qui ne finirait jamais; et cet état de félicité n'était point censé réservé seulement à quelques individus, il appartenait à tous les êtres animés.

Ces peuples étant souvent divisés par les querelles de leurs chefs, et étant en conséquence souvent armés les uns contre les autres, ils croyaient, comme les anciens Scandinaves, que les âmes de ceux qui avaient été ennemis pendant cette vie, se livraient des combats dans l'autre; mais que si deux époux qui s'étaient tendrement aimés dans ce bas monde, se retrouvaient dans le monde supérieur, aussitôt ils se reconnaissaient, et, qu'après s'être réunis, ils allaient goûter un bonheur éternel dans un Élysée réservé aux bons époux.

Les navigateurs que l'Océan avait engloutis, trouvaient dans les profondeurs de l'abîme, des palais de corail, enrichis des productions les plus agréables, et des régions embellies de tous les dons de la nature. Comme l'existence de ces heureux insulaires avait été remplie de douceur, leur religion ne les menaçait pas de tourments temporaires et encore moins éternels.

Nous ne parlerons pas de l'explication que les premiers missionnaires avaient donnée de la mythologie des Taïtiens : elle a été combattue avec succès par M. Ellis, missionnaire d'un esprit élevé, dont les longues et savantes études dans la langue taïtienne sont d'une autorité incontestablement supérieure. La trinité taïtienne lui parut le résultat d'une interprétation forcée et inadmissible. Il a publié longuement les récits que lui ont faits les indigènes sur l'ancienne théogonie de leur pays. Voici le résumé qu'en a donné M. d'Urville :

« L'opinion générale disait que les dieux étaient tous enfants de la nuit, *Po*, c'est-à-dire, *fanau po*, nés de la nuit. Taaroa lui-même, le premier des dieux (Tanaroa à Haouaï et Tangoroa à Tonga), existait depuis qu'on sortit du *Po*, de la nuit ou du chaos. Quelques sages, ou Taatapaari, croyaient, il est vrai, que l'univers préexistait aux dieux, et que Taaroa n'était qu'un homme déifié après sa mort; mais d'autres le regardaient comme créature et

(*) Anderson, troisième voyage de Cook, t. II, p. 301.

comme dieu. Oro fut son premier fils. Pour communiquer avec les hommes, ces dieux prenaient la forme d'un oiseau, et entraient ainsi dans le *tou*, image ou idole du moraï. Ainsi *Taaroa le père*, *Oro le fils*, *et l'oiseau ou esprit*, telle était la combinaison théogonique qui avait fait entrevoir aux premiers glossateurs un analogue du dogme trinitaire.

« Oro, la divinité nationale de Taïti, prit une femme qui lui donna deux fils, et ces quatre divinités, réunies aux deux dieux principaux, Taaroa et sa femme, Ofeou-Feou Maïteraï, engendrés de la nuit, formaient une espèce de hiérarchie céleste qui semble être la combinaison la plus accréditée. Pomare II parla toutefois à diverses reprises à M. Nott(*) d'un dieu supérieur à tous les autres, nommé *Roumia;* mais le dieu et le nom étaient inconnus aux prêtres de l'île.

« Au milieu de cette confusion de divinités et du chaos de leurs attributs, on ne distingue guère de pensée profonde et philosophique. C'est là évidemment un mélange d'histoire positive et d'idéalités traditionnelles, arrangées par les prêtres pour le vulgaire, ou par le peuple lui-même, toujours avide de merveilleux. Ce serait à remplir de longues et fatigantes pages, si l'on voulait citer les myriades de dieux ou demi-dieux en sous-ordre, hommes ou animaux, déifiés. Le polythéisme hindou, plus connu, n'est pas plus compliqué que le fétichisme taïtien. Quelques divinités pourtant ont un côté poétique qui les détache des autres: tel est Hiro, dieu de l'Océan, qui joue un grand rôle dans la légende nationale. Hiro était un grand voyageur, un aventurier de premier ordre, ne craignant ni les gouffres sous-marins ni les tempêtes les plus furieuses. Il parcourait la mer dans tous les sens, tantôt à la surface, tantôt dans les abîmes, allant faire la conversation avec les monstres de la mer. Un jour qu'il s'était endormi dans une des cavernes les plus profondes, l'ouragan souffle sur un navire qui portait des amis d'Hiro: son sommeil eût donné gain de cause au vent, si l'on n'était venu réveiller le grand pacificateur des flots; il remonta fort en colère et sauva ses amis.

« D'autres dieux de la mer étaient les *atoua-maos*, dieux-requins, ou dieux qui commandaient aux requins. Ces terribles cétacés étaient enrégimentés et disciplinés par eux; ils dévoraient ou respectaient les individus, suivant l'ordre et la volonté du dieu. Dans une pirogue ils reconnaissaient un prêtre, le respectaient, le sauvaient en cas de naufrage. Un de ces hommes privilégiés affirmait gravement à Ellis que le requin aux ordres de son dieu l'avait souvent transporté sur son dos, lui et son père, de Raïatea à Wahine. La fable d'Amphion avait aussi son pendant au sein des mers océaniennes.

« A côté des dieux de la mer étaient les dieux de l'air, légers, gracieux, pleins de merveilleuses facultés. La poésie polynésienne avait ses sylphes et ses gnomes, ses goules et ses salamandres. L'univers entier fourmillait de divinités invisibles qui bruissaient dans l'air, qui verdissaient dans les feuilles, qui écumaient sur les récifs. L'amour et la crainte se mêlaient à toutes ces allégories. Une éclipse de lune épouvantait les insulaires: suivant eux un méchant esprit voulait manger leur astre bienfaisant; ils couraient vers leurs moraïs pour demander aux dieux la délivrance de la lune. La forme et la stabilité de leurs îles dépendaient de leurs dieux; c'était leur pouvoir qui avait aiguisé ces pierres en cônes, ou nivelé en plate-forme une montagne escarpée, située sur la gauche du havre de Talou, à Eïmeo, et qui ne tient à l'île que par une langue étroite.

« Il y avait encore des dieux pour les jeux, des dieux pour les médecins, des dieux pour les ouvriers, et un dieu pour chaque métier, pour le labour, pour le charpentage, pour la maçonnerie, etc., etc. »

(*) Le chef, le doyen et le plus habile des missionnaires établis à Taïti, sous le rapport des sciences sociale et gouvernementale.
G. L. D. R.

« On ne sait rien d'exact sur l'origine de ce peuple. Quelques traditions confuses vivent seules dans le pays. Une légende recueillie par M. Barff dit que le cinquième ordre des êtres intelligents créés par Taaroa et Hina (les deux divinités créatrices) fut appelé *rahou tahata i te ao ia tii* (ordre du monde ou des tiis). Voici comment la chose se passa entre les deux divinités : Hina dit à Taaroa : « Comment obtenir l'homme? les dieux *Jour* et *Nuit* sont établis et il n'y a point d'hommes. » A quoi Taaroa répondit : « Va sur le rivage et dans l'intérieur; va trouver ton frère. — Je suis allé dans l'intérieur, et il n'y est point. — Va dans les mers, et peut-être y sera-t-il, ou sur terre, et il sera sur terre. — Qui est à la mer? — Tiimaa-Raataï. — Qui est *Tiimaa-Raataï*? est-ce un homme? — C'est un homme et ton frère; va-t'en à la mer et cherche-le. » La déesse ainsi congédiée, Taaroa songea aux moyens de former l'homme, et pour cela il prit une substance et une forme, puis se rendit à terre; Hina le rencontra sans le connaître, et lui dit : « Qui êtes-vous? — Je suis Tiimaa-Raa. — Où étiez-vous? Je vous cherchais de toutes parts, à la mer, et vous n'y étiez point. — J'étais chez moi, et puisque vous voilà, ma sœur, venez à moi. — Ainsi soit-il; et puisque vous êtes mon bon frère, vivons ensemble. » Ils vécurent donc époux, et le fils qu'Hina mit au monde se nomma Taï. Ce fut le premier homme. Plus tard Hina eut une fille, qui fut nommée Hina-Arii-re-Monoï; elle devint la femme de Tii, et lui donna un fils qui fut appelé *Taata*, terme qui, à quelques variantes près, signifie homme dans toute la Polynésie. Hina, fille et épouse de Taaroa, grand' mère de Taata, s'étant transformée en une jeune et belle femme, s'unit encore à son petit-fils, et lui donna un couple, Ourou et Fana, les véritables fondateurs de la race humaine.

Une autre tradition que cite Ellis se rapproche des mythes mosaïques. Taaroa, après avoir fait le monde, forma l'homme avec de la terre rouge (*araea*), qui servit même d'aliment à la créature jusqu'à l'apparition de l'arbre à pain. Un jour Taaroa plongea l'homme dans un profond sommeil, et en tira un os, ou *ivi*, dont il fit la femme. Ces deux êtres furent les chefs de la famille humaine. Tout en citant ce récit, Ellis exprime des soupçons sur son authenticité; il ajoute que l'analogie mosaïque pourrait bien ne résulter que d'une équivoque sur le mot *ivi*, qui signifie à la fois *os, veuve, et victime tuée à la guerre.*

« Les récits des naturels ne variaient pas moins touchant l'origine des animaux domestiques trouvés chez eux lors de la découverte: les uns parlaient bien d'une importation faite par des peuples occidentaux; mais d'autres continuaient le système de la création de Taaroa, en disant qu'après l'homme il fit les quadrupèdes pour la terre, les oiseaux pour l'air, les poissons pour la mer. Un petit nombre admettait une autre donnée : suivant eux, un homme des anciens âges, vieillard érudit et puissant, était venu à mourir; de son cadavre putréfié naquit une truie qui peupla l'île de cochons; les cochons, du reste, avaient leurs âmes qui se réunissaient dans un lieu nommé *ofe ouna* C'était une espèce digne d'égards aux yeux des insulaires. Chaque cochon avait un nom tout comme un homme; seulement le nom du cochon était invariable; celui de l'homme changeait aux divers âges de la vie.

«Les îles Taïti avaient aussi leur histoire diluvienne. Taaroa, le premier des dieux, courroucé un jour contre le monde, le précipita dans la mer. Tout fut submergé, à part quelques *aurous* ou points saillants qui, se maintenant au-dessus de l'eau, formèrent les îles actuelles. Tel est le récit dans les groupes de l'est; le groupe de l'ouest en a un autre. Le dieu des eaux, Roua-Hatou, dormait un jour au fond de la mer sur son lit de corail, quand un pêcheur se hasarda sur ce lieu, quoiqu'il fût taboué. Il jeta ses hameçons qui s'engagèrent dans la chevelure du dieu. Croyant avoir fait une belle capture, il tira si fort que le dieu vint à la surface de l'eau, furieux d'avoir été

47ᵉ *Livraison.* (OCÉANIE.) T. II.

dérangé : « Tu vas périr, dit le Neptune taïtien. — Pardon ! pardon ! » cria le pêcheur effrayé et se jetant à genoux. Le dieu fut touché ; il gracia l'homme ; mais il voulut passer sa mauvaise humeur sur les îles ; un déluge fut résolu. Débonnaire jusqu'à la fin, il indiqua au pauvre pêcheur une île de récifs nommée Toa-Marama, située à l'orient de Raïatea. Cet homme y alla, dit-on, avec un ami, avec un cochon, un chien et une couple de poules. Ils y étaient arrivés à peine que l'Océan commença à monter ; la population des îles fuyait devant lui ; mais l'Océan monta toujours jusqu'à ce qu'elle eût péri tout entière. Cet acte de destruction accompli, les eaux se retirèrent. Le pêcheur revint alors avec ses compagnons : il fut le Noé de ce déluge. Ce qu'il y a de plus inexplicable dans cette version, c'est que l'île indiquée comme un mont Ararat est un écueil à fleur d'eau. Quand on pose cette objection aux naturels, ils répondent que cela est ainsi, et que la preuve évidente du déluge sont les blocs madréporiques et les coquilles existant sur les cimes les plus élevées. « Les eaux de la mer seules ont pu les porter jusque-là, disent-ils. »

« L'île de Raïatea semble être un des points les plus importants de l'archipel pour les souvenirs religieux. Là, jadis vivaient des prophètes dont plusieurs portèrent le nom de Mawi. Un des plus célèbres prédit que, dans les siècles à venir, une *waha ama ore* (pirogue sans balancier) arriverait dans ces îles d'une terre lointaine. Une pirogue sans balancier était aux yeux des insulaires une impossibilité. Aussi cette prophétie encourut-elle, du vivant de son auteur, une incrédulité générale ; mais celui-ci insista, et, jetant son *oumate* (écuelle de bois) sur un étang, il déclara que ce serait ainsi qu'arriverait le navire. Cette tradition passa depuis lors de bouche en bouche jusqu'à l'arrivée des Européens. Quand les navires mouillèrent devant Taïti, on les prit d'abord, ainsi que les Mexicains avaient pris les vaisseaux espagnols, pour des îles flottantes, habitées par des dieux qui lançaient le tonnerre ; puis, examinant mieux leur mécanisme : *Te vaha a Mawi, te vaha ama ore*, s'écria-t-on (voilà les pirogues de Mawi, voilà les pirogues sans balancier) ; et ils s'émerveillèrent de la perspicacité de leur prophète.

» Ils avaient une seconde prophétie qui leur annonçait l'apparition d'une pirogue sans corde, et aujourd'hui qu'ils ont vu se réaliser la première, plusieurs d'entre eux attendent que la seconde ait son effet. Ils sont convaincus que Mawi, ayant dit vrai sur l'une, ne s'est pas trompé sur l'autre. « Qu'il arrive un bateau à vapeur à Taïti, dit M. Ellis, et l'oracle sera complétement justifié.

« La généalogie royale, telle que l'établit la tradition, remonte jusqu'aux dieux. Aussi la personne des souverains était-elle essentiellement tabou, et les membres de leur famille marchaient-ils au-dessus du reste de la noblesse. Les deux chefs de la nation, c'était le dieu et le roi, et ce dernier, étant aussi le grand prêtre, cumulait de la sorte les deux autorités. Le titre royal était *arii-rahi* ou *arii-tabou*. Le nom d'Otou était le nom d'avénement.

Ces peuples n'étaient pas idolâtres. Ils n'adoraient rien de ce qui est l'ouvrage de leurs mains, ni aucune partie visible de la création ; ils adoptaient seulement certains oiseaux particuliers, auxquels ils attachaient des idées superstitieuses relativement à la bonne ou à la mauvaise fortune : ils ne les tuaient jamais, et ne leur faisaient aucun mal : cependant ils ne leur rendaient aucune espèce de culte. Ainsi dans l'Hindoustan, le respect superstitieux envers certains animaux est tel, que les Hindous ne connaissent point de bonheur plus grand que de tenir en mourant la queue d'une vache ; et comme ces peuples croient à la métempsycose, ils s'imaginent que dans cette attitude leur âme passe directement dans le corps de cet animal, et ils ne peuvent pas lui souhaiter une demeure plus agréable. On sait l'usage qu'ils font de ses excréments dans leurs ablutions et leurs purifications. Eussent-ils commis le plus grand crime, ils se croient sanctifiés dès qu'ils s'en sont frottés depuis les pieds jusqu'à la tête.

MORAI OU CIMETIÈRE, CONVOIS ET FUNÉRAILLES.

Les Taïtiens donnaient le nom de *moraï* aux lieux où ils allaient rendre aux morts un culte religieux. Ceux qui n'ont pas encore été détruits sont faits en pierre, en forme de pyramides dont la base est un parallélogramme. Ces bâtiments ont environ quarante-quatre pieds de hauteur. Outre le nombre immense de pierres qui entrent dans la structure de ces sortes d'édifices, le corail blanc y est employé avec profusion. On est étonné de voir de pareilles masses construites sans un instrument de fer pour tailler les pierres, et sans mortier pour les joindre; cependant la structure en est aussi compacte et aussi solide que celle des Européens. Aux environs de ce moraï, il y a des *éwaltaïs*, ou petits autels, en assez grande quantité; ils servaient à placer des provisions de toute espèce en offrande à leurs dieux.

Le hangar sous lequel on plaçait le mort était joint à la maison qu'il habitait pendant sa vie. L'un des bouts de ce hangar était ouvert, et le reste était fermé par un treillage d'osier. La bière sur laquelle on déposait le corps mort était un châssis de bois, le fond était couvert d'une natte, et quatre poteaux le soutenaient; le corps était enveloppé d'une natte, et par-dessus d'une étoffe blanche. On plaçait à ses côtés une massue de bois, qui était une de leurs armes de guerre, et près de la tête, qui touche au bout fermé du hangar, deux coques de noix de coco, de celles dont ils se servent pour puiser de l'eau. A l'autre bout du hangar, on plantait à terre, à côté d'une pierre de la grosseur d'un œuf, quelques baguettes sèches et des feuilles vertes liées ensemble. Il y avait près de cet endroit un jeune plane qui était un emblème de la paix, et à côté une hache de pierre. Un grand nombre de noix de palmier enfilées en chapelets étaient suspendues à l'extrémité couverte du hangar, et, en dehors, ils plantaient en terre la tige d'un plane. Au sommet de cet arbre, il y avait une coque de noix de coco remplie d'eau douce. Enfin on attachait au côté d'un des poteaux un petit sac qui renfermait quelques morceaux de fruit à pain grillés. On n'y mettait pas ces tranches dans le même temps, car les unes sont fraîches, tandis que les autres sont gâtées. Il paraît que ces aliments étaient des offrandes qu'ils présentaient alors à leurs dieux: ils ne supposaient pas cependant qu'ils eussent besoin de manger, mais c'était un témoignage de respect et de reconnaissance, et un moyen de solliciter la présence plus immédiate de la divinité. Ces endroits étaient ornés de figures grossièrement sculptées d'hommes, de femmes, de chiens et de cochons; les naturels y entraient de temps en temps d'un pas lent et avec la contenance de la douleur. Le milieu de ces hangars était bien pavé avec des pierres rondes; mais ils étaient vraisemblablement peu fréquentés; car le célèbre Cook y trouva des herbes touffues.

Il y avait un autre lieu où les parents du défunt allaient payer le tribut de leur douleur; on y trouvait une quantité infinie de pièces d'étoffes, sur lesquelles les pleureurs versaient leurs larmes et leur sang; car, dans les transports réitérés de leur chagrin, c'était un usage parmi eux de se faire des blessures avec la dent d'un *goulu de mer*. On enterrait les os des morts dans un lieu voisin de celui où l'on élevait les cadavres, pour les laisser tomber en pourriture. Il est impossible de savoir ce qui peut avoir introduit parmi ces peuples l'usage d'élever les morts au-dessus de la terre jusqu'à ce que la chair fût consumée par la putréfaction, ainsi que nous l'avons vu nous-même chez les Parsis, et d'enterrer ensuite les os. Le principal personnage du deuil proférait quelques mots qu'il récitait jusqu'à son retour chez lui. Les Taïtiens s'enfuyaient à la vue du convoi; le principal personnage restait seul après la cérémonie. Tous ceux qui avaient assisté au convoi allaient se laver dans la rivière, et prendre leurs habits ordinaires; car pour suivre le convoi, ils devaient se barbouiller de noir depuis les pieds jusqu'aux épaules. Les femmes mêmes ne craignaient pas d'en faire autant, c'est-à-dire, de s'enlaidir et de se mettre toutes nues.

« Les moraïs, ou lieux de sépulture, étaient tabous, dit M. d'Urville. même en temps de guerre ; mais parfois les vainqueurs ne s'arrêtaient pas à temps : ils profanaient les tombes, pillaient les autels, enlevaient les idoles, déterraient les ossements pour les aiguiser en armes, comble d'outrage pour les vaincus. Cependant ces violations étaient rares. En temps ordinaire, les temples étaient respectés, ainsi que leurs desservants. On respectait aussi les gardiens des *toupapaus*, personnages essentiellement tabous. »

Taïti pouvait s'appeler la métropole du tabou : nulle part dans les archipels polynésiens cette règle restrictive et prohibitive n'était plus exigeante, plus minutieuse, plus tyrannique, plus cruelle. Depuis la naissance jusqu'à la mort, existait pour les Taïtiens une méticuleuse distinction de vivres permis ou non permis. On retrouvait ce *veto* partout, en santé comme en maladie, dans les temples, hors des temples, sur la grève et dans l'intérieur, au sein des hameaux et des campagnes, dans les repas, dans le sommeil, dans la guerre, au milieu de la mer, dans la case, à la pêche, à la chasse, partout. Les hommes, et ceux principalement qui, de loin ou de près, tenaient au service divin, étaient considérés comme *ras*, ou sacrés ; ils pouvaient, comme tels, manger de tous les aliments que l'on offrait aux dieux ; tandis que les femmes (*noas*) communes ne pouvaient, sous peine de mort, toucher à aucun de ces vivres privilégiés. Le feu des hommes ne pouvait servir à préparer la nourriture des femmes ; il en était de même des corbeilles et des autres ustensiles de ménage. Ce mépris pour le sexe le plus faible, ces interdictions, cette infériorité relative, ne furent pas un des moindres motifs qui jetèrent les femmes dans le christianisme, religion émancipatrice et juste pour elles. Peut-être, sans ce bienfait, les Taïtiennes n'auraient-elles pas pu pardonner au culte nouveau d'avoir condamné les plaisirs et les divertissements pour lesquels elles étaient passionnées.

« On distinguait trois sortes de moraïs : ceux qui servaient à l'île entière et portaient souvent le titre de *tabou-tabou-atéa* (espace très-sacré); ceux qui ne servaient qu'à un district; enfin ceux qui étaient dédiés seulement aux dieux de la famille. Leur forme habituelle était celle d'un vaste rectangle, dont l'étendue variait suivant la fortune de l'individu et l'influence du dieu. Deux des côtés étaient fermés par de hautes murailles de pierre ; la façade était défendue par une palissade basse, et en face s'élevait souvent un bâtiment massif de forme pyramidale, sur lequel on plaçait les effigies des dieux. Au grand moraï d'Ata-Hourou, cette pyramide n'avait pas moins de deux cent cinquante pieds de long sur quatre-vingt-dix de large à la base, et cinquante pieds de hauteur. La surface supérieure avait encore cent soixante-dix pieds de longueur et près de six pieds de largeur ; des degrés de six pieds de hauteur chacun conduisaient au sommet. Les pierres extérieures de la pyramide, composées de madrépores ou de basaltes, étaient placées avec beaucoup de soin et bien équarries, surtout celles des angles ; ce qui avait dû coûter aux naturels des soins immenses.

« Aujourd'hui les moraïs sont à ras du sol ; mais quelque part que l'on aille dans l'archipel, on en trouve des décombres : dans les vallons intérieurs, auprès des villages, sur les promontoires et dans les gorges des collines. Les arbres qui croissaient autour d'eux étaient sacrés ; c'était le plus souvent des *casuarinas* au feuillage mélancolique, des *calophyllum*, des *thespesias* et des *cordias* impénétrables au soleil.

« Les fonctions sacerdotales étaient héréditaires. Les prêtres avaient le rang de chefs. Le roi était quelquefois prêtre du temple national, et la dignité de grand prêtre était toujours confiée à un membre de la famille régnante : cela sans doute dans le but d'éviter des conflits entre les autorités spirituelle et temporelle.

« Le culte se composait de prières ou *oubous*, d'offrandes et de sacrifices. »

TOUPAPAUS OU CORPS EMBAUMÉS.

Cook vit à Oparre le corps embaumé d'un chef nommé Ti (voy. *pl.* 150). Il était couvert et enveloppé d'étoffes; mais à sa prière l'insulaire qui gardait ce toupapau, le plaça sur une espèce de bière, et les savants de l'expédition l'examinèrent à leur aise ; on ne leur permit pas cependant de pénétrer en dedans des palissades qui enfermaient le toupapau. L'insulaire orna le cercueil de nattes et d'étoffes qui produisaient un joli effet. Le corps était entier dans toutes ses parties, et ce qui le surprit bien davantage, la putréfaction paraissait à peine avoir commencé ; car il n'avait point d'odeur désagréable : cependant le climat est très-chaud, et Ti était mort depuis plus de quatre mois. On n'y apercevait d'autre altération qu'une contraction des muscles et des yeux ; les cheveux et les ongles se trouvaient en bon état, et ils adhéraient fortement à la peau ; les diverses jointures avaient de la souplesse, et elles présentaient ce relâchement qui arrive aux personnes attaquées d'un évanouissement subit. M. Anderson, à qui on doit ces remarques, fit des recherches sur les moyens qu'emploient les naturels pour conserver ainsi les corps, et on lui dit qu'immédiatement après la mort, on tirait par l'*anus* les intestins et les autres viscères, qu'on remplissait le ventre et l'estomac d'étoffes ; que s'il y avait de l'humidité sur la peau, on la faisait disparaître, et qu'on frottait tout le corps avec une quantité considérable d'huile de noix de coco parfumée ; que cette friction le conservait assez longtemps sans qu'il tombât en pourriture. Maï assura à Cook que les Taïtiens se servaient alors du suc d'une plante qui croît parmi les montagnes, et d'huile de noix de coco ; qu'ils lavaient souvent le corps avec de l'eau de mer ; qu'on conservait ainsi les restes de tous les grands personnages qui mouraient de mort naturelle ; qu'on les laissait exposés longtemps aux regards du public ; qu'on les exposait d'abord à l'une des extrémités du toupapau (*), les jours où il ne pleuvait pas ; qu'ensuite les jours d'exposition devinrent plus éloignés, et qu'enfin on ne les voyait plus que très-rarement.

PROPHÈTES.

Le 23 août 1777, tandis que les vaisseaux de Cook démarraient de la baie d'Oïtipeha, ce capitaine descendit à terre avec Maï, afin de prendre congé du chef Wahiadoua. Ils causaient avec lui, lorsque l'un de ces enthousiastes fanatiques, qu'ils appelaient *atouas*, parce qu'ils les croyaient remplis de l'esprit de la Divinité, vint se placer devant eux. Les paroles, la démarche et le maintien de ce prophète annonçaient un fou ; une quantité considérable de feuilles de bananier enveloppaient ses reins, et composaient tout son vêtement ; il parlait à voix basse, et d'un ton si criard qu'il était difficile de l'entendre ; néanmoins Maï, qui prétendait le comprendre parfaitement, dit au capitaine que le prophète conseillait au jeune prince de ne pas le suivre à Mataval, ainsi qu'il en avait le désir, et que d'ailleurs les vaisseaux n'atteindraient pas Mataval ce jour-là. Les apparences favorisaient sa prédiction, car il n'y avait pas un souffle de vent ; mais il se trompa. Pendant qu'il pérorait, il survint une ondée de pluie très-forte, qui obligea tout le monde à chercher un asile. Quant à l'atoua, l'orage ne parut point l'affecter ; il continua à brailler autour des Anglais, l'espace d'environ une demi-heure, et se retira. Personne ne fit attention à ses propos,

(*) On donnait quelquefois ce nom au lieu où le corps était gardé.

et les gens du pays se moquèrent beaucoup de ses extravagances. Cook demanda à Wahiadoua ce que c'était qu'un pareil original, s'il était de la classe des arils ou de celle des téoutéous. Le chef lui apprit qu'il était *taata éno*, c'est-à-dire, un méchant homme. Malgré la mauvaise opinion qu'on avait de ce prophète, malgré le dédain qu'on lui témoignait, la superstition maîtrisait les insulaires, au point qu'ils ne doutaient pas que les insensés de cette espèce possédassent l'esprit de la divinité; erreur assez commune dans toutes les parties de l'Orient. Maï paraissait bien instruit sur cette matière; il assura que durant leur accès, ils ne connaissaient personne, pas même leurs amis; que s'ils avaient des richesses, ils les distribuaient au public, à moins qu'on n'eût soin de leur en ôter les moyens; que lorsqu'ils reprenaient leur raison, ils demandaient ce qu'étaient devenues les choses dont ils s'étaient dépouillés, et qu'ils ne semblaient pas conserver le moindre souvenir de ce qui s'était passé pendant leur accès. Ces hommes offraient quelque ressemblance avec les derviches et les fakirs.

CROYANCES RELIGIEUSES.

Les Taïtiens s'imaginaient que tout ce qui existe dans l'univers provient originairement de l'union de deux êtres. Ils donnaient à la divinité suprême, un de ces deux êtres, le nom de *Taroataihetounou;* ils appelaient *Tepapa* l'autre, qu'ils croyaient avoir été un rocher. Ils étaient censés engendrer concurremment et par jonction les mois et les jours. Ces insulaires supposaient que le soleil et la lune, qui sont des dieux, ont également engendré une certaine quantité d'étoiles, et qu'elles se sont multipliées d'elles-mêmes. Ils avaient le même système par rapport aux planètes. Ils supposaient que les éclipses étaient le temps de leur copulation. Ils étaient dans la persuasion que la plus grande partie de la terre est placée à une grande distance de l'orient de leur île, qui a été détachée du continent, tandis que la divinité la traînait vers la mer, avant de s'être décidée sur la forme et l'aspect qu'elle devait lui faire prendre. Ils croyaient aussi qu'il y avait une race inférieure de dieux, qu'ils nommaient *atouas;* ils leur attribuaient la formation du premier homme. Ils les croyaient mâles et femelles; car ils prétendaient encore que ce premier homme, entraîné par l'instinct universel à propager son espèce, n'ayant pas d'autre femelle que sa mère, en eut une fille, et que, s'unissant avec cette fille, il donna naissance à plusieurs enfants qui se multiplièrent pour peupler le monde. *Maouve,* qui est le dieu des tremblements de terre, était le sujet de leur offrande au commencement de leurs repas, et ils mettaient à l'écart quelques mets préparés pour lui. *Tano* est le dieu auquel ils adressaient le plus souvent leurs prières, parce que, selon leurs croyances, c'est celui qui prend une plus grande part aux affaires des humains. Ces peuples, en admettant que l'âme est immortelle, admettaient en même temps deux états de différents degrés de bonheur. Ils imaginaient que les chefs et les principaux personnages de l'île rentreraient dans le premier rang, et les naturels d'un rang inférieur dans le second; car ils ne pensaient pas que nos actions ici-bas puissent avoir la moindre influence sur l'état futur, ni même qu'elles soient connues de leurs dieux en aucune manière. Ils pensaient que l'Être suprême est trop élevé au-dessus des mortels pour être affecté des actions qu'ils peuvent exercer sur la terre. Si leur religion n'influait pas sur leurs mœurs, elle était au moins désintéressée, et le bien et le mal qu'ils faisaient, provenaient ou de l'instinct ou de leur faiblesse. Partout où le penchant de l'homme à adorer, à reconnaître une puissance supérieure, prend une direction modérée, et se porte à admirer et à contempler l'ordre et la bienfaisance qui existent réellement dans la nature, l'esprit de superstition est modéré. Lorsqu'au contraire des êtres imaginaires, ouvrage de la crainte et de l'indolence des hommes, sont supposés conduire l'univers, et deviennent l'objet du culte religieux, la superstition prend des formes plus bizarres et plus atroces.

TATOUAGE.

Le tatouage, ou dessin creusé dans l'épiderme, dont les indigènes de Taïti se décoraient (usage qui existe encore chez leurs voisins et chez presque tous les Polynésiens), nous paraît être un langage hiéroglyphique, entendu par les prêtres d'un bout de l'Océanie à l'autre. Dans ce cas, chaque individu tatoué portait sur son corps l'histoire des initiations auxquelles il avait été admis. Le capitaine Manby, qui a parcouru une partie de la Polynésie, nous avait annoncé qu'il publierait à Londres un ouvrage pour prouver l'identité des figures employées dans le tatouage sur les îles du grand Océan; mais nous ne croyons pas que son ouvrage ait paru, et nous l'attendons avec impatience.

SACERDOCE.

Le sacerdoce était héréditaire dans les familles; il appartenait aux cadets, et il était répandu dans tous les ordres des familles. Les prêtres étaient respectés presque autant que les rois. Toute leur science consistait à savoir les noms, le rang et les attributions des différents dieux, et à les invoquer. Ils avaient aussi plus de lumières sur la navigation et sur l'astronomie que le reste du peuple, et le nom de *Tahowa* qu'on leur donnait, ne signifiait autre chose qu'un homme éclairé.

SUR LES SACRIFICES HUMAINS.

La religion de ces insulaires admettait quelquefois des sacrifices humains. Les hommes convaincus de certains crimes étaient condamnés à être sacrifiés aux dieux, s'ils n'avaient pas de quoi racheter leur vie. Ils prenaient généralement pour victimes les hommes dévoués à la mort par les lois du pays, ou des hommes pauvres de la classe inférieure. Mais les victimes dépendaient le plus souvent du caprice du grand prêtre, qui, dans les assemblées solennelles, se retirait seul au fond de la maison du dieu, et qui annonçait au peuple, en sortant, qu'il avait vu le dieu et conversé avec lui. Ce pontife jouit seul de ce privilége. Il assurait qu'après avoir réfléchi sur le choix de sa victime, le dieu lui avait désigné telle personne présente; et quelquefois l'infortuné périssait victime du ressentiment du grand prêtre, qui, au besoin, avait assez d'adresse pour persuader que le mort était un méchant; car les préjugés de la superstition et de la vengeance sont les plus cruels de tous les préjugés. Voici le récit d'un sacrifice humain exécuté sous les yeux impassibles de Cook.

RÉCIT D'UN SACRIFICE HUMAIN.

La guerre durait depuis quelques années entre les îles d'Eïméo et de Taïti. Taïti envoya en 1774 un armement formidable contre Eïméo; mais cette escadre n'ayant eu aucun succès décisif, une autre expédition devint nécessaire.

Tous les chefs qui se trouvaient à Mataval, dit le capitaine anglais, s'assemblèrent à la maison d'Otou, où j'étais alors, et j'eus l'honneur d'être admis à leur conseil. L'un des députés exposa le sujet de la délibération et prononça un long discours. Je ne compris guère que les articles principaux de sa harangue; il fit le tableau des affaires à Eïméo, et il invita les chefs de Taïti à se réunir et à prendre les armes. Cet avis fut combattu par d'autres orateurs, qui voulaient attendre que l'ennemi commençât les hostilités. Il régna d'abord beaucoup de décence dans le débat, et les conseillers ne parlèrent que l'un après l'autre. L'assemblée devint ensuite orageuse, et je crus qu'elle se terminerait par des violences, comme les diètes de Pologne; mais les grands personnages qui s'étaient échauffés si brusquement se calmèrent de même, et le bon ordre se rétablit bientôt.

Je m'informai du sujet de la querelle, et j'appris que quelques années auparavant un frère de Wahiadoua était parti de Tiarabou pour aller occuper le trône d'Eïméo, sur l'invitation de Mahine, chef populaire de cette île; que Mahine l'avait fait tuer peu de semaines après son arrivée, et avait réclamé la couronne au préjudice de Tieratabounou, fils de sa sœur, qui se trouvait le légitime héritier du sceptre, ou, selon une autre version, qui avait été chargé du gouvernement par les Taïtiens.

Touha, parent d'Otou et chef du district de Tettaha, homme de beaucoup de crédit dans l'île, et qui avait commandé en chef l'armement envoyé contre Eïméo en 1774, n'était pas à Matavaï à cette époque, et par conséquent il n'assista à aucune de ces délibérations. Il me parut cependant qu'il se mêlait beaucoup de ce qui se passait, et qu'il montrait encore plus d'audace que les autres chefs; car le 1ᵉʳ septembre, dès le grand matin, il fit dire à Otou, par un messager, qu'il venait de tuer un homme pour l'offrir en sacrifice à l'atoua et implorer l'assistance du dieu contre Eïméo. Ce sacrifice devait avoir lieu dans le grand moraï d'Ata-Hourou, et je jugeai que la présence d'Otou était absolument nécessaire en cette occasion.

M. de Bougainville avait déjà dit, sur le témoignage du Taïtien qu'il amena en France, que les sacrifices humains faisaient partie des institutions religieuses de cette île. Les recherches dont je m'occupai en 1774 et mes conversations avec Omaï ne me donnaient que trop lieu de penser qu'un usage si contraire à l'humanité y était établi; mais comme on veut toujours douter d'une coutume si atroce, à moins qu'un voyageur n'en ait été le témoin oculaire, je résolus de profiter de l'occasion, et, afin de dissiper toutes les incertitudes, d'assister moi-même à cette barbare cérémonie. Je priai donc Otou de me permettre de l'accompagner; il y consentit volontiers, et nous nous embarquâmes tout de suite dans mon canot, avec mon vieil ami Potatou, M. Anderson et M. Weber; Omaï nous suivait sur une pirogue.

Nous descendîmes pendant la route sur une petite île qui gît en travers de Tettaha, où nous rencontrâmes Touha et les gens de sa suite. Lorsque les deux chefs eurent causé quelque temps sur la guerre, Touha m'adressa la parole, et il réclama encore mes secours; je fis pour la troisième fois une réponse négative, et il parut fâché; il lui semblait étrange que m'étant toujours déclaré l'ami de Taïti, je ne voulusse pas combattre ses ennemis. Il donna à Otou deux ou trois plumes rouges liées ensemble, et un chien très-maigre fut mis dans une de nos pirogues. Nous nous rembarquâmes, et nous prîmes à bord un prêtre qui devait assister à la cérémonie.

Nous arrivâmes à Ata-Hourou sur les deux heures de l'après-dînée; Otou me pria d'ordonner aux matelots de demeurer dans le canot, et il recommanda à M. Anderson, à M. Weber et à moi, d'ôter nos chapeaux dès que nous serions au moraï. Nous en prîmes à l'instant même le chemin. Une multitude d'hommes et quelques petits garçons nous escortèrent; mais je n'aperçus pas une femme. Quatre prêtres et leurs acolytes ou assistants nous attendaient au moraï; le corps de l'infortuné qu'on allait offrir aux dieux était dans une petite pirogue retirée sur la grève et exposée en partie à l'action des vagues; deux prêtres et plusieurs acolytes étaient assis près de la pirogue; les autres se trouvaient au moraï. Nous nous arrêtâmes à vingt ou trente pas des prêtres. Otou se plaça en cet endroit, et nous nous tînmes debout près de lui avec quelques habitants du pays; le gros du peuple se tint plus éloigné.

Les cérémonies commencèrent alors: l'un des acolytes apporta un jeune bananier qu'il mit devant le roi; un autre apporta une touffe de plumes rouges montées sur des fibres de coco; il toucha le pied du prince avec une de ces plumes, et il se retira vers ses camarades. L'un des prêtres assis au moraï, en face de ceux qui se trouvaient sur la grève, fit une longue prière, et il envoya de temps en temps de jeunes bananiers, qu'on déposa sur la victime. Durant cette prière, un homme qui était debout près du prêtre officiant, tenait dans ses mains deux paquets qui me parurent être d'étoffe : nous reconnûmes ensuite que l'un d'eux contenait le maro royal, et l'autre l'arche de l'atoua, si je puis me servir de cette expression. Dès que la prière fut terminée, les prêtres du moraï et leurs acolytes vinrent s'asseoir sur la grève, et ils apportèrent les deux paquets dont je parlais tout à l'heure. Ils recommencèrent ici leurs prières, pendant lesquelles les bananiers furent ôtés un à un et à différents intervalles de dessus la victime, couverte en partie de feuilles de cocotier et de petites branches d'arbre; on la tira alors de la pirogue et on l'étendit sur le rivage, les pieds tournés vers la mer. Les prêtres se placèrent autour d'elle, les uns assis, les autres debout, et l'un ou plusieurs d'entre eux répétèrent quelques phrases l'espace d'environ dix minutes. On la découvrit en écartant les feuilles et les branchages qui la cachaient, et on la mit dans une direction parallèle à la côte. L'un des prêtres, qui se tint debout auprès du corps, fit une longue prière, à laquelle se joignirent quelquefois les autres : chacun d'eux avait à la main une touffe de plumes rouges. Vers le milieu de la prière, on enleva quelques cheveux de la tête de la victime et on lui arracha l'œil gauche : les cheveux et l'œil furent enveloppés dans une feuille verte et présentés à Otou; le roi n'y toucha point, mais il donna à l'homme qui les lui offrit la touffe de plumes rouges qu'il avait reçue de Touha. Les cheveux et l'œil de la victime furent reportés aux prêtres avec les plumes. Otou leur envoya bientôt après d'autres plumes qu'il avait mises le matin dans ma poche, en me recommandant de les garder. Tandis qu'on procédait à cette dernière cérémonie, on entendit un martin-pêcheur qui voltigeait sur les arbres. Otou, se tournant vers moi, me dit : « C'est l'atoua, » et il parut enchanté d'un si bon présage.

Le corps fut porté quelques pas plus loin, et on le déposa, la tête tournée vers le moraï, sous un arbre près duquel étaient trois morceaux de bois minces et larges, chargés de sculptures grossières, mais différentes les unes des autres. On plaça les paquets d'étoffes dans le moraï, et on mit les touffes de plumes rouges aux pieds de la victime. Les prêtres se rangèrent autour du corps, et on nous permit d'en approcher autant que nous le voulûmes. Celui qui paraissait exercer les fonctions de grand prêtre était assis à peu de distance; il parla un quart d'heure, en variant ses gestes et les inflexions de sa voix; il s'adressa toujours à la victime, et il parut souvent lui faire des reproches; il lui proposa différentes questions; il me sembla qu'il lui demandait si on n'avait pas eu raison de la sacrifier; d'autres fois il lui adressa des prières, comme si le mort avait eu assez de pouvoir et de crédit sur la divinité pour en obtenir ce qu'il solliciterait; nous comprîmes surtout qu'il le suppliait de livrer aux mains du peuple de Taïti, Eiméo, le chef Mahine, les cochons, les femmes, et tout ce qui se trouvait dans cette dernière île : le sacrifice n'avait pas en effet d'autre but. Il chanta d'un ton plaintif une prière qui dura près d'une demi-heure; deux autres prêtres, Potatou et une grande partie de l'assemblée, l'accompagnèrent durant cette prière. L'un des prêtres arracha encore de la tête de la victime quelques cheveux, qu'il mit sur des paquets d'étoffes; ensuite le grand prêtre pria seul, tenant à la main les plumes dont Touha avait fait présent à Otou. Lorsqu'il eut fini, il donna ces plumes à un second prêtre, qui pria de la même manière. Les touffes de plumes furent déposées sur les paquets d'étoffes, et le lieu de la scène changea.

On porta le corps dans la partie la plus visible du moraï; on y porta aussi les plumes; les étoffes furent placées sur les murs du moraï, et on posa la victime au-dessous. Les prêtres l'entourèrent de nouveau, et, après s'être assis, ils recommencèrent leurs prières, tandis que quelques-uns de leurs acolytes creusèrent un trou de deux pieds de profondeur, où ils jetèrent l'infortunée victime, qu'ils couvrirent de terreau et de pierres. Au moment où on mettait le corps dans la fosse, un petit garçon poussa des cris, et Omaï me dit que c'était l'atoua. Sur ces entrefaites on avait préparé un feu : on amena le chien dont j'ai parlé plus haut, et on lui tordit le cou jusqu'à ce qu'il fût étouffé; on enleva ses poils en le passant sur la flamme, et on lui arracha les entrailles qu'on jeta au feu, où on les laissa brûler. Les naturels chargés de ce détail se contentèrent de rôtir le cœur, le foie et les rognons, qu'ils tinrent sur des pierres chaudes l'espace de quelques minutes; ils barbouillèrent ensuite le corps du chien avec du sang qu'ils avaient recueilli dans un coco, et ils allèrent le placer, ainsi que le foie, etc., devant les prêtres qui priaient autour du tombeau. Ils continuèrent quelque temps à prier sur le chien, tandis que deux hommes frappaient avec force par intervalles sur deux tambours. Un petit garçon poussa, à trois reprises différentes, des sons perçants, et on nous apprit que c'était pour inviter l'atoua à se régaler du mets qu'on lui préparait. Dès que les prêtres eurent achevé leurs prières, on déposa le corps du chien, avec ses entrailles, etc., sur un *whatta*, ou sur un échafaud de six pieds de hauteur, qui se trouvait près de là. Ce whatta offrit à nos regards deux autres gros cochons et deux cochons de lait, qu'on avait offerts dernièrement à l'atoua, et qui exhalaient une odeur insupportable. Cette puanteur nous tint plus éloignés qu'on ne l'eût d'ailleurs exigé de nous; car du moment où l'on eut porté la victime, du bord de la mer près du moraï, on nous laissa les maîtres d'en approcher autant que nous le désirions : il est vrai que depuis cet instant nous n'aperçûmes plus parmi les spectateurs l'air recueilli et l'attention que nous avions remarqués d'abord quand on déposa le chien sur le whatta. Les prêtres et leurs acolytes terminèrent la cérémonie par une acclamation. La nuit approchait, et on nous conduisit à une maison qui appartenait à Potatou, où on nous donna à souper et où nous couchâmes. On nous avait avertis que les cérémonies religieuses recommenceraient le lendemain, et je ne voulais pas quitter cet endroit de l'île tant qu'il resterait quelque chose à voir.

Nous craignions de perdre une partie du spectacle, et quelques-uns d'entre nous se rendirent au lieu de la scène de très-bonne heure, mais tout y était tranquille. Bientôt après on sacrifia un cochon de lait qu'on déposa sur le whatta. A huit heures, Otou nous ramena au moraï, où les prêtres et une multitude d'insulaires venaient de se rassembler. Les deux paquets d'étoffes occupaient la place où on les avait mis le soir de la veille; les deux tambours étaient au front du moraï, mais un peu plus près que le jour précédent. Otou se plaça entre les deux tambours, et il me dit de me tenir à ses côtés.

La cérémonie commença de la même manière que le jour précédent. On apporta un jeune bananier, qu'on mit aux pieds du roi; les prêtres qui tenaient dans leurs mains plusieurs touffes de plumes rouges et un panache de plumes d'autruche, que j'avais donné à Otou et qu'on avait consacré depuis, firent une prière. Lorsqu'ils eurent fini, ils changèrent de position, ils se placèrent entre nous et le moraï, et l'un d'eux, le même qui avait joué le principal rôle la veille, marmotta une seconde prière qui dura environ une demi-heure. Durant cet intervalle, les plumes furent portées une à une et déposées sur l'arche de l'atoua.

Peu de temps après, on amena quatre cochons de lait; l'un de ces animaux fut tué; on conduisit les trois autres dans une étable, et on les réserva vraisemblablement pour le premier sacrifice. On ouvrit alors un des paquets d'étoffes, et on trouva, comme je l'ai déjà dit, qu'il renfermait le maro, dont les Taïtiens investissent leurs rois : le maro est pour leur roi ce que sont en Europe les symboles de la royauté. On le tira avec soin de l'enveloppe qui le couvrait, et on l'étendit devant les prêtres : c'est une ceinture longue d'environ six pieds et large de quinze pouces; il paraît, d'après son nom, que le monarque le porte sur ses reins comme le reste des naturels porte le maro ordinaire. Il était orné de plumes jaunes et rouges, et surtout des dernières, que fournit une colombe de l'île; l'une des extrémités avait une bordure de huit pièces, chacune de la grandeur et de la forme d'un fer à cheval, avec des franges de plumes noires; l'autre extrémité était fourchue et les pointes se trouvaient de différentes longueurs. Les plumes offraient deux lignes de compartiments carrés, et elles étaient d'ailleurs disposées de manière à produire un effet agréable. On les avait d'abord collées ou attachées sur des morceaux de l'étoffe du pays, et on les avait cousues ensuite au haut d'une flamme de navire, que le capitaine Wallis arbora et laissa flottante sur la côte, la première fois qu'il débarqua à Matavaï; c'est du moins ce qu'on nous dit, et nous n'avions aucune raison d'en douter, car nous y reconnaissions une flamme anglaise. Une bande du maro de six à huit pouces en carré était plus dénuée d'ornements : on n'y voyait pas de plumes, si ce n'est quelques-unes envoyées par Wahiadoua. Les prêtres firent une longue prière relative à cette partie de la cérémonie, et, si je ne me trompe point, ils l'appelaient la *prière du maro*. Le symbole de la royauté fut ensuite enveloppé soigneusement dans l'étoffe et remis sur le moraï.

On ouvrit l'autre paquet auquel j'ai donné le nom d'arche; mais on ne nous permit pas d'en approcher assez pour examiner les choses mystérieuses qu'il contenait : on nous dit seulement que l'atoua auquel on venait d'offrir ce sacrifice, et qui s'appelle Ouro, s'y trouvait caché, ou plutôt que l'arche renfermait le signe représentatif du dieu. Ce tabernacle est composé de fibres entrelacées de la gousse de coco, qui présentent la forme d'un pain de sucre, c'est-à-dire, qu'elles sont arrondies et beaucoup plus épaisses à une extrémité qu'à l'autre. Différentes personnes nous avaient vendu de ces cônes, mais nous n'en apprîmes l'usage qu'ici.

On nettoya alors le cochon dont nous avons parlé plus haut, et on en ôta les entrailles. Ces entrailles offrirent plusieurs mouvements convulsifs qu'on remarque en diverses parties du corps d'un animal qu'on vient de tuer; et les insulaires les prirent pour un présage très-favorable de l'expédition qui occasionnait le sacrifice. On les laissa exposées pendant quelque temps, afin que les naturels pussent examiner les indices si heureux, et on alla ensuite les déposer aux pieds des prêtres. Tandis que l'un d'eux faisait une prière, un autre examinait plus attentivement les entrailles, qu'il retournait d'une main légère avec un bâton, et lorsqu'ils les eurent bien examinées, ils les jetèrent dans le feu. Le corps du cochon, son foie, etc., furent mis sur le whatta, où la veille on avait déposé le chien; on renferma dans l'arche avec l'atoua toutes les plumes, excepté le panache de plumes d'autruche, et la cérémonie se trouva complétement terminée.

Il y eut toute la matinée quatre doubles pirogues sur la grève, devant le lieu où se passa le sacrifice. L'avant de chacune de ces embarcations portait une petite plate-forme couverte de feuilles de palmier liées entre elles par des nœuds mystérieux ; les naturels donnent aussi à ces plates-formes le nom de moraï. Des noix de coco, des bananiers, des morceaux de fruit à pain, du poisson et d'autres choses étaient étalés sur ces moraïs maritimes. On nous dit que les pirogues appartenaient à l'atoua, et qu'elles devaient accompagner l'escadre destinée pour Éiméo.

L'infortuné qu'on sacrifia à cette occasion me parut un homme entre deux âges; on nous apprit qu'il était téoutéou, c'est-à-dire, de la dernière classe. Je fis beaucoup de recherches, et je ne découvris pas qu'on l'eût désigné pour victime parce qu'il se trouvait coupable d'un crime capital. Il est sûr néanmoins qu'ils immolent en général dans leurs sacrifices des individus qui ont commis des délits graves, ou bien des vagabonds des derniers rangs de la société, qui courent de bourgade en bourgade, ou d'une île à l'autre, sans avoir de domicile ou de moyens connus pour pourvoir à leur subsistance, espèce d'hommes que l'on rencontre souvent sur ces terres. J'eus occasion d'examiner le corps de la malheureuse victime; je remarquai que le derrière de la tête et le visage étaient ensanglantés, qu'il y avait une meurtrissure énorme sur la tempe droite: je reconnus alors de quelle manière on l'avait tué. On m'annonça en effet qu'on l'avait assommé à coups de pierres.

Ceux qui devaient être les victimes de cet affreux sacrifice ignoraient l'arrêt prononcé contre eux, et ils n'en étaient instruits qu'à l'instant où ils recevaient le coup mortel. Lorsque l'un des grands chefs jugeait qu'un sacrifice humain était nécessaire, il désignait lui-même l'infortuné qu'on immolerait. Il appelait ensuite quelques-uns de ses serviteurs affidés qui tombaient brusquement sur la victime, et qui l'assommaient à coups de massue ou de pierres. On portait la nouvelle de la mort au roi, dont la présence était absolument indispensable aux cérémonies qui suivaient le sacrifice. Otou jouait en effet un des premiers rôles au sacrifice dont on vient de lire la description.

La cérémonie générale était appelée *poure-arii* ou la *prière des chefs*, et la victime offerte à la divinité *taatatabou*, que nous traduirons l'*homme consacré*, et non l'*homme dévoué*, ainsi que Cook l'a traduit. C'est le seul cas, dit ce grand navigateur, où nous ayons entendu à Taïti le mot tabou, où il a une signification mystérieuse, ainsi qu'à Tonga. Les habitants de cette dernière île l'employaient toutes les fois qu'ils voulaient désigner des choses auxquelles il ne faut pas toucher; mais on se servait alors à Taïti du mot *raa*, dont l'acception n'est pas moins étendue.

Le moraï, où se passèrent ces cérémonies horribles, devait être tout à la fois un temple, un lieu destiné aux sacrifices, et un cimetière. C'est celui où l'on enterrait le chef suprême de l'île entière, et il était réservé à sa famille et à quelques-uns des principaux du pays. Il ne différait guère des morais ordinaires que par sa grandeur. La partie la plus remarquable était une masse large et oblongue de pierres posées l'une sur l'autre sans ciment; elle avait environ douze ou quatorze pieds de hauteur; elle se resserrait au sommet, et elle offrait de chaque côté un terrain carré, pavé de cailloux mobiles, au-dessous desquels on enterrait les chefs. A peu de distance de l'extrémité la plus voisine de la mer, était situé le lieu où l'on offre les sacrifices. Il était également pavé presque en entier de pierres mobiles. On y voyait un grand échafaud ou whatta, sur lequel on plaçait les fruits et les différents végétaux qu'on offrait à la divinité; mais les animaux étaient déposés sur des whattas plus petits: c'était sous diverses parties du pavé qu'on enterrait les malheureux qu'on immolait aux dieux. On apercevait aux environs divers monuments de la superstition des Taïtiens; tantôt de petites pierres s'élevaient au-dessus du pavé, et tantôt d'autres pierres auxquelles étaient attachés des morceaux d'étoffes. A côté de la grande masse de pierres, et en face de l'esplanade du moraï, était un grand nombre de morceaux de bois sculptés, où ils supposaient que la divinité réside quelquefois, et qui, par conséquent, étaient sacrés à leurs yeux. Un amas de pierres réunies à l'une des extrémités du whatta, devant lequel on offrait la victime, et qui présentait d'un côté une espèce de plate-forme, mérite une attention particulière. C'est là qu'on exposait les crânes de tous les infortunés qu'on immolait aux dieux, et dont on déterrait les corps quelques mois après la sépulture. On plaçait au même endroit, durant la cérémonie, le maro et un paquet qui contenait le dieu Ourou, selon la folle croyance des insulaires.

Ces amas de pierres étaient vraisemblablement des autels.

On est effrayé de la puissance de la superstition qui étouffe les premiers sentiments de l'humanité, lorsqu'on voit cette institution abominable établie chez un peuple qui n'avait pas d'ailleurs la brutalité de la vie sauvage; et on est indigné de la voir répandue sur la vaste étendue de la mer Pacifique.

RÉFLEXIONS SUR LES SACRIFICES HUMAINS, ETC.

La conformité des usages et des idiomes qui existe entre les îles de cette partie de l'Océan qui se trouvent les plus éloignées, donne lieu de croire qu'elles se rapprochent aussi par quelques-uns des articles les plus importants de leurs cérémonies religieuses. En effet, Cook nous apprend que les habitants des Iles des Amis (Tonga) sacrifiaient des hommes à leurs dieux. Il a décrit le *natchi* dont il fut témoin à Tongatabou. Les insulaires, en lui parlant de la suite de cette fête, lui assurèrent qu'on immolerait dix victimes humaines. Nous savons que ces boucheries existent à la Nouvelle-Zeeland et à Nouka-Hiva, d'où l'on peut se former une idée de la quantité des sacrifices humains dans les archipels de l'immense Polynésie. Les Taïtiens n'immolaient jamais plus d'une personne à la fois; mais il est probable que ces sacrifices revenaient souvent, et qu'ils enlevaient une foule d'individus. Cook compta quarante-neuf crânes exposés devant un moraï; ces crânes n'avaient encore éprouvé qu'une légère altération : ce qui prouve que c'était depuis peu qu'on avait immolé quarante-neuf personnes sur cet autel de sang.

Rien ne peut, sans doute, affaiblir l'horreur qu'inspire une pareille coutume; mais ses funestes effets, dit le narrateur du Voyage de Cook, se trouvaient-ils diminués à quelques égards, et contenaient-ils la multitude, en lui donnant du respect pour la divinité, ou pour la religion du pays? Hélas! non; elle était si loin de produire ce faible avantage, que la foule nombreuse, assemblée au moraï à l'occasion du sacrifice, ne paraissait nullement pénétrée des discours ni des actions des prêtres durant la cérémonie. On l'avait déjà commencée, dit Cook, quand Maï arriva, et la plupart des spectateurs se précipitèrent autour de lui ; ils ne songèrent qu'à lui demander le récit de ses aventures; ils l'écoutaient avec une attention extrême, sans s'occuper du sacrifice. Les prêtres eux-mêmes, trop habitués à de pareilles scènes, ne prenaient point cette gravité imposante nécessaire pour donner du poids aux cérémonies religieuses, excepté celui qui faisait communément les prières. Ils portaient l'habit ordinaire des naturels, et causaient entre eux sans le moindre scrupule. Ils interposaient, il est vrai, leur autorité, afin d'empêcher la populace de venir à l'endroit où se passaient les cérémonies; mais ils n'imaginaient rien autre pour conserver un air de décence. Ils répondaient d'ailleurs d'une manière très-franche aux questions que les Européens leur firent sur cette exécrable institution. Lorsque l'illustre navigateur les pria de lui en expliquer le but, ils répondirent que c'était une vieille coutume; qu'elle était agréable à leur dieu qui aimait les victimes humaines, ou, selon leur expression, qui s'en nourrissait, et qu'après une pareille cérémonie, ils en obtenaient ce qu'ils voulaient. Cook ne manquait pas de répliquer que leur dieu ne pouvait manger les victimes, puisqu'il ne les voyait pas; que les corps des animaux demeuraient longtemps intacts, et que les prêtres, en enterrant les victimes humaines, lui ôtaient les moyens de s'en nourrir. Ils répliquèrent que leur dieu arrivait la nuit sans qu'on l'aperçût; qu'il se nourrissait de l'âme ou de la partie immatérielle qui, selon leur doctrine, errait autour du moraï, jusqu'à ce que la putréfaction eût entièrement détruit le corps.

Ils prétendaient qu'il était indispensable d'arracher l'œil gauche à l'infortuné qu'on sacrifiait; le prêtre le présentait au roi, ainsi que Cook en fut témoin ; il l'approchait du monarque, à qui il recommandait d'ouvrir les lèvres ; mais il le retirait sans le mettre à la bouche du prince. Ils appelaient cette partie de la cérémonie *manger l'homme* ou *régal du chef*, et c'est peut-être un reste des temps où les rois mangeaient véritablement le corps de la victime.

Ne nous arrêtons pas plus longtemps sur ces détails qui souillent l'imagination. Il est sûr qu'outre les sacrifices humains, ces insulaires, si remplis de bienfaisance et de douceur, avaient d'autres coutumes barbares. Ils coupaient les mâchoires de ceux de leurs ennemis qu'ils tuaient dans les batailles ; ils offraient même en sacrifice à l'atoua les corps des vaincus. S'ils sortaient vainqueurs d'un combat, ils rassemblaient peu de temps après les morts qui étaient tombés entre leurs mains ; ils les apportaient au moraï, où ils creusaient une fosse avec beaucoup d'appareil, et ils les y enterraient ; mais ils ne les déterraient pas pour en ôter les crânes.

La sépulture de ceux de leurs premiers chefs qui mouraient dans les combats était différente. Le roi Toutaha, Toubourai, Tamaide et d'autres, qui périrent dans une bataille livrée aux habitants de Tiarabou, furent apportés au moraï d'Ata-Hourou. Les prêtres leur ayant ouvert les entrailles, qu'ils déposèrent devant le grand autel, enterrèrent ensuite les corps en trois endroits, sous la grosse masse de pierres qui forme la partie la plus remarquable du moraï. Les hommes du peuple, tués par l'ennemi dans ce même combat, furent enterrés dans une seule fosse, au pied de cette masse de pierres. Les obsèques eurent lieu le lendemain ; on les célébra avec beaucoup de pompe et d'appareil, au milieu d'un concours nombreux d'insulaires. Dans l'intention des naturels, ce furent des actions de grâces rendues à l'atoua pour la victoire qu'ils venaient d'obtenir. Les vaincus qui se sauvèrent dans les montagnes, s'y tinrent cachés une semaine ou dix jours, jusqu'à ce que la fureur des vainqueurs fût apaisée, et qu'on eût arrangé le traité de paix. Ce traité déclara Otou roi de l'île entière. En effet, on l'investit du maro en grande pompe, dans le même moraï, et en présence de tous les chefs de la contrée.

Certes, on doit des actions de grâces aux missionnaires qui ont détruit à Taïti ces épouvantables sacrifices. Sans eux, ils existeraient peut-être encore, quoique, de même qu'avant les missionnaires, les Taïtiens s'étaient dégoûtés de la chair humaine, peut-être auraient-ils renoncé à cette infernale coutume qui a déshonoré tant de peuples, et les Gaulois en particulier.

ÉTUDES NOUVELLES DES TRADITIONS ET DES CROYANCES ANCIENNES DE TAÏTI.

M. Morenhout paraît avoir donné la plus grande attention à l'ancienne religion, aux usages et aux mœurs de Taïti, si bien décrits dans leurs formes extérieures par Bougainville, par Cook et Forster, qui les ont peints avec un talent supérieur, mais sans pouvoir toujours en saisir l'esprit et la portée. Il a vu là, posément, à loisir, sinon dans leur splendeur primitive, du moins dans tout ce qui peut les rappeler encore, les fêtes religieuses et nationales si brillantes des îles de Taïti et même de celles de Tonga et de Haouaï. « J'ai pu, dit-il, par analogie, mieux que mes illustres devanciers, déterminer la cause de leur établissement, en reconnaissant dans les usages, dans les cérémonies, dans les chants sacrés, dans les légendes et dans les traditions de ces peuples, la preuve de tout ce qui m'a été communiqué à Taïti sur l'existence et sur le triomphe de l'un des plus beaux systèmes de religion que l'homme ait jamais imaginé ou connu, mais que les insulaires d'aujourd'hui n'entendent plus, et dont ils n'ont conservé qu'un souvenir vague et imparfait. »

« Des relations des plus intimes, dit encore M. Morenhout, formées et soutenues à Taïti, surtout avec des chefs contemporains de Cook, et avec des vieillards, qui, jadis, ont servi leurs anciens dieux à leurs anciens autels, m'ont procuré ces précieux monuments de leurs antiques traditions, qui devraient intéresser vivement le public, en admettant qu'il fût possible de les exposer à ses yeux sous leur véritable point de vue. En effet, indépendamment de ce que ces monuments présenteraient à la curiosité publique, comme je viens de le dire, l'ensemble d'un système de religion des plus sublimes et des plus compliqués, quel jour étonnant ne jeteraient-ils pas sur l'origine et sur l'état ancien de ces peuples, en démontrant que ces peuples mêmes sont les restes dégénérés d'une nation autrefois assez puissante, qui pourrait bien avoir poussé les arts et les sciences beaucoup plus loin qu'on ne serait tenté de l'imaginer d'abord! Pour prouver ce que j'avance, peut-être suffira-t-il de dire que leur cosmogonie seule, non moins élevée dans les idées qu'elle professe, que par les couleurs si éminemment poétiques dont elle la revêt, témoigne d'ailleurs de connaissances supérieures. Je cite pour preuve l'explication assez distincte qu'elle paraît donner de la clarté de la lune, du phénomène de l'arc-en-ciel, des nuages et des pluies. J'y joindrai un jour un exposé de leur système astronomique, dont j'ai recueilli des fragments précieux, et qui doit faire supposer chez eux une connaissance implicite du zodiaque. Comme d'autres peuples, ils y font voyager les étoiles, tantôt sous le nom de rois, tantôt sous celui de dieux, dans des barques, qui, tour à tour, surgissent à l'horizon et naviguent vers telle ou telle partie de l'océan des cieux. Ils y placent nos Castors et Pollux, qu'ils nomment, comme nous, les gémeaux, signification propre de leur mot poétique *huá tarara*; et certaine étoile qui, d'après la position qu'ils lui donnent, me paraît être le *Sagittaire*, y est désignée, comme quelquefois chez les Égyptiens, par le caractère d'étoile à deux faces (*mata roua*). » Il est à désirer que M. Morenhout publie les observations importantes qu'il a promises. Avant de terminer ce qui se rapporte aux mœurs anciennes de Taïti, nous allons donner le récit des voyages de quelques insulaires de l'archipel.

VOYAGE D'OTOUROU.

Bougainville s'était lié d'amitié avec Éreti, un des chefs de Taïti. « Lorsqu'ils aperçurent que nous mettions à la voile, dit le savant navigateur français, Éreti avait sauté seul dans la première pirogue qu'il avait trouvée sur le rivage, et s'était rendu à bord. En y arrivant, il nous embrassa tous ; il nous tenait quelques instants entre ses bras versant des larmes, et paraissant très-affecté de notre départ. Peu de temps après, la grande pirogue vint à bord, chargée de rafraîchissements de toute espèce ; les femmes étaient dedans, et avec elles ce même insulaire qui le premier jour de notre atterrage était venu s'établir à bord de l'*Étoile*. Éreti alla le prendre par la main, et il le présenta, en me faisant entendre que cet homme, dont le nom était Otourou, voulait nous suivre, et en me priant d'y consentir. Il le présenta ensuite à tous les officiers chacun en particulier, disant que c'était son ami qu'il confiait à ses amis, et il nous le recommanda avec les plus grandes marques d'intérêt. On fit encore à Éreti des présents de toute espèce ; après quoi il prit congé de nous, et alla rejoindre ses femmes, lesquelles ne cessèrent de pleurer tout le temps que la pirogue fut le long du bord. Il y avait aussi dedans une jeune et jolie fille que l'insulaire qui venait avec nous alla embrasser. Il lui donna trois perles qu'il avait à ses oreilles, la baisa encore une fois, et malgré les larmes de cette jeune fille, son épouse ou son amante, il s'arracha de ses bras, et remonta dans le vaisseau. Nous quittâmes aussi ce bon peuple, et je ne fus pas moins surpris du chagrin que leur causait notre départ, que je l'avais été de leur confiance à notre égard. »

Otourou, transplanté à Paris, avait intéressé par sa franchise et par ses excellentes qualités naturelles. Le gouvernement l'avait renvoyé à l'île de

France chargé de présents, et avec ordre aux administrateurs de cette colonie de lui procurer son retour dans sa patrie.

Le voyage du capitaine Marion du Fresne, alors officier de la compagnie française des Indes, fut résolu en partie pour ramener Otourou ; cet habile marin devait en même temps profiter de sa navigation dans des mers encore peu connues, pour y faire de nouvelles découvertes.

Marion eut deux vaisseaux sous ses ordres, le *Mascarin*, qu'il montait, et le *Marquis de Castries*, commandé par le chevalier de Clesmeur. La cour de Versailles venait d'envoyer à l'île de France M. de Kerguelen, officier également distingué, et chargé de même de contribuer aux progrès de l'hydrographie. Les deux bâtiments appareillèrent de l'île de France le 18 octobre 1771. Ils relâchèrent d'abord à l'île Bourbon, où Otourou fut attaqué de la petite vérole dont il avait emporté le germe de l'île de France. Marion, obligé de s'éloigner de l'île de Bourbon par la crainte de communiquer à cette colonie un fléau si dangereux, alla relâcher dans la baie du fort Dauphin, sur l'île de Madagascar, pour donner le temps à la maladie de faire son effet, et pour compléter son approvisionnement. Le Taïtien mourut. Mais quoique le but principal du voyage n'existât plus, le capitaine Marion, toujours plus désireux d'explorer l'océan austral, n'en continua pas moins sa route.

TOUPAIA.

Dans son premier voyage, Cook, à l'imitation de Bougainville, prit un Taïtien à son bord. C'était l'ex-grand prêtre Toupaïa, homme instruit et fort intelligent, surtout en matière religieuse, homme dont l'esprit avait une haute portée, et que Forster considérait comme un génie supérieur. Il visita la Nouvelle-Zeeland en qualité de passager de Cook, et vint mourir à Batavia avec un serviteur qui l'avait suivi. Nous devons regretter infiniment qu'avant sa mort, Cook n'ait pas obtenu de lui le secret des traditions religieuses de son pays.

VOYAGES ET AVENTURES DE MAI.

En partant de Wahine, le capitaine Furnaux qui commandait le vaisseau l'*Aventure* sous les ordres de Cook, commandant de l'expédition, qui montait la *Résolution*, dans son second voyage autour du monde, prit à bord un jeune homme, nommé Maï (*), natif de Raïatea (**), où il avait eu quelques biens dont les insulaires de Borabora venaient de le dépouiller. Maï n'était distingué ni par sa naissance, ni par son rang, ni remarquable par la beauté de sa taille, de sa figure et de son teint. « Je ne pensais pas, dit le fils du savant Forster, qu'il pût donner en Europe une idée juste des habitants de ces îles heureuses; car les naturels du premier rang sont beaucoup plus beaux et plus intelligents, et ils ont communément un meilleur maintien que les classes moyennes du peuple. Cependant, depuis mon arrivée en Angleterre, je fus convaincu de mon erreur ; car, excepté son teint qui était d'une couleur plus foncée que celle des *Eari* ou *bourgeois*, qui, comme dans les autres pays, mènent une vie voluptueuse, et sont moins exposés à l'ardeur du soleil, aucun autre indigène peut-être n'aurait donné par sa conduite une satisfaction plus générale. Maï était d'une grande taille, mais très-mince; ses mains étaient d'une petitesse remarquable; il avait de la pénétration, de la vivacité et des principes honnêtes; son maintien intéressant le rendait agréable à la meilleure compagnie, et un noble sentiment d'orgueil lui apprenait à éviter la société des personnes d'un rang inférieur. Il était dominé par des passions comme les autres jeunes gens; mais il avait assez de jugement pour ne pas s'y livrer avec excès. Le vin ou les boissons fortes ne lui causaient, je crois, aucune répu-

(*) Et non Omaï, ainsi que l'appelle Cook.
(**) Cook découvrit cette île en 1769. Il altéra son nom en la nommant Ulietea.

gnance ; et s'il se trouvait dans un repas où celui qui boirait le plus serait le plus accueilli, je pense qu'il tâcherait de mériter des applaudissements ; mais heureusement pour lui, il remarqua que le bas peuple seul boit beaucoup; et comme il étudiait avec soin les manières, les inclinations et la conduite des personnes de qualité qui l'honoraient de leur protection, il était sobre et retenu; et je n'ai pas ouï dire que, durant deux années de séjour en Angleterre, il ait été une seule fois pris de vin, ou qu'il ait jamais montré le moindre désir de passer les bornes les plus rigoureuses de la modération. »

Au moment où il partit de Wahine, il semblait être un homme du peuple ; il n'osait pas aspirer à la compagnie du capitaine, et il préférait celle de l'armurier et des matelots. Mais quand il fut au cap de Bonne-Espérance, où Cook l'habilla à l'européenne et le présenta aux personnes les plus distinguées, il déclara qu'il n'était pas *téou téou*, nom qu'on donne à la dernière classe des naturels, et il prit le titre de *hoà*, ou d'officier du roi. On a raconté mille histoires fabuleuses sur ce Taïtien, et entre autres, on a dit qu'il était *prêtre du soleil*, caractère qui n'a jamais existé dans les îles d'où on l'a amené.

Nous voyons dans le premier voyage du capitaine Cook que Pouni, roi de Borabora, avait conquis l'île de Raïatea, celle de O-Taha que renferme le même récif, et celle de Mowrua qui gît environ quinze lieues à l'ouest. Les guerriers qui servaient sous lui reçurent de très-vastes possessions pour leur récompense, et un grand nombre de ses sujets s'établirent sur les îles conquises. Ourou, roi de Raïatea, fut cependant conservé sur le trône; mais on borna son pouvoir au district d'Opoa. Pouni avait placé à Taha un vice-roi, nommé Boba, qui était son proche parent. La plupart des naturels des îles conquises s'étaient retirés à Wahine et à Taïti, aimant mieux un exil volontaire que de se soumettre au conquérant. Ils espéraient délivrer un jour leur pays de l'oppression. Il paraît que ce motif engagea Toupaïa et Maï, tous deux originaires de Raïatea, à s'embarquer sur des vaisseaux anglais. Ils témoignèrent toujours l'un et l'autre le désir de se procurer une grande quantité d'armes à feu. Toupaïa aurait peut-être exécuté son plan; mais Maï n'avait pas assez de pénétration pour acquérir une idée complète de nos guerres, et l'adapter à la position de ses compatriotes. Cependant le projet de soustraire son pays au joug de Borabora remplissait tellement son esprit, qu'il disait souvent en Angleterre, que si le capitaine Cook ne l'aidait pas dans son entreprise, il empêcherait ses compatriotes de lui fournir des rafraîchissements. Il médita cette vengeance jusqu'au moment de son départ. On lui conseilla alors d'adopter des principes plus pacifiques, et on verra plus tard qu'il suivit ce conseil.

Maï passa pour un sauvage stupide chez les uns, et pour un homme très-intelligent chez les autres. Sa langue, qui n'a point d'aigres consonnes, et dont chaque mot finit par une voyelle, avait si peu exercé son organe, qu'il ne pouvait nullement prononcer les sons anglais les moins compliqués, et on fit beaucoup de remarques inexactes sur ce défaut physique, ou plutôt sur ce défaut d'habitude. A son arrivée à Londres, il partagea les spectacles et les plaisirs les plus brillants de cette métropole ; il imita aisément la politesse élégante de la cour, et il montra beaucoup d'esprit et d'imagination. Pour donner une idée de son intelligence, il suffit de dire qu'il fit des progrès étonnants dans le jeu d'échecs. La multiplicité d'objets qui affectèrent ses sens, l'empêchait de s'occuper de ce qui pouvait, à son retour, être utile à lui même et à ses compatriotes. Il était d'ailleurs incapable d'embrasser, d'une vue générale, le système social de l'Angleterre, et d'en détacher ce qui était applicable au perfectionnement de son pays. La beauté, la symétrie, l'harmonie et la magnificence enchantaient ses sens. Accoutumé à obéir à la voix de la nature, il se livrait sans réserve à tous ses mouvements. Passant ses jours dans un cercle continuel de jouissances, il manquait de temps pour penser à l'avenir. Son entendement fit peu de progrès. Ce qu'on aura peine à concevoir, il ne montra jamais le moindre désir de s'instruire de l'agriculture, des arts et des manufactures; il est vrai que personne ne chercha à exciter ce goût ou à donner plus de moralité à son caractère; du moins il prouva à son départ que toutes les scènes de débauche dont il avait été témoin, n'avaient pas corrompu les bonnes qualités de son cœur.

Le célèbre docteur Johnson, si difficile dans ses jugements sur les hommes, parlait de Maï avec toute la considération qu'il eût témoignée pour un homme de la meilleure éducation, pour un parfait *gentleman*.

Immédiatement après son arrivée à Londres, le comte de Sandwich, premier lord de l'Amirauté, le présenta, à Kew, au roi qui l'accueillit très-bien. Il conçut dès lors un sentiment profond de reconnaissance et de respect pour ce prince. Il fut caressé par la première noblesse d'Angleterre; et on n'eut pas la plus légère occasion d'avoir moins d'estime pour lui. Ses principaux protecteurs furent lord Sandwich et le docteur Solander. Le premier crut probablement qu'il était du devoir de sa place de prendre soin d'un habitant de cette contrée hospitalière, qui avait fourni avec tant de générosité aux besoins des navigateurs anglais, et le second voulut reconnaître la réception amicale qu'on lui avait faite dans son pays.

Maï demeura quatre ans à Londres, où il subit heureusement l'inoculation. Il emporta avec lui toute sorte d'habits, d'ornements et de bagatelles, enfin tout ce qu'inventent chaque jour nos besoins factices. Son jugement était encore dans l'enfance; et comme un enfant, il désirait tout ce qui l'amusait et produisait sur lui des effets inattendus. C'était pour satisfaire ses goûts enfantins qu'on lui donna un orgue portatif, une machine électrique, une cotte de mailles et une armure complète.

Il prit à bord peu d'articles vraiment utiles à ses compatriotes. « Nous aurions voulu rendre à sa patrie, dit Cook, un citoyen bien formé, ou rempli de connaissances précieuses, qui pourraient le rendre le bienfaiteur et peut-être le législateur de son pays. »

Maï, rembarqué avec le capitaine Cook qui entreprenait à bord de la *Découverte* son troisième voyage autour du monde, relâcha avec lui à Ténériffe, au cap de Bonne-Espérance, à la terre de Kerguelen, dans la baie de l'Aventure, à la terre de Van-Diemen et à la Nouvelle-Zeeland. C'est ici que Maï commença à rendre de véritables services à ses hôtes, en leur servant d'interprète auprès des habitants qui parlent une langue à peu près semblable à celle de Taïti.

La *Résolution* et la *Découverte*, c'est le nom des deux navires qui formaient la troisième expédition du capitaine Cook, envoyèrent sur la côte de la Nouvelle-Zeeland, trois canots armés et commandés par le lieutenant Gore, pour chercher un mouillage et un lieu convenable pour le débarquement, tandis que les vaisseaux serraient le vent pour atteindre inutilement la côte, bordée de récifs de corail, jusqu'à ce que les canots étant de retour, ils entrèrent dans le canal de la Reine-Charlotte. Trois pirogues montées par les naturels vinrent à la rencontre des vaisseaux, et ceux-ci chantaient quelques mots en chœur; l'un d'eux se levait et indiquait le mot que les autres devaient répéter ensemble, comme l'auteur de cet ouvrage en a été témoin aux îles Péliou, avec cette petite différence que non-seulement ils chantaient en s'approchant du bâtiment, mais encore qu'ils réglaient la cadence en frappant des mains sur leurs cuisses.

Avant d'arriver à la Nouvelle-Zeeland, Maï avait formé le projet d'emmener aux îles de Taïti un des naturels de ce pays. Il trouva bientôt une occasion de l'exécuter; un Zeelandais, d'environ dix-sept ou dix-huit ans, appelé Taweilharoua, lui proposa de l'accompagner, et il vint s'établir à bord. Cook fit d'abord peu d'attention à cet arrangement, parce qu'il pensa que le Zeelandais le quitterait lorsqu'on serait sur le point d'appareiller, et lorsqu'il aurait profité des largesses de Maï. S'apercevant enfin qu'il était bien décidé à s'embarquer avec lui, et ayant appris qu'il était fils unique d'un chef mort, que sa mère vivait encore et qu'on la respectait, il craignit que Maï n'eût trompé ce jeune homme et ceux qui s'intéressaient à lui, en leur laissant l'espoir, ou en les assurant qu'on le reverrait. Il leur déclara d'une manière positive que si Taweilharoua suivait son dessein, il ne reverrait jamais sa patrie. Son discours ne parut faire aucune impression. La veille de son départ, Tiratoutou, mère du jeune homme, arriva à bord dans l'après-dînée, sans doute afin de recevoir de nouveaux présents de Maï; elle demeura avec son fils jusqu'à la nuit. Ils se séparèrent avec toutes les démonstrations de tendresse qu'on peut attendre d'une mère et d'un fils qui se quittent pour jamais. Elle dit qu'elle ne verserait plus de larmes; en effet, lorsqu'elle revint le jour suivant, faire à son fils les derniers adieux, elle parut fort gaie, tout le temps qu'elle demeura à bord, et elle s'en alla sans montrer aucune émotion, comme une mère spartiate.

Taweilharoua, afin de voyager d'une manière convenable à sa naissance, se proposait d'emmener un autre jeune homme en qualité de domestique; celui-ci demeura à bord jusqu'au moment où il vit les préparatifs du départ : ses parents vinrent le redemander à cette époque; mais il fut remplacé le lendemain par un petit garçon âgé de neuf ou dix ans, appelé Kokoa. Le père de Kokoa le présenta au capitaine. « Je crois, dit Cook, qu'il aurait quitté son chien avec moins d'indifférence; il s'empara du peu de vêtements que portait l'enfant, et il le laissa complètement nu. » On prit des peines inutiles pour leur faire comprendre que Taweilharoua et Kokoa ne reviendraient plus à la Nouvelle-Zeeland; ni leurs parents, ni aucun des naturels ne s'inquiétèrent de leur sort. D'après cette insouciance, d'après la persuasion où Cook était que les jeunes voyageurs ne perdraient rien, en s'établissant aux îles de la Société, il consentit aux arrangements de son protégé Maï.

Indépendamment des services que Maï rendit à M. Gore, en qualité d'interprète dans la Nouvelle-Zeeland, il en rendit beaucoup d'autres. Les naturels lui firent un grand nombre de questions sur l'équipage, sur les vaisseaux, sur l'Angleterre et sur l'espèce d'armes qu'employaient les Européens. Il eut l'adresse de mettre du merveilleux dans ses réponses. Il leur dit, par exemple, qu'il y avait en Europe des vaisseaux aussi grands que leur île; que ces bâtiments portaient des instruments de guerre (il voulait parler des canons) si gros, que plusieurs personnes pouvaient s'y asseoir, et dont un seul suffit pour réduire en poudre une île entière. D'après cette description imposante, ils voulurent savoir quelle sorte de canon on avait à bord. Maï leur répondit qu'ils étaient petits en comparaison de ceux dont il venait de les entretenir; que néanmoins il ne tenait qu'aux Anglais, de la distance où se trouvaient les vaisseaux, de détruire l'île et de tuer chacun de ses habitants. Ils l'interrogèrent ensuite sur les moyens qui produisaient des effets aussi terribles, et il essaya de les leur expliquer. Il avait heureusement quelques cartouches dans sa poche; il fournit à l'inspection des insulaires les balles et la poudre, et afin de leur donner une preuve plus frappante, il imagina de les rendre témoins d'une explosion. Un des chefs avait ordonné à la multitude de se former en cercle; ce cercle fournit à Maï un lieu propre à son expérience. Il disposa sur le terrain et au centre du cercle, la quantité peu considérable de poudre qu'il tira de ses cartouches, et il y mit le feu avec un tison enflammé qu'il alla prendre dans le four où l'on apprêtait à dîner. La rapidité de l'effet, le bruit éclatant de la poudre, la flamme et la fumée, remplirent d'étonnement tous les spectateurs; ils ne doutèrent plus de la force irrésistible des armes des

Yuropi (Européens), et ils ajoutèrent une foi entière à tout ce que Maï leur avait raconté.

On crut à bord des vaisseaux que, sans l'effroi inspiré par cette expérience, les naturels auraient tenu toute la nuit aux arrêts les Anglais qui étaient à terre. Maï assura que s'il ne retournait pas le soir à bord avec ses camarades, le capitaine tirerait ses canons sur l'île; aussi s'empressèrent-ils de laisser partir leurs hôtes. Ils comptaient les revoir à terre le lendemain; mais Cook était trop frappé du danger qu'ils avaient couru, pour y envoyer du monde une seconde fois.

Cette journée donna beaucoup d'occupation au voyageur taïtien. Quoique l'île n'eût pas vu d'autres Européens, on y trouvait pourtant des étrangers; et Cook aurait ignoré ce fait curieux, si Maï n'eût point accompagné M. Gore.

Il eut à peine débarqué sur la grève, qu'il aperçut dans la foule trois de ses compatriotes. Les îles de Taïti étant éloignées d'environ deux cents lieues, il faut parcourir une vaste mer inconnue pour arriver ici, et ces peuplades n'ayant que de misérables pirogues propres à des traversées où l'on ne perd pas la terre de vue, une telle rencontre sur une île qu'on avait abordée, tenait du roman.

Il est aisé de concevoir avec quel étonnement et quel plaisir Maï et ses compatriotes causèrent ensemble. L'histoire de ces derniers est très-intéressante. Ils s'étaient embarqués sur une pirogue à Taïti, au nombre de vingt hommes et femmes, afin de se rendre à Raïatea, une des îles voisines. Un vent contraire qui soufflait avec impétuosité, les empêcha d'arriver à leur destination ou de regagner le port d'où ils étaient partis. Leur passage devant être court, ils n'avaient guère embarqué de provisions, et ils manquèrent bientôt de vivres. On ne peut imaginer tout ce qu'ils souffrirent, tandis qu'ils furent chassés sur l'Océan au gré de la tempête. Ils passèrent un grand nombre de jours sans avoir rien à manger ni à boire. La famine et la fatigue détruisirent peu à peu ce petit équipage : il ne restait que quatre hommes, lorsque la pirogue chavira. La perte de ces quatre malheureux semblait inévitable; ils eurent cependant l'adresse et la force de saisir les cordages de l'embarcation, et de s'y tenir suspendus pendant quelques jours. Ils furent enfin jetés aux environs de cette île; les naturels du pays détachèrent tout de suite des canots qui les sauvèrent et les conduisirent à terre. L'un des quatre était mort, mais les autres vivaient encore, et ils racontèrent à Maï les détails miraculeux qu'on vient de lire. Ils vantèrent beaucoup le traitement amical qu'ils avaient reçu des insulaires; et ils étaient si contents de leur sort, qu'ils refusèrent l'offre de Cook qui, à la sollicitation de Maï, leur proposa de les ramener dans leur patrie. La conformité des mœurs et du langage les avait plus que naturalisés sur cette terre, et les liaisons qu'ils y avaient formées et qu'ils auraient eu bien de la peine à rompre, expliquent assez pourquoi ils ne voulurent pas revenir au lieu de leur naissance. Ils se trouvaient à la Nouvelle-Zeeland depuis plus de douze ans.

Quelque temps après, l'expédition fit la découverte de l'île Touboucaï; elle arriva en juillet 1777, à Oïtipeha, une des baies de l'île Taïti.

La reconnaissance qui se fit entre plusieurs des officiers et des matelots avec les naturels qu'ils avaient connus dans les voyages précédents, fut touchante. La défiance avait disparu, et les témoignages d'affection éclatèrent.

La lune brilla toute la nuit au milieu d'un ciel sans nuages, et couvrit de ses rayons argentés la surface polie de la mer, tandis qu'elle montrait dans le lointain à l'équipage un paysage charmant qui semblait avoir été créé par la main d'une fée. Un silence parfait régnait dans l'air; on entendait seulement dans le lointain les voix de quelques Taïtiens qui étaient restés à bord, et qui jouissaient de la beauté du firmament, avec les amis qu'ils avaient connus en 1769. Assis aux côtés du vaisseau, ils s'entretenaient tantôt avec des paroles et tantôt au moyen de signes. Ils demandaient surtout ce qui était arrivé aux étrangers depuis leur séparation, et ils racontaient à leur tour la fin tragique de Toutaha et de ses partisans. Gibson, soldat de marine, qui, lors du premier voyage de Cook, fut si enchanté de cette île qu'il déserta pour y rester, jouait un grand rôle dans cette conversation, parce que, entendant le mieux la langue, les naturels l'aimaient davantage. La confiance de ce peuple, et sa conduite cordiale et familière réjouirent les Anglais. Son caractère se montrait dans un jour plus favorable que jamais, et ils furent convaincus que le ressentiment de l'injure et l'esprit de vengeance tourmentent peu les bons et simples Taïtiens. Il serait doux de penser que la philanthropie est naturelle aux hommes, et que les idées sauvages de défiance et de haine ne sont que la suite de la dépravation des mœurs. Les découvertes de Colomb, de Cortez en Amérique, et celles de Mendana, de Quiros, de Schouten, de Tasman (*) et de Wallis dans la mer du Sud, ne démentent point entièrement cette opinion; mais elle serait peu fondée, si on l'appliquait à un état social avancé. L'attaque faite par les Taïtiens sur le *Dolphin* (**) naquit probablement de quelque outrage commis par les Européens sans le vouloir; et quand cette supposition ne serait pas fondée, si la conservation de soi-même est une des premières lois de la nature, ce peuple avait sûrement droit de regarder les Anglais comme des usurpateurs, et même de trembler pour sa liberté. Mais, après que les Européens eurent déployé la supériorité de leurs forces, quand les insulaires reconnurent que le capitaine Wallis se proposait seulement de passer quelques jours parmi eux, afin d'acheter des rafraîchissements, que les étrangers n'étaient pas absolument destitués d'humanité et de justice, ils leur ouvrirent les bras;

(*) En exceptant les sauvages féroces de la Nouvelle-Zeeland et de quelques autres îles.

(**) C'était le nom du vaisseau de Wallis.

ils oublièrent le massacre, et ils offrirent avec empressement leurs richesses. Ils leur prodiguèrent de concert des témoignages de bonté et d'amitié depuis le dernier des sujets jusqu'à la reine ; de façon que chacun de leurs hôtes eut lieu de regretter cette côte hospitalière (*).

L'HOMME-DIEU DE BORABORA.

Le 13 août, Cook voulut faire une visite à un homme que Maï lui peignait comme un personnage bien extraordinaire, car, à l'en croire, cet homme était le dieu de Borabora. Ils le trouvèrent assis sous un de ces abris qu'offrent ordinairement leurs plus grandes pirogues. Il était avancé en âge, il avait perdu l'usage de ses membres, et on le portait sur une civière. Quelques insulaires l'appelaient *olla* ou *orra*, nom du dieu de Borabora; mais son véritable nom était *Etari*. Le capitaine anglais supposait que le peuple lui prodiguerait une sorte d'adoration religieuse; mais, si ce n'est que de jeunes bananiers étaient placés devant et au-dessus de lui pour l'abriter, rien ne le distinguait des autres chefs. Maï lui présenta une touffe de plumes rouges, liées à l'extrémité d'un petit bâton, et, lorsqu'il eut causé quelques moments sur des choses indifférentes avec ce prétendu homme-dieu de Borabora, il remarqua une vieille femme, la sœur de sa mère, qui se précipita à ses pieds, et les arrosa de larmes de joie.

Cook avait pris, en 1773, à son bord un jeune homme nommé Hidi-Hidi (OEdidée). Au retour de ce navigateur et de Maï à Taïti, il s'efforçait, ainsi que le Taïtien qui avait été au Pérou avec les Espagnols, de montrer sa politesse, et de s'exprimer en anglais ; il disait souvent : *Yes, sir; if you please, sir*. Hidi-Hidi, né à Borabora, était à Taïti depuis trois mois, sans autre dessein que celui de satisfaire sa curiosité, ou, peut-être, la passion de l'amour, qui anime tous les habitants des îles Taïti. Selon Cook, les insulaires qui

(*) Cook, troisième voyage.

voyagent d'une terre à l'autre ne paraissent pas avoir d'autre but. Il préférait à nos modes et à nos parures, celles de ses compatriotes; car, lorsque le capitaine lui eut donné les habits (*) que le bureau de l'amirauté l'avait chargé de lui remettre, il les porta quelques jours, et il refusa ensuite d'en faire usage. Cet usage et celui du Taïtien qui avait été à Lima, prouvent bien la force de la nature qui ramène l'homme à ses premières habitudes.

AVENTURES DE HIDI-HIDI.

Avant de continuer l'histoire de Maï, nous allons terminer en peu de lignes celle de Hidi-Hidi. Ce jeune homme s'était adressé à Cook pour venir en Angleterre; son teint et ses vêtements le lui firent juger d'une bonne famille. Il ne le crut pas d'abord capable de renoncer à la vie douce que mènent, sur ces îles, les personnes de son rang; et, souriant à sa proposition, il lui peignit les fatigues et les peines auxquelles il s'exposait en quittant son pays; il eut soin de lui parler de la rigueur du climat, de la mauvaise qualité des aliments; mais rien ne put changer sa résolution, et ses amis se joignirent à lui pour le prier de l'emmener.

Au moment où il s'embarqua, ses amis vinrent lui faire leurs derniers adieux, et ils lui donnèrent des étoffes, et pour ses provisions de mer, du fruit à pain fermenté (du mahei), qu'ils aiment passionnément, et qui est une substance extrêmement nourrissante.

Hidi-Hidi fut violemment attaqué du mal de mer dès que le vaisseau fut au large. Cependant, comme on regardait le pic élevé de Borabora, il eut assez de force pour dire : « Je suis né sur cette île, et je suis proche parent de Pouni, le grand roi qui a conquis Otaha et Raïatéa. » Il apprit en même temps aux officiers que son véritable nom était Mahiva; mais qu'il l'avait changé pour celui de Hidi-Hidi

(*) Cook lui donna en outre, de son chef, une caisse d'outils et quelques autres articles.

avec un chef d'Eiméo, usage commun dans toutes ces îles, ainsi qu'on l'a remarqué ailleurs. Pouni était alors dans l'île de Mowrua, île qu'on passa dans l'après-midi, et qui est composée d'une seule montagne de forme conique, s'élevant en pointe aiguë.

Hidi-Hidi ne recouvra son appétit que le lendemain; il mangea un morceau d'un dauphin qui pesait vingt-huit livres, et qui avait été pris par un des matelots. On lui proposa de le lui apprêter tout de suite, mais il répondit qu'il était beaucoup meilleur cru; on lui donna un vase rempli d'eau de mer, dans lequel il trempa la chair comme dans une sauce; il en mangea avec un grand plaisir; en place de pain, il mordait alternativement dans une balle de mahei, ou de pâte de fruit à pain.

Avant de s'asseoir pour prendre son repas, il eut soin de séparer deux petits morceaux de poisson et de mahei, qu'il offrit à l'atoua, ou à la divinité, prononçant en même temps quelques mots qui étaient probablement une courte prière. Il fit la même cérémonie deux jours après, quand il mangea du goulu de mer cru.

Après avoir visité l'archipel de Tonga, la Nouvelle-Zeeland, Vaïhou et les îles Nouka-Hiva ou Marquises, traversées qui durèrent sept mois, Cook le ramena dans sa patrie dans le courant de l'année 1774.

L'un des Taïtiens que les Espagnols avaient emmené à Lima, vint également faire une visite aux Anglais. On ne pouvait, à ses manières et à son extérieur, le distinguer du reste de ses compatriotes. Il se souvenait cependant de quelques mots espagnols qu'il avait appris, et qu'il prononçait très-mal. Il répétait surtout fréquemment : *Si senor ;* et lorsqu'on s'approchait de lui, il ne manquait pas de se lever, et de se faire entendre le mieux que possible avec son petit vocabulaire espagnol. Revenons à Maï.

SUITE DES AVENTURES DE MAI.

Le 4 septembre 1777, Maï donna à dîner dans l'île au capitaine Cook et à ses officiers. Son repas fut très-bon, et composé de poissons, de volailles, de porcs et de pouddings. Le chef O-Tou fut du dîner; dans l'après-midi, Cook l'accompagna à sa maison, où il trouva tous ses domestiques occupés à rassembler des provisions qu'on lui destinait. Il y avait entre autres choses un gros cochon, qu'ils tuèrent en sa présence. Ils firent onze portions des entrailles, et on distribua ces portions aux serviteurs; quelques-uns firent cuire la leur dans le même four que le cochon, et la plupart emportèrent cru ce qu'ils reçurent.

Il y avait aussi un grand poudding. Voici comment il fut préparé. Les cuisiniers prirent d'abord du fruit à pain, des bananes mûres, du taro, des noix du palmier et du *pandanus*, rapés, découpés en petits morceaux, ou pilés et cuits séparément. Ils exprimèrent ensuite de l'amande de la noix de coco une quantité assez considérable de jus qu'ils jetèrent dans un baquet ou vase de bois, et après y avoir mis le fruit à pain, les bananes, etc., qui sortaient du four, ils y placèrent quelques pierres chaudes, afin de faire bouillir doucement le tout. Trois ou quatre hommes remuèrent avec un bâton les différentes matières, jusqu'à ce qu'elles fussent incorporées l'une à l'autre, et que le jus de la noix de coco fût changé en huile. Les diverses parties ne tardèrent pas à prendre de la consistance. Quelques-uns de ces pouddings sont excellents, et l'illustre navigateur, qui y avait pris goût, avoue qu'on en fait rarement en Angleterre d'une saveur aussi exquise : aussi, durant sa relâche à Taïti, lorsqu'il put avoir de pareils pouddings, ce qui n'arrivait pas tous les jours, il ne manquait pas de demander qu'on lui en servît.

Quand le cochon et le poudding qu'O-Tou destinait au commandant de l'expédition, furent cuits, on les embarqua sur une pirogue avec deux cochons vivants, du fruit à pain et des noix de cocos, et on les conduisit à bord de la *Découverte*, où Cook se rendit, ainsi que toute la famille royale.

Le lendemain, un jeune bélier de la race du Cap, qu'il avait eu beaucoup de peine à conserver, fut tué par un chien. On se trouve quelquefois dans des positions où la perte d'une bagatelle devient importante : Cook était vivement occupé du soin de propager aux îles de Taïti ce quadrupède utile, et la perte du bélier fut un véritable malheur.

Pour divertir les insulaires, le 7, dans la soirée, Cook fit tirer des feux d'artifice devant le peuple assemblé. Ce spectacle fit grand plaisir à une partie des Oïtipehans; mais il causa un effroi terrible à la plupart, et on eut bien de la peine à les retenir jusqu'à la fin. Une table de fusées volantes devait terminer le jeu : l'assemblée entière se dispersa au moment où elles partirent, et les hommes du pays les plus courageux s'enfuirent avec précipitation.

Le 8, Hidi-Hidi, l'ancien compagnon de Cook, voulut lui exprimer sa reconnaissance, en invitant à dîner le commandant et ses officiers. Son festin fut composé de poisson et de porc : le cochon pesait environ trente livres; il fut tué, cuit et servi en moins d'une heure. On achevait de dîner, lorsque O-Tou arriva; il s'approcha du capitaine, en lui disant : « *Ton ventre est-il plein ?* — Oui, reprit celui-ci. — *Dans ce cas, viens avec moi.* O-Tou le conduisit chez son père, où il trouva différentes personnes qui habillaient deux jeunes filles d'une quantité prodigieuse de belles étoffes arrangées d'une façon singulière. Une extrémité des pièces, qui étaient en grand nombre, se trouvait relevée par-dessus la tête des jeunes filles, tandis que le reste environnait le corps à commencer de dessous les aisselles. L'autre extrémité tombait en plis jusqu'à terre, et ressemblait à un jupon de femme porté sur un large panier. Plusieurs pièces enveloppaient le bord extérieur de ce panier, et grossissaient l'attirail. Les étoffes occupaient l'espace de cinq ou six verges de circuit, et ces pauvres filles étaient accablées sous un énorme poids; elles avaient en outre deux *taamas* (deux pièces de corps) qui leur servaient de parure, et qui donnaient un air pittoresque à leur accoutrement. On les conduisit dans cet équipage à bord de la *Découverte*; la pirogue qui les amena était chargée de plusieurs cochons, et d'une quantité assez considérable de fruits et d'étoffes, dont le père d'O-Tou voulut faire présent à Cook. On nommait *Ati* les personnes de l'un ou de l'autre sexe habillées de cette manière.

Le lendemain O-Tou lui fit présent d'un cochon et de quelques fruits, et chacune de ses sœurs lui donna un cochon et d'autres fruits. Les naturels avaient pris en dedans du récif, avec la seine, une quantité considérable de maquereaux; ils en échangèrent une partie dans le camp et sur les vaisseaux des Anglais.

O-Tou, si soigneux de leur fournir des vivres, cherchait avec le même soin à leur procurer des amusements continuels. Le 10, Cook et une partie de ses officiers se rendirent avec Maï à Oparre, où O-Tou les régala d'une espèce de comédie. Ses trois sœurs y jouèrent, parées d'habits neufs et très-élégants.

COMBAT NAVAL.

O-Tou invita Cook à assister à une revue générale des pirogues de Matavaï et d'Oparre. Il y avait environ soixante pirogues de guerre munies de plates-formes, sur lesquelles les guerriers devaient combattre. Le nombre des pirogues moins grandes était à peu-près aussi considérable. Les chefs décidèrent bientôt que l'escadre ne se rendrait à Oparre que le lendemain. Curieux de connaître la manière de se battre des Taïtiens, Cook pria O-Tou d'ordonner à quelques-unes de ses pirogues d'exécuter devant lui les manœuvres de combat. Le roi fit sortir deux pirogues de la baie. O-tou et Cook montèrent sur un de ces bâtiments, et Maï se rendit à bord du second. Lorsqu'elles se furent assez éloignées pour laisser entre elles l'espace nécessaire pour les évolutions, les deux pirogues se retournèrent en face; elles s'avancèrent, elles reculèrent avec toute la vivacité que purent leur donner les pagayeurs. Sur ces entrefaites, les guerriers qui occupaient les plates-formes brandissaient leurs armes, et faisaient des mines et des contorsions qui semblaient n'avoir d'autre but que de les préparer à l'assaut. O-Tou se tenait à côté de la plate-forme, et il donnait le signal d'avancer ou de reculer. La sagacité et la promptitude du coup d'œil lui était nécessaire pour saisir les moments favorables, et éviter ce qui pouvait donner de l'avantage à l'ennemi. Enfin, lorsque les deux pirogues eurent avancé et reculé au moins douze fois, elles s'abordèrent de l'avant: après un combat de peu de durée, les guerriers de la plate-forme où était placé O-Tou parurent se laisser tuer jusqu'au dernier, et Maï et ses camarades se rendirent maîtres de cette pirogue. En cet instant, O-Tou et ses pagayeurs se jetèrent à la mer, comme s'ils avaient été réduits à la nécessité de se sauver à la nage.

Leurs batailles navales ne se livrent pas toujours de cette manière. Selon les détails donnés par Maï, les insulaires commençaient quelquefois par amarrer les deux pirogues l'avant contre l'avant; et ils combattaient ensuite jusqu'à ce que tous les guerriers de l'un des bâtiments fussent tués. Cette manœuvre terrible prouve qu'alors ils étaient résolus de vaincre ou de mourir. En effet, ils ne devaient compter que sur la victoire ou la mort; car, de leur aveu, ils ne faisaient jamais de quartier, à moins qu'ils ne réservassent les prisonniers pour les tuer le lendemain d'une façon plus cruelle.

La puissance et la force de ces peuplades sont fondées sur leur marine; ils n'ont jamais livré peut-être une action générale sur terre; et c'est sur la mer qu'ils se livraient des batailles décisives. Quand les deux partis avaient fixé l'époque et le lieu de l'action, ils passaient dans des amusements et des festins la journée de la veille et de la nuit, comme nous l'avons déjà observé aux îles Carolines. Ils lançaient à l'eau leurs pirogues, ils faisaient leurs préparatifs au lever de l'aurore, et ils commençaient le combat avec le jour : son issue terminait ordinairement la dispute; les vaincus s'enfuyaient à la hâte, et ceux qui atteignaient la côte, s'empressaient de gagner les montagnes et d'emmener leurs amis. Les vainqueurs, qui, durant l'accès de leur furie, n'épargnaient ni les vieillards, ni les femmes, ni les enfants, s'assemblaient le lendemain au moraï pour remercier l'atoua de la victoire qu'ils venaient de remporter, et lui offrir en sacrifice les guerriers qu'ils avaient tués, et les prisonniers eux-mêmes. On négociait ensuite un traité, dont, en général, ils dictaient les conditions : ils obtenaient des districts particuliers, et quelquefois des îles entières. Maï, qui avait été fait prisonnier par les habitants de Borabora, et conduit dans cette île longtemps avant son départ pour l'Europe, disait que lui et tous ses compagnons de captivité auraient été mis à mort le lendemain, s'ils n'étaient pas venus à bout de se sauver pendant la nuit.

SUITE DES AVENTURES DE MAL

Après ce combat simulé, Maï endossa sa cuirasse et le reste de l'armure qu'on lui avait donnée en Angleterre et qui avait été tirée sans doute d'un arsenal de l'ancienne chevalerie. Ainsi armé de pied en cap, et semblable à un des paladins de Charlemagne, il monta sur la plate-forme de l'une des pirogues, et les rameurs le menèrent en triomphe le long du rivage de la baie, en sorte que tous les naturels purent le contempler à loisir; mais, à son grand déplaisir, sa belle cotte de mailles n'attira pas l'attention des insulaires, autant qu'il l'avait imaginé.

Cook mit à la voile pour Wahine, d'où il se rendit à Eïméo; il aborda à Raïatea, patrie de Maï. Tous les insulaires de quelque importance arrivèrent aux vaisseaux : c'était ce que désirait le capitaine; car il voulait s'occuper tout de suite de l'établissement de son protégé, et il crut que l'occasion était favorable. Maï paraissait désirer alors de s'établir à Raïatea, et s'ils avaient pu s'accorder sur les moyens d'exécuter ce projet, il l'aurait adopté. Les naturels de Borabora, conquérants de l'île, y avaient dépouillé son père de quelques terres. Persuadé qu'il viendrait à bout d'en obtenir la restitution sans employer la violence, il fallait pour cela qu'il vécût en bonne intelligence avec ceux qui se trouvaient les maîtres de l'île; mais Maï était un patriote trop zélé pour s'imposer la moindre modération, et trop confiant pour imaginer que son protecteur ne le rétablirait pas de force dans ses biens. Celui-ci sentit qu'il lui était impossible de l'établir à Raïatea, et que Wahine lui convenait mieux. Il se décida en conséquence à tirer parti de la présence des chefs, et à solliciter en sa faveur la permission dont il avait besoin.

Cook se disposa à faire une visite en forme à Taire-Taria, à qui il voulait parler de cette affaire. Maï s'habilla très-proprement, et il prépara un magnifique présent qu'il destinait au chef, et un second qu'il voulait offrir à l'atoua. Depuis que son protecteur l'avait séparé de la troupe de fripons qui l'environnèrent à Taïti, il s'était conduit avec prudence, et de manière à mériter l'estime et l'amitié de tous ceux qui le virent. Le débarquement rappela à terre la plupart des naturels qui s'étaient rendus aux vaisseaux; et après s'être réunis à ceux qui se trouvaient sur la côte, ils se rassemblèrent dans une grande maison. Le concours du peuple fut très-nombreux : on n'avait jamais vu sur aucune de ces îles autant de personnages importants des deux sexes. Le gros du peuple, en général, paraissait plus robuste et d'un teint plus blanc que les indigènes de l'île Taïti, et, proportionnellement à l'étendue du pays, il y avait plus d'hommes qui semblaient riches et revêtus d'une sorte d'autorité. La plupart de ceux-ci avaient un embonpoint aussi considérable que les chefs de Watio. Cook ne voulait commencer sa négociation qu'après l'arrivée de l'Arii-Rahi, et on attendit Taire-Taria; mais, en le voyant, il jugea que cette précaution était inutile ; car il n'avait pas plus de huit à dix ans. Maï, qui se tenait à quelque distance du prince et de ceux qui l'entouraient, offrit d'abord au dieu des plumes rouges, des étoffes, etc. Il fit ensuite une seconde offrande qui devait être présentée à l'atoua par le chef, et après celle-ci, il distribua plusieurs touffes de plumes rouges : chaque article fut placé devant l'un des assistants, et accompagné d'une prière ou d'un discours prononcé par un des amis de Maï, près duquel il était assis, et auquel il souffla la plupart de ses phrases. Il eut soin de ne pas oublier ses amis d'Angleterre, non plus que ceux qui l'avaient ramené sain et sauf dans sa patrie. Il ne cessa de faire mention de l'*arii-rahi no-beritani* (*), du lord Sandwich, de Touté et de Tati (**). Quand il eut achevé ses offrandes et ses prières, le prêtre prit un à un les divers articles qu'on avait déposés devant lui, et, après une courte prière, il les envoya au moraï. Maï s'écria que si cet édifice n'eût pas été aussi éloigné, il les y aurait portés lui-même.

Dès que ces cérémonies religieuses furent terminées, Maï s'assit près du capitaine, et on entra en négociation. Cook fit d'abord un riche présent au jeune roi, qui lui en fit un magnifique de son côté ; ils convinrent ensuite de la manière dont les insulaires trafiqueraient avec les équipages du célèbre navigateur, qui prit soin d'exposer les suites fâcheuses qu'entraîneraient les larcins commis par les indigènes, s'ils se livraient de nouveau à cette injuste et méprisable habitude, ainsi que dans ses premières relâches. Enfin il parla aux chefs assemblés, de l'établissement de son ami. Maï leur dit : « On m'a
« conduit en Angleterre où j'ai été fort
« bien accueilli du roi et de ses *ariis ;*
« on m'y a traité avec beaucoup d'é-
« gards, et on m'y a donné toutes les
« marques possibles d'attachement ; le
« capitaine Touté (Cook) a eu la bonté
« de me ramener aux îles Taïti, et
« j'arrive riche d'une foule de trésors

(*) Du roi d'Angleterre.
(**) De Cook et de Clerke.

« qui seront très-utiles à mes compa-
« triotes ; outre les deux chevaux que
« je dois garder dans mon habitation,
« nous avons laissé à Taïti plusieurs
« animaux précieux et d'une espèce
« nouvelle, qui se multiplieront et se
« répandront bientôt sur toutes les îles
« des environs. Pour prix de mes ser-
« vices, je demande qu'on m'accorde
« un terrain à Wahine, qu'on me per-
« mette d'y bâtir une maison et d'y
» cultiver les productions nécessaires à
« ma subsistance et à celle de mes do-
« mestiques ; et si je n'obtiens pas
« gratuitement ou par échange votre
« consentement, que je sollicite de
« votre justice, le brave et terrible ca-
« pitaine m'a promis de me transporter
« avec mes trésors à Raïatea. »

« J'aurais peut-être fait un discours meilleur que celui de Maï, dit Cook, mais il n'oublia aucun des points importants sur lesquels je lui avais recommandé d'insister. Maï, ainsi que je l'ai déjà observé, se flattait vainement que j'emploierais la force pour le rétablir à Raïatea dans les biens de son père ; il l'avait dit, sans mon aveu, à quelques personnes de l'assemblée. Les chefs imaginèrent tout de suite que je me proposais d'attaquer Raïatea, et que je les aiderais à chasser de cette île les naturels de Borabora. Il était donc nécessaire de les détromper ; je leur déclarai en effet, d'une manière positive, que je ne les aiderais pas dans une entreprise de cette espèce ; que même je ne la souffrirais point, tant que je me trouverais dans leurs parages ; et que si Maï se fixait à Raïatea, je l'y rétablirais d'une manière amicale et sans faire la guerre au peuple de Borabora.

« Cette déclaration changea les idées du conseil. L'un des chefs me répondit sur-le-champ, « que je pouvais dispo-
« ser de l'île entière de Wahine, et de
« tout ce qu'elle renferme ; que j'étais
« le maître d'en donner à mon ami la
« portion que je voudrais. » Sa réponse fit un grand plaisir à Maï qui, semblable au reste de ses compatriotes, ne songe guère qu'au moment actuel ; il crut sans doute que je serais libéral,

et que je lui accorderais une vaste étendue de terrain. Je réfléchis qu'en m'offrant ce qu'il ne convenait pas d'accepter, on ne m'offrait rien du tout ; et je voulus non-seulement qu'on désignât le local, mais la quantité précise de terrain dont jouirait mon ami. On envoya chercher quelques-uns des chefs qui avaient déjà quitté l'assemblée, et après une délibération qui fut courte, ils souscrivirent à ma demande d'une voix unanime. Ils me cédèrent à l'instant un terrain contigu à la maison où se tenait le conseil : son étendue, le long de la côte du havre, était d'environ trois cents pieds, et sa profondeur, qui allait jusqu'au pied de la colline, qui en renfermait même une partie, se trouvait un peu plus considérable. Après cet arrangement qui satisfit les insulaires, Maï et moi, j'ordonnai de dresser une tente et les observatoires sur la côte, où j'établis un poste. Les charpentiers des deux vaisseaux construisirent une petite maison, dans laquelle mon ami devait renfermer ses trésors ; nous lui créâmes de plus un jardin, nous y plantâmes des schadoks, des ceps de vigne, des pommes de pin, des melons et les graines de plusieurs autres végétaux : avant de quitter l'île, j'eus le plaisir de voir réussir chacune des parties de sa plantation. »

Maï commença alors à s'occuper sérieusement de ses intérêts ; il se repentit beaucoup d'avoir été si prodigue à Taïti, où il avait donné les choses les plus précieuses qu'il avait reçues en Angleterre et ailleurs. Il trouva à Wahine un frère, une sœur et un beau-frère, car sa sœur était mariée ; mais ils ne le pillèrent pas, ainsi que l'avaient fait ses autres parents. Toutefois s'ils étaient trop honnêtes pour le tromper, ils étaient trop peu considérés dans l'île pour lui rendre des services essentiels : dénués de crédit ou d'autorité, ils ne pouvaient protéger sa personne et ses biens ; et dans cet état d'abandon, il courait risque d'être dépouillé de sa fortune, lorsqu'il n'aurait plus ses protecteurs auprès de lui.

Un individu plus opulent que ses voisins est sûr d'exiter l'envie d'une multitude d'hommes qui désirent le rabaisser à leur niveau. Mais dans les pays où la civilisation, les lois et la religion ont de l'empire, les riches ont toute sorte de motifs de sécurité ; les richesses s'y trouvant dispersées dans une foule de mains, un simple particulier ne craint pas que les pauvres se réunissent contre lui, de préférence aux autres dont la fortune est également un objet de jalousie. La position de Maï se trouvait bien différente ; il allait vivre dans une contrée où l'on ne connaît guère d'autre principe des actions morales que l'impulsion immédiate des désirs et des fantaisies : il allait être le seul riche de la peuplade, et c'est là surtout ce qui le mettait en danger. Un hasard heureux l'ayant lié avec les Anglais, il rapportait un amas de richesses qu'aucun de ses compatriotes ne pouvait se donner, et que chacun d'eux enviait : il était donc bien naturel de les croire disposés à se réunir pour le dépouiller.

Cook lui conseilla, dans l'espoir de prévenir ce malheur, de donner quelques-unes de ses richesses à deux ou trois des principaux chefs, pensant que la reconnaissance les exciterait à le prendre sous leur protection, et à le garantir de l'injustice des autres. Il suivit en effet ce conseil. Ne voulant pas trop compter néanmoins sur les effets de la reconnaissance, Cook employa un moyen plus imposant, celui de la terreur. Il ne laissa échapper aucune occasion. Il convoqua les insulaires, et leur dit qu'il se proposait de retourner bientôt parmi eux ; que s'ils attentaient à la propriété ou à la personne de son ami, il se vengerait impitoyablement de tous ceux qui lui auraient fait du mal. Selon toute apparence, cette menace devait contenir les naturels ; car les diverses relâches que les Anglais avaient faites aux îles de Taïti, leur persuadèrent que les vaisseaux revenaient à certaines époques ; et le temps a prouvé que Maï avait été généralement respecté, tant qu'il n'avait commis aucune injustice avec ses compatriotes.

Rien ne troubla, jusqu'au 22 octobre, le commerce d'échange et d'amitié qui eut lieu entre les blancs et les naturels. Mais le 22 au soir, un des insulaires trouva moyen de pénétrer dans l'observatoire de M. Baily, et d'y voler un sextant sans être aperçu. Cook descendit à terre; dès qu'il fut instruit du vol, il chargea Maï de réclamer l'instrument. Maï le réclama en effet avec beaucoup de zèle; mais les chefs ne firent aucune démarche; ils s'occupèrent de l'*héva* qu'on jouait alors, jusqu'au moment où le terrible capitaine ordonna aux acteurs de finir leur comédie. Les chefs s'aperçurent bien vite que la pièce devenait sérieuse, et ils se demandèrent les uns aux autres des nouvelles du voleur qui se trouvait assis tranquillement au milieu d'eux. « Son assurance et son maintien me laissaient d'autant plus de doutes, dit Cook, qu'il niait le délit dont on l'accusait. Je l'envoyai néanmoins à bord de mon vaisseau, sur les témoignages de Maï, et je l'y tins en prison. Son emprisonnement excita une rumeur générale parmi les insulaires, et ils s'enfuirent en dépit de mes efforts pour les arrêter. Le prisonnier, interrogé par Maï, finit par dire où il avait caché sa proie; mais la nuit commençait, et nous ne pûmes retrouver le sextant que le lendemain à la pointe du jour : il n'était point endommagé lorsqu'on nous le rapporta. Les naturels revinrent de leur frayeur, et ils se rassemblèrent autour de nous, selon leur usage. Le voleur me parut être un coquin d'habitude, et je crus devoir le punir d'une manière plus rigoureuse que les autres voleurs auxquels j'avais infligé des châtiments. *Je lui fis raser les cheveux et la barbe, et couper les deux oreilles*, ajoute Cook, sans se douter apparemment qu'un Anglais devait être honteux d'employer les moyens de justice turque. »

Cette correction ne suffisait pas; car la nuit du 24 au 25, des cris d'alarme avertirent l'équipage de la *Découverte* qu'on essayait de voler une chèvre; quelques matelots se rendirent à l'endroit d'où partaient les cris, et ils ne s'aperçurent pas qu'on eût commis de vol : vraisemblablement les chèvres étaient si bien gardées, qu'il ne put exécuter son projet; mais ses hostilités réussirent à d'autres égards. Il parut qu'il avait détruit ou emporté les ceps de vigne et les choux du jardin de Maï; il disait hautement qu'il le tuerait, et qu'il brûlerait sa maison, dès que ses protecteurs auraient quitté l'île. Afin d'ôter à ce scélérat les moyens de nuire désormais à son ami, Cook le fit arrêter de nouveau; mais il se sauva à Borabora.

La maison de Maï fut presque achevée le 26, et il y fit apporter la plupart de ses trésors. Parmi la foule de choses inutiles qu'il avait reçues en Angleterre, était une caisse de joujoux; il eut soin de montrer aux naturels les bagatelles qu'elle contenait, et la multitude étonnée parut les contempler avec un grand plaisir. Quant à ses pots, ses chaudrons, ses plats, ses assiettes, ses bouteilles, ses verres, enfin aux divers meubles dont on se sert dans les ménages d'Europe, il y eut à peine un seul de ces articles qui attirât les regards des insulaires : il commençait lui-même à juger cet attirail inutile; il sentait qu'un cochon cuit au four est plus savoureux qu'un cochon bouilli; qu'une feuille de bananier peut tenir lieu d'un plat ou d'une assiette d'étain, et qu'on boit aussi bien dans un coco que dans un verre de cristal. Il vendit aux équipages des deux vaisseaux tous les meubles de cuisine ou de paneterie qu'ils voulurent acheter. Il reçut en échange des haches et des outils de fer, qui avaient plus de valeur intrinsèque dans cette partie du monde, et qui devaient ajouter davantage à sa supériorité sur les individus avec lesquels il devait passer le reste de ses jours.

« Dès que Maï fut établi, dit Cook, dans sa nouvelle habitation, je songeai à partir. Je fis conduire à bord tout ce que nous avions débarqué, excepté le cheval, la jument et une chèvre pleine, que je laissai à mon ami, dont nous allions nous séparer pour jamais. Je lui donnai aussi une truie et deux cochons de race anglaise, et il s'était procuré d'ailleurs une ou deux truies. Le cheval couvrit la jument pendant notre relâche à Taïti, et je suis persuadé que les navigateurs trouveront des chevaux dans ces îles.

« Les détails relatifs à Maï intéresseront peut-être une classe nombreuse de lecteurs, et je crois devoir dire tout ce qui peut exposer d'une manière satisfaisante dans quel état nous le laissâmes. Maï avait pris à Taïti quatre ou cinq téoutéous; il gardait d'ailleurs ses deux jeunes gens de la Nouvelle-Zeeland. Son frère et quelques autres de ses parents le joignirent à Wahine; en sorte que sa famille se trouvait déjà composée de huit ou dix personnes, si toutefois on peut donner le nom de famille à un ménage où il n'y avait pas une femme. »

La maison que Cook lui fit bâtir avait vingt-quatre pieds de long sur dix-huit de large et dix de hauteur; on y employa les bois de pirogues détruites par les Anglais à Eïméo; on y mit le moins de clous qu'il fut possible, afin que l'appât du fer n'excitât point les naturels à la dévaster. Il fut décidé qu'immédiatement après le départ de l'expédition, il en construirait une plus grande sur le modèle des habitations du pays; que pour mettre en sûreté celle que les Anglais lui avaient construite, il la couvrirait avec l'une des extrémités de la nouvelle. Quelques-uns des chefs promirent de l'aider, et si l'édifice projeté avait occupé le terrain qu'indiquait son plan, il n'y en aurait pas eu dans l'île de plus étendue.

Un mousquet, une baïonnette et une giberne, un fusil de chasse, deux paires de pistolets et deux ou trois sabres ou coutelas composaient son arsenal. « Il fut enchanté d'avoir des armes, dit Cook; mais en les lui donnant, je ne songeai qu'à lui faire plaisir; car j'étais persuadé qu'il serait plus heureux si nous ne lui laissions point d'armes à feu, ou d'armes européennes d'aucune espèce. En effet, cet attirail de guerre entre les mains d'un homme dont la prudence m'est suspecte, doit plutôt accroître ses dangers, qu'établir sa supériorité sur ses compatriotes. » Ce que nous dirons de sa conduite depuis le départ et la mort de l'intrépide capitaine prouvera combien sa méfiance était fondée, et qu'il avait bien jugé Maï.

Lorsqu'il eut conduit à terre les diverses choses qui lui appartenaient, et qu'il les eut placées dans sa maison, il donna à dîner deux ou trois fois à la plupart des officiers de la *Résolution* et de la *Découverte* : sa table leur offrit en abondance les meilleures productions de l'île.

Avant d'appareiller, Cook fit graver l'inscription suivante en dehors de la maison de son protégé :

Georgius tertius rex, 2 novembris 1777.
Naves. { *Résolution*, Jac. Cook, pr.
Discovery, Car. Clerke, pr.

Le 2 novembre, à 4 heures du soir, Cook profita d'une brise qui s'éleva dans la partie de l'est, et il sortit du havre. La plupart de ses amis demeurèrent à bord jusqu'au moment où les vaisseaux furent sous voile; et afin de satisfaire leur curiosité, il fit tirer cinq coups de canon. Ils lui firent tous leurs derniers adieux, excepté Maï qui l'accompagna quelque temps en mer. L'hansière amarrée sur la côte fut coupée par les rochers au moment de l'appareillage. Ceux qui travaillaient aux manœuvres, ne s'apercevant pas qu'elle était rompue, abandonnèrent la partie qui se trouvait sur la grève, et il fallut l'envoyer chercher par un canot. Maï s'en alla dans ce canot, après avoir embrassé tendrement chacun des officiers. Il montra du courage jusqu'à l'instant où il s'approcha du capitaine; mais il essaya en vain de se contenir, il versa un torrent de larmes, et l'officier King, qui commandait le canot, le vit pleurer durant toute la route.

Ayant été choyé en Angleterre, il avait oublié sa condition primitive; il ne pensa jamais quelle impression feraient sur ses compatriotes ses connaissances et ses richesses : cependant les lumières de son esprit et ses trésors pouvaient seuls assurer son crédit, et il ne devait pas fonder sur d'autres moyens son élévation et son bonheur. Il paraît même qu'il connaissait mal le caractère des habitants des îles de cet archipel, ou qu'il avait perdu de vue, à bien des égards, leurs coutumes; autrement il aurait senti qu'il lui serait d'une difficulté extrême de parvenir à un rang distingué, dans un pays où le mérite personnel n'a peut-être jamais fait sortir un individu d'une classe inférieure pour le porter à une classe plus relevée. Les distinctions et le pouvoir qui en est la suite, y étaient seulement fondés sur le rang. Les insulaires étaient soumis à ce préjugé d'une manière si opiniâtre et si aveugle, qu'un homme qui n'avait pas reçu le jour dans les familles privilégiées, était sûrement méprisé et haï, s'il voulait s'arroger une sorte d'empire. Les compatriotes de Maï n'osèrent pas trop montrer leur disposition pour lui, tant que les Anglais étaient parmi eux; néanmoins Cook jugea qu'il leur inspirait un sentiment de haine et de mépris. Une administration convenable des trésors qu'il rapportait d'Angleterre, et les connaissances que lui avaient procurées ses voyages, lui offraient des moyens de former des liaisons très-utiles; mais on a vu que, semblable aux enfants, il dissipa ses richesses, sans s'occuper de ses intérêts. Sa tête se trouvait remplie de projets, qui paraissent nobles au premier coup d'œil, et dont la réflexion ne tarde pas à dévoiler la bassesse : il montra, dès le commencement, le désir de se venger, plutôt que celui de devenir un grand personnage; au reste, la passion de la vengeance est si ordinaire aux îles de la Société, qu'il lui aurait été difficile de s'y soustraire. Son père possédait des biens considérables à Raïatea, lorsque cette île fut conquise par les guerriers de Borabora. Il vint, ainsi qu'une foule de proscrits, chercher un asile à Wahine, où il mourut, et où il laissa Maï et d'autres enfants, qui furent réduits à la misère et à la dépendance. Maï était donc pauvre et délaissé, lorsque le capitaine Furneaux le prit sur son vaisseau pour l'emmener en Europe. Il est difficile de savoir si l'accueil qu'il reçut en Angleterre lui avait donné l'espoir qu'on lui fournirait sûrement des secours contre les ennemis de son père et de sa patrie, ou s'il imaginait que son courage et la supériorité de ses connaissances suffiraient pour chasser les conquérants de Raïatea; mais du moment où la *Découverte* quitta l'Angleterre, il ne cessa de parler de ses projets contre les tyrans de Borabora. Il ne voulut pas écouter les remontrances qu'on lui fit sur une résolution aussi téméraire : il entrait en colère lorsqu'on lui donnait, pour son avantage, des avis plus modérés et plus raisonnables. Infatué de son grand projet, il affectait de croire que les guerriers de Borabora abandonneraient l'île de Raïatea, dès qu'ils apprendraient son arrivée à Taïti. Ses illusions néanmoins diminuèrent durant la navigation, et lorsque les vaisseaux abordèrent aux îles des Amis, il était si inquiet sur les dispositions de ses compatriotes à son égard, qu'il songea à s'établir à Tongatabou sous la protection de Fino. Il y dissipa, sans aucune nécessité, une partie de ses trésors; il ne fut pas moins imprudent à Tiarrabou, où il ne pouvait chercher des amis, puisqu'il ne voulait point y demeurer : il continua ses prodigalités à Mataval jusqu'à l'instant de son départ, et il forma des liaisons si peu convenables, qu'Otou, disposé d'abord à le protéger, témoigna hautement son dédain pour lui. Cependant il aurait encore pu recouvrer les bonnes grâces du roi; il aurait pu s'établir avantageusement à Taïti, où il avait passé autrefois plusieurs années, et où il était fort considéré de Touha, qui lui fit présent d'une double pirogue, c'est-à-dire, d'une chose très-précieuse. En s'établissant sur cette île, son élévation aurait rencontré moins d'obstacles; car un étranger parvient plus aisément qu'un naturel du pays à jouer un rôle au-dessus de sa naissance. Mais il fut toujours indécis, et il n'aurait point voulu se fixer à Wahine, si Cook ne lui avait pas déclaré nettement qu'il n'emploierait jamais la force pour lui rendre les biens de son père. Il énonçait d'une manière trop ouverte son antipathie contre les habitants de Borabora, et il devait craindre les suites de son indiscrétion. Les naturels de Borabora, entraînés par la jalousie, s'efforçaient de le rendre odieux à ceux de Wahine; ce qui était d'autant plus facile qu'ils étaient alors en paix avec cette dernière île, et que plusieurs d'entre eux y demeuraient; leur inimitié était cependant la chose qui lui était le plus facile d'éviter : non-seulement il ne leur inspirait aucune aversion, mais un de ses habitants, qui jouait à Tiarrabou le rôle d'un ambassadeur, d'un prêtre ou d'un dieu, proposait formellement de le rétablir dans les biens qui avaient appartenu à son père. Il ne voulut jamais accepter ce service, et il se montra résolu jusqu'au départ de l'expédition anglaise de saisir la première occasion qui s'offrirait, et de se venger par une bataille. Il est probable que sa cotte de mailles ne contribua pas peu à son ardeur guerrière : il se croyait invincible avec sa cuirasse et ses armes à feu.

Au reste, quels que fussent les défauts de Maï, ils se trouvaient plus que contre-balancés par la générosité et par la docilité de son caractère. Le sévère Cook lui-même avoue n'avoir jamais eu l'occasion de se fâcher au sujet de sa conduite en général; son cœur reconnaissant fut toujours pénétré des bontés qu'on avait eues pour lui en Angleterre. Il était doué d'une assez grande pénétration, mais il ne s'appliquait pas, et il n'avait pas cette constance qui suit les mêmes idées. Aussi ses connaissances étaient superficielles et imparfaites à bien des égards. Il observait peu : il vit aux îles Tonga une foule d'arts utiles et d'amusements agréables, qu'il aurait pu porter dans sa patrie, où vraisemblablement on les aurait adoptés, puisqu'ils étaient si analogues aux habitudes des naturels des îles de Taïti : mais il ne fit pas le moindre effort pour s'en instruire. Cette espèce d'indifférence est, il est vrai, le défaut caractéristique de ses compatriotes. Néanmoins, « je suis persuadé, dit Cook, qu'il cultivera les arbres fruitiers et les végétaux que nous avons plantés, et que les îles de la Société lui auront, en ce point, des obligations essentielles; mais le plus grand avantage qu'elles semblent devoir tirer de ses voyages, résultera des quadrupèdes nouveaux que nous y avons laissés, et que vraisemblablement elles n'auraient jamais obtenus, s'il n'était pas venu en Angleterre. Lorsque ces animaux se seront multipliés aux îles de Taïti, elles égaleront, si elles ne surpassent pas, les relâches célèbres, par l'abondance des provisions. »

Le retour de Maï et la vue des riches cadeaux qu'il avait rapportés dans sa patrie, excitèrent un grand nombre d'insulaires à demander au capitaine Cook la permission de le suivre à *Beritani* (en Angleterre). Il eut soin de déclarer, dans toutes les occasions, qu'il ne souscrirait point à ces demandes. D'ailleurs, Maï, qui mettait un grand prix à être cité comme le seul homme qui eût fait un long voyage, craignait qu'il ne consentît à donner à d'autres les moyens de lui disputer ce mérite, et il lui dit souvent que lord Sandwich lui avait promis qu'aucun naturel de Taïti ne viendrait en Angleterre.

Les amis de Cook donnèrent, en quittant les Anglais, des marques très-sincères d'affection, et les larmes qu'ils versèrent reprochèrent à plusieurs d'entre eux leur insensibilité. En général, notre éducation tend à étouffer les émotions du cœur : comme souvent on nous apprend à en rougir, l'habitude vient à bout de les dompter; au contraire, le simple habitant de ces îles se livre à tous ses sentiments, et il met sa gloire à chérir les autres hommes.

Quant aux Zeelandais que Maï amena avec lui, Cook laissa ces deux jeunes gens à Wahine, quoiqu'ils désirassent extrêmement, l'un et l'autre, de ne pas le quitter. Tiaroua, le plus âgé, avait des dispositions très-heureuses; il était doué d'un bon sens admirable, et susceptible de toute sorte d'instructions. Il paraissait sentir que la Nouvelle-Zeeland se trouvait inférieure aux îles de la Société, et, frappé des plaisirs et de l'abondance que lui offrait Wahine, il finit par se soumettre gaiement à la loi du sort qui l'obligeait à y terminer sa carrière. Son camarade était tellement attaché aux Anglais, qu'il fallut l'enlever du vaisseau et le conduire de force à terre : celui-ci avait de la malice et de l'énergie dans le caractère, et sa pétulance amusa plus d'une fois l'équipage.

Quoique séparé de Maï, Cook pouvait encore recevoir de ses nouvelles; il lui avait recommandé de l'instruire de ce qui se passerait. Quinze jours après l'arrivée du vaisseau à Raïatea, il lui envoya deux de ses gens. Cook apprit avec un extrême plaisir que ses compatriotes le laissaient en paix; que tout allait bien, mais que sa chèvre était morte en mettant bas. Maï le priait de lui en envoyer une autre et deux haches, et le capitaine lui renvoya les deux messagers qui rapportèrent les haches et deux chevreaux, l'un mâle et l'autre femelle, et fut très-satisfait de savoir qu'il était heureux dans ses propriétés de Wahine.

Le poëte Cowper a adressé des vers touchants à la mémoire de Maï. Nous ne saurions résister au plaisir d'en donner la traduction : « Jeune étranger, que la curiosité ou un vain sentiment de gloire plutôt qu'une sincère amitié pour toi, a un instant conduit au milieu de nous, ton rêve est passé! Auras-tu retrouvé aux ombres de tes palmiers et de tes bananiers, leurs anciens charmes? Nos palais, les jeunes beautés de nos salons, nos équipages somptueux, nos jardins, nos spectacles, nos jeux, notre musique, ne se représentent-ils pas souvent à ton souvenir ? et le regret n'altère-t-il pas les attraits que tu trouvais aux simples tableaux de la nature qui t'environne? Il me semble te voir sur la grève, le regard distrait, tourné sur l'horizon, et demandant au flot qui meurt à tes pieds, s'il a jamais baigné notre rivage; il me semble voir des larmes couler sur tes joues, des larmes de tristesse, car tu aimes ton pays; mais quelque précieux que soient les dons que tu as reçus de Dieu, tu comprends qu'il n'est pas de pouvoir qui t'élève jamais, dans cette vie, de la condition où tu es né aux sphères supérieures de l'intelligence qu'un instant tu as entrevues. »

Hélas! la prospérité et le pouvoir rendirent cruel cet homme reconnaissant, qui avait été tant caressé et loué. Après le départ de Cook, Maï fut comblé d'honneurs par le roi, (dont il était *hoa*, allié ou parent), à cause sans doute de tout ce qu'il avait apporté de curieux, et qui était un trésor à Wahine. Le roi, homme cruel, s'engoua tellement de lui qu'il lui donna sa fille en mariage, et changea son nom en celui de *paari* (sage), qu'il porta depuis cet instant, selon la coutume des divers peuples polynésiens. Le gendre du tyran fut plus cruel que lui. Tantôt il tirait contre le premier venu avec son fusil, tantôt avec ses pistolets; aussi la mémoire du *sage*, du protégé de Cook est en exécration à Wahine.

MŒURS, COUTUMES ET USAGES MODERNES.

La modification de mœurs et coutumes qui s'est opérée dans l'archipel de Taïti, depuis que les missionnaires protestants y ont introduit le christianisme, est telle, que, si on en excepte quelques usages qui n'ont pas été encore entièrement déracinés, surtout parmi le petit nombre de ses habitants qui n'ont pas adopté la nouvelle foi, ceux de nos lecteurs qui ne connaissent que Cook et Bougainville, croiront, en lisant ce qui suit, lire la description d'un autre pays, et les coutumes d'un autre peuple.

L'état social de l'île de Taïti et même de l'archipel de ce nom, est en effet bien différent de ce qu'il était du temps de ces deux navigateurs; les missionnaires de la Société de Londres l'ont totalement changé. L'idolâtrie n'existe plus parmi les paisibles habitants de ces contrées, et ils professent généralement la religion chrétienne calviniste. Les femmes ne viennent plus à bord des bâtiments européens ou américains; elles sont même d'une réserve extrême lorsqu'on les rencontre à terre. Les mariages s'y font maintenant comme en Europe, et le roi lui-même s'est assujetti à n'avoir qu'une épouse. Les femmes sont admises à la table de leurs maris. Les sacrifices humains n'ont plus lieu. La société des arréoys n'existe plus. Les guerres continuelles de ces peuples ont cessé.

Autrefois les Taïtiens étaient nus ou presque nus, aujourd'hui ils sont jaloux de nos habits, et même de nos bottes et de nos chapeaux, quoique nos vêtements étriqués leur fassent subir des tortures. Il est vrai que les missionnaires, voulant extirper le tatouage, et peut-être les rendre de plus en plus tributaires du commerce anglais, leur ont vivement recommandé de se couvrir le corps. Autrefois un peu de rhum, de fer, de quincaillerie, et quelques verroteries étaient les uniques objets de leur ambition, et, pour ces bagatelles, ils donnaient tout ce qu'ils avaient de plus précieux. Aujourd'hui, à peine un navire européen ou américain a-t-il jeté l'ancre dans la baie de Matavaï, et même dans une des autres rades de l'archipel, les naturels couvrent le pont de cocos, de bananes, d'évis, de racines, d'armes, de pagaies (rames) sculptées, de lances et de belles coquilles, pour les échanger contre des armes européennes, de la poudre, des ustensiles de ménage, des chemises, des draps, des nappes, des serviettes, des habits la plupart usés, la défroque des équipages, et quelquefois celle des bateleurs de nos grandes villes, une véritable friperie vivante. Les boutiques du Temple ou du marché Saint-Jacques sont transportées à Taïti; le rhum toutefois n'est pas oublié. Mais ils ne se contentent pas d'échanger; l'argent commence à circuler, et la piastre d'Espagne, la piastre à deux colonnes, y est, comme dans tout l'Orient et comme dans la Malaisie, la mesure des ventes et des achats. Tout ce trafic s'y fait toujours par le moyen du *taïo* (ami), espèce de protecteur, avec lequel on échange son nom, qui vous accompagne partout, vous aide à faire vos affaires, vous fait des cadeaux et en reçoit de vous, suivant sa discrétion ou votre générosité. A ce sujet, nous allons donner un passage assez piquant du capitaine Kotzebüe, qui peindra à la fois les missionnaires et leurs prosélytes, et la passion qu'ils ont pour nos vêtements.

COQUETTERIE DES TAITIENS DES DEUX SEXES, ET LEUR TENUE A L'ÉGLISE.

Pendant son séjour dans l'île de Taïti, Kotzebüe alla visiter M. Wilson, missionnaire, qui l'engagea à assister au service divin. « Curieux, dit le navigateur russe, de connaître les usages de ce pays, j'acceptai de grand cœur. Un joli chemin bordé de fossés et de cocotiers conduisait de chez lui à l'église, qui avait vingt pieds de long sur dix de large; la construction de cet édifice était appropriée au climat; de larges et grandes fenêtres sans vitres, inutiles en ce pays, transmettent l'air dans l'intérieur; la façade était en argile recouverte de chaux; la toiture était formée d'une espèce de jonc artistement recouvert de feuilles. Il n'y avait pas de clocher; les croix de bois noir du cimetière voisin lui donnaient seules un caractère religieux. Dans la grande salle de l'intérieur, il y avait une rangée de bancs le long du mur. La chaire se trouvait placée au milieu de l'église, de sorte que le prédicateur était vu à la fois de tous les fidèles. Lorsque nous arrivâmes, la salle était déjà pleine, les hommes d'un côté, les femmes de l'autre.

« Malgré la gravité de cette réunion, tout Européen qui verrait les Taïtiens pour la première fois, lorsqu'ils fêtent leur dimanche, serait saisi d'une envie de rire inextinguible.

« Nos habillements ont le plus grand prix à leurs yeux : ils en sont aussi fiers que nos dames européennes peuvent l'être de leurs diamants et de leurs cachemires. N'ayant aucune idée des modes, la coupe de nos habits leur est indifférente : vieux et usés, décousus, troués même, ils ne leur paraissent pas moins élégants et moins magnifiques. Aussi les marins, qui connaissent ce faible, ont soin de se munir des vieilles défroques pour les vendre aux Taïtiens à un prix très-élevé. Un costume complet est-il trop cher, l'acheteur se contente d'en acquérir une partie, ce qui introduit dans cette île des accoutrements bizarres. Les uns n'ont sur le corps qu'une veste d'uniforme de soldat anglais ; d'autres un pantalon ou une redingote ; plusieurs ne portent qu'une chemise ; enfin il s'en trouve qui poussent la manie du vêtement européen jusqu'à s'envelopper d'un grand manteau de drap, au risque d'étouffer dessous. Notez qu'ils ne portent ni bas ni souliers. Qu'on juge alors de l'aspect que pouvait offrir une réunion d'hommes avec des vestes, des habits trop courts ou trop étroits, percés aux coudes, et de vieux manteaux drapés à la romaine !

« Le costume des femmes n'était guère moins bizarre : elles portaient des chemises d'hommes très-courtes, d'une grande blancheur et parfaitement plissées, qui ne descendaient que jusqu'audessus des genoux ; quelques-unes étalaient une large cravate sur la poitrine, ou bien elles étaient enveloppées dans des draps de lit, comme dans un manteau. Leur tête, rasée à la mode des missionnaires, était recouverte d'un petit chapeau d'étoffe européenne, dont la forme, dénuée de goût, était entourée de rubans et de fleurs, fabriquées à Taïti même. Un drap de coton bariolé était un grand objet de luxe, et désignait l'aisance de celle qui le portait.

« Lorsque M. Wilson fut monté en chaire, il baissa la tête et la plongea dans une grande Bible ouverte devant lui ; il demeura quelques instants à prier, tandis que tous les habitants imitaient son exemple. Au lieu de Bible, ils tenaient des livres de cantiques. Ils entonnèrent bientôt un chant ; mais ce fut à qui chanterait le plus faux, et à qui braillerait le plus. M. Wilson lut ensuite quelques chapitres de la Bible, qu'on interrompait de temps en temps, en faisant des génuflexions. La plupart des assistants prêtaient une grande attention à la lecture ; leur recueillement était digne de remarque. Quelques jeunes filles, assises derrière, moins ferventes que les autres, ne faisaient que rire et chuchoter, malgré les regards sévères que les missionnaires jetaient sur elles ; aussitôt que ceux-ci avaient le dos tourné, elles recommençaient de plus belle. Après que M. Wilson eut achevé sa lecture, on chanta encore un cantique, et le service divin fut terminé. Les fidèles s'en allèrent bien dévotement, le livre sous le bras, à travers une belle et large allée, chacun très-satisfait de son costume.

« J'ajouterai ici un exemple qui montre jusqu'où va la coquetterie des Taïtiennes. La famille royale, composée de la reine et de ses sœurs, faisait une visite à mon navire. Après en avoir examiné tous les détails, et témoigné le désir de posséder les objets les plus précieux pour elles, l'officier qui recevait les princesses, leur fit cadeau d'une fausse natte de cheveux très-large, qui avait au moins deux aunes de long. Ce cadeau excita leur joie au dernier point ; elles se le partagèrent entre elles, et chacune en orna son chapeau. La mode s'en répandit tellement dans l'île parmi les dames du haut rang, que celles qui ne pouvaient s'en procurer, tombaient malades de chagrin. Les demandes de tresses ne discontinuaient pas : plus la marchandise était rare, plus elles en étaient avides ; un morceau grand comme la main suffisait pour les combler de joie. Les maris, tourmentés par leurs femmes, arrivaient journellement sur notre navire, et nous harcelaient jusqu'à ce qu'ils eussent obtenu un bout de fausse natte. On nous donnait un gros cochon et huit poules pour une demi-aune de tresse. Ma demeure fut alors continuellement envahie par des gens qui venaient m'en demander ; ils s'étonnèrent qu'un capitaine comme moi ne possédât pas une provision de faux cheveux. Plusieurs Taïtiennes tombèrent dans une mélancolie insurmontable, faute de tresses. »

MÉTHODE DES INDIGÈNES POUR PRÉDIRE LE BON OU LE MAUVAIS TEMPS.

Les naturels ne paraissent pas avoir une connaissance bien exacte de ces variations de l'atmosphère, et ils croient néanmoins avoir formé des résultats généraux sur leurs effets. Lorsque les vagues produisent un son creux et battent la côte ou plutôt le récif avec lenteur, ils comptent sur un beau temps ; mais si les flots produisent des sons aigus, ou s'ils se succèdent avec rapidité, ils s'attendent à un mauvais temps.

CULTURE DES TERRES.

C'est sans doute la fertilité naturelle du pays, jointe à la douceur et à la sérénité du climat, qui donne aux insulaires tant d'insouciance pour la culture. Il y a une foule de districts couverts des plus riches productions où l'on n'en aperçoit pas la moindre trace. Ils ne soignent guère que la plante d'où ils retirent leurs étoffes, laquelle vient des semences apportées des montagnes, et l'ava, ou le poivre enivrant, qu'ils garantissent du soleil lorsqu'il est très-jeune, et qu'ils couvrent pour cela de feuilles d'arbre à pain. Ils tiennent fort propres l'une et l'autre de ces plantes. Cependant les nouveaux besoins introduits par les Européens, et la naturalisation de nouvelles plantes devraient les rendre plus industrieux. Mais les insulaires s'occupent aujourd'hui de *pala-pala* (prières), d'instruction, d'exercices de dévotion, de modes et de parties secrètes de plaisir, sous le faible gouvernement d'une femme, et sous la sévère doctrine des missionnaires.

ÉCLUSES.

Il y a des vallées dans l'île assez fertiles, où des ruisseaux en coulant fuient vers la mer. Les naturels y ont construit plusieurs sortes d'écluses, afin d'élever l'eau et de la conduire dans leurs plantations de taro (*arum esculentum*), qui exige un sol très-humide, et quelquefois inondé (*). Plusieurs de leurs ustensiles sont ingénieusement construits (voy. *pl.* 163).

ROUTES.

Une route vraiment romaine, une grande route fait presque entièrement le tour de l'île de Taïti. Si un tel monument est extraordinaire dans un pays si pauvre, la manière dont elle a été construite est plus extraordinaire encore. «Les péchés des Taïtiens, dit M. d'Urville, les galanteries des Taïtiennes ont nivelé, battu cette voie et creusé ces rigoles. Le croirait-on? La pénalité civile, la pénalité religieuse ont été conçues ici dans un but d'utilité. On ne condamne ni à l'amende, ni à la prison, ni aux galères ; on condamne à une espèce de corvée, au travail des routes. Le taux est proportionné au délit, il varie de deux toises de route jusqu'à cent. Le coupable est tenu d'exécuter cette tâche, soit par lui-même, soit par ses amis ou par ses serviteurs. Aussi les aides ne manquent-ils qu'aux pauvres. Un seigneur, un propriétaire fait travailler sa domesticité ; une jeune fille, ses galants. Les vieilles, les laides, parmi les femmes, les malheureux, parmi les hommes, subissent seuls personnellement la punition. Il a fallu peu de temps pour que la distinction des classes s'établît sur le sol polynésien. Cette manière de faire profiter les fautes eût été bonne, si on ne l'avait outrée. Pour obtenir un plus grand nombre de délinquants, les missionnaires avaient jadis organisé dans le pays une espèce d'espionnage; et le système a abouti à l'hypocrisie et au mensonge. Depuis lors, l'excès de rigueur a engendré le relâchement; on se cache pour pécher, mais on pèche bien davantage. Maîtres de Taïti, despotes absolus des consciences et des actes, les missionnaires auraient long-temps conservé ce pouvoir, s'ils n'en

(*) Cook, t. I, p. 374.

avaient abusé; aujourd'hui il décline, et c'est leur faute. »

PIROGUES, PÊCHE ET NATATION.

Les pirogues de ces peuples étaient et sont encore de différentes espèces. Quelques-unes sont composées d'un seul arbre, et portent de deux à six hommes; ils s'en servent surtout pour la pêche. D'autres sont construites de planches jointes ensemble très-adroitement; elles sont plus ou moins grandes, et portent de dix à quarante hommes. Ordinairement ils en attachent deux ensemble, et entre l'une et l'autre ils dressent un mât, et quelquefois deux. Les pirogues simples n'ont qu'un mât au milieu du bâtiment, et un balancier sur un des deux côtés. Avec ces navires, ils font voile bien avant dans la mer, et probablement jusque dans d'autres îles, dont ils rapportent des fruits du plane, des bananes, des ignames, qui semblent y être plus abondants qu'à Taïti. Ils ont encore une autre espèce de pirogues, qui paraissent destinées aux parties de plaisirs et aux fêtes d'appareil. Ce sont de grands bâtiments sans voiles, dont la forme ressemble aux gondoles de Venise; ils élèvent au milieu une espèce de toit: ils s'asseyent les uns dessous, les autres dessus. Ces promenades ne se font que dans les beaux jours, et les naturels y sont parés d'une manière distinguée. Pour ce qui est de la construction des pirogues, ils fendent un arbre, dans la direction de ses fibres, en planches aussi minces qu'il leur est possible, et c'est de ces différents morceaux qu'ils les construisent. Ils abattent d'abord l'arbre avec une hache faite d'une espèce de pierre dure et verdâtre, à laquelle ils adaptent fort adroitement un manche. Ils coupent ensuite le tronc, suivant la longueur dont ils veulent en tirer des planches; ils brûlent un des bouts jusqu'à ce qu'il commence à se gercer; ils le fendent ensuite avec des coins d'un bois dur. Quelques-unes de ces planches ont deux pieds de largeur, et quinze à vingt pieds de long. Ils en aplanissent les côtés avec de petites haches qui sont de pierre. Six ou huit hommes travaillent quelquefois sur la même planche. Comme leurs instruments sont bientôt émoussés, chaque ouvrier a près de lui une coque de noix de coco remplie d'eau, et une pierre polie sur laquelle il aiguise sa hache presque à toutes les minutes. Ces planches ont ordinairement l'épaisseur d'un pouce. Afin de joindre ces planches, ils font des trous avec un os attaché à un bâton qui leur sert de vilebrequin; mais depuis que les Européens leur ont apporté des clous, dont ils sont fort avides, ils s'en servent avec avantage. Ils passent dans ces trous une corde tressée qui lie fortement une planche à l'autre; les coutures sont calfatées avec des joncs secs, et l'extérieur du bâtiment est enduit d'une gomme que produisent quelques-uns de leurs arbres, et qui remplace très-bien l'usage de la poix. Le bois dont ils se servent pour leurs grandes pirogues est une espèce de pommier très-droit, et qui s'élève à une hauteur considérable. Il y en a qui ont jusqu'à huit pieds de circonférence au tronc, et vingt-quatre à trente de contour à la hauteur des branches. Les plus petites pirogues ne sont que le tronc creux d'un arbre à pain qui est plus léger et plus spongieux encore que celui du pommier, qui l'est déjà beaucoup.

La principale rivière produit des poissons de plusieurs manières et de belles écrevisses à peu de distance de la côte. Les naturels pêchent, avec des lignes et des hameçons de nacre de perle, des perroquets de mer, qu'ils aiment si passionnément qu'ils refusent d'en vendre aux étrangers, malgré tout le prix que ces derniers veulent en donner. Ils ont encore de très-grands filets à petites mailles, avec lesquels ils pêchent certains poissons de la grandeur des sardines.

L'art de nager leur est très-familier; ils fendent l'onde avec une vigueur et une habileté prodigieuses. Pour le moindre sujet, ils abandonnent leurs pirogues, plongent par-dessous, et se rendent sur d'autres embarcations éloignées. On a même vu des femmes qui portaient des enfants à la mamelle, se jeter au milieu des flots lorsque le ressac était trop fort pour qu'elles pussent atteindre le rivage sur leurs pirogues, et traverser un immense espace de mer, sans causer le moindre mal à leurs pauvres enfants.

LANGUE.

Tous les voyageurs prétendent que la langue de ces insulaires est facile à apprendre. Toutes les consonnes aigres et sifflantes en sont bannies, parce que tous les mots finissent par une voyelle, ce qui les adoucit extrêmement. Il faut une oreille délicate pour distinguer les modifications nombreuses de leurs voyelles qui donnent une grande délicatesse dans l'expression. L'o et l'e sont les articles qu'ils mettent à la plus grande partie de leurs substantifs (Cook, t. I, p. 303). La seule difficulté qui se fasse sentir, consiste dans le peu d'inflexion qu'ont les noms et les verbes. Cette langue a peu de noms qui aient plus d'un cas, et peu de verbes qui aient plus d'un temps. Malgré cela, ils joignent à leurs paroles des gestes si expressifs, qu'un étranger peut facilement comprendre ce qu'ils disent. Les missionnaires ont trouvé cette langue difficile.

Le taïtien n'est qu'un dialecte polynésien, et l'un des moins riches, à cause de l'imperfection de plusieurs consonnances. En effet, les seules consonnes articulées dans le taïtien sont : *b*, *d*, *f*, *m*, *n*, *p*, *r*, *t* et *v*. Cette indigence multiplie les sons vocaux, et rend l'idiome beaucoup plus difficile pour l'étranger, le même mot signifiant vingt choses diverses. L'accent seul caractérise ces différences. Malgré ses vices, la langue taïtienne a de l'éclat et de l'énergie ; elle a fourni plus d'une fois aux tribuns sauvages de Papara des mouvements oratoires puissants sur une assemblée (d'Urville). Du reste, on a encore beaucoup à apprendre sur le mécanisme des idiomes polynésiens. Resserrés par notre cadre, nous ne saurions aborder cette question philologique avec toute l'étendue qu'elle mérite.

POÉSIE.

Certes, si les premiers navigateurs avaient pu nous conserver quelques-unes des inspirations poétiques des Taïtiens, nous y trouverions sans doute le charme que la nature a répandu sur ces contrées qui appelaient un Virgile. Une langue si douce, qu'elle ne trouvait point de sons assez durs pour exprimer les noms des Anglais, n'était pas sans doute destinée à rendre des idées profondes ou énergiques ; mais elle devait se prêter admirablement à peindre les scènes anacréontiques. Leurs vers sont divisés en pieds réguliers ; ils ne les déclament point, mais ils ont une sorte de mélopée : comme les Italiens, ils chantent généralement en improvisant. Otourou mit en strophes cadencées tout ce qui le frappait durant le voyage de Bougainville. Il avait des expressions uniquement réservées à la poésie ; et la langue doit être abondante, puisqu'il pouvait peindre tant d'objets nouveaux. Cook nous apprend que les discours de quelques chefs de cet archipel étaient des espèces de poëmes, et que les femmes, à bord de son bâtiment, célébraient le lever de l'astre du soir par des vers harmonieux.

Puisque nous ne possédons presque rien de la littérature taïtienne, nous donnerons ici quelques vers inspirés à deux de nos poëtes par les habitants de Taïti ou par les descriptions de ces îles. Nous citerons d'abord l'épisode suivant de Delille sur Potaveri (*), dans son poëme des Jardins. C'est l'histoire d'un jeune Taïtien amené en France par Bougainville, brave militaire, savant navigateur et homme d'esprit :

Des champs de Taïti si chers à son enfance,
Où l'amour sans pudeur n'est pas sans innocence,
Ce sauvage ingénu, dans nos murs transporté,
Regrettait dans son cœur sa douce liberté,
Et son île riante et ses plaisirs faciles.
Ébloui, mais lassé de l'éclat de nos villes,

(*) Son véritable nom était Otourou. C'est le premier Polynésien qui soit venu en Europe.

Souvent il s'écriait : « Rendez-moi mes forêts. »
Un jour, dans ce jardin où Louis à grands frais
Des quatre points du monde en un seul lieu ras-
  [semble
Ces peuples végétaux surpris de croître ensemble,
Qui, changeant à la fois de saison et de lieu,
Viennent tous à l'envi rendre hommage à Jussieu,
L'Indien parcourait leurs tribus réunies,
Quand tout à coup, parmi ces vertes colonies,
Un arbre, qu'il connaît dès ses plus jeunes ans,
Frappe ses yeux; soudain avec des cris perçants
Il s'élance, il l'embrasse, il le baigne de larmes,
Le couvre de baisers. Mille objets pleins de charmes,
Ces beaux champs, ce beau ciel, qui le virent heu-
  [reux,
Le fleuve qu'il fendait de ses bras vigoureux,
La forêt dont ses traits perçaient l'hôte sauvage,
Ces bananiers chargés de fruits et d'ombrage,
Et le toit paternel, et les bois d'alentour,
Ces bois qui répondaient à ses doux chants d'amour,
Il croit les voir encore, et son âme attendrie,
Du moins pour un instant, retrouva sa patrie. »

Voici une ballade délicieuse d'un homme de génie, de l'auteur de Notre-Dame de Paris et de Cromwell, de M. Victor Hugo, sur une jeune fille de Taïti abandonnée par un Européen :

« Oh! dis-moi, tu veux fuir, et la voile inconstante
Va bientôt de ces bords t'enlever à mes yeux;
Cette nuit, j'entendais, trompant ma douce attente,
Chanter les matelots qui repliaient leur tente.
     Je pleurais à leurs cris joyeux!

Pourquoi quitter notre île? En ton île étrangère,
Les cieux sont-ils plus beaux? A-t-on moins de
  [douleurs?
Les tiens, quand tu mourras, pleureront-ils leur
  [frère?
Couvriront-ils tes os du plane funéraire,
     Dont on ne cueille pas les fleurs?

Te souvient-il du jour où les vents salutaires
T'amenèrent vers nous pour la première fois?
Tu m'appelas de loin sous nos bois solitaires;
Je ne t'avais point vu jusqu'alors en nos terres,
     Et pourtant je vins à ta voix.

Oh! j'étais belle alors, mais les pleurs m'ont flétrie.
Reste, ô jeune étranger, ne me dis pas adieu.
Ici nous parlerons de ta mère chérie.
Tu sais que je me plais aux chants de ta patrie
     Comme aux louanges de ton Dieu!

Tu rempliras mes jours : à toi je m'abandonne.
Que t'ai-je fait pour fuir? demeure sous nos cieux,
Je guérirai tes maux, je serai douce et bonne,
Et je t'appellerai du nom que l'on te donne
     Dans le pays de tes aïeux.

Je serai, si tu veux, ton esclave fidèle,
Pourvu que ton regard brille à mes yeux ravis.
Reste, ô jeune étranger, reste, et je serai belle;
Mais tu n'aimes qu'un temps, comme notre hiron-
  [delle,
     Moi je t'aime comme je vis!

Hélas! tu veux partir aux monts qui t'ont vu naître:
Sans doute quelque vierge espère ton retour.
Eh bien! daigne avec toi m'emmener, ô mon maître;
Je lui serai soumise, et l'aimerai, peut-être,
     Si ta joie est dans son amour.

Loin de mes vieux parents, qu'un tendre orgueil
  [enivre,
Du bois où dans tes bras j'accourus sans effroi,
Loin des fleurs, des palmiers, je ne pourrai plus
  [vivre.
Je mourrai seule ici : va! laisse-moi te suivre;
     Je mourrai du moins près de toi.

Si l'humble bananier accueillit ta venue,
Si tu m'aimas jamais, ne me repousse pas,
Ne t'en vas pas sans moi dans ton île inconnue,
De peur que ma jeune âme, errante dans la nue,
     N'aille seule suivre tes pas.

Quand le matin dora les voiles fugitives,
En vain on la chercha sous son dôme léger,
On ne la revit plus, dans les bois, sur les rives,
Pourtant la douce vierge aux paroles plaintives
     N'était pas avec l'étranger. »

Chamfort a peint avec esprit et vérité une scène entre une jeune fille sauvage abandonnée et son séducteur américain Belton, qui, sur le point d'épouser une autre femme, entraîné par l'éloquence de sa maîtresse, renonce à la fortune pour récompenser son dévouement généreux.

D'abord Belton, accablé de remords, se dit à lui-même :

Pourquoi donc la ravir à ce climat sauvage?
Étais-je malheureux? son cœur fut mon partage.
Je possédais en paix, dans ma félicité,
Ce cœur tendre et sublime avec simplicité.
Heureux et satisfaits du bonheur l'un de l'autre;
Dans un séjour désert quel destin fut le nôtre!
Le mépris n'y suit point la triste pauvreté.
Le mépris! ce tyran de la société,
Cet horrible fléau, ce poids insupportable
Dont l'homme accablé l'homme et charge son sem-
  [blable.
Oui, Betti, je le sens, j'aurais bravé pour toi
Les maux que ton amour a supportés pour moi.
Mais du besoin affreux l'horreur inconcevable....
Mon hymen à Betti semblera pardonnable,
Quand elle connaîtra nos usages, nos mœurs,
Mon déplorable état et nos communs malheurs.

Betti, instruite de ses intentions et des lois des peuples civilisés, s'écrie :

....Quoi! par vos lois tu peux trahir ma flamme!
Tu pourrais oublier.... dieux! quels affreux climats!
Dans quels pays, ô ciel! as-tu conduit mes pas!
Arrache-moi des lieux témoins de mon injure,
Qui d'un amant chéri font un amant parjure;
Exécrable séjour, asile du malheur,
Où l'on a des besoins autres que ceux du cœur,
Où les bienfaits trahis, où l'amour qu'on outrage,
De la félicité n'offrent pas un seul gage.

Elle répond ensuite à Mowbrai qui lui demande si elle a une promesse écrite de mariage :

Quoi! tu peux demander un écrit? l'oses-tu?
Un écrit! oui j'en ai... les horreurs du naufrage,
Mes soins dans un climat que tu nommes sauvage,

Les dangers que pour lui j'ai mille fois courus ;
Voilà mes titres................

Ensuite, s'adressant à Belton :

........Viens, puisqu'ils sont méconnus,
Dans le fond des forêts, barbare, viens les lire :
Partout à chaque pas l'amour sut les écrire.
Au sommet des rochers, dans nos autres déserts,
Sur le bord du rivage, et sur le sein des mers ;
Tu me dois tout. C'est peu d'avoir sauvé ta vie,
Qu'un tigre ou que la faim t'aurait cent fois ravie :
Mes travaux, mes périls t'ont sauvé chaque jour.
Entre mon père et toi partageant mon amour,
Mon père, ah ! je l'entends à son heure dernière,
Au moment où nos mains lui fermaient la paupière,
Nous dire : Mes enfants, aimez-vous à jamais ;
Je t'entends lui répondre : Oui, je te le promets.
....

Que ne me laissais-tu dans le fond des forêts !
J'y pourrais sans témoins gémir de tes forfaits.
Dans mon obscur réduit, dans ma grotte profonde,
Savais-je s'il était des malheureux au monde ?
Ah ! combien je le sens, quand tu ne m'aimes plus !
Eh bien ! puisqu'à jamais nos liens sont rompus...
Tire-moi de ces lieux. Qu'au moins, dans ma misère,
Mes pleurs puissent couler sur le tombeau d'un père.
Toi, cruel, vis ici parmi des malheureux ;
Ils te ressemblent tous s'ils te souffrent chez eux.

Belton attendri implore son pardon, renonce à l'hymen d'Arabelle et s'unit avec Betti :

Mon cœur est oppressé !... Je ne suis point barbare,
Et je l'aurais été si j'avais résisté
A cet amour si tendre et trop peu mérité.
Ah ! crois-en les serments de mon âme attendrie,
L'indigence et les maux où j'exposais ta vie,
Seuls à t'abandonner pouvaient forcer mon cœur ;
Même en te trahissant, je voulais ton bonheur.
Dût cent fois dans tes bras la misère et l'outrage
M'accabler, m'écraser, je bénis mon partage !
Je brave ces besoins qui pouvaient m'alarmer ;
Je n'en connais plus qu'un, c'est celui de t'aimer.
Je te perdais ! ô ciel ! que j'allais être à plaindre !

MUSIQUE.

Quoique la poésie des Taïtiens eût presque toujours pour objet le plaisir et l'amour, ils chantaient aussi leurs travaux durant la paix, leurs victoires dans les guerres, leurs excursions sur les terres voisines, et les avantages de leur île sur les autres pays. Lorsque ces hommes simples entendirent la musique des Européens, ils montrèrent une sorte de dégoût pour les compositions savantes ; mais il paraît que la mélodie de quelques-uns de nos instruments leur fit un plaisir extrême, quand ils eurent occasion de l'entendre sans tout le fracas d'un orchestre bruyant. Ces insulaires n'ont pas poussé à un si haut point de perfection l'art de la musique que les autres connaissances. Ils jouent d'une flûte de bambou à trois trous ; ils soufflent dedans avec le nez, tandis que d'autres naturels chantent. Toute la musique vocale et instrumentale consiste en quatre notes ; car ce ne sont ni des tons ni des demi-tons. Ces notes, sans variété et sans ordre, produisent seulement une espèce de bourdonnement léthargique, qui ne blesse pas l'oreille par des sons discordants, mais qui ne procure pas une impression agréable. Il est surprenant que le goût de la musique soit si général sur la terre, tandis que les idées de l'harmonie sont si différentes parmi les nations diverses. Les Taïtiens ont aussi pour instrument une espèce de tambour, sur lequel ils font agir leurs mains et leurs doigts au lieu de baguettes. Il est à remarquer que, dans les danses, ces insulaires observent la mesure avec autant d'exactitude et de précision que les meilleurs danseurs sur les théâtres d'Europe. Nous avons donné un échantillon d'un morceau de musique taïtienne dans notre Tableau général de l'Océanie ; seulement le graveur nous a fait faire la gamme ascendante et descendante, quand nous avions écrit : *ut, la, sol, mi, mi.*

INTRODUCTION DU CHRISTIANISME.

D'après un rapport fait à la quatorzième assemblée de la Société des missionnaires calvinistes à Londres, au mois de mai 1808, les naturels firent d'abord quelques progrès dans les arts utiles ; mais les missionnaires n'avaient pas fait de prosélytes pour le christianisme. Dans une dépêche, les missionnaires de la mer du Sud se consolaient de cette contrariété par la réflexion très-orthodoxe, « que s'il plaisait au Seigneur de verser son esprit sur le peuple, l'ouvrage prospérerait rapidement. » Ils marquaient leur surprise de la promptitude avec laquelle les Taïtiens embrassaient les dogmes sur la dépravation de l'espèce humaine, sur le courroux de Dieu contre les pécheurs, sur la nécessité d'une expiation, et sur l'immortalité de l'âme, tandis qu'ils refusaient leur assentiment au dogme de la résurrection.

Les missionnaires s'appliquèrent beaucoup à l'étude de la langue taïtienne, qu'ils déclarent, d'après leur propre expérience, être très-difficile. Ils ont envoyé en Angleterre un volume d'environ deux mille cents mots, sans compter plus de cinq cents noms d'arbres, d'oiseaux, d'insectes, de poissons, etc., avec un essai de grammaire taïtienne. Ils ont aussi composé quelques courtes formules de prières, et un précis de l'Histoire sainte à l'usage des naturels.

Pomare, roi de Taïti, devint heureusement le protecteur des missionnaires: ayant appris à écrire sa langue naturelle, il adressa aux directeurs de la Société des missions une lettre dont nous joignons ici la traduction :

Mataval, Taïti, 1er janvier 1807.

« Mes amis, je vous souhaite toutes « les bénédictions dans votre patrie, « et beaucoup de succès dans l'instruc- « tion de ce méchant pays, de ce pays « de folie, de ce pays misérable, de « ce pays qui ne connaît aucun bien, « de ce pays qui ignore le vrai Dieu, « de ce pays réprouvé.

« Mes amis, je vous souhaite santé « et bonheur; puissé-je vivre aussi, et « puisse Jéhova nous sauver tous!

« Mes amis, relativement à la lettre « que vous m'écrivîtes, j'ai à vous ré- « pondre que je consens parfaitement à « tout ce que vous désirez, et que par « conséquent je bannirai Oro (sa « principale idole), en l'envoyant à « Raïatea.

« Mes amis, je crois donc, et j'obéi- « rai à vos paroles.

« Mes amis, j'espère que vous con- « sentirez également à ma demande, « savoir : Je souhaite que vous envoyiez « ici un grand nombre d'hommes, de « femmes et d'enfants.

« Mes amis, envoyez-nous aussi des « effets et des habillements, afin que « nous adoptions le costume anglais.

« Mes amis, envoyez-nous aussi une « quantité de mousquets et de poudre;

« car les guerres sont fréquentes dans « notre pays, et si je périssais, vous « n'auriez plus rien à Taïti. Ne venez « point ici lorsque je serai mort. Taïti « est une terre de désolation; si je « succombais à ma maladie, ne venez « plus ici. Je souhaite aussi que vous « m'envoyiez tous les objets curieux « que vous avez en Angleterre; en- « voyez-moi aussi tout ce qui est né- « cessaire pour écrire : du papier, des « plumes en abondance; ne me lais- « sez pas manquer d'ustensiles d'écri- « ture.

« Mes amis, j'ai fini, et je n'ai plus « rien à vous demander. Quant à votre « désir d'instruire Taïti, j'y donne « mon agrément complet. C'est une « chose ordinaire chez les peuples de « ne rien faire dans le commencement; « mais votre intention est bonne, et « j'y consens entièrement, et je me « déferai de toutes les mauvaises habi- « tudes.

« Ce que je vous dis est la vérité, et « nullement mensonge. C'est une vé- « rité réelle.

« Voilà tout ce que j'ai à écrire. J'ai « fini.

« Mes amis, écrivez-moi, afin que « je sache ce que vous avez à me dire.

« Je vous souhaite la vie et toutes « les bénédictions; puissé-je vivre « aussi, et puisse Jéhova nous sauver « tous !   « POMARE, roi de Taïti.

« A mes amis, la Société des mis- « sionnaires, à Londres. »

Tranquillement établis à Taïti, à Eïméo, à Borabora, les missionnaires anglais font entendre les douces paroles de l'Évangile sur les lieux où naguère retentissaient les gémissements des victimes humaines et les cris des oiseaux de proie rassemblés autour de l'autel ensanglanté. La paix règne avec les mœurs dans ces bosquets riants, où jadis un peuple d'esclaves nourrissait des maîtres plongés dans la grossière ivresse des sens. Déjà le besoin des plaisirs plus nobles se fait sentir; le peuple réuni écoute les récits de ses historiens naissants. La poésie pastorale vient charmer les loisirs de ces enfants favorisés de la nature. L'idiome s'enrichit et se forme ; le roi Pomare a écrit sur des feuilles de palmier le premier dictionnaire de la langue répandue dans l'archipel, et une partie de la Bible. Les missionnaires, fondateurs de ce nouvel État, rendraient un grand service aux sciences en recueillant avec soin les notions que possèdent les insulaires de la Polynésie; c'est surtout en recueillant tous les noms indigènes des peuples, que l'on pourrait espérer de retrouver le Cipangou et le Pravis Sumbdi de l'immortel Magalhaës. Car ces noms sont probablement des corruptions de celui que Magalhaës leur donnait, quoique la relation de Pigafetta ne parle pas de ceux-ci. Déjà un savant et respectable missionnaire, M. Ellis, a publié un ouvrage fort curieux, intitulé *Recherches polynésiennes* (*).

Un grand nombre de Taïtiens savent lire et écrire aujourd'hui. Ils ont entre les mains, dit M. Duperrey, plusieurs livres de religion traduits dans leur langue, et imprimés à Taïti, à Raïatea ou à Eïméo.

Depuis la conversion de Pomare, soixante-six églises assez belles ont été construites, et tout le peuple s'y rend deux fois par semaine, avec une grande dévotion, pour entendre le prédicateur. L'on voit souvent plusieurs individus prendre note des passages les plus intéressants des discours.

Le révérend J. Williams, l'un des plus anciens missionnaires des îles Taïti, de retour en Angleterre, a prononcé, dans la dernière assemblée générale de la *Société des missions de Londres*, qui a eu lieu le 12 mai 1835, un discours dont nous aimons à reproduire ici les passages les plus importants, attendu qu'il résume, sous un jour intéressant et nouveau, quelques-uns des principaux faits relatifs à l'introduction du christianisme dans ces îles ; il s'est exprimé à peu près comme il suit :

« Les voyages des navigateurs français Bougainville et la Pérouse, et des capitaines anglais Wallis et Cook, avaient un caractère purement scientifique : leur but unique était d'enrichir l'histoire naturelle et la géographie de plusieurs découvertes faites dans une partie du globe presque inconnue, et il faut avouer que les entreprises que ces illustres marins ont dirigées ont été conduites avec une rare habileté et un singulier courage. Cependant ces hommes, sous tant de rapports dignes de notre admiration, n'ont rien fait, n'ont même rien entrepris pour améliorer la condition des sauvages habitants des parages qu'ils ont explorés; et si les missionnaires n'étaient venus sur leurs traces semer les bienfaits de l'Évangile, les *Malais des îles de la mer du Sud* (*) auraient eu des raisons de maudire plutôt que de bénir le jour où le pied des hommes soi-disant civilisés marqua sa première empreinte sur le sable de leurs rivages.

« La mission chrétienne dans l'océan Pacifique eut à lutter, à son origine, contre d'incroyables difficultés. Dieu semblait vouloir renverser toutes les espérances de son peuple. La mission aux îles Marquises avait échoué ; les missionnaires de Tongatabou avaient été massacrés, et ceux de Taïti avaient été obligés de se réfugier à la Nouvelle-Galles du Sud, pour échapper aux désastres de la guerre; de sorte qu'en peu d'années tous vestiges de l'ambassade chrétienne envoyée par les églises évangéliques d'Angleterre dans l'océan Pacifique avaient disparu. Les hostilités ayant cessé, Pomare II invita les missionnaires à revenir; ceux-ci se rendirent aussitôt à son désir, recommencèrent avec ardeur les travaux, mais sans succès, et sans qu'ils eussent sous les yeux, pour relever et soutenir leurs espérances, un seul fait de nature à les encourager. A Londres

(*) *Polynesian researches*, 2 vol. in-8.

(*) Cette expression fort remarquable confirmerait l'origine que nous avons donnée aux Polynésiens. Nos lecteurs n'ont peut-être pas oublié que nous avons trouvé cette origine chez les Dayas de la grande île de Bornéo, dans la Malaisie. G. L. D. R.

le découragement était complet, et plusieurs fois déjà les directeurs de la Société avaient sérieusement agité la question d'abandonner cette mission. Ils auraient, sans aucun doute, fini par embrasser le dernier parti, sans les riches et libérales contributions de feu le docteur Haweis, et sans les énergiques représentations de feu le révérend M. Wilks, qui, avec la ferveur qui le caractérise, déclara qu'il vendrait les habits qu'il avait sur le corps plutôt que de consentir à suspendre cette mission, et qui proposa en même temps, qu'au lieu de rappeler les missionnaires en Europe, l'on adressât à Dieu des prières particulières en leur faveur. De ce moment-là, les affaires changèrent complétement d'aspect ; car, pendant que les chrétiens, en Angleterre, assiégeaient par leurs supplications le trône de miséricorde, Dieu répondait merveilleusement à leurs requêtes dans l'océan Pacifique, et, chose étonnante, le bâtiment qui, parti de Londres, était chargé de remettre des lettres d'encouragement aux missionnaires, croisa en route celui qui, ayant mis à la voile à Taïti, non-seulement apportait en Angleterre la réjouissante nouvelle de la chute de l'idolâtrie dans les îles de la Société, mais encore avait à bord, comme faisant partie de sa cargaison, les idoles que ce peuple, naguère païen, avait rejetées, et que l'on peut voir maintenant dans le *Musée missionnaire de la Société*. Magnifique exemple du pouvoir de la prière, et de la fidélité de Dieu dans ses promesses !

« Les circonstances qui ont préparé le commencement de cette œuvre glorieuse sont singulièrement remarquables; je n'en citerai qu'un exemple. De même que pour répandre son esprit sur la primitive Église, le Seigneur avait, dans sa sage providence, choisi le jour de la Pentecôte, où des Parthes, des Mèdes, des habitants de la Mésopotamie et d'autres contrées de l'empire romain se trouvaient rassemblés à Jérusalem, de même, pour faire éclater pour la première fois la puissance de sa grâce dans la mer du Sud, il attendit une époque où les chefs et la plupart des guerriers des îles adjacentes s'étaient réunis à Taïti. Ils s'y étaient rendus dans le but de coopérer à la réinstallation de Pomare dans le gouvernement de cette île, et c'est dans cette circonstance mémorable qu'ils éprouvèrent la puissante influence de l'Évangile. On les vit alors retourner chez eux, non plus comme autrefois chargés des cadavres mutilés des ennemis qu'ils avaient tués dans la bataille, et qu'ils étaient dans l'habitude d'offrir à leurs dieux dans le but de les apaiser, mais porteurs de la bonne nouvelle, de l'évangile de paix auprès de leurs compatriotes encore païens. Lorsque, de retour de cette expédition, Tamatou, à la tête de ses guerriers, aborda dans son île, une foule immense d'indigènes se rassembla sur le rivage pour le féliciter de son heureuse arrivée. Parmi eux se distinguaient les prêtres ; ils accouraient de toutes parts, et, saluant les vainqueurs au nom de leurs dieux, ils exprimaient tout haut l'espérance de les voir déposer entre leurs mains de nombreuses victimes. Représentez-vous, messieurs, un pareil spectacle. Le roi ordonna à l'un de ses hérauts de se tenir debout sur la partie la plus élevée des canots de guerre, de rendre d'abord aux prêtres les salutations qu'ils en avaient reçues, puis de répondre à leur demande. Mais quelle fut cette réponse ? La voici : « Nous n'avons point apporté de victimes avec nous ; nous sommes tous devenus les adorateurs du Dieu vivant et véritable ; nous sommes tous des gens qui prions. » Puis, élevant en l'air les livres élémentaires que les missionnaires avaient écrits pour eux (car, à cette époque, il n'y avait pas encore d'imprimerie dans ces îles), le héraut ajouta : « Voici les victimes que nous vous apportons ; voici les trophées que nous avons conquis. »

« Aussitôt une assemblée est convoquée, dans laquelle le chef et ses gens déclarent unanimement aux habitants de l'île qu'ils sont devenus chrétiens, et les invitent à suivre leur exemple. Un tiers environ des indigènes présents souscrivirent à cette proposition; les deux autres tiers manifestèrent le désir de ne pas changer de religion. Peu de temps après, le chef tomba malade, et fut en danger de mourir. A mesure que sa maladie faisait des progrès, à mesure aussi que les païens prenaient courage, et semblaient triompher, les chrétiens, de leur côté, ne faisaient que prier; mais, au lieu de s'améliorer, l'état du chef empirait toujours davantage. Ce fut alors que, dans une réunion de prière, un chrétien, qui avait été auparavant l'un des plus ardents guerriers, leur suggéra l'idée que Dieu n'avait probablement affligé leur chef, en lui envoyant une maladie aussi grave, que parce qu'ils avaient négligé de détruire Oro, la grande idole de leur nation (car chez un peuple qui ne fait que sortir du profond abîme de la barbarie, l'on ne doit pas s'attendre à voir disparaître en un clin d'œil toute trace de superstition), et il leur proposa d'aller de suite renverser Oro, et anéantir le grand *marae* (temple), où était placée cette divinité. Après un moment de délibération, la proposition fut agréée, et aussitôt, rassemblant tout leur courage, ils se rendirent au lieu où était le siège de l'idolâtrie dans cette partie du monde; ils renversèrent l'idole de dessus son piédestal, mirent le feu à son temple, et abattirent les arbres aux branches desquels on avait coutume de suspendre les victimes. Je ne vous dirai pas si l'on doit attribuer le changement favorable qui s'opéra alors dans la santé du chef au pouvoir de l'imagination qui agit favorablement sur son esprit, ou à la Providence divine qui jugea peut-être à propos d'intervenir dans une circonstance aussi critique, ou s'il ne faut voir ici qu'une coïncidence naturelle entre deux événements indépendants l'un de l'autre. Ce qu'il y a de certain, c'est que, de ce moment-là, la santé du chef commença à se remettre, et que, quinze jours ou trois semaines après, il était complétement rétabli. Ce résultat d'un événement dont ils étaient loin d'attendre une pareille issue, exaspéra tellement les païens, qu'ils résolurent de déclarer la guerre aux chrétiens, et de les mettre tous à mort. Dans ce but, ils dépêchèrent des messagers au chef de l'île voisine de Tahaa, pour le prier de venir avec ses gens armés se mettre à leur tête, et leur aider à détruire le parti chrétien. Ils élevèrent aussi une grande maison, qu'ils entourèrent de cocotiers et d'arbres à pain, afin d'y enfermer les chrétiens, et de les y brûler vivants. Ils prirent aussi avec eux des lances qu'ils voulaient chauffer toutes rouges au feu, et avec lesquelles ils étaient décidés à transpercer leurs ennemis. Effrayés par ces préparatifs, les chefs du parti chrétien envoyèrent à plusieurs reprises des députés chargés de demander la paix; mais on leur répondit : « Il n'y a pas de paix pour des hommes qui ont brûlé les dieux; il faut qu'ils se ressentent eux-mêmes de ce feu qu'ils ont mis au temple du dieu Oro. » Comme dernière ressource, le roi envoya sa propre fille en ambassade; mais elle ne réussit pas mieux que les autres commissaires, et on lui fit la même réponse.

« La guerre était donc devenue inévitable, et dès le lendemain, les chrétiens devaient être attaqués. De district en district, ceux-ci s'étaient retirés dans un lieu où ils ne pouvaient plus reculer; la nuit qui précéda le combat fut pleine d'alarmes pour eux; mais quelle différence dans l'attitude des deux camps! Tandis que les païens, n'écoutant que les vociférations de leurs prêtres, se livraient à la débauche et à la danse, anticipant ainsi sur le triomphe qu'ils se flattaient de remporter, les chrétiens, qui s'étaient fortifiés derrière une tranchée élevée à la hâte, passèrent la nuit à prier Dieu. A la pointe du jour, l'ennemi s'approcha, enseignes déployées, et en poussant des cris horribles; mais comme il y avait entre le camp des chrétiens et le lieu où il aurait voulu débarquer, un long banc de sable, il ne put mettre pied à terre qu'à un demi-mille de là.

Dès que les chrétiens s'en aperçurent, et avant que les païens eussent débarqué, l'un d'eux, guerrier distingué, s'adressa au chef, en lui disant : « Permettez que je mette à part tous les hommes de guerre, et que j'aille avec eux attaquer l'ennemi, avant qu'il ait eu le temps de se rallier après le débarquement; peut-être que la terreur s'emparera d'eux dans ce moment de trouble et de confusion, et que Dieu opérera ainsi notre délivrance. » Après un moment de délibération, le plan fut adopté. « Mais, reprit le chef, avant que vous partiez, unissons-nous en prière. » Sur-le-champ, hommes, femmes et enfants s'agenouillèrent en dehors du rempart de pierre, et le roi lui-même supplia le Dieu de Jacob de couvrir leur tête à l'heure de la bataille; en terminant, il dit à la petite bande de ses fidèles sujets : « Allez maintenant, et que la présence de Jésus soit avec vous. » Pour arriver au lieu où les païens devaient mettre pied à terre, ils firent un détour pour ne pas être aperçus; et comme les premiers ne s'attendaient pas à les voir les aborder si inopinément et si promptement, ils furent saisis d'une telle terreur panique, que, jetant leurs armes, et ne songeant qu'à fuir, les uns se mirent à grimper sur les arbres, les autres à fuir dans les montagnes, s'attendant à ce que les chrétiens les massacreraient, comme ils avaient eu eux-mêmes l'intention de le faire à leur égard. Mais quand du fond des cachettes où ils s'étaient retirés, ils virent que les chrétiens ne faisaient aucun mal aux prisonniers qui étaient tombés entre leurs mains, ils s'écrièrent du milieu des buissons ou du sommet des arbres : « Nous sommes ici, épargnez notre vie, pour l'amour de Jésus, votre nouveau Dieu! » Et toute la journée fut employée à aller à la recherche des prisonniers, et à les amener au chef, placé sur l'éminence, où quelques heures auparavant il avait recommandé sa petite troupe à la garde et à la protection de Jéhova. Un héraut se tenait à ses côtés, et à mesure qu'un ou plusieurs fugitifs étaient présentés au roi, il criait à haute voix : « Soyez les bien venus! soyez les bien venus! vous êtes sauvés par Jésus et par l'influence de la religion d'amour que nous avons embrassée; » et au lieu de les maltraiter comme ils auraient pu s'y attendre, on prépara une fête aux vaincus : on les fit asseoir à table, on leur servit à manger; mais ils pouvaient à peine goûter quelque nourriture, tant ils étaient confondus et absorbés par les événements de la journée. Pendant qu'ils étaient à table, l'un des païens se leva et prit la parole: « Voici mon discours, dit-il; que chacun suive son sentiment; pour ma part, je déclare que ce jour, jusqu'à ma mort, je suis décidé à ne plus servir des dieux qui n'ont pu nous protéger à l'heure du danger ; nous étions quatre fois plus nombreux que ces gens qui ont prié, et cependant ils nous ont vaincus sans effort. Jéhovah est le vrai Dieu. Si nous eussions triomphé, nous les aurions brûlés dans la maison que nous avions construite exprès. Pour eux, ils n'ont fait de mal ni à nous, ni à nos femmes, ni à nos enfants; au contraire, ils nous ont préparé ce repas magnifique. Leur religion est une religion de miséricorde. Je veux m'unir à eux. » Tous ceux qui étaient présents souscrivirent à cet avis; et je puis affirmer que ce soir-là, les païens se joignirent aux chrétiens, ployèrent les genoux avec eux devant Jéhova, et rendirent grâce ensemble pour la victoire qu'il venait d'accorder à son peuple. Le lendemain, aussitôt après la prière du matin, païens et chrétiens, mêlés et confondus ensemble, partirent dans différentes directions, et s'en allèrent effacer jusqu'aux dernières traces tout vestige du culte des idoles dans Tahaa et Raiatea. Trois jours après cette mémorable bataille, il ne restait plus un seul idolâtre dans toute l'étendue de ces deux îles, et les deux chefs avaient formé entre eux une alliance ayant pour but d'user de toute leur influence pour étendre l'empire de la religion chrétienne. On nous a reproché d'avoir eu recours au pouvoir civil pour établir et soutenir le christianisme. Je nie le fait. Jamais nous n'avons profité d'autre chose dans ce but que de l'influence de l'exemple des chefs. On ne saurait trouver dans le code entier des lois des naturels un seul article qui déclare que la religion chrétienne est la religion de l'île ; la seule chose que nous ayons cru devoir recommander par des lois, est la cessation de tout travail le jour de repos. Mais ce que nous n'avons pas voulu faire, nous, les chefs eux-mêmes l'ont fait. L'un d'eux est mort en recommandant la religion chrétienne, et en s'écriant : « Qui nous séparera de l'amour du Christ ? » Dans toute cette œuvre, le doigt de la Providence divine n'est-il pas marqué par des sillons de lumière ? et les chrétiens ne doivent-ils pas y voir le plus légitime des sujets d'encouragement à la poursuivre avec une sainte confiance ?

« Pour donner une idée des bienfaits que le christianisme a apportés à ce peuple, je ne citerai plus qu'un exemple, c'est celui d'une réunion de missions à laquelle j'ai eu le bonheur d'assister. C'était par un de ces beaux jours sans nuages, si communs dans l'océan Pacifique ; le soleil venait à peine de se lever dans sa gloire majestueuse, que déjà des multitudes d'indigènes s'étaient réunies pour implorer la bénédiction divine sur la solennité de la journée. A midi, une assemblée, qui ne le cédait point en nombre à celle à laquelle j'ai l'honneur de parler à cette heure, s'était formée sans peine, et, comme nous n'avions pas d'édifice assez spacieux pour contenir un pareil auditoire, il fut convenu que l'on chercherait un abri à l'ombre d'un petit bois de cocotiers qui se trouvait dans le voisinage. Représentez-vous, messieurs, une congrégation de cette nature, protégée contre les rayons perçants du soleil par les feuilles à éventail du cocotier, de cet arbre curieux, dont les troncs sveltes et cylindriques lui donnent l'aspect d'une sublime cathédrale rustique, élevée dans ces îles sauvages par la main du tout puissant architecte. Le roi, entouré de sa famille, des principaux chefs et des nobles de la nation, tous dans leur costume de fête, était placé près de notre bien-aimé frère Nott, qui devait ce jour-là haranguer la multitude. Celui-ci avait parlé pendant une demi-heure environ, quand le roi lui adressant la parole, lui dit dans la langue du pays : « *Ativa, e Noti ;* » c'est-à-dire, « M. Nott, finissez, je veux parler moi-même. » M. Nott continua quelques minutes ; mais le roi ayant manifesté une seconde fois son désir de parler aussi, notre frère s'assit, et le roi, s'étant levé, fit à son peuple un tableau saisissant de sa condition actuelle, comparée avec son état précédent de barbarie et de paganisme ; il lui rappela le souvenir des bienfaiteurs auxquels il était redevable de tant d'avantages ; il lui parla de la manière dont les chrétiens d'Angleterre recueillaient les fonds pour faire prêcher au loin l'Évangile, et conclut en disant : « Nous n'avons pas d'argent, mais nous avons des porcs, des noix de coco et de l'*arrow-root ;* avec cela nous pouvons avoir de l'argent, et je propose que nous formions dès aujourd'hui une société qui aura pour titre : *Société taïtienne pour l'extension de la parole de Dieu.* Que tous ceux qui approuvent cette proposition lèvent leurs mains. » En un instant, une forêt d'armes nues brilla dans les airs, et l'on vit se dresser, pour appuyer une œuvre de charité, des mains qui ne s'étaient guère élevées auparavant pour autre chose que pour donner le coup de la mort à quelque ennemi dévoué au trépas. Aussitôt les indigènes retournèrent chez eux pour mettre à exécution le projet qui venait de leur être soumis, et quoique le roi eût répété, au moins six fois dans son discours, que l'offrande devait être entièrement volontaire, et que nul n'était contraint de la faire, tous se mirent à fabriquer de l'huile de noix de coco, et en peu de temps l'on en recueillit une cargaison qui fut immédiatement envoyée en Angleterre, et qui, vendue, rapporta, tous frais déduits, quatorze cents livres sterlings (trente-cinq mille francs). Comme c'était la première cargaison de cette nature qui fut importée en Angleterre des îles de la Société, Sa Majesté fit grâce du droit d'entrée auquel elle était sujette d'après les lois, ce qui accrut de quatre cents livres sterling le produit de la vente. C'est de cette manière que nous devons désirer que les rois et les reines deviennent les nourriciers de l'Église; et pourtant ce chef était, quelques mois auparavant, l'un des plus sauvages despotes de la terre. En mourant, voici comment il exprima ses dernières volontés : 1° Maintenez les lois; 2° soyez bons envers les missionnaires; 3° retenez ferme l'Évangile. »

En terminant son discours, M. Williams fit un appel aux marchands, aux philanthropes et aux propriétaires de vaisseaux, pour les engager à soutenir la belle institution des missions évangéliques; puis, présentant au président un exemplaire du Nouveau Testament, traduit et imprimé dans la langue d'une île qu'il avait lui-même découverte, il ajouta : « J'en ai trouvé les indigènes païens, je les ai quittés professant le christianisme; je les ai trouvés avec des idoles et des *maraës* (*), et je les ai quittés avec trois belles chapelles construites sur les ruines des temples de leurs dieux, et dont l'une est remplie, chaque dimanche, par trois mille auditeurs; je les ai trouvés sans livres et sans langue écrite, et je les ai laissés *lisant dans leur propre langue les choses merveilleuses de Dieu*; je les ai trouvés sans écoles, et, d'après une lettre reçue tout récemment de ces îles, il n'y avait pas moins de mille trente-quatre élèves dans l'une de celles que nous avons fondées parmi eux. »

Nous avons dit que l'usage des sacrifices humains avait cessé. En effet, depuis l'année 1816, époque de l'abolition de cette exécrable coutume, on n'avait plus entendu dire que le sang eût coulé sur les autels des dieux; il paraît néanmoins que dans quelques parties éloignées du gouvernement, une partie des habitants qui n'a pas abandonné son ancien culte, se livre encore en secret à ses anciennes superstitions.

Une aventure, dont un voyageur anglais a été naguère le héros, jettera un grand jour sur le fanatisme encore existant, quoique caché par la crainte qu'inspire la nouvelle reine, ou plutôt les missionnaires qui sont ses ministres et ses directeurs.

AVENTURE ÉPOUVANTABLE.

Un voyageur anglais, qui ne nous a pas appris son nom, était depuis quelque temps dans l'archipel; un jour, qu'il se reposait dans un vague recueillement au milieu des bois de l'île principale (Taïti), il fut réveillé par le son d'une multitude de voix qui s'élevaient à quelque distance sur sa gauche; une bruyère et un taillis très-épais l'empêchaient de voir ce qui se passait, et de distinguer si c'était une querelle ou un combat. Il n'avait entendu parler d'aucune hostilité imminente, quoiqu'il sût qu'il y avait beaucoup d'animosité entre la partie chrétienne de la communauté et ceux des habitants qui restaient fidèles à leur ancien culte. Il avait même donné des avertissements aux missionnaires, et leur avait conseillé de prêcher à leurs adeptes des sentiments de paix, bien convaincu que si la guerre s'élevait, la superstition aurait nécessairement le dessus. Ses avis avaient réveillé les craintes des pasteurs, sans leur faire adopter de plan arrêté, et ceux-ci avaient donné matière à reproche par les mesures qu'ils avaient cru devoir prendre contre Tomati, chef d'une grande réputation, et le soutien le plus opiniâtre des vieilles croyances.

Après avoir écouté pendant quelques secondes ce bruit confus, l'Anglais se leva, et, se frayant un passage à travers la bruyère et le taillis, il aperçut et reconnut la cause du désordre.

Sur les côtés opposés d'une vallée étroite étaient rangés au moins deux mille naturels revêtus de leur costume de guerre, plusieurs d'entre eux parlant et gesticulant avec fureur. C'était un spectacle magnifique et plein d'émotions. Le voyageur avait vu en Europe

(*) Maraës ou morais.

la guerre conduite comme un jeu d'échecs, et des batailles livrées sans que la force et le courage individuels eussent aucune chance de se faire valoir. C'était la guerre dépouillée de ses encouragements, et réduite à des règles mécaniques. Ici, au contraire, il allait assister à un combat d'une tout autre nature, dans lequel les acteurs étaient braves et vigoureux. Quoique l'usage des fusils fût déjà introduit, il y en avait cependant en trop petit nombre pour rien ôter aux chances physiques de la lutte.

Chaque homme avait son vêtement de guerre, et son turban orné de plumes, qui se balançaient et se reflétaient aux rayons d'un soleil brillant; leurs tailles hautes et imposantes formaient un spectacle majestueux. Derrière la ligne des guerriers étaient des groupes de femmes, aussi énergiques que les hommes dans leurs cris et dans leurs gestes.

L'Anglais s'arrêta, frappé d'une pénible surprise; car « nul homme, dit-il, ne peut voir ses semblables sur le point d'entamer une lutte meurtrière, sans se sentir profondément remué dans ses sympathies, quand même il ne doit pas prendre part à l'action. »

Les deux armées ennemies n'étaient qu'à quelques pas l'une de l'autre, et se trouvaient à portée d'entendre les reproches et les injures mutuelles qu'ils s'adressaient dans les termes les plus outrageants. Ils s'animaient de plus en plus, brandissant leurs lances et agitant leurs frondes.

Les lignes étaient partagées en divers groupes, depuis vingt jusqu'à cent hommes, chaque chef ayant ses partisans autour de lui, tandis que, de distance en distance, se tenaient, dans les endroits les plus en vue, les *ranti* ou orateurs de guerre, épuisant leur éloquence à stimuler leurs amis. Ces hommes se distinguaient de leurs compagnons par leur haute stature et par leur nudité complète, à l'exception d'une ceinture de larges feuilles de *ti*.

Après les avoir considérés pendant quelques temps, l'Anglais pensa qu'une réconciliation ne serait pas possible.

Il connaissait bien le caractère sauvage et sanguinaire de ces peuples, en apparence pacifiques et inoffensifs; et quoique ces temps fussent bien loin où ils considéraient les Européens comme des êtres d'un ordre supérieur, cependant les hommes blancs exerçaient toujours de l'influence sur eux, et aucun motif ne pouvait le rendre suspect à aucun des partis.

Il s'approcha à environ quarante pas d'un groupe de guerriers, sans être aperçu, tant ils étaient occupés à accabler de malédictions une autre troupe qui leur était opposée, et il se dirigea vers ce groupe, dès qu'il eut reconnu dans le centre Tomati, dont il était bien connu, et qui l'avait souvent appelé son meilleur ami, parce qu'il lui avait rendu une foule de services.

Mais à peine Tomati l'eut aperçu qu'il poussa un cri perçant, et, se précipitant sur lui comme un furieux, il voulut le percer de sa lance. La surprise et le ressentiment rendirent l'Anglais un instant immobile. « Je suis votre ami, s'écria-t-il. » Mais le voyant lever de nouveau sa lance, il se jeta de côté, et, la saisissant, il chercha à la lui arracher. Le Taïtien étant beaucoup plus fort que l'Européen, celui-ci aurait promptement succombé dans cette lutte, si Anato, un des chefs du parti opposé, ne fût accouru à son secours avec sa petite troupe et ne l'eût promptement délivré.

Ce fut le commencement de la bataille, à laquelle l'intérêt de sa propre conservation le força de prendre part. Il eut bientôt des armes; car un grand nombre d'indigènes mordaient successivement la poussière. C'était une lutte sanglante, terrible et à outrance, homme contre homme, massue contre massue. La mêlée devint générale; des cris et des hurlements déchiraient l'air, et ces deux troupes refluaient de côté et d'autre, suivant la fortune du combat.

L'Anglais se retira, aussitôt qu'il put se dégager de la mêlée, se contentant d'une lutte défensive. Ces hommes féroces continuèrent de se massacrer impitoyablement, tandis que les femmes, exaltées jusqu'à la fureur, voltigeaient autour des combattants, criant, hurlant, et mutilant, avec la plus cruelle férocité, les guerriers blessés ou mourants.

Il prit position à quelques pas de l'un des *ranti*, celui-ci portant une branche de *ti* dans une main et une javeline dans l'autre, se démenant en gestes passionnés; il se répandait en exhortations éloquentes, dont les métaphores étaient vraiment admirables, et rappelaient les chants de guerre des vieux hommes du Nord. Il est impossible de traduire, de manière à en donner une faible idée, toute la sublimité, toute l'énergie de ces expressions, qui s'élançaient d'une âme enflammée à la vue d'un combat furieux. Quelquefois il s'adressait à la masse des combattants; tantôt il apostrophait chacun des guerriers par leurs noms; tantôt, selon la position où ils se trouvaient, soit qu'ils combattissent avec valeur, soit qu'ils triomphassent de leurs ennemis, soit qu'ils succombassent sous les armes de leurs adversaires, son langage était varié et suivait les chances du combat, quelquefois s'exaltant en triomphe, quelquefois se modulant en lamentations, ou vomissant des imprécations contre le meurtrier.

Le combat avait duré plus d'une heure avec un acharnement et une férocité toujours croissante, lorsqu'il devint certain que le parti qui avait pris l'étranger sous sa protection allait avoir le dessous. Ce parti fut forcé de céder du terrain, quoiqu'il se battît avec la plus grande bravoure. L'étranger apprit alors que la guerre avait commencé entre les prêtres indigènes et la mission; et il était empressé de pourvoir à sa sûreté, connaissant à l'avance les cruautés auxquelles il serait exposé s'il tombait entre les mains des vainqueurs. Comme il se retirait dans ce dessein, il s'aperçut que de nouvelles bandes ennemies arrivaient sur le champ de bataille, et environnaient peu à peu le corps des chrétiens.

Il s'élança dans un taillis, et peut-être serait-il parvenu à se cacher, s'il ne s'était trahi lui-même en en sortant un instant pour secourir le chef Anato, qui, couvert de blessures, était tombé entre les mains d'une troupe de femmes, sous la cruauté desquelles il ne tarda pas à succomber. L'étranger fut aussitôt saisi à son tour, et emporté avec des cris de triomphe et de vengeance.

Plus d'une massue fut levée pour lui briser le crâne, et plus d'une lance fut placée sur sa poitrine par les vainqueurs furieux; mais il était réservé pour des souffrances d'une nature plus terrible. Les prêtres, dont l'influence était toute puissante, le saisirent comme leur proie, et il fut destiné à être offert en sacrifice à leur dieu Oro.

Le pauvre voyageur aurait regardé alors la mort comme une faveur; mais il était désormais garanti contre tout danger immédiat; et, quoique soumis aux traitements les plus barbares, quoique meurtri de coups, et exposé à de légères blessures qu'ils se faisaient un jeu cruel de multiplier, ils avaient grand soin de ne pas aller jusqu'à mettre sa vie en danger, et il était le seul prisonnier qu'on eût épargné. « J'étais, dit-il, destiné à expier les fautes et les conversions des missionnaires, mes compatriotes. » Fortement lié avec des cordes d'écorce de coco, et gardé par plusieurs guerriers, il fut entraîné à travers les détours d'une contrée qui lui était familière; il l'avait parcourue le matin, et elle lui avait paru un véritable Éden : maintenant toutes les chaumières étaient en flammes, et les habitants qui n'avaient pas cherché leur sûreté dans la fuite, avaient été traînés en esclavage. C'était dans cette partie de l'île que les missionnaires avaient compté le plus de convertis; on voyait des traces de leur influence dans les plantations d'arbres fruitiers venus d'Europe, et dans la disposition régulière de petits jardins qui présentaient toute l'apparence de la symétrie anglaise. Des mains rouges de sang étaient alors empressées à les bouleverser, et à chasser les enfants et les femmes qui s'étaient réfugiés dans les bois et les rochers environnants.

Leur voyage dura jusqu'au coucher du soleil; c'est alors qu'on arriva en vue du grand temple national (*maraé*); à cette vue l'étranger pensa que là allait se terminer son pèlerinage sur cette terre. Ce maraé s'élevait sur un beau promontoire environné d'immenses bouquets d'arbres dont les branches étendues entremêlaient leur riche feuillage, et donnaient naturellement à ce lieu un aspect sombre et mélancolique, surtout à un malheureux enchaîné et gardé à vue, connaissant le destin qui l'attendait, et n'ignorant pas les rites mystérieux et sanguinaires qui s'accomplissaient dans cette affreuse enceinte. Il avoue n'avoir jamais senti un abattement comparable à celui qu'il éprouva en entrant dans la première enceinte du temple. C'était un bâtiment gigantesque formé de fragments de rocher, d'une architecture rude, mais imposante par sa grandeur, et encore plus par le service religieux auquel il était destiné.

Après un échange de quelques mots entre les prêtres et ses gardiens, il fut remis au pouvoir des premiers, et les guerriers s'en allèrent en hâte à de nouvelles scènes de carnage. Il fut transporté dans un enclos ouvert dans l'intérieur du temple, après avoir eu encore à éprouver quelques traitements barbares, et lié de manière à lui ôter toute idée de fuite. Dans le centre de l'enclos était fixé un grand poteau auquel il fut attaché au moyen d'une longue corde dont les tours nombreux l'enveloppaient entièrement, commençant au cou et se terminant aux chevilles; ses bras y étaient aussi renfermés, et la corde était si serrée qu'il en éprouvait une véritable torture: nulle partie de son corps n'était libre, excepté la tête; et les muscles et les veines, comprimés fortement, semblaient prêts à se rompre.

Sur ces entrefaites, la nuit était venue, et les prêtres, qui s'agitaient autour du prisonnier à la lueur des torches, faisaient l'office de véritables démons. Après l'avoir ainsi attaché, ils le laissèrent seul dans son malheur, avec la triste certitude de passer encore plu-

50° *Livraison.* (OCÉANIE.) T. II.

sieurs heures dans un état de souffrance intolérable. La tension des cordes sembla pendant quelque temps s'accroître: les muscles se gonflèrent par l'effet de la violente pression, la douleur devint affreuse, et il invoquait la mort avec les cris et le râle d'un agonisant. « Je ne sais, dit-il, combien de temps je demeurai dans cet état de frénésie. Enfin, l'intensité même de la pression devint un soulagement; car mes membres engourdis avaient presque entièrement perdu toute sensibilité. Mais même cette sensation était cruellement accablante, et pendant que je tentais en vain de mouvoir tous mes membres endoloris, j'aurais volontiers échangé quelques années de ma vie, si elles m'avaient appartenu, contre un instant de répit à de si horribles souffrances. » Cependant, par un violent effort d'imagination, il rappela ses sens, et chercha à penser. La nuit était d'une beauté ravissante; en levant la tête, il sentait la fraîcheur de la brise qui se jouait sur son front, et sa douce influence vint ranimer ses esprits qui s'éteignaient. Il contempla le magnifique ciel de cet hémisphère méridional; toutes les constellations étalaient leurs plus éclatantes beautés. Il est rare qu'un homme d'un caractère sensible et élevé regarde les étoiles briller aux cieux sans éprouver des sentiments de religion et de reconnaissance pour l'Être suprême. Ainsi, même dans ce cruel abandon où était plongé le prisonnier, sans un être humain qui pût sympathiser avec lui, il sentit toute la puissance d'espoir que l'on trouve à communiquer de cœur avec la Divinité. Il ne put se mettre à genoux; mais sa pensée s'élança vers son créateur en solennelles et ferventes émotions.

Calmé par cet appel à la Divinité, et cherchant à distraire son âme de ses tourments corporels, l'infortuné prisonnier regarda autour de lui; la lune se levait à sa gauche au-dessus d'une montagne boisée, et les sommets des arbres les plus élevés des bosquets environnants se teignaient d'une lumière argentée; tout le reste était enseveli dans l'ombre. Les mouvements de la brise à travers le feuillage produisaient un doux murmure, tandis que le bruit éloigné des brisants de la mer faisait l'effet d'une mélodie lointaine dont les sons s'élevaient et s'abaissaient alternativement.

L'espérance qui l'avait abandonné pendant son paroxysme de souffrance, revint alors à son aide, et il espéra, quoique son imagination ne pût se figurer aucune chance capable de le sauver; il espéra, même avec l'intime conviction que ses souffrances actuelles n'étaient que le prélude de tourments plus atroces et d'une mort plus cruelle. La voix de la brise lui apportait avec elle des consolations, et il prêtait l'oreille à ses murmures variés, jusqu'à ce qu'il en vînt à se persuader qu'elle lui transmettait des paroles de sympathie, des promesses de secours.

Après quelque temps cependant, ces émotions consolantes disparurent devant l'horrible réalité de sa position; son esprit perdit encore ce courage qui l'avait ranimé. Il invoqua à haute voix du secours, quand toute invocation était vaine, et, dans l'amertume de ses angoisses, il appela la malédiction et la mort sur la tête de ceux qui le traitaient d'une manière si barbare.

La lune était dans tout son éclat, et illuminait les masses de feuillage qui environnaient le temple; en regardant les branches qui se balançaient doucement au vent, il crut, dans un instant d'égarement, qu'elles insultaient à ses souffrances. Il contempla la belle et paisible voûte du ciel, et les étoiles qui brillaient sur lui dans leur éternelle tranquillité, et s'étonna que le cours de la nature restât inaltéré (si on peut hazarder ce mot), parce que lui, un homme, un pauvre insecte, se débattait dans les chaînes. Le murmure même de la brise ne lui paraissait que comme des sons terribles et sinistres, et son esprit dérangé se créa des tortures intérieures assez vives pour surpasser ses souffrances physiques. Comme les yeux du prisonnier erraient de côté et d'autre, une espèce de monstre, qui semblait s'élancer de l'obscurité à quelques pas devant lui, fixa son attention; ne sachant sous quelle forme et à quelle heure ses bourreaux devaient l'assaillir, il poussa un hurlement lamentable en voyant cet objet hideux se dessiner graduellement dans l'ombre; mais chacun de ses traits devint peu à peu visible, jusqu'à ce qu'il apparut en relief bien prononcé, sous l'aspect d'une tête gigantesque, et d'une forme horrible. L'imagination exaltée et terrifiée de l'Anglais l'avait revêtu de mille attributs effrayants, et il l'apostropha avec une rare véhémence; mais elle resta immobile à la clarté de la lune, également impassible devant ses prières et ses malédictions. Ses efforts désespérés recommencèrent, et un accès de folie furieuse, augmentée par la souffrance, se termina par un profond évanouissement.

Lorsque le prisonnier reprit ses sens, les doux rayons du matin commençaient à tout ranimer autour de lui. La lune était encore visible au ciel, les étoiles avaient disparu, et les oiseaux faisaient entendre leurs chants dans les bosquets. Il regarda autour de lui dans un complet anéantissement de force et de courage, et à mesure qu'il se rappelait l'un après l'autre les incidents de la nuit, le désespoir saisissait son âme. Braver le danger est souvent un acte de courage mécanique; mais lorsque toute énergie corporelle et intellectuelle a disparu, peu d'hommes peuvent regarder la mort en face, et cependant l'incertitude est un état si pénible au cœur des pauvres mortels, qu'il tardait à notre prisonnier de voir arriver le dénoûment fatal, quoique cette idée seule le fît frissonner.

Dans cet état, il reconnut que l'objet qui l'avait tant épouvanté était une idole monstrueuse, grossièrement sculptée en bois. Plusieurs autres, d'une moindre grandeur, étaient placées autour, mais toutes de formes hideuses et gigantesques, semblant narguer leur victime, et s'en moquer avec d'affreuses grimaces.

Après être resté encore quelques heures dans cet état d'exaspération, et épuisé de souffrances et d'inanition, les prêtres vinrent le détacher. Il était incapable d'agir, et il leur fallut le porter ou plutôt le traîner dans l'intérieur du temple. On lui apporta de la nourriture; mais, après avoir mangé quelques bouchées, il éprouva de mortelles nausées, et, s'étendant par terre, il invoqua la mort.

Cette grâce lui fut refusée, et il était destiné à épuiser, dans toute sa violence, la cruauté d'une idolâtrie fanatique, lorsque des cris, rappelant ses bourreaux, et quelques longs et heureux efforts le délivrèrent. Alors il se traîna lentement sur le rivage, et, ayant trouvé une pirogue, il arriva, à force de rames, à Huahine, où sa cruelle aventure excita l'indignation des Européens et de la plupart des Taïtiens qui suivent l'Évangile.

CONTESTATION ET JUGEMENT.

« Pendant le séjour de M. Laplace, à Taïti, il lui arriva un accident assez singulier. Il y avait alors dans la baie deux baleiniers, l'un américain, l'*Orion*, de Nantucket, et l'autre, le *Narrins*, de Londres « Une nuit, dit M. Laplace, les matelots de ces bâtiments, qui étaient à terre, prirent querelle entre eux, se battirent, et un des matelots anglais fut tué de deux coups de couteau par un de ceux du navire américain. Le criminel était né près d'Amsterdam; il fut arrêté, garrotté, lié par les naturels, qui remirent à lui faire son procès à trois jours de là. Ce jour arrivé, les juges, les chefs et un très-grand concours de peuple se réunirent dans le temple bâti par les soins des missionnaires anglais. Je vis passer devant la maison où je demeurais le prisonnier, et quelques moments après, mû par la curiosité de voir comment les naturels agiraient dans cette circonstance, je me rendis aussi à l'église; je la trouvai remplie, et je me glissai dans une tribune où se trouvaient quelques femmes de missionnaires. Le tribunal était un peu en avant de la chaire; le grand juge et les chefs étaient assis sur des bancs des deux côtés, ainsi que quelques Européens, et trois missionnaires étaient placés plus avant dans l'église : l'un d'eux devait faire l'office d'interprète. Le coupable se trouvait encore un peu plus loin entre deux Indiens qui le gardaient : une table se trouvait au milieu, sur laquelle étaient placés une Bible et le Livre de la loi. A peine étais-je entré et assis, que le grand juge requit le silence, et commença un discours qui dura fort longtemps, et il me semblait qu'en le prononçant, il me regardait toujours, ce qui ne laissait pas que de me surprendre beaucoup. Dès qu'il eut fini, un des missionnaires s'avança vers moi, et me dit que le discours du grand juge s'adressait à moi seul, et qu'il avait pour objet de me proposer de juger à moi seul le criminel; que le juge savait que j'étais consul en Espagne, et que le coupable étant de mon pays, il consentait (le juge) à s'en remettre à ma décision à ce sujet, si je voulais bien m'en charger. Quoique surpris d'une pareille proposition, qui me laissait entrevoir le désir qu'avaient le juge et les missionnaires de sauver le coupable, s'il était possible, je répondis que, si telle avait été leur intention, il était bien inutile de réunir le grand concours de peuple au milieu duquel nous nous trouvions; mais que je ne pouvais admettre cette proposition; que ma juridiction ne s'étendait pas si loin, et que, d'ailleurs, jamais consul n'avait eu droit de vie et de mort sur aucun individu; que s'ils voulaient me remettre le coupable, je me chargerais de son transport dans sa patrie, et m'engagerais à y faire parvenir la procédure intentée contre lui, afin qu'on l'y pût juger en conséquence. Le juge me dit alors que, puisque je refusais de juger le prisonnier sur-le-champ, il espérait que je ne trouverais pas mauvais que les lois de Taïti eussent leur cours, et on procéda immédiatement à l'audition des témoins.

« L'exaspération était au comble contre ce pauvre diable, surtout parmi un grand nombre de blancs vagabonds ou déserteurs, qui fourmillent dans l'île, et qui, pour se donner un air de vertu, ne cessaient de répéter qu'il fallait le pendre ; et comme c'était le premier crime de cette espèce que l'on eût commis à Taïti, ils tâchaient de faire partager leur exagération aux indigènes. Il n'eût donc pas été prudent de sauver d'une manière directe le criminel, que je pouvais protéger contre leur malveillance, et qui ne pouvait que me compromettre vis-à-vis de quelques brigands et scélérats capables de tout. Je résolus de faire tout ce qui dépendrait de moi pour arracher ce malheureux au sort qui l'attendait, et je me rendis immédiatement chez moi ; j'écrivis une lettre au grand juge par l'intermédiaire des missionnaires, afin qu'ils la lui traduisissent. Dans cette lettre, je répétais une partie de ce que j'avais dit verbalement ; je renouvelais la proposition de prendre à ma charge le soin d'envoyer le criminel devant les tribunaux de sa patrie, et je priais le juge de mettre ma lettre sous les yeux de la reine, dans le cas où le criminel serait condamné à la peine capitale, afin de l'engager à lui accorder sa grâce, ou bien le remettre entre mes mains. Je m'en retournai à l'église, et donnai ma lettre aux missionnaires, qui la traduisirent aux juges.

« Pendant mon absence, on avait terminé l'audition des témoins, et nommé un jury composé de six blancs et de six naturels, pour prononcer la sentence ; ils s'étaient retirés dans un appartement séparé : ils ne tardèrent pas à rentrer, et prononcèrent le mot de *coupable*. Le grand juge se leva aussitôt, ouvrit le Livre de la loi, lut l'article concernant le meurtre, qui condamnait le prisonnier au supplice de la corde, et indiqua le lendemain, à midi, pour le jour de l'exécution.

« Pendant toute cette cérémonie, le juge se comporta de la manière la plus décente, la plus grave et la plus respectable, et tout aussi bien qu'aucun président d'un tribunal d'Europe. Je revis, dans le courant de la journée, le juge et les principaux chefs, qui me dirent qu'ils pensaient que la reine se rendrait à ma demande. En effet, le lendemain, de fort bonne heure, ils vinrent me voir, et me dirent qu'elle remettait le prisonnier entre mes mains ; que cependant on le garderait jusqu'au moment de mon départ. J'eus donc le bonheur de contribuer à sauver un de mes compatriotes ; j'en fus d'autant plus flatté, qu'il paraît que c'était un très-brave homme, dont son capitaine faisait le plus grand éloge, et qui n'avait commis ce crime qu'étant dans un état complet d'ivresse. »

PARALLÈLE DES ANCIENNES MŒURS ET DES MŒURS MODERNES.

On ne trouve déjà plus ces Taïtiens au caractère aimable, aux manières à la fois si libres et si innocentes, dont les compagnons du grave Cook et du spirituel Bougainville nous ont tracé des portraits trop séduisants pour n'être pas un peu flattés. Ces fleurs d'une civilisation pour ainsi dire primitive, ont été fanées par le contact de la race blanche, et le voyageur qui aborderait ces lieux, autrefois enchantés, serait navré de leur triste état. En vain il chercherait ces jolies cases, abritées du soleil par des bouquets d'arbres fruitiers, ces champs cultivés avec soin et séparés par de légères clôtures, ces hommes si confiants, si affectueux, ces femmes si gracieuses, si attrayantes, et habillées avec tant de soin et de propreté ; il ne verrait que des campagnes presque désertes, déboisées et en friche, des misérables adonnés au vol, à la débauche et à tous les excès de l'ivrognerie, des filles souillées de toutes sortes de maladies impures, suites de leurs liaisons avec les matelots européens ; enfin, des missionnaires anglais ou américains régissant en maîtres les restes de cette population infortunée, dont les travaux assurent leur fortune et les font vivre dans une sainte oisiveté. Tel est le tableau que présentent la plupart des archipels de la Polynésie. Les îles Haouaï sont aujourd'hui une véritable colonie britannique, et celles de Tonga et de Nouka-Hiva, envahies également par les ministres anglicans, ne tarderont pas à devenir une succursale de la Nouvelle-Galles du Sud.

COLONIES D'ENTREPOTS ANGLAIS ÉTABLIES DANS TOUTES LES PARTIES DU GLOBE.

Les missionnaires anglais se sont établis dans les îles Taïti, comme ils l'ont fait à Ouati ou Santa-Christina, à la Nouvelle-Zeeland, à Haouaï, à Tonga et ailleurs; ils ont eu des prosélytes, et ils ont préparé les voies au commerce et à la domination future de leur patrie. Les Anglais, en créant leurs nombreuses colonies d'entrepôts, semblent avoir eu pour but de s'assurer de l'approvisionnement universel du globe; toutes sont situées de manière à leur permettre l'exploitation de contrées étendues. Ainsi Jersey et Guernesey, dans la Manche, servent à solder à la France, par la contrebande, la différence des importations; Héligoland à l'Allemagne; Malte et Corfou rapprochent l'Angleterre du Levant, et assurent sa prépondérance dans le commerce méditerranéen, dont Gibraltar est la clef. Cette ville lui permet encore de fournir à l'Espagne tous ses produits; c'est, en outre, un bazar d'où elle sort fréquemment pour faire des excursions mercantiles dans les États barbaresques; les îles d'Ormus et de Kechmis résument le commerce du golfe Persique et des pays arrosés par les grands fleuves qui s'y jettent; la grande île *Socotora* est une possession unique par rapport à la mer Rouge; Pinang commande le détroit de Malakka; les îles de Melville et de Bathurst lui seront un moyen de pénétrer dans les Moluques et la Malaisie, pendant que le cap de Bonne-Espérance sert à lui assurer la suprématie de l'Océan indien, tout en facilitant son invasion dans l'intérieur de l'Afrique, et que *Annebon* et Fernando-Po lui livreront la Guinée. Grâce aux Barbades et à la Jamaïque, l'Angleterre domine le golfe du Mexique. Feignant d'oublier nos droits sur Madagascar et sur Tourane, en Cochinchine, elle s'oppose à notre établissement dans ces deux pays, et foulant aux pieds les droits qu'a la France sur les Malouines dont Bougainville avait pris possession, elle s'empare de cet archipel. De là, tel qu'un polype fixé à un rocher étend au loin ses longs bras, elle plantera son pavillon sur les meilleurs points maritimes de la Patagonie, où, dès à présent, ses baleiniers abordent en grand nombre pour se procurer des bœufs et des moutons, qu'ils payent avec de grossières étoffes de laine, de la quincaillerie, du rhum et du tabac, et ils s'établiront enfin dans la Nouvelle-Shetland, au milieu des glaces des terres antarctiques, si le climat le leur permet.

Certes, si c'était dans un but d'humanité que tous ces établissements eussent été faits ou préparés, nous ne pourrions qu'applaudir à l'habileté colonisatrice des Anglais; mais l'intérêt, l'ambition, le désir de la suprématie maritime, ont été leur principal, je ne dirai pas leur unique mobile.

DU COMMERCE EN GÉNÉRAL DANS LES ILES DE LA MER DU SUD ET SUR LES COTES OCCIDENTALES DE L'AMÉRIQUE, BAIGNÉES PAR CETTE MER.

Les caboteurs américains et les Russes, surtout, exportent en Chine quelques pelleteries de leurs comptoirs américains de Noutka et de Sitka, et vont chercher la nacre, le tripang et le sandal, dans les îles de la mer du Sud. A ce sujet, nous extrairons les réflexions suivantes de M. le capitaine Laplace, réflexions excellentes et qui sont d'un intérêt palpitant.

« La puissance des czars s'étend sans bruit sur trois parties du monde, cherche à les enlacer de ses longs bras, et s'apprête à remplir sur terre le même rôle que l'Angleterre prétend jouer sur mer.

« Pendant que l'Angleterre fait trembler la Chine, convoite les îles de la Sonde, s'approprie toute la Nouvelle-Hollande, colonise la Nouvelle-Zeeland, ainsi que les principaux archipels de la Polynésie, et conduit à son gré toutes les républiques de l'Amérique du Sud, les Russes marchent à la domination de l'hémisphère opposé : ils règlent les destinées du nord de l'Europe, et s'avancent, sans interruption, vers le midi, soumettant à leurs vues les cours de Téhéran et de Constantinople, et menaçant les provinces britanniques dans l'Inde; enfin, ils sont venus prendre une position formidable sur les côtes nord-ouest du nouveau monde, au moment où l'indépendance des colonies espagnoles, l'affluence des Européens aux terres australes, et l'ouverture probable d'un canal à travers l'isthme de Panama, annoncent que ces mers, à peine explorées il y a un siècle, deviendront, avant peu d'années, le théâtre de grands événements.

« De leurs nouvelles possessions, qui sont déjà très-peuplées, et où se construisent dans de superbes arsenaux des navires de guerre et de commerce, ils planent, pour ainsi dire, nonobstant les vives réclamations des États-Unis, sur le nord-ouest de l'Amérique septentrionale, qui sépare ce continent de la Chine et du Japon.

« Quelle facilité une semblable position ne leur donnerait-elle pas pour lier les relations commerciales avec ces deux dernières contrées, lorsqu'elles seront forcées d'étendre leurs rapports avec les Européens! Ce qui ne saurait tarder, car la cour de Saint-Pétersbourg devançant les autres puissances maritimes, a déjà obtenu, bon gré mal gré, de l'empereur du Japon la propriété d'une île très-voisine des États de ce défiant souverain.

« Dans ce partage de richesses et de puissance, où se feront admettre bien certainement les États-Unis, et auquel l'Espagne même voudra participer, lorsqu'ayant tout à fait renoncé à l'espérance de reconquérir ses colonies, elle se contentera d'exercer sur elles l'influence du langage, des mœurs et d'une ancienne domination, quelle part s'est réservée la France, qui, en Europe, sert de contre-poids à la Russie, et peut rivaliser sur mer avec l'Angleterre? Elle ne paraît même pas y avoir songé : ses hommes d'État trouvent ces régions trop lointaines pour s'en occuper; ils les dédaignent parce qu'ils ne les connaissent pas : comme si la Nouvelle-Galles du Sud et Van-Diémen, dont les progrès rapides les étonnent, étaient moins ignorés à Paris au commencement du siècle, que ne le sont aujourd'hui les archipels de la Polynésie ou le nord-ouest de l'Amérique.

« Au lieu de s'emparer, dans les mers de la Chine ou dans l'océan Austral, d'un point qui puisse offrir par la suite un débouché à la tempête et un abri à ses escadres, elle se borne à faire doubler le cap Horn, ou celui de Bonne-Espérance, par quelques bâtiments armés, trop peu nombreux pour paraître dans les lieux où l'intérêt de son commerce exigerait leur présence, et trop faibles pour inspirer du respect à des peuples en proie aux révolutions, et à peine sortis de la barbarie. Dans quel endroit du globe sont nos établissements militaires ou commerciaux? Sur quelle terre, ou seulement sur quel rocher flotte le pavillon tricolore, au milieu de cette immense mer du Sud parsemée d'îles presque toutes occupées actuellement par les nations maritimes nos rivales, qui, plus prévoyantes que nous, se préparent à une lutte commerciale et politique beaucoup moins éloignée que l'on ne croit généralement.

« Quand cette lutte commencera, la France se trouvera sans moyens de défense, comme sans moyens d'agression, dans l'océan Pacifique. Au premier bruit d'une guerre maritime, ses stations privées de relâche ou de ravitaillement seront obligées, pour échapper aux croisières ennemies, de fuir précipitamment vers l'Europe, en laissant nos négociants à la merci des autorités locales.

« D'un autre côté, les armateurs français, n'ayant aucune suite dans leurs opérations, ne peuvent compter que sur des gains très-modiques. Combien néanmoins faudrait-il que ces gains fussent considérables pour les mettre en état de lutter contre les Anglais, puisqu'on a calculé que, par suite des frais énormes de commission, des frais d'assurance, etc., les marchandises françaises expédiées au Pérou et au Chili reviennent au moment d'être vendues à 25 pour cent plus cher que si elles eussent été fabriquées en Angleterre et apportées sur des bâtiments anglais.

« Le capitaine et son petit équipage vivent très-sobrement, ne boivent que du rhum, et ne font qu'un très-court séjour dans le port d'arrivée. Cette observation s'applique également aux marins de l'*Union*, qui surpassent même ceux de la Grande-Bretagne en activité et en parcimonie.

« J'ai entendu, par exemple, les subrécargues se plaindre des dépenses onéreuses où les entraînent les frais de chancellerie des consulats, et la redevance, souvent assez forte, que les consuls exigent d'eux pour chaque signature.

« Ces frais de chancellerie sont d'autant plus pesants pour les armateurs qui fréquentent la mer du Sud, que leurs navires éprouvent souvent des avaries majeures en traversant les parages orageux du cap Horn, et qu'ils stationnent ensuite des années entières sur les rades du Pérou et du Chili, en attendant un chargement, lequel ne se compose la plupart du temps que de peaux de bœufs, de cuivre, de quinquina, de salpêtre, ou même de nacre, qu'ils vont pêcher, au risque de se perdre mille fois, dans les archipels de la Polynésie. Les Anglais évitent les inconvénients du retard, en repartant le plus ordinairement sur leur lest. Quant aux Américains, qui fournissent Valparaiso et Lima de meubles, de rhum, de tabac, de toiles de coton écrues, de bois de mâture et d'approvisionnements pour la marine, ils y prennent en échange des piastres et une grande quantité de cuivre, qu'ils portent à la Chine.

« D'un autre côté, le gouvernement, toujours restreint dans ses dépenses, même les plus nécessaires, et ne pouvant assurer aucun avenir financier à ses projets, est obligé de réduire chaque année les armements de la marine militaire, et de renoncer à la formation d'aucun établissement d'outre-mer.

« Cette pénurie d'armements est cause que les côtes de la presqu'île de l'Inde, celles de la Chine, le grand archipel d'Asie (la Malaisie), Van-Diémen et la Nouvelle-Galles du Sud, toutes contrées que fréquentent nos marchands, ou qu'ils fréquenteraient si des traités leur en ouvraient l'accès, ne sont visitées qu'à de longs intervalles par les bâtiments de l'État. Il y a même des points sur ces côtes, tels que San-Blas et les autres ports d'Amérique au nord de Panama, où bien rarement notre station du Pérou et du Chili a pu étendre sa surveillance.

« Un tel état de choses est extrêmement fâcheux, et s'il se prolonge longtemps, les relations maritimes de la France et son influence sur les peuples d'Asie et d'Amérique tomberont tout à fait. Mais il faut espérer que les chambres adopteront enfin, à l'égard de notre commerce, les mesures d'amélioration dont presque toutes les puissances leur donnent l'exemple, et qu'elles abandonneront ce principe exagéré d'égoïsme national qui, en empêchant d'établir un bon système d'échange avec les autres pays, nuit considérablement à la prospérité de nos provinces frontières.

« En effet, les escadres, les comptoirs, les traités et de meilleures lois de douanes pourront bien ouvrir un champ plus vaste à ses opérations, mais non lui inspirer cet esprit d'ordre et d'économie, cette probité dont notre commerce maritime manque entièrement, et sans lesquels il ne fleurira jamais. Tel je l'ai vu dans l'Inde et à la Chine, tel je l'ai retrouvé à Valparaiso et à Lima, où pourtant les produits de notre sol et de nos manufactures se vendent en plus grande quantité que partout ailleurs. Aussi la plupart des Français qui trafiquent sur les côtes occidentales du nouveau monde n'inspirent que fort peu de confiance aux habitants et aux étrangers. Ce sont généralement des pacotilleurs que de mauvaises affaires ou l'inconduite forcent à quitter l'Europe, et qui, pourvus de quelques ballots de marchandises achetées le plus souvent à crédit, et par conséquent à des prix exorbitants, comptent, dans leur inexpérience, les vendre en Amérique avec des bénéfices assez élevés pour remplir sans peine leurs onéreux engagements.

« Heureusement que tout notre commerce avec le Pérou, et principalement avec le Chili, n'est pas en de pareilles mains, et qu'à Lima comme à Valparaiso il existe plusieurs maisons françaises très-estimées; mais elles ne peuvent, sous aucun rapport, soutenir la concurrence de celles que gèrent les Anglais.

DU COMMERCE A TAITI.

Le commerce de l'archipel consiste principalement en perles, nacre, racines de taro, huile de coco, que les indigènes donnent en échange des marchandises de fabrique anglaise; ils recherchent surtout les tissus de coton, les lainages, la quincaillerie.

Les Anglais, les Américains, les Russes et les Espagnols, font quelque trafic avec les Taïtiens; mais le commerce français y fait de rares apparitions.

Les habitants de Taïti, outre le commerce extraordinaire qu'ils font avec les étrangers, par les échanges de cochons et de volailles contre des clous, des plumes rouges et des ustensiles en fer, en ont un continuel avec les îles voisines qui sont à l'est de Taïti. Leur commerce consiste à changer leurs étoffes et des provisions de bouche contre des perles fines et des soies de barbets, qui seraient fort estimées dans nos climats. Il est bon d'observer que toutes les graines d'Europe, excepté celles du melon, de la moutarde et du cresson, y croissent facilement et avec abondance. Ces peuples avaient leurs arts, qui sont adaptés à leur manière de vivre. « Notre luxe, dit Montesquieu, ne saurait être le leur, ni nos besoins être leurs besoins. Leur climat ne leur demande ni ne leur permet presque rien de ce qui vient de nos climats : ils vont en grande partie nus; le peu de vêtements qu'ils ont, le pays les leur fournit convenables. Ils n'ont donc besoin que de nos métaux, qui leur sont infiniment essentiels, surtout le fer, qui sont le signe de valeurs, et pour lesquels ils donnent des marchandises que leur fragilité et la nature de leur pays leur procurent en abondance. Ainsi, de tous les temps, comme à présent, les voyageurs qui négocieront aux Indes (lisez en Océanie) y porteront des métaux, et n'en rapporteront pas. C'est à la politique à réfléchir sur le bien ou le mal de cette espèce de commerce; les nouveaux besoins ne les rendront pas plus malheureux. »

Ce qui contribue le plus à cette espèce de commerce de ces insulaires avec ceux des îles voisines, c'est que l'air y étant salubre, ceux-ci ne craignent pas de prendre des maladies des autres insulaires et réciproquement. L'air en général y est si pur que, malgré la chaleur, qui est quelquefois extrême, les aliments s'y conservent plus longtemps que dans des climats où il fait une chaleur également forte. On n'y trouve ni grenouilles, ni crapauds, ni serpents d'aucune espèce. Les fourmis et les mouches, qui y sont en petit nombre, sont les seuls insectes incommodes. La partie sud-est de l'île semble être mieux cultivée et plus peuplée que les autres. Chaque jour il y arrive des bateaux chargés de différents fruits, de sorte que les étrangers qui y abordent y trouvent des provisions en très-grande quantité, et par conséquent à plus bas prix que dans tout autre canton de l'île. Le flux et le reflux de la marée y sont peu considérables, et son cours est irrégulier, parce qu'elle est maîtrisée par les vents, qui y soufflent ordinairement de l'est au sud-est, et que ce sont le plus souvent de petites brises. Il y a à quelque distance de Taïti l'île Borabora, qui a servi dans l'origine, suivant le rapport des naturels, à faire un lieu d'exil pour les criminels. Cet usage a duré pendant quelques années. Mais le nombre des exilés s'accrut tellement par les transfuges qui vinrent s'y rendre volontairement pour se soustraire à la punition de leurs crimes, que les productions de cette île devenant insuffisantes pour la subsistance des habitants, la nécessité en fit des pirates. Ils étaient souvent en guerre avec les Taïtiens, à cause des prises de pirogues qu'ils faisaient journellement.

DÉCLARATION DE L'INDÉPENDANCE TAITIENNE.

Taïti s'est déclarée indépendante au commencement de l'année 1823. Le pavillon anglais qui y flottait est remplacé par un pavillon rouge sur lequel on remarque une étoile blanche placée dans l'angle supérieur. Les missionnaires, pour lesquels les insulaires gardent une grande vénération, ont cependant conservé leur influence.

REINE DE TAITI.

Le gouvernement de Taïti est aujourd'hui confié à une jeune reine de vingt ans, nièce du feu roi Pomare. Sa belle chevelure noire retombe en boucles gracieuses sur ses épaules. Elle porte ordinairement sur la tête une couronne de fleurs naturelles; son abord prévient en sa faveur, et sans être d'une beauté remarquable, elle rappelle la Nuha de lord Byron.

PARLEMENT NATIONAL.

Les missionnaires ont établi un parlement à Taïti. Ils convoquent tous les ans dans l'église de Papahoa la population entière. C'est là qu'eut lieu la discussion des articles de la constitution et d'un code de lois ; c'est là que les chefs taïtiens montent à la tribune et parlent pendant des heures entières, quelquefois avec esprit, d'autres fois avec une véritable éloquence, presque toujours avec plus de bon sens et de droiture qu'on n'en voit dans nos assemblées législatives.

La discussion du code des Iles sous le vent dura huit jours. Chaque séance s'ouvrit et se termina par la prière.

M. Nott, le plus âgé des missionnaires, fut nommé président; ses collègues et les députés de la Société des missions de Londres y assistèrent, mais aucun étranger ne prit part aux débats ; ils se bornèrent à donner leur opinion lorsqu'elle leur était demandée. M. Nott se conformant en cela au désir manifesté par les chefs et par le peuple, avait rédigé d'avance un recueil de lois, composé de quarante articles qui traitent de tout ce qui est nécessaire pour maintenir l'ordre social, augmenter le bien-être général, conserver, parmi les indigènes, les droits et les priviléges des diverses classes. Ces lois entourent de toutes les garanties désirables, la vie, la liberté et la propriété des habitants.

DE L'HARMONIE SOCIALE ET DE L'ABOLITION DE LA PEINE DE MORT.

Peu de jours avant notre départ de Paris, que nous ne devions plus revoir qu'après avoir visité l'Orient, l'Océanie, etc., voilà maintenant juste dix-sept ans que nous avons demandé l'abolition de la peine de mort en France (*). Nous avons désiré la voir supprimée aussi chez tous les peuples du monde, qui ne devraient être que des frères séparés par des mers, des fleuves et des montagnes, de la grande famille dans laquelle nous voudrions pouvoir établir l'harmonie sociale, qui est dans la sphère de l'homme ce que l'harmonie universelle, physique et morale est pour les mondes. Nos voyages n'ont fait que mûrir nos réflexions à ce sujet et fortifier notre opinion. En effet, la plupart du temps les mauvaises lois, le défaut d'instruction, le peu d'attention accordée aux besoins des prolétaires, la faim hideuse, ont alimenté les bagnes et livré des têtes aux bourreaux. Ce n'est pas que nous partagions l'optimisme de ceux qui croient arriver par l'éducation à une parfaite égalité dans les fortunes, à bannir le

(*) Voyez Adresse au peuple et au gouvernement français, par G. L. D. de Rienzi, 1 vol. in-8. Paris, février 1820.

crime de cette terre, où nous ne passons quelques jours que pour l'arroser de nos sueurs, de nos larmes et de notre sang. Une bonne éducation nationale multipliant l'instruction, serait la meilleure garantie de la justice et de la vérité, et par conséquent de l'égalité et de la liberté, sa fille, de la prospérité nationale et de l'ordre public, en France surtout, où l'honneur national, le progrès et la liberté sont en quelque sorte la religion de la majorité des Français. Le mal existera toujours sur notre globe; le méchant troublera toujours l'ordre social dans son seul intérêt et pour assouvir ses passions; mais nous pensons que si la justice égalitaire régnait enfin dans nos États, que si une bonne éducation apprenait à tous les hommes que leurs intérêts ne sont que dans l'intérêt général, et qu'on n'est heureux qu'en faisant le bien, le crime serait infiniment plus rare, et l'ordre de la société très-rarement troublé. Augmentez surtout le nombre des travailleurs et émancipez l'intelligence, essayez le système pénitentiaire, et si le crime est une maladie morale, appelez pour la guérir des législateurs philosophes. La statistique pénale des différents peuples de l'Europe nous prouve que la peine de mort et l'habitude du spectacle de l'échafaud augmentent plutôt qu'elles ne diminuent le nombre des coupables. A notre avis, le droit de mort ne peut exister entre nations que pendant la guerre, entre un gouvernement et sa nation que dans les cas de parjure ou de rébellion, entre des hommes privés que durant le moment d'un attentat à l'existence, par la folie du duel ou l'assassinat, attentat qu'on ne pourrait empêcher d'aucune autre manière; mais jamais ce droit de la nécessité ne peut exister entre un individu et la société. La société qui prive un homme de la vie commet le crime de rébellion contre les lois générales que Dieu a établies, lois antérieures aux lois des hommes, droit antérieur en date et supérieur en autorité aux droits prétendus que des hommes se sont arrogés par un consentement mutuel. Au reste, une réforme immense et nécessaire peut seule opérer l'abolition de la peine de mort, avec tant d'autres fléaux de l'humanité.

Ces réflexions nous sont suggérées par le récit de l'abolition de la peine de mort à Taïti, que nous extrayons du voyage de MM. Bennett et Tyermann.

Lors de la discussion d'un code dans le parlement taïtien, les débats sur la punition du meurtre remplirent en partie les deux premières séances : il s'agissait de décider si, dans un cas quelconque, le sang de l'homme devait être répandu pour sanctionner des lois faites par une assemblée législative chrétienne, que n'enchaînaient ni des préjugés ni d'antiques usages. Deux peines étaient proposées, la mort et le bannissement perpétuel dans quelque île inhabitée. La dernière finit par être adoptée à l'unanimité.

Lorsque la question fut proposée, disent les deux voyageurs, Hitoti, premier chef de Papiti, se leva, et saluant le président et l'assemblée : « Sans doute, dit-il, le bannissement « à perpétuité dans une île déserte est « une bonne proposition; mais une « pensée s'est élevée dans mon cœur « depuis plusieurs jours, et vous la « comprendrez quand vous aurez en- « tendu mon petit discours. Les lois « de l'Angleterre, de ce pays d'où nous « avons reçu tant de biens de toute es- « pèce, ne doivent-elles pas être bon- « nes? et les lois anglaises ne punis- « sent-elles pas de mort le meurtrier? « Eh bien! la pensée qui m'agite est « celle-ci : ce que fait l'Angleterre, « nous ferions bien de le faire. Voilà « ma pensée. »

Il y eut un profond silence, et il est à remarquer que pendant les huit jours que dura la session de ce parlement, il n'y eut jamais deux orateurs debout en même temps, qu'il n'y eut pas de paroles vives échangées entre eux, et que personne ne pensa à faire valoir ses connaissances aux dépens de celles des autres. Dans le fait, personne ne contredit ou ne commenta l'opinion d'un des orateurs qui l'avaient précédé, sans relever avec respect ce qu'elle avait de louable, en même temps que, par des raisons qu'il exposait avec autant de modestie que de fermeté, il pensait qu'un autre avis devait l'emporter.

Après avoir jeté les yeux tout autour de lui pour voir si personne autre ne s'était levé, Outami, premier chef de Bouanaania se leva, et se tournant vers le président : « Le chef de « Papiti a bien dit, dit-il; nous avions « reçu beaucoup de bonnes choses du « bon peuple chrétien d'Angleterre. En « même temps que n'avons-nous pas « reçu de *Beretani* (la Grande-Bre- « tagne)! N'est-ce pas elle qui nous « a envoyé l'*Area* (l'Évangile)? Mais « le discours d'Hitoti ne va-t-il pas « plus loin? Si les lois de l'Angleterre « doivent nous servir de guide, ne « nous faudra-t-il pas aussi punir de « mort les voleurs qui forcent une « maison, ceux qui signent un faux « nom, ceux qui dérobent un mou- « ton? Et y a-t-il personne à Taïti qui « prétende que ces crimes doivent « être punis de mort? Non, non, c'est « aller trop loin; il me semble qu'il « faut nous arrêter. Je crois que la « loi, telle qu'elle est proposée, est « bonne : je puis avoir tort; mais c'est « là ma pensée. »

Il y eut un moment de silence, et le chef Oupouparou, à l'air noble et intelligent, se leva; c'était un plaisir de voir sa contenance animée, et la noblesse de son maintien également exempt de toute supériorité et de toute humilité affectée. Il adressa quelques mots pleins de politesse aux orateurs qui l'avaient précédé, ajoutant que, dans son opinion chacun d'eux avait tort et raison en quelque chose. « Mon frère Hitoti, dit-il, qui a proposé de punir de mort le meurtrier, parce que l'Angleterre le fait, s'est trompé comme Outami l'a fait voir; en effet, ce ne sont pas les lois de l'Angleterre qui doivent nous guider, quoiqu'elles soient bonnes. La *Bible* est notre seul guide. Or *Mitti Trattou* (le missionnaire M. Crook) nous a parlé un jour sur ce chapitre. « Celui qui a répandu le sang de l'homme, son sang sera répandu par l'homme. » Et il nous a dit que c'était là le motif de la loi anglaise. Ma pensée est donc d'accord avec Hitoti et contre l'avis d'Outami, non pas cependant à cause de la loi anglaise, mais parce que la Bible l'ordonne, que nous devons punir de mort quiconque sera convaincu de meurtre. »

Les assistants se regardèrent les uns les autres; tous paraissaient avoir été vivement frappés des sentiments exprimés par l'orateur, surtout lorsqu'il avait appuyé son opinion, non sur l'exemple de l'Angleterre, mais sur l'autorité des saintes écritures.

Un autre chef se leva, il semblait « une des colonnes de l'État; » son air, sa figure et son riche costume national firent oublier aux assistants celui même qui venait de se rasseoir. Il s'appelait Tati, et tous les yeux étaient fixés sur lui, lorsque, avec autant de modestie et de déférence pour ses collègues que ceux qui l'avaient précédé, il commença ainsi : « Peut-être quelques-uns de vous s'étonnent-ils que j'aie gardé le silence si longtemps, moi qui suis ici le premier chef et le plus rapproché de la famille royale. Je désirais entendre ce que nos frères avaient à dire, afin de recueillir les pensées qui s'étaient élevées dans leur cœur sur cette importante question. Je me réjouis de les avoir entendus, parce que plusieurs pensées que je n'avais pas apportées avec moi s'élèvent maintenant dans mon cœur. Les chefs qui ont parlé avant moi ont bien parlé. Mais le discours d'Oupouparou n'est-il pas, sous un rapport, comme celui de notre frère Hitoti? En effet, si nous ne pouvons suivre en tout les lois de l'Angleterre, comme Hitoti voulait nous y engager, parce qu'elles vont trop loin, ne devons-nous pas éviter l'avis d'Oupouparou parce que sa pensée va trop loin aussi. La *Bible*, dit-il, est un guide parfait, d'accord; mais que signifie cette parole : « Celui qui aura répandu le sang de l'homme, son sang sera répandu par l'homme? » Ce précepte ne va-t-il pas tellement loin que nous ne pouvons pas plus le suivre jusqu'au bout, que nous ne pouvons observer en entier les lois de l'Angleterre? Je suis Tati, je suis juge: un homme est amené devant moi; il a répandu du sang, j'ordonne qu'il soit mis à mort; je répands son sang, qui donc répandra le mien? Ici, ne pouvant aller aussi loin, je m'arrête. Tel ne peut pas être le sens de ces paroles; mais peut-être, puisque plusieurs des lois de l'Ancien Testament ont été abolies par Notre-Seigneur Jésus-Christ, et que quelques-unes subsistent seulement, peut-être, dis-je, cette loi est-elle une de celles qui ont été abolies. Cependant, je suis ignorant. Quelqu'autre pourra-t-il me montrer que, dans le Nouveau Testament, notre Sauveur ou ses apôtres ont dit la même chose que ce que nous lisons dans l'Ancien Testament, sur celui qui aura répandu le sang de l'homme? Qu'on me montre un tel précepte dans le Nouveau Testament, et alors il nous servira de guide. »

Une franche approbation se manifesta quand Tati eut fini de parler, et son appel à l'Évangile parut écarter quelques difficultés et quelques doutes sur la véritable autorité scripturaire qu'il fallait invoquer dans cette circonstance.

Ensuite se leva Pati, chef et juge d'Eïméo, autrefois grand prêtre d'Oro, et le premier qui, au péril de sa vie, avait abjuré l'idolâtrie: « Mon cœur, s'écria-t-il, est rempli de pensées; je suis plein de surprise et de joie, quand je regarde cette *fare bure oua* (cette maison de Dieu) où nous sommes assemblés. Quand je considère qui nous sommes, nous qui tenons si doucement conseil ensemble, c'est pour moi *mea harae* (un sujet d'admiration) et *mea faa oaoa* (une chose qui remplit mon cœur de joie). Tati a bien posé la question; car n'est-ce pas l'Évangile qui est notre guide? et qui peut y trouver des instructions pour mettre à mort? Je connais beaucoup de passages qui défendent de tuer; mais je n'en connais pas un qui commande de le faire. Mais une autre pensée s'élève dans mon cœur, et si vous voulez écouter mon petit discours, vous saurez quelle elle est. Il est bon que nous ayons des lois pour punir ceux qui commettent des crimes. Mais, dites-moi, pourquoi les chrétiens punissent-ils? Est-ce par colère ou pour le plaisir de faire du mal? est-ce par amour de la vengeance, comme nous le faisions quand nous étions païens? Rien de cela: les chrétiens n'aiment point à se venger; les chrétiens ne doivent point être en colère; ils ne sauraient trouver du plaisir à faire du mal. Ce n'est donc pas par ces motifs que les chrétiens punissent. Les châtiments auxquels le criminel est condamné n'ont-ils pas pour but de l'empêcher de recommencer, en même temps qu'ils doivent effrayer les autres hommes, en leur montrant ce qu'ils attireraient sur eux s'ils agissaient de la même manière? Eh bien! ne savons-nous pas tous que ce serait une punition plus sévère d'être banni pour toujours de Taïti, et envoyé dans une île déserte, que d'être mis à mort dans un instant? Le banni pourrait-il encore se rendre coupable de meurtre? Une pareille condamnation n'effrayera-t-elle pas plus que si nous ôtions la vie au criminel? Ma pensée est donc que Tati a raison, et qu'il vaut mieux laisser la loi telle qu'elle a été proposée. »

Un des *taata rii* (petits hommes), représentant d'un district ou d'une commune, se présenta à son tour et fut écouté avec la même attention que les puissants personnages qui avaient parlé avant lui; il dit: « Puisque personne autre ne se lève, je vais faire aussi mon petit discours, parce que plusieurs bonnes pensées se sont élevées dans mon cœur, et que je désire vous les communiquer. Peut-être les chefs ont-ils déjà dit tout ce qui est bon et nécessaire. Néanmoins, comme nous ne sommes pas ici pour adopter telle loi ou telle autre, parce qu'elle est appuyée par tel ou tel homme puissant, et que nous, les *taata rii*, devons, aussi bien que les chefs, jeter ensemble nos pensées, pour que cette assemblée tire ensuite de la masse les meilleures, de quelque part qu'elles soient venues ; voici ma pensée. Tout ce qu'a dit Pati est bon ; mais il a oublié de dire qu'un des motifs pour punir (comme l'a dit un missionnaire, en nous expliquant la loi en particulier) est de corriger le criminel et de le rendre bon, s'il est possible. Or, si nous tuons le meurtrier, comment le rendrons-nous meilleur ? Si nous l'envoyons dans une île déserte, où il sera livré à lui-même et contraint de réfléchir, Dieu peut juger à propos de faire mourir les mauvaises choses qui sont dans son cœur et d'y faire naître de bonnes choses. Mais si nous le laissons mourir, où ira son âme ? »

D'autres parlèrent dans le même sens, et le résultat de la délibération fut la résolution prise à l'unanimité que la peine du meurtre serait le bannissement et non la mort. Il va sans dire que le droit de punir de mort fut aussi, pour tous les autres cas, refusé aux magistrats.

Ainsi l'assemblée nationale d'un petit pays relégué à l'extrémité de l'Océanie, d'un pays qui est dans l'enfance de la civilisation, a surpassé l'humanité, la sagesse, le bon sens même des assemblées législatives de notre vieille Europe. Et nous Français, qui avons si souvent donné l'impulsion des mouvements les plus généreux en faveur de l'humanité, jusques à quand le nom et la loi de Dieu seront-ils bannis de nos codes et de nos lois criminelles, empreintes encore de la barbarie ? jusques à quand le sang coulera-t-il dans nos cités ? Resterons-nous en arrière des sauvages de la Polynésie ?

FIN DU DEUXIÈME VOLUME.

AVIS

POUR LE PLACEMENT DES GRAVURES DU 2ᵉ VOLUME DE L'OCÉANIE.

Planches.	pages.
Carte de Kalémantan ou Bornéo, en tête du volume.	
Carte de la Polynésie d'après les divisions et classifications de l'auteur, à la suite de la première carte.	
95 Forêt vierge des Carolines	145
96 Vue de l'île Péliou	89
97 Vue de Péliou	93
98 Habitations des Carolins	297
99 Navigations des Carolins	116
100 Portraits de quatre chefs	130
101 Danse des Carolins	169
102 Indigènes des deux sexes	130 et 174
103 Habitations d'Ualan	134 et 164
104 Vue de la rivière Lual	152
105 Vue de l'île Pouynipet	135
106 Crânes d'hommes et de femmes	180
107 Intérieur d'une maison de l'île Radak	197
108 Armes et ustensiles	191
109 Vue de l'île Radak	192
110 Armements des habitants	id.
111 Chûte de Voouaï-Rohoa	16
112 Volcan de Kaï-Roua	15 et 180
113 Le roi Koni-Keouli et la princesse Nahiné	80
114 La reine Kahou-Manou	79
115 Habitations	43
116 Offrande faite à Cook	61
117 Officier du roi et femme d'un chef	75
118 Pirogues doubles dirigées par des hommes masqués	54
119 Danse des femmes	50
120 Danseur et danseuse	id.
121 Portraits de trois indigènes	57
122 Intérieur de la maison d'un chef	57
123 Danse des hommes	51
124 Établissement des missionnaires	27
125 Moraï du roi	49
126 Baptême du ministre du roi	76
127 Vue du port d'Hono-Rorou	27
128 Vallée Vaïpiou	14
129 Ruines du fort de Kaï-Roua	25
130 Danse des enfants	51
131 Lamentations à la mort de Kapoua-Laoui	48 et 49

Planches.	pages.
132 Guerriers tatoués	236
133 Portraits	228
134 Femmes de Nouka-Hiva	id.
135 Nouka hivien tatouant une femme	236
136 Baie de Tchitchagoff	227
137 Pirogues des îles Nouka-Hiva	241
138 Moraï	239 et 247
139 Massue, collier, etc	235
140 Débarcadère de l'île Pitcairn	271
141 Intérieur de l'île Pitcairn	id.
142 Portrait d'Adams, fondateur de la colonie de Pitcairn	id.
143 Attaque des naturels	281
144 Radeau	id.
145 Chef et femme noble des îles Tchitchagoff	id.
146 Chef des îles Romanzoff, etc	id.
147 Vue d'une île	id.
148 Grande flotte de Taïti	3..
149 Corps de Ti après sa mort	341
150 Un toupapou ou cadavre d'un chef conservé	id.
151 Danse	327
152 Jeune fille portant des présents	id.
154 Vue de Matavaï	352
155 Deux Taïtiennes se baignant	337
156 Village de Rateia	308
159 Tombeau de Pomare II	306
160 Indigènes cultivant la canne à sucre	307
161 Moraï de Papara	306
162 Le Pjka-Mallé	305
163 Ustensiles divers	371
164 Vue de Houahiné	307
165 Alambic, tambour et trompette on conque marine	371
166 Idoles et autels	319
167 Vue de Fari	307
168 Portrait	316
169 Portrait d'un naturel de l'île Vaihou ou de Paques	287
170 Portrait d'une femme de Vaihou	id.
171 Ruines d'un monument	284
172 Cases	286

ERRATA DU SECOND VOLUME DE L'OCÉANIE.

Pages.	colonnes.	lignes.	
40	2	21.	— après Émo, *ajoutez* : à l'île du Bouc, sous le nom de Tabouï (Tabou).
81	2	35.	— après les mots de géographes, *ajoutez* : enfin l'archipel de Gilbert.
ibid.	2	38.	— après les mots du savant M.; *ajoutez* : Adalbert.
103	2	2.	— après cultivé, *ajoutez* : deux indigènes de Péliou m'ont assuré qu'ils avaient commencé à recueillir quelques plants de tabac.
			au titre de la planche 127, au lieu de hanoroyou, *mettez* : honororou.
			— le quatrième article a été réimprimé par oubli.
30		17.	— au lieu de ces animaux, *lisez* : ces quadrupèdes.
ibid.	2	20.	— au lieu de les animaux, *lisez* : ces animaux.
		30.	— mettez pour titre : AUTRES ANIMAUX.
303	2	25.	— au lieu de nous apprit, *lisez* : lui apprit.
304	1	37.	— crabes, *lisez* : de crabes.
ibid.	2	5.	— après Langara, *ajoutez* : Watou-Tera.
ibid.	2	5.	— après Matavaï, *ajoutez* : où résident un consul anglais et un consul des États-Unis (M. Morenhout.)
307	2	40.	— *ajoutez* : on trouve à Wahine des sources sulfureuses, indices de volcans.

POLYNÉSIE.

Ancien monument de l'île Tinian (Mariannes)

ILES MARIANNES.

Vue prise dans les bois.

VILLE DE PARIS
BIBLIOTHÈQUE
CENTRALE
DU 10e ARRONDI

POLYNÉSIE.

Mœurs et Costumes anciens des Indigènes de l'île Gouahan.

POLYNÉSIE.

Habitations de l'île Sandwich.

ILES MARIANNES.
COUAHAM.

Distillerie.

ILES MARIANNES.

Travaux d'Agriculture.

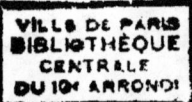

ILES MARIANNES.

Indigènes atteints de la lèpre et de l'Éléphantiasis.

ILES MARIANNES.

Hommes et femmes d'Oumata.

VILLE DE PARIS
BIBLIOTHÈQUE
CENTRALE
DU 10e ARROND!

ILES MARIANNES.

Vue de la Cavernedu Pirate.

Forêt vierge des Carolines (îles basses.)

POLYNÉSIE.

Vue de l'île Pelew.

Vue des Pelew.

ILES CAROLINES (POLYNÉSIE.)

Habitations.

VILLE DE PARIS
BIBLIOTHÈQUE
CENTRALE
DU 10ᵉ ARROND.

GRAND ARCHIPEL DES ILES CAROLINES.

Navigation.

ILES FEIS (CAROLINES).

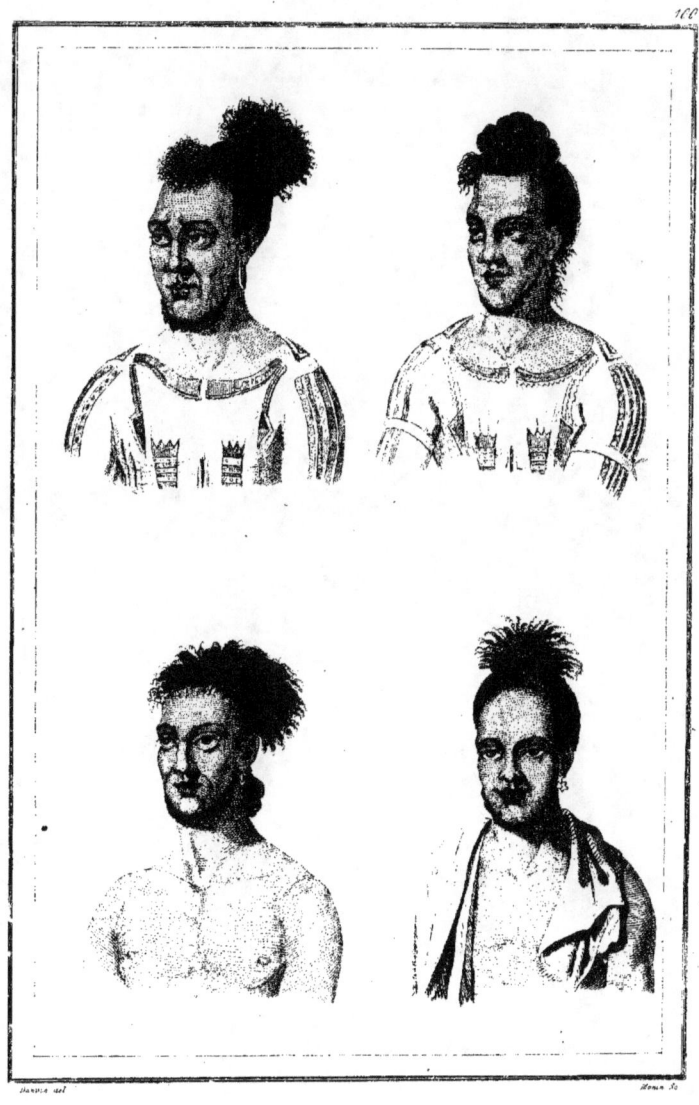

Portraits de quatre Chefs.

ILES CAROLINES (BASSES.)

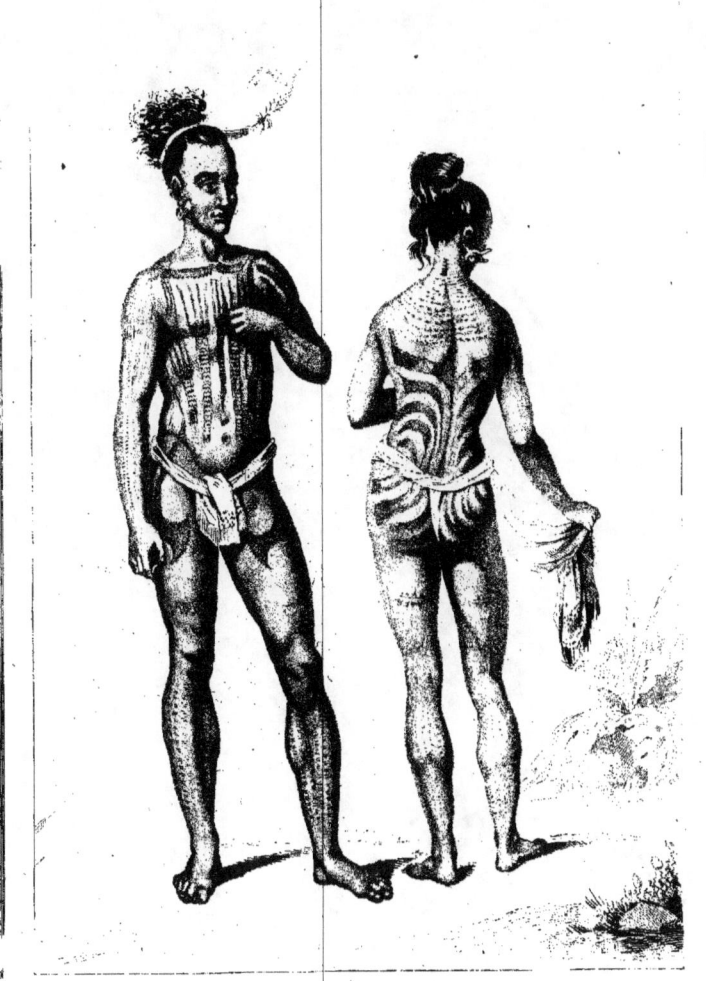

Indigènes des deux Sexes.

ILE UALAN (CAROLINES).

Habitation.

ILE UALAN (CAROLINES).

Vue de la rivière Lual.

ILES CAROLINES.

Vue de l'Ile Pouynipet et Danse des femmes à bord des Pirogues.

ILE GOUAP (CAROLINES)

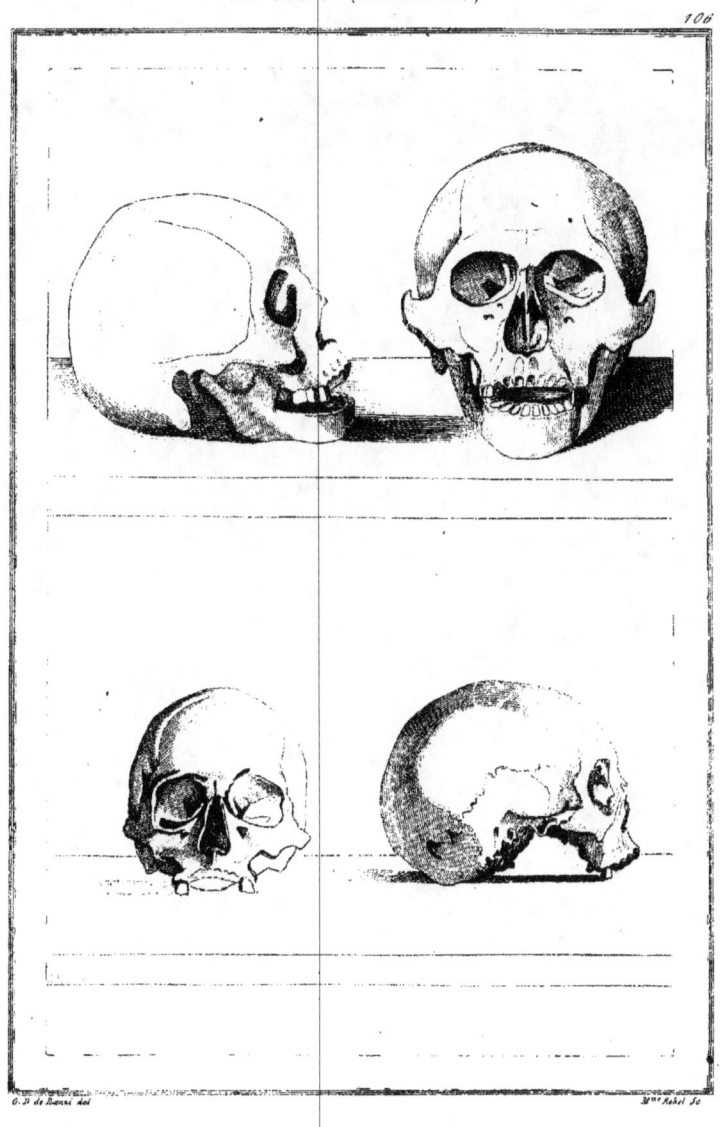

Crânes d'Hommes et de Femmes.

ILES CAROLINES.

Intérieur d'une maison de l'île Radack.

ILES CAROLINES.

Armes, Conque et Ustensiles.

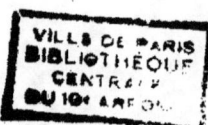

ARCHIPEL DES CAROLINES.

Vue de l'Ile Ebedul.

ILE RADAK (CAROLINES).

Ornements des Habitants.

ILES HAOUAÏ.

Chute du Vieux-Rocher.

Volcan de Ki-raou-rea.

ILES HAWAÏ.

Le Roi Riou-Riou est la Reine Kahoua.

ILES HAWAÏ.

La Reine Kahoumanou.

ILES HAWAÏ.

Habitations.

ILES ΠAOUAÏ

Pirogue double dirigée par des hommes masqués.

ILES HAOUAÏ.

Danse des femmes.

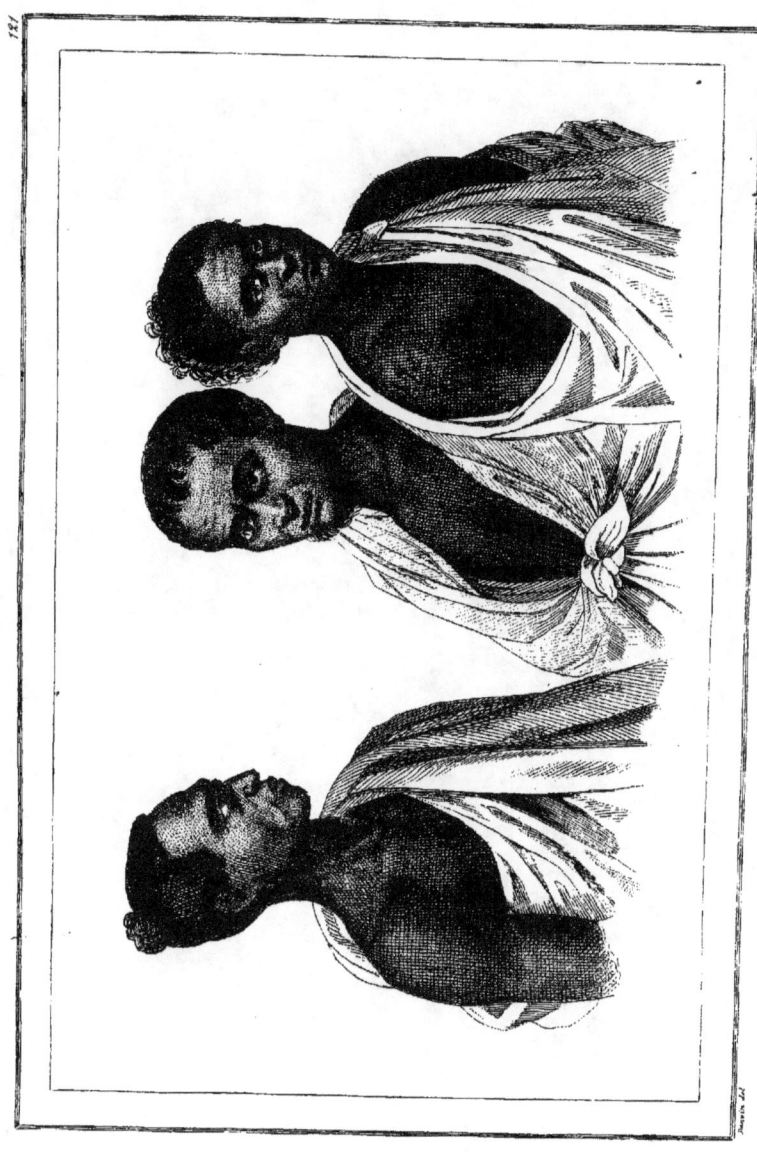

ILES HAOUAÏ.

Portrait de trois Insulaires.

ILES HAOUAÏ.

Intérieur de la maison d'un Chef

ILES HAOUAÏ.

Danse des Hommes.

ILES HAOUAÏ.

Etablissement des Missionnaires.

ILES HAOUAÏ.

Morai du Roi.

ILES HAOUAÏ.

Baptême du ministre du Roi à bord de la Corvette française l'Uranie.

ILES HAOUAÏ.

Vue du port d'Hana-Roya.

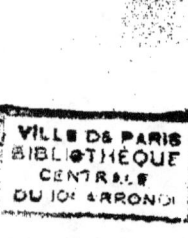

ILES HAOUAÏ

Vallée Waypiou

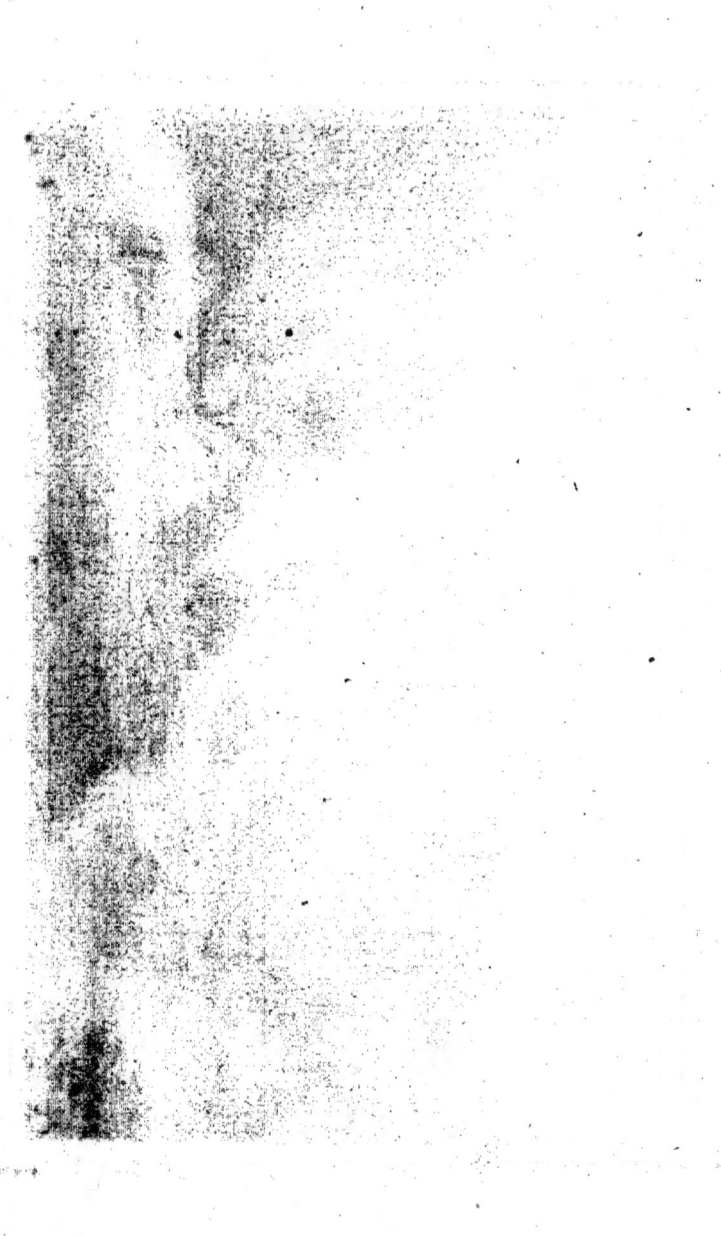

ILES HAOUAÏ.

Ruines d'un fort à Hai-Houai.

ILES HAOUAÏ.

Danse des enfants.

VILLE DE PARIS
BIBLIOTHÈQUE
CENTRALE
DU 10ᵉ ARRON

ILES HAOUAÏ.

— Lamentations à la mort du Rioqhoua-Laqui.

ARCHIPEL DE NOUKA-HIVA.

Guerriers entièrement tatoués.

POLYNÉSIE.

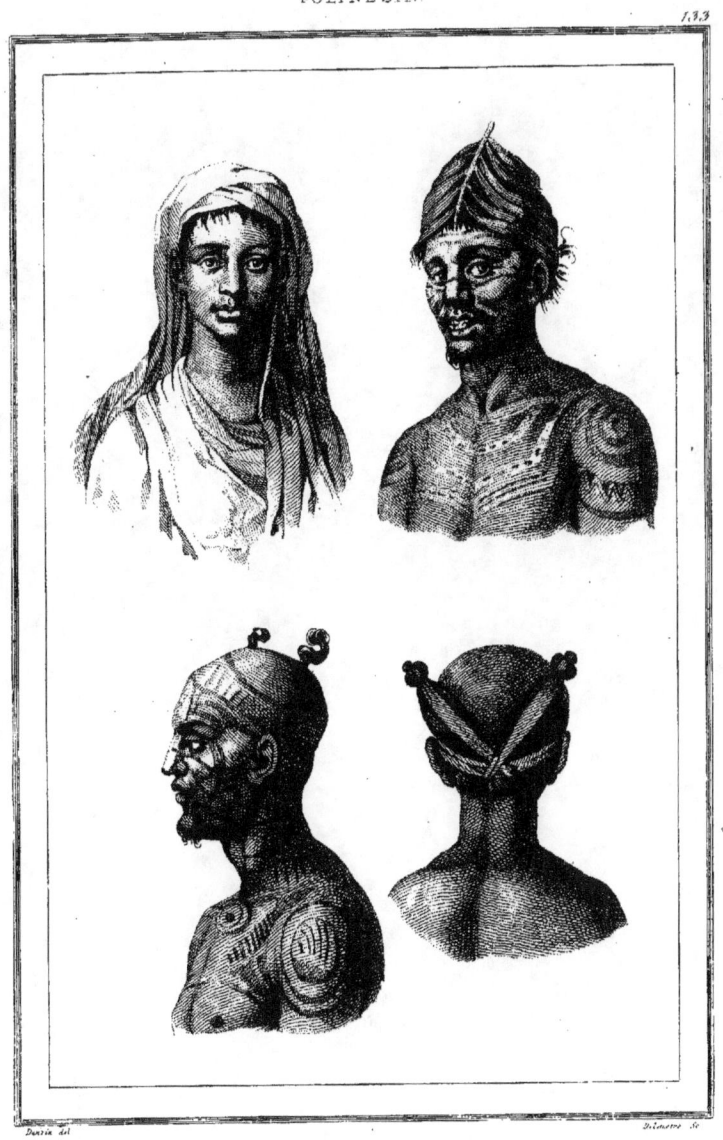

Portraits d'Hommes et Femmes de Nouka-Hiva.

POLYNÉSIE.

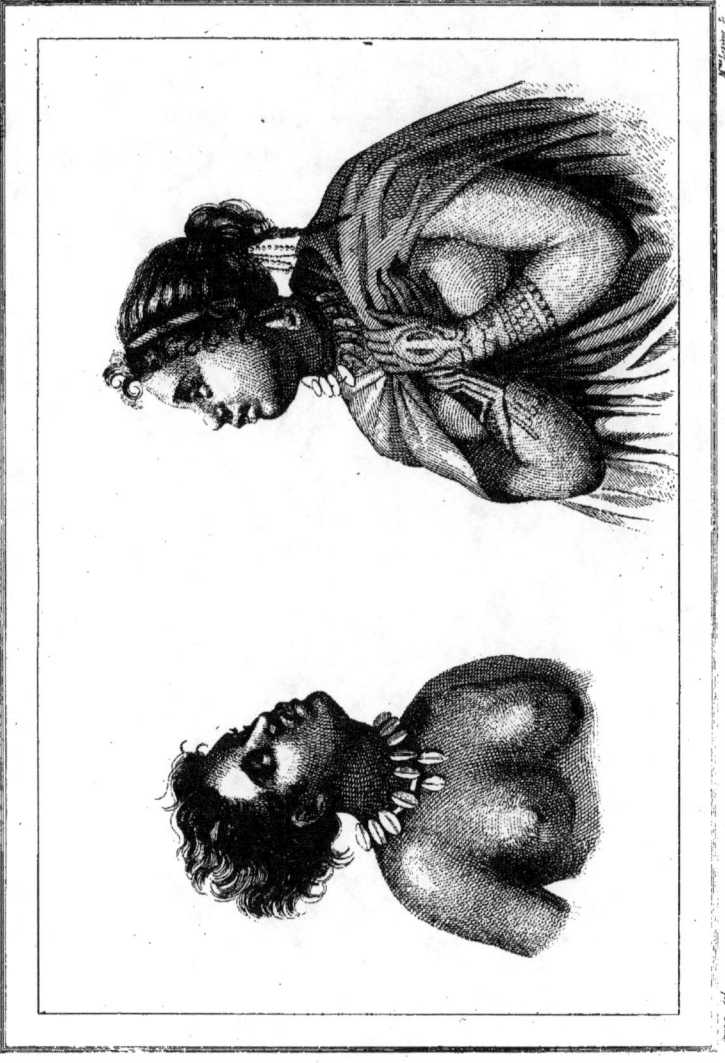

Femmes de Nouka-Hiva.

POLYNÉSIE.

Sandwichien ayant tatoué une femme.

POLYNÉSIE

Baie de Potchkoff.

POLYNÉSIE.

Pirogues des îles Nouka-hiva.

POLYNÉSIE.

Moraï, espèce de Cimetière, à Nouka-hiva.

POLYNÉSIE.

Massues, Colliers &c.

VILLE DE PARIS
BIBLIOTHÈQUE
CENTRALE
DU 10e ARROND.

POLYNÉSIE.

Débarcadère de l'île Pitcairn.

ARCHIPEL POMOTON.

Intérieur de l'île Bliaou.

ILE PITCAIRN.

Portrait d'Adams, fondateur de la Colonie.

Attaque des Australiens.

ILES GAMBIER.

Radeau monté par des Indigènes.

POLYNÉSIE

Lakelele chef du groupe des îles Koutousoff.
Femme noble des îles Tchitchagoff.

Océanie

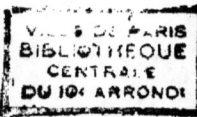

POLYNÉSIE.

Larik, chef des îles Romanzoff.
Femme de Saltikoff.

POLYNÉSIE.

Vue d'une île du groupe d'Hamerstern.

VILLE DE PARIS
BIBLIOTHEQUE
CENTRALE
DU 10e ARRONDt

ARCHIPEL DES ILES TAÏTI.

La grande flotte.

I. TAÏTI.

Corps condamné après sa mort.

TAITI.

Un Toupapou avec un Cadavre.

I. TAITI.

Jeune fille portant des Présens.

ILES TAÏTI.

Station de Matavaï aux missionnaires anglicans.

ILES TAÏTI.

Vue d'un intérieur de Matavae.

Deux jeunes Taïtiennes se baignant.

VILLE DE PARIS
BIBLIOTHEQUE
CENTRALE
DU 10e ARRONDI

ILES TAITI.

Village de Ratira.

VILLE DE PARIS
BIBLIOTHÈQUE
CENTRALE
DU 10ᵉ ARROND:

J. TAÏTI.

Autel à Atahourou.

J. TAÏTI.

Pomare II.

VILLE DE PARIS
BIBLIOTHÈQUE
CENTRALE
DU 10e ARRONDT

Tombeau de Pomare II.

ILE TAÏTI.

Indigènes cultivant la Canne à sucre.

ARCHIPEL DE TAÏTI.

Morai ou tombeau de Papara.

ARCHIPEL DE TAÏTI.

Le Pic unité, ou Rocher basaltique.

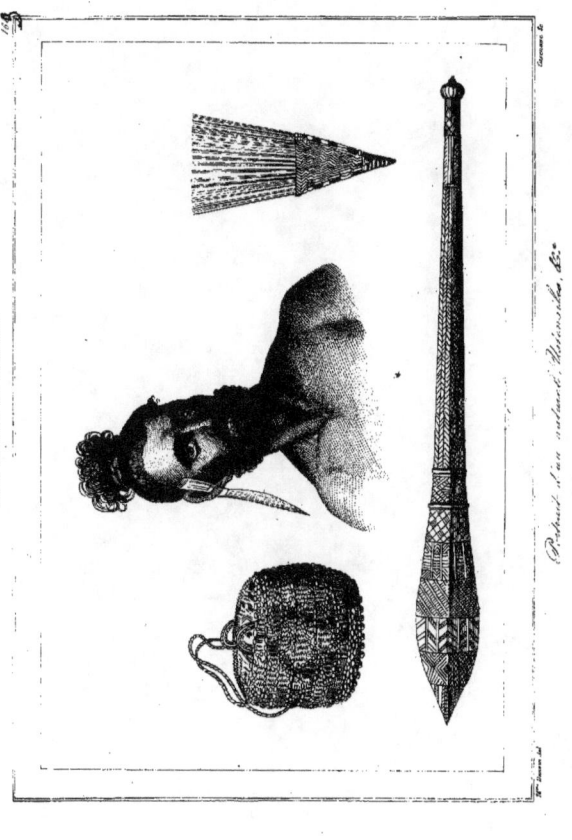

ARCHIPEL DE TAÏTI.
Vue de l'île Maitea.

ILES TAÏTI OU DE LA SOCIÉTÉ.

Alambic, Tambour et Trompette
ou Conque marine.

Idoles et autels.

ARCHIPEL DE TAITI.

Vue du nord-est du district de Pari, à Waïahiou.

www.ingramcontent.com/pod-product-compliance
Lightning Source LLC
Chambersburg PA
CBHW060510230426
43665CB00013B/1457